Kompetenzverschiebungen zwischen Gesetzgebungsorganen in föderalen Strukturen

Europäische Hochschulschriften

European University Studies

Publications Universitaires Européennes

Reihe II **Rechtswissenschaft**

Series II Law

Série II Droit

Band/Volume **5716**

Andreas Stimpfle

Kompetenzverschiebungen zwischen Gesetzgebungsorganen in föderalen Strukturen

Am Beispiel des Deutschen Kaiserreiches, der Europäischen Union und der USA

PL ACADEMIC RESEARCH

Bibliografische Information der Deutschen Nationalbibliothek
Die Deutsche Nationalbibliothek verzeichnet diese Publikation in der Deutschen Nationalbibliografie; detaillierte bibliografische Daten sind im Internet über http://dnb.d-nb.de abrufbar.

Zugl.: Erlangen-Nürnberg, Univ., Diss., 2014

D 29
ISSN 0531-7312
ISBN 978-3-631-65712-6 (Print)
E-ISBN 978-3-653-05001-1 (E-Book)
DOI 10.3726/978-3-653-05001-1

PL Academic Research ist ein Imprint der Peter Lang GmbH.
Peter Lang – Frankfurt am Main · Bern · Bruxelles · New York · Oxford · Warszawa · Wien

Diese Publikation wurde begutachtet.

www.peterlang.com

Die vorliegende Arbeit entstand während meiner Zeit als Wissenschaftlicher Mitarbeiter am Fachbereich Rechtswissenschaft der Friedrich-Alexander-Universität Erlangen-Nürnberg.

Berücksichtigt worden sind Literatur und Entwicklungen bis Ende Juli/August 2013. Auch wenn Ereignisse wie die Europawahl 2014 sowie die amerikanischen Zwischenwahlen zum Kongress nicht mehr Eingang gefunden haben, bleiben die in der Arbeit behandelten Fragestellungen aktuell.

Ich danke meinem Betreuer Herrn Prof. Dr. Wegener für die kritische Begleitung der Arbeit und seine stets hilfreichen Hinweise. Herrn Prof. Dr. de Wall danke ich für die rasche Erstellung des Zweitgutachtens.

Erlangen, im Februar 2015 Andreas Stimpfle

Inhaltsübersicht

Inhaltsverzeichnis

A. Die Dynamik föderaler Systeme und Kompetenzverschiebungen

Die vorliegende Arbeit befasst sich mit drei Rechtsordnungen hinsichtlich der Entwicklungstendenzen ihrer Gesetzgebungsorgane. Zum einen wird das Deutsche Kaiserreich von 1871–1918 untersucht, welches insgesamt von einer immer stärkeren Unitarisierung geprägt war. Zum anderen wird die Europäische Union beleuchtet, die als Staatenverbund eigener Art heute einen Integrationsstand erreicht hat, welcher über einen normalen Staatenbund weit hinausgeht. Des Weiteren wird mit den USA der erste moderne und noch immer bestehende bundesstaatliche Zusammenschluss analysiert. Damit geht die Arbeit teils auf klassische Modellfälle, wie das Kaiserreich und die USA,[1] aber mit der EU auch auf moderne Ausprägungen föderaler Strukturen ein, in denen heute noch besonders dynamische Entwicklungen zu beobachten sind. Dabei unterscheiden sich die Systeme entscheidend in ihrer Grundkonzeption. Während im Deutschen Kaiserreich der Föderalismus als zusätzliches Element im spätkonstitutionellen Ringen zwischen Parlament und Krone hinzutrat, fügt er sich in den USA in das System einer präsidentiellen Demokratie mit strikter Gewaltenteilung ein. Allen drei Systemen ist gemeinsam, dass sie keinen Einheitsstaat hervorgebracht haben, sondern föderale Ordnungsstrukturen aufweisen.

Der Begriff „Föderalismus" leitet sich von dem lateinischen Wort „foedus" für „Bund, Bündnis" ab, was also eher auf einen vertragsmäßigen Zusammenschluss hindeutet.[2] Im Laufe der Geschichte hat sich in der Rechtswissenschaft die Tendenz entwickelt, den Terminus „Föderalismus" nicht mehr für den klassischen Staatenbund auf vertraglicher Grundlage zu verwenden, sondern ihn im Sinne der Staatsrechtslehre mit einem in kleinere Einheiten gegliederten Bundesstaat gleichzusetzen.[3] In den Geisteswissenschaften wird „Föderalismus" dagegen bis heute wesentlich weiter verstanden. Formell stellen hier z.B. Politik- und Kulturwissenschaften auf jedes Zusammengehen kleiner Einheiten zu einer höheren Verbindung unter Bewahrung eigener Selbstbestimmungsrechte ab, während materiell naturgemäß nicht nur rechtliche, sondern auch die sozialen, kulturellen und wirtschaftlichen Wechselwirkungen durch den Zusammenschluss untersucht werden.[4]

Föderale Strukturen entstehen aus verschiedenen Motiven heraus. Sie können zum einen dazu dienen, eine Vielfalt an verschiedenen Staaten zu integrieren, aber

1 *Zippelius*, Allgemeine Staatslehre, 1994, S. 378.
2 *Deuerlein*, Föderalismus, 1972, S. 11.
3 Zur Verwendung des Rechtsbegriffes „Bundesstaatlichkeit" in Abgrenzung zur politischen Realität des „Föderalismus" in der Staatsphilosophie *Šarčević*, Das Bundesstaatsprinzip, 2000, S. 13 ff.
4 *Deuerlein*, Föderalismus, 1972, S. 13 ff.

auch so konstruiert sein, dass die Unterschiede zwischen mehreren Ländern in einem Staatswesen erhalten werden. So zielt z.B. die Schweizer Bundesverfassung darauf ab, die kulturellen Divergenzen zwischen den verschiedenen Kantonen zu bewahren, während ein Staat wie Südafrika auf die Überbrückung der Gegensätze der verschiedenen Rassen und Völker auf seinem Territorium setzt.[5]

Bundesstaatlichkeit ist letztlich eine Teilmenge des Föderalismusbegriffs und erfasst diejenigen höheren Zusammenschlüsse autonomer Einheiten, die durch das Ausmaß der erlangten Kompetenzen und der erreichten Integration Staatsqualität haben.[6]

Ein derartiges Gebilde muss dazu keinesfalls starr strukturiert sein. Bereits *Triepel* diagnostizierte 1907, dass „kein Bundesstaat der Welt [...] auch nur denkbar [ist] ohne dauernden Hader zwischen unitarischen und föderalen Strebungen“[7]. Bis sich diese flexible Sicht durchgesetzt hatte, wurde Föderalismus oft als statische Konstruktion verstanden, weswegen Kompetenzveränderungen rechtlicher wie tatsächlicher Natur als Störungen des Systems aufgefasst wurden.[8] Konzeptionell war diese Denkweise z.B. in der Theorie des *dual federalism*, welche eine klare Trennung von Staaten- und Bundesebene forderte, in den USA bis zur *new-deal*-Politik *Roosevelts* besonders stark verankert.[9]

Nach der Einführung des Grundgesetzes und der zunehmenden Konzentration von Entscheidungsbefugnissen auf Bundesebene wurde in Deutschland verstärkt davon ausgegangen, dass föderale Geflechte sich stets einer unausweichlichen Unitarisierung ausgesetzt sehen müssen.[10] Dieser Standpunkt ist äußerst problematisch, wird doch unterstellt, dass der Bundesstaat nur ein Übergangsmodell auf dem Weg zum Einheitsstaat sei. Die Ereignisse in der ehemaligen DDR erschüttern

---

5 *Fleiner*, Deutscher Bundesrat – Schweizerischer Ständerat. Zweikammer-Entwicklungen im Vergleich, in: Geis/Lorenz (Hrsg.), Staat, Kirche, Verwaltung. Festschrift für Hartmut Maurer zum 70. Geburtstag, 2001, S. 67 (S. 68); zur Entstehung verschiedener Bundesstaaten *Leonhardt*, Die Europäische Union im 21. Jahrhundert – ein Staatenkartell auf dem Weg zum Bundesstaat, in: Gehler (Hrsg.), From Common Market to European Union Building, 2009, S. 687 (S. 690 ff.).

6 In den USA ist der Begriff „federal“ auf die zentrale Bundesebene gemünzt; vgl. z.B. „Federal Government“ oder die „Federalist Papers“, die für die Errichtung eines Bundesstaates plädierten; *Triepel*, Zweierlei Föderalismus, Süddeutsche JZ, 1947, 150. Die Bewegung der Anti-Federalists trat entsprechend für die Stärkung der Einzelstaaten ein; *Frotscher/Pieroth*, Verfassungsgeschichte, 2005, Rn. 37.

7 *Triepel*, Unitarismus und Föderalismus im Deutschen Reiche, 1907, S. 10.

8 *Laufer/Münch*, Das föderative System der Bundesrepublik Deutschland, 1991, S. 22; zu den Alternativplanungen und Einwänden vgl. S. 21 f.

9 *Annaheim*, Die Gliedstaaten im amerikanischen Bundesstaat, 1992, S. 39 ff.; *Dann*, Parlamente im Exekutivföderalismus, 2004, S. 32 f.

10 So sieht *Hesse*, Grundzüge des Verfassungsrechts der Bundesrepublik Deutschland, 1985, S. 86 f. die Entwicklung der deutschen Bundesstaatlichkeit als stetig von Unitarisierungstendenzen geprägt; ähnlich mit einem kooperativen Erklärungsansatz *Scheuner*, Staatstheorie und Staatsrecht, 1978, S. 399 ff.

zudem die Vermutung, dass es stets zu einer zwangsläufigen Unitarisierung kommt: Die DDR-Bürger sprachen sich 1990 gegen gewichtige verwaltungstechnische und wirtschaftliche Einwände entschieden für die Wiedererrichtung der Länder aus, welche zuvor nur von 1949 bis 1952 Bestand gehabt hatten.[11]

Föderalismus ist also kein statisches System. Vielmehr ringen Gliedstaaten und Zentralgewalt um Einfluss und Kompetenzen.[12]

Somit ist im Föderalismus stets von einer Dynamik auszugehen, die dessen gesamte Verfasstheit prägt. Föderale Strukturen sind aus diesem Grund besonders inneren Veränderungen unterworfen.[13] Dies betrifft nicht nur das Verhältnis zwischen Zentrale und Gliedstaaten, sondern auch zwischen den Organen der Zentrale.[14] Dies wird in Systemen deutlich, in denen die Gesetzgebung zwischen Organen aufgeteilt ist, welche zum einen die föderale Komponente und zum anderen das direkt demokratisch legitimierte, unitarische Element im Staatswesen abbilden.[15] Hier drückt sich das stete Tauziehen zwischen beiden Prinzipien in rechtlicher wie tatsächlicher Weise in Streitigkeiten zwischen den Institutionen aus. Strukturell ist das bei allen in der Arbeit beleuchteten Systemen der Fall: In der EU fungieren Rat und Parlament und in den USA Senat und Repräsentantenhaus als Legislativorgane. Im Kaiserreich war die gesetzgebende Gewalt zwischen Bundesrat und Reichstag aufgeteilt.

Die Arbeit versucht mit dem Vergleich der drei ausgewählten Systeme, Rückschlüsse auf den aktuellen Stand der Verfasstheit der Europäischen Union zu gewinnen. Insbesondere stellt sich die Frage, ob und inwieweit die EU auf dem Weg zu einer Parlamentarisierung ist bzw. welche Hindernisse einer derartigen Entwicklung im Wege stehen.

Mit dem Kaiserreich und den USA werden nämlich nicht nur Bundestaaten, sondern mit der EU wird auch ein Staatenverbund sui generis untersucht. Es fragt

---

11 *Laufer/Münch*, Das föderative System der Bundesrepublik Deutschland, 1991, S. 22; zu den Alternativplanungen und Einwänden vgl. S. 78 ff.; siehe auch *Rudolf*, Das akzeptierte Grundgesetz, Europa und die Länder, in: Maurer (Hrsg.), Das akzeptierte Grundgesetz. Festschrift für Günter Dürig zum 70. Geburtstag, 1990, 145 (149).

12 Zu den verschiedenen Föderalismuskonzeptionen der deutschen Staatsrechtslehre vgl. *Hanebeck*, Der demokratische Bundesstaat des Grundgesetzes, 2004, S. 28 ff.

13 So auch *Dau Lin*, Die Verfassungswandlung, 1932, S. 181 f. am Beispiel des Kaiserreiches und der Schweiz.

14 Diese Dynamik föderaler Strukturen, welche zu unitarischen oder zentrifugalen, kompetitiven oder kooperativen Erscheinungen führen kann, macht es schwierig, eine allgemeingültige theoretische Grundlage für einen Bundesstaats- bzw. Föderalismusbegriff zu entwickeln; siehe hierzu auch *Šarčević*, Das Bundesstaatsprinzip, 2000, 21 ff.; zur Dynamik des EU-Systems *Giegerich*, Europäische Verfassung und deutsche Verfassung im transnationalen Konstitutionalisierungskontext: Wechselseitige Rezeption, konstitutionelle Evolution und föderale Verflechtung, 2003, S. 299 ff.

15 Die Beteiligung der Glieder an der gesamtstaatlichen Willensbildung wird häufig als konstitutives Merkmal einer föderalen Ordnung angesehen; vgl. *Zenthofer*, Wettbewerbsföderalismus, 2006, S. 39.

sich an dieser Stelle, inwieweit die ausgewählten Objekte vergleichbar sind. Die deutsche Staatsrechtslehre vertritt zum Teil, dass Bundesstaat und zwischenstaatliche Organisationen streng zu trennen und strukturell völlig verschieden seien,[16] sodass eine Vergleichung hier nur schwer möglich wäre. Diese extrem dualistische Sichtweise vermag aber schon mit Blick auf die zu beleuchtenden Ordnungen nicht zu überzeugen. Denn sowohl die USA als auch das Kaiserreich haben ihre Wurzeln in staatenbündischen Strukturen, deren Relikte sich, wie noch zu zeigen ist, in den Verfassungen niedergeschlagen haben. Die EU als Staatenbund mit einem ungemein hohen Integrationsstand ist Zeichen dafür, dass Staatenbund und Bundestaat keine streng getrennten, sondern fließend ineinander übergehende Rechtsfiguren darstellen.[17] Die durch *Triepel* konstatierte Dynamik lässt sich also auf föderale Strukturen generell übertragen, da es an klaren Abgrenzungskriterien fehlt.[18] Teilweise werden als trennende Merkmale die Auflösbarkeit eines Staatenbundes durch die Mitgliedstaaten bzw. die Verortung der Kompetenz-Kompetenz bei den Gliedstaaten genannt.[19] So enthält Art. 48 EUV heute ein derartiges ausdrückliches

---

16 In diese Richtung z.B. *Hilf*, Die rechtliche Bedeutung des Verfassungsprinzips der parlamentarischen Demokratie für den europäischen Integrationsprozess, EuR 1984, 9 (35 f.), welcher übersieht, dass eine Vergleichung der *Organ*konstellationen durchaus möglich ist; *Ipsen*, Über Verfassungs-Homogenität in der Europäischen Gemeinschaft, in: Maurer (Hrsg.), Das akzeptierte Grundgesetz. Festschrift für Günter Dürig zum 70. Geburtstag, 1990, 159 (176). Zur Problematik ebenfalls *Weber*, Zur künftigen Verfassung der Europäischen Gemeinschaft, JZ 1993, 325 (326); siehe auch *Häberle*, Europäische Verfassungslehre, 2005, S. 430 f.

17 *Mosler*, Der Vertrag über die Europäische Gemeinschaft für Kohle und Stahl, ZaöRV 1952, 1 (8, 32, 43 f.) stellte fest, dass sich die europäische Integration bereits in ihrer Frühphase die Gestaltungsmittel eines Bundesstaates zunutze machte; zur mangelnden Abgrenzbarkeit auch *Scholz*, Die politische Union, in: Scholz, (Hrsg.), Deutschland auf dem Weg in die Europäische Union, 1994, S. 414 f.

18 Schon *Triepel* bezeichnete den Bundesstaat als „Mittelding" zwischen Einheitsstaat und Staatenbund, siehe *Triepel*, Unitarismus und Föderalismus im Deutschen Reiche, 1907, S. 9; siehe auch *Triepel*, Zweierlei Föderalismus, Süddeutsche JZ, 1947, 150; ähnlich Šarčević, Das Bundesstaatsprinzip, 2000, S. 19 und *Mulert*, Die Funktion zweiter Kammern in Bundesstaaten, 2006, S. 44 f. betont, dass jede föderale Struktur das Ergebnis einer einzigartigen Geschichte und Rechtsentwicklung ist. Die schematische Anwendung von Oberbegriffen wie „Staatenbund" und „Bundesstaat" wird der Individualität eines jeden Zusammenschlusses daher nicht gerecht. *Hueglin/Fenna*, Comparative Federalism, 2006, S. 35 ordnen die EU ebenfalls im Sinne eines fließenden Übergangs als Zwischenstadium ein; zum Mangel einer Bundestaatslehre auch *Scheuner*, Staatstheorie und Staatsrecht, 1978, S. 415 ff.

19 Z.B. *Ebers*, Die Lehre vom Staatenbunde, 1910, S. 311 ff.; *Isensee*, Integrationsziel Europastaat?, in: Ole u.a. (Hrsg.), Festschrift für Ulrich Everling, Band I, 1995, 567 (575); *Zorn*, Streitfragen des deutschen Staatsrechts, ZgS 1881, 292 (296); *Huber*, Das institutionelle Gleichgewicht zwischen Rat und Europäischem Parlament in der künftigen Verfassung für Europa, EuR 2003, 574 (591 f.).

Sezessionsrecht und die Mitgliedstaaten verfügen auch derzeit über die Gestaltung des weiteren Primärrechts. Mit Blick auf das Deutsche Reich und den dort herrschenden Gedanken einer vollständigen Verfassungsrevision durch Entschluss der Länder, die der eigentliche Träger der Souveränität des Reiches waren, ist diese Differenzierung aber problematisch. In den USA wurde die Frage einer Sezessionsmöglichkeit erst faktisch durch den Ausgang des Bürgerkrieges 1865 entschieden.

Carl Schmitt bot als alternatives Abgrenzungsmerkmal von zwischenstaatlichen und staatlichen Organisationen das Kriterium der Homogenität an. Dies bedeutet eine gewisse Übereinstimmung der Staatsvölker hinsichtlich gemeinsamer Sprache, Werte, Herkunft und Tradition.[20] Die untersuchten Rechtsordnungen beweisen, dass die Ausfüllung und Bedeutung der jeweiligen Kriterien zum Teil höchst unterschiedlich gewichtet sind. So besteht unter den Mitgliedstaaten der EU z.B. nach Art. 2 Abs. 2 der EU-Grundrechtecharta der Konsens, dass die Tötung eines Menschen zu repressiven Zwecken, also die Todesstrafe, kein zulässiges Strafinstrument darstellt.[21] Dieses auch in Art. 102 GG enthaltene „Bekenntnis zum grundsätzlichen Wert des Menschenlebens“[22] existiert in den Bundesstaaten in den USA nicht. Die Anwendung der Todesstrafe im strafrechtlichen Sanktionensystem bleibt nach der US-Verfassung den Bundesstaaten überlassen. Der achte Zusatzartikel normiert nur ein Verbot von grausamen und ungewöhnlichen Strafen, sodass die Verhängung der Todesstrafe ein differenziertes Verfahren zur Straffestsetzung sowie möglichst humane Standards in der Strafvollstreckung voraussetzt.[23] Die USA, ein Bundesstaat, sind in der ethisch-moralischen Grundentscheidung gespalten, während im Staatenverbund der EU in dieser Hinsicht ein breiter gesellschaftlicher Konsens herrscht.

In Zeiten gesellschaftlicher Ausdifferenzierung und dem in Demokratien westlicher Prägung weitgehend gewährleisteten Schutz individueller Anschauungen ist der Rückgriff auf ein Homogenitätskriterium nicht hilfreich, um es als Indiz für die Staatlichkeit heranzuziehen. Vielmehr ist es fraglich, ob der Homogenitätsbegriff, der seine Wurzeln in der Weimarer Zeit hat,[24] nicht eher Ausdruck des damaligen

---

20 *Šarčević*, Das Bundesstaatsprinzip, 2000, S. 22 f.; zur Problematik der Bestimmung eines homogenen Volkes bereits *Delbrück*, Regierung und Volkswille, 1914, S. 1 ff.; entsprechend auch *Köppen*, Verfassungsfunktionen-Vertragsfunktionen, Strukturelle Divergenz zwischen bundesstaatlichen Verfassungen und EU-Gründungsverträgen aus funktioneller Sicht, 2002, S. 168.

21 Zu gesamteuropäischen Wertvorstellungen auch *Saalfrank*, Funktionen und Befugnisse des Europäischen Parlaments, 1995, S. 115 f.

22 BVerfGE 18, 112, 117.

23 *Furman v. Georgia*, 408 U.S. 238 (1972); *Gregg v. Georgia*, 428 U.S. 153 (1976).

24 Zu *Schmitt, Heller und Kelsen* als Vätern des Homogenitätsgedankens siehe *Lübbe-Wolff*, Homogenes Volk – Über Homogenitätspostulate und Integration, ZAR 2007, 121 (122 f.); siehe auch *Giegerich*, Europäische Verfassung und deutsche Verfassung im transnationalen Konstitutionalisierungskontext: Wechselseitige Rezeption, konstitutionelle Evolution und föderale Verflechtung, 2003, S. 424.

Zeitgeistes als ein permanent gültiges Abgrenzungskriterium ist. Das nach dem Ersten Weltkrieg untergegangene Vielvölkerkonstrukt Österreich-Ungarn stellte z.B. schon zuvor ein Beispiel für ein inhomogenes, aber staatliches Gebilde dar. Die zahlreichen religiösen Verwerfungen im Zuge der Reformation sowie die Wirren nach der Völkerwanderung im Frühmittelalter zeigen, dass eine stabile, homogene Bevölkerungsstruktur nie dauerhaft Bestand hat. Deshalb liegt die Aufgabe eines Staates und gerade eines bundesstaatlich aufgebauten Staates darin, vorhandenen und neu aufkommenden, sich widersprechenden, also inhomogenen Wertvorstellungen und Lebensmodellen zur friedlichen Koexistenz zu verhelfen.[25] Gleichzeitig stehen Homogenität und Bundestaatlichkeit nicht in einem voraussetzungsvollen Zusammenhang, sondern in einem Wechselwirkungsverhältnis, sodass gemeinsame Organisationstrukturen auch erst den Boden für eine Homogenisierung bereiten können.[26]

Der Zweck des Homogenitätskriteriums wird darin gesehen, dass so dem existenziellen Konfliktfall, nämlich dem Zerfall eines Bundes, vorgebeugt werden soll.[27] Das Kriterium der Homogenität steht damit in engem Zusammenhang mit dem Ewigkeitsdogma des Bundesstaatsbegriffs. Mit Blick auf das ständig fragile Balancieren des bestehenden Bundestaates USA vor dem Bürgerkrieg zwischen Nord- und Südstaaten in der Sklavenfrage scheint dieses Kriterium zwar zweckmäßig, aber nicht notwendig für die Begründung einer bundesstaatlichen Verbindung zu sein.

Die deutsche Föderalismusdogmatik haftet als solche am nationalstaatlichen Bundesstaatsbegriff, der von einer homogenen und permanenten Verbindung ausgeht.[28] Die zentrale Frage in einem stark integrierten Europa geht dagegen dahin, inwieweit demokratische Legitimation und bundestaatliche Vertretung in möglichst weitgehende praktische Konkordanz gebracht werden können.[29] Zur Evaluierung des Integrationsstandes ist daher die rechtsvergleichende Perspektive zu anderen föderalen Systemen mit Staatsqualität als Erkenntnisquelle notwendig. Grundsätzlich ist es darüber hinaus die Funktion der Rechtsvergleichung, wesensverschiedene

---

25 Historische Beispiele für Inhomogenität bei *Lübbe-Wolff*, Homogenes Volk – Über Homogenitätspostulate und Integration, ZAR 2007, 121 (125 ff.); kritisch zum Postulat der Homogenität mit rechtsvergleichenden Betrachtungen auch *Hanebeck*, Der demokratische Bundesstaat des Grundgesetzes, 2004, S. 112 f., S. 233 ff.

26 *Grabitz/Läufer*, Das Europäische Parlament, 1980, S. 369.

27 *Ipsen*, Über Verfassungs-Homogenität in der Europäischen Gemeinschaft, in: Maurer (Hrsg.), Das akzeptierte Grundgesetz. Festschrift für Günter Dürig zum 70. Geburtstag, 1990, 159 (171).

28 Kritisch zur Fixierung auf den Nationalstaat auch *Nicolaysen*, Der Nationalstaat klassischer Prägung hat sich überlebt, in: Ole u.a. (Hrsg.), Festschrift für Ulrich Everling, Band II, 1995, 945 (950 ff.); *Böhmer*, Die Europäische Union im Lichte der Reichsverfassung von 1871, 1999, S. 144 ff.

29 So auch mit deutlicher Kritik am Lissabon-Urteil i.E. *Schönberger*, in: Grabitz/Hilf/Nettesheim, Das Recht der EU, 2012, Art. 9 EUV, Rn. 11 ff.; *ders.* Die Europäische Union als Bund, AöR 129 (2004), 81 (insb. 88 ff.).

und damit auch homogene und inhomogene Systeme auf Unterschiede und Gemeinsamkeiten zu untersuchen, um Rückschlüsse auf den eigenen Standpunkt ziehen zu können. Bezogen auf den Stand der Kompetenzlage der europäischen supranationalen Legislativorgane gewinnt also gerade der Vergleich mit Organen aus staatlichen Systemen große Bedeutung.[30]

Insbesondere die Gegenüberstellung der Europäischen Union mit der Integration Deutschlands durch die Gründung des Norddeutschen Bundes 1866 und die Reichsgründung 1871 kann hier nutzbringend sein. In beiden Rechtsordnungen ist eine generelle Tendenz hin zu einem Kompetenzzuwachs der parlamentarischen Körperschaften zu verzeichnen, die im Kaiserreich 1918 in der Parlamentarisierung des Reiches gipfelte. Beide Systeme haben wesentliche Wurzeln im klassischen zwischenstaatlichen Völkerrecht, die eine zumindest vordergründig starke Stellung der einzelstaatlichen Vertretung rechtfertigten. Dazu sind beide Rechtsordnungen ähnlich konstruiert. Sowohl das Reich als auch die EU vertrauten der Vertretung der Teilstaaten wesentliche Funktionen in der Staatsleitung an, wodurch Parlamentarisierungstendenzen stark abgeschwächt wurden.[31]

Somit ist festzustellen, dass staatenbündische und bundestaatliche Strukturen keine völlig wesensverschiedenen Organismen sind, vielmehr ist der Übergang zwischen beiden Rechtsfiguren fließend. Die Europäische Union ist, auch wenn sie nicht den Charakter eines bundesstaatlichen Zusammenschlusses erreicht hat, mit den USA und dem Kaiserreich vergleichbar.

Die Arbeit beginnt mit drei Berichten über die Verfassungsentwicklung der zu untersuchenden Systeme. Dabei wird auf die Kompetenzen der Gesetzgebungsorgane im Verhältnis zueinander und zu dritten Organen eingegangen. Anhand der ermittelten Ergebnisse werden die Unterschiede und Gemeinsamkeiten der Kompetenzverschiebungen in den Systemen vergleichend in einem vierten Abschnitt herausgearbeitet. Zunächst soll hierbei auf die Grundprinzipien der zu analysierenden Organe und Systeme eingegangen werden. Anschließend werden die Entwicklungen im Bereich der Rechtsetzung, der Kontrolle exekutiven Handelns

30 *Martinez*, Die Methode der Rechtsvergleichung im öffentlichen Recht, in: Calliess (Hrsg.), Verfassungswandel im europäischen Staaten- und Verfassungsbund, 2007, S. 153 (S. 161); in diese Richtung auch *Härtel*, Handbuch Europäische Rechtsetzung, 2006, Synthese, Rn. 57.

31 *Heckel*, Der Föderalismus als Prinzip überstaatlicher Gemeinschaftsbildung, 1998, S. 196 f.; siehe auch die vergleichenden Betrachtungen zwischen EU und deutscher Einigung im Maastricht-Urteil, BVerfGE 89, 155 (208); ausführlich die vergleichende Untersuchung durch *Oeter*, Souveränität und Demokratie als Probleme der „Verfassungsentwicklung" der Europäischen Union, ZaöRV 1995, 659 ff.; *Dann*, Parlamente im Exekutivföderalismus, 2004, S. 8 ff. und *Böhmer*, Die Europäische Union im Lichte der Reichsverfassung von 1871, 1999; vergleichende Ansätze zwischen EU und USA auch bei *Steffani*, Parlamentarische und präsidentielle Demokratie, 1979; sowie bei *Lorz*, Interorganrespekt im Verfassungsrecht, 2000 und *Mosler*, Der Vertrag über die Europäische Gemeinschaft für Kohle und Stahl, ZaöRV 1952, 1 (33).

und der Haushaltsplanung überprüft. Dabei orientiert sich die Arbeit an den klassischen Funktionen von Gesetzgebungskörperschaften, welche in Wechselbezug untereinander und zu anderen Verfassungsorganen wahrgenommen werden, nämlich an der Gesetzgebungs-, Kontroll- und Kreationsfunktion.[32] Im Rahmen dieser Untersuchung soll der Frage nachgegangen werden, inwieweit sich die Grundfunktionen der untersuchten Organe auf die Entwicklung des Kompetenzbestandes ausgewirkt haben.

Unter einer Kompetenz ist hierbei die Rechtsmacht eines Organs, von einem anderen Organ ein Tun, Dulden oder Unterlassen verlangen zu können, zu verstehen.[33] Am Ende des vierten Abschnitts soll der Versuch unternommen werden, verschiedene Arten einer Kompetenzverschiebung herauszuarbeiten und zu klassifizieren.

---

32 Dabei orientiert sich die Arbeit am grundlegenden Werk von *Bagehot*, The English Constitution, 1873. *Grabitz/Schmuck*, Das Europäische Parlament im Verflechtungssystem der EG – Handlungsspielräume, Rollenbeschreibung, Funktionen, ZParl 1984, 427 (437) kritisieren wegen des einzigartigen Charakters des Parlaments die Anwendung dieses klassischen Funktionenkataloges und ersetzen ihn durch eigene Funktionsbereiche. Zumindest für die Zwecke der Verfassungsvergleichung eignet sich der tradierte Funktionenkatalog besser. Dazu hat der Kompetenzzuwachs des Europäischen Parlaments zu einer weitgehenden Annäherung an ein Parlament im klassischen Sinne geführt, sodass der Verwendung der *Bagehotschen* Kriterien nichts mehr entgegensteht.

33 Zum Begriff der Kompetenz: *Kelsen*, Reine Rechtslehre, 1960 (Nachdruck 2000), S. 152 ff.

B. Bundesrat und Reichstag im Deutschen Kaiserreich

Das Deutsche Kaiserreich von 1871 bis 1918 stellte den ersten staatlichen Zusammenschluss der deutschen Länder unter Ausschluss Österreichs nach der Auflösung des Heiligen Römischen Reiches Deutscher Nation 1806 dar, der sich aus 21 Ländern und drei freien Städten zusammensetzte. Eingeleitet wurde die Einigung durch *Bismarck* mit der Gründung des Norddeutschen Bundes 1867,[34] dessen Bundesverfassung Vorbild für die spätere Reichsverfassung war.

I. *Bismarck* und die nationale Einigung Deutschlands

Schon zeitgenössische Beobachter erkannten die entscheidende Rolle *Bismarcks* bei der Einigung Deutschlands an. So schrieb *von Poschinger* 1897: „Die Verfassung des Norddeutschen Bundes ist, wie alles, was wir in Deutschland heute genießen, Bismarcks Werk."[35] Daher ist es wenig verwunderlich, dass die Gründungsmotive der Reichsverfassung eng mit Bismarcks Intentionen und Erwägungen verknüpft waren. Die maßgebliche Prägung der deutschen Einigung und die Verfassungsgebung durch diese eine Person waren aus rechtswissenschaftlicher Sicht nicht nur von Vorteil. *Bismarck*, in erster Linie ein Machtpolitiker, begriff die Verfassung eines Staates nicht als eine feste dogmatische Größe, sondern als den gegenwärtigen Ausgleich der Kräfte im politischen Spiel und daher gab er der Verfassung nur die Gestalt eines groben Organisationskeletts.[36] Dies äußerte sich durch die von *Bismarck* gewählten offenen Formulierungen in der Reichsverfassung, deren einzig berufener Interpret er sein wollte.[37] Die Offenheit der neuen Konstitution führte in der damaligen Staatsrechtlehre zu großen Streitigkeiten über die Rechtsnatur des entstandenen Gebildes.

Anhänger des Partikularismus sahen den neuen Bund wie seinen Vorgänger, den Deutschen Bund, als einen jederzeit widerrufbaren, bloß völkerrechtlichen Vertrag an.[38] Andere Stimmen gingen von einem gleichmäßigen Landesgesetz aus,

---

34 BGBl. des Norddeutschen Bundes 1867, S. 1 ff.

35 *Von Poschinger*, Fürst Bismarck und der Bundesrat, Erster Band, Der Bundesrat des Norddeutschen Bundes, 1897, S. 1; zu Recht, aber gegen eine zu weitgehende Fokussierung der Reichsgeschichte auf *Bismarcks* Person; *Wehler*, Krisenherde des Kaiserreiches 1871–1918, 1979, S. 338 f.

36 *Ogris*, Der Norddeutsche Bund, JuS 1966, 306 (309 f.).

37 *Becker*, Bismarcks Ringen um Deutschlands Gestaltung, 1958, S. 456.

38 *von Seydel*, Der Bundestaatsbegriff, Zeitschrift für die gesamte Staatswissenschaft, 1872 (28), 185 (227); zusammenfassend *Bornhak*, Wandlungen der Reichsverfassung, AöR 26 (1910), 373 (376 ff.).

d.h. die Reichsverfassung wurde als ein Ergebnis koordinierter Landesgesetzgebung bewertet. Die Unitaristen in der Staatsrechtslehre setzten sich schlussendlich mit der Ansicht durch, es handele sich um eine Vereinbarung der einzelnen Länder mit dem Reichstag, wodurch ein unaufhebbarer, neuer Staat geschaffen worden sei.[39]

Der dargestellte Streit um die Natur der Reichsverfassung war in der Staatspraxis des Reiches nicht ohne Bedeutung. *Bismarck* drohte den Reichstagsabgeordneten oftmals, insbesondere im Vorfeld seines Sturzes, mit einem Staatsstreich von oben.[40] Die Länder sollten den der Verfassung zugrunde liegenden Vertrag aufkündigen und eine neue Reichsverfassung ohne Beteiligung des Reichstages ausarbeiten.[41]

1. Grundkonzeptionen der *Bismarckschen* Verfassungswerke

Nach dem preußischen Sieg im Krieg gegen Österreich 1866 stand einer staatlichen Einigung in Norddeutschland nichts mehr im Wege.[42] Am 18. August 1866 schloss Preußen mit den Staaten nördlich des Mains mit Ausnahme der mecklenburgischen Staaten[43] das Augustbündnis.[44] Dieses enthielt neben Beistands- und Defensivabreden einen Fahrplan zur staatlichen Einigung Norddeutschlands: Binnen eines Jahres, dann sollte das Bündnis gem. Art. 6[45] erlöschen, mussten sich die Mitgliedstaaten über die Gründung eines gemeinsamen Staatsgefüges verständigen. Diese Eile war gewollt, um in einem kurzen Zeitraum widerstrebende Interessen unter Druck zur Einigung zu zwingen.[46]

Bismarck gab im Vorfeld der Verhandlungen über die neue Verfassung mehrere Entwürfe in Auftrag. Ein Vorschlag kam vom Historiker *Max Duncker*, welcher sich stark an der Paulskirchenverfassung orientierte. Danach wären dem Bund sogar mehr Kompetenzen zugebilligt worden, als dies die Verfassung von 1849

---

39 *Zorn*, Streitfragen des deutschen Staatsrechts, ZgS 1881, 292 (321); Darstellung des Streitstands bei *Holste*, Der deutsche Bundesstaat im Wandel, 2002, S. 118 f.; *Stern*, Das Staatsrecht der Bundesrepublik Deutschland, Band V, 2000, S. 298 ff.; *Böhmer*, Die Europäische Union im Lichte der Reichsverfassung von 1871, 1999, S. 100 ff.

40 Siehe hierzu auch unten B III 1 b bb (3) (3.2).

41 *Huber*, Deutsche Verfassungsgeschichte, Band IV, 1969, S. 216 ff.

42 *Aegidi*, Die völkerrechtlichen Grundlagen einer neuen Gestaltung Deutschlands, Zeitschrift für deutsches Staatsrecht und deutsche Verfassungsgeschichte, 1867, 522 ff.

43 Mit diesen schloss Preußen später Separatverträge, die wegen der dort erforderlichen landständischen Zustimmung Sonderklauseln enthielten; vgl. *Meyer*, Lehrbuch des deutschen Staatsrechts, 1899, S. 158.

44 Zur Entstehung *Bornhak*, Deutsche Verfassungsgeschichte, 1934, S. 447.

45 Abgedruckt bei *Kotulla*, Deutsches Verfassungsrecht 1806–1918 Band 1, 2006, Dok. 116.

46 *Kotulla*, Deutsches Verfassungsrecht, 2006, S. 195; ebenso *Engelberg*, Bismarck. Urpreuße und Reichsgründer, 1985, S. 645.

vorgesehen hatte. Wie 1849 sollte ein neuer Zentralstaat über den Einzelstaaten installiert werden.[47]

Bismarcks enger Vertrauter *Wagener* steuerte einen Entwurf bei, der durch die dominante Stellung des preußischen Königs als Reichsoberhaupt geprägt war. Dieses Konzept ging ebenfalls davon aus, dass die Landesherren ihre Souveränität opfern mussten.[48]

Letztlich war *Bismarck* mit den aus seiner Sicht zu offensichtlich zentralistischen Entwürfen nicht zufrieden. Er selbst stellte nun in den sog. Putbusser Diktaten die wesentlichen Grundsätze der neuen Staatsordnung auf.[49]

Zentrales Motiv bei der Verfassungsgebung für den Norddeutschen Bund war das Bestreben *Bismarcks*, kurzfristig Widerstände sich sträubender Nordstaaten wie Sachsen zu überwinden[50] und auf mittlere Sicht die süddeutschen Staaten zu integrieren.[51] Dies äußerte sich insbesondere in der an Art. 23 GG a.F. erinnernden Beitrittsklausel des Art. 79 der Norddeutschen Bundesverfassung (NBV). Ferner ist der durch die Verfassungshistoriker bedauerte Verzicht auf einen Grundrechtsteil in der Verfassung[52] in diesem Kontext verständlich. *Bismarck* wollte so möglichen Vorbehalten der Länder südlich des Mains vorgreifen[53] und zugleich aus seiner Sicht einen der Geburtsfehler der Paulskirchenverfassung von 1848, nämlich eine gänzlich neue Zentralgewalt über den deutschen Einzelstaaten zu konstituieren, vermeiden. Die Debatte um die konkrete Ausgestaltung des neuen Reichskörpers, insbesondere in der Frage des Staatsoberhauptes, der Größe des zu schaffenden Gebildes sowie des Grundrechtskataloges, hatte derart viel Zeit in Anspruch genommen, dass sich die alte Ordnung wieder gegen die Revolution wenden konnte.[54]

---

47 Vgl. hierzu z.B. *Bismarcks* drängende Rede vor dem verfassungsgebenden Reichstag, abgedruckt bei *Beumelburg*, Bismarck gründet das Reich, 1932, S. 309 f.

48 *Becker*, Bismarcks Ringen um Deutschlands Gestaltung, 1958, S. 227 f.

49 Teilweiser Abdruck bei *Triepel*, Vorgeschichte der Norddeutschen Bundesverfassung, in: Festschrift für Otto Gierke, Weimar 1911, 589 (642 ff.).

50 *Triepel*, Vorgeschichte der Norddeutschen Bundesverfassung, in: Festschrift für Otto Gierke, Weimar 1911, 589 (623); auch Hamburg versuchte z.B. seine Unabhängigkeit in größtmöglichem Maße zu bewahren; *Schönhoff*, Hamburg im Bundesrat, 1967, S. 122 f.

51 Zu deren mehrheitlich preußenskeptischen Haltungen *Stern*, Das Staatsrecht der Bundesrepublik Deutschland, Band V, 2000, S. 330 f.; eine derartige Entwicklung prognostizierte bereits *Aegidi*, Die völkerrechtlichen Grundlagen einer neuen Gestaltung Deutschlands, Zeitschrift für deutsches Staatsrecht und deutsche Verfassungsgeschichte, 1867, 522 (525).

52 *Frotscher/Pieroth*, Verfassungsgeschichte, 2005, Rn. 442; einziges in der Verfassung verbrieftes grundrechtsähnliches Recht war das Indigenat gem. Art. 3 Abs. 1 NBV/RV.

53 *Schuster*, Einführung, in: ders. (Hrsg.), Deutsche Verfassungen, 1980, S. 10.

54 *Pauly*, Die Verfassung der Paulskirche und ihre Folgewirkungen, in: Isensee/Kirchhof (Hrsg.), Handbuch des Staatsrechts, Band I, 2003, § 3, R. 43; insbesondere die Ausarbeitung des Grundrechtskatalogs erwies sich als zu zeitintensiv; *Zuleeg*, Charta der Rechte des Bürgers in der Europäischen Gemeinschaft, in: von Münch

Bismarck beugte langwierigen Verhandlungen vor, indem er den Ländern weit entgegenkam. Die Souveränität des neuen Gebildes sollte in der Hoheitsgewalt ihrer Mitglieder wurzeln.[55] Ziel dieses politischen Kunstgriffs, der in der Folgezeit aber die juristische Frage nach der Verortung der staatlichen Souveränität bewusst offen ließ,[56] war es, dass sich die deutschen Länder vordergründig unter größtmöglicher Wahrung ihrer Eigenstaatlichkeit und Eigenart in die neue Ordnung einfügen konnten.[57] Deshalb war die angestrebte Staatsordnung formal stark föderalistisch ausgelegt.

Die Reichsverfassung bezog sich in diesem Sinne nicht auf die Verfassungsordnung des Alten Reiches, sondern benannte in realpolitischer Anknüpfung an die Strukturen des Deutschen Bundes die bestehenden deutschen Territorialstaaten als Bundesglieder. *Bismarck* erteilte damit der an die Persönlichkeit des Monarchen geknüpften Souveränität eine entschiedene Absage. Die Relevanz dieser Wertung wurde im Lauf der Verfassungsgeschichte des Reiches deutlich, als z.B. nach dem Aussterben der Herrscherfamilie in Reuß-Ältere Linie 1902 keine Realunion mit dem Staat Reuß-Jüngere Linie hergestellt wurde, sondern die beiden Länder lediglich in Personalunion regiert wurden.[58]

Bismarck wollte die nationale Einheit unter preußischen Vorzeichen verwirklichen. Dass preußische Interessen bei der Einigung dem Prinzip monarchischer und einzelstaatlicher Souveränität vorgingen, zeigt anschaulich die Annexionspolitik Preußens. Auf ihre Unabhängigkeit bedachte, preußenfeindliche Staaten wie Kurhessen wurden dem preußischen Staat einverleibt, um die Rheinprovinzen mit den alten Landesteilen zu verbinden. Strategisch und wirtschaftlich für Preußen wenig bedeutende, aber dafür mediatisierungswillige Länder, wie Waldeck-Pyrmont, wurden nicht integriert.[59]

(Hrsg.), Staatsrecht-Völkerrecht-Europarecht, Festschrift für Hans Jürgen Schlochauer, 1981, 983 (987).

55 *Hartung*, Deutsche Verfassungsgeschichte, 1950, S. 276. Die Begründung zentraler Souveränität durch die Souveränität der Länder wurde bereits von Zeitgenossen als deutsche Eigenart in Abgrenzung zu den demokratisch verfassten USA verstanden; vgl. dazu schon vor der Reichseinigung 1865 *von Treitschke*, Bundestaat und Einheitsstaat, in: Ders., Historische und politische Aufsätze, 1886, S. 178.

56 *Oeter*, Souveränität und Demokratie als Probleme der „Verfassungsentwicklung" der Europäischen Union, ZaöRV 1995, 659 (664 ff.); *Schmitt*, Der Hüter der Verfassung, Berlin 1996, S. 72 machte das die deutsche Verfassungsordnung bis in die Weimarer Zeit hinein prägende Ringen zwischen zentrifugalen und zentripetalen Bewegungen als destabilisierenden Faktor aus.

57 *Binding*, Die rechtliche Stellung des Kaisers im heutigen Deutschen Reiche, 1898, S. 9; *Hesse*, Grundzüge des Verfassungsrechts der Bundesrepublik Deutschland, 1999, S. 98.

58 *Matz*, Länderneugliederung, 1997, S. 51 f. m.w.N.

59 *Holste*, Der deutsche Bundesstaat im Wandel (1867–1933), 2002, S. 101; Waldeck übertug aber beinahe seine gesamte Staatsgewalt per Vertrag auf Preußen, Vertrag vom 18. Juli 1867, Preuß. GS 1868, S. 1 ff.; hierzu *Bornhak*, Wandlungen der Reichsverfassung, AöR 26 (1910), 373 (396). An dieser Stelle setzte der nationalliberale

Die föderale Struktur der Verfassung war zu einem großen Teil als Deckmantel für preußische Großmachtinteressen konzipiert. Auf dem Papier sollte kein preußisches Kaiserreich bestehen, tatsächlich aber „dieselbe dominierende Stellung“[60] Preußens gesichert werden. Das Einigungswerk *Bismarcks* ging daher nicht von der souveränen Gleichheit seiner Teilstaaten aus, sondern diente dazu, die in den Einigungskriegen gewonnene Vorherrschaft rechtlich zu konservieren.[61]

Bismarck setzte dabei auf den Faktor Zeit. Durch die Zentralisierung von Militär- und Wirtschaftsfragen, wie sie sich besonders am Kompetenzkatalog des Art. 7 NBV ablesen lässt, sollte ein Integrationsprozess entstehen, der „einmal auf die Bahn gebracht, aus sich selbst die Kraft zu immer wachsender Geschwindigkeit ziehen würde“[62]. Diese Vorstellung eines sich stetig fortschreitend integrierenden Staatengebildes ähnelt dem heute präsenten Gedanken der funktionalen Integration der Europäischen Union. Die Entwicklung der Europäischen Einigung ist davon geprägt, dass die Wahrnehmung der vorrangig wirtschaftlichen Kompetenzen der Gemeinschaften die Notwendigkeit weiterer benachbarter Zuständigkeiten für die Gemeinschaft nach sich zog und zum Teil ermöglichte. Diese sog. Spill-Over-Effekte ebneten den Weg hin zum heutigen Status quo, wobei bereits die Schaffung einer über einen gemeinsamen Markt hinausgehenden politischen Union diskutiert und teilweise verwirklicht wird.[63] *Bismarck* sah entsprechend für das kommende Deutsche Reich einen zwangsläufigen Prozess hin zu einer Konzentration der Kompetenzen auf Reichsebene voraus, wobei die faktische Macht bei Preußen liegen sollte.

Als Konsequenz konnte er zur Zeit der nationalen Einigung großzügig gegenüber seinen schwächeren Verbündeten sein und ihnen eine auf den ersten Blick sehr föderale Verfassung anbieten. In seinen Putbusser Diktaten schrieb er treffend: „Man wird sich in der Form mehr an den Staatenbund halten müssen, diesem aber praktisch die Natur eines Bundestaates geben mit elastischen, unscheinbaren, aber weitgreifenden Begriffen.“[64]

Historiker *Gervinus* mit seiner zeitgenössischen Kritik am *bismarckschen* Verfassungswerk an, da er hierin ein Unrecht sah, welches nur durch eine konsequente Wiederherstellung der ehemaligen Staaten ausgeräumt werden könne und auf Dauer den Frieden in der Mitte Europas sichern könne; zit. bei: *Matz*, Länderneugliederung, 1997, S. 50.

60 So *Bismarck* zu Mitarbeitern, zit. bei: *Holste*, Der deutsche Bundesstaat im Wandel (1867–1933), 2002, S. 102; zur Integrationswirkung: *Stern*, Das Staatsrecht der Bundesrepublik Deutschland, Band V, 2000, S. 310 f.

61 *Apelt*, Hundert Jahre deutscher Verfassungsgeschichte, DRZ 1948, 149 (151).

62 Zit. bei: *Holste*, Der deutsche Bundesstaat im Wandel (1867–1933), 2002, S. 103.

63 *Winkler*, in: Grabitz/Hilf/Nettesheim, Das Recht der Europäischen Union, 2001, Art. 352 AEUV, Rn. 20.

64 Zit. bei: *Dann*, Der deutsche Weg zum Nationalstaat im Lichte des Föderalismusproblems, in: *Janz*, Zentralismus und Föderalismus im 19. und 20. Jahrhundert, 2000, S. 68.

2. Kompetenzzuwachs auf Reichsebene – Unitarisierung

Bismarck hatte den Mitgliedstaaten also bewusst eine sehr föderale Verfassung zugestanden. Dies tat er in der Überzeugung, dass sich die angestoßene Integration des Reiches von selbst weiterentwickeln würde.[65]

Diese Strategie ging letztlich auf, denn das Reich, dem über Art. 78 RV auch die Kompetenz-Kompetenz zukam, schuf sich selbst neue Gesetzgebungszuständigkeiten.[66] Hieran hatten die beiden wesentlichen Akteure im Verfassungsgefüge, das Präsidium mit der Reichsleitung und der Reichstag, großes Interesse. Der Bundesvorsitz mit seinem Verwaltungsunterbau konnte durch seinen Einfluss auf die Gesetzgebung mittelbar auf die Landesverwaltung einwirken. Der Reichstag, der jedem Gesetzesvorhaben zustimmen musste, erweiterte seine Mitsprachemöglichkeiten und sein Gewicht im Gesamtstaat.[67]

Den für die heutige Zeit bedeutendsten Kompetenzzuwachs brachte die Lex *Lasker-Miquel*,[68] die dazu führte, dass 1900 ein reichseinheitliches Gesetzbuch auf dem Gebiet des bürgerlichen Rechts in Kraft trat: das BGB.[69]

Zum Teil dehnte der Reichsgesetzgeber seine Befugnisse über den Katalog des Art. 4 RV hinaus ohne positive Verfassungsänderung aus. Eine effektive rechtliche Kontrolle dieser Überschreitungen durch die Länder im Sinne eines Bund-Länder-Streites oder gar einer Subsidiaritätskontrolle war in der Verfassung nicht vorgesehen. Beispiele für ein derartiges Hinausgehen über die Kompetenzgrenzen waren das Jesuitengesetz und auch das Sozialistengesetz.[70]

Für die Ausführung und Anwendung der neuen Gesetze blieben die Länder zuständig, sodass diese mehr und mehr Verwaltungsbezirken ähnelten, deren legislative Spielräume erheblich eingeschränkt waren.[71] Ebenso verlor Preußen, das eigentlich als Führungsland im Bund agieren sollte, mit dieser Entwicklung an Gewicht. Die enge Verzahnung von Reichsleitung und preußischer Regierung führte

---

65 Die Unitarisierungstendenzen im Reich waren dadurch verstärkt, dass die vorherige „Kleinstaaterei“ in weiten, v.a. bürgerlichen Kreisen als Makel angesehen wurde, welchen es zu überwinden galt; *Lehmbruch*, Parteienwettbewerb und Bundesstaat, 1998 S. 109.

66 Widerstände gegen die Zubilligung der Kompetenz-Kompetenz an das Reich dokumentiert *Zorn*, Streitfragen des deutschen Staatsrechts, ZgS 1881, 292 (302).

67 *Menger*, Verfassungsgeschichte der Neuzeit, 1993, Rn. 309.

68 RGBl. 1873, S. 379.

69 *Huber*, Deutsche Verfassungsgeschichte, Band 4, 1969, S. 272 ff.

70 RGBl. 1872, S. 253, RGBl. 1878 S. 351 ff.; *Hatschek*, Das Parlamentsrecht des Deutschen Reiches, Erster Teil, 1915, S. 293 f.; vgl. auch die Bedenken des Abgeordneten *von Aretin* in der zweiten Lesung des Jesuitengesetzes; Stenographische Protokolle über die Verhandlungen des Reichstags, I. Legislaturperiode, III. Session, 2. Band, 1872, S. 1063 ff.

71 *Menger*, Verfassungsgeschichte der Neuzeit, 1993, Rn. 310.

zu einer „Verreichlichung“ Preußens anstatt zu einer „Verpreußung“ des Reiches.[72] Die Eigenarten der anderen Länder begannen durch die reichseinheitliche Ausgestaltung wesentlicher Elemente der Rechtsordnung, wie dem Zivilrecht oder dem Strafrecht, zu verblassen.[73] Die Vereinigung der deutschen Staaten hatte ein Bedürfnis nach Rechtseinheit zur Konsequenz.[74] Der Norddeutsche Bund verfügte in Art. 4 NBV über eine breite Palette von Gesetzgebungskompetenzen, von denen Bundesrat und Reichstag starken Gebrauch machten, um diesem Verlangen abzuhelfen.[75]

So insbesondere war die Zeit des Bestehens des Norddeutschen Bundes von einer bemerkenswerten Zahl an Gesetzgebungsverfahren gekennzeichnet.[76] Bis heute ist z.B. die damals beschlossene Gewerbeordnung in Kraft geblieben, die eines von mehreren Gesetzen zum Erreichen eines einheitlichen Wirtschaftsraumes in Deutschland war. Hierdurch grenzte sich der neue Norddeutsche Bund deutlich vom alten Deutschen Bund, in dem kaum Reformen möglich gewesen waren,[77] ab. Die damalige Gesetzgebung funktionierte deswegen so reibungslos und effektiv, weil hier offenkundigen Erfordernissen der deutschen Einigung, wie der Schaffung eines nationalen Marktes mit einem einheitlichen Rechtsrahmen, genügt wurde. Dazu kam der rapide Wandel durch die sich fortsetzende Industrialisierung, der die Herstellung einer Rechtseinheit geradezu erzwang.[78]

---

72 *Fenske*, Deutsche Verfassungsgeschichte, 1981, S. 19. Geht man von einer preußischen Dominanz aus, so ist dieser hegemoniale Einfluss kein Indiz für eine grundsätzlich ausgewogene föderale Struktur, vielmehr ist die Hegemonie eines Gliedstaates nichts anderes als eine Form des Unitarismus; *Triepel*, Unitarismus und Föderalismus im Deutschen Reiche, 1907, S. 77; zu weit geht *Badura*, Verfassungsänderung, -wandel und -gewohnheitsrecht, in: Isensee/Kirchhof (Hrsg.), HStR VII, 1992, § 160, Rn. 14, welcher daraus in Anlehnung an *Laband*, Die Wandlungen der deutschen Reichsverfassung, 1895, S. 7 f. auf einen Verlust der preußischen Hegemoniestellung schließt.

73 *Böckenförde*, Recht, Staat, Freiheit, 1991, S. 306 f.; *Pflanze*, Bismarck, Der Reichsgründer, 1997, S. 662 spricht entsprechend vom „Niedergang des Föderalismus“.

74 *John*, The Politics of legal Unity in Germany 1870–1896, The Historical Journal, 28 (1985), S. 344 f.

75 Vgl. auch die Übersicht bei *Rehm*, Unitarismus und Föderalismus in der deutschen Reichsverfassung, 1898, S. 20.

76 Übersicht über die Gesetzgebung dieser Zeit unter Angabe der ausgeschöpften Kompetenzen bei *Kotulla*, Deutsches Verfassungsrecht 1806–1918, Band 1, 2006, Rn. 362.

77 *Von Poschinger*, Fürst Bismarck und der Bundesrat, Erster Band, 1897, S. 144.

78 *Thoma*, Das Staatsrecht des Reiches, in: Anschütz/Thoma, Handbuch des Deutschen Staatsrechts Band I, 1930, 69 (77); zusammenfassend *Weber-Fas*, Deutschlands Verfassung, 2001, S. 94 ff.

II. Die Gesetzgebungsorgane des *Bismarckschen* Verfassungssystems

1. Der Reichstag

a) Das Parlament gem. Art. 5 des Augustbündnisses von 1866

Im Einigungsprozess Deutschlands nach dem Preußisch-Österreichischen Krieg 1866 erschien im Rahmen des Augustbündnisses in dessen Art. 5 erstmals ein „Parlament“ auf der verfassungsrechtlichen Bühne. Dessen Aufgabe sollte es sein, dem Verfassungsentwurf für den Norddeutschen Bund zuzustimmen.

Binding, der mit der Verfassung als Staatsvertrag in völkerrechtlichen Kategorien dachte, hielt diese völlig neue Vorgehensweise für „undenkbar“[79], womit schon in diesem Frühstadium große Vorbehalte gegen parlamentarische Institutionen zutage traten.

An der Beteiligung eines Parlaments, die später auch im Publikandum vor der Verfassung des Norddeutschen Bundes gewürdigt wurde, war ein Wandel im Selbstverständnis der Monarchen ablesbar. Waren diese zuvor oktroyierende Verfassungsgeber, so war nun ausdrücklich von einer Vereinbarung mit dem das Volk repräsentierenden Reichstag die Rede.[80] Dieser Rückzug des monarchischen Prinzips aus der Verfassungsgebung hätte bei einer erneuten Streitigkeit i.S.d. preußischen Verfassungskonfliktes der *bismarckschen* Lückentheorie wohl die argumentative Basis[81] entzogen. Der monarchische Souverän stand nicht mehr alleine als Lückenfüller hinter der Verfassung. Damit war schon vor der eigentlichen Verfassungsgebung die Stärkung parlamentarischer Beteiligung determiniert. Von Seiten des preußischen Abgeordnetenhauses, welches um seine gestaltende Rolle fürchtete, gab es Widerstand gegen die Vereinbarung einer Verfassung mit einem reichsweiten Parlament.[82] Einige Einzelstaaten verwendeten in ihrer Publikation der Verfassung Begriffe wie „Verständigung“,[83] um den parlamentarischen Einfluss auf die Verfassungsgebung rechtlich abzuschwächen.

Jedoch offenbart gerade dieses Verhalten, dass den Ländern der Angriff auf das monarchische Prinzip bewusst war. Selbst wenn das Parlament keine der Parteien war, welche die Verfassung am Ende erlassen hatten, so spielte es dennoch eine tragende Rolle im Prozess der Verfassungsgebung. Die Konstitution des Bundes bzw. Reiches hätte ohne die parlamentarische Beteiligung eine andere Gestalt gehabt bzw. wäre ohne den Druck des Reichstages auf die Landesregierungen gar nicht

79 *Binding*, Die Gründung des Norddeutschen Bundes, 1889, S. 6.
80 *Kotulla*, Deutsche Verfassungsgeschichte, 2008, Rn. 1934.
81 *Frotscher/Pieroth*, Verfassungsgeschichte, 2005, Rn. 392.
82 *Dambitsch*, Die Verfassung des Deutschen Reiches, 1910, S. 4 f.; m.w.N. *Laband*, Deutsches Reichstaatsrecht, 1907, S. 6, Fn. 1.
83 *Becker*, Bismarcks Ringen um Deutschlands Gestaltung, 1958, S. 466.

erst entstanden. *Von Augst* sah 1917 den verfassungsgebenden Reichstag daher zu Recht als entscheidendes Moment im Prozess der Reichsgründung an.[84]

Bemerkenswert ist die Regelung des Augustbündnisses bezüglich der Wahl des Parlaments. Der Vertrag knüpfte an das Reichswahlgesetz von 1849 an, wobei die einzelnen Länder noch konkretisierende Einzelgesetze zu erlassen hatten.[85] Die Normen zur Wahl des Paulskirchenparlaments waren bis dahin alleiniges Modell für eine länderübergreifende Volkswahl in Deutschland, was diesen Rückgriff zum Teil verständlich macht. Trotzdem erscheint die pragmatische Übernahme dieser Normen, die in der Revolution von 1848 durch die damals in ihrer Macht bedrohten Fürsten gebilligt wurden, im Zuge der von oben verordneten Einigung bemerkenswert.

Motiv für die Einrichtung eines derartig demokratischen Parlaments war letztlich das Taktieren *Bismarcks.* Erstens hätte es einen Widerspruch zu seiner bisherigen Deutschlandpolitik bedeutet, auf ein demokratisches Parlament zu verzichten. Die Diskussionen über eine Reform des Deutschen Bundes z.B. hatte er 1863 u.a. durch die für den konservativ-monarchischen Vielvölkerstaat Österreich unannehmbare Forderung nach der Einrichtung einer demokratisch gewählten deutschen Nationalvertretung zum Scheitern gebracht.[86]

Sein Bestreben lag ferner darin, zügig eine nationale Einigung Deutschlands zu verwirklichen. Dabei vertraute er nicht auf die z.T. stark um ihre Souveränität bangenden Regierungen der kleineren Staaten. Vielmehr wollte er durch die Kraft eines vom nationalen Gedanken beseelten Parlaments Druck auf die Länder ausüben, um den Einigungsprozess nicht zu blockieren.[87] Dies kommt schon im Namen des Parlaments zum Ausdruck. Die Bezeichnung „Reichstag“ implizierte in Abgrenzung zum Bundesrat eine Vertretung des Gesamtstaates.

Somit strebte *Bismarck* durch die Schaffung eines demokratischen Parlaments keine Legitimation für das Projekt „Deutsches Reich“ an. Diese entsprang vielmehr den alten Rechten der meist monarchischen Gliedstaaten. Das Parlament sollte eher der Integration unter preußisch-monarchischen Vorzeichen dienen.[88] Dass

---

84 *Augst*, Bismarcks Stellung zum demokratischen Wahlrecht, 1917, S. 88 f.

85 *Kotulla*, Deutsches Verfassungsrecht 1806–1918. Band 1, 2006, Rn. 345, wobei diese Gesetze auch die Kompetenzen des Parlaments einzugrenzen versuchten.

86 *Becker*, Bismarcks Ringen um Deutschlands Gestaltung, 1958, S. 78.

87 *Bismarck* wies dazu die preußischen Beamten an, der Wahl gemäßigter Liberaler keine Steine in den Weg zu legen, da dies den Druck auf die Länder erhöhen sollte; *Pflanze*, Bismarck, Der Reichsgründer, 1997, S. 358; siehe auch *Becker*, Bismarcks Ringen um Deutschlands Gestaltung, 1958, S. 166.

88 Insbesondere hoffte *Bismarck* auch durch die Einführung der allgemeinen Wahl die in den 1860er Jahren mehrheitlich monarchisch-konservative Landbevölkerung gegen das liberale Bürgertum in Stellung zu bringen; siehe dazu den Redebeitrag *Barmeyers* in der Aussprache zu *Boldt*, Von der konstitutionellen Monarchie zur parlamentarischen Demokratie, Der Staat, Beiheft 10, 1993, 151 (183 f.); *Bouveret*, Die Stellung des Staatsoberhauptes in der parlamentarischen Diskussion und Staatsrechtslehre von 1848 bis 1918, 2003, S. 237.

Bismarck durch dessen Installation den Beginn eines Prozesses einläutete, der mit der Parlamentarisierung der Reichsleitung 1918 sein Ende fand, dürfte dieser nicht vorausgeahnt haben. Der spätere „Eiserne Kanzler" war ein Verfechter der preußischen Monarchie, die aus seiner Sicht kein „toter Maschinenteil [im] Mechanismus des parlamentarischen Regiments"[89] werden durfte, wie er 1863 im Preußischen Landtag ausführte. Die Parteien, welche später am meisten für die Kompetenzen des Reichstages kämpften, Zentrum und SPD, waren in der preußischen Politik bis dato kaum in Erscheinung getreten, so dass *Bismarck* sie in seine Erwägungen noch nicht einbeziehen konnte.[90]

Die Tatsache, dass *Bismarck* im Glauben, den Parlamentarismus für seine Zwecke einzuspannen, den Grundstein für eine Entwicklung legte, deren er selbst zu seiner Zeit nicht mehr vollständig Herr wurde, griff insbesondere der Historiker *Lothar Gall* auf. Dieser beschreibt die Rolle *Bismarcks* unter anderem in der deutschen Verfassungsentwicklung in seiner Biographie von 1980 als die eines „Weiße[n] Revolutionär[s]"[91], welcher die alte konstitutionelle Ordnung durch seine pragmatische Politik unfreiwillig aushebelte. Diese Charakterisierung wird bereits in der Überschrift des Kapitels über *Bismarcks* Wirken als Reichskanzler deutlich, wo der Kanzler als „Zauberlehrling"[92] dargestellt wird, welcher die Kräfte, die er selbst freigelegt hatte, nicht mehr kontrollieren konnte.

In den durch Eile geprägten Verhandlungen erwirkte der schon damals so genannte Reichstag, einige Änderungen zugunsten der Bundesebene und des späteren Zentralparlaments. Hier kam ihm gerade die von *Bismarck* in der Absicht, Einigungsdruck zu erzeugen, gesetzte Frist des Augustbündnisses entgegen.[93] Durch das Hinauszögern einer Entscheidung musste *Bismarck* um das Gelingen seines Einigungsplanes bangen und Zugeständnisse machen. Am stärksten fällt dies bei den Regelungen der Verfassung über das Wahlrecht auf, die insbesondere eine geheime und allgemeine Wahl festschrieben, womit es dem Reichstag glückte, die Vorschriften über seine Wahl zu konservieren. Aber auch hinsichtlich des Budgetrechts und der Gesetzgebungskompetenzen des Reiches konnte der Reichstag seine Vorstellungen z.T. durchsetzen.[94]

Andererseits durfte der Reichstag seine Verhandlungsposition nicht zu stark ausreizen, wenn er die Rolle eines parlamentarischen Legislativorgans in der kommenden Verfassung nicht aufs Spiel setzen wollte. Es bestand die durchaus berechtigte

---

89 *Holste*, Der deutsche Bundesstaat im Wandel (1867–1933), 2002, S. 104.

90 *Augst*, Bismarcks Stellung zum demokratischen Wahlrecht, 1917, S. 93.

91 *Gall*, Bismarck – Der weiße Revolutionär, 1980.

92 *Ders.*, 1980, S. 459 ff.

93 *Kotulla*, Deutsches Verfassungsrecht, 2006, S. 198 f.

94 *Mann*, Deutsche Geschichte des 19. und 20. Jahrhunderts, 1992, S. 368. Hierzu gehörten v.a. die bis auf die Heeresausgaben umfassende Haushaltskontrolle sowie das Strafrecht und Gerichtsverfahrensrecht. Die Verankerung der Kompetenz-Kompetenz beim Bund gem. Art. 78 NBV kam auch *Bismarck* entgegen; vgl. *Pflanze*, Bismarck, Der Reichsgründer, 1997, S. 363.

Furcht, dass *Bismarck* notfalls im Wege eines Oktrois der Mitgliedstaaten die Verfassung erlassen könnte.[95] Als Konsequenz scheiterten Bestrebungen, wie z.B. verfassungsrechtlich verbürgte Diäten, eine parlamentarisch verantwortliche Regierung[96] oder eine formell unitarischen Anlage des neuen Föderalstaates.[97] Ebenso konnten sich konservativ geprägte Anträge für die Schaffung eines Oberhauses im Reichstag nicht gegen *Bismarck* durchsetzen, der dem seit 1803 mediatisierten Landadel keine neue Stimme gegen die im Bundesrat vertretenen souveränen Landesherren zugestehen wollte.[98]

b) Der Reichstag im Norddeutschen Bund und im Kaiserreich

Die Verfassung des Norddeutschen Bundes (NBV) sah in Art. 20 ff. einen Reichstag vor.

Da die deutschen Länder überwiegend konstitutionelle Monarchien waren, bedurften die meisten Vorschriften keiner grundlegenden Neukonzeption. Vielmehr stand die Preußische Verfassungsurkunde Pate für die Regelungen zum Reichstag.[99]

Art. 20 NBV hob sich hiervon aber deutlich ab, denn die Volksvertretung sollte aus allgemeinen, direkten und geheimen Wahlen hervorgehen.

Letzteren Wahlrechtsgrundsatz hatte der verfassungsgebende Reichstag gegen *Bismarck*,[100] der an der aus dem preußischen Dreiklassenwahlrecht bekannten öffentlichen Stimmabgabe festhalten wollte, durchgesetzt. Die Öffentlichkeit des Dreiklassenwahlrechts hatte in Preußen die von *Bismarck* unterstützten konservativen Parteien begünstigt, da durch die öffentliche Wahlhandlung der Beeinflussung bzw. Erpressung von Wählern Tür und Tor geöffnet war.[101] Die im Reich beibehaltene geheime Wahl führte langfristig zu einer Stärkung von Parteien, welche die Rechte des Reichstags zunehmend extensiver ausübten.[102]

Was fehlte, war ein Verweis auf gleiche Wahlen. Das Wahlsystem war als Mehrheitswahlrecht konzipiert. Stimmkreise mit ca. 100.000 wahlberechtigten Einwohnern wurden gebildet, die jeweils einen Abgeordneten kürten. Problematisch war

---

95 *Becker*, Bismarcks Ringen um Deutschlands Gestaltung, 1958, S. 384. Dass *Bismarck* derartige Schritte erwog, zeigt sich z.B. in dem Geheimabkommens Preußens mit Sachsen, Sachsen-Weimar, Hessen-Darmstadt; siehe hierzu *Ogris*, Der Norddeutsche Bund, JuS 1966, 306 (308); *Zechlin*, Die Reichsgründung, 1978, S. 137; *Weber-Fas*, Deutschlands Verfassung, 2001, S. 77.

96 Auf die lex *Bennigsen* wird sogleich eingegangen.

97 *Beumelburg*, Bismarck gründet das Reich, 1932, S. 311.

98 *Piloty*, Der deutsche Reichstag. Ein Vorschlag der Bildung von zwei Häusern im Reichstag, AöR 38 (1918), 103 (117 ff., va. 125 f.).

99 *Dambitsch*, Die Verfassung des Deutschen Reiches, 1910, S. 400.

100 *Buchstein*, Freie Parlamentswahlen, ZParl 1999, 706 (716 f.).

101 *Lutz*, Zwischen Habsburg und Preußen. Deutschland 1815–1866, 1994, S. 332.

102 Gegner der öffentlichen Wahl in Preußen bezogen sich in ihren Reden häufig auf Vorfälle, bei denen aufgrund der Wahlentscheidung Kündigungen ausgesprochen wurden; vgl. *Buchstein*, Freie Parlamentswahlen, ZParl 1999, 706 (718 f.).

zu späterer Zeit, dass die Stimmkreiseinteilung nicht an die Bevölkerungsentwicklung angepasst wurde. Dies führte zu einer Überrepräsentation z.B. ländlicher Regionen Ostpreußens gegenüber schnell wachsenden Städten wie Berlin. Von diesen Divergenzen in der Erfolgswertgleichheit profitierten insbesondere konservative Parteien. So gewannen beispielsweise 1887 die Parteien des bismarcktreuen konservativen Kartells 220 der 397 Reichstagsmandate und damit eine klare Mehrheit der Parlamentsmandate, obwohl sie im ganzen Reich tatsächlich nur 36,3 Prozent der Stimmen errungen hatten.[103]

Trotzdem mutet das Reichstagswahlrecht auch im Nachhinein sehr demokratisch an,[104] wenn man sich vor Augen führt, dass z.B. im größten Land Preußen die Wahl zum Landtag durch das Dreiklassenwahlrecht beschränkt war und dieses Zensuswahlrecht sich bis 1918 gegen Reformbestrebungen behaupten konnte. Nicht von ungefähr wurde deshalb ein derart demokratisches Parlament in der spätkonstitutionalistischen Staatsrechtslehre als radikaler Bruch mit der deutschen Rechtstradition empfunden.[105] In der Praxis setzte sich im Reichstag ein Mehrparteiensystem durch, was angesichts des Mehrheitswahlrechts mit Wahlkreisen, die sich an den Grenzen der Länder orientierten, bemerkenswert war. Hierdurch wurde der unitarische Charakter des Reichstags, der damit nicht nur Spiegel regional-landsmannschaftlicher Interessen wurde, gestärkt.[106]

Die Wahlen sollten gem. Art. 24 NBV alle drei Jahre stattfinden. Die Kürze der Legislaturperiode wurde in späterer Zeit sowohl von Seiten der Abgeordneten als auch von der Reichsleitung kritisiert, da die häufigen Wahlen die parlamentarische Arbeit im Allgemeinen und eine stabile Gesetzgebungspolitik im Besonderen erschwerten.[107] Daher wurde die Wahlperiode 1888 auf fünf Jahre verlängert.[108]

Bismarck wollte kein selbstbewusstes Parlament. Um aktivistische Berufsparlamentarier zu verhindern, sah Art. 32 NBV ein striktes Diätenverbot vor, was auf Dauer zu heftigen Auseinandersetzungen führte. Die fehlende Abgeordnetenentschädigung war als gezielte Abschwächung des sehr demokratischen Wahlrechts

---

103 *Gall*, Bismarck, Der weiße Revolutionär, 1980, S. 676.

104 So auch zeitgenössisch-rechtsvergleichend mit anderen europäischen Ländern *Delbrück*, Regierung und Volkswille, 1914, S. 147.

105 Sehr kritisch und umfassend zum damals neuen Reichstagswahlrecht *von Mohl*, Kritische Erörterungen über Ordnung und Gewohnheiten des Reiches, ZgS 30(1874), 528 (531 ff.); *Dambitsch*, Die Verfassung des Deutschen Reiches, 1910, S. 404, wobei *Dambitsch* die Paulskirchenverfassung als bloßen Entwurf abtat.

106 *Rehm*, Unitarismus und Föderalismus in der deutschen Reichsverfassung, 1898, S. 25.

107 So die in der ersten Lesung der Verfassungsänderung im Reichstag vorgebrachten Argumente; vgl. Neueste Mitteilungen vom 2. Februar 1888, VII Jahrgang, S. 1; allerdings wurde parallel auch über eine Verkürzung der Legislaturperiode auf zwei Jahre diskutiert; *von Seydel*, Commentar zur Verfassungsurkunde für das Deutsche Reich, 1897, S. 204.

108 RGBl. 1888, S. 110.

gedacht.[109] Wenn schon die Stimme des einfachen Knechtes oder Arbeiters genauso viel wog wie die seines Gutsherrn oder Fabrikbesitzers, sollten wenigstens möglichst nur Kandidaten aus der politisch zuverlässigeren, finanziell potenten Oberschicht gewählt werden können. Konservative Abgeordnete des verfassungsgebenden Reichstags und *Bismarck* hofften, auf diese Weise opponierende Reichstagsmehrheiten zu verhindern.[110] Ziel war also das faktische Erreichen eines passiven Zensuswahlrechts. In der weiteren Verfassungsentwicklung war die Überwindung des Diätenverbots ein zentrales Anliegen wachsender Teile des Reichstages, womit sich auch hier ein Konfliktfeld im Verfassungsleben des Deutschen Reiches auftat.

Der Reichstag war von der Verfassung auf die klassische Rolle eines Parlaments im Konstitutionalismus beschränkt.[111] Er wirkte an der Gesetzgebung mit (Art. 5 NBV) und hatte das Recht, im Wege der Gesetzgebung über das Budget zu befinden (Art. 69 NBV). Letzteres war das einzige Kontrollrecht des Parlaments gegenüber der Exekutive. In diesem Zusammenhang unterlag das Präsidium, welches mit Kaiser und Reichskanzler die wesentlichen staatsleitenden Funktionen wahrnehmen sollte, mit der Rechnungslegungspflicht gem. Art. 72 NBV einer echten Rechtspflicht gegenüber Reichstag (und Bundesrat). Weitergehende Verpflichtungen des Präsidiums gegenüber dem Reichstag waren nicht vorgesehen. Die Verantwortlichkeit des Reichskanzlers gem. Art. 17 S. 2 RV, welche auf Druck des Nationalliberalen *Bennigsen* im verfassungsgebenden Reichstag Eingang in die Verfassung fand,[112] blieb hinsichtlich einer Verantwortung im verfassungsrechtlichen Sinne gegenüber dem Parlament eine leere Hülse.[113] Dem Reichstag war ohne Kompetenz zur Abberufung des Kanzlers keine rechtswirksame Sanktionsmöglichkeit für unverantwortliches Verhalten an die Hand gegeben.[114] Damit war die

---

109 *Bornhak*, Deutsche Verfassungsgeschichte, 1934, S. 450.

110 *Becker*, Bismarcks Ringen um Deutschlands Gestaltung, 1958, S. 438. Die liberalen Abgeordneten hatte *Bismarck* durch hinhaltende Beschwichtigungen bei der Verfassungsgebung zunächst ruhig gestellt; *Jansen*, Selbstbewusstes oder gefügiges Parlament? Abgeordnetendiäten und Berufspolitiker in den deutschen Staaten des 19. Jahrhunderts, Geschichte und Gesellschaft 25 (1999), 33 (49 f.).

111 *Brandt*, Der lange Weg in die demokratische Moderne, 1998, S. 142 f.

112 *Rauchalles*, Die Deutsche Reichsverfassung, 1907, Art. 17, Nr. 8; *Bennigsen* hatte weitergehend die Schaffung von verantwortlichen Ressortbeamten gefordert, was *Bismarck* energisch zurückwies; *Stern*, Das Staatsrecht der Bundesrepublik Deutschland, Band V, 2000, S. 303.

113 *von Seydel*, Commentar zur Verfassungsurkunde für das Deutsche Reich, 1897, S. 178 sprach in seiner ersten Auflage zunächst von einer „Phrase"; siehe ferner: *Laband*, Die Anträge auf Errichtung eines Staatsgerichtshofes für das Deutsche Reich, DJZ 1901, Sp. 1 ff.

114 Ideen, wenigstens eine rechtliche Kontrolle des Kanzlers durch die Kompetenz zur Einleitung eines Amtsenthebungsverfahrens vor einem Gericht zu installieren, setzten sich im Plenum nicht durch; vgl. *Huber*, Deutsche Verfassungsgeschichte, Band 3, 1963, S. 660 f.

Verantwortlichkeit des Kanzlers gegenüber dem Reichstag allenfalls ein politisch bestimmtes Verhältnis.[115] Ganz wertlos war die rein politische Verantwortlichkeit des Kanzlers nicht. Die Norm lieferte dem Reichstag ein Argument, um den Anspruch zu untermauern, die Arbeit des Kanzlers durch die Ausübung von Kontrollrechten, wie Anfragen, kritisch zu begleiten.[116]

2. Der Bundesrat

a) Der Bundesrat in den Verfassungsentwürfen

Der Liberale *Max Duncker* wollte in seinem für *Bismarck* ausgearbeiteten Verfassungsentwurf die Beteiligung der Länder festschreiben. Zum einen sah sein Vorschlag ein Zweikammerparlament nach Vorbild der Paulskirchenverfassung vor. Hier sollten ein von den Legislativen der Länder gekürtes Staatenhaus und ein Volkshaus nebeneinander das Hauptgesetzgebungsorgan bilden. Verwirrend war das Konzept, weil es gleichzeitig den meist monarchischen Landesregierungen mittels eines eigenen Verfassungsorgans (Bundesversammlung), einer Art dritten Kammer, Funktionen in der Willensbildung des Reiches zubilligte.[117] Damit sah dieser Vorschlag eine doppelte Länderrepräsentation auf Reichsebene vor.

Der von sehr restaurativen Motiven geprägte Konservative *Hermann Wagener* hingegen plante ein Fürstenhaus. Ihm hätten neben Fürsten und Vertretern der freien Städte auch die mediatisierten Reichsstände des alten Reiches angehört. Die Anzahl der von den Einzelstaaten zu entsendenden Vertreter sollte sich an der Stimmverteilung im Bundestag des Deutschen Bundes orientieren.[118] In diesem Entwurf scheint die konservative Gesinnung *Wageners* durch,[119] der an dieser Stelle die personenverbandstaatlichen Traditionen des Alten Reiches mit der Praxis des Deutschen Bundes vermischen wollte.

Bei *Oskar von Reichenbach*, welcher unitarisch ausgerichtet war, war ebenfalls kein exekutiv-föderales Organ im engeren Sinne, das den Ländern mittels ihrer Staatsregierungen ein Forum gegeben hätte, vorgesehen. Er bezog sich wie *Duncker* auf die Verfassung von 1848. Die Funktion des Staatenhauses im Zentralparlament sollte von den Fürstenhäusern des Reiches in einem Fürstentag wahrgenommen werden.[120] *Reichenbach* zielte mit seinem Verfassungsentwurf auf die

---

115 *Ostermann*, Die verfassungsrechtliche Stellung des Deutschen Kaisers, 2009, S. 98 f.

116 *Huber*, Deutsche Verfassungsgeschichte, Band 3, 1963, S. 661.

117 *Becker*, Bismarcks Ringen um Deutschlands Gestaltung, 1958, S. 214 ff. Entwurf abgedruckt als Anlage 1 bei *Triepel*, Vorgeschichte der Norddeutschen Bundesverfassung, in: Festschrift für Otto Gierke, Weimar 1911, S. 589 (631 ff.).; vgl. insb. §§ 41 ff. für die Bundesversammlung und §§ 50 ff. für den Reichstag.

118 *Becker*, Bismarcks Ringen um Deutschlands Gestaltung, 1958, S. 228.

119 *Albrecht*, Die „Nebensonne" in der Pflicht: Hermann Wagener als Mitarbeiter Bismarcks, in: Gall/Lappenküper (Hrsg.), Bismarcks Mitarbeiter, 2009, S. 17 ff.

120 *Becker*, Bismarcks Ringen um Deutschlands Gestaltung, 1958, S. 224.

Schaffung eines unitarisch-monarchischen Staates, in welchem dem preußischen Königshaus eine prinzipale Stellung zukommen sollte.[121]

Bismarck war von keiner dieser Ideen vollends überzeugt. Er beabsichtigte, ein Reich zu schaffen, das formell auf der Souveränität seiner Glieder basierte. Die verschiedenen Staatsordnungen der Länder sollten ihren Willen in einem zentralen Leitorgan zum Ausdruck bringen können. Gerade der preußische Staat, den der spätere Kaiser Wilhelm I. nicht preisgeben wollte,[122] hätte auf diesem Wege seine faktische Macht entfalten können.

Bismarck legte in seinem Putbusser Diktat bereits die Grundlagen für den neuen Bundesrat. Der spätere Kanzler skizzierte das Konzept eines Regierungsorgans der Länder für die Bundesebene, welches in Anlehnung an den Deutschen Bund noch Bundestag genannt wurde und gerade kein Oberhaus im englischen Sinne bedeutet hätte, sondern einen Ausgleich für den Souveränitätsverlust der deutschen Landesfürsten herstellen sollte.[123] Preußen sollte als Präsidium des Bundes in der Arbeit des Gremiums, v.a. in Militärfragen, Vorrechte genießen.[124]

Art. 6 Reichsverfassung (RV) zeigte deutlich die historischen Wurzeln des Bundesrates. Preußen sollte die *ehemaligen Stimmen* von Hannover, Kurhessen, Holstein, Nassau und Frankfurt führen. Damit bezog sich der Wortlaut auf den Bundestag des Deutschen Bundes. Die anderen Länder hatten ihre überkommene Stimmgewichtung behalten.[125] Zuvor, in Art. 6 der Verfassung des Norddeutschen Bundes, war sogar das Plenum des ehemaligen Bundestages ausdrücklich als Anknüpfungspunkt genannt.

Und doch war der Bundesrat mit dem Bundestag nicht wesensgleich. Schon die Umbenennung belegt die Abkehr vom damals unpopulären Deutschen Bund, welcher seit Ende des Wiener Kongresses den Wunsch nach nationaler Einigung unterdrückt hatte.[126] Ferner waren die Konstitution und Arbeitsweise des Bundesrates anders definiert. Der Engere Rat des Bundestages war abgeschafft worden, sodass alle Entscheidungen im Plenum getroffen wurden. Die Funktionsfähigkeit des Bundesrates war dadurch garantiert, dass die meisten Beschlüsse, ausgenommen z.B. Änderungen der Verfassung, nach Art. 7 S. 1 RV mit einfacher Mehrheit gefasst wurden. Der alte Bund „tagte“, der neue sollte effektiv handeln und

121 *Bouveret*, Die Stellung des Staatsoberhauptes in der parlamentarischen Diskussion und Staatsrechtslehre von 1848 bis 1918, 2003, S. 223.

122 *Mann*, Deutsche Geschichte des 19. und 20. Jahrhunderts, 1992, S. 384.

123 *Arndt*, Die Verfassung des Deutschen Reichs, 1913, S. 100.

124 Teilweiser Abdruck bei *Triepel*, Vorgeschichte der Norddeutschen Bundesverfassung, in: Festschrift für Otto Gierke, Weimar 1911, 589 (642 ff.).

125 *Rauchalles*, Die deutsche Reichsverfassung, 1907, Art. 6, Nr. 2. Lediglich Bayern hatte die ihm schon im Rahmen des Zollbundesrates zugestandenen zwei Stimmen zusätzlich erhalten; *Pleyer*, Föderative Gleichheit, 2005, S. 88; die Stimmen konnten auch von Vertretern geführt werden, die eine andere Landesstaatsangehörigkeit hatten; *Dann*, Parlamente im Exekutivföderalismus, 2004, S. 55.

126 *Hartung*, Deutsche Verfassungsgeschichte, 1950, S. 276.

„beraten".[127] *Bismarck*, der selbst preußischer Abgesandter am Bundestag in Frankfurt gewesen war, wollte so schwerfälligen Entscheidungsfindungen, wie sie im Deutschen Bund, bedingt durch notwendige absolute Mehrheiten bzw. z.T. sogar durch Zweidrittelmehrheiten oder Einstimmigkeit,[128] häufig anzutreffen waren, vorbeugen.[129]

Er wollte keinen *Reichs*rat installieren. Der *Bundes*rat sollte das konstitutive bündische Element des Reiches weiter in seinem Namen tragen.[130]

b) Der preußische Einfluss im Bundesrat

Dass *Bismarck* bei der Konzeption des neuen Bundesrates auf den Bundestag des Deutschen Bundes zurückgriff, überrascht auf den ersten Blick. Der Deutsche Bund und speziell die Stimmverteilung im Bundestag waren darauf ausgelegt gewesen, Preußen gegenüber den deutschen Mittelstaaten und Österreich zu schwächen.[131] Nachdem nicht nur föderale Erwägungen bei der Verfassungsgebung, sondern preußische Machtinteressen eine Rolle gespielt hatten, mussten letztere auch zum Zuge kommen. Entscheidend anders war die Stellung des Bundesrates in diesem Sinne durch die Existenz des neuen Präsidiums definiert. Der Bundestag war ein Gremium gewesen, das trotz unterschiedlicher Stimmgewichtung und einem formellen österreichischen Vorsitz durch die Gleichheit aller Mitglieder geprägt war. Art. 11 S. 1 RV ordnete dagegen die Präsidialgewalt dem König von Preußen zu, der den Titel „Deutscher Kaiser" tragen sollte. Damit knüpfte die Verfassung nicht wie ihre gescheiterte Vorgängerin 1848 an eine Dynastie, sondern gezielt an einen Mitgliedstaat an.[132] Hierdurch wurde zum Ersten das Grundkonzept der Verfassung, dass die Bundesebene im Deutschen Reich keine neue Konstruktion war, sondern sich aus der Souveränität ihrer Gliedstaaten speiste, besonders plastisch. Zum Zweiten standen Preußen als *Primus inter Pares* aber eigene Kompetenzen zu, u.a. die Vollstreckung der Bundesexekution (Art. 19 RV), der Oberbefehl über das Heer (Art. 63 RV)[133] und die völkerrechtliche Vertretung des Reiches (Art. 11 S. 2 RV).

Dass die wahre Macht nicht beim Bundesrat liegen sollte zeigen z.B. die Art. 12 und 15 Abs. 1 RV. Das Präsidium entschied grundsätzlich über die Eröffnung des Bundesrates; der Vorsitz stand dem Reichskanzler zu. Die in diesen Normen angedeutete Dominanz der preußischen Staatsspitze sollte der Ansatzpunkt für eine

---

127 *Von Poschinger*, Fürst Bismarck und der Bundesrat, Erster Band, Der Bundesrat des Norddeutschen Bundes, 1897, S. 1.

128 Vgl. Art. 7 DBA.

129 *Hartung*, Deutsche Verfassungsgeschichte, 1950, S. 248.

130 *Scholl*, Der Bundesrat in der deutschen Verfassungsentwicklung, 1982, S. 23.

131 *Mann*, Deutsche Geschichte des 19. und 20. Jahrhunderts, 1992, S. 326.

132 *Hartung*, Deutsche Verfassungsgeschichte, 1950, S. 248.

133 Mit Ausnahme des bayerischen Heeres in Friedenszeiten; vgl. Vertrag über den Beitritt Bayerns zur Verfassung des Deutschen Bundes vom 23.11.1870, § 5 III. abgedruckt bei *Kotulla*, Deutsches Verfassungsrecht, Band 1, 2006, S. 1203.

weitgehende faktische Wahrnehmung der Kompetenzen des Bundesrates durch das Präsidium werden.[134]

Der dominierende preußische Einfluss wurde durch die ihm nach Art. 6 RV übertragenen 17 der 43 Stimmen im Plenum abgerundet, welche bei Stimmgleichheit in Ratsabstimmungen gem. Art. 7 Abs. 3 RV den Ausschlag geben sollten. Dies war aber keine alleinige Mehrheit, sodass sich Preußen zumindest mit mehreren Kleinstaaten verständigen musste, um seine Ansichten durchzusetzen. Preußen, das 25 der 30 Millionen Einwohner des Norddeutschen Bundes bzw. der 41 Millionen Bewohner des Deutschen Reiches stellte und nach diesem Gesichtspunkt fünf Sechstel der Stimmen hätte beanspruchen können, verzichtete damit auf den ersten Blick auf die absolute Dominanz im Bundesrat.[135] Jedoch war dies wieder nur ein Mittel zum Zweck, um den Schein einer echten Beteiligung der anderen Bundesmitglieder zu wahren. Im Zweifel sollte mit der faktischen Dominanz Preußens jede Opposition der anderen Mitglieder gebrochen werden können.[136] Insbesondere die vielen kleinen Einstimmenstaaten wurden als empfänglich für preußische Beeinflussung eingeschätzt. Wie *Bismarck* selbst zugab, wären preußische Anliegen in einem Reich mit größeren Staaten schwerer durchsetzbar gewesen.[137]

Die 17 Stimmen ergaben sich aus den alten preußischen Stimmen im Bundesrat und den dazu addierten ehemaligen Stimmen der annektierten Gebiete. Diese Stimmverteilung zeugt davon, dass nicht nur verfassungsrechtliche Tradition und mitgliedstaatliche Souveränität die Zusammensetzung des Bundesrates prägten, sondern die Machtpolitik auf den Verfassungswortlaut durchschlug. Preußens Annexionspolitik, die, wie bereits ausgeführt, zum Teil die Eigenstaatlichkeit deutscher Fürstentümer grob missachtet hatte, wurde verfassungsrechtlich sanktioniert.

Preußen wurde zudem mit einer verfassungsrechtlichen Sonderstellung belohnt. Als einziges Mitgliedsland erreichte es alleine die Sperrminorität für Verfassungsänderungen gem. Art. 78 Abs. 1 RV. So ist die z.B. von *Jagemann* behauptete Stabilität des Stimmgewichtes als Prinzip und Geschäftsgrundlage des Bundesrates[138] eine zweifelhafte Vorstellung. Dies zeigt sich auch anschaulich an Art. 5 Abs. 2 RV. Auf den Feldern des Militärs und der Zölle, welche auf Reichsebene von zentraler Bedeutung waren, konnte gegen die Präsidialstimmen Preußens keine Neuregelung beschlossen werden.[139] Somit stand Preußen hier an entscheidender Stelle ein konservatives Vetorecht zu, was mit dem vordergründig föderalen Duktus der Reichsverfassung nicht zu vereinbaren war. Die Stimmverteilung bzw. Gewichtung der Stimmen im Bundesrat machte vielmehr neben der speziellen Stellung

134 Siehe hierzu unten C III 1 a.

135 *Ogris*, Der Norddeutsche Bund, JuS 1966, 306 (308).

136 *Becker*, Bismarcks Ringen um Deutschlands Gestaltung, 1958, S. 213 ff.

137 Zit. bei *von Jagemann*, Die deutsche Reichsverfassung, 1904, S. 82.

138 *Von Jagemann*, Die deutsche Reichsverfassung, 1904, S. 82.

139 Wobei wohl der Bundesrat und nicht ex post der Kaiser darüber zu befinden hatte, ob ein Fall des Abs. 2 vorlag; siehe die abwägenden Überlegungen bei *Arndt*, Die Verfassung des Deutschen Reichs, 1913, S. 96.

des Präsidiums die Hegemonie Preußens in dem neuen Gebilde „Deutsches Reich" deutlich.[140]

c) *Der Bundesrat als „Central-Organ" des Reiches*

Der Bundesrat war als „Central-Organ"[141] des Reiches konzipiert worden. Dies wird durch die systematische Stellung des Bundesrates in der Verfassung anschaulich. Nach allgemeinen Bestimmungen über Reichsgebiet und Reichsgesetzgebung folgten die Regelungen über die Reichsorgane. Hier war der „Bundesrath" an erster Stelle noch vor dem Präsidium und damit dem Kaiser genannt.[142] *Bismarck* wollte gerade keine erste Kammer in der Gesetzgebung schaffen,[143] sondern die Beteiligung der souveränen Mitgliedstaaten erreichen,[144] was daran ersichtlich wird, dass die Mitglieder des Bundesrates instruierte Vertreter ihrer Herkunftsländer sein sollten. *Bismarck* plante, sich auf diese Weise von einem Senatsmodell abgrenzen, wie es z.B. die Paulskirchenverfassung, inspiriert von der US-Constitution mit ihrem Staatenhaus, vorsah. Motiv hierfür war zum einen, dass *Bismarck* im Sinne seiner bundesstaatsfreundlichen Vorgehensweise der inneren Willensbildung der Mitgliedstaaten auch auf Reichsebene Geltung verschaffen wollte. Er forderte, dass in dem Votum eines Mitgliedstaates die Diagonale aller der Kräfte enthalten sein sollte, die dort tätig sind, um das Staatswesen zu bilden.[145] Diese Vorstellung ist wiederum eine Parallele zum Bundestag des Deutschen Bundes, der als „einzige und höchste Behörde des Bundes"[146] relativ gesehen noch bedeutender war.

In seiner Funktion als oberstes Reichsorgan standen dem Bundesrat neben legislativen auch exekutive Kompetenzen zu, so z.B. grundsätzlich der Erlass von Verwaltungsvorschriften gem. Art. 7 N. 2 RV. Preußen war in diesem Zusammenhang nach Art. 37 RV im Bereich des Zollrechts ein konservatives Veto analog Art. 5 S. 2 RV zugebilligt worden.

Besonders deutlich wurde seine Funktion als Regierungsorgan durch die Ausschüsse des Bundesrates gem. Art. 8 RV. Die Reichsverfassung sprach ausdrücklich

---

140 Zur hegemonialen Anlage auch *Weber*, Gesammelte politische Schriften, 1921, S. 225 f.

141 *Von Rönne*, Das Verfassungsrecht des Deutschen Reiches, in: Annalen des Deutschen Reiches 1871, Sp. 221.

142 *Menger*, Verfassungsgeschichte der Neuzeit, 1993, Rn. 293.

143 *Meyer*, Lehrbuch des Deutschen Staatsrechts, 1899, S. 385 ff.; die Eigenart des Bundesrates hat sich auch im Grundgesetz fortgesetzt; siehe: BVerfGE 37, 363 (370); im Ausland wurde der Bundesrat aber durchaus als Oberhaus in einem Zweikammersystem wahrgenommen; dazu auch *Foster*, Commentaries on the Constitution of the United States – Volume 1, 1896, S. 465, Fn. 18; siehe auch die aktuellere entsprechende Einordnung durch *Laufer/Münch*, Das föderative System der Bundesrepublik Deutschland, 1991, S. 40.

144 *Zorn*, Streitfragen des deutschen Staatsrechts, ZgS 1881, 292 (317).

145 Zit. bei. *Dambitsch*, Die Verfassung des Deutschen Reiches, S. 199.

146 *Jordan*, Lehrbuch des allgemeinen und deutschen Staatsrechts, 1831, S. 300.

nicht von Ministerien, die bestimmte Ressorts verwalteten. Vielmehr verwies sie typische Ressortaufgaben an ständige Ausschüsse des Bundesrates. Dem norddeutschen Reichstag, der die Einrichtung von Ministerien verlangte, entgegnete *Bismarck*: „Unser Finanzminister ist der Finanzausschuss des Bundesrates [...]"[147]. Auf diese Weise sollte die Expertise aller Einzelstaaten in die Willensbildung auf Reichsebene einfließen.[148]

In geringem Ausmaß erfüllte der Bundesrat in der von einer Verfassungsgerichtsbarkeit freien Reichsverfassung auch gem. Art. 76 f. RV judikative Funktionen.[149] Des Weiteren war er alleine gem. Art. 19 RV für den Beschluss über die Reichsexekution gegen Länder, welche ihre Bundespflichten missachteten, zuständig. Damit hatte der Bundesrat zwar im Vergleich mit Art. 19 NBV, der insbesondere in Eilfällen beim preußischen König als Bundesfeldherren inhaltliche Entscheidungsbefugnisse verortete, an Gewicht gewonnen, de facto wurde die Reichsexekution in der Verfassungsgeschichte des Reiches nie angewandt, sodass dieser auf den Druck Bayerns zurückgehende Kompetenzgewinn keine Bedeutung erlangte.[150]

Die Hauptkompetenz der Ländervertretung war das Gesetzgebungsrecht laut Art. 5 RV. Jedes der Mitglieder des Bundesrates konnte gem. Art. 7 Abs. 2 RV ein Gesetzgebungsverfahren initiieren. Die Beschlüsse wurden hier zudem mit einfacher Mehrheit gefasst. Das Gesetzgebungsrecht teilte sich die Vertretung der verbündeten Regierungen nach Art. 5 RV mit dem Reichstag, der dem Bundesrat als unitarisch-demokratisches Organ gegenüberstand.

d) Föderale Repräsentation im Bundesrat

aa) Der Beitritt der süddeutschen Staaten

Die 1871 in Kraft getretene Reichsverfassung entsprach in ihrem Wortlaut weitgehend der norddeutschen Bundesverfassung. Lediglich die Stimmverteilung im Bundesrat wurde durch den Beitritt der Staaten südlich des Mains berührt. Vor der Reichsgründung war die Stimmgewichtung im Bundestag des Deutschen Bundes Maßstab des Art. 6 NBV.

Die Vereinigung mit den süddeutschen Staaten und damit auch mit Bayern durchbrach dieses Prinzip. Das von den Wittelsbachern regierte Land war gem.

---

147 Zit. bei *von Poschinger*, Fürst Bismarck und der Bundesrat, Erster Band, Der Bundesrat des Norddeutschen Bundes, 1897, S. 275.

148 *Dambitsch*, Die Verfassung des Deutschen Reiches, 1910, S. 199.

149 Das dort vorgesehene Schlichtungsverfahren kam z.B. bei der Regelung der Thronfolge in Braunschweig und Schaumburg-Lippe zur Anwendung; siehe *Smend*, Die Zuständigkeit des Reichstages in der braunschweigischen Frage, DJZ 1913, Sp. 1347 ff. und *Binding*, Bundesrat und Staatsgerichtshof, DJZ 1899, Sp. 68 ff. Letzterer kritisierte den Bundesrat als ungeeigneten, weil wegen Eigeninteressen der dort vertretenen Staaten befangenen Schiedsrichter (Sp. 71 ff.).

150 *Dambitsch*, Die Verfassung des Deutschen Reiches, 1910, S. 389.

Art. 6 RV mit sechs Stimmen stärker repräsentiert als zu Zeiten des Deutschen Bundes. Hierfür finden sich in der Literatur unterschiedliche Erklärungen.

Laband klassifizierte die Änderung zugunsten Bayerns als ein „ius singularis“[151], welches die Bundesstellung Bayerns neben weiteren Sonderrechten modifizierte. Dieses war lediglich durch das politische Gewicht des größten süddeutschen Staates bei der Reichseinigung begründet. *Rauchalles* wollte in seinem Kommentar eine illegitime Begünstigung Bayerns nicht feststellen. Vielmehr sei es darum gegangen, „das Gewicht des bayerischen Stimmrechts im Vergleich zu demjenigen der anderen Bundesmitglieder *richtig* zu bewerten“[152].

Dabei bleibt offen, welcher Maßstab für die „richtige“ Neubewertung des bayerischen Gewichts anzulegen war. Da primär historisches Recht und nicht politische Macht für die Stimmverteilung entscheidend sein sollte,[153] tat sich innerhalb des Bundesrates eine Widersprüchlichkeit auf. Bayern, das preußenskeptische Führungsland der süddeutschen Staaten, hatte bei den Verhandlungen über seinen Beitritt große Zugeständnisse erzwungen, u.a. das höhere Stimmgewicht und den Vorsitz im eigens geschaffenen Auswärtigen Ausschuss.[154] Im Verbund mit anderen Mittelstaaten wie Sachsen und Württemberg erlangte Bayern hierdurch die Möglichkeit, eine Sperrminorität gegen preußische verfassungsändernde Vorhaben zu organisieren. Wie bei der preußischen Annexionspolitik, die auch erst Grund für den Zuwachs der preußischen Stimmen war, bestimmte an dieser Stelle wiederum faktische Macht und nicht rechtliche Tradition den Prozess der Reichseinigung.

bb) Elsass-Lothringen und das Drängen nach bundesstaatlicher Repräsentation

Das Reichsland Elsass-Lothringen strebte nach Gleichbehandlung mit den Gliedstaaten. Die schwerwiegende Diskriminierung des eroberten Gebietes, die eine Integration des Elsass in das Reich stark behinderte, äußerte sich nicht nur gesellschaftlich. So war das Recht, Vertreter in den Bundesrat entsenden zu dürfen, dem Reichsland verwehrt. Dogmatisch war dies mit der Reichsunmittelbarkeit Elsass-Lothringens begründet.[155] Die Mitglieder des Bundesrates wurden von den Regierungen der Länder ernannt, deren Souveränität Causa des Reiches war. Dem Reichsland war dagegen keine eigene Souveränität zugebilligt worden. Ein Elsass mit Sitz und Stimme im Bundesrat wäre eigentlich ein erheblicher systematischer

---

151 *Laband*, Deutsches Reichsstaatsrecht, 1907, S. 31; eine Abänderung der Stimmverteilung unterlag damit gem. Art. 78 Abs. 2 RV dem Zustimmungsvorbehalt des betroffenen Landes.

152 *Rauchalles*, Die deutsche Reichsverfassung, 1907, Art. 6, Nr. 2.

153 *Dambitsch*, Die Verfassung des Deutschen Reiches, 1910, S. 204.

154 *Willoweit*, Deutsche Verfassungsgeschichte, 2009, S. 262.

155 *Rauchalles*, Deutsche Reichsverfassung, 1897, Art. 6, Nr. 2; vgl. zu den Bestrebungen auch *Grohmann*, Exotische Verfassung, Die Kompetenzen des Reichstags für die deutschen Kolonien in Gesetzgebung und Staatsrechtswissenschaft des Kaiserreiches (1884–1914), 2001, S. 80 f.

Bruch in der Verfassung gewesen. Im Finanzwesen unterschied das Reich nicht zwischen dem Reichsland und den anderen Staaten. Im Gesetz über die Verteilung der Matrikularbeiträge 1879/80 wurde Elsass-Lothringen beispielsweise als Bundesstaat geführt, welcher ebenfalls Zahlungen an das Reich zu leisten hatte.156

Das Reichsland strebte in der Folgezeit eine Gleichstellung auch im Bundesrat an.[157] Diese Bemühungen waren von Erfolg gekrönt. Seit 1879 durften elsässische Vertreter mit Beratungsrecht an den Sitzungen teilnehmen. Mit verfassungsänderndem Gesetz vom 31. Mai 1911[158] wurde das Elsass im Bundesrat den anderen Staaten weitgehend gleichgestellt, auch wenn es den vollwertigen Status eines Bundestaates nicht erreicht hatte.[159]

Da der Kaiser gem. Art. I der im gleichen Gesetz erlassenen Verfassung des Reichslandes[160] weiterhin die Staatsgewalt im Elsass ausübte, drohte sich die Dominanz des preußischen Präsidiums zu offensichtlich zu verstärken. Über den Kaiser und preußischen König als Oberhaupt des Landes gewann die preußische Regierung de facto drei weitere Stimmen im Bundesrat. An dieser Stelle gestand Preußen im Sinne der alten Politik *Bismarcks*, den Wortlaut der Verfassung sehr bundesfreundlich zu halten, den anderen Bundesratsmitgliedern eine Ausnahme zu. Sollte die preußische Präsidialstimme in einer Abstimmung nur durch die Stimmen des Reichslandes die Mehrheit bzw. gem. Art. 7 Abs. 3 RV die entscheidende Bedeutung gewinnen, würden die Stimmen des Reichslandes nach Art. 6a Abs. 2 RV nicht gezählt.[161]

An dieser Stelle zeigte sich wiederum, dass die Zusammensetzung des Bundesrates nicht durch Tradition, sondern durch Politik geprägt war. Jedoch stellt die Aufnahme des Elsass eine neue Dimension in der Entwicklung der Stimmverteilung dar. Hatten die bisherigen Abweichungen vom alten Bundestagsschlüssel nur dem Austarieren der politischen Machtverhältnisse gedient, wurden hier weitergehende Interessen verfolgt.

Die Positionen des Elsass wurden auf Reichsebene formal nur durch die in dortigen Wahlbezirken gewählten Reichstagsmitglieder (auch wenn diese gem. Art. 29

---

156 RGBl. 1879, S. 137; insofern war Elsass-Lothringen ein „als besonderes Rechtssubjekt konstituierter Spezialfiskus des Reiches"; *Laband*, Deutsches Reichsstaatsrecht, 1907, S. 178.

157 Vgl. z.B. den gescheiterten Gesetzesvorschlag im Jahr 1905 (§ 3 des Antrags Nr. 796), Stenographische Protokolle über die Verhandlungen des Reichstags, XI. Legislaturperiode, I. Session, 8. Anlagenband, 1903/1905, S. 4774.

158 RGBl. 1911, S. 225.

159 *Preibusch*, Verfassungsentwicklungen im Reichsland Elsaß-Lothringen 1871–1918, 2006, S. 474 ff.; zur Debatte zuvor S. 74 ff.

160 RGBl. 1911, S. 225 ff.

161 Zuvor waren viel weitgehendere Beschränkungen des Stimmrechts der Bundesratsgesandten aus dem Reichsland angedacht: vgl. *Wehler*, Krisenherde des Kaiserreiches 1871–1918, 1979, S. 46 ff.

RV Vertreter des ganzen Reichsvolkes waren) vorgetragen.[162] Deshalb strebte es nach einer generellen Beteiligung und Vertretung seines Gemeinwesens bei der Entscheidungsfindung im Bundesrat. Dieses Interesse rührte nicht aus alten Rechten oder einzelstaatlicher Souveränität her, welche einen Sitz im Bundesrat traditionell legitimierten. Somit ist die 1911 erfolgte Aufwertung des annektierten Gebietes zum Mitglied mit Stimmrecht im Bundesrat als kleine Revolution in diesem Organ anzusehen. In dem Reichsorgan, das wie kein anderes Tradition und Kontinuität bewahren sollte, fand also nach *Bismarcks* Abkehr von der personal-monarchischen Souveränität eine weitere Abkehr vom monarchisch-traditionalistischen Prinzip statt. An der fortschreitenden Aushöhlung seiner Kompetenzen änderte dies freilich nichts.

3. Reichstag und Bundesrat im Spiegel der Staatsrechtslehre

Paul Laband, der führende Staatsrechtslehrer des Kaiserreichs, lehnte eine extensive Auslegung der Kompetenzen des Reichstags wegen dessen demokratischer Legitimation strikt ab. Die Basis seiner Argumentation war der Verweis auf das positiv bestehende Staatsrecht und die dort vorgesehene Kompetenzverteilung zwischen den Organen. Er äußerte gleichzeitig grundlegende Bedenken gegen die Eignung des mehrheitlichen Volkswillens bzw. des wählenden Volkes für die Legitimation staatlicher Entscheidungen.[163] Gleichzeitig wurde angesichts der Vielzahl an im Reichstag vertretenen Parteien moniert, dass dieser anders als das englische Westminstermodell mit zwei großen Parteien nicht in der Lage sei, ein stabiles parlamentarisches Regierungssystem zu stützen.[164]

Laband, der an anderer Stelle in positiver Auslegung der Verfassung zum Ergebnis kam, dass dem Reichstag eine partiell mächtigere Position zukommen müsse, wie dies bei seiner Interpretation des Art. 5 RV der Fall war, wurde diesbezüglich in der Literatur entschiedener Widerstand gegen eine Kompetenzerweiterung des Reichstages geleistet.[165]

---

162 Ab den 1890er Jahren lösten die reichsdeutschen Parteien die elsässischen Prostestparteien als Vertreter im Reichstag im Reichsland ab, was Anzeichen einer langsamen Integration war; *Wehler*, Krisenherde des Kaiserreiches 1871–1918, 1979, S. 42.

163 *Laband*, Die geschichtliche Entwicklung der Reichsverfassung seit der Reichsgründung, JöR 1907, 1 (23, Fn. 1).

164 *Delbrück*, Regierung und Volkswille, 1914, S. 129 f., S. 187 befürchtete ansonsten das „Verderben" des Reiches, lobte aber das bestehende System, welches allen größeren Parteien im Reichstag die Mitwirkung an der Willensbildung ermöglichte (S. 86).

165 *Laband* legte den Begriff der „Übereinstimmung" in Art. 5 RV so aus, dass dies als permanenter Konsens zwischen Bundesrat und Reichstag zu verstehen sei, der nach Ende der Legislaturperiode des Reichstags aufgehoben sei. Damit wäre dem Reichstag am Ende einer Wahlperiode durch den drohenden Verfall von wichtigen Gesetzgebungsprojekten eine erhebliche Verhandlungsmacht zugekommen; vgl.

Die Staatsrechtslehre kritisierte zudem häufig die Arbeitsweise des Reichstages. Insbesondere die leeren Reihen bei Plenarsitzungen wurden gerügt.[166] Mit Blick auf Art. 28 RV, der ein Anwesenheitsquorum von mindestens 50% der Abgeordneten verlangte, erscheint diese Kritik zunächst gerechtfertigt. Jedoch lag ein Schwerpunkt der parlamentarischen Arbeit bei der Mitarbeit in den Kommissionen, dem damaligen Pendant der heutigen Ausschüsse, wo die Gesetzentwürfe entwickelt oder abgeändert wurden. Diese damals verbreitete Kritik fand ihren Niederschlag in der Diätenreform von 1906, welche Abzüge bei Abwesenheit in den Reichstagssitzungen vorsah und die Bezüge auf einen Pauschalbetrag begrenzte, um keinen Anreiz für zu ausgedehnte, teils angeblich nutzlose Sitzungen zu schaffen.[167]

In der zeitgenössischen staatsrechtlichen Literatur war der Bundesrat dagegen mit positiven Erwartungen besetzt. Er sollte zum einen die Interessen des ganzen Gemeinwesens, nicht die von Parteien oder Einzelnen abbilden. Zum anderen kam ihm die Funktion zu, die föderale Struktur Deutschlands wiederzugeben, indem die Staaten als gemeinsamer Souverän mit dem Bundesrat das formal wichtigste Regierungsorgan innehatten.[168] Darüber hinaus wurde dem Bundesrat als Vertretung der Länder und landsmannschaftlicher Belange im gerade erst geeinten Reich eine zentrale Rolle als Integrationskraft zugeschrieben.[169] Die Beliebtheit des Bundesrats in der Staatsrechtslehre lässt sich wohl damit erklären, dass dieser nach außen meist geschlossen auftrat und so als Hort der Stabilität wahrgenommen wurde.[170]

Durch Letzteres wird das Streben der deutschen Staatsrechtslehre deutlich, ein nur dem Gemeinwohl verpflichtetes Staatsorgan zu schaffen. Ihren Höhepunkt fand diese immer stärkere Suche nach einem neutralen Staatswesen letztlich in der Weimarer Zeit.[171]

Gleichzeitig wurde oft die Einzigartigkeit bzw. Eigentümlichkeit des Bundesrates herausgestellt. Der Bundesrat als Organ eines Exekutivföderalismus war in seiner Zeit weltweit ein deutsches Unikum.[172]

---

auch die ablehnend-kritische Darstellung bei *Rauchalles*, Die deutsche Reichsverfassung, 1907, Art. 5, Nr. 5 und *von Seydel*, Commentar zur Verfassungsurkunde für das Deutsche Reich, 1897, S. 117 ff.

166 *Laband*, Reichsstaatsrecht, 1907, S. 76, Fn. 5 und *Fülster*, Deutsches Reichsstaatsrecht, 1913, S. 482 sprechen gleichlautend von einer Verletzung der Reichsverfassung durch die regelmäßige Unterschreitung des Anwesenheitsquorums.

167 *Dambitsch*, Die Verfassung des Deutschen Reiches, 1910, S. 476.

168 *Dambitsch*, Die Verfassung des Deutschen Reiches, 1910, S. 199.

169 *Rehm*, Unitarismus und Föderalismus in der deutschen Reichsverfassung, 1898, S. 37 ff.

170 *Huber*, Deutsche Verfassungsgeschichte, Band 3, 1963, S. 850.

171 *Gusy*, Die Weimarer Reichsverfassung, 1997, S. 439 f.

172 *Scholl*, Der Bundesrat in der deutschen Verfassungsentwicklung, 1982, S. 27.

4. Zusammenspiel der Organe

Der Bundesrat war als Hauptregierungsorgan konzipiert, um über die Ausschüsse die Aufgaben von Ministerien zu erfüllen. Die dort vertretenen Exekutiven der Länder sollten im Reichstag auf der Regierungsbank Platz nehmen und den Abgeordneten gegenüber eine geschlossene Front bilden.[173] Aus diesem Block heraus sollte keinerlei Information über widerstreitende Interessen an die Parlamentarier gegeben werden. Das Kollegium der Landesregierungen musste aus Sicht *Bismarcks* etwas „Unfaßbares"[174] bleiben, sodass der Reichstag keine Kontrollmöglichkeit des Regierungshandelns haben sollte. Diese Idee war schon von Beginn an zweifelhaft. Bereits gegenüber dem verfassungsgebenden Reichstag sträubte sich Sachsen, den durch preußische Initiative zustande gekommenen Verfassungsentwurf vor dem Parlament durch seine Präsenz zu verteidigen.[175] Gleichzeitig war der Eindruck der Geschlossenheit nur durch den Ausschluss der Öffentlichkeit bei den Bundesratssitzungen zu erzielen. Damit stand der Bundesrat wiederum mit seinem Vorgänger, dem Bundestag des Deutschen Bundes, in einer Linie. Dessen Tagungen waren seit 1828 geheim, da die Sitzungsprotokolle ab diesem Zeitpunkt nicht mehr publiziert wurden.[176] Damit schwächte sich der Bundesrat letztlich selbst, weil in der Gesellschaft der gem. Art. 22 Abs. 1 RV öffentlich tagende Reichstag als alleiniges Diskussionsforum wahrgenommen wurde.[177]

Für *Bismarck* war aber maßgeblich, dass der Reichstag sich nicht einer Reichsregierung, sondern den Vertretern der Regierungen der Länder gegenübersah.[178] Diese hatten im Konfliktfall die Möglichkeit, ihre z.T. in völlig unterschiedlichen Wahlverfahren konstituierten Landtage gegen den Reichstag „auszuspielen"[179].

---

173 *Becker*, Bismarcks Ringen um Deutschlands Gestaltung, 1958, S. 248; *Zechlin*, Die Reichsgründung, 1978, S. 135.

174 So *Bismarcks* Vision schon 1861, zit. bei *Becker*, Bismarcks Ringen um Deutschlands Gestaltung, 1958, S. 248. Im Putbusser Diktat klingt dieser Ansatz auch an. Er sah im Grundsatz vor, dass die Gesandten der Länder in ihrer „Gesammtheit" vor dem Reichstag erscheinen sollten; siehe teilweiser Abdruck des Diktats bei *Triepel*, Vorgeschichte der Norddeutschen Bundesverfassung, in: Festschrift für Otto Gierke, Weimar 1911, 589 (643).

175 *Becker*, Bismarcks Ringen um Deutschlands Gestaltung, 1958, S. 383; wobei hier traditionelle preußisch-sächsische Animositäten eine Rolle spielen; vgl. Nachw. bei *Rauh*, Föderalismus und Parlamentarismus im Wilhelminischen Reich, 1973, S. 95 f. (Fn. 18).

176 *Wegener*, Der geheime Staat, 2006, S. 239.

177 *Molitor*, Grundzüge der neueren Verfassungsgeschichte, 1948. S. 109.

178 *Preuß*, Die Organisation der Reichsregierung und der Parteien (1890), in: Preuß, Gesammelte Schriften, Band 1, Politik und Gesellschaft im Kaiserreich, 2007, 155 (159 f.).

179 *Becker*, Bismarcks Ringen um Deutschlands Gestaltung, 1958, S. 248; damit machte sich *Bismarck* das Gegenüber mehrerer Parlamente zunutze, was *Reichenbach* durch die Abschaffung des preußischen Landtages zugunsten des Reichstages

Diese Erwägung dürfte der wesentliche Grund dafür gewesen sein, warum *Bismarck* den Widerspruch zwischen preußischem Dreiklassenwahlrecht, welches liberal-konservative Mehrheiten im preußischen Abgeordnetenhaus begünstigte, und dem demokratischen Reichstagswahlrecht nie bereinigen wollte.[180]

Die klare Abgrenzung beider Organe wurde durch die Inkompatibilitätsbestimmung des Art. 9 Abs. 2 NBV erreicht. Kein Reichstagsabgeordneter durfte gleichzeitig Gesandter im Bundesrat sein. Zusammen mit der parallelen Norm des Art. 21 Abs. 2 NBV sollte sichergestellt werden, dass der personelle Einfluss des Reichstags auf die Staatsleitung durch Präsidium und Bundesrat begrenzt blieb. Die Unvereinbarkeit von Amt und Mandat erwies sich in der Folgezeit als wirksames Mittel gegen Ansätze einer Parlamentarisierung. Zum einen fehlte dem Reichstag die Fachkompetenz aus Ministerien und Reichsämtern für die effektive Kontrolle der Arbeit der Exekutive.[181] Zum anderen hinderte die Furcht, den Kontakt zur Partei zu verlieren, die Parlamentarier daran, angebotene Posten in der Reichsadministration zu übernehmen.[182]

Zentrales Motiv für die Existenz des Reichstages war weiterhin Preußens Interesse an Integration. Nachdem die Wahlkreiseinteilung nach der Bevölkerungszahl der Gebiete vorgenommen worden war, saß im Reichstag eine Mehrheit preußischer Abgeordneter, die im Zweifel nach *Bismarcks* Ansicht dazu neigen würden, die Interessen ihres Herkunftsstaates zu vertreten. Insbesondere, wenn Preußen im Bundesrat einmal gänzlich ohne Unterstützung für unitarisierende Belange sein sollte, hoffte *Bismarck* auf Druck aus dem Reichstag.[183]

In der Gesetzgebung waren übereinstimmende Beschlüsse beider Organe erforderlich, Reichstag und Bundesrat waren in dieser Hinsicht gleichgestellt. Dies erinnert an den Mechanismus des amerikanischen Kongresses, der zum Erlass eines Gesetzes gem. Art. I Sec. 7 der Constitution ebenfalls gleichlautende Beschlüsse beider Kammern benötigt. Fehlte es an übereinstimmenden Voten, kam kein Gesetz zustande.

---

auflösen wollte (S. 221 ff.). Umgekehrt sah Art. 76 Abs. 2 NBV vor, dass Verfassungsstreitigkeiten innerhalb eines Landes als Ultima Ratio im Wege der Reichsgesetzgebung, also durch Bundesrat und Reichstag, gelöst werden konnten. Damit schuf sich *Bismarck* die Möglichkeit, die preußische Verfassung über die Bundesebene zu verändern und so durch den Reichstag den preußischen Landtag zu überwinden; siehe *Pflanze*, Bismarck, Der Reichsgründer, 1997, S. 359.

180 *Augst*, Bismarcks Stellung zum demokratischen Wahlrecht, 1917, S. 101, 106 ff.

181 *Hatschek*, Das Parlamentsrecht des Deutschen Reiches, Erster Teil, 1915, S. 584 ff.

182 Dies war aus Sicht *Bennigsens* ein tragender Grund, warum dessen Ernennung zum preußischen Minister 1877 nicht zustande kam; *Goldschmidt*, Das Reich und Preußen im Kampf um die Führung, 1931, S. 44 ff.; *Weber*, Gesammelte politische Schriften, 1921, S. 162; siehe hierzu ausführlich B III 2 c aa.

183 *Becker*, Bismarcks Ringen um Deutschlands Gestaltung, 1958, S. 249; *Rehm*, Unitarismus und Föderalismus in der deutschen Reichsverfassung, 1898, S. 29.

Betrachtet man die beiden Organe im Kaiserreich und die mit ihnen verfolgten Zwecke, fällt eines deutlich auf. Sie repräsentierten Prinzipien, welche von den wesentlichen Grundströmungen des Reiches getragen wurden. Auf der einen Seite gab es die monarchisch-föderale Tradition Deutschlands, welche der Bundesrat verkörperte, zum anderen den national-demokratischen Drang hin zu weiteren Reformen, den der Reichstag widerspiegelte.

Bismarck versuchte, sich beide Prinzipien dienstbar zu machen, soweit es seiner Politik nutzte. Einerseits sollte der Bundesrat allzu demokratische oder zentralistische Vorhaben des Reichstags, die den Bestand Preußens gefährden konnten, bremsen.[184] Die Formel, der Föderalismus, verkörpert durch den Bundesrat, habe als Parlamentarisierungsblockade gedient,[185] galt andererseits ebenso umgekehrt. Der Reichstag sollte den Bundesrat bzw. die verbündeten Regierungen zwingen, unitarisierende Prozesse, von denen sich *Bismarck* preußische Machtgewinne versprach, nicht zu blockieren. Dies zeigt besonders Art. 76 Abs. 2 RV, welcher die Streitbeilegung als Ultima Ratio im Wege der Reichsgesetzgebung, also unter Beteiligung des Reichstages, vorsah.

An den Organen wird der Wertekonflikt deutlich, in dem sich Deutschland zu jener Zeit befand. Demokratisch-zentralistisches und monarchisch-bündisches Prinzip rangen in dem neuen Reichsgebilde miteinander. *Böckenförde* attestierte der Verfassung aus diesem Grund einen Zwischencharakter. Zur Zeit der Reichgründung dominierten die monarchischen Werte des Konstitutionalismus, der Parlamentarismus war im ausgehenden 19. Jahrhundert aber bereits am Werden.[186]

Während der Bundesrat in der Staatspraxis des Reiches kaum in Erscheinung trat, entfaltete der Reichstag dagegen in der Zeit bis zum Kriegsausbruch eine immer stärkere Aktivität: Anfragen, Forderungen, Resolutionen zu allen möglichen Gegenständen der Gesetzgebung und Verwaltung an Bundesrat und Reichsleitung häuften sich.[187] Auf diese Weise dokumentierte der Reichstag seinen Anspruch auf Teilhabe an den Entscheidungen der Reichsleitung und auf Kontrolle der Regierungsarbeit.[188] Konsequenz dessen war es, dass die Reichsleitung die Abgeordneten als Faktor im Verfassungsleben anerkannte. Dabei gelang es dem Reichstag durch geschickte Formulierung seiner Anträge, auch Fragen, die eigentlich in den Zuständigkeitsbereich der Länder fielen, auf Reichsebene zu diskutieren. So erreichten es z.B. die Sozialdemokraten, das preußische Dreiklassenwahlrecht über den

---

184 *Rauh*, Föderalismus und Parlamentarismus im Wilhelminischen Reich, 1973, S. 92; *Lehmbruch*, Parteienwettbewerb und Bundesstaat, 1998 S. 31 f.

185 *Nipperdey*, Deutsche Geschichte 1866–1918, Band. 2, 1992, S. 93.

186 *Böckenförde*, Der Verfassungstyp der deutschen konstitutionellen Monarchie, in: Böckenförde (Hrsg.), Moderne Deutsche Verfassungsgeschichte (1815–1914), 1972, S. 161.

187 *Holste*, Der deutsche Bundesstaat im Wandel (1867–1933), 2002, S. 229.

188 *Rauh*, Die Parlamentarisierung des Deutschen Reiches, 1977, S. 26 ff.

Vorschlag einer wahlrechtlichen Homogenitätsklausel in der Reichsverfassung im Reichstag zu thematisieren.[189]

III. Kompetenzen und deren Wahrnehmung

1. Legislativfunktion

a) Die Rolle der Reichsleitung in der Gesetzgebung

Nach *Bismarcks* Verlautbarungen während der Reichsgründung sollten die Ausschüsse des Bundesrates die Aufgaben von Ministerien wahrnehmen.[190] In der Praxis war dies problematisch, da dem Bundesrat als Organ keine eigenen administrativen Ressourcen zur Verfügung standen, um Gesetzentwürfe zu erstellen und das ministeriale Tagesgeschäft zu bewältigen. Der Gedanke, dass die Gesandten durch Fachkompetenz ihrer Entsendestaaten gestützt werden konnten, erschien nicht bei allen damaligen Mitgliedern des Bundesrates zutreffend zu sein. Ob z.B. das kleine Fürstentum Schaumburg-Lippe genug Verwaltungskraft besaß, um zu allen Gesetzesfragen auf Reichsebene kundig Stellung zu nehmen, darf bezweifelt werden.[191] Die Schwäche der kleinen Staaten wird besonders am Beispiel Waldecks deutlich. Es ließ seine Stimme im Bundesrat durch einen preußischen Beamten führen, wodurch Preußen de facto über 18 Stimmen im Plenum verfügte.[192] Zudem war der Bundesrat durch seine föderale Gestaltung zu heterogen, um effektiv die Funktion einer reichseinheitlichen Regierung zu erfüllen.[193]

---

189 Dabei räumte der Innenstaatssekrätär *Posadowsky-Wehner* schwere Mängel des Dreiklassenwahlrechts ein; *Huber*, Deutsche Verfassungsgeschichte, Band 4, 1969, S. 375.

190 Aus diesem Grund wurden eigenständige Reichsministerien wegen der Gefährdung der Ländersouveränität verfassungsrechtlich für ausgeschlossen erachtet; vgl. *von Seydel*, Commentar zur Verfassungsurkunde für das Deutsche Reich, 1897, S. 181 ff.; auch in der Verfassungsdebatte von 1866 im Reichstag konnte sich die Forderung nach dem Reichskanzler unterstellten, eigenverantwortlichen Ressortleitern nicht durchsetzen; *Preuß*, Die Organisation der Reichsregierung und der Parteien (1890), in: Preuß, Gesammelte Schriften, Band 1, Politik und Gesellschaft im Kaiserreich, 2007, 155 (160).

191 Entsprechend *Lehmbruch*, Parteienwettbewerb und Bundesstaat, 1998 S. 63, der die Kleinstaaten als Satelliten Preußens klassifiziert; *Weber*, Gesammelte politische Schriften, 1921, S. 356 attestierte den Zwergstaaten ein „sinnloses Dasein".

192 *Molitor*, Grundzüge der neueren Verfassungsgeschichte, 1948, S. 109; *Rauchalles*, Die deutsche Reichsverfassung, 1907, Art. 1 Nr. 4; Vertrag vom 18. Juli 1867, Preuß. GS 1868, S. 1 ff. Waldeck ging erst im Jahr 1929 an Preußen, vgl. RGBl. 1928, S. 401.

193 *Binding*, Die rechtliche Stellung des Kaisers im heutigen Deutschen Reiche, 1898, S. 13.

Schon 1872 bemerkte der badische Ministerpräsident *Jolly* aus diesen Gründen, dass „der Bundesrat qua Institution nichts zu leisten“[194] vermöge.

Ferner sollte *Bismarck* gem. Art. 15 Abs. 1 RV als Reichskanzler den Vorsitz im Rat führen. Tatsächlich missachtete *Bismarck* diese Pflicht beinahe ständig und erschien kaum zu Sitzungen des Bundesrates, wodurch er den Vertretern der Mitgliedstaaten die wirksame Kontrolle und Anweisung seiner laut Art. 15 RV eigentlich nur geschäftsführenden Regierungstätigkeit erschwerte.[195] Gleichzeitig wurde versucht, aufkommende Debatten im Keim zu ersticken. Neben kurzen Beratungsfristen dienten Verständigungen zwischen Preußen und anderen Ländern im Vorfeld der Plenarsitzungen dazu, den Bundesrat zu einem bloßen „Votament“[196] zu degradieren.

Ebenso war die Verfassung stellenweise darauf angelegt, den Bundesrat zu schwächen. Der Bundesrat sollte gem. Art. 12 ff. RV nicht kontinuierlich tagen. Diese Stelle in der Verfassung macht deutlich, dass weite Teile ihres scheinbar so bundesfreundlichen Wortlautes an entscheidenden Stellen entkräftet wurden. Ein Regierungsorgan, das nicht ständig die Staatsgeschäfte ausüben sollte und damit nur über eine sehr eingeschränkte Handlungsfähigkeit verfügte, war kaum geeignet, wirklich die Aufgabe einer gubernativen Staatsleitung zu erfüllen. Das Einberufungserfordernis stellte sich in einer sehr präsidiumsdominierten Staatspraxis, welche auf eine schnelle Erledigung der eingebrachten Anträge zielte, als hinderlich heraus. Deshalb wurde seit 1883 auf die formelle Berufung verzichtet und der Bundesrat entwickelte sich de facto zu einem ständig tagenden Organ.[197] Auffallend war zudem, dass an vielen weiteren Stellen der Verfassung, wie zum Bespiel bei Art. 12 und 13 RV, Bundesrat und Reichstag in einem Zug genannt wurden, als wären sie gleichwertig.[198] Somit war die vorgebliche Führungsrolle des Bundesrates konstitutionell nicht durchweg klar verankert.

Ob *Bismarck* alle Schwächen des Bundesrates in der insgesamt sehr eiligen Konzeption des Verfassungswerkes abgesehen hat, kann dahinstehen. Grundsätzlich war er nicht gänzlich von der Durchsetzungskraft einer formellen Verfassung

---

194 Zit. bei *Rauh*, Föderalismus und Parlamentarismus im Wilhelminischen Reich, 1973, S. 91.

195 *Frotscher/Pieroth*, Verfassungsgeschichte, 2008, Rn. 428; im Vorfeld der Beratungen zur Zolltarifreform 1879 änderte der Kanzler ferner ohne Order des Bundesrates den Untersuchungsauftrag der eingesetzten Kommission zur Tabakenquête; *Schönhoff*, Hamburg im Bundesrat, 1967, S. 91.

196 *Fenske*, Deutsche Verfassungsgeschichte, 1981, S. 21; tatsächliche Debatten wurden, wenn sie überhaupt vorkamen, meist in den Ausschüssen geführt; *Rauh*, Föderalismus und Parlamentarismus im Wilhelminischen Reich, 1973, S. 114; siehe auch *Lehmbruch*, Parteienwettbewerb und Bundesstaat, 1998 S. 63.

197 *Fülster*, Deutsches Reichsstaatsrecht mit Einschluss der Allgemeinen Staatslehre, 1913, S. 420; *Arndt*, Die Verfassung des Deutschen Reichs, 1913, S. 138; *Dau Lin*, Die Verfassungswandlung, 1932, S. 34 f.

198 *Laband*, Der Bundesrat, DJZ 1911, Sp. 2.

überzeugt.[199] Daher erscheint es möglich, dass er die rechtlichen und tatsächlichen Defizite des Bundesrates zum Teil erst im Lauf seiner Regierungszeit entdeckte und für seine Interessen ausnutzte.

aa) Begrenzte Ansätze von Opposition gegen die preußische Dominanz

Nicht alle Länder waren mit dem neuen Konstrukt „Deutsches Reich" zufrieden. Beispielsweise empfanden die Regierungen Sachsens und des Kleinstaates Reuß – Ältere Linie den Verlust ihrer Souveränität zugunsten des vom ungeliebten Preußen dominierten Bundes als schmerzlich. Dies äußerte sich in einer kritischen sächsischen und in einer zeitweilig radikal-oppositionellen reußischen Mitwirkung im Bundesrat.[200] Reuß – Ältere Linie wandte sich sogar gegen Vorschläge wie das Reichsvogelschutzgesetz.[201] Ein bayerischer Gesandter im Bundesrat äußerte in dieser Zeit das Bonmot, es gebe zwei Formen von Einstimmigkeit, nämlich Beschlüsse mit und ohne Zustimmung von Reuß.[202]

Während des Bestehens des Deutschen Kaiserreiches kam es nur einmal zum Eklat. 1880 wurde Preußen zusammen mit Sachsen und Bayern von den kleineren Staaten im Bundesrat überstimmt, welche auf diese Weise nach einer ungewöhnlich offenen Debatte eine Änderung des eingebrachten Gesetzesvorschlages zur Stempelsteuer erreichten. *Bismarck* gelang es kurze Zeit später, unter anderem durch die Androhung seines Rücktritts, den ursprünglichen Antrag in erneuter Abstimmung durchzusetzen.[203] Bemerkenswert ist, dass der Reichskanzler in dieser Situation das Gewicht der Stimmmehrheit durch Berechnungen der durch sie repräsentierten Bevölkerungsteile in Frage stellte, womit wiederum das pragmatische Spiel *Bismarcks* zwischen demokratischer und monarchisch-föderaler Legitimation deutlich wird.[204]

---

199 *Mann*, Deutsche Geschichte des 19. und 20. Jahrhunderts, 1992, S. 369.

200 *Rauh*, Föderalismus und Parlamentarismus im Wilhelminischen Reich, 1973, S. 95 bzw. S. 94 (Fn. 12).

201 *Pleticha*, Deutsche Geschichte, 1993, S. 65.

202 *Rauh*, Föderalismus und Parlamentarismus im Wilhelminischen Reich, 1973, S. 94 (Fn. 12).

203 *Laband*, Deutsches Reichsstaatsrecht, 1907, S. 113 deutete *Bismarcks* Verhalten als verfassungswidrigen Versuch eines Vetos durch den Kanzler.

204 *Pflanze*, Bismarck – Der Reichskanzler, 2008, S. 248 ff., der den Vorgang auch mit „Disziplinierung des Bundesrates" überschreibt. *Bismarck* äußerte, dass eine Überstimmung der Bevölkerungsmehrheit dem Geist der Verfassung zuwiderlaufen würde (vgl. S. 251); in diese Richtung ebenfalls *Dambitsch*, Die Verfassung des Deutschen Reiches, 1910, S. 205. Bereits 1878 hatte *Bismarck* mit der Androhung seines Rücktritts kurz vor der bedeutenden Berliner Konferenz den Widerstand des liberalen Badens gegen den Beschluss zur Reichstagsauflösung im Zuge der konservativen Wende hin zur Schutzzollpolitik gebrochen; vgl. *Stürmer*, Deutsche Geschichte, Berlin 1994, S. 217 f.

Auf der anderen Seite nutzten die meisten kleineren Mitgliedstaaten den Bundesrat nicht für eine systematische, aktive Opposition gegen die preußischen Machtstrukturen auf Reichsebene. Dies lag zum großen Teil an der faktischen Macht Preußens. 70% des Reichsgebietes und über 50% der Einwohner des Reiches waren preußisch.[205] Ebenso befanden sich die bedeutendsten Wirtschaftsgebiete, wie das Ruhrgebiet, im Hohenzollernreich. Damit war Preußen wirtschaftlich und politisch in einer unangefochtenen Hegemonialstellung. Ein die föderale Ordnung belebender Herausforderer um die beherrschende Stellung im Reich, wie es Österreich im Deutschen Bund war, fehlte in der föderalen Ordnung des Reiches. Selbst Bayern, das sich bei der Reichseinigung eine große Zahl an Reservatrechten sichern konnte,[206] war in der Folgezeit trotz einzelner Zugeständnisse kein Gegenpol zur preußischen Vormacht. Ein echter Diskurs zwischen den Bundesstaaten fand in der Staatspraxis kaum statt, insbesondere wurde der Bundesrat nicht als Forum der Länder genutzt. Die föderale Anlage der Verfassung konnte die tatsächliche Konzentration der Zentralgewalt in den Händen Preußens im Ergebnis kaum verschleiern, sodass *Laufer/Münch* das Reich zu recht materiell als pseudo-föderales System einordnen.[207]

bb) Die Herausbildung einer Reichsverwaltung unter dem preußischen Präsidium

Wie dargestellt war aus praktischen und rechtlichen Gründen eine Abkehr vom Gedanken einer Bundesratsregierung geboten, um die Handlungsfähigkeit der Bundesexekutive zu bewahren.

Schon bald nach der Gründung des Norddeutschen Bundes wuchs das Bedürfnis, eine die Politik des neuen Gebildes koordinierende Leitungsbehörde zu kreieren. Noch eng am Wortlaut der Verfassung, die in Art. 15 RV einen „Reichskanzler" vorsah, war die konsequente Installation eines administrativen Unterbaus für das Reichskanzleramt, was 1867 mit der Schaffung dreier Abteilungen im damaligen Bundeskanzleramt des Norddeutschen Bundes erfolgte.[208] Dieses Amt stand personell und lokal dem Bundesrat sehr nahe. Amtsträger im Kanzleramt hatten auch Funktionen im Bundesrat inne und das gemeinsame Büropersonal bediente sich der gleichen Immobilien. Man konnte auf Grund der sich zunehmend verstärkenden Verflechtungen durchaus von einer „Geschäftsgemeinschaft"[209] der beiden Organe sprechen.

205 *Frotscher/Pieroth*, Verfassungsgeschichte, 2005, Rn. 452.

206 Selbst diese wurden in der Staatspraxis, z.B. im Militärwesen, in großem Maße von der Reichsgesetzgebung beeinflusst; *Laband*, Die geschichtliche Entwicklung der Reichsverfassung seit der Reichsgründung, JöR 1907, 1 (7).

207 *Laufer/Münch*, Das föderative System der Bundesrepublik Deutschland, 1991, S. 44 f.

208 *Kotulla*, Deutsches Verfassungsrecht 1806–1918. Band 1, 2006, Rn. 522.

209 *Meisner*, Bundesrat, Bundeskanzler und Bundeskanzleramt (1867–1871), in: Böckenförde (Hrsg.), Moderne deutsche Verfassungsgeschichte (1815–1914), 1981, S. 77 ff. (S. 88 f.).

Der Vorstoß *Bennigsens*, eine Kanzlerverantwortlichkeit in der Reichsverfassung zu normieren, hatte für die Kontrolle des Kanzlers durch den Reichstag keine rechtliche Wirkung.[210] Aber für die Kompetenzen des Bundesrates im Verhältnis zum Reichskanzler war die Lex *Bennigsen* folgenreich. Der Kanzler wurde hierdurch als verantwortlicher Reichsminister benannt, der den anderen Organen zumindest Rechenschaft schuldig war.[211] Damit war die Idee einer völlig unverantwortlichen Bundesratsregierung, welche *Bismarck* seinen Aussagen nach anstrebte,[212] schon zu dieser Zeit nicht realistisch.[213]

Der Posten des Kanzlers war durch die Übernahme der politischen Verantwortlichkeit über die Gegenzeichnung statt des rein formellen Vorsitzes über die Bundesratssitzungen das zentrale politische Amt des späteren Reiches geworden. Preußen war die Initiative des Reichstags zur Kanzlerverantwortlichkeit nicht unwillkommen, da dadurch letztlich die Stellung des Präsidiums gegenüber dem Bundesrat weiter gestärkt wurde und der neue Bund sich in Richtung eines konstitutionell-monarchischen Systems entwickelte.[214] Daher entschied sich *Bismarck*, anstatt hinter der machtlosen Reichsleitung, versteckt vom preußischen Staatsministerium aus diskret die Fäden zu ziehen, selbst das Amt des Kanzlers übernehmen.[215] *Bennigsens* erfolgreiches Wirken an dieser Stelle war also ebenso ein Beleg für *Bismarcks* Annahme, dass der demokratisch gewählte Reichstag dazu dienen sollte, den verbündeten Regierungen Zugeständnisse in den Verfassungsverhandlungen abzuringen.

Aus diesem Grund war *Bismarck* auch genötigt, auf Reichsebene eigentlich vom Grundansatz der Verfassung nicht vorgesehene Ministerialstrukturen zu gründen. Dabei ging es dem Reichskanzler darum, den preußischen Einfluss auf Reichsebene zu sichern und auszubauen. Deshalb lag es nahe, die bestehende Kompetenz und Verwaltungskraft der preußischen Administration zu nutzen. Der Großteil der eingebrachten Gesetzentwürfe stammte bereits aus der Feder preußischer Ministerien.[216] So ging aus dem preußischen Außenministerium 1871 das Auswärtige Amt als erste Reichsbehörde hervor.[217]

---

210 B II 1 b.

211 *Zorn*, Das Staatsrecht des Deutschen Reiches: Verfassungsrecht, 1895, S. 254, S. 258.

212 *Bismarck* plante ursprünglich, den Posten einem Beamten im preußischen Außenministerium zuzuweisen; *Ogris*, Der Norddeutsche Bund, JuS 1966, 306 (309).

213 *Preuß*, Die Organisation der Reichsregierung und der Parteien (1890), in: Preuß, Gesammelte Schriften, Band 1 Politik und Gesellschaft im Kaiserreich, 2007, 155 (160).

214 *Zechlin*, Die Reichsgründung, 1978, S. 136.

215 *Apelt*, Hundert Jahre deutscher Verfassungsgeschichte, DRZ 1948, 149 (152); *Bornhak*, Deutsche Verfassungsgeschichte, 1934, S. 449.

216 *Stürmer*, Das ruhelose Reich Deutschland 1866–1918, 1994, S. 100; *John*, The Politics of legal Unity in Germany 1870–1896, The Historical Journal, 28 (1985), S. 345.

217 *Kotulla*, Deutsches Verfassungsrecht 1806–1918. Band 1, 2006, Rn. 522. Diese auch heute gebräuchliche Bezeichnung für das deutsche Außenministerium stammt aus dieser Zeit.

In der Folgezeit wuchs das Bedürfnis nach reichseinheitlichen Verwaltungsstrukturen weiter, was auch im Misstrauen der süddeutschen Staaten gegenüber der Gestaltung der Reichspolitik durch preußische Ministerien begründet lag.[218] Daher wurden immer mehr „Reichsämter“ gegründet, so z.B. das Reichsjustizamt, das Reichspostamt, das Reichsamt des Inneren usw.[219] Die Ämter wurden von Staatssekretären geleitet, die dem Kanzler unterstanden und damit nicht im Kompetenzbereich des Bundesrates lagen. Die Rechtsposition der Leiter der Reichsämter wurde durch das Stellvertretergesetz von 1878[220] abgesichert und definiert. Die Leiter der Reichsämter wurden zugleich zu Preußischen Staatsministern ernannt, sodass diese auch personell eng mit dem größten deutschen Land verflochten waren.[221]

Die Dominanz des Präsidiums und speziell des Reichskanzlers war eine Innovation *Bismarcks,* welcher aus der Not, in die ihn die Lex *Bennigsen* durch die Kanzlerverantwortlichkeit gebracht hatte, eine Tugend machte. Ganz im Sinne seines Credos, wonach die Verfassung erst durch die reale Machtausübung entstehe, hatte er mit dem Reichskanzleramt und den Reichsämtern die zentralen Machtfaktoren im Reich ins Werk gesetzt und das eigentliche Führungsorgan Bundesrat faktisch entmachtet.[222] Gleichzeitig hatte *Bismarck* die Reichsleitung nicht als losgelöste Exekutive geschaffen,[223] sondern durch die gezielte Verklammerung der Ämter mit den preußischen Ministerien den Einfluss Preußens sichergestellt.

Die Übermacht des Präsidiums führte mit der Zeit zu einer Veränderung der Wahrnehmung der Verfassungsrealität. Dies wurde besonders mit der Thronbesteigung *Wilhelms II.* deutlich, dessen Verständnis von der Rolle des Kaisers stark von dem seines Großvaters *Wilhelms I.* abwich. Der junge Kaiser sah sich nicht mehr als Primus inter Pares der Bundesfürsten, sondern als allein herrschenden Monarchen, welcher die Regierungsgeschäfte im „persönlichen Regiment“ leitete

---

218 *Weber-Fas,* Deutschlands Verfassung, 2001, S. 86; für die Schaffung des Reichsjustizamtes 1874 sprach sich z.B. der sächsische Außenminister *von Friesen* aus, da damit der Einfluss des preußischen Justizministeriums zumindest zum Teil zurückgehe; siehe dazu: *Schönhoff,* Hamburg im Bundesrat, 1967, S. 78.

219 *Kotulla,* Deutsches Verfassungsrecht 1806–1918. Band 1, 2006, Rn. 522. 1914 existierten insgesamt neun Reichsämter, *Thoma,* Das Staatsrecht des Reiches, in: Anschütz/Thoma, Handbuch des Deutschen Staatsrechts Band I, 1930, 69 (78 f.).

220 RGBl. 1878, S. 7.

221 *Kimminich,* Deutsche Verfassungsgeschichte, 1987, S. 435.

222 So konstatiert der eigentlich die Institution des Bundesrates als stark darstellende *Bornhak,* Wandlungen der Reichsverfassung, AöR 26 (1910), 373 (389): „Die Bundesratsmitglieder im Reichstage erscheinen nur als Anhang der kaiserlichen Regierung, in der bereits das Schwergewicht liegt.“; siehe auch *Dau Lin,* Die Verfassungswandlung, 1932, S. 24.

223 Die Schaffung eines solchen unabhängigen Reichsministeriums hatte *Duncker* in seinem Verfassungsentwurf erwogen, was *Bismarck* im Sinne der Wahrung preußischer Interessen verwarf; *Bouveret,* Die Stellung des Staatsoberhauptes in der parlamentarischen Diskussion und Staatsrechtslehre von 1848 bis 1918, 2003, S. 221.

und gerade zu Beginn seiner Herrschaft die Grenzen des konstitutionellen Kompetenzgefüges z.B. durch die Ausfertigung von Erlassen ohne Gegenzeichnung, die Verlagerung von Entscheidungen in die aus Preußen übernommenen Kabinette und politisch unglückliche Kaiserreden überschritt.[224]

b) Erlass formeller Gesetze

aa) Initiativrecht

Das Initiativrecht zur Einbringung von Gesetzesvorschlägen lag beim Bundesrat und beim Reichstag.[225]

Die zentrale Aufgabe der neu geschaffenen Reichsämter bestand im Entwerfen von Gesetzesvorschlägen, die vom Bundesrat ausgehen sollten. Durch ihre Fachkompetenz und Verwaltungskraft waren sie gegenüber den schwerfälligen Ausschüssen des Bundesrates erheblich im Vorteil, sodass faktisch der Kern des Gesetzgebungsverfahrens, die Konzeption von Normen, in das preußisch dominierte Präsidium ausgelagert wurde. Dies war eine offenkundige Abkehr von der Idee, dass alle Einzelregierungen gemeinschaftlich durch ihre Vertreter ihr Fachwissen in die Gesetzgebung einbringen konnten.

Staatsrechtlich waren die Anträge des Präsidiums, die in der Mehrzahl im Namen des Kaisers vorgelegt wurden,[226] als preußische Anträge zu werten, sodass die preußischen Gesandten nicht mehr gegen diese stimmen konnten. Konsequenz dessen war es, dass die innerstaatliche Willensbildung in Preußen zu Reichsgesetzentwürfen schon vor der eigentlichen Einbringung abgeschlossen sein musste, was wiederum eine enge Zusammenarbeit von Reichsleitung und preußischen Staatsministerien notwendig machte,[227] welche meist eine Personalunion der Ämter, insbesondere des Reichskanzleramtes und des Preußischen Ministerpräsidenten, zur Folge hatte.[228]

---

224 *Ogris*, Der Norddeutsche Bund, JuS 1966, 306 (310); *Mann*, Deutsche Geschichte des 19. und 20. Jahrhunderts, 1992, S. 497 f.; *Huber*, Das persönliche Regiment Wilhelms II., in: Böckenförde (Hrsg.), Moderne Deutsche Verfassungsgeschichte (1815–1914), 1972, S. 286 ff.; *Stern*, Das Staatsrecht der Bundesrepublik Deutschland, Band V, 2000, S. 435 ff.; *Kimminich*, Deutsche Verfassungsgeschichte, 1987, S. 459.

225 *Dambitsch*, Die Verfassung des Deutschen Reiches, 1910, S. 175.

226 *Dau Lin*, Die Verfassungswandlung, 1932, S. 22.

227 *Laband*, Deutsches Reichsstaatsrecht, 1907, S. 57, Fn. 1. Aus diesem Grund blieb die vorübergehende Trennung von Reichskanzleramt und Amt des preußischen Ministerpräsidenten unter *von Caprivi* nur eine Episode. Anschaulich wird ein solcher Koordinierungsvorgang z.B. bei *Butzer*, Diäten und Freifahrt im Deutschen Reichstag, 1999, S. 259 ff. für das Zustandekommen der Diätenreform 1906 dargestellt.

228 *Preuß*, Die Organisation der Reichsregierung und der Parteien (1890), in: Preuß, Gesammelte Schriften, Band 1, Politik und Gesellschaft im Kaiserreich, 2007, 155 (168 f.); 1873 war *von Roon* zeitweise preußischer Ministerpräsident, der *Bismarck*

Die nichtpreußischen Mitglieder des Bundesrates fanden sich mit dieser faktischen Kompetenzverkürzung ab. Aus ihrer Sicht änderte sich auch nicht viel, denn statt preußischen Ministerien arbeiteten nun die preußisch dominierten Reichsämter die meisten Gesetzentwürfe aus.[229]

Gegen diese Vorlagen ist wenig Widerstand überliefert. Das Plenum des Bundesrates ließ sich meist im Sinne der preußischen Interessen lenken. Der Bundesrat wandelte sich von einem formell mächtigen, gewaltenübergreifenden Lenkungsorgan zu einer „Schleuse"[230] für Gesetzgebungsvorhaben des Präsidiums.

bb) Gesetzgebungsverfahren

(1) Einsetzung von beratenden Körperschaften zur Schwächung des Reichstages

Schon *Bismarck* glückte es nicht immer, seine Pläne durch den Reichstag zu bringen. Genannt seien z.B. Vorhaben für ein Branntwein- und Tabakmonopol des Reiches in den Jahren 1881/1882 oder für die Installation eines Volkswirtschaftsrates 1881.[231]

Besonders letzteres Vorhaben war gleichzeitig als Vorstoß zu werten, um Befugnisse des Reichstags zu beschneiden. *Bismarck* wollte Entscheidungskompetenzen der Reichsebene und damit auch des Bundesrates mit seinen zum Teil preußenskeptischen Mitgliedern[232] und vor allem des Reichstags auf beratende Selbstverwaltungskörperschaften verlagern.[233] Insbesondere erhoffte er sich im Zuge der

---

wegen seiner Erkrankungen und z.T. ungeschickten Amtsführung keine Entlastung bringen konnte; siehe *Pflanze*, Bismarck, Der Reichsgründer, 1997, S. 657; auch die Trennung unter Reichskanzler *Caprivi* und Minsterpräsident *Eulenburg* 1892–1894 blieb nur eine konfliktreiche Episode, in der die progessive Reichsleitung durch die konservative preußische Staatsregierung blockiert wurde; *Nipperdey*, Deutsche Geschichte 1866–1918, Band. 2, 1992, S. 707 f.

229 *Rauh*, Föderalismus und Parlamentarismus im Wilhelminischen Reich, 1973, S. 86 f.; *Rehm*, Unitarismus und Föderalismus in der deutschen Reichsverfassung, 1898, S. 17.

230 *Brandt*, Der lange Weg in die demokratische Moderne, 1998, S. 138; *Weber*, Gesammelte politische Schriften, 1921, S. 228 sprach von einer inhaltsleeren „Abstimmungsmaschinerie" im Bundesrat.

231 *Brandt*, Der lange Weg in die demokratische Moderne, 1998, S. 158; vgl. die Debatte und Abstimmung zum wiederholt vorgelegten Volkswirtschaftsrat im Reichstag: Stenographische Protokolle über die Verhandlungen des Reichstags, V. Legislaturperiode, I. Session, 1881/1882, S. 130 ff.

232 *Schönhoff*, Hamburg im Bundesrat, 1967, S. 110 f.

233 *Zechlin*, Die Reichsgründung, 1978, S. 188; *Goldschmidt*, Das Reich und Preußen im Kampf um die Führung, 1931, S. 76 ff. Der Abgeordnete *Bamberger* sprach in seiner Rede von der Schaffung einer „kleinen Nebenkonkurrenz" zum Reichstag; siehe dazu: Stenographische Protokolle über die Verhandlungen des Reichstags, V. Legislaturperiode, I. Session, 1881/1882, S. 134; siehe auch *Schleicher*, Das parlamentarische System, AöR 2 n.F. (1921), 257 (331).

Wende hin zur Schutzzollpolitik durch die Einbeziehung der Wirtschaftsverbände in die Gesetzgebung ein Gegengewicht zur Mehrheit für den Freihandel im Reichstag.[234] Nachdem der Reichstag die notwendigen Finanzmittel für die Einrichtung eines derartigen Beratungsorgans verweigert hatte, versuchte *Bismarck* über preußische Institutionen, wie den Preußischen Staatsrat, aus dem langfristig ein „Reichsrat" hervorgehen sollte, Entscheidungsbefugnisse im Gesamtstaat zu gewinnen.[235] Schon wegen der Besetzung dieser Körperschaften mit altgedienten Beamten und Honoratioren, denen das Gespür für die Praxis der Staatsleitung fehlte, schlug dieser Ansatz fehl.[236] An dieser Stelle wird wiederum deutlich, dass *Bismarck* eigenen Interessen den Vorrang gegenüber dem föderalistischen Gedanken gab. Durch die Gründung solcher Körperschaften wäre als parallele Konsequenz der Einfluss des eigentlichen Leitorgans, des Bundesrates, geschmälert worden.

(2) Obstruktion durch Reichstagsabgeordnete im Gesetzgebungsverfahren

Die Sessionen des Reichstags wurden im Laufe der Verfassungsentwicklung immer länger. So dauerte eine durchschnittliche Sitzungsperiode zur Zeit der Reichsgründung 81 Tage, während 1901 ca. 194 Tage angesetzt werden mussten. Diese durch häufige Beschlussunfähigkeit des Parlaments hervorgerufene Verlängerung der Sitzungsperioden[237] war auch in einer planmäßigen Blockadepolitik durch einzelne Parteien und Abgeordnete begründet. Schon im Reichstag des Norddeutschen Bundes ist der Fall einer gezielten Obstruktionspolitik überliefert. Der Abgeordnete *Schweitzer* war der Auffassung, dass der Reichstag ohne Diäten für die Abgeordneten nicht arbeitsfähig sei, und rügte mehrfach die Beschlussunfähigkeit des Gremiums, um die Entschädigungsfrage permanent über den Antrag zur Geschäftsordnung auf die Tagesordnung zu setzen.[238]

In der Folgezeit wurde neben der Einreichung von gezielten Interpellationen zur Verlangsamung des Geschäftsganges[239] bevorzugt das Mittel der namentlichen Abstimmung bemüht, um Gesetzesbeschlüsse zu verzögern oder zu verhindern. Letzteres war möglich, indem Abgeordnete eine solche Abstimmung verlangten,

---

234 *Von Wedel*, Zur Entwicklung des parlamentarischen Zweikammersystems, 2011. S. 133.

235 *Goldschmidt*, Das Reich und Preußen im Kampf um die Führung, 1931, S. 80 ff.

236 *Goldschmidt*, Das Reich und Preußen im Kampf um die Führung, 1931, S. 88 f.

237 *Jansen*, Selbstbewusstes oder gefügiges Parlament? Abgeordnetendiäten und Berufspolitiker in den deutschen Staaten des 19. Jahrhunderts, Geschichte und Gesellschaft 25 (1999), 33 (57).

238 *Hatschek*, Das Parlamentsrecht des Deutschen Reiches, Erster Teil, 1915, S. 71, Stenographische Protokolle über die Verhandlungen des Reichstags, I. Legislaturperiode, 1. Band, 1870, S. 141 f.; Stenographische Protokolle über die Verhandlungen des Reichstags, I. Legislaturperiode, 1. Band, 1870, S. 790, S. 793, S. 802 ff., S. 805. Gegen diese Praxis schon der Abgeordnete *Henning* a.a.O., S. 806 f.

239 *Laband*, Das Interpellationsrecht, DJZ 1909, Sp. 677 (Sp. 679 f.).

um anschließend nicht an dieser teilzunehmen, wodurch die Beschlussunfähigkeit des Reichstages festgestellt war. Die Einführung des Hammelsprungverfahrens zur Beschleunigung der namentlichen Abstimmungen brachte nur eine geringe Abmilderung dieser Grundproblematik.[240]

Speziell die Abgeordneten der SPD machten sich die Geschäftsordnung zunutze, um den Gesetzgebungsprozess zu verlangsamen. Trotz des für sie ungünstigen Mehrheitswahlrechts mit starrer Wahlkreiseinteilung, welches die Anhängerschaft der Sozialdemokratie in den wachsenden Arbeitervierteln der Großstädte benachteiligte, wuchs die Bedeutung der SPD im Reichstag mehr und mehr. Auch die *bismarcksche* Sozialistengesetzgebung konnte den z.T. von Rückschlägen, wie der Wahlniederlage 1907, geprägten Aufstieg der SPD im Reich nicht aufhalten. 1912 stellte sie erstmals mit 110 Abgeordneten die stärkste Reichstagsfraktion, die allerdings die absolute Mehrheit der Mandate noch bei weitem nicht auf sich vereinigte.[241]

Weil die SPD in der Tagespolitik kaum zur Mehrheitsbeschaffung gebraucht wurde, blieb ihr Einfluss auf die Gestaltung der Reichsgesetzgebung und die Arbeit der Reichsregierung lange Zeit eingeschränkt. Nur bei Vorhaben, die einen breiten gesellschaftlichen Konsens erforderten, wie die spätere Bewilligung der Kriegskredite, war ihre Mitwirkung erwünscht.

Infolgedessen suchten die sozialdemokratischen Abgeordneten neue Wege, um ihrer wachsenden Gewichtigkeit neben außerparlamentarischen Maßnahmen wie Massenstreiks auch im Reichstag Geltung zu verschaffen. Sie betrieben eine gezielte Blockadepolitik.

Hierbei nutzten die sozialdemokratischen Abgeordneten die fehlenden Redezeitbegrenzungen in der Geschäftsordnung insbesondere bei dringenden Gesetzen aus. Sie hielten extensive Dauerreden. Berühmtestes Beispiel ist die Rede des Abgeordneten *Antrick*, der bei einer Debatte 1902 acht Stunden lang ausführlich zu jedem Absatz des zu verabschiedenden Zolltarifgesetzes Stellung nahm.[242] Sinn und Zweck dieser Politik war es, durch die absichtliche Behinderung z.T.

---

240 *Hatschek*, Das Parlamentsrecht des Deutschen Reiches, Erster Teil, 1915, S. 71 f.; vgl. auch die Debatte zu entsprechenden Geschäftsordnungsänderungen am 09. April 1874, Stenographische Protokolle über die Verhandlungen des Reichstags, II. Legislaturperiode, I. Session, 2. Band, 1874, S. 141; in neuerer Zeit ist der letztgenannte Mechanismus auch im Deutschen Bundestag verwendet worden, um den Gesetzgebungsprozess zu lähmen, vgl. Deutscher Bundestag, Plenarprotokoll 17/185, S. 22216 f.

241 Die Gesamtzahl der Mandatsträger nach dem ReichtagsWahlG betrug 397 Abgeordnete; vgl. *Rauchalles*, Die deutsche Reichsverfassung, 1907, Art. 20, Nr. 4.

242 Stenographische Berichte über die Verhandlungen des Reichstages, X. Legislaturperiode. II. Session 1900/1903, Band 8, 1903, S. 7181–7225.

auch eiliger Gesetzesvorhaben Einfluss auf deren inhaltliche Gestaltung zu gewinnen.[243] Im Jahr zuvor gelang es der SPD und der Freisinnigen Partei durch Dauerreden, eine Verschärfung des StGB im Kulturwesen zu verhindern.[244]

Versuche, Verzögerungstaktiken durch Geschäftsordnungsreformen, insbesondere auf dem Wege der Stärkung der Ordnungsrechte des Präsidenten, auszuschließen, hatten nur begrenzten Erfolg.[245]

(3) Fehlende Streitbeilegungsmechanismen

Ein Vermittlungsverfahren, wie es heute z.B. mit Art. 77 Abs. 2 GG besteht, war im Kaiserreich und auch im deutschen Konstitutionalismus unbekannt. Ebenso hatte die Paulskirchenverfassung kein Ausgleichsverfahren bei Meinungsstreitigkeiten in der Gesetzgebung vorgesehen. Trotzdem wirkte sich das Fehlen eines solchen Ausschusses in späterer Zeit deutlich aus. Insbesondere wenn der Reichstag und zunehmend die die Politik des Bundesrates dominierende Reichsleitung unterschiedlicher Meinung waren, näherte sich das spätere Reich einer Staatskrise.[246] Da die Verfassung kein Forum für den geordneten Kompromiss von streitigen Fragen enthielt, mussten diese extrakonstitutionell, also politisch, geklärt werden.

Andererseits war der Verzicht auf ein Ausgleichsverfahren nicht unwillkommen. Auf diese Weise war sichergestellt, dass der Bundesrat als gleichberechtigtes Gesetzgebungsorgan im Zweifel unliebsame Vorstöße des Reichstages gänzlich unterbinden konnte. Dies war z.B. 1901 der Fall, als der Bundesrat eine vom Reichstag beschlossene Diätenreform nicht behandelte.[247] Zwar war der Bundesrat nach Art. 7 Nr. 1 RV verpflichtet, über die durch den Reichstag zugeleiteten Vorlagen zu entscheiden, ein solcher Beschluss konnte auch inhaltlich nur bedeuten, dass keine weitere Beratung erfolgen sollte und das Verfahren damit ausgesetzt war. Infolgedessen kam dem Bundesrat und damit faktisch-mittelbar der preußisch dominierten Reichsleitung ein Veto im Gesetzgebungsverfahren gegen den Reichstag zu. Umgekehrt war ebenso der Reichstag, welcher eigentlich gem. § 53 Abs. 2 RTGeschO auf einen mitgeteilten Vorschlag hin nicht zur Tagesordnung übergehen durfte, durch

---

243 *Antrick* reagierte mit seiner Rede auf die völlige Missachtung sozialdemokratischer Argumente durch Reichsleitung und konservative Mehrheit; vgl. hierzu Stenographische Berichte über die Verhandlungen des Reichstages, X. Legislaturperiode. II. Session 1900/1903, Band 8, 1903, S. 7181.

244 *Kellner*, Parlamentarische Obstruktion, ZParl 1986, 423 (431).

245 *Löwenstein*, Parlamentarismus im politischen System der Bundesrepublik, 1971, S. 38.

246 Bestes Beispiel hierfür sind die Septennatsstreitigkeiten, auf die noch einzugehen ist; vgl. *Mann*, Deutsche Geschichte des 19. und 20. Jahrhunderts, 1992, S. 448 f.

247 Die empörte Debatte im Reichstag hierzu dargestellt in: *Butzer*, Diäten und Freifahrt im Deutschen Reichstag, 1999, 220 f.

Verweisung der Vorlage an in der Folge untätige Kommissionen in der Lage, den Gesetzgebungsprozess aufzuhalten.[248]

Trotz dieser wechselseitigen Blockadepositionen fand kaum ein Austausch zwischen beiden Reichsorganen statt. Die nichtpreußischen Mitglieder im Bundesrat machten von ihren Möglichkeiten, den Dialog mit dem Reichstag zu suchen, wie etwa durch die Wahrnehmung des Rederechtes aus Art. 9 NBV bzw. RV, in der Anfangszeit des Reiches kaum Gebrauch.[249] Erst nach *Bismarcks* Entlassung, als der Gedanke bündischer Solidarität in einem föderalen Reich schon erkennbar geschwächt war, waren erste Stimmen der anderen Bundesratsmitglieder im Reichstag zu vernehmen.[250] Eine echte Kooperation von Reichstag und Bundesrat in der Gesetzgebung kam jedoch nie zustande.

Verstärkt wurde der Verzicht auf ein verfassungsimmanentes Schlichtungsverfahren in der Gesetzgebung durch das Fehlen einer eigenen Verfassungsgerichtsbarkeit. Die Reichsverfassung in ihrer föderalen Prägung sah lediglich bei bundesstaatlichen Streitigkeiten z.B. im Rahmen von Art. 76 RV/NBV quasi-judikative Konflikbeilegungsmechanismen durch den Bundesrat und z.T. den Reichstag vor. Ein geordnetes Procedere zur Klärung von Auseinandersetzungen um Rechte und Pflichten zwischen den Bundesorganen, wie es heute mit dem Organstreitverfahren im Grundgesetz fixiert ist und auch in der Paulskirchenverfassung festgeschrieben war,[251] war in der Reichsverfassung dagegen nicht verankert.[252] Dies entsprach durchaus den positivistischen Überzeugungen der damaligen Staatsrechtslehre, welche von einer grundlegenden Unabhängigkeit und von unbeschränkbaren Spielräumen der Legislative gegenüber den anderen Gewalten ausging.[253] Höchstens inzident über die Prüfung bzw. Anwendung der Reichsgesetze war nach damaliger Staatsrechtsliteratur eine Kontrolle der Kompetenzausübung von Bundesrat und Reichstag möglich.[254] Das Reichsgericht beanspruchte

---

248 Zu den wechselseitigen Blockademöglichkeiten *Dambitsch*, Die Verfassung des Deutschen Reiches, 1910, S. 175.

249 *Holste*, Der deutsche Bundesstaat im Wandel, 2002, S. 213.

250 *Rauh*, Föderalismus und Parlamentarismus im Wilheminischen Reich, 1973, S. 148 f.; *Lehmbruch*, Parteienwettbewerb und Bundesstaat, 1998, S. 66 f. berichtet z.B. von einem einmaligen Vorkommnis im Jahr 1894, als der Württembergische Ministerpräsident *Mittnacht* durch eine Wortmeldung im Reichstag diesen davon überzeugte, die durch Preußen vorangetriebene Einführung einer Weinsteuer zu verhindern.

251 Siehe § 126 b) der Paulskirchenverfassung.

252 *Binding*, Bundesrat und Staatsgerichtshof, DJZ 1899, Sp. 68 (Sp. 74 f.) forderte aus diesem Grund die Schaffung eines Staatsgerichtshofes mit entsprechenden Kompetenzen; über derartige Anträge aus dem Reichstag kritisch *Laband*, Die Anträge auf Errichtung eines Staatsgerichtshofes für das Deutsche Reich, DJZ 1901, Sp. 1 ff.

253 *Meßerschmidt*, Gesetzgebungsermessen, 2000, S. 673 f.

254 *Bönnemann*, Die Beilegung von Verfassungskonflikten vor der Zeit des Grundgesetzes, 2007, S. 116 ff.

zwar eine Prüfungsbefugnis bezüglich des korrekten Zustandekommens von Gesetzen.[255] Diese Kontrolle bezog sich jedoch hauptsächlich bei Gesetzen auf die Frage nach der Gesetzgebungskompetenz des Reiches bzw. bei Verordnungen auf die ausreichende Deckung durch eine Ermächtigungsgrundlage. Das Interorganverhältnis von Bundesrat, Reichstag und Reichsleitung blieb von dieser Rechtsprechung dagegen unberührt.[256] Ansonsten bestanden keine Ansätze zu einer gerichtlichen Kontrolle bzw. Streitbeilegung.

Konsequenz dessen war es, dass auch Kompetenzkonflikte zwischen Bundesorganen politisch gelöst werden mussten. So konnten z.B. Verstöße gegen die o.g. Rechtspflicht zur Rechnungslegung gem. Art. 72 RV im Endeffekt ohne juristische Sanktion sein.[257] Damit bestätigte sich *Bismarcks* Überzeugung, dass die wirkliche Verfassung, also die Machtverteilung zwischen den Organen, erst durch die Entwicklung in der Staatspraxis entstehen würde.[258] Mit der zunehmenden Verklammerung von Reichsleitung und Bundesrat entwickelte sich diese in die Richtung, dass de facto die Gesetzgebung zwischen dem Kanzler mitsamt seinen Stellvertretern und dem Reichstag ausgehandelt wurde.[259]

(3.1) Reichstagsauflösung als Mittel zur legislativen Konfliktlösung

Die durchsetzungsstärkste Kompetenz der Reichsleitung gegen einen opponierenden Reichstag war in Art. 24 S. 2 RV normiert. Durch Beschluss des Bundesrates war der Reichstag mit Zustimmung des Kaisers ohne Angabe von Gründen auflösbar. Da der Bundesrat, wie dargestellt, kaum gegen das Präsidium Widerstand leistete, hatte jeder Reichskanzler, der die Rückendeckung des Kaisers besaß, ein auf den ersten Blick starkes Drohmittel in Reserve. Bestand keine Möglichkeit, Kompromisse zu finden, war ohne Begründung[260] die Ausschaltung der missliebigen Gegenspieler durchführbar.

Das Mittel der Reichstagsauflösung wurde in der Geschichte des Deutschen Kaiserreiches nicht häufig angewendet. Nur 1878, 1886, 1893 und 1906 sah sich das Präsidium gezwungen, hiervon Gebrauch zu machen.

Die Lage war in allen Fällen ähnlich. Die Reichsleitung war kaum mehr in der Lage, im Reichstag Mehrheiten für ihre Vorhaben zu finden. 1878 wurde dies

---

255 RGZ 9, 232 (234 ff.); vgl. auch *Meßerschmidt*, Gesetzgebungsermessen, 2000, S. 674.

256 *Bettermann*, Reichsgericht und richterliches Prüfungsrecht. Zur Historie und Dogmatik inzidenter Normenkontrolle, in: Listl/Schambeck (Hrsg.), Demokratie in Anfechtung und Bewährung, Festschrift für Johannes Broermann, 1982, S. 491 (S. 497 f.); siehe auch RGZ 24, 1 (3).

257 *Ostermann*, Die verfassungsrechtliche Stellung des Deutschen Kaisers, 2009, S. 98.

258 *Mann*, Deutsche Geschichte des 19. und 20. Jahrhunderts, 1992, S. 369.

259 Insoweit war der im Zentrum der RV stehende Kanzler nicht nur Vermittler (hierzu *Hasselsweiler*, Der Vermittlungsausschuß. Vefassungsgrundlagen und Staatspraxis, 1981, S. 6), sondern selbst gestaltendes Element in der Gesetzgebung.

260 *Ostermann*, Die verfassungsrechtliche Stellung des Deutschen Kaisers, 2009, S. 134.

besonders deutlich. Die durch die Abkehr von der Freihandelspolitik aufgestachelten Nationalliberalen forderten eine feste Beteiligung bei der Konzeption von Gesetzgebungsprojekten durch die Reichsämter bzw. preußischen Ministerien.[261] Der Gestaltungsspielraum der preußisch geprägten Reichsleitung wäre hierdurch empfindlich verengt worden, weswegen *Bismarck*, der dazu noch Widerstand gegen seine geplanten Sozialistengesetze spürte,[262] diesem Vorstoß nicht folgen mochte. Auch 1906, als der Reichstag sich mehrheitlich weigerte, Finanzmittel zur Bekämpfung des Hereroaufstandes in Deutsch-Südwestafrika mittels eines Nachtragshaushalts bereitzustellen,[263] und so die Kolonialpolitik des Reiches grundlegend in Frage stellte, war eine solche Situation gegeben.

Letztendlich lässt sich sagen, dass die Auflösung des Reichstages lediglich eine Ultima-Ratio-Funktion für die Reichsleitung erfüllte, die zeigte, dass die Reichsleitung nicht mehr mit den Mehrheiten im Reichstag kooperieren konnte[264] und damit unfähig war, ihre Politik durchzusetzen. Ferner sorgte die Auflösung des Reichstages für Verstimmungen mit den dort vertretenen Parteien, die sich die Reichsleitung nicht dauerhaft leisten konnte, wenn sie ihren legislativen Gestaltungsanspruch nicht einbüßen wollte. Ferner verhinderte eine Reichstagsauflösung nicht, dass die Abgeordneten wieder zu den Wahlen des neuen Reichstages antreten konnten. Des Weiteren war die Gesetzgebung in der reichstagslosen Zeit bis zum Zusammentritt des neu gewählten Plenums gelähmt, sodass gerade bei besonders dringlichen Vorhaben die Auflösung des Parlaments keine ernsthafte Option war.[265]

Markant ist zudem die Rolle des Bundesrates bei den Reichstagsauflösungen. Der Bundesrat ließ sich auch bei den Auflösungsentscheidungen vom preußischen Präsidium führen. Damit war im Verfassungsleben die formelle Erschwerung der Reichstagsauflösung durch die Beteiligung zweier Staatsorgane faktisch wirkungslos.[266] Hatte der Reichskanzler 1878 noch umfangreich bei den verbündeten Regierungen sondiert, reichte es 1893 nur noch für eine Sondersitzung. 1906 wurde der Bundesrat erst nach der offiziellen Verkündung der Auflösungsabsicht durch die Reichsleitung gehört.[267] Hieran lässt sich deutlich der Bedeutungsverlust des Bundesrates in der Staatspraxis ablesen. Der Reichskanzler emanzipierte sich zunehmend von seiner Stellung als Vorsitzender des Bundesrates.

---

261 *Holste*, Der deutsche Bundesstaat im Wandel, 2002, S. 212.

262 *Fenske*, Deutsche Verfassungsgeschichte, 1981, S. 21.

263 *Huber*, Deutsche Verfassungsgeschichte, Band 4, 1969, S. 293 f.

264 Siehe auch die Rede *Bismarcks* vor dem Reichstag am 03.12.1884, in: Stenographische Berichte über die Verhandlungen des Reichstags, VI. Legislaturperiode, I. Session 1884/1885, S. 165 ff., in welcher er den Vorrang von Kompromissen zwischen Reichstag und Reichsleitung betont.

265 Ohne Reichstag war z.B. keine Etatverabschiedung möglich; *Dambitsch*, Die Verfassung des Deutschen Reiches, 1910, S. 446.

266 *Ostermann*, Die verfassungsrechtliche Stellung des Deutschen Kaisers, 2009, S. 135.

267 *Holste*, Der deutsche Bundesstaat im Wandel, 2002, S. 212 f.

Im Ergebnis erscheint das auf den ersten Blick scharfe Schwert der Auflösung der Volksvertretung als deutlicher Widerspruch zur konstitutionellen Prägung des Staates. Letztlich stellte dieses Mittel das einzige von der Verfassung gegebene Verfahren zur Differenzbereinigung bei inhaltlichen Streitigkeiten in der Gesetzgebung dar. Die Entscheidung wurde dem nächsten Reichstag überantwortet. Auch wenn diese Art der Konfliktlösung äußerst schwerfällig und damit nur selten praktikabel war,[268] ist ihr Vorhandensein in der föderal-konstitutionell geprägten Reichsverfassung beachtlich. Mangels anderweitiger Schlichtungsmöglichkeit wurde dem Volk in einer sehr demokratischen Wahl die endgültige Entscheidung über den Streit in die Hände gegeben.[269] Damit hoffte *Bismarck* das Volk gegen den bürgerlich-liberal geprägten Reichstag bei Bedarf in Stellung bringen zu können.[270] Weil hinter dem Kaiserreich eigentlich die Souveränität der Länder stehen sollte, war der Rekurs auf den Volkswillen zur Lösung extremer Konfliktfragen widersprüchlich.[271] An dieser Stelle zeigt sich erneut, dass *Bismarck*, als er die Reichstagsauflösung aus den parlamentarischen Bestimmungen der Preußischen Verfassungsurkunde in sein neues Verfassungswerk mehr oder minder hineinkopierte,[272] keine grundlegenden bundestaatlichen Erwägungen verfolgte, sondern in diesem Fall durch den Rückgriff auf bekannte und praxiserprobte Normen eine rasche Zustimmung für die Bundesverfassung von 1866 zu gewinnen hoffte. Dass er in seiner Zeit als Reichskanzler dann auch von diesem Mittel Gebrauch machte, offenbart ein weiteres Mal seinen politischen Pragmatismus, welcher der konkreten Problemlösung Vorrang vor Prinzipientreue einräumte.

(3.2) Staatsstreich als Ultima Ratio

Die konstitutive Mitwirkung des Reichstages an der Gesetzgebung erforderte aus Sicht der Reichsleitung eine tragfähige Kooperation mit parlamentarischen Mehrheiten. Der dauerhafte Aufstieg von oppositionellen Parteien konnte daher zu einer Lähmung des Staatswesens führen. Insbesondere die ansteigenden Stimmenzahlen der SPD besorgten *Bismarck*. Er ordnete diese als Reichsfeind ein, den es zu bekämpfen galt. Nach seinem Sturz äußerte er, dass die Sozialdemokratie den „schlimmsten Auswuchs des demokratischen Stimmrechts“[273] darstellte. Schon zuvor, als im Reichstag zunehmend Parteien vertreten waren, die *Bismarcks* Politik nicht mehr grundsätzlich mittrugen, kamen in der Reichsleitung Gedanken

---

268 So auch *Jaag* zur Parlamentsauflösung als Differenzbereinigungsmechanismus; *Jaag*, Die Zweite Kammer im Bundesstaat, 1976, S. 41.

269 *Huber*, Deutsche Verfassungsgeschichte, Band 4, 1969, S. 156.

270 *Stürmer*, Regierung und Reichstag im Bismarckreich 1871–1880, 1974, S. 324 ff. macht besonders am Mittel der Reichstagsauflösung die cäsaristische Staatsstruktur des Kaiserrreiches fest.

271 Die Parlamentsauflösung besitzt als solche einen „plebiszitären Einschlag“; *Meßerschmidt*, Gesetzgebungsermessen, 2000, S. 521.

272 *Dambitsch*, Die Verfassung des Deutschen Reiches, 1910, S. 400.

273 Zit. bei *Augst*, Bismarcks Stellung zum demokratischen Wahlrecht, 1917, S. 129.

zu einer Wahlrechtsreform auf. Die Grundsätze der allgemeinen und geheimen Wahl, welche oppositionelle Parteien schützten, sollten vorrangig aufgeweicht werden.[274] Solche Vorhaben ließen sich mangels Zustimmung im Reichstag kaum im Wege der Verfassungsänderung gem. Art. 78 RV verwirklichen. Das galt auch für Pläne, das Rederecht missliebiger Reichstagsabgeordneter durch Schärfung der Disziplinargewalt zu Lasten der Immunität der einzelnen Abgeordneten einzuschränken,[275] wobei *Bismarck* mit dem Gedanken eines Staatsstreiches von oben spielte, um die Kompetenzen und Zusammensetzung im Sinne des Konstitutionalismus abzuändern.

Als 1890 das bismarcktreue, liberal-konservative Kartell mit einer deutlichen Wahlniederlage seine absolute Mehrheit einbüßte, fürchtete der Reichskanzler eine dauerhafte Blockade seiner Regierungspolitik. In der kurzen Zeit, in der er bis zu seiner Entlassung durch Wilhelm II. noch im Amt blieb, ersann *Bismarck* ein Kampfprogramm gegen den aus den „schlechten Wahlen"[276] hervorgegangenen Reichstag, dessen Grundzüge er schon zuvor erwogen und vorbereitet hatte.[277]

Bismarck drohte den Parlamentariern der oppositionellen Reichstagsmehrheit, die Verfassung durch einen neuen Vertrag der Mitgliedstaaten zu revidieren und so den Reichstag auszuschalten.[278] *Bismarck* begab sich hierdurch auf rechtlich wie politisch unsicheres Terrain. Erstens war es in rechtlicher Hinsicht zweifelhaft, gänzlich ohne Beteiligung einer parlamentarischen Instanz eine neue Verfassung zu oktroyieren. Wie oben dargestellt war in den Publikanda der Verfassung meist von einer „Vereinbarung" mit dem Reichstag die Rede. Selbst wenn dies nicht im Wortsinne zu verstehen sein sollte, war der verfassungsgebende Reichstag konstitutiver Faktor im Prozess der Verfassungsverhandlungen. Aus diesem Grund war ein Vorgehen nur der Länder zur Verfassungsrevision problematisch.

Zweitens bestanden auch tatsächliche Gefahren. Es gab keine Sicherheit, ob alle Einzelstaaten ohne den unitarisierenden Druck eines Zentralparlaments *Bismarcks* Politik mittragen würden. Des Weiteren hatte sich die Lage im Vergleich zu 1871 völlig geändert. Die Parteien, die den Interessen der unterschiedlichen Gesellschaftsschichten und Lebensverhältnisse im Reich durch ihre Fraktionen im Reichstag Geltung verschafften, waren selbstbewusster geworden. Beispielhaft sei die Ent-

274 *Augst*, Bismarcks Stellung zum demokratischen Wahlrecht, 1917, S. 127 ff.

275 Zum „Maulkorbgesetz" ausführlich *Stürmer*, Regierung und Reichstag im Bismarckreich 1871–1880, 1974, S. 258 ff.

276 *Huber*, Deutsche Verfassungsgeschichte, Band 4, 1969, S. 215.

277 Schon 1884 hatte der Bundesrat auf *Bismarcks* Initiative hin festgestellt, dass das Deutsche Reich durch Beschluss der Einzelstaaten aufgehoben werden könnte; vgl. *Augst*, Bismarcks Stellung zum demokratischen Wahlrecht, 1917, S. 123; *Delbrück*, Regierung und Volkswille, 1914, S. 63.

278 *Augst*, Bismarcks Stellung zum demokratischen Wahlrecht, 1917, S. 133 ff. Aus diesem Grund strich *Preuß*, Staat, Recht und Freiheit, 1926, S. 298 in seinem Verfassungsentwurf die auf den bündischen Charakter der Verfassung hinweisende Präambel, um klarzustellen, dass eine derartige Novation nicht möglich war.

wicklung der Zentrumspartei genannt, welche von *Bismarck* im Kulturkampf erst bekämpft wurde, um anschließend als Partner umworben zu werden. Die Partei des Katholizismus im Reich lernte, ihr Gewicht im Reichstag politisch geschickt einzusetzen. Sie kooperierte nach der Wende von 1878 mit der Reichsleitung, um eigene Ziele durchsetzen zu können, wobei sie stets eine gewisse Distanz zum protestantisch-preußisch geprägten *Bismarck* wahrte.[279]

Teile der Liberalen, das Zentrum und die trotz ihrer Unterdrückung stärkerer werdende Sozialdemokratie hätten eine Restauration in vorparlamentarische Zustände nicht ohne Widerstand geduldet. Der Reichstag hatte seine Rolle als Integrationsinstrument im Reich so gut erfüllt, dass er integraler Bestandteil des Verfassungslebens im Reich geworden war. Relevante gesellschaftliche Gruppen wie das liberale Besitz- und das katholische Kleinbürgertum hatten mit dem Reichstag eine bedeutende Stimme im Verfassungsleben des Reiches erlangt, die man ihnen nicht ohne gesellschaftliche Konflikte bis hin zur Gefahr eines Zerbrechens des Reiches nehmen konnte.

Selbst wenn man also vertritt, dass *Bismarck* rechtlich die Verfassung über eine Art Vertragsnovation ersetzen konnte, war dies faktisch nur eine Drohung im politischen Spiel.[280]

Die im Vergleich zum offenen Staatsstreich mildere Idee, durch koordinierte Landesgesetzgebung die Reichslegislative mit dem Reichstag zu schwächen, gelangte ebenso nicht zur Umsetzung.[281]

Auch der in „persönlichem Regiment" regierende Kaiser *Wilhelm II.* spielte nach Abstimmungsniederlagen im Reichstag mit dem Gedanken an Verfassungsdurchbrechungen, wie die der Oktroyierung von abgelehnten Gesetzen.[282] Zuvor hatte sein Vater, *Friedrich III.*, die Ausfertigung einiger Reichsgesetze anfänglich verweigert. Auf diese Weise wollte er beide Gesetzgebungsorgane contra legem in ihren Kompetenzen beschneiden, denn dem Kaiser kam ein Vetorecht in der Verfassung nicht zu.[283]

---

279 Darstellung der Entwicklung bei *Mann*, Deutsche Geschichte des 19. und 20 Jahrhunderts, S. 416 ff., zum Zentrum insb. S. 422 ff.; siehe auch die Darstellung aus Sicht des totalitär argumentierenden *Feine*, Deutsche Verfassungsgeschichte, 1943, S. 122.

280 Entsprechend geht *Huber*, Deutsche Verfassungsgeschichte, Band 4, 1969, S. 224 ff. auch von einer bloßen Drohkulisse *Bismarcks* für die Verhandlungen mit dem Reichstag aus. Anders *Willoweit*, Deutsche Verfassungsgeschichte, 2009, S. 273 f., der die Bestrebungen *Bismarcks* im Jahr 1890 als konkreten Plan zum Staatsstreich ansieht.

281 *Born*, Von der Reichsgründung bis zum Ersten Weltkrieg, 1976, S. 140.

282 *Huber*, Deutsche Verfassungsgeschichte, Band 4, 1969, S. 317.

283 *Huber*, Deutsche Verfassungsgeschichte, Band 4, 1969, S. 170 f.; *Preuß*, Staat, Recht und Freiheit, 1926, S. 304 sprach von einem de facto bestehenden Veto des Kaisers über die starke Stellung des Präsidiallandes Preußen im Bundesrat.

(3.3) *Zeitweise Schwächung der Position des Reichstages nach Ausbruch des Krieges*

Den zur Kriegsführung notwendigen Krediten stimmte der Reichstag zu. Der Kaiser sprach von einem notwendigen „Burgfrieden“ der Parteien im Krieg. In der Welle nationaler Begeisterung wurden die Bestrebungen des Parlaments, mehr Einfluss auf die Regierungspolitik zu gewinnen, zunächst zurückgestellt.

Mit der Verkündung des Kriegszustandes durch kaiserliche Verordnung[284] trat gem. Art. 68 RV im Reichsgebiet das preußische Gesetz über den Belagerungszustand in Kraft.[285] Rechtlich konnte man dies durchaus als die „Einführung einer Militärdiktatur“[286] bezeichnen. Damit war nach Kriegsausbruch durch den Machtzuwachs der Militärs in der OHL *Bismarcks* Verfassung de facto aus den Angeln gehoben.[287]

Unter Berufung auf dieses Gesetz, das nach Ansicht der preußischen Regierung in Preußen selbst *ipso iure* anwendbar war, war es in der Vorzeit in Preußen zu Verhaftungen von sozialdemokratischen Reichstagsabgeordneten durch Militärkommandeure gekommen.[288] Dass sich solches wiederholen konnte, zeigen Listen missliebiger Reichstagsabgeordneter, die in der preußischen Verwaltung vor Kriegsausbruch kursierten. Die Aufgelisteten sollten bei Anzeichen subversiver Tätigkeit interniert werden.[289] Somit drohte dem Reichstag eine Einschränkung seiner Arbeitsfähigkeit. Ohne Widerstand gegen den Belagerungszustand bestand die Gefahr, dass der Reichstag gegen die nun herrschende Militärbürokratie zu einem bloß geduldeten „Bewilligungsapparat“[290] verkam, wie *Max Weber* das Parlament damals beschrieb.

Im Laufe des Krieges gelang es dem Reichstag, entsprechende Änderungen der Rechtslage im Kriegszustand zu erreichen und auf diesem Weg individuelle Freiheiten sowie die parlamentarische Arbeitsfähigkeit zu wahren.[291] Harte Sanktionen wurden abgemildert,[292] die Möglichkeit willkürlicher Inhaftierungen erheblich

---

284 RGBl. 1914, S. 263.

285 Auf Grund seiner Reservatrechte geschah dies in Bayern durch einen gesonderten Vollzugsakt. Der Wortlaut der Verordnung *Wilhelms II.* ist an dieser Stelle unklar.

286 *Laband*, Das Staatsrecht des Deutschen Reiches, Band 4, 1901, S. 41.

287 *Schücking*, Staatsrechtliche Reformbestrebungen und Reformen während der Kriegszeit, in: Anschütz/Thoma, Handbuch des Deutschen Staatsrechts. Band I, 1930, 87 f.

288 Hiergegen gab es heftigen Widerspruch aus der Staatsrechtslehre. *Rauh*, Die Parlamentarisierung des Deutschen Reiches, 1977, S. 294.

289 *Rauh*, Die Parlamentarisierung des Deutschen Reiches, 1977, S. 295 f.

290 Zit. bei *Fenske*, Der moderne Verfassungsstaat, 2001, S. 283.

291 *Huber*, Dokumente zur deutschen Verfassungsgeschichte, Band 2, 1964, S. 458.

292 RGBl. 1915, S. 813.

eingeschränkt[293] und Beschwerdemöglichkeiten gegen die Militärverwaltung geschaffen.[294]

(4) Verfahrensabschluss

Im klassischen konstitutionellen Verfassungsverständnis kam dem Monarchen als Souverän das Recht zu, den Gesetzgebungsprozess zu beschließen. Dieser Abschluss umfasste zwei Akte, nämlich die sog. Promulgation bzw. Ausfertigung und den Sanktionsbefehl.

Das erstgenannte Rechtsinstitut dient dazu, die Authentizität des Gesetzgebungstextes und den formell korrekten Ablauf des Legislativprozesses zu versichern.[295] Unter der Sanktion wurde dagegen der Befehl der materiellen Inkraftsetzung eines Gesetzes verstanden,[296] welcher in den deutschen Territorialstaaten traditionell dem Monarchen vorbehalten war. Nachdem die verbündeten Regierungen die Souveränität des Reiches geschaffen hatten, wurde vielfach, u.a. von *Laband*, vertreten, dass der Bundesrat als deren Vertretungsorgan nach dem Abschluss des Gesetzgebungsverfahrens nach Art. 5 RV erneut über den Sanktionsbefehl abstimmen sollte, während der Kaiser nur über die Ausfertigung befinden sollte. Diese Sichtweise, die in der RV keinen normativen Anker und auch in der Staatspraxis keine Berücksichtigung fand, setzte sich nicht durch.[297] Der Abschluss des Gesetzgebungsverfahrens wurde damit vom Kaiser als rein formeller Akt wahrgenommen; er verkündete die angenommenen Rechtsakte stets in seinem Namen.[298]

---

293 RGBl. 1916, 2. Band, S. 1329.

294 RGBl. 1916, 2. Band, S. 1331.

295 Das Reichsgericht wies dieser Prüfung jedoch keinen konstitutiven Charakter zu; siehe *Bettermann*, Reichsgericht und richterliches Prüfungsrecht. Zur Historie und Dogmatik inzidenter Normenkontrolle, in: Listl/Schambeck (Hrsg.), Demokratie in Anfechtung und Bewährung, Festschrift für Johannes Broermann, 1982, S. 491 (S. 496 f.).

296 *Fülster*, Deutsches Reichsstaatsrecht, 1913, S. 576; vgl. heute Art. 82 Abs. 1 GG mit dem formellen Prüfungsrecht des Bundespräsidenten. Heute ist ein monarchisches Sanktionsrecht noch z.B. in Art. 9 und 65 Abs. 1 der Liechtensteinischen Verfassung zu finden.

297 Zum Streit ausführlich *Ostermann*, Die verfassungsrechtliche Stellung des Deutschen Kaisers, 2009, S. 142 ff. sowie *Meßerschmidt*, Gesetzgebungsermessen, 2000, S. 661 ff.; *Fülster*, Deutsches Reichsstaatsrecht, 1913 versuchte die Ausübung des Sanktionsrechts in einem Akt mit der Annahme gem. Art. 5 RV zu verknüpfen, was mit der abschließenden Funktion der Sanktion nicht vereinbar war; für ein Sanktionsrecht des Bundesrates auch *Arndt*, Die Verfassung des Deutschen Reichs, 1913, S. 95.

298 Z.B. RGBl. 1883, S. 73: „Wir Wilhelm, von Gottes Gnaden Deutscher Kaiser, König von Preußen etc. verordnen im Namen des Reichs, nach erfolgter Zustimmung des Bundesraths und des Reichstags, was folgt […]".

c) Rechtsverordnungen

Die Delegation von Rechtsetzungsbefugnissen auf die Verwaltung war in der Reichsverfassung expressis verbis, bis auf die grundsätzliche Kompetenz des Bundesrates gem. Art. 7 Nr. 2 RV, Verwaltungsvorschriften zu erlassen, nicht geregelt. Dadurch setzte sich in der deutschen Staatsrechtslehre die Auffassung durch, dass der Gesetzgeber unumschränkt seine legislative Gestaltungsmacht an andere Institutionen abtreten durfte. Einzig notwendig für eine Übertragung war ein formelles Gesetz, welches Gegenstand und Adressat der Ermächtigung enthalten sollte. Diese recht schrankenlose Sicht auf das Delegationsrecht lässt sich auch damit erklären, dass Verordnungsermächtigungen im Kaiserreich, wo die Mehrheit der Reichstagsabgeordneten der Reichsleitung mehrheitlich kritisch gegenüberstand, ein verglichen mit der heutigen Rechtspraxis seltenes Phänomen darstellten.[299] Die Verordnungsermächtigungen, die teils entsprechend der verfassungsrechtlichen Vorgabe des Art. 7 Nr. 2 RV an den Bundesrat,[300] aber auch an den Kaiser[301] gerichtet waren, betrafen entsprechend eher technische Fragen, wie z.B. den Verkehr von Waren im Apothekenwesen.[302] Die Normierung von Ermächtigungen an den Kaiser und die Reichsleitung war ein weiterer Ausdruck der zunehmenden Schwäche des Bundesrates gegenüber dem Präsidium.[303] Der Kaiser delegierte seine Kompetenzen im Sinne der unbeschränkbaren Übertragungsmöglichkeit teilweise auch an den Kanzler weiter.[304] In einigen Fällen wurden die Länder oder der Reichskanzler direkt mit Verordnungsermächtigungen betraut. Dabei war es möglich, das Inkrafttreten von der Zustimmung des Bundesrates abhängig zu machen.[305] Des Weiteren lag der Rechtsdogmatik des Spätkonstitutionalismus ein völlig anderes Rollenverständnis der Staatsorgane zugrunde. Während das monarchische Präsidium und

299 Umfassend zur Delegationspraxis im Kaiserreich *Staupe*, Parlamentsvorbehalt und Delegationsbefugnis, 1986, S. 53 ff.

300 Z.B. § 139a der Gewerbeordnung, Gewerbeordnung, RGBl. 1883, S. 177 ff., §§ 2, 109, 110 des Gesetzes, betreffend die Invaliditäts- und Altersversicherung, RGBL. 1889, S. 97 ff.

301 Z.B § 2 des Gesetzes, betreffend Wohnungsgeldzuschüsse an Offiziere, Ärzte und Reichsbeamte, RGBl. 1873, S. 166.

302 Z.B. § 6 der Gewerbeordnung, RGBl. 1883, S. 177, eine solche Delegation war verfassungsrechtlich unproblematisch; siehe *Arndt*, Die Verfassung des Deutschen Reichs, 1913, S. 116.

303 *Rehm*, Unitarismus und Föderalismus in der deutschen Reichsverfassung, 1898, S. 30 f. berichtet sogar davon, dass der Reichstag abweichend vom Bundesratsbeschluss zum Auswanderungsgesetz von 1907, der den Kanzler mit der Erteilung von Auswanderungskonzessionen betraute, eine zusätzliche Zustimmungspflicht des Bundesrates durchsetzte.

304 Beispielsweise § 5 der Verordnung, betreffend das Verbot der Einfuhr und der Ausfuhr von Pflanzen und sonstigen Gegenständen des Wein- und Gartenbaues, RGBl. 1883, S. 153 ff.

305 *Fülster*, Deutsches Reichsstaatsrecht, 1913, S. 598 f.

die ihm unterstellte Reichsleitung die Souveränität der Bundesfürsten repräsentierten, war der Reichstag die Vertretung des Volkes, welches nicht Teil, sondern bloß Begünstigter des neuen Bundes war. Entsprechend diente der Vorbehalt des Gesetzes nicht dazu, den Bereich der Gesetzgebung durch Reichstag und Bundesrat von der materiellen Rechtsetzung durch die Exekutive abzugrenzen, sondern die Reichweite der Gesetzgebung durch die Reichslegislative in der Staatsorganisation nur formal einzugrenzen.[306]

Am Beispiel des Zolltarifgesetzes von 1879[307] zeigte sich, dass die Reichstagsabgeordneten ihr Gesetzgebungsrecht nicht immer schrankenlos aus der Hand zu geben bereit waren. § 6 S. 3 des Gesetzes bestimmte, dass die Verordnung dem Reichstag vorzulegen war; er musste dieser zustimmen. Damit sicherte sich der Reichstag Mitgestaltungsrechte im Rahmen der damals gerade einsetzenden Schutzzollpolitik. Auch im Wahlrecht konnte der Bundesrat gem. § 15 S. 2 RTWahlG[308] das konkretisierende Wahlreglement[309] nur mit Zustimmung des Reichstages abändern. Daneben erlegte der Reichstag der Reichsleitung stellenweise Berichtspflichten über die Wahrnehmung der delegierten Kompetenzen auf.[310]

Mit dem Ausbruch des Ersten Weltkrieges erhielt der Bundesrat neue Verordnungsbefugnisse.[311] Insbesondere wurde ihm in § 3 des Ermächtigungsgesetzes vom 4. August 1914 das Recht zuerkannt, Notverordnungen zur Abwehr wirtschaftlicher Schäden durch den Krieg zu erlassen.[312] Der Reichstag sicherte sich nur das Recht, ex post über die vom Bundesrat erlassenen Verordnungen zu befinden.[313]

Diese neue Kompetenz zum Erlass materieller Gesetze erschien auf den ersten Blick sehr weitreichend, da sie die in Art. 5 RV normierte Parität der Gesetzgebungsorgane zum Teil überspielte. Die Kriegswirtschaftspolitik sollte in späterer

306 *Seiler*, Der einheitliche Parlamentsvorbehalt, 1999, S. 51 ff.

307 Gesetz, betreffend den Zolltarif des Deutschen Zollgebiets und den Ertrag der Zölle und der Tabacksteuer, RGBl. 1879, S. 207 ff.; auch in der Folgezeit setzte der Reichstag derartige Vorbehalte durch; siehe § 10 des Zolltarifgesetzes vom 25.12.1902, RGBl. 1902, S. 303.

308 BGBl. des Norddeutschen Bundes, 1869, S. 145 ff.

309 Vgl. BGBl. des Norddeutschen Bundes, 1870. S. 275 ff.

310 Vgl. z.B. den Bericht des preußischen Staatsministeriums gem. § 28 Abs. 2 Gesetzes gegen die gemeingefährlichen Bestrebungen der Sozialdemokratie („Sozialistengesetz") vom 21. Oktober 1878, RGBl. 1878 S. 351 ff. in Anlage 21 der Stenographischen Berichte über die Verhandlungen des Reichstages, V. Legislaturperiode. I. Session 1881/1882, Band 2, 1882, S. 82.

311 *Frotscher/Pieroth*, Verfassungsgeschichte, 2005, Rn. 460 f.

312 Insgesamt wurden auf dieser Basis 825 Verordnugen verabschiedet; *Stern*, Das Staatsrecht der Bundesrepublik Deutschland, Band V, 2000, S. 469.

313 RGBl. 1914, S. 327 f., strukturell lehnte sich Art. 48 WRV an diese Regelungstechnik an; gem. Abs. 3 konnte der Reichstag die Maßnahmen wieder außer Kraft setzen; zur Vorbildwirkung der Rechtsverordnungen des Kaiserreiches für die Weimarer Republik siehe auch *Saurer*, Die Funktionen der Rechtsverordnung, 2005, S. 38, S. 41.

Zeit, als es Versorgungsengpässe zu verwalten galt, eine herausragende Bedeutung gewinnen. Diese hatte eine enorme Steigerung der Arbeitslast im Bundesrat zur Folge. Hierdurch zeigte sich schonungslos das Defizit der kleinen Länder, nicht effektiv an den Beratungen im Plenum teilnehmen zu können. Nur die Mittelstaaten verfügten über ausreichend Verwaltungskraft, um tatsächlich an Gesetzentwürfen mitzuarbeiten.[314] Damit verloren insbesondere die Kleinstaaten im föderalen Gefüge des Reiches mit dem Aufgabenzuwachs für den Bundesrat weiter an Gewicht. Umgekehrt dominierte die preußisch geprägte Reichsleitung in noch größerem Maße das Geschehen. Im Laufe des Krieges bildeten sich neue Reichsämter, wie 1916/1917 das Kriegsernährungsamt, heraus, welche die Wirtschaftspolitik im Krieg lenkten. Als Konsequenz wurde das Reich immer zentraler durch die Reichsleitung und in zunehmendem Maße durch die unter *Hindenburg* und *Ludendorff* ab 1916 einflussreiche OHL geführt.[315]

2. Kontrollfunktion

Die gesamte Entwicklung bis zum Kriegsausbruch wurde in späterer Zeit als stille Parlamentarisierung bezeichnet.[316] Damit sollte ein Prozess beschrieben werden, der von stetigem Anwachsen der rechtlichen und faktischen Kompetenzen des Reichstags, insbesondere in Hinblick auf die Kontrolle der Exekutive, gekennzeichnet war. Gleichzeitig war die Reichsverfassung so konstruiert, dass der Kanzler sich parlamentarischer Kontrolle effektiv entziehen konnte, indem er seine Politik als Bundesratsvorsitzender und damit außerhalb der Ministerverantwortlichkeit verfolgen konnte.[317] Die übrigen Mitglieder der Reichsleitung waren qua Verfassung keine verantwortlichen Minister, sodass diese ebenfalls zumindest keiner direkten Kontrolle durch den Reichstag ausgesetzt waren.[318]

Gegen die These einer stillen Parlamentarisierung wird dagegen oftmals eingewandt, dass der parteipolitisch stark fragmentierte Reichstag keinen ernsthaften

---

314 *Rauh*, Die Parlamentarisierung des Deutschen Reiches, 1977, S. 308 f.; *Matz*, Länderneugliederung, 1997, S. 53 bewertet diese Entwicklung, welche den Bürgern die Machtlosigkeit ihrer Länderstrukturen vor Augen führte, als Katalysator für die in Folge weit verbreitete Skepsis am Konzept des Föderalismus.

315 *Menger*, Verfassungsgeschichte der Neuzeit, 1993, Rn. 331.

316 *Rauh*, Die Parlamentarisierung des Deutschen Reiches, 1977, S. 36; siehe auch schon zuvor im Sinne des Nationalsozialismus abwertend *Feine*, Deutsche Verfassungsgeschichte, 1943, S. 106 ff.

317 Als solcher war er nur dem Bundesrat gegenüber verantwortlich; siehe *Arndt*, Die Verfassung des Deutschen Reichs, 1913, S. 150.

318 *Heckel*, Der Föderalismus als Prinzip überstaatlicher Gemeinschaftsbildung, 1998, S. 197.

Griff nach der Regierungsverantwortung wagte und lieber einzelne Klientelinteressen gegen die Reichsleitung durchsetzte. Das Verfassungsleben des Kaiserreichs sei aus diesem Grund stabil-stagnierend im Zustand des Konstitutionalismus verharrt.[319] Unbestritten hat im Deutschen Kaiserreich der Reichstag als Teil der Legislative weitreichenden Einfluss auf die Gestaltung des Staatswesens genommen.[320] Die Frage, ob das Kaiserreich im Laufe der Zeit den Weg einer stillen Parlamentarisierung ging, ist danach zu entscheiden, inwieweit der Reichstag tatsächlich über seine Rolle als Gesetzgebungsorgan hinaus Kontrolle und Einfluss hinsichtlich des Handelns der Exekutive, insbesondere des politisch verantwortlichen Kanzlers, ausgeübt hat.

a) Haushaltsrecht

Die Verfassung sah in Art. 69 vor, dass „die Einnahmen und Ausgaben für jedes Jahr veranschlagt und auf den Reichshaushaltsetat gebracht werden" mussten. Damit tat die Reichsverfassung dem konstitutionellen Prinzip Genüge, welches eine Bewilligung der Staatsausgaben durch die Volksvertretung verlangte.[321] Obwohl dies nicht klar aus dem Wortlaut hervorging, der auch die gesonderte Feststellung mehrerer Haushalte in einem Jahr erlaubte,[322] bildete sich die Staatspraxis heraus, dass Reichstag und Bundesrat jährlich über das Budget befanden. Letztlich entsprach dies dem Verhandlungsergebnis, welches der verfassungsgebende Reichstag im Rahmen der Beratungen über das Budgetrecht erzwungen hatte. Der vorgelegte Entwurf hatte ursprünglich eine dreijährige Haushaltsperiode vorgesehen, wogegen sich insbesondere die Liberalen im Reichstag entschieden und mit Erfolg verwehrten.[323] *Bismarck* versuchte im Jahr 1881, dies zu ändern, indem er per Verfassungsänderung die Verlängerung der Veranlagungsperiode auf zwei Jahre vorschlug, um so die Budgetverhandlungen von Reich und Länder zeitlich

319 *Boldt*, Von der konstitutionellen Monarchie zur parlamentarischen Demokratie, Der Staat, Beiheft 10, 1993, 151 (168 f.); *Dann*, Parlamente im Exekutivföderalismus, 2004, S. 304 f., 320 f.; *Schönberger*, Die überholte Parlamentarisierung, HZ 2002, 623 ff.; zeitgenössisch *von Gierke*, German Constitutional Law in its Relation to the American Constitution, Harvard Law Review 23 (1909/10), 273 (289); *Löwenstein*, Parlamentarismus im politischen System der Bundesrepublik, 1971, S. 41 f.

320 *Meßerschmidt*, Gesetzgebungsermessen, 2000, S. 675 spricht von umfassender Souveränität der Gesetzgebung in Abgrenzung zur Souveränität des Parlaments.

321 *Dambitsch*, Die Verfassung des Deutschen Reiches, 1910, S. 628.

322 *Rauchalles*, Die deutsche Reichsverfassung, 1907, Art. 69, Nr. 2.

323 *Bouveret*, Die Stellung des Staatsoberhauptes in der parlamentarischen Diskussion und Staatsrechtslehre von 1848 bis 1918, 2003, S. 265.

zu trennen.[324] Dieses Vorhaben scheiterte am Widerstand des Reichstages, der auf seinem jährlichen Etatrecht bestand.[325]

1888 brachte er im Einklang mit dem bestehenden Recht, welches für die Einbringung der Budgetentwürfe keine feste Zeit vorschrieb, die Haushalte für die beiden Folgejahre in einer einzigen Sitzungsperiode in den Reichstag ein, was dort auch angenommen wurde.[326] Mit Blick darauf, dass die Prognose von Einnahmen und Ausgaben durch wachsende Staatstätigkeit des Reiches immer schwerer vorherzusehen war, setzte sich dieses Vorgehen nicht in der weiteren Staatspraxis durch.[327]

Für den Reichstag hätte eine Abkehr vom Annuitätsprinzip den Verlust von erheblichen Kontroll- und Steuerungsmöglichkeiten bedeutet.[328] Darüber hinaus waren die Debatten zu den einzelnen Etats der Reichsämter Gelegenheit für das Parlament, die Arbeit der Reichsleitung öffentlich zu kritisieren bzw. zu diskutieren.[329]

Der Bundesrat als zweiter Haushaltsgesetzgeber wurde stark behindert, effektiv an der Erstellung des Budgets mitzuwirken. Die Reichsleitung unter Kanzler *Bismarck* brachte die Entwürfe für das Budget erst einen bis zwei Monate vor Beginn des neuen Haushaltsjahres in den Bundesrat ein. Auf diese Weise war die Beratungszeit im Bundesrat äußerst knapp bemessen. Den Forderungen der einzelstaatlichen Regierungen, frühzeitig in die Planung des Etats eingebunden zu werden, wurde aber nur zeitweilig unter *Bismarcks* Nachfolger im Reichskanzleramt von *Caprivi* nachgegeben,[330] sodass der Bundesrat kaum in der Lage war, das Reichsbudget entscheidend zu beeinflussen. Vielmehr wurde der Etat von der Reichsleitung i.d.R. zuerst mit den Mehrheitsparteien im Reichstag abgestimmt, um den Bundesrat anschließend vor vollendete Tatsachen zu stellen.[331] Das Haushaltsrecht war damit im Deutschen Reich primär ein Kontrollrecht des Reichstages gegen die Reichsleitung, während die Vertretung der Länder auch in dieser Frage kaum Einfluss nehmen konnte. Für die Haushaltsführung bedurfte der Kanzler gem. Art. 72 RV eines Entlastungsbeschlusses durch den Reichstag und den Bundesrat. In diesem Zusammenhang bestand die verfassungsrechtliche

---

324 Stenographische Berichte über die Verhandlungen des Reichstages, IV. Legislaturperiode. IV. Session 1881, Band 3 – Anlagen, 1881, S. 10 ff.; *Stürmer*, Regierung und Reichstag im Bismarckreich 1871–1880, 1974, S. 263 ff. bewertet die Vorlage als gezieltes Kampfgesetz gegen den Reichstag.

325 Vgl. z.B. die Debatte in zweiter Lesung am 05./06. Mai 1881, Stenographische Berichte über die Verhandlungen des Reichstages, IV. Legislaturperiode. IV. Session 1881, Band 2, 1881, S. 953 ff und S. 975 ff.

326 RGBl. 1883, S. 5 und S. 125.

327 *Dambitsch*, Die Verfassung des Deutschen Reiches, 1910, S. 626.

328 Zu heutigen Entwicklungen in diese Richtung kritisch *Isensee*, Budgetrecht des Parlaments zwischen Schein und Sein, JZ 2005, 971 (979).

329 Z.B. für den Bereich der Kommandogewalt, vgl. unten B III 2 d.

330 *Rauh*, Die Parlamentarisierung des Deutschen Reiches, 1977, S. 19 f.

331 *Cholet*, Der Etat des Deutschen Reiches in der Bismarckzeit, 2012, S. 110 f.

Verpflichtung der Reichsleitung darin, über die Verwendung der Mittel umfassend Rechnung zu legen.

Mangels einer Regelung über ein Nothaushaltsrecht hatte das Ausbleiben eines Konsenses zwischen Reichstag und Bundesrat grundsätzlich verfassungsrechtliche Spannungen zur Folge. Eine Neuauflage des preußischen Verfassungskonfliktes wurde in der Staatspraxis durch vorläufige Haushaltsgesetze verhindert, welche den Etat des Vorjahres im Grundsatz für die Zeit bis zum voraussichtlichen Abschluss des Haushaltsverfahrens fortschrieben.[332] Während bei den ersten Notgesetzen 1877 bis 1904 nur der Vorjahreshaushalt fortgeschrieben wurde, fanden in den Jahren 1906 und 1907 erstmals Ausgabeermächtigungen, die im kommenden Haushaltsplan vorgesehen waren, Eingang in das Budgetgesetz.[333] *Laband* plädierte für den Fall eines zwischenzeitlichen Scheiterns der Etatverhandlungen für ein eigenes Notbudgetrecht der Reichsleitung zumindest im Rahmen von Ausgaben, zu deren Leistung der Staat gesetzlich verpflichtet war, und für dringende Staatsaufgaben erforderliche Geldmittel. Die getroffenen Maßnahmen sollten ex post vom Haushaltsgesetzgeber genehmigt werden können.[334] Ein derartiges Vorgehen wurde in der Geschichte des Reiches nicht notwendig. Auch im Ersten Weltkrieg billigte der Reichstag, so z.B. am 24. März 1916, wenn auch unter massivem Widerstand des linken Flügels, der sich in der Folge spaltenden SPD-Fraktion, derartige Notgesetze.[335]

Bismarck hatte in der Zeit des Norddeutschen Bundes geheime Finanzmittel akquiriert, um exekutives Handeln vor dem Bundesrat und vor allem dem Reichstag zu verbergen. Nach dem Krieg von 1866 kam Hannover zu Preußen. Das Vermögen des dortigen Herrscherhauses wurde durch Preußen konfisziert und in den sog. Welfenfonds eingezahlt, der während der Zeit der Einigungskriege de facto zur freien Verfügung *Bismarcks* stand.[336]

Durch Mittel aus diesem Fonds gelang es dem preußisch dominierten Bundespräsidium, Einfluss auf die weitere Einigungspolitik zu nehmen, ohne auf Haushaltsgesetze angewiesen zu sein. Ein Beispiel hierfür sind die Leistungen aus dem Fonds an König Ludwig II. von Bayern, die u.a. Grund für den Kaiserbrief waren,

---

332 *Dambitsch*, Die Verfassung des Deutschen Reiches, 1910, S. 627; vgl. z.B. RGBl. 1877, S. 407; RGBl. 1878, S. 9, RGBl. 1904, S. 145; RGBl. 1906, S. 443; RGBl, 1907, S. 75; es ging hierbei lediglich um Verlängerungen im Umfang von ein bis zwei Monaten.

333 Siehe § 2 des Gesetzes zur vorläufigen Regelungen des Reichshaushaltes 1906, RGBl. 1906, S. 444 ff. sowie § 2 des Gesetzes zur vorläufigen Regelungen des Reichshaushaltes 1907, RGBl. 1907, S. 77 ff.

334 *Laband*, Deutsches Reichsstaatsrecht, 1907, S. 407 f.; in diese Richtung auch *Arndt*, Die Verfassung des Deutschen Reichs, 1913, S. 337.

335 Entsprechend die hitzige Debatte, abgedruckt in: Stenographische Protokolle über die Verhandlungen des Reichstags, XIII. Legislaturperiode, II. Session, Band 307, 1916, S. 840 ff.

336 *Huber*, Deutsche Verfassungsgeschichte, Band 3, 1963, S. 590.

in dem Ludwig Wilhelm den deutschen Kaisertitel antrug und sich der Einigung Deutschlands fügte.[337]

aa) Einnahmebewilligungsrecht des Reichsgesetzgebers

Das Reich wurde gem. Art. 70 RV grundsätzlich durch Matrikularbeiträge der Länder, die über das Reichshaushaltsgesetz festgelegt wurden, finanziert. Dieser in der sog. *Miquelschen* Klausel („solange Reichsteuern nicht eingeführt sind") nach Art. 70 RV i.d.F. von 1871 angelegte Mechanismus implizierte, dass sich das Reich im Laufe der Zeit eigene Einnahmen erschließen sollte.[338]

Aus unitarischer Sicht war der Ausgangszustand unbefriedigend, da das Reich hierdurch zum Kostgänger der Länder degradiert war. In wirtschaftlich schlechten Zeiten, in denen die Haushalte der Länder angespannt waren, bewirkte diese Regelung massive Einnahmeausfälle beim Reich.[339] Weil dieses bis zur Einführung der Erbschaftsteuer 1906 auf die Erhebung direkter Steuern verzichtete, war es auf indirekte Abgaben beschränkt, deren Erträge wiederum konjunkturellen Schwankungen unterlagen.[340] Von Seiten der zentralistisch orientierten Reichsleitung wurden daher immer wieder Versuche unternommen, dem Reich weitere eigene, direkte Steuerquellen aufzutun, um die Abhängigkeit des Reiches von den Ländern zu mildern.[341]

Der eigentlich unitarisch orientierte Reichstag blockierte solche Vorhaben.[342] Der Grund hierfür war das Zusammenspiel von Art. 70 und 69 RV. Über die Höhe der Matrikularbeiträge konnte der Reichstag als Haushaltsgesetzgeber nämlich gem. Art. 69 und Art. 5 RV mitentscheiden. Das Budgetrecht des Reichstages ragte an dieser Stelle also in die Finanzhoheit der Länder hinein.

Der Reichstag sorgte sich aus mehreren Gründen um einen Wegfall bzw. eine erheblichen Verringerung der Länderbeiträge, welche bei einer Verbreiterung der Einnahmebasis des Reiches eingetreten wäre. Zum einen wäre sein Einfluss auf den Etat der Einzelstaaten verloren gegangen. In finanzstarken Ländern wie Preußen

---

337 *Huber*, Deutsche Verfassungsgeschichte, Band 3, 1963, S. 740. Ferner finanzierte *Bismarck* aus den Mitteln gezielt Presseorgane, um eine einigungsfreundliche Stimmung in Deutschland zu schaffen, vgl. „Das große Schmieren, Korruption in Deutschland I: Bismarcks Reptilienfonds"; in: Der Spiegel 47/1984, S. 206 ff.

338 *Deuerlein*, Föderalismus, 1972, S. 144.

339 Insofern vorausschauend der Antrag Württembergs, betreffend die höhere Besteuerung des Tabakverbrauches, in: Protokolle über die Verhandlungen des Bundesraths des Deutschen Reichs 1871, Nr. 41.

340 Diese Staatspraxis war auch dem Widerstand der Länder, die ihr alleiniges Recht zur Erhebung direkter Steuern verteidigten, geschuldet.

341 *Rauh*, Föderalismus und Parlamentarismus im Wilhelminischen Reich, 1973, S. 263 ff.

342 Zu den ersten Konflikten zwischen *Bismarck* und dem Reichstag wegen zunehmender Haushaltsengpässe ab 1874; *Stürmer*, Regierung und Reichstag im Bismarckreich 1871–1880, 1974, S. 147 ff.

befürchtete die Reichstagsmehrheit die Anhäufung von Haushaltsüberschüssen, deren Verwendung weder durch den Reichstag noch durch die einzelstaatlichen Parlamente kontrollierbar waren.[343] Zum anderen wäre das durch die Festsetzung der Matrikularbeiträge bestehende Einnahmebewilligungsrecht des Reichstages mittels fester Einnahmen untergraben worden.[344] Damit war paradoxerweise an dieser Stelle die potentielle Stärkung der Zentralgewalt mit einer Schwächung des Reichstages verbunden.[345] Obwohl die Verfassung anfänglich mehr Kompetenzen im Finanzwesen für das Reich bereithielt als in anderen Gesetzgebungsmaterien, wurden diese wegen des Widerstandes aus dem Parlament nur zögerlich bzw. gar nicht wahrgenommen. Das Finanzwesen blieb also föderal geprägt, weil der Reichstag aus taktischen Erwägungen selbst sinnvolle Unitarisierungsbestrebungen verhinderte. Unter dem Grundgesetz existiert ein derartiges Einnahmebewilligungrecht nicht mehr, vielmehr wird die Einnahmebasis des Bundes durch die Steuergesetze generiert, sodass dieser Teil des Budgets stets als Fixgröße in den Haushaltsplan einzustellen ist.[346]

Die nach einem bayerischen Zentrumsabgeordneten benannte *Franckensteinsche* Klausel verpflichtete das Reich durch einfaches Gesetz, den Ländern große Teile der Einnahmen u.a. aus Zöllen und der Tabaksteuer zu überweisen.[347] Der Anlass für diese Regelung lag in der Hinwendung des Reiches zur Schutzzollpolitik ab 1879[348] sowie in einer kurzzeitigen Tendenz zur Stärkung der nichtpreußischen Länder am Ende der 70er Jahre des 19. Jahrhunderts.[349] Die Einführung neuer Zölle

343 *Wahl*, Der preußische Verfassungskonflikt und das konstitutionelle System, in: Böckenförde (Hrsg.), Moderne deutsche Verfassungsgeschichte (1815–1914), 1981, S. 216.

344 *Hensel*, Der Finanzausgleich im Bundesstaat in seiner staatsrechtlichen Bedeutung, 1922, S. 133.

345 *von Seydel*, Commentar zur Verfassungsurkunde für das Deutsche Reich, 1897, S. 391 hielt die Klausel in ihrer Bedeutung für den Reichstag für überbewertet.

346 *Isensee*, Budgetrecht des Parlaments zwischen Schein und Sein, JZ 2005, 971 (973 f.).

347 *Holste*, Der deutsche Bundesstaat im Wandel (1867–1933), 2002, S. 196.

348 *Hensel*, Der Finanzausgleich im Bundesstaat in seiner staatsrechtlichen Bedeutung, 1922, S. 129.

349 Ausdruck dieser kurzfristigen und nach der Durchsetzung der *Franckensteinschen* Klausel abebbenden Entwicklung war z.B. auch, dass als Sitz des Reichsgerichts nicht Berlin, sondern das im tendenziell antipreußischen Sachsen gelegene Leipzig gewählt wurde (RGBl. 1877, S. 415). *Bismarck* konstatierte 1877 im Reichstag, dass die „Reichsflut rückläufig" sei (zit. nach: *Triepel*, Unitarismus und Föderalismus im Deutschen Reiche, 1907, S. 48). Die Wahl Leipzigs war jedoch nicht von übermäßiger Bedeutung, da *Bismarck* i.E. den opponierenden Mittelstaaten um Sachsen in dieser Frage keinen großen Widerstand entgegensetzte; vgl. *Schubert*, Die deutsche Gerichtsverfassung, 1981, S. 176 f. Auch der Verzicht auf echte Reichsministerien im Rahmen des Stellvertretergesetzes war Vorbehalten der deutschen Mittelstaaten gegen eine formelle Verklammerung der Reichsebene

hatte nach dem Plan der Reichsleitung neben dem Schutz der deutschen Wirtschaft im Wesentlichen zum Ziel, dem Reich eine zusätzliche Finanzquelle zu verschaffen, um von den Matrikularbeiträgen der Länder unabhängiger zu werden.

Dem Credo des Reichstages, die Einnahmebasis des Reiches durch eine periodisch notwendige Entscheidung über die Erhebung von Matrikularbeiträgen beweglich und damit der jährlichen Haushaltsgesetzgebung zugänglich zu erhalten, lief die Zollreform dagegen zuwider. Aus diesem Grund forderte die Mehrheit der Reichstagsabgeordneten, dass das Reich das Gros der Mehreinnahmen den Ländern überweisen sollte. Auch die Länder des Reiches sorgten sich um ihren politischen Einfluss auf das Reich infolge einer völligen Abschaffung der Matrikularbeiträge.[350] Die Reichsleitung unter *Bismarck*, deren Konzept, dem Reich eigene Einnahmen zu verschaffen, hierdurch konterkariert wurde, leistete überraschend keinen Widerstand.[351]

Damit wurde die *Franckensteinsche* Klausel Gesetz und die Einnahmen aus o.g. Abgaben flossen entgegen Art. 38 RV[352] den Ländern zu, die hieraus wiederum ihre Matrikularbeiträge an das Reich finanzierten. Die Finanzverfassung des Reiches war damit von einem Hin- und Herzahlen geprägt.[353] Es kam zu Kompetenzverwischungen. Gleichzeitig versuchten die Länder, Beiträge, die über die Zuweisungen durch das Reich hinausgingen, sog. ungedeckte Matrikularbeiträge, zu vermeiden.[354] Finanziell bedeutete die *Franckensteinsche* Klausel für das Reichsfinanzwesen also große Unsicherheit. Für die Bürger ergaben sich durch den Verbleib wesentlicher Steuerkompetenzen bei den Ländern ebenfalls erhebliche Unterschiede. Abhängig vom Wohnort in verschiedenen Ländern divergierte der Satz der Steuer auf ein Jahreseinkommen von 10.000 RM je nach Landeszugehörigkeit von drei bis hin zu 15 Prozent.[355]

Insgesamt war der um sein Budgetrecht besorgte Reichstag selten bereit, Finanzreformen mitzutragen.[356] 1896 stimmte der Reichstag angesichts der dramatisch wachsenden Finanznöte zu, die Hälfte der Jahreseinnahmen beim Reich zur

---

mit der preußischen Ministerialbürokratie im Bundesrat geschuldet; *Stürmer*, Regierung und Reichstag im Bismarckreich 1871–1880, 1974, S. 205 f.

350 *Laufer/Münch*, Das föderative System der Bundesrepublik Deutschland, 1991, S. 43.

351 Stenographische Berichte über die Verhandlungen des Reichstages, 1879, S. 2193.

352 Zum Streit, ob die Klausel Verfassungscharakter hatte oder ein verfassungswidriges Gesetz war, vgl. *Hensel*, Der Finanzausgleich im Bundesstaat in seiner staatsrechtlichen Bedeutung, 1922, S. 132 (Fn. 2).

353 *Cholet*, Der Etat des Deutschen Reiches in der Bismarckzeit, 2012, S. 193.

354 *Hensel*, Der Finanzausgleich im Bundesstaat in seiner staatsrechtlichen Bedeutung, 1922, S. 136.

355 *Langewiesche*, Föderalismus und Zentralismus im Deutschen Kaiserreich, in: Janz (Hrsg.), Zentralismus und Föderalismus im 19. und 20. Jahrhundert, 2000, S. 81.

356 Überblick bei *Schremmer*, Steuern und Staatsfinanzen während der Industrialisierung Europas, 1994, S. 180.

Schuldentilgung zu belassen, anstatt diese an die Länder zu überweisen.[357] Erst nach langen Diskussionen genehmigte er 1904 eine wesentliche Abmilderung der *Franckensteinschen* Klausel gegen die Streichung der Reichsteuern ausdrücklich zulassenden *Miquelschen* Klausel aus dem Katalog der Einnahmequellen des Art. 70 RV.[358] Die Einführung einer immer noch von den Ländern erhobenen, aber reichseinheitlichen Steuer, der Erbschaftsteuer, im Rahmen der Finanzreform 1906 ließ sich der Reichstag mit der Aufhebung des Diätenverbotes vergelten, worauf noch einzugehen ist. Erst ab 1909 nahm der Reichstag, dann nach seinen Vorstellungen, nach dem Scheitern *Bülows* mit dem Wehrbeitrag 1913 oder weiteren direkten Reichssteuern im Krieg, gewichtigere Reformen an der Finanzordnung des Reiches vor.[359]

bb) Das Heeresbudget

Zentralste Frage in der Zeit des kurzen Bestehens des Norddeutschen Bundes war die Integration Süddeutschlands. Nachdem *Bismarck* schon früh erklärt hatte, dass „Blut und Eisen"[360] die Entscheidung in der nationalen Einigung brächten, waren Militär und Rüstung die wichtigsten Sachgebiete dieser Zeit.

Der Verfassungskonflikt in Preußen hatte gezeigt, dass der preußische Landtag sein Budgetrecht vor allem in Militärfragen als Angriffswaffe gegen monarchische Souveränität zu gebrauchen suchte.[361] Im weiteren Prozess der Einigungskriege sollten derartige Störungen durch ein noch demokratischer gewähltes Parlament von vornherein ausgeschlossen bleiben.

Nach Art. 71 Abs. 2 i.V.m. Art. 60 NBV war der Etat für das Bundesheer vom Budgetrecht von Reichstag und Bundesrat bis zum 31.12.1871 ausgenommen, wodurch besonders klar wird, dass das Parlament nicht dem Zweck der Legitimation der staatlichen Einigung dienen sollte. Der Bundesrat war nach dieser Regelung ebenso in seinen Kompetenzen beschnitten. *Bismarck* vertraute den kleineren Ländern des Norddeutschen Bundes nicht vollständig. Er fürchtete Widerstände und Blockaden, da für manche dort regierende Monarchen der drohende Verlust staatlicher Souveränität zumindest schmerzlich war.[362]

---

357 Sog. „Lex Lieber", RGBl. 1896, S. 18; hierzu *Seeck*, Der Kampf des Reichstages um sein Budgetrecht, Finanzarchiv 1919, 180 (215 ff.).

358 Sog. „Lex Stengel", RGBl. 1904, S. 169; siehe auch *Rauh*, Föderalismus und Parlamentarismus im Wilhelminischen Reich, 1973, S. 267 ff.; *Laband*, Deutsches Reichsstaatsrecht, 1907, S. 390 ff.

359 *Born*, Von der Reichsgründung bis zum Ersten Weltkrieg, 1976, S. 244 f.; siehe ferner *Thoma*, Das Staatsrecht des Reiches, in: Anschütz/Thoma, Handbuch des Deutschen Staatsrechts, Band I, 1930, 69 (73).

360 Zit. bei *Lutz*, Zwischen Habsburg und Preußen. Deutschland. 1815–1866, 1994, S. 436.

361 *Huber*, Deutsche Verfassungsgeschichte, Band. 3,1963, S. 296 ff.

362 Dies zeigte sich z.B. bei der Diskussion um die Ausgestaltung der Kompetenz des Bundes, Verfassungsstreitigkeiten innerhalb eines Landes zu entscheiden. Hessen

Somit lag die zentrale Entscheidungskompetenz über Militärausgaben beim preußisch dominierten Präsidium des Bundes.

Art. 60 RV verlangte die Festlegung der Heeresstärke im Frieden durch Gesetz. An dieser Stelle hatte der norddeutsche Reichstag bei den Anpassungen der Verfassung an den Beitritt der süddeutschen Staaten einen strategischen Sieg errungen. Die Vorschriften der NBV zu den Heeresfinanzen wurden unverändert übernommen.[363] Damit musste weiterhin ein Reichsgesetz über die Friedenspräsenzstärke der Armee befinden. Offen war, ob diese Normierung dauernd oder befristet sein sollte.

Bismarck verstand hierunter eine permanente Regelung, also ein Aeternitätsgesetz. Dies hätte den Gesetzgeber gem. Art. 62 RV im Haushaltsverfahren an die in diesem Rechtsakt kontinuierlich festgeschriebene Truppenstärke gebunden.[364]

Der Reichstag sah dies folglich anders. Er interpretierte das in Art. 60 RV geforderte Gesetz als das jährlich zu beschließende Haushaltsgesetz, sodass nach seiner Ansicht der Umfang des Militäretats zur jährlichen Disposition des Gesetzgebers stand.[365]

Mit Blick darauf, dass die in Art. 60 RV verlangte gesetzliche Regelung dazu dienen sollte, Rechtssicherheit bezüglich der Friedensstärke des Heeres zu schaffen, war diese weitgehende Sicht zweifelhaft, da so jährlich die Grundlagen der Armee in Frage gestellt werden konnten.[366] Zwar postulierte Art. 69 RV ein umfassendes Budgetrecht von Bundesrat und Reichstag, Art. 60 und 62 RV trafen für den Militäretat Spezialregelungen. Ausschlaggebend dürfte sein, dass zum einen auch der damaligen Staatspraxis befristete Gesetze nicht fremd waren.[367] Zum anderen war die notwendige Heeresstärke keine statische Größe, sondern musste sich, wie sich mit der französischen Aufrüstung 1890 zeigte, an die äußeren Gegebenheiten anpassen. Ferner kam dem Militärbudget große Bedeutung zu. Drei Viertel des Reichsetats wurden für Heer und Marine verwandt.[368] Hätte der Reichstag an dieser Stelle nachgegeben, wäre sein auch von der Reichsverfassung zugebilligtes, wichtigstes Machtmittel, das Etatrecht, empfindlich beschnitten worden.

---

und die beiden Mecklenburgischen Staaten drangen hier darauf, dass dies nur auf Anrufung des Bundesrates hin geschehen durfte; *Pflanze*, Bismarck, Der Reichsgründer, 1997, S. 359.

363 *Huber*, Deutsche Verfassungsgeschichte, Band. 4,1969, S. 546.

364 *Huber*, Deutsche Verfassungsgeschichte, Band. 4,1969, S. 550.

365 Zur Konfliktlage beim ersten Septennatsstreit ausführlich *Stürmer*, Regierung und Reichstag im Bismarckreich 1871–1880, 1974, S. 65 ff.

366 *Dambitsch*, Die Verfassung des Deutschen Reiches, 1910, S. 567.

367 Vgl. z.B. § 30 des „Gesetzes gegen die gemeingefährlichen Bestrebungen der Sozialdemokratie" („Sozialistengesetz") vom 21. Oktober 1878, RGBl. 1878 S. 351 ff.

368 *Brandt*, Der lange Weg in die demokratische Moderne, 1998, S. 144, wobei die Marine nicht unter die Septennate fiel, sondern jährlich budgetiert wurde; vgl. Überblick bei *Schremmer*, Steuern und Staatsfinanzen während der Industrialisierung Europas, 1994, S. 183 ff.

Folglich weigerte sich der Reichstag, ein dauerhaftes Gesetz über die Friedensstärke des deutschen Heeres zu erlassen. Damit drohte *Bismarck* wiederum ein Verfassungsstreit um die Entscheidungskompetenz in Militärsachen, den er in Erinnerung an den preußischen Verfassungskonflikt unbedingt hatte vermeiden wollen. Sein rechtliches Konstrukt, die Art. 60 und 62 RV, ließ genügend Interpretationsspielraum, um dem Reichstag eine für die Legislative freundliche Auslegung zu ermöglichen, selbst wenn das Parlament vorerst nicht gegen den „vor- und extrakonstitutionellen Komplex"[369] des Militärs ankam. Die widerstreitenden Interessen der Exekutive hinsichtlich des ausschließlichen Zugriffs auf das Militär und des Reichstags auf das Budgetrecht waren durch den Wortlaut der Verfassung nicht eindeutig gelöst. Somit kann man von einer erneuten Lücke sprechen, die *Bismarck* nicht wieder durch alleinigen Verweis auf das monarchische Prinzip schließen konnte. Diese offene Frage wurde schon in der zeitgenössischen Literatur scharf kritisiert. So forderte z.B. *von Martitz*, die vorgeblich durch die Verfassung gewollten Beschränkungen des Reichstages nachträglich im Wortlaut zu fixieren.[370] Mit seiner Weigerung zeigte der Reichstag erstmals, dass er seine Kompetenzen innerhalb des Verfassungsgefüges extensiv wahrnehmen wollte.

Der Konflikt um die Auslegung der Art. 60 und 62 RV wurde 1871 angesichts der noch unklaren Bedarfsplanung des neuen Reichsheeres zunächst durch eine Übereinkunft beigelegt, welche die vorläufige Beibehaltung der Übergangsregelungen des Norddeutschen Bundes beinhaltete. Der Reichstag und die Reichsleitung verständigten sich entsprechend darauf, die Entscheidung über den Heeresetat bis zum 31.12.1874 aufzuschieben.[371] Infolge der Addition von drei Jahren im Rahmen dieses ersten Triennats kam erstmals ein Siebenjahresintervall (1867 bis 1874) zustande, ein sog. Septennat. Diese Kompromisslösung, die der Reichstag auch mit Blick auf die durch Art. 24 RV stets mögliche Reichstagsauflösung als Druckmittel billigte,[372] sollte aber zum bleibenden Institut werden. In der Debatte über die weitere Handhabung des Heeresetats vermittelte *Bennigsen* zwischen der jährlichen Bewilligung, welche aus Sicht der Reichsleitung zu einem Parlamentsheer geführt hätte, und einem Aeternatsgesetz, welches sich über die tatsächliche Finanzentwicklung hinweggesetzt hätte.[373] Während die Reichsleitung auch nach den Konflikten von 1874

---

369 *Brandt*, Der lange Weg in die demokratische Moderne, 1998, S. 144.

370 *von Martitz*, Betrachtungen über die Verfassung des Norddeutschen Bundes, 1868, S. 128 f. Da der Reichstag einer solchen Änderung zustimmen musste, erwies sich dies als nicht praktikabel.

371 1873 und 1874 wurde der beschlossene Etat jährlich zur Erinnerung vorgelegt; *Cholet*, Der Etat des Deutschen Reiches in der Bismarckzeit, 2012, S. 251.

372 *Dietz*, Das Primat der Politik in kaiserlicher Armee, Reichswehr und Bundeswehr, 2011, S. 73.

373 Die Lösung kam auch zustande, weil der Reichstag fürchtete, dass der Kaiser als Inhaber der Kommandogewalt eigenständig die erforderlichen Regelungen treffen könnte; *Cholet*, Der Etat des Deutschen Reiches in der Bismarckzeit, 2012,

formal auf eine dauerhafte Festsetzung bestand,[374] brachte sie vor Fristablauf 1880 von sich aus eine erneute Septennatsvorlage ein, die vom Reichstag auch wegen des französischen Aufrüstungsprogramms akzeptiert wurde.[375]

Spätestens ab diesem Zeitpunkt wurde deutlich, dass die Reichsleitung darauf baute, die Sieben-Jahres-Periode beibehalten zu können. Die Reichstagsmehrheit dagegen strebte nach diesem Erfolg danach, die Bewilligungsdauer weiter zu verkürzen. Angepeilt waren analog zur Legislaturperiode des Reichstages ein Triennat (Dreijahresturnus) bzw. später ein Quinquennat (Fünfjahresturnus). Konsequenz dessen war es, dass zum Ende der Gesetzesperioden immer neue Konflikte zwischen Reichsleitung und Reichstag entbrannten, die z.T. die Qualität von Staatskrisen, wie dies zum Beispiel 1886/1887 der Fall war, erreichten.

Nachdem das 1880 verabschiedete Septennatsgesetz auslief, zeigte *Bismarck* zumindest nach außen die Hoffnung, frühzeitig die Zustimmung der Reichstagsmehrheit, insbesondere die des entscheidenden Zentrums, für ein neues Militärgesetz gewinnen zu können. Das Zentrum und linke bzw. liberale Parteien, die zusammen über die Mehrheit der Sitze im Reichstag verfügten, waren aber lediglich bereit, ein Intervall von drei Jahren zu bewilligen,[376] was der Wahlperiode des Reichstages bis 1888 entsprach.[377]

Bismarck schaltete sich deshalb aktiv in die Debatte ein. Neben Angeboten an das Zentrum und die katholische Kurie zum Abbau der Kulturkampfgesetzgebung setzte er in einer Reichstagsrede auf Drohungen. Er wies darauf hin, dass Preußen gegen Truppenreduzierungen im Bundesrat von seiner konservativen

---

S. 252 ff.; siehe zur Entwicklung auch *Seeck*, Der Kampf des Reichstages um sein Budgetrecht, Finanzarchiv 1919, 180 (186).

374 Tatsächlich erkannte sie eine solch dauerhafte Festsetzung ebenfalls als unpraktisch an, wie *Bismarck* 1887 im Reichstag ausführte: Stenographische Berichte über die Verhandlungen des Reichstages, VI. Legislaturperiode. IV. Session 1886/1887, Band 1, 1887, S. 379.

375 *Huber*, Deutsche Verfassungsgeschichte, Band 4, 1969, S. 551.

376 Beschluss des Reichstags vom 14. Januar 1887. Direkt nach der Abstimmung teilte *Bismarck* dem Plenum mit, dass der Reichstag aufgelöst sei; siehe Stenographische Berichte über die Verhandlungen des Reichstages, VI. Legislaturperiode. IV. Session 1886/1887, Band 1, 1887, S. 433.

377 *Pflanze*, Bismarck. Der Reichskanzler, 2008, S. 476 ff. berichtet von Äußerungen *Bismarcks*, welche darauf hindeuten, dass *Bismarck* bewusst auf einen Konflikt mit dem Parlament und eine Reichstagsauflösung zusteuern wollte: „Die Armeeverstärkung machen wir [...] zur Not ohne den Reichstag" (S. 477). Hierfür spricht auch die ungewöhnlich frühe Einbringung der Gesetzesvorlage, wodurch sichergestellt war, dass trotz einer eventuellen Neuwahl oder Verfassungsänderungen rechtzeitig ein legales Heeresbudget verabschiedet werden konnte und so ein budgetloses Regiment wie 1862 vermieden wurde; in diese Richtung auch *Röhl*, Wilhelm II., Die Jugend des Kaisers, 2001, S. 629 f.

Präsidialstimme gem. Art. 5 RV Gebrauch machen würde.[378] Zudem sprach er sich gegen ein „Parlamentsheer“[379] aus, womit er auf seine Wortwahl im preußischen Verfassungskonflikt anspielte und damit klarmachte, erneut notfalls gegen das Parlament regieren zu wollen.

Jedoch weigerte sich die Reichstagsmehrheit weiterhin beharrlich, ein neuerliches Septennat zu billigen. Da bis zum Ende der Befristung des alten Septennats noch Zeit verblieb, konnte *Bismarck* hier zur Ultima Ratio greifen. Bundesrat und Kaiser lösten den Reichstag auf. Im neugewählten Reichstag fand sich eine regierungsfreundliche Mehrheit, welche als liberal-konservatives Kartell zu einer dauerhaften Unterstützung der Regierungspolitik bereit war und *Bismarcks* Entwurf passieren ließ.[380] Damit stellt die Auflösung des Reichstags 1886/1887 einen ersten Wandel im Verfassungsgefüge im Reich dar. Der Reichskanzler hatte dieses Mittel im Zuge der Septennatsstreitigkeiten genutzt, um im Anschluss erstmals eine gefestigte „Regierungskoalition“ zu formen, die seine Politik im Reichstag grundsätzlich mittrug.

Obwohl sich die Reichsleitung zu diesem Zeitpunkt durchgesetzt hatte, war gleichzeitig deutlich geworden, dass der Reichstag sein Budgetrecht auch bezüglich des bedeutsamsten Haushaltspostens „Heer“ extensiv ausüben wollte.[381]

Zudem kamen die Entwicklungen in der Außenpolitik dem Reichstag zugute. So war z.B. schon 1890 eine Anpassung des Gesetzes über die Heeresstärke notwendig,[382] nachdem Frankreich sein Militär stark aufgerüstet hatte.[383] Bei dieser Anpassung, die unter *Bismarcks* Nachfolger *Caprivi* erfolgte, zeigte sich die Reichsleitung kompromissbereit. Sie glich in ihrer Vorlage die Befristung an die Legislaturperiode des Reichstages auf die Dauer von fünf Jahren an. Dieser Kompromiss befriedete in der Folgezeit den Konflikt um die Heeresausgaben.[384] Ab 1893, nachdem die Verständigung beim Heeresbudget erst nach einer Reichstagsauflösung und Neuwahlen zustande kam,[385] ging die Reichsgesetzgebung dazu über, die Friedenspräsenzstärke des Heeres nicht mehr statisch festzuschreiben, sondern über

---

378 Rede abgedruckt bei *Huber*, Dokumente zur Deutschen Verfassungsgeschichte, Band 2, 1964, S. 406 ff. (S. 408).

379 Stenographische Berichte über die Verhandlungen des Reichstages, VI. Legislaturperiode. IV. Session 1886/1887, Band 1, 1887, S. 380; siehe hierzu auch *Augst*, Bismarcks Stellung zum demokratischen Wahlrecht, 1917, S. 120.

380 *Huber*, Deutsche Verfassungsgeschichte, Band 4, 1969, S. 552, RGBl. 1887, S. 117.

381 *Forsthoff*, Deutsche Verfassungsgeschichte der Neuzeit, 1961, S. 161 f.

382 RGBl. 1890, S. 140.

383 Vgl. die Debatte im Reichstag am 14. Mai 1890, Stenographische Berichte über die Verhandlungen des Reichstages, VIII. Legislaturperiode. I. Session 1890, Band 1, S. 75 ff.

384 *Seeck*, Der Kampf des Reichstages um sein Budgetrecht, Finanzarchiv 1919, 180 (187).

385 *Stern*, Das Staatsrecht der Bundesrepublik Deutschland, Band V, 2000, S. 443; hierzu auch *Delbrück*, Regierung und Volkswille, 1914, S. 150 f.

fünf Jahre hinweg Spielräume für allmähliche Erhöhungen festzulegen und statt einer maximalen Obergrenze die Jahresdurchschnittsstärke des Heeres festzusetzen, womit flexibel auf ausländische Nachrüstungsprogramme reagiert werden konnte.[386] Nach dem letzten Gesetz vor dem Krieg im Jahr 1911 wirkte sich die allgemeine Aufrüstung in Europa derartig auf das Heeresbudget aus, dass in den Jahren 1912 und 1913 weitere Steigerungen der Friedenspräsenzstärke notwendig wurden, wodurch der Reichstag jährlich über das Heeresbudget und damit mittelbar auch über Teile der Militärpolitik entscheiden konnte.[387]

b) Frage- und Untersuchungsrechte

Das in § 32 ff. RTGeschO geregelte Interpellationsrecht war für sich genommen nicht ausreichend, um Kritik an der Reichsleitung zu üben. Für den Reichskanzler, der die Frage eigentlich in seiner Funktion als Vorsitzender des Bundesrates gestellt bekam, bestand keine Rechtspflicht, zu antworten.[388] Die Geschäftsordnung band als reines Innenrecht nur den Reichstag selbst.[389] Versuche seitens der SPD, das Frage- und Untersuchungsrecht des Reichstages in der Verfassung zu verankern, scheiterten in den Jahren 1893 und 1913, während Untersuchungskommissionen des Reichstags, die teilweise ad hoc per Gesetz geschaffen werden konnten, von der Kooperationsbereitschaft der Exekutive abhingen[390] und häufig als gemischte Kommissionen mit Mitgliedern aus Reichstag und Reichsverwaltung arbeiteten, womit die ausführende Gewalt das Entstehen rein parlamentarischer Untersuchungskommissionen verhindern wollte.[391]

Dieses rechtliche Problem erledigte sich, wie beinahe alle Verfassungsprobleme des Reiches, auf politischem Weg. Der Reichsleitung wurde eine Verweigerung der Auskunft in der Öffentlichkeit als Schwäche ausgelegt, sodass sie sich

---

386 *Laband*, Die geschichtliche Entwicklung der Reichsverfassung seit der Reichsgründung, JöR 1907, 1 (39 f.); *ders.*, Deutsches Reichsstaatsrecht, 1907, S. 340; siehe z.B. das Gesetz im Jahre 1905, welches eine bis 1910 zu erreichende Obergrenze statuiert; RGBl. 1905, S. 247.

387 Siehe RGBl. 1911, S. 99; 1912, S. 289, 1913, S. 496.

388 *Fülster*, Deutsches Reichsstaatsrecht, 1913, S. 470 betont, dass die Durchsetzbarkeit des Fragerechts von der konkreten politischen Machstellung des Reichstags abhing; *Huber*, Deutsche Verfassungsgeschichte, Band 3, 1963, S. 903.

389 *Dambitsch*, Die Verfassung des Deutschen Reiches, 1910, S. 450 f.

390 *Wegener*, Der geheime Staat, 2006, S. 243.; *Steffani*, Parlamentarische und präsidentielle Demokratie, 1979, S. 186 f., 191 f., der dies auch durch den strukturellen Kompetenzvorsprung der seit dem 17. Jahrhundert gewachsenen Bürokratie gegenüber dem jungen Zentralparlament erklärt. Die Reichsverfassung blieb in diesem Punkt noch hinter der Preußischen Verfassungsurkunde von 1850 zurück, die in Art. 82 den beiden Kammern zumindest formal ein Untersuchungsrecht zugestand.

391 *Schönberger*, Die überholte Parlamentarisierung, HZ 2002, 623 (641, Fn. 66).

einem öffentlich-gesellschaftlichen Zwang ausgesetzt sah, zu reagieren.[392] Das ursprüngliche Interpellationsrecht diente dem Reichstag daher dazu, die Arbeit der Reichsleitung öffentlich kritisch zu hinterfragen[393] und zum Teil auch eigene Politikansätze in die öffentliche Diskussion einzubringen.[394] Auch war der Zweck der Anfragen, Zugriffsversuche von Seiten der Exekutiven auf die Arbeit der Mandatsträger öffentlich zu debattieren[395] oder Machtansprüche des Kaisers im Sinn eines persönlichen Regiments anzuprangern.[396] Umgekehrt nutzte die Reichsleitung gezielt das Interpellationsrecht, um ihre Politik im öffentlichen Forum des Reichstages darzulegen, indem sie befreundete Abgeordnete um die Einreichung passender Anfragen bat.[397]

Neben den klassischen Interpellationsrechten nahm der Reichstag bei Etatdebatten das Recht für sich in Anspruch, Resolutionen zur allgemeinen Reichspolitik zu beschließen.[398]

c) *Parlamentarisches Vertrauen als konstitutives Element für die Amtsführung der Reichsleitung*

Der Reichskanzler war gem. Art. 15 RV nur dem Kaiser verantwortlich. Eine verfassungsrechtliche Abhängigkeit des Kanzlers vom Reichstag, wie sie heute Art. 67 f. GG zwischen Bundestag und Bundeskanzler festschreibt, bestand in keiner Form. Eine solche wäre auch systemwidrig gewesen. Der Reichskanzler war Vorsitzender des Bundesrates. Seine Position in der Verfassung war durch die präsidiale Stellung Preußens im Verbund der Mitgliedstaaten und nicht durch ein Vertrauensverhältnis zum Reichstag begründet. Dies war Ausdruck des Konstitutionalismus, welcher die Reichsverfassung prägte. Der Reichstag war nach damals herrschendem Verfassungsverständnis nur dazu in der Lage, die prinzipielle monarchische

392 *Huber*, Deutsche Verfassungsgeschichte, Band 3, 1963, S. 904.

393 Z.B. die Debatte zur Daily-Telegraph-Affäre, in: Stenographische Berichte über die Verhandlungen des Reichstages, XII. Legislaturperiode. I. Session, Band 233, 1909, S. 5373 ff.

394 Vgl. z.B. die Interpellationen zur Arbeitslosigkeit im Reich vom 05.12.1913 und zu Modifikationen im Sozialversicherungsrecht vom 06.12.1913, in: Stenographische Berichte über die Verhandlungen des Reichstages, XIII. Legislaturperiode. I. Session 1913/1914, Band 291, 1914, S. 6202 bzw. S. 6257.

395 Vgl. z.B. die Interpellation des Abgeordneten *Grillenberger* zur Ansetzung von Polizeispitzeln auf SPD-Abgeordnete, in: Stenographische Protokolle über die Verhandlungen des Reichstages, V. Legislaturperiode, II. Session, Band 1, S. 520 ff.

396 Stenographische Berichte über die Verhandlungen des Reichstages, XII. Legislaturperiode. II. Session, Band 262, 1909, S. 3166 ff.

397 *Laband*, Das Interpellationsrecht, DJZ 1909, Sp. 677 (Sp. 679).

398 *Wahl*, Der preußische Verfassungskonflikt und das konstitutionelle System des Kaiserreiches, in: Böckenförde (Hrsg.), Moderne Deutsche Verfassungsgeschichte (1815–1914), 1981, S. 171 (S. 177); *Hatschek*, Das Parlamentsrecht des Deutschen Reiches, Erster Teil, 1915, S. 75.

Souveränität in bestimmten Sachgebieten zu begrenzen, aber nicht den Monarchen zu zwingen, bestimmte Handlungen vorzunehmen.[399]

aa) Kooperation in der Legislativarbeit als erster Ansatz

Der Erfolg einer Regierung wird stets daran gemessen, dass diese eigene Projekte verwirklicht bzw. die politische Kraft hat, sie im politischen Prozess durchzusetzen. Weil der Reichskanzler und seine Amtsleiter anstelle des Bundesrates zunehmend die Funktion einer Regierung wahrnahmen, wuchs der Druck auf die Reichsleitung, sich Mehrheiten für ihre Vorhaben im Reichstag zu suchen. Bereits *Bismarck* war dazu gezwungen, mit bestimmten Fraktionen Allianzen einzugehen.[400]

Mit bemerkenswertem Pragmatismus wandte er sich z.B. dem damaligen „Reichsfeind" Zentrum zu, nachdem er von seiner zuvor betriebenen Freihandelspolitik abgekehrt war und infolgedessen mit Teilen der Nationalliberalen brach.[401]

Zuvor waren diese gemeinsam mit den Freikonservativen die Stützen der *Bismarckschen* Politik im Reichstag. Um diese „Koalition" enger an sich zu binden und gleichzeitig die Liberalen durch den durch die Inkompatibilität von Amt und Mandat bedingten Verlust ihres Parteiführers *Bennigsen* im Parlament zu schwächen, erwog er trotz starker Bedenken, diesen als preußischen Minister zu berufen.[402] Dies hätte de facto einen großen Schritt in Richtung Parlamentarisierung bedeutet, schlug aber letztlich wegen des Widerstands des Kaisers und an Meinungsverschiedenheiten mit den Nationalliberalen fehl. Diese störten sich an der beginnenden Abkehr von der Freihandelspolitik und forderten vor allem mit *Bennigsen*, welcher um den Rückhalt in seiner Partei fürchtete, die Ernennung weiterer Nationalliberaler zu Amtsleitern und Ministern.[403] In der Rückschau ist die gescheiterte Ernennung der Liberalen ein ausschlaggebender Grund dafür, dass das Reich den Weg einer Parlamentarisierung, welche durch die Lex *Bennigsen* im Ansatz möglich gewesen wäre, vorerst nicht weiterging.[404]

Dass dem Reichstag nach diesem Fehlschlagen die Fähigkeit zur Führung abhanden gekommen sei und er zu nur mehrheitlich destruktiver Oppositionsarbeit befähigt gewesen sei, wie *Huber* 1940 im Duktus des Nationalsozialismus formulierte,[405] ist in dieser Schärfe nicht korrekt. Der Reichstag war ohne Zweifel ein Forum für Opposition im Reich und verlieh Sozialisten, Katholiken, Welfen und Elsässern eine Stimme auf Reichsebene. Die von den jeweiligen Kanzlern umworbenen Parteien brachten darüber hinaus ihre Überzeugungen mit in den

---

399 *Von Jagemann*, Die deutsche Reichsverfassung, 1904, S. 110 f.
400 *Kimminich*, Deutsche Verfassungsgeschichte, 1987, S. 457.
401 *Stürmer*, Das rastlose Reich Deutschland 1866–1918, S. 210 ff.
402 Hierzu *Stürmer*, Regierung und Reichstag im Bismarckreich 1871–1880, 1974, S. 65 ff.
403 *Goldschmidt*, Das Reich und Preußen im Kampf um die Führung, 1931, S. 44 ff.
404 *Boldt*, Von der konstitutionellen Monarchie zur parlamentarischen Demokratie, Der Staat, Beiheft 10, 1993, 151 (164).
405 *Huber*, Verfassungskrisen des Zweiten Reiches, 1940, S. 17.

Gesetzeswortlaut ein und nahmen so an der Gestaltung der staatlichen Willensbildung teil.[406] Jedoch forderte gerade der Konstitutionalimus als Ausgleich zwischen traditioneller monarchisch-konservativer Souveränität und bürgerlich-liberaler Teilhabe die Zusammenarbeit von Reichsleitung sowie Parlamentsmehrheit auch die Fähigkeit zu Kompromissen.[407]

Mit der Zeit etablierte sich daher eine Staatspraxis, die eine gegenseitige Konsultation von Reichsleitung und Reichstag im Vorfeld von Gesetzesvorhaben zum Gegenstand hatte. Dieses Vorgehen war von der Notwendigkeit geleitet, Kontinuität und finanzielle Sicherheit in der Gesetzgebungspolitik zu gewinnen.[408] Der zeitweilige Höhepunkt dieser Entwicklung war die Kooperation der Reichsleitung unter *Bülow* mit den Parteien des sog. *Bülow*-Blocks von 1907 bis 1909.[409] Der Reichskanzler gestand in dieser Zeit den Liberalen beispielsweise mit dem Reichsvereinsgesetz von 1908 das lange geforderte einheitliche Versammlungs- und Vereinsrecht zu. Die darin enthaltenen Regelungen, welche die Befugnisse der Polizei und strafrechtliche Sanktionstatbestande im Vereins- und Versammlungswesen signifikant einschränkten, waren der Preis, den *Bülow* für den Zusammenhalt des heterogenen Blocks, der Konservative bis hin zu Liberalen umfasste, zu zahlen bereit war.[410] Daneben wurde auch in der Personalpolitik der Reichsleitung den Wünschen des Blocks zumindest in destruktiver Hinsicht nachgegeben. Amtsleiter, die in der neuen Mehrheit auf Vorbehalte stießen, wurden abgesetzt.[411]

bb) Entwicklung faktischer Abhängigkeiten

Nach Art. 15 Abs. 1 RV war der Reichskanzler vom Vertrauen des Kaisers abhängig. Letzterer konnte den einzigen Minister des Reiches formal nach Belieben bestellen und entlassen. Die politische Verantwortlichkeit des Kanzlers gegenüber dem Reichstag nach Art. 17 RV war dagegen sanktionslos. Um diesem Mangel abzuhelfen, forderten die Liberalen im Reichstag, einen Staatsgerichtshof für das Deutsche Reich zu installieren, welcher auf Antrag des Reichstages Rechtsverstöße der Reichsleitung untersuchen und ggf. deren Demission anordnen konnte.[412]

---

406 Vgl. vor allem die Parlamentsarbeit des Zentrums, welches katholische Interessen, wie den Abbau der Kulturkampfgesetzgebung, im Tausch gegen seine Zustimmung zu Gesetzesvorschlägen der Reichsleitung durchsetzte; vgl. *Wehler*, Das deutsche Kaiserreich 1871–1918, 1980, S. 83 f.

407 So auch *von Jagemann*, Die deutsche Reichsverfassung, 1904, S. 111.

408 *Ostermann*, Die verfassungsrechtliche Stellung des Deutschen Kaisers, 2009, S. 112.

409 *Gusy*, Die Entstehung der Weimarer Reichsverfassung, JZ 1994, S. 753.

410 *Born*, Von der Reichsgründung bis zum Ersten Weltkrieg, 1976, S. 240.

411 *Hartung*, Deutsche Verfassungsgeschichte, 1950, S. 295.

412 Zusammenfassend *Schönberger*, Das Parlament im Anstaltstaat, 1997, S. 270 f.; kritisch *Laband*, Die Anträge auf Errichtung eines Staatsgerichtshofes für das Deutsche Reich, DJZ 1901, Sp. 1 f.; siehe z.B. Antrag Nr. 79, Stenographische Berichte über die Verhandlungen des Reichstages, X. Legislaturperiode. I. Session 1900/1902, Erster Anlagenband, 1901, S. 366.

Jellinek ging hierbei noch weiter, indem er ein direktes Misstrauensvotum vorschlug, welches mit Zweidrittelmehrheit den Kanzler stürzen konnte.[413] Der Reichstag hatte damit nur indirekte Chancen, die Arbeit und Zusammensetzung der Reichsleitung abzulehnen. Ein Beispiel für derartige, verspätete Kritik war die Weigerung der Reichstagsmehrheit am 23. März 1895, dem schon seit fünf Jahre entlassenen *Bismarck* im Namen des Parlaments zum 80. Geburtstag zu gratulieren.[414] Ein anderes Mittel der Einflussnahme bestand in der Ablehnung bzw. Blockade von Gesetzesvorschlägen. Die Notwendigkeit, für jedes Gesetzgebungsvorhaben die Zustimmung des Reichstages zu gewinnen, zwang den Kanzler und die Leiter der Reichsämter zu einer vertrauensähnlichen Kooperation mit den Reichstagsmehrheiten.[415] Auch über das Budgetrecht hatte das Parlament Gelegenheiten, an der Besetzung der Reichsämter mitzuwirken. 1884 sträubte sich der Reichstag nach heftigen Debatten zunächst, eine zweite Planstelle für einen Ministerialdirektor im Außenamt zu genehmigen.[416] Eigentliches Ziel dieser Abstimmung in zweiter Lesung war Reichskanzler *Bismarck*, dem hier verdeckt das Misstrauen ausgesprochen werden sollte.[417] Auch wenn in diesem Fall *Bismarck* in dritter Lesung noch eine Mehrheit für sein Vorhaben fand,[418] war deutlich geworden, dass der Reichstag versuchte, bei der Zusammensetzung der Reichsexekutive mitzuentscheiden. Wegen der vielfältigen Möglichkeiten des Reichstages, auf die Regierungsarbeit einzuwirken, konnte man bis zur Einführung des § 33a RTGeschO von einer „Ministerverantwortlichkeit ohne Misstrauensvotum"[419] sprechen. Der Konstitutionalismus war an entscheidender Stelle aufgeweicht.

Dass sich ein Vertrauensverhältnis entwickelte, wurde z.B. deutlich, als Kaiser Wilhelm II. weitreichende Militärreformen postulierte. Reichskanzler *Caprivi* weigerte sich unter Einreichung seines Abschiedes, diese Pläne umzusetzen, da er den Konflikt mit dem ablehnenden Reichstag scheute.[420] Der Verlust der

---

413 *Jellinek*, DJZ 1909, Sp. 532 f.

414 Stenographische Berichte über die Verhandlungen des Reichstages, Band 139, S. 1671 ff.

415 *Thoma*, Das Staatsrecht des Reiches, in: Anschütz/Thoma, Handbuch des Deutschen Staatsrechts. Band I, 1930, 69 (79).

416 Stenographische Berichte über die Verhandlungen des Reichstages, VI. Legislaturperiode. I. Session 1884/1885, S. 856 ff.; *Stern*, Das Staatsrecht der Bundesrepublik Deutschland, Band V, 2000, S. 404 qualifizierte das Haushaltsbewilligungsrecht als Ersatz für ein Misstrauensvotum.

417 *Huber*, Deutsche Verfassungsgeschichte, Band 3, 1963, S. 905.

418 Stenographische Berichte über die Verhandlungen des Reichstages, VI. Legislaturperiode. I. Session 1884/1885, S. 1565.

419 *Huber*, Deutsche Verfassungsgeschichte, Band 3, 1963, S. 899.

420 *Caprivi* sah, dass sicher keine Mehrheit gefunden werden konnte. Einen Staatsstreich, wie ihn wohl *Wilhem II.* erwog, lehnte er entschieden ab; siehe *Frauendienst*, Demokratisierung des deutschen Konstitutionalismus in der Zeit Wilhelms II., ZgS 113 (1957), 721 (733).

parlamentarischen Vertrauensbasis war tatsächlich Ursache der meisten Kanzlerrücktritte bzw. -entlassungen. Den Stürzen *Bismarcks* 1890 und *Bülows* 1909 waren Abstimmungsniederlagen der Kanzler im Reichstag vorausgegangen.

Bülow wurde durch die Ablehnung einer Vorlage zur Erbschaftsteuer, für die er sich persönlich stark eingesetzt hatte, so schwer beschädigt, dass ihm nur der Rücktritt blieb.[421] Ohne an der Regierungsbildung beteiligt zu sein, war der Reichstag in der Lage, Regierungsumbildungen zu erzwingen.[422] Das Vertrauen des Kaisers wurde als Faktor der Kanzlermacht dagegen schwächer. Plastisch deutlich wird dies wiederum am Fall *Bülow*. Dieser hatte den Kaiser nach der Daily-Telegraph-Affäre 1908 scharf gemaßregelt und sich öffentlich von *Wilhelm II.* distanziert, obwohl er den Abdruck des Interviews Wilhelms zuvor autorisiert hatte.[423] Die Beziehung zwischen Kaiser und Kanzler war danach empfindlich gestört. Im Reichstag, der von der Reichsleitung umfassende Rechenschaft einforderte, konnte sich *Bülow* dagegen gerade auch wegen seines Vorgehens gegen den Kaiser einer Mehrheit sicher sein.[424] Angesichts dieser Lage sah sich *Wilhelm II.* außer Stande, *Bülow* zu entlassen. Erst als jener durch das Zerbrechen des ihn unterstützenden Parteienblockes an der Frage der Erbschaftsteuer das Vertrauen des Reichstages verloren hatte,[425] konnte der Kaiser sein Entlassungsrecht im Jahr 1909 tatsächlich durchsetzen.[426] Zudem war die Position des Kaisers in dieser Affäre geschwächt worden. *Wilhelm II.* reagierte auf die massive Kritik der Reichstagsmehrheit an dem Interview mit einem Rückzug von seinem „persönlichen Regiment", sodass das parlamentarische Gewicht im politischen Verfassungsleben des Reiches weiter anwuchs.[427]

---

421 Die Niederlage wurde gerade durch die Ablehnung der Deutschkonservativen Partei befördert, die so deutlich machte, dass sie auf Distanz zum „Bülow-Block" der reichsleitungstreuen Fraktionen ging; *Huber*, Deutsche Verfassungsgeschichte, Band 4, 1969, S. 317; laut *Delbrück*, Regierung und Volkswille, 1914, S. 60 wurde der Sturz *Bülows* teilweise als erster Schritt hin zu einer parlamentarischen Regierung verstanden.

422 *Böckenförde*, Der Verfassungstyp der deutschen konstitutionellen Monarchie, in: Böckenförde (Hrsg.), Moderne Deutsche Verfassungsgeschichte (1815–1914), 1981, S. 146 (S. 158 f.).

423 *Ostermann*, Die verfassungsrechtliche Stellung des Deutschen Kaisers, 2009, S. 109 ff.

424 Siehe auch die Debatte im Reichstag mit den verteidigenden Stellungnahmen von Blockvertretern Stenographische Berichte über die Verhandlungen des Reichstages, XII. Legislaturperiode. I. Session 1908, Band 233, 1909, S. 5373 ff.; Löwenstein, Parlamentarismus im politischen System der Bundesrepublik, 1971; S. 36 f.

425 *Bornhak*, Wandlungen der Reichsverfassung, AöR 26 (1910), 373 (383 f.), der hierzu festetellte, dass ein „Reichskanzler nicht im Amt bleiben kann, wenn er im Reichstage keine Mehrheit findet [...]".

426 *Steffani*, Parlamentarische und präsidentielle Demokratie, 1979, S. 84, Fn. 64 bewertet den Vorgang entsprechend als faktisches Misstrauensvotum.

427 *Born*, Von der Reichsgründung bis zum Ersten Weltkrieg, 1976, S. 243; *Huber*, Das persönliche Regiment Wilhelms II., in: Böckenförde (Hrsg.), Moderne Deutsche

Dies war jedoch nicht der erste Kanzlersturz, bei welchem die fehlende Unterstützung des Reichstages eine entscheidende Rolle für die Entlassung spielte. Auf den ersten Blick wirkt die Rolle des Kaisers im Fall des Sturzes *Bismarcks* 1890 dominanter. Denn er war es, welcher u.a. durch die Verweigerung weiterer Unterstützung im Kampf gegen die Sozialdemokratie den *Bismarcks* Rückzug in letzter Konsequenz veranlasste.

Zuvor war aber das bisher kanzlertreue Kartell an der Frage der Verlängerung der Sozialistengesetze zerbrochen, sodass der Ausgangspunkt für den Sturz *Bismarcks* beim Reichstag lag. Der Kanzler hatte dieses Kartell nach der gezielten Auflösung des Reichstags 1886/1887 zur Stärkung seiner Position geformt, nach dessen Scheitern war auch der Kanzler als Person politisch geschwächt. Mit den Neuwahlen des Reichstages am 20. Februar 1890 verloren die traditionellen Stützen *Bismarcks*, die konservativen Parteien, derart an Mandaten, dass eine neue, der Reichsleitung gewogene Koalition kaum möglich war.[428] *Bismarck* bemühte sich trotzdem, durch Zugeständnisse eine neue Mehrheit von Unterstützern unter Einschluss des Zentrums zu gewinnen,[429] und drohte gleichzeitig dem Reichstag mit Entmachtung per Staatsstreich. Die massiven bzw. verzweifelten Unternehmungen *Bismarcks*, mit Zuckerbrot und Peitsche eine neue parlamentarische Majorität zu organisieren,[430] zeigen, dass diese für ihn essentielle Bedeutung hatte. Erst als klar wurde, dass *Bismarck* im Parlament keinen Rückhalt mehr finden konnte, zog er sich zurück und bat am 18.03.1890 um seine Entlassung. In letzter Konsequenz wurde *Bismarck* durch den Versuch, sich gegen den Kaiser mit Hilfe einer Reichstagsmehrheit weiter im Amt zu halten, am Ende seiner Regierungszeit der ihm von *Gall* attestierten Rolle als unfreiwilliger Revolutionär gerecht. Denn er hatte damit das von ihm stets verteidigte monarchische Prinzip des preußischen Kaiser- und Königshauses in Frage gestellt.

Verfassungsgeschichte (1815–1914), 1972, S. 301 f.; siehe auch *Schönberger*, Die überholte Parlamentarisierung, HZ 2002, 623 (637); *Stern*, Das Staatsrecht der Bundesrepublik Deutschland, Band V, 2000, S. 455.

428 Schon 1878 begründete *Bismarck* die Notwendigkeit der Reichstagsauflösung damit, dass die damals dominante Partei der Nationalliberalen „speziell dem jetzigen Ministerium [für den kommenden Kurswechsel in der Wirtschafts- und Sozialpolitik] kein Vertrauen schenken" würde; zit. bei: *Stürmer*, Deutsche Geschichte, Berlin 1994, S. 216. Damit zeigt sich schon in diesem frühen Stadium des neu geschaffenen Reiches die Notwendigkeit eines Vertrauensverhältnisses.

429 Wobei bemerkenswerterweise außer dem taktierenden Zentrum keine Partei überhaupt im Ansatz mehr bereit war, *Bismarck* zu unterstützen; siehe *Gall*, Bismarck – Der weiße Revolutionär, 1980, S. 701. Die Verhandlungen mit den Zentrumsführern stellten gleichzeitig eine der letzten Handlungen *Bismarcks* im Amt des Reichskanzlers dar.

430 *Zechlin*, Die Reichsgründung, 1978, S. 200; auch *Delbrück*, Regierung und Volkswille, 1914, S. 61 ff. sah *Bismarck* in einer Situation, in welcher er nur zwischen der Abhängigkeit vom Zentrum oder einem destabilisierenden Staatsstreich wählen konnte.

In beiden Fällen hatten die Kanzler mit dem Kartell und dem *Bülow*-Block permanente unterstützende Parteienkoalitionen im Reichstag gebildet, nach deren Zerbrechen die Amtsinhaber selbst zur Disposition standen. Damit entwickelten sich in diesen Phasen erste organübergreifende Abhängigkeiten, die den Weg hin zu einer Parlamentarisierung entscheidend voranbrachten.[431]

cc) Das Missbilligungsvotum gem. § 33a RTGeschO

Dem Wunsch des Reichstages, Einfluss auf den Kanzlerposten zu nehmen, fehlte eine normative Grundlage. Laut Art. 15 RV war das Vertrauen des Kaisers konstitutiv für jede Kanzlerschaft. Somit stand jegliche Einflussnahme auf die Personalpolitik der Reichsleitung schnell im Verdacht, einen Verfassungsbruch darzustellen. Aus diesem Grund sahen sich z.B. die Abgeordneten, die 1884 gegen *Bismarck* opponierten, in der Debatte genötigt, zu betonen, dass hier gerade kein verstecktes Misstrauensvotum angestrebt werde.[432]

Ein verfassungsmäßiges Einfallstor für das Bedürfnis, Arbeit und Zusammensetzung der Reichsleitung zu kontrollieren, tat sich mit der Geschäftsordnungsautonomie gem. Art. 27 S. 2 RV auf. Anknüpfungspunkt war das Fragerecht des Parlaments nach § 32 ff. RTGeschO.

Das zweite, durch die Formulierung der Geschäftsordnung selbst verursachte und von Teilen des Reichstages auch gewollte Hindernis hin zu einem Missbilligungsvotum konnte erst spät ausgeräumt werden. Im Jahr 1912 gelang es der Reichstagsmehrheit gegen den Widerstand der Konservativen § 33a RTGeschO anzufügen, der es dem Reichstag ermöglichte, über die Antwort der Reichsleitung zu beschließen. Zuvor erlaubte § 33 RTGeschO nur die Debatte, aber keine abschließende Bewertung der Replik des Kanzlers auf eine Interpellation. Den Anstoß für die Regelung gab die unglückliche Außenpolitik der Reichsleitung und *Wilhelms II.* im Rahmen der Daily-Telegraph Affäre 1908.[433] Nachdem die Reichstagswahlen 1912 eine Mehrheit für die gegenüber der Reichleitung eher oppositionell eingestellten Parteien gebracht hatten, konnten diese nach vergeblichen Anläufen in den Jahren zuvor das Missbilligungsvotum durchsetzen. Mit dem neuen § 33a RTGeschO konnte der Reichstag im Rahmen seines ordnungsgemäßen Geschäftsganges auf die Antworten zu den Interpellationen Resolutionen zu verabschieden, welche die Arbeit des Reichskanzlers kritisieren. Diese Schaffung eines Forums für parlamentarische Kritik an der Exekutive war der erste formelle Schritt in Richtung eines verfassungsrechtlichen Vertrauensverhältnisses, dessen notwendiges Instrument ein Misstrauensvotum ist.

---

431 An sich gut beschriebene, aber im Sinne des Nationalsozialismus verklärt als Zersetzungsprozess des Reiches bewertete Darstellung der Entwicklung bei *Feine*, Deutsche Verfassungsgeschichte, 1943, S. 123 f.

432 *Huber*, Deutsche Verfassungsgeschichte, Band 4, 1969, S. 318.

433 *Fenske*, Der moderne Verfassungsstaat, 2001, S. 283.

Das Missbilligungsvotum unterlag zwei Beschränkungen. Zum einen war es wegen seiner Herkunft aus dem Fragerecht sachgebunden, d.h. es war nur mit Bezug auf bestimmte Anlässe zulässig, eine Resolution gegen die Reichsleitung zu verabschieden. Zum anderen hatte es wegen seiner Verankerung in der lediglich den Reichstag bindenden Geschäftsordnung keine verfassungsrechtlichen Konsequenzen.[434]

Für die neuere deutsche Geschichte hat der Kampf um die Kreation eines Misstrauensvotums eine weitere Schattenseite. In der Weimarer Zeit schwächte die alleinige Fixierung auf die Kontrolle der Regierung die Stabilität der Demokratie. Die rein destruktive Anlage des Misstrauensvotums führte dazu, dass eine Reichstagsmehrheit den Kanzler ohne weiteren konstruktiven Gestaltungsanspruch stürzen konnte.[435] Der im Zabernfall 1913 mit einer Missbilligungsresolution des Reichstages konfrontierte Kanzler *Bethmann-Hollweg* deckte diese empfindliche Schwäche erstmals auf. Er warf den ihn in dieser konkreten Situation angreifenden Parteien vor, nicht in der Lage zu sein, sich nach seinem hypothetischen Sturz auf ein einheitliches Regierungsprogramm verständigen zu können, und verwies darauf, nach Art. 15 RV nur vom Vertrauen des Kaisers abhängig zu sein.[436]

In zwei Fällen machte der Reichstag von dem neuen Instrument Gebrauch, nämlich im Zusammenhang mit dem Zabernfall und gegen die Polenpolitik der Reichsleitung. Bei beiden Anlässen sprach der Reichstag den Reichskanzlern seine Missbilligung für ihre Politik aus. Während das Missbilligungsvotum wegen der Enteignung polnischer Grundbesitzer nach der Debatte über die Interpellation vom Vortag am 30.01.1913[437] keine besondere Aufmerksamkeit erregte, schlug der Beschluss des Reichstags im Zuge der Unruhen in Zabern große Wellen.

Dem Missbilligungsvotum im Zabernfall ging folgende Vorgeschichte voraus. In der Garnisonsstadt Zabern kam es 1913 zu Anfeindungen gegen elsässische Bürger durch dort stationierte preußische Militärs. Insbesondere wurde der herabwürdigende Ausdruck „Wackes“ gegen die Elsässer gebraucht. Dies führte zu Protesten in der lokalen Bevölkerung, woraufhin die stationierten Truppen mit Gewalt und der faktischen Übernahme der Polizeibefugnisse reagierten. Die Unruhen steigerten sich weiter und wurden erst durch beschwichtigende Interventionen der höheren Militärführung beendet. Die preußischen Soldaten, welche die Spannungen durch

---

434 So auch der angegriffene Reichskanzler Bethmann-Hollweg, der von einem verfassungsrechtlichen Nullum ausging; vgl. Stenographische Berichte über die Verhandlungen des Reichstages, XIII. Legislaturperiode. I. Session 1913/1914, Band 291, S. 6282.

435 Entsprechend *Schönberger*, Die überholte Parlamentarisierung, HZ 2002, 623 (639 f.); siehe auch die Bestandsaufnahme durch *Schmitt*, Der Hüter der Verfassung, Berlin 1996, S. 87 f.

436 Stenographische Berichte über die Verhandlungen des Reichstages, XIII. Legislaturperiode. I. Session 1913/1914, Band 291, S. 6282.

437 Stenographische Berichte über die Verhandlungen des Reichstages, XIII. Legislaturperiode. I. Session 1913, Band 87, 1913, S. 3331 ff. (Debatte), S. 3371 (Beschluss).

ihr Verhalten verursacht bzw. gesteigert hatten, wurden danach weder dienstlich noch gerichtlich belangt.[438]

Aufgrund dieser Vorkommnisse, die wegen der zeitweiligen Festnahme von Richtern auch bürgerliche Kreise schwer erschüttert hatten, verlangte eine breite Mehrheit im Reichstag in mehreren Interpellationen eine Erklärung des Reichskanzlers *Bethmann-Hollweg*. Dieser verteidigte in seiner Stellungnahme vor dem Reichstag das Vorgehen des Militärs, da die Zivilbehörden bei der Aufrechterhaltung der Ordnung versagt hätten.[439]

Daraufhin sprach der Reichstag mit breiter Mehrheit erstmals öffentlichkeitswirksam einem Reichskanzler seine Missbilligung aus.[440] Dieser Akt war verfassungsrechtlich problematisch, denn die Kommandogewalt über die Truppen, deren Ausübung im Ergebnis durch die Resolution kritisiert wurde, war von der Verantwortlichkeit des Kanzlers nach damals herrschender Staatsrechtslehre nicht erfasst.[441] Weitergehende Forderungen nach einem nun notwendigen Rücktritt des Kanzlers[442] oder gesetzlichen Reformen[443] wegen der Affäre trug die Mehrheit im Plenum nicht mit.

Das Instrument des Missbilligungsvotums wurde von *Anschütz* wegen seiner faktischen, „moralischen Wucht“[444] gegen die Regierung gelobt. Mit großer Mehrheit verabschiedete Voten wie im Zabernfall konnten so als erste Ansätze einer wirksamen Kontrollfunktion des Reichstags gegen die Reichsleitung gewertet werden. Gleichzeitig zeigte das Missbilligungsvotum plastisch auf, dass der Reichstag zwar nach einer parlamentarischen Abhängigkeit der Reichsleitung strebte, dies aber verfassungsrechtlich nicht durchsetzen konnte.[445] Rechtlich waren die vom

---

438 *Frotscher/Pieroth*, Verfassungsgeschichte, 2005, Rn. 454; ausführlicher *Wehler*, Krisenherde des Kaiserreiches 1871–1918, 1979, S. 52.

439 Stenographische Berichte über die Verhandlungen des Reichstages, XIII. Legislaturperiode. I. Session 1913/1914, Band 291, 1914, S. 6155 ff. (6157); zur provozierenden Wirkung der Rede siehe auch *Wehler*, Krisenherde des Kaiserreiches 1871–1918, 1979, S. 73.

440 Stenographische Berichte über die Verhandlungen des Reichstages, XIII. Legislaturperiode. I. Session 1913/1914, Band 291, 1914, S. 6196.

441 *Hasenbein*, Die parlamentarische Kontrolle des militärischen Oberbefehls im Deutschen Reich 1871–1918, 1968, S. 144, welcher rechtliche Bedenken, die von Abgeordneten in der Debatte geäußert wurden, darstellt; siehe z.B. *Laband*, Die Anträge auf Errichtung eines Staatsgerichtshofes für das Deutsche Reich, DJZ 1901, Sp. 1.

442 Vgl. die Rede *Scheidemanns* am 09.12.1913, in: Stenographische Berichte über die Verhandlungen des Reichstages, XIII. Legislaturperiode. I. Session 1913/1914, Band 291, 1914, S. 6275.

443 Zusammenfassend *Preibusch*, Verfassungsentwicklungen im Reichsland Elsaß-Lothringen 1871–1918, 2006, S. 494 f.

444 *Anschütz*, Zabern, DJZ 1913, Sp. 1457 ff., Sp. 1461.

445 So auch die Bewertung bei *Schönberger*, Die überholte Parlamentarisierung, HZ 2002, 623 (638 ff.); auch im Ausland wurde das gescheiterte Missbilligungsvotum

Reichstag verabschiedeten Missbilligungsvoten nur als unverbindliche, schlichte Parlamentsbeschlüsse zu qualifizieren. Weitere verfassungsändernde Initiativen in Richtung einer vollen Parlamentarisierung aus dem Reichstag scheiterten am Widerstand des Bundesrates und der nach wie vor konstitutionell gesinnten Mehrheit im Reichstagsplenum.[446]

dd) Die Parlamentarisierung der Reichsleitung im Ersten Weltkrieg

Mit dem Missbilligungsvotum hatte der Reichstag sich selbst erstmals einen normativen Anknüpfungspunkt für seinen Kontrollanspruch über die Reichsregierung geschaffen. Dies war letztlich nur ein Zwischenschritt.

Reichskanzler *Bethmann-Hollweg* hatte sich in der Vorkriegszeit von den Resolutionen des Reichstags gegen ihn und seine Politik nicht beeindrucken lassen und sein Amt fortgeführt. 1917, als der Krieg die Ordnung des Reiches schon stark erschüttert hatte, stürzte er auf Betreiben des Reichstags und der OHL. Politisch war der Kanzler, der gegen seine Überzeugung den uneingeschränkten U-Bootkrieg unterstützen musste, vor seinem Rückzug bereits stark angeschlagen.[447]

Paradoxerweise musste er sein Amt aufgeben, als er u.a. den Reichstag in einem neu zu konstituierenden Reichsrat an der Regierung des Reiches beteiligen wollte, um ein Gegengewicht zur militärischen Führung zu bilden. Zusätzlich unternahm er Schritte in Richtung einer Demokratisierung des Dreiklassenwahlrechts in Preußen.[448]

Diese Pläne brachten ihn aber in Opposition zur OHL, die ihre Position in der faktischen Militärdiktatur behaupten wollte und zu konservativen Parteien, die um ihre Macht in Preußen fürchteten. Da insbesondere die Sozialdemokratie und das Zentrum den aufkommenden Rücktrittsforderungen keinen Widerstand entgegensetzten und diese z.T. sogar unterstützten, zwang *Wilhelm II.* nach dem Eingang eines Fernschreibens *Ludendorffs*, welcher darin wegen der verfehlten Politik des Kanzlers um seine Entlassung nachsuchte, *Bethmann-Hollweg* am 13. Juli 1917 zum Rücktritt.[449] Damit hatte der Kaiser, der dem Kanzler zuvor noch seinen Rückhalt versichert hatte, sein Entlassungsrecht aus Art. 15 RV erstmals auf externen Druck durch OHL und Reichstag hin ausgeübt und folglich die Präsidialgewalt stark geschwächt.

Der nächste Kanzler, *Michaelis*, war noch entsprechend den Motiven der Verfassung von *Wilhelm II.* ausgewählt worden, was daran deutlich wird, dass der von Reichstagskreisen unterstützte Altkanzler *Bülow* wegen seines Verhaltens in der

---

als Triumph der alten Eliten gewertet; siehe *Luce*, Legislative Problems, 1935, S. 296.

446 *Frotscher/Pieroth*, Verfassungsgeschichte, 2005, Rn. 458.

447 *Erdmann*, Der Erste Weltkrieg, 1973, S. 199.

448 *Erdmann*, Der Erste Weltkrieg, 1973, S. 199 f.

449 *Huber*, Deutsche Verfassungsgeschichte, Band 5, 1978, S. 296 ff.

Daily-Telegraph-Affäre übergangen wurde.[450] Unter *Michaelis* schritt die Integration des Parlaments in die Arbeit der Reichsleitung weiter fort. Erstmals wurden Reichsämter und preußische Ministerien in größerem Umfang an Vertreter der bedeutendsten Parteien, von den Nationalliberalen bis hin zur MSPD, vergeben.

Trotz dieser Zugeständnisse an die stärksten Parteien war die Ernennung *Michaelis*' ein Zeichen des Kaisers, an der konstitutionellen Regierung festhalten zu wollen. *Michaelis* machte seine antiparlamentarische Gesinnung besonders deutlich, als er die beschlossene Friedensresolution des Reichstags in ihrer Bindungswirkung für die Reichsleitung relativierte und damit einem Verständigungsfrieden im Sinne der Resolution eine Absage erteilte.[451]

Diese Sicht wies *Scheidemann* in einer Antwort auf *Michaelis*' Erklärung zurück und forderte den Rückzug des Reichskanzlers.[452] Die Mehrheitssozialisten knüpften die Bewilligung weiterer Kriegskredite an den personellen Wechsel.[453] Alleine konnten sie den Kanzler nicht zum Rücktritt zwingen. Aus diesem Grund musste die Sozialdemokratie ein Zusammenwirken mit anderen Parteien anstreben.

In diesem Zusammenhang stellte wiederum die Friedensresolution einen entscheidenden Wendepunkt in der Innenpolitik des Reiches dar. Erstmals waren Zentrum und Fortschrittsliberale bereit, mit den Mehrheitssozialdemokraten zu kooperieren.[454] Nach dieser Initialzündung wurde die Zusammenarbeit der Parteien in der Folgezeit durch einen Interfraktionellen Ausschuss, der das Vorgehen der Fraktionen im Reichstag und gegenüber der Reichsleitung koordinieren sollte, institutionalisiert.[455] Davor waren die Kompetenzen des Parlaments vor allem durch Einzelaktionen und ad hoc Bündnisse der Parteien errungen worden.

Das wichtigste Machtmittel der Reichsleitung, nämlich die Parteien im Reichstag gegeneinander auszuspielen, ging durch die neue Zusammenarbeit verloren. Damit war die Reichsleitung gezwungen, für kriegsnotwendige Gesetze im Tausch

---

450 *Erdmann*, Der Erste Weltkrieg, 1973, S. 203.

451 *Michaelis* hatte dies mit der Wendung „wie ich sie [die Resolution] auffasse" zum Ausdruck gebracht; zit. bei: *Llanque*, Demokratisches Denken im Krieg: Die deutsche Debatte im Ersten Weltkrieg, 2000, S. 205; siehe auch Stenographische Berichte über die Verhandlungen des Reichstages, XIII. Legislaturperiode. II. Session 1917, S. 3572.

452 Stenographische Berichte über die Verhandlungen des Reichstages, XIII. Legislaturperiode. II. Session 1917, S. 3577.

453 *Huber*, Dokumente zur deutschen Verfassungsgeschichte, Band 2, 1964, S. 475, Fn. 5.

454 *Gusy*, Die Entstehung der Weimarer Reichsverfassung, JZ 1994, 753 (756).

455 Dabei erfuhr die Zusammensetzung und Arbeit des Ausschusses keine klare Regelung; *Epstein*, Der Interfraktionelle Ausschuß und das Problem der Parlamentarisierung 1917–1918, HZ 191 (1960), S. 562.

Reformen des Staatsrechtes anzubieten und den Reichstag verstärkt in die Reichspolitik miteinzubeziehen.[456]

Ein von den Mehrheitsparteien eingesetzter Verfassungsausschuss erarbeitete Vorschläge, wie die Reichsverfassung in eine parlamentarische Monarchie umgestaltet werden konnte.[457]

Auch Reichskanzler *Michaelis* war Opfer der neuen Kooperation. Er musste schon dreieinhalb Monate nach seiner Ernennung zurücktreten, nachdem die Mehrheitssozialisten im Interfraktionellen Ausschuss durchgesetzt hatten, dass *Michaelis* die Unterstützung versagt wurde.[458] Erstmals hatte der Druck aus dem Reichstag alleine genügt, um einen Kanzler zu stürzen. Der Kaiser war damit nicht mehr in der Lage, das Kanzleramt im Konflikt mit dem Reichstag zu besetzen.[459]

Die Kür des neuen Reichskanzlers *von Hertling* – eines Parteigängers des Zentrums – erfolgte unter starker Einbindung der Parteien im Reichstag, nachdem die Mehrheit im Reichstag eine Mitsprache gefordert hatte.[460] Seine Regierungserklärung hörte sich in Teilen wie ein Koalitionsvertrag an.[461] *Von Hertling* war in letzter Konsequenz noch vom Kaiser ausgewählt und wird daher als der letzte Kanzler des konstitutionellen Zeitalters angesehen.[462]

Der faktische Wechsel zum Parlamentarismus zeigte sich vielmehr an der Personalie seines Vizekanzlers. Der Interfraktionelle Ausschuss hatte gegen den Willen des Kanzlers auf den Sturz des missliebigen Konservativen *Helfferich* gedrungen und tatsächlich den Liberalen *von Payer* als neuen Vizekanzler erzwungen.[463] Damit erstreckte sich der Einfluss des Reichstages sogar auf die Besetzung einzelner Posten innerhalb der Reichsleitung.

---

456 *Gusy*, Die Entstehung der Weimarer Reichsverfassung, JZ 1994, 753 (756); *Löwenstein*, Parlamentarismus im politischen System der Bundesrepublik, 1971, S. 41 f.

457 *Rauh*, Die Parlamentarisierung des Deutschen Reiches, 1977, S. 365 ff.

458 *Willoweit*, Deutsche Verfassungsgeschichte, 2009, S. 282.

459 Dies gesteht auch *Schönberger*, Die überholte Parlamentarisierung, HZ 2002, 623 (639) zu, welcher aber betont, dass dies noch keinen rechtlich positivierten Niederschlag gefunden habe.

460 *Willoweit*, Deutsche Verfassungsgeschichte, 2009, S. 282.

461 So kam *von Hertling* den Sozialdemokraten mit Liberalisierungen im Rahmen des Presse- und Versammlungsrechts entgegen und stellte weitgehende Koalitionsfreiheit in Aussicht; vgl. Stenographische Berichte über die Verhandlungen des Reichstages, XIII. Legislaturperiode. II. Session 1917/1918, S. 3944.

462 *Huber*, Deutsche Verfassungsgeschichte, Band 5, 1978, S. 395 ff. Der neue Kanzler betonte in seiner ersten Erklärung auch, dass er nicht an der Verfassungsordnung rühren wollte; siehe Stenographische Berichte über die Verhandlungen des Reichstages, XIII. Legislaturperiode. II. Session 1917/1918, S. 3944.

463 *Huber*, Deutsche Verfassungsgeschichte, Band 5, 1978, S. 398 sah in diesem Vorgang das „Ende des konstitutionellen Systems"; ähnlich *Weber-Fas*, Deutschlands Verfassung, 2001, S. 100; siehe auch *Stern*, Das Staatsrecht der Bundesrepublik Deutschland, Band V, 2000, S. 481 f.

In *von Hertlings* Amtszeit standen drängende Reformen an, insbesondere in Bezug auf das Wahlrecht. Der Verfassungsausschuss forderte das Verhältniswahlrecht in bevölkerungsreichen Wahlkreisen, da das bisherige Mehrheitswahlrecht mit Stimmbezirken auf der Basis von 1871 den tatsächlichen Wählerwillen nicht mehr wiedergeben konnte.[464] *Von Hertling* war, wohl auch wegen seines hohen Alters, als Kanzler nicht besonders durchsetzungsfähig. Die Herausforderungen in Richtung einer Parlamentarisierung des Reiches und einer Beendigung des Krieges wuchsen ständig. Die Politik des Kanzlers wurde von zahlreichen Akteuren im Verfassungsleben des Reiches als zu zögerlich empfunden. Sowohl die Mehrheit des Reichstages als auch mehrere Landesregierungen waren mit *von Hertlings* Politik unzufrieden.[465] Als zudem die OHL zur Erlangung eines Waffenstillstandes auf Basis von Wilsons 14 Punkten parlamentarische Reformen forderte, musste auch *von Hertling* seinen Hut nehmen, um die notwendige folgende Parlamentarisierung zu ermöglichen.[466]

Sein Nachfolger wurde *Prinz Max von Baden*, der mit seinen Reichsamtsleitern erst nach der Zustimmung der Parteien im Interfraktionellen Ausschuss ernannt wurde.[467] In seiner Reichsleitung war mit *Scheidemann* erstmals ein Sozialdemokrat Amtsleiter. In der Amtszeit des badischen Prinzen wurden die wesentlichen Reformen zur Parlamentarisierung der Reichsleitung auf den Weg gebracht.

Zentrale Neuerung dieser Oktoberreformen war es, dass der Reichskanzler gem. Art. 15 Abs. 3 bis 5 RV n.F. vom Vertrauen des Reichstages abhängig war,[468] mithin ein Misstrauensvotum in der Verfassung verankert wurde. Durch diese Reglung wurde *Bismarcks* Modell eines Bundes, der seine Souveränität aus der Hoheit seiner Mitgliedstaaten gründete, formell beseitigt. Damit hatte zum einen nicht etwa der Bundesrat, sondern die Reichsleitung die zu kontrollierende Regierungsmacht inne. Zum anderen war die Reform eine teilweise Abkehr vom formell starken föderalen Prinzip. Der nun herausgehobene Reichskanzler verdankte seine Position nicht dem Willen des preußischen Präsidiums, sondern der Reichstagsmehrheit. Somit verfügte von da an ein Organ, das seiner Anlage nach der Unitarisierung und Integration dienen sollte, über die Regierungsbildung. Letztlich wurde die

---

464 Bis dahin waren nur unbedeutende Korrekturen der Wahlkreisgrenzen vorgenommen worden; siehe z.B. RGBl. 1906, S. 317; *Llanque*, Demokratisches Denken im Krieg: Die deutsche Debatte im Ersten Weltkrieg, 2000, S. 199.

465 Vor allem gelang es *von Hertling* nicht, gegen die Dominanz der OHL anzugehen; *Epstein*, Der Interfraktionelle Ausschuß und das Problem der Parlamentarisierung 1917–1918, HZ Bd. 191, Heft 3 (Dez. 1960), S. 582 f.; *Weber-Fas*, Deutschlands Verfassung, 2001, S. 101.

466 *Frauendienst*, Demokratisierung des deutschen Konstitutionalismus in der Zeit Wilhelms II., ZgS 113 (1957), 721 (746).

467 *Ostermann*, Die verfassungsrechtliche Stellung des Deutschen Kaisers, 2009, S. 115 f.; *Gusy*, Die Weimarer Reichsverfassung, 1997, S. 7 sah mit dem Amtsantritt des Prinzen de facto eine parlamentarische Regierung als gegeben an.

468 *Frotscher/Pieroth*, Verfassungsgeschichte, 2005, Rn. 463 f. m.w.N.; siehe RGBl. 1918, S. 1274.

mittlerweile entstandene Staatspraxis in Verfassungsform gegossen, sodass die Oktoberreform 1918 keine bahnbrechende Neuerung darstellte. Vielmehr hatte der Reichstag zuvor bereits schrittweisen Einfluss auf die Besetzung der Posten der Reichsleitung gewonnen.

d) Zugriff auf die präsidiale Außen- und Militärpolitik

Gem. Art. 63 Abs. 1 RV lag der Oberbefehl über das Heer beim Deutschen Kaiser.[469] Hierdurch sollte sichergestellt sein, dass die Verwaltung des Militärs klar dem Präsidium zugeordnet war. Die Konsequenz war eine zunehmende Verselbstständigung der unantastbaren Militärverwaltung. Ausdruck der Sonderstellung des Heeres war das Militärkabinett des Kaisers, das diesem an der Reichsleitung vorbei Zugang zu den führenden Militärs des Reiches bzw. diesen eine Immediatstellung zur Vorsprache beim Kaiser bot.[470] Gleichzeitig waren nach absolut herrschender Ansicht der damaligen Staatsrechtslehre Kommandoakte des Kaisers nicht Teil der Kanzlerverantwortlichkeit gem. Art. 17 S. 2 RV,[471] womit der Ansatz für eine parlamentarische Kontrolle entfiel.

Mit dem Missbilligungsvotum im Zabernfall hatte der Reichstag aber ein deutliches Zeichen gesetzt, dass er auch in diesem Bereich Kontrollrechte gewinnen wollte. Gleiches gilt für das Engagement der Reichstage gegen die Staatspraxis des Septennats, das die Budgethoheit des Parlaments im Militärwesen durchsetzen sollte. Im Rahmen der Bewilligungen zur Friedenspräsenzstärke versuchte der Reichstag darüber hinaus, Einfluss auf die Organisation des Heeres zu nehmen, indem nicht nur eine reine Kopfzahl des Heeres, sondern auch die Stärke einzelner Waffengattungen und Standorte von Einheiten vorgeschrieben wurde.[472]

---

469 Mit Ausnahme des bayerischen Heeres in Friedenszeiten; vgl. Vertrag über den Beitritt Bayerns zur Verfassung des Deutschen Bundes vom 23.11.1870, § 5 III, abgedruckt bei *Kotulla*, Deutsches Verfassungsrecht, Band 1, 2006, S. 1203.

470 *Ostermann*, Die verfassungsrechtliche Stellung des Deutschen Kaisers, 2009, S. 74 f.

471 Mit Verweis auf abweichende Einzelmeinungen insbesondere von *von Bieberstein*; hierzu *Hasenbein*, Die parlamentarische Kontrolle des militärischen Oberbefehls im Deutschen Reich 1871–1918, 1968, S. 8 ff.; *Stern*, Das Staatsrecht der Bundesrepublik Deutschland, Band V, 2000, S. 374 f. und 386 ff.; *Dietz*, Das Primat der Politik in kaiserlicher Armee, Reichswehr und Bundeswehr, 2011, S. 74; für eine umfassende Kontrolle siehe v.a. *von Bieberstein*, Verantwortlichkeit und Gegenzeichnung, 1911, S. 583 ff.

472 *Hasenbein*, Die parlamentarische Kontrolle des militärischen Oberbefehls im Deutschen Reich 1871–1918, 1968, S. 19 ff. und S. 42 ff. Die Debatten über die Heeresvorlagen waren darüber hinaus Ansatzpunkt für Diskussionen über einzelne Fragen, wie notwendige Versetzungen oder Disziplinarmaßnahmen; vgl. *ders.*, S. 59 ff. und S. 65 ff.; bei den gescheiterten Verhandlungen über das Heeresbudget 1892/93 versuchten Teile des Reichstages, eine Verkürzung der militärischen Dienstzeiten durchzusetzen; siehe *Delbrück*, Regierung und Volkswille, 1914, S. 150 f.

Markant waren ferner die Debatten und Beschlüsse bezüglich des uneingeschränkten U-Bootkrieges. Der Reichstag drängte in Übereinstimmung mit der OHL durch Resolutionen die zögernde Reichsleitung zu einer aggressiveren Seekriegsführung gegen die das Reich blockierende englische Seemacht.[473]

Gem. Art. 11 RV war die Außenpolitik des Reiches ebenfalls grundsätzlich dem Präsidium zugeordnet. Der Reichstag hatte trotzdem zwei Möglichkeiten, Einfluss auf die Außenpolitik des Reiches zu nehmen. Die eine ergab sich direkt aus Art. 11 Abs. 3 RV. Der Reichstag musste völkerrechtliche Verträge genehmigen, damit diese Gültigkeit erlangten. Diese Norm war nicht auf alle Verträge anwendbar, sondern nur auf solche, auf die sich die Zuständigkeit der Reichsgesetzgebung bezog. Dies waren vor allem Wirtschafts- und Handelsabkommen des Reiches. Dagegen mussten Bündnisverträge i.d.R. nicht bestätigt werden. *Bismarcks* gesamtes Bündnissystem in Europa, das z.T. von sich widersprechenden Geheimverträgen lebte, war ohne Mitwirkung des Reichstages ins Werk gesetzt worden.[474] Anders als im regulären Gesetzgebungsverfahren stand dem Reichstag bei der Billigung von Verträgen kein direktes Abänderungsrecht zu. Der Reichstag konnte nur durch die Zustimmung unter dem Vorbehalt der Nachverhandlung mittelbar auf den Inhalt der Verträge einwirken.[475] Die Reichsleitung versuchte mit Blick auf die Beschränkung des Art. 11 Abs. 3 RV die Beteiligung des Reichstages möglichst gering zu halten. So legte sie bei großen Vertragswerken nur die Teile zur Genehmigung beim Reichstag vor, welche gem. Art. 4 RV der Reichsgesetzgebung unterfielen.[476] Bei Verträgen, die lediglich das bestehende Rechtsverhältnis perpetuierten, vertrat sie, dass eine Mitwirkung des Reichstages nicht notwendig sei.[477] Die zweite parlamentarische Möglichkeit, die Außenpolitik des Reiches zu kontrollieren und zu beeinflussen, bot das Budgetrecht. Der Haushaltsansatz für das Auswärtige Amt wurde vom Reichstag genutzt, um auch Fragen zur Sachpolitik zu stellen und inhaltliche Kritik zu üben. Gleichzeitig nahmen die Reichskanzler die Debatten als Gelegenheit wahr, um in der Öffentlichkeit ihren außenpolitischen Kurs darzulegen. Auf diese Weise gerieten die Haushaltsdebatten über den Etat des Auswärtigen Amtes mehr und mehr zum Forum außenpolitischer Diskussionen,[478]

---

473 *Hasenbein*, Die parlamentarische Kontrolle des militärischen Oberbefehls im Deutschen Reich 1871–1918, 1968, S. 152 ff.

474 *Huber*, Deutsche Verfassungsgeschichte, Band 4, 1969, S. 158.

475 *Ostermann*, Die verfassungsrechtliche Stellung des Deutschen Kaisers, 2009, S. 162.

476 So zum Beispiel die Begründung der Intervention des Innenstaatssekretärs *Posadowski-Wehner* in der Sitzung am 7. Dezember 1906, als der Reichstag abweichend von der Vorlage der Reichsleitung über den Gesamtvertrag abstimmen wollte; Stenographische Berichte über die Verhandlungen des Reichstages, XI. Legislaturperiode, Band 5, II. Session 1905/1906, S. 4241.

477 Hieran zweifelnd *Dambitsch*, Die Verfassung des Deutschen Reiches, 1910, S. 294.

478 Vgl. z.B. die Rede *Bismarcks* zum Etat des Auswärtigen Amtes und die anschließende Debatte vom 2. März 1885, Stenographische Berichte über die Verhandlungen des Reichstages, XIII. Legislaturperiode, Band 3, I. Session 1884/1885, S. 1501.

wie dies auch heute im Bundestag noch mit der Plenardebatte über den Haushaltsansatz des Auswärtigen Amtes der Fall ist.[479] Des Weiteren pflegte der Reichstag über Interpellationen die Außenpolitik der Reichsleitung kritisch zu begleiten.[480]

Ferner war auch der Bundesrat gem. Art. 11 Abs. 3 RV am Abschluss völkerrechtlicher Verträge mit einem Zustimmungsrecht, das sich in der Staatspraxis mit dem Genehmigungsrecht des Reichstages deckte, beteiligt, sofern sich die Verträge auf Gegenstände der Reichsverfassung bezogen.[481] Außerdem war seine Zustimmung für eine Kriegserklärung gem. Art. 11 Abs. 2 RV notwendig.[482] Ein darüber hinausgehendes Sanktionsrecht des Bundesrates bezüglich völkerrechtlicher Verträge konnte sich, wie in der Reichsgesetzgebung, nicht etablieren.[483] Ein zweiter Ansatz des Bundesrates zur Einflussnahme auf die Außenpolitik war der Auswärtige Ausschuss im Bundesrat gem. Art. 8 Abs. 3 RV. Dieser stellte ein weiteres auf süddeutschen Druck geschaffenes Sonderrecht dar. Bayern als größtes Südland hatte sich den Vorsitz in dem Gremium gesichert. Die Einrichtung dieses Ausschusses, in dem Preußen im Gegensatz zu einigen der süddeutschen Mittelstaaten höchstens als nichtständiges Mitglied vertreten sein konnte,[484] erzeugte zumindest auf dem Papier ein Spannungsverhältnis zu den Kompetenzen des Präsidiums. Art. 11 RV ordnete die wesentlichen Befugnisse in der Außenpolitik dem Kaiser, also dem König von Preußen, zu. Von den Verfassungsgebern war der Ausschuss als Informations- und Beratungsgremium konzipiert worden, um den beigetretenen süddeutschen Staaten das Aufgeben ihrer außenpolitischen Unabhängigkeit zu erleichtern. Jedoch sollte die Kompetenz des preußischen Präsidiums nicht geschwächt werden, sondern den neu beigetretenen Ländern eine Informationsmöglichkeit gegeben werden, wie der Leiter des Kanzleramtes *Delbrück* 1870 vor dem Reichstag in den Beratungen über die Beitrittsverträge ausführte.[485] Dies war

---

479 Stenografischer Bericht über die 123. Sitzung des Bundestages, 17. Wahlperiode, 2011. 14443 ff.

480 Z.B. Interpellation und Antwort der Reichsleitung zur eingeschränkten Einfuhr von Erzen aus Schweden, in: Stenographische Berichte über die Verhandlungen des Reichstages, XI. Legislaturperiode, Band 5, II. Session 1905/1906, S. 4242.

481 Bayern hatte sich vor der Reichsgründung in einer Geheimvereinbarung zusätzlich das Recht erstritten, an Friedensverhandlungen mit dem Ausland mit einem eigenen Gesandten vertreten zu sein; *Laufer/Münch*, Das föderative System der Bundesrepublik Deutschland, 1991, S. 44.

482 Ein Antrag für eine Zustimmungspflicht durch den Reichstag fand 1871 im Zuge der Verfassungsberatungen schon im Reichstag keine Mehrheit; in: Stenographische Berichte über die Verhandlungen des dutschen Reichstags, I. Legislaturperiode, I. Session 1871, Band 1, S. 156.

483 Gefordert z.B. von *Laband*, Reichsstaatsrecht, 1919, S. 169.

484 Siehe hierzu die kritsische Debatte über die Einführung des Ausschusses im Reichstag, in: Stenographische Berichte über die Verhandlungen des Reichstages des Norddeutschen Bundes, I. Legislaturperiode, III. Außerord. Session, S. 140 ff.

485 Stenographische Berichte über die Verhandlungen des Reichstages des Norddeutschen Bundes, I. Legislaturperiode, III. Außerord. Session, S. 69 f.; siehe auch

dem Wortlaut der Verfassung nicht unmittelbar zu entnehmen. Vielmehr hätte der Ausschuss als Teil des höchsten Staatsorgans Bundesrat seine Rolle selbst extensiver interpretieren können. Es gelang vor allem Bayern nicht, durch den Vorsitz im Auswärtigen Ausschuss Akzente in der Außenpolitik des Reiches zu setzen,[486] was insbesondere daran lag, dass die Landesherren in außenpolitischen Fragen im Zweifel eher den direkten Kontakt mit dem Kanzler suchten,[487] als sich gemeinsam über den Ausschuss zu koordinieren. Die Folge war, dass das Konkurrenzverhältnis zwischen Auswärtigem Ausschuss und präsidialer Außenvertretung nie zum Tragen kam. Selbst in Zeiten schwerer außenpolitischer Krisen und Schwächen des Präsidiums, wie im Zuge der Daily-Telegraph-Affäre 1908, als von einer drohenden Einkreisung des Reiches durch die Entente gesprochen wurde, zog sich der Ausschuss letztlich auf eine beratende Funktion zurück.[488]

Als während des Ersten Weltkrieges die Kriegsmüdigkeit in Deutschland zunahm, griff der Reichstag diese Stimmung auf. In der verabschiedeten Friedensresolution forderte er gegen Reichsleitung und Militär einen Verständigungsfrieden[489] und tastete sich damit in das präsidiale Reservat der Außenpolitik vor. Die Friedensverträge von Brest-Litowsk nach dem Ende des Krieges im Osten 1918 wurden auf Druck der Mehrheitsparteien dem Reichstag zur Zustimmung vorgelegt, obwohl die herrschende Meinung in der Staatslehre ein solches Erfordernis verneinte.[490] Damit hatte der Reichstag hinsichtlich der inhaltlichen Gestaltung der Außenpolitik die Kontrolle über das Präsidium gewonnen.

Einen Sonderfall in der Kompetenzordnung stellten die Vorrechte des Präsidiums bezüglich des Reichslandes Elsass-Lothringen bis 1874 und der in Afrika und der Südsee sukzessive gegründeten Schutzgebiete des Reiches dar.[491] In diesen Bereichen verfügte der Kaiser als Vertreter der Reichsgewalt gem. Art. 11 RV über weitgehende eigenständige legislative Befugnisse, die er sich im Fall des Elsass mit dem Bundesrat teilen musste.[492] Auch nach Erlass der Verfassung für Elsass-Lothringen

Dambitsch, Die Verfassung des Deutschen Reiches, 1910, S. 255 f.; entsprechend bezeichnete *von Weizsäcker*, Württembergische Erinnerungen (4. Teil), Deutsche Revue 44 (1919), Band 4, 97 (98) den Ausschuss als „totgeborenes Kind".

486 *Mann*, Deutsche Geschichte des 19. und 20. Jahrhunderts, 1992, S. 500.

487 *Bornhak*, Wandlungen der Reichsverfassung, AöR 26 (1910), 373 (384 f.).

488 *Dambitsch*, Die Verfassung des Deutschen Reiches, 1910, S. 256.

489 Stenographische Berichte über die Verhandlungen des Reichstages, XIII. Legislaturperiode. II. Session, Band 310, 1917/1918, S. 3573.

490 A.A. *Laband*, Nachw. bei *Huber*, Deutsche Verfassungsgeschichte, Band 5, 1978, S. 456 ff.

491 Ausführlich hierzu die Dissertation von *Grohmann*, Exotische Verfassung, Die Kompetenzen des Reichstags für die deutschen Kolonien in Gesetzgebung und Staatsrechtswissenschaft des Kaiserreiches (1884–1914), 2001.

492 Siehe § 3 des Gesetzes, betreffend die Vereinigung von Elsaß und Lothringen mit dem Deutschen Reiche, RGBl. 1871, S. 212 f. sowie §3 des § 1 und 3 des Schutzgebietsgesetzes, RGBl. 1886, S. 75 f.

besaß der Kaiser dort ein gesetzesersetzendes Verordnungsrecht, welches allerdings unter dem Vorbehalt der Zustimmung durch den Reichstag stand.[493] Damit hatte der Reichstag wie beim sonstigen Verordnungsrecht eine nachträgliche Kontrollmöglichkeit erreicht.

Hinsichtlich der Kolonien war der Reichstag lange Zeit ohne eigene Mitspracherechte, sodass hier Präsidium und Reichsleitung freie Gestaltungsrechte hatten. Erst mit der Einführung der Schutzgebietsgesetze, welche vor allem das Kolonialrecht, deutsche Staatsangehörige betreffend, in die Reichsgesetzgebung überführte, und dem Schutzgebietsetatgesetz, das eine gesonderte Haushaltskontrolle für die Schutzgebiete vorsah,[494] gelang es dem Reichstag, zum Teil die beherrschende Stellung der Reichsleitung in Kolonialfragen zu begrenzen.

3. Kreationsfunktionen des Bundesrates

Bezüglich des Kanzlerpostens und seiner Stellvertreter waren Bundesrat und Reichstag von der Auswahl der Kandidaten zur Besetzung der Ämter ausgeschlossen. Nach Art. 15 Abs. 1 RV war der Kanzler vom Kaiser zu ernennen. Gleiches galt gem. § 1 a.E. des Stellvertretergesetzes[495] für die Leiter der Reichsämter. Damit hing die gesamte Reichsleitung vom Vertrauen des Kaisers ab.

Einfachgesetzlich wurden dem Bundesrat auch Kreationsfunktionen zuerkannt So war er für die Ernennung der Mitglieder des Rechnungshofes zuständig und besaß des Weiteren ein Vorschlagsrecht für die Richter des Bundes-Oberhandelsgerichts.[496] Später galt dies nach § 127 GVG auch für die Richter des Reichsgerichtes.[497]

4. Praxisbeispiel: Der Konflikt um das Diätenverbot als Exempel für die zunehmende Stärke des Reichstages

Ein Preis für das in Art. 20 RV garantierte demokratische Wahlrecht war, wie dargestellt, das am Ende der Normen über den Reichstag in Art. 32 RV geregelte Diätenverbot.

Ziel dessen war es, dass nur wirtschaftlich Bessergestellte, von denen man sich mehr politische Zuverlässigkeit erhoffte, ein Reichstagsmandat ausüben konnten.

493 § 8 des Gesetzes, betreffend die Einführung der Verfassung des Deutschen Reichs in Elsaß-Lothringen, RGBl. 1873, S. 161.

494 RGBl. 1892, S. 370 ff.

495 RGBl. 1878, S. 7.

496 § 1 des Gesetzes betreffend die Kontrole des Bundeshaushaltes für die Jahre 1867–1869, BGBl. des Norddeutschen Bundes, 1868, S. 433; später immer wieder verlängert, z.B. RGBl, 1875, S. 61; § 3 des Gesetzes, betreffend die Errichtung eines obersten Gerichtshofes für Handelssachen; BGBl. des Norddeutschen Bundes 1869, S. 201.

497 RGBl. 1877, S. 41 (S. 64).

Hauptberuflichen Parteipolitikern und „Agitatoren" wollte man so den Zugang zum Reichstag verwehren.[498]

Die Regelung erreichte faktisch das Gegenteil. Weniger vermögende Abgeordnete wurden von ihren Parteien oder von Privaten alimentiert. Auf diese Weise entstanden Loyalitäten und Abhängigkeitsverhältnisse, die erst recht die Parteipolitik stärkten.[499] So baute z.B. die Fortschrittspartei ab 1880 einen Fonds auf, welcher ihren Abgeordneten 500 RM pro Session ausschüttete.[500] Rechtlich befanden sich die Parteien mit ähnlichen Finanzierungssystemen zunächst in der Illegalität. Solche privaten Leistungen als Entlohnung für die Abgeordnetentätigkeit wurden von der Staatsrechtslehre wegen Art. 32 RV als verboten angesehen.[501] Auch das Reichsgericht schloss ausgehend vom Wortlaut des Art. 32 RV[502] auf ein umfassendes Diätenverbot. Daher fielen die Zahlungen nach Allgemeinem Preußischem Landrecht an den Staat.[503]

Seit dem Inkrafttreten des BGB im Jahr 1900 untersagte § 817 S. 2 wegen des beiderseitigen Gesetzesverstoßes die Rückforderung der geleisteten Geldsummen, sodass die alimentierten Parteimitglieder die Gelder nicht herausgeben mussten, womit die Zuwendungen an die Volksvertreter de facto nicht mehr zurückgenommen werden oder verfallen konnten. Die meisten Parteien versuchten darüber hinaus, ihren Reichstagsabgeordneten zugleich besoldete Landtagsmandate zu verschaffen.[504]

Insgesamt zeigte sich also, dass Art. 32 RV, selbst wenn das weitgehende Diätenverbot Bestand hatte,[505] zunehmend sogar seinem Zweck, eine Subventionierung von hauptberuflichen Agitatoren durch die Reichstagsmitgliedschaft zu finanzieren, zuwiderlief. Die Reichstagsabgeordneten wurden zu Berufsparlamentariern, die sich ihren Parteien verpflichtet fühlten. Damit geriet das Diätenverbot mehr

---

498 *Becker*, Bismarcks Ringen um Deutschlands Gestaltung, 1958, S. 365.

499 *Kotulla*, Deutsches Verfassungsrecht 1806–1918, Band. 1, 2006, Rn. 518; *Löwenstein*, Parlamentarismus im politischen System der Bundesrepublik, 1971, S. 38 ff. zeigt dazu, dass sich die Zusammensetzung des Reichstages trotz der fehlenden Diäten zunehmend weg von gut situierten Honoratioren entwickelte.

500 *Jansen*, Selbstbewusstes oder gefügiges Parlament? Abgeordnetendiäten und Berufspolitiker in den deutschen Staaten des 19. Jahrhunderts, Geschichte und Gesellschaft 25 (1999), 33 (56).

501 *Rauchalles*, Die deutsche Reichsverfassung, 1907, Art. 32 Nr. 2 m.w.N.

502 „Die Mitglieder des Reichstages dürfen *als solche* keine Besoldung oder Entschädigung beziehen."

503 RGZ 16, 88 (103).

504 *von Jagemann*, Die deutsche Reichsverfassung, 1904, S. 140; *Jansen*, Selbstbewusstes oder gefügiges Parlament? Abgeordnetendiäten und Berufspolitiker in den deutschen Staaten des 19. Jahrhunderts, Geschichte und Gesellschaft 25 (1999), 33 (56 f.).

505 *Butzer* kommt z.B. nach eingehender Auslegung zum Ergebnis, dass Art. 32 RV ein weitgehendes Diätenverbot normierte, das private Leistungen mit einschloss; vgl. *Butzer*, Diäten und Freifahrt im Deutschen Reichstag, 1999, S. 92 f.

und mehr zum politischen Faustpfand der Reichsleitung,[506] welches irgendwann im politischen Spiel preisgegeben werden musste.

Parallel zur Unterwanderung des Diätenverbots übte die Reichstagsmehrheit stetig Kritik an der Regelung des Art. 32 RV. Schon in der Frühzeit des Reiches gingen, nachdem der konstituierende Reichstag 1867 mit seiner Forderung nach Alimentierung gescheitert war, vom Parlament verfassungsändernde Initiativen zur Abschaffung des Diätenverbots aus, die im Bundesrat abgelehnt wurden bzw. an konservativen Mehrheiten im Reichstag scheiterten.[507]

Zaghafte Zugeständnisse seitens der Reichsleitung folgten, so z.B. die Erlaubnis zur freien Nutzung des deutschen Eisenbahnnetzes 1874. Zehn Jahre später wurde dieses Recht wieder teilweise kassiert, nachdem es einige Abgeordnete zu intensiv für ihre politische Arbeit gebraucht hatten.[508] Der Reichstag versuchte der Reichsleitung ein Entgegenkommen zu erleichtern, indem er keine bedingungslose Entschädigung, sondern eine Vergütung für tatsächliche Anwesenheit an Sitzungstagen verlangte.[509]

Im Jahr 1902 erfuhr das strikte Diätenverbot eine erste Lockerung. Im Rahmen der Beschlussfassung des Zolltarifgesetzes 1902 wurde den Mitgliedern der zuständigen Kommission erstmals eine Entschädigung gewährt. Dieser erste Schritt war vor allem der finanziellen Dringlichkeit der Zolltarifgesetzgebung geschuldet.[510]

1906 gelang es der Reichstagsmehrheit, eine weitgehende Reform des Art. 32 RV[511] zu erreichen. Eine Entschädigung nach Maßgabe des Gesetzes wurde den Abgeordneten garantiert. Diese bestand neben der schon 1873 gewährten freien Fahrt mit deutschen Eisenbahnen zu den Sitzungen des Reichstages vor allem aus einer jährlichen Aufwandspauschale von 3000 Reichsmark.[512] Damit hatten die Parlamentarier nach beinahe 40 Jahren das von *Bismarck* installierte Diätenverbot überwunden und dem demokratischen aktiven Wahlrecht auch auf passiver Seite zum Durchbruch verholfen.

---

506 *Butzer*, Diäten und Freifahrt im Deutschen Reichstag, 1999, S. 333.

507 *Kotulla*, Deutsches Verfassungsrecht 1806–1918, Band. 1, 2006, Rn. 518; siehe z.B. 1871 Stenographische Berichte über die Verhandlungen des deutschen Reichstags, I. Legislaturperiode, I. Session 1871, Band 1, S. 156 ff.

508 *von Jagemann*, Die deutsche Reichsverfassung, 1904, S. 141.

509 *von Jagemann*, Die deutsche Reichsverfassung, 1904, S. 142 f., womit der Reichstag auf Kritik bezüglich der oft leeren Reihen bei Plenarsitzungen reagierte; vgl. *Laband*, Reichsstaatsrecht, 1907, S. 80.

510 Zur erregten Debatte im Reichstag: Stenographische Berichte über die Verhandlungen des deutschen Reichstags, X. Legislaturperiode, II. Session 1900/1903, Band 1, S. 5113 ff.

511 Reichsgesetz vom 21. Mai 1906, RGBl. 1906, S. 468.

512 Vgl. § 1 des Gesetzes vom 21. Mai 1906, RGBl. 1906, S. 468; beachte auch § 2, der bei Abwesenheit Diätenkürzungen vorsah, was den Kompromissvorschlägen des Reichstages nahe kam.

War das Zugeständnis von 1873 noch ein Akt politischer Klimapflege durch die Reichsleitung[513] und die Entschädigung der Kommission im Jahr 1902 nur eine temporäre, eng begrenzte Ausnahme, hatte sich der Reichstag 1906 die vollständige Reform des Diätenverbots ertrotzt. Vor allem das Zentrum, dem damals die Rolle des Züngleins an der Waage für die Mehrheitsbeschaffung zukam, nutzte seine Position aus, um weitergehende Forderungen durchzusetzen. Das Druckmittel des Zentrums war seine Zustimmung zur Finanzreform mit der Einführung der Erbschaftssteuer, von der sich der damalige Reichskanzler *Bülow* Mehreinnahmen von bis zu 180 Mio. RM für die Not leidende Reichskasse erhoffte.[514] *Bülow* reagierte nach Verhandlungen mit dem Zentrum, das gegen die Aufgabe des Diätenverbots willens war, von der starren Haltung der Reichstagsmehrheit gegen neue Reichssteuern abzugehen. Der Reichskanzler brachte gegen heftigen Widerstand in der preußischen Regierung einen verfassungsändernden Gesetzesentwurf zur Abschaffung des Diätenverbots im Bundesrat ein, der in seinen Einzelheiten zurückhaltend und verklausuliert formuliert war. Vor allem sollte als Gegenleistung Art. 28 RV verschärft werden, sodass der Anwesenheitspflicht in den Plenarsitzungen echte Geltung verschafft und die Arbeit des Reichstages effektiver abgewickelt werden sollte.[515]

Die grundsätzliche Bereitschaft der Reichsleitung, eine Reform durchzuführen, war für die Reichstagsmehrheit ein Anreiz, mehr zu wagen. Während des Gesetzgebungsverfahrens im Reichstag wurde die Vorlage des Bundesrates reichstagsfreundlich abgeändert, insbesondere lehnte die zuständige Kommission eine Reform von Art. 28 RV ab, sodass die eigentlich geplante Gegenleistung an die Reichsleitung versagt wurde.[516]

Der Bundesrat musste den abweichenden Änderungen nach Art. 5 RV aber wiederum zustimmen. Noch 1901 hatte dieser ein bereits vom Reichstag beschlossenes Gesetz zur Diätenreform durch gezieltes Aufschieben aufgehalten.[517]

In der aufgeladenen Situation des Jahres 1906 kam es dem Reichstag zugute, dass neben der Finanzreform auch der Reichshaushalt zu verabschieden war und Reichskanzler *Bülow* auf konstante Mehrheiten im Reichstag setzte. Die Parteien, die eine Aufhebung des Diätenverbots forderten, drohten, durch das Fernbleiben

---

513 *Butzer*, Diäten und Freifahrt im Deutschen Reichstag, 1999, S. 327. Die Reichsleitung reagierte hierbei auf mehrere Faktoren. Sie gab dem Druck aus süddeutschen Staaten nach, die freie Fahrt für die Mandatsträgern forderten, und erhoffte sich eine spätere Zustimmung für die weitere Gesetzgebung im Kulturkampf und die Reichsjustizgesetze.

514 *Butzer*, Diäten und Freifahrt im Deutschen Reichstag, 1999, S. 333.

515 *Von Bülow* war schon zuvor als Befürworter von Diäten aufgetreten. *Butzer*, Diäten und Freifahrt im Deutschen Reichstag, 1999, S. 253; *Jansen*, Selbstbewusstes oder gefügiges Parlament? Abgeordnetendiäten und Berufspolitiker in den deutschen Staaten des 19. Jahrhunderts, Geschichte und Gesellschaft 25 (1999), 33 (58).

516 *Butzer*, Diäten und Freifahrt im Deutschen Reichstag, 1999, S. 288.

517 *Butzer*, Diäten und Freifahrt im Deutschen Reichstag, 1999, S. 219.

von der Abstimmung bei Feststellung der Beschlussunfähigkeit diese Vorhaben aufzuhalten und den Staat damit faktisch handlungsunfähig zu machen.[518] Dem von der Reichsleitung beeinflussten Bundesrat[519] blieb nur, sich mit wenigen Gegenstimmen dem Reichstag zu fügen und die Reform des Art. 32 RV zusammen mit den notwendigen einfachgesetzlichen Regelungen passieren zu lassen.

Das Parlament hatte an dieser Stelle seine Machtmöglichkeiten ausgeschöpft. Es blockierte gezielt und fraktionsübergreifend dringliche Vorhaben der Reichsleitung, um eigene Ziele in der innerstaatlichen Willensbildung verwirklichen zu können. Einzelne Parteien im Parlament hatten bereits zuvor festgestellt, dass sie in Kooperation mit der Reichsleitung ihre Vorstellungen in die Gesetzgebung einbringen konnten. Mit der Reform des Diätenverbots war klar geworden, dass der Reichstag auch gegen Widerstände in der Reichsleitung eigene Vorhaben durchbringen konnte, wenn er von seinen Kompetenzen extensiv Gebrauch machte. Gänzlich ohne Preis war das Vorgehen des Parlaments aber nicht, denn sein Budgetrecht, insbesondere sein Einnahmebewilligungsrecht, war durch die Erbschaftsteuer geschmälert. Diese Steuer sollte reichseinheitlich erhoben werden, was einen Schritt in Richtung direkter Reichssteuern bedeutete.[520]

Nachdem der Reichstag 1867 gegen *Bismarck* in der Verfassungsgebung die geheime Wahl beschlossen hatte, stärkte der Reichstag des Kaiserreiches 1906 also seine Unabhängigkeit durch die Einführung von Diäten im Wege der Ausschöpfung seiner verfassungsrechtlichen Befugnisse. Durch die geschickte Ausnutzung des Budgetrechts, welches der Reichstag um das 1906 im Tausch gegen Diäten preisgegebene Einnahmebewilligungsrecht erweitert hatte, konnte die zuvor langjährige Blockade im Bundesrat überwunden werden.

5. Die Oktoberreformen

a) Die Verfassungsdiskussion gegen Ende des Ersten Weltkrieges

Der amerikanische Präsident *Wilson* hatte zur Beilegung des Ersten Weltkrieges umfangreiche Vorgaben gemacht, die für Deutschland durchaus milde Friedensbedingungen vorsahen. Zentrale Forderung war eine Demokratisierung Deutschlands.[521] Als absehbar war, dass der Krieg militärisch immer aussichtsloser wurde, wurden diese Vorschläge als zunehmend attraktiv angesehen, auch deshalb, weil die durch den Krieg hervorgerufene dauernde Spannungssituation die Schwächen

---

518 *Butzer*, Diäten und Freifahrt im Deutschen Reichstag, 1999, S. 310 ff.

519 Jedoch hatten auch die Länder wegen der steigenden ungedeckten Matrikularbeiträge ein großes Interesse, dass das Reich aus eigener Kraft Einnahmen generierte; vgl. die Rede des preuß. Finanzministers am 15.05.1906 im Reichstag, in: Stenographische Berichte über die Verhandlungen des Reichstages, XI. Legislaturperiode. II. Session 1905/1906, Band 1, 1906, S. 3215 f.

520 Zur Problemstellung siehe B III 2 a aa.

521 *Stürmer*, Das ruhelose Reich Deutschland 1866–1918, 1994, S. 395.

der Verfassung schonungslos offenlegte. So vertraten zahlreiche Politiker, wie *Rathenau* oder *Naumann*, und Staatsrechtslehrer, wie *Hugo Preuß*, sowie Kreise um *Max Weber* immer stärkeren Maße offen die These, dass nur eine Demokratisierung und Parlamentarisierung der deutschen Verfassungsordnung einen Ausweg aus der innen- und außenpolitischen Krisensituation bieten könne.[522] Infolgedessen entzündete sich eine rege Debatte um die nötige Verfassungsreform.

Anschütz forderte in seinem vielbeachteten Aufsatz in der DJZ eine „Parlamentarisierung der Reichsleitung".[523] Er machte deutlich, dass der in der Verfassungspraxis angestoßene Prozess hin zu einer vollen Vertrauensbeziehung zwischen Reichstag und Reichskanzler nun vollendet werden müsse. Der Kanzler sollte vom Vertrauen des Reichstags abhängig werden und das Parlament damit auf Verfassungsebene entscheidenden Einfluss auf die Exekutive nehmen. Markant ist seine Aussage, dass der Parlamentarismus vielleicht nicht gemacht, aber kommen werde.[524]

Preuß, der Vater der Weimarer Reichsverfassung, skizzierte im Sommer 1917 auf Basis der alten *Bismarck*-Verfassung eine grundlegende Neuordnung des deutschen Staatswesens,[525] welche vor allem drei bisherige Grundgedanken der Verfassung abänderte.

Der Bundesrat sollte unitarisch zum Reichsrat umbenannt und mit weisungsunabhängigen, auf 10 Jahre durch die Volksvertreter bestellten Vertretern der Länder bestückt werden, welche damit zusätzlich die Funktion eines Reflexionsorgans wahrnehmen sollten.[526] Die größere Unabhängigkeit der Ratsmitglieder manifestierte sich in dem Entwurf auch in der freien Wählbarkeit des Vorsitzenden und der Ausschussmitglieder.[527] Gleichzeitig war vorgesehen, die Mitwirkung dieses Reichsrates bei der Gesetzgebung auf ein suspensives Veto zu reduzieren, welches durch dreifache Bestätigung eines Gesetzes im Reichstag überstimmt werden konnte.[528] Bei Verfassungsänderungen sollte grundsätzlich die einfache Mehrheit des Reichsrates genügen. Nur wenn die Rechte eines Landes in besonderer Weise betroffen werden sollten, forderte *Preuß* eine Zweidrittelmehrheit.[529]

Außerdem setzte er bei der verdeckten Dominanz des preußischen Herrscherhauses an. Hier wählte *Preuß* ein zweigleisiges Modell. Auf der einen Seite wurden Mechanismen abgeschafft, die den preußischen Einfluss nur versteckt sicherten. Entfallen sollten die konservierenden Präsidialstimmen sowie die Sperrminorität im Bundesrat und der Bundesratsvorsitz durch den vom Präsidium abhängigen

---

522 *Llanque*, Demokratisches Denken im Krieg: Die deutsche Debatte im Ersten Weltkrieg, 2000, S. 226 ff.

523 *Anschütz*, Die Parlamentarisierung der Reichsleitung, DJZ 1917, Sp. 697 ff.

524 *Anschütz*, Die Parlamentarisierung der Reichsleitung, DJZ 1917, Sp. 697 (Sp. 698).

525 Entwurf abgedruckt bei *Preuß*, Staat, Recht und Freiheit, 1926, S. 290 ff.

526 *Preuß*, Staat, Recht und Freiheit, 1926, S. 305 f.; entsprechend erfolgte auch die Benennung der Länderkammer in der Weimarer Republik; siehe Art. 60 ff. WRV.

527 *Preuß*, Staat, Recht und Freiheit, 1926, S. 308 und S. 306 f.

528 *Preuß*, Staat, Recht und Freiheit, 1926, S. 303 f.

529 *Preuß*, Staat, Recht und Freiheit, 1926, S. 324.

Kanzler.[530] Auf der anderen Seite wollte *Preuß* den tatsächlich bestehenden Einfluss Preußens teilweise formell in der Verfassung offenlegen[531] und er vergrößerte in seinem Entwurf dessen Kompetenzen sogar punktuell. Insbesondere im Rahmen der Gesetzgebung wurde dem Kaiser ein absolutes Vetorecht zugestanden. Damit reagierte *Preuß* auf die Verfassungsrealität, welche de facto durch den verdeckten Einfluss auf den Bundesrat ein preußisches Vetorecht in der Legislative hervorgebracht hatte.[532] Mit diesen beiden Ansätzen versuchte der spätere Vater der Weimarer Reichsverfassung die seit *Bismarck* eigentlich existierende Staatspraxis positivrechtlich festzuschreiben.

Zuletzt wurde die Position des Reichstags gestärkt, indem *Preuß* diesen mit neuen verfassungsrechtlichen Befugnissen ausstattete, die heute zum Kerninstrumentarium parlamentarischer Demokratien gehören. Er fügte in seinem Entwurf Art. 27a RV ein, welcher die Einrichtung und Rechte parlamentarischer Untersuchungsausschüsse vorsah. Ferner ergänzte er Art. 14 RV um das Recht des Reichstags, sich mit Beschluss eines Drittels der Mitglieder selbst einzuberufen.[533] Darüber hinaus schlug er ähnlich wie *Anschütz* eine Parlamentarisierung der Reichsleitung als zentralen Punkt seines Konzepts vor. Im Fall eines Misstrauensvotums sollte der Kanzler zurücktreten. Als kumulatives Kontrollinstrument wollte *Preuß*, anknüpfend an die Forderungen nach einem Staatsgerichtshof, auch ein gerichtliches Verfahren zur Absetzung der Regierung durch das Reichgericht einführen, welches auf Grund eines Beschlusses des Reichstags oder des Reichsrates bei rechtlichen Verfehlungen zur Anwendung kommen sollte.[534] Ebenso plante er, dass die Wahl zum Reichstag in Hinsicht auf den Erfolgswert der Stimme gleicher ausgestaltet sein sollte, indem zu einem reinen Verhältniswahlrecht mit Listen parteipolitisch nahestehender Abgeordneter übergegangen wurde.[535]

Düringer[536] hingegen wollte dem Demokratieprinzip nicht alleine das Feld überlassen. Angelehnt an die englische Verfassungsordnung beabsichtigte er, ein neuartiges Zweikammersystem zu installieren. Neben den direkt gewählten Parteipolitikern der Zweiten Kammer sollte ähnlich dem britischen Oberhaus eine aristokratische Versammlung bestehen. Diese hätte sich nach *Düringers* Vorstellungen aus Vertretern von Adel, Klerus und Repräsentanten u.a. der Hochschulen und Kommunen

---

530 *Preuß*, Staat, Recht und Freiheit, 1926, S. 305, S. 324 und S. 306 f.

531 Z.B. durch die Festschreibung einer Erbfolgeregel i.S.d. Hausgesetzes der Hohenzollern und der preußischen Verfassung für die Kaiserwürde in Art. 11 Abs. RV-Entwurf; *Preuß*, Staat, Recht und Freiheit, 1926, S. 310.

532 *Preuß*, Staat, Recht und Freiheit, 1926, S. 303 f.

533 *Preuß*, Staat, Recht und Freiheit, 1926, S. 315, S. 320.

534 *Preuß*, Staat, Recht und Freiheit, 1926, S. 311.

535 *Preuß* sparte die politisch brisante Frage des Frauenwahlrechts in dem Vorschlag noch aus, regelte dafür das Wahlverfahren sehr detailliert in der Verfassung; vgl. *Preuß*, Staat, Recht und Freiheit, 1926, S. 318 f.

536 *Düringer* (1855–1924) war im Jahr 1917 u.a. Mitglied der ersten Kammer des badischen Landtages sowie badischer Außen- und Justizminister.

zusammengesetzt.[537] Beiden Kammern waren verschiedene Rollen zugedacht. Die erste sollte Kontinuität und Stabilität gewährleisten, während der zweiten die wechselhafte Tagespolitik zustand. Auf diese Weise erhoffte sich *Düringer* einen Idealzustand im Verfassungsleben, indem die unstete Parteipolitik durch eine unabhängige Kontrollinstanz eingedämmt werden würde.[538] In diesem Aufsatz klingt stark das Bedürfnis nach einem neutralen Element im Verfassungsleben durch, wonach in der folgenden Weimarer Zeit noch intensiver gesucht wurde. Eine weisungsabhängige Vertretung der Länder tauchte bei *Düringer* nicht mehr auf, wobei in der ersten Kammer Mandate auf Mitglieder der Fürstenfamilien und Vertreter der ständischen ersten Kammern der Länder[539] entfallen sollten.

Piloty schlug, ähnlich den Verfassungsentwürfen *Dunckers*,[540] dagegen vor, den Reichstag zu einem Zweikammerparlament mit einem korporativ durch Wirtschaft, Intelligenz und sonstigen relevanten Gruppen zu besetzenden Oberhaus auszubauen. Die Intention des Entwurfs ging in die Richtung, die Repräsentationsfunktion des Reichstages auszubauen und diesen im Ergebnis im Verhältnis zum Bundesrat entscheidend zu stärken.[541]

Den bisher untersuchten Entwürfen war gemeinsam, dass in ihnen der Grundsatz rein föderaler Beteiligung an der Gesetzgebung nicht mehr verfolgt bzw. wie bei *Preuß* und *Piloty* stark modifiziert wurde. Durch die drohende Niederlage stand die alte Ordnung, der die Schuld am Verlust des Krieges zugewiesen wurde, gänzlich in Frage. Gerade der durch preußische Machtstrukturen überlagerte Föderalismus im Reich wurde als problematisch bewertet. Insbesondere die Vertretung der Länder erfuhr daher in den Entwürfen eine Schwächung und wurde auf die Rolle eines Reflexionsorgans mit suspensiven Blockaderechten reduziert.

Max Weber stand damit mit seinem gegenläufigen Konzept, das er schon ab 1907 vertrat, allein. Er wollte die Parlamentarisierung des Reiches über eine Reform des Bundesrates erreichen. Dessen Mitglieder sollten durch die Parteien in den zu demokratisierenden Landesparlamenten ausgewählt und von ihrer Weisungsabhängigkeit befreit werden. Deshalb gleicht der Vorschlag *Webers* zunächst dem Ansatz *Preuß*'. Anders als dieser erhoffte sich *Weber* aber eine Stärkung und nicht, wie *Preuß*, der gezielt die Legitimation des Bundesrates schwächen wollte,[542] eine

537 *Düringer*, Das Zweikammersystem, DJZ 1917, Sp. 846 ff.

538 *Düringer*, Das Zweikammersystem, DJZ 1917, Sp. 846 ff. Damit lehnte *Düringer* sich auch stark an den Gedanken zweier sich ausgleichender Organe an, der bemerkenswerterweise der demokratischen US- Verfassung nahe war.

539 *Düringer* war selbst Mitglied der ersten Kammer Badens; vgl. *ders*, Das Zweikammersystem, DJZ 1917, Sp. 846.

540 B II 2 a.

541 *Piloty*, Der deutsche Reichstag. Ein Vorschlag der Bildung von zwei Häusern im Reichstag, AöR 38 (1918), 103 (138 ff.).

542 Hierzu *Mauersberg*, Ideen und Konzeption Hugo Preuß' für die Verfassung der deutschen Republik 1919 und ihre Durchsetzung im Verfassungswerk von Weimar, 1991, S. 52.

Relativierung des Gewichtes des Bundesrates. Ergänzend beabsichtigte er, dass die strikte Inkompatibilität von Bundesratssitz und Reichstagsmandat abgeschafft werden sollte, um starken Politikerpersönlichkeiten Sitz und Stimme in beiden Organen verleihen zu können.[543] *Weber* strebte letztlich eine teilweise Annäherung an das bis 1913 geltende Senatsmodell der Vereinigten Staaten bzw. des Staatenhauses nach der Paulskirchenverfassung an.[544] Mit Blick darauf, dass sich das Verfassungsleben seit *Bismarcks* Zeiten hin zu einem Bedeutungsverlust des Bundesrats entwickelt hatte, war eine derartige Umgestaltung nicht durchsetzbar.[545]

b) Inhalt und Bewertung des Reformprogramms

Schließlich wurde dann auch durch die Reichslegislative eine Demokratisierung des Reiches auf den Weg gebracht. Nach der überfälligen Reform des Wahlrechts mit der Einführung des Verhältniswahlrechts in großen Wahlkreisen[546] kam es auf Druck von Zentrum, Fortschrittsliberalen und Sozialdemokraten im Reichstag zu einer grundlegenden Umgestaltung der Reichsverfassung. Neben der oben dargestellten Verankerung eines Misstrauensvotums als zentrales Element der Reform gab es weitere Änderungen, sodass sich das Kaiserreich in seinen letzten Tagen in eine parlamentarische Monarchie wandelte. In Art. 11 RV wurde die schon faktisch bestehende Kompetenz zur Abstimmung über Friedensverträge normiert. Die Inkompatibilitätsvorschrift des Art. 21 Abs. 2 RV, die bisher personelle Verknüpfungen zwischen Reichsleitung und Reichstag verhindert hatte, wurde abgeschafft. Darüber hinaus wurde die Kommandogewalt ausdrücklich in die parlamentarische Verantwortlichkeit miteinbezogen.[547]

Die Reformen waren zum großen Teil durchsetzbar, weil der außenpolitische Druck infolge des ungünstigen Kriegsverlaufs wuchs. Und doch ist es verfehlt, den Oktoberreformen nur einen formalen Charakter als bloße Krisenstrategie beizumessen.[548] Durch die Neuerungen wurde die Hinwendung zur parlamentarischen Monarchie endgültig abgesichert. Freilich trieben auch die alten Eliten und vor allem die so auf einen Verständigungsfrieden hoffende OHL die Parlamentarisierung

543 Die Vorschläge vergleichend *Mommsen*, Max Weber und die Deutsche Politik 1890–1920, 2004, S. 188 ff.; zum Konzept siehe v.a. *Weber*, Gesammelte politische Schriften, 1921, S. 224 ff., S. 357 f.

544 *Weber*, Gesammelte politische Schriften, 1921, S. 238. *Webers* Vorschläge dazu liefen auf ein Trennsystem wie in den USA hinaus, da dieser eine parlamentarische Abhängigkeit des Kanzlers in seinem Konzept nicht erwähnte; *Mommsen*, Max Weber und die Deutsche Politik 1890–1920, 2004, S. 197 ff.

545 Hierzu *Mommsen*, Max Weber und die Deutsche Politik, 1890–1920, 2004, S. 193.

546 Gesetz über die Zusammensetzung des Reichstages und die Verhältniswahl in großen Wahlkreisen vom 24. August 1918, RGBl. 1918, S. 1079.

547 RGBl. 1918, S. 1273 ff.

548 So *Ostermann*, Die verfassungsrechtliche Stellung des Deutschen Kaisers, 2009, S. 120 f.

nach dem Scheitern der deutschen Frühjahrsoffensive und der in der Folge absehbaren Niederlage voran,[549] um außenpolitischen Forderungen nach mehr Demokratie nachzukommen und die Verantwortlichkeit für die drohende Niederlage abzugeben. Selbst wenn Militär und Kaiser stillschweigend auf eine Restauration nach dem Ende des Krieges hofften, war die Verfassungsreform von 1918 Endpunkt einer kontinuierlichen und ungebrochenen Entwicklung seit der Reichsgründung. Der These einer stetigen Parlamentarisierungstendenz im Reich wird entgegengehalten, dass das Kaiserreich strukturell auch in der Endphase seine obrigkeitsstaatliche Form beibehalten habe.[550] Besonders seien die konservativen Eliten im Reich zu keinem Zeitpunkt ernsthaft in ihrer beherrschenden Stellung bedroht gewesen, während der Reichstag durch seine innere Zersplitterung nie als ernsthafter Herausforderer aufgetreten sei.[551]

Dabei darf aber nicht übersehen werden, dass *Bismarck* bewusst eine Verfassung geschaffen hatte, die viel Raum für eine dynamische Verfassungsentwicklung ließ. Der Reichstag hatte durch seine Haltung im Rahmen der Septennatsstreitigkeiten, in der Gestaltung der integrierenden Gesetzgebung und der Schaffung von Ansätzen einer parlamentarischen Abhängigkeit der Reichsleitung im Laufe der Verfassungsentwicklung die Grundlagen für eine Parlamentarisierung selbst gelegt. Der verlorene Erste Weltkrieg wirkte in diesem Zusammenhang nur beschleunigend auf die bereits in Gang gekommene evolutionäre Entwicklung.

Fraglich ist, wie sich der Bundesrat in der neuen Ordnung eingerichtet hätte. Seine Funktion als Hauptregierungsorgan war qua Verfassung infrage gestellt.[552] Wie die Verantwortlichkeit des Reichskanzlers gem. dem neuen Art. 15 Abs. 5 RV ausgestaltet sein sollte, blieb offen. In den angesprochenen Aufsätzen zur Reform der Verfassung tauchte er als Faktor gar nicht mehr auf. Wahrscheinlich ist, dass der Bundesrat sich wie in der bisherigen Staatspraxis stark zurückgehalten hätte. Statt der faktischen Dominanz Preußens im föderalen Gefüge hätte er sich nun dem festgeschriebenen Parlamentarismus beugen müssen. Denkbar wäre aber auch, dass noch viele Konflikte gefolgt wären. Hätten die Länder ihre Verfassungen

---

549 *Schücking*, Staatsrechtliche Reformbestrebungen und Reformen während der Kriegszeit, in: Anschütz/Thoma, Handbuch des Deutschen Staatsrechts, Band I, 1930, 87 (88); *Wehler*, Krisenherde des Kaiserreiches 1871–1918, 1979, S. 115; zur zeitweisen Dominanz der OHL *Dietz*, Das Primat der Politik in kaiserlicher Armee, Reichswehr und Bundeswehr, 2011, S. 132 ff.

550 Siehe hierzu oben B II 2.

551 Darüber hinaus bestand in der Staatsrechtlehre Sorge in Bezug auf die mit einer Parlamentarisierung einhergehenden Verantwortung für die regierungsunerfahrenen Reichstagsparteien; vgl. *Llanque*, Demokratisches Denken im Krieg: Die deutsche Debatte im Ersten Weltkrieg, 2000, S. 288 f.

552 Aus diesem Grund forderte z.B. *von Payer* im Vorfeld der Verfassungsberatungen 1919 die Auflösung des Organs; siehe *Mauersberg*, Ideen und Konzeption Hugo Preuß' für die Verfassung der deutschen Republik 1919 und ihre Durchsetzung im Verfassungswerk von Weimar, 1991, S. 80 f.

nach dem Vorbild des Reiches demokratisiert, wären Landesregierungen an die Macht gekommen, welche unter dem Druck einer partikular gestimmten Volksvertretung die Interessen ihres Staates im Bundesrat offensiver hätten durchsetzen müssen. Dann hätte sich im nun gänzlich widersprüchlichen Verfassungsgefüge eine neue Staatspraxis mit einem Bundesrat im Sinne von *Max Webers* o.g. Vorstellungen herausbilden müssen.[553]

IV. Ablösung des Kaiserreiches durch die Weimarer Republik

Die Oktoberreformen retteten die Reste des Kaiserreiches nicht in die neue Zeit. Anfang November 1918 revoltierten Matrosen der Marine in den Kriegshäfen. Von dort aus breitete sich die Revolution über ganz Deutschland aus. Gegen den Willen und ohne Wissen *Wilhelms II.* wurde am 9. November 1918 dessen Rücktritt verkündet.

Als revolutionäre Instanz bildete sich in der Weimarer Republik unter der Führung *Eberts*, der in Abkehr von Art. 15 RV von seinem Vorgänger *Max von Baden* das Amt des Reichskanzlers erhalten hatte, der Rat der Volksbeauftragten, der zunächst in etwa die Rolle des Präsidiums in der Reichsverfassung ausfüllte. Dieser war bestrebt, seine gerade eroberte faktische Machtposition zu sichern und zu erweitern.

Jedoch bestanden die bisherigen Legislativorgane Bundesrat und Reichstag weiter. Dies lief dem Anspruch des Rates der Volksbeauftragten, kraft revolutionären Rechts auch Notgesetzgebungsorgan zu sein,[554] zuwider.

Gerade die bürgerliche Mehrheit im Reichstag hätte die Arbeit des Rates behindern können. Damit war das erste Ziel des Rates die Ausschaltung des Reichstags. Um der künftigen Verfassungsgebung nicht vorzugreifen, wollte der Rat der Volksbeauftragten nicht den Weg der Reichsverfassung über die Reichstagsauflösung gehen. Sonst hätte der föderative Bundesrat, der laut Art. 24 RV der Auflösung des Parlaments zustimmen musste, eine enorme Aufwertung erfahren. Nachdem hierdurch ein Präzedenzfall für die föderale Ordnung Deutschlands, die damals zur Disposition stand, geschaffen worden wäre, wollte der Rat diesen Weg nicht gehen.[555] Infolgedessen entschloss er sich, den Reichstag einfach nicht mehr einzuberufen, sodass dessen Arbeit faktisch eingestellt wurde. Der damalige Reichstagspräsident

553 Nach der Novemberrevolution 1918 bedauerte *Kaufmann*, Gefahren für die deutsche Einheit, in: Ders., Gesammelte Schriften, Band 1: Autorität und Freiheit, 1960, S. 231 ff, dass es infolge der Ausschaltung des Bundesrates an einem Organ fehlte, welches die damaligen zentrifugalen, revolutionären Bestrebungen hätte einfangen können.

554 Eindringlich zu erkennen am Aufruf vom 12. November 1918, der Verkündungen, wie die Aufhebung des Belagerungszustandes, „mit Gesetzeskraft“ vorsah; vgl. RGBl. 1918, S. 1308.

555 *Huber*, Deutsche Verfassungsgeschichte, Band 5, 1978, S. 729.

Fehrenbach versuchte noch eine Einberufung des Reichstages zu erreichen, musste sich aber letztlich unter schwachen Vorbehalten der weiteren Entwicklung fügen.[556]

Der Bundesrat war durch Verordnung vom 14. November 1918 angewiesen worden, seine durch Gesetz oder Verordnung bestehenden Verwaltungskompetenzen weiter auszuüben.[557] Im Umkehrschluss war er damit seiner Rolle im Gesetzgebungsverfahren beraubt und zum bloßen Verwaltungsorgan degradiert worden.[558]

Das Kaiserreich wurde durch die Weimarer Republik, die sich eine neue Verfassung gab, abgelöst. Hier waren die Gewichte der Gesetzgebungsorgane, Reichstag und Reichsrat, eindeutig zugunsten des Reichstages verschoben. Der mit keinem Zustimmungsrecht in der einfachen Gesetzgebung ausgestattete Reichsrat[559] war nicht mehr gleichberechtigtes Legislativorgan.[560] Jedoch hatte sich der Exekutivföderalismus *Bismarckscher* Prägung gegen andere Vorstellungen[561] weitgehend durchgesetzt. Nur hinsichtlich eines Teils der preußischen Vertreter, die von den Provinzen des größten deutschen Landes gestellt werden sollten, gab es eine Neuerung. Diese waren, um den Einfluss der preußischen Regierung im neuen Verfassungswerk abzuschwächen, nach Art. 63 Abs. 2 WRV grundsätzlich weisungsunabhängig.[562]

In der Spätzeit der Weimarer Republik, als der Reichstag durch wachsende Stimmanteile der Extremisten von links und rechts immer handlungsunfähiger wurde, wurde der dem Bundesrat nachfolgende Reichsrat von der damaligen Staatsrechtslehre mehr und mehr als Hort der Stabilität und ausgleichendes, neutrales Moment eingestuft,[563] womit sich letztlich der Kreis zur staatsrechtlichen Literatur

---

556 *Huber*, Deutsche Verfassungsgeschichte, Band 5, 1978, S. 730.

557 RGBl. 1918, S. 1311.

558 Zur Entmachtung beider Organe durch den Rat der Volksbeauftragten vgl. auch *Stern*, Das Staatsrecht der Bundesrepublik Deutschland, Band V, 2000, S. 500 f.

559 Es verblieben im Wesentlichen das Initiativrecht (Art. 68 WRV), das Recht der Stellungnahme zu Entwürfen der Reichsregierung (Art. 69 I WRV) und das Einspruchsrecht (Artt. 74, 76, 85 III WRV).

560 *Gusy*, Die Weimarer Reichsverfassung, 1997, S. 257 f.; *von Delbrück*, Verhandlungen der Verfassungsgebenden Deutschen Nationalversammlung, Band 326, 1919, S. 387 zweifelte, ob die Erhaltung einer deratig schwachen föderalen Vertretung sinnvoll war.

561 Z.B. *Stier-Somlo*, Die Vereinigten Staaten von Deutschland, 1919, S. 20 wollte dem bis 1913 bestehenden Modell der USA folgen: Von den Legislativen der Länder gewählte Senatoren sollten das Staatenhaus bilden.

562 Damit konnte sich *Preuß*, der auf eine Zerschlagung Preußens setzte, um ein föderatives Gleichgewicht herzustellen, in diesem Punkt in den Verfassungsverhandlungen nicht durchsetzen; vgl. *Apelt*, Hundert Jahre deutscher Verfassungsgeschichte, DRZ 1948, 149 (152).

563 *Gusy*, Die Weimarer Reichsverfassung, 1997, S. 259 f.; siehe auch *Dann*, Parlamente im Exekutivföderalismus, 2004, S. 107, Fn. 291.

des Kaiserreiches schließt, die im Bundesrat ebenso ein staatspolitisch neutrales Organ sah.[564]

V. Fazit

Das Deutsche Kaiserreich hatte eine eigentümliche Verfassung. Einzigartig war insbesondere die Institution des Bundesrates. Dieser sollte ein gewaltenübergreifendes Staatsleitungsorgan sein, das auf traditionellem Recht der Länder gegründet war. Doch zeigt schon die Anlage der Reichsverfassung, dass dies nicht durchzuhalten war. Die eigentlich vom Deutschen Bund geprägte Stimmgewichtung wurde durch Machtpolitik verschoben. Preußische Dominanz und bayerische Reservatrechte waren die Folge. Bahnbrechend erfolgte dann am Ende die in keinerlei Tradition stehende und den Motiven der Verfassung konträre Aufnahme des Elsass, die einem beinahe demokratischen Bedürfnis nach Repräsentation nachgab.

Der Bundesrat als in sich widersprüchliches Organ war aufgrund seiner heterogenen Anlage unfähig, seiner Aufgabe als Staatsleitung nachzukommen. Statt von den Abgesandten der 25 Einzelstaaten des Reiches wurde faktisch vom preußischen Präsidium aus regiert, wo sich mit den Reichsämtern de facto eine Ministerialbürokratie installierte.

Während der Bundesrat immer mehr an Bedeutung verlor und im Zuge der Oktoberreformen in seiner Existenz in Frage stand, etablierte sich der aus ungewöhnlich demokratischen Wahlen hervorgegangene Reichstag als zunehmend selbstbewusstes Parlament im Verfassungsleben. Seine im Wesentlichen auf die Mitwirkung im Gesetzgebungsverfahren und das Budgetrecht beschränkten Kompetenzen nutzte er extensiv. Der Reichstag focht Konflikte gegen die von der mehrheitlichen Staatsrechtslehre gestützte Reichsleitung aus, um seine Befugnisse zu wahren und zu erweitern.

Der Grund hierfür lag darin, dass der Reichstag stets große gesellschaftliche Strömungen der Zeit, die von den anderen Verfassungsorganen vernachlässigt oder gar als reichsfeindlich bekämpft wurden, mitrepräsentierte. Diese gesellschaftlichen Schichten fanden im Reichstag ein Sprachrohr für ihre Interessen auf Reichsebene und suchten in wachsendem Maße die Regierungspolitik zu kontrollieren und zu beeinflussen.

Die auf dem Papier föderale Verfassung des Deutschen Reiches wandelte sich deshalb zunehmend. Wie von *Bismarck* vorhergesehen, begann nach der Reichseinigung ein Prozess der Integration, welcher zu einer Konzentration der wesentlichen Kompetenzen auf Reichsebene führte. Die Vertretung der Länder auf Reichsebene

564 *Dambitsch*, Die Verfassung des Deutschen Reiches, 1910, S. 198 f.; *Kaufmann*, Bismarcks Erbe in der Reichsverfassung, in: Kaufmann, Gesammelte Schriften, Band 1: Autorität und Freiheit, 1960, S. 216 ff.

nutzte die Möglichkeit, diese Entwicklung zu gestalten, nicht. Zu stark war der faktische Einfluss des Führungslandes Preußen, welcher den Bundesrat und die Reichsleitung zunehmend verklammerte. Der Bundesrat erfüllte in der Folgezeit nur die Funktion, legislative Vorhaben des Reichstages gegebenenfalls zu blockieren und der Reichsleitung als Rückzugsort vor parlamentarischer Kontrolle zu dienen. Zwischen preußisch dominiertem Präsidium und Reichstag entspann sich dagegen ein konfliktreicher Dualismus, der vom Versuch des Reichstages getragen war, mehr Kontrolle über die Reichsleitung zu gewinnen. In diesem Ringen erlangte der Reichstag langsam, aber kontinuierlich mehr Einfluss auf das Regierungshandeln und erreichte sogar Rücktritte von Reichskanzlern.

Als das Reich am Ende des verlorenen Ersten Weltkrieges stand und auch von außen auf eine Demokratisierung gedrängt wurde, wurde die faktische Staatspraxis in Verfassungsform gegossen. Der Parlamentarismus hatte sich durchgesetzt.

C. Rat und Parlament in der Europäischen Union

Die EU stellt den Versuch dar, im nationalstaatlich geprägten Europa einen engeren Zusammenschluss der 28 Mitgliedstaaten zu erreichen. Die Urprünge der Europäischen Union liegen in der Zeit nach dem Ende des Zweiten Weltkrieges in Europa, als sich die sechs Gründungstaaten 1952 zur Montanunion zusammenschlossen.

I. Motive für die Gründung der Union

1. Friedenssicherung durch wirtschaftliche Zusammenarbeit

„Ich wage die These, dass ein Krieg zwischen Mitgliedern der Europäischen Gemeinschaft, obwohl diese die Verteidigungspolitik noch nicht umfasst, heute schon undenkbar ist.“[565] Diese Aussage *Walter Hallsteins*[566] macht deutlich, dass der Wunsch nach dauerhaftem Frieden in Europa Hauptursache und -antrieb der Integration des Kontinents war und ist.

Die europäische Einigung erfolgte unter dem Eindruck des Zweiten Weltkrieges, der dem gesamten Kontinent Leid und Zerstörung gebracht hatte.[567]

Der Wille, den gewonnenen Frieden und die errungene Freiheit zu wahren, sollte anders als zuvor in der Geschichte Europas nicht durch den Rückzug auf die nationale Ebene, sondern durch ein supranationales Projekt durchgesetzt werden.[568] Dieser Gedanke prägte beispielsweise die letzte Erwägung in der Präambel des EWG - Vertrages.[569] Auch heute enthält die Präambel des EUV Erwägungsgründe (z.B. Nr. 3, Nr. 6, Nr. 11), die auf die friedenssichernde Tradition der europäischen Einigung verweisen.[570]

---

565 Zit bei: *Beaud*, Europa als Föderation? Relevanz und Bedeutung einer Bundeslehre für die Europäische Union, in: *Pernice/Otto (Hrsg.)*, Europa neu verfasst ohne Verfassung, 2010, S. 75.

566 Kommissionspräsident der EWG von 1958–1967.

567 Zur Gründung der Gemeinschaften *Stern*, Der Weg zur politischen Union Europas, in: Classen, (Hrsg.), „In einem vereinten Europa dem Frieden der Welt zu dienen...“, Liber amicorum Thomas Oppermann, 2001, S. 143 ff und *Loth*, Der Weg nach Rom - Entstehung und Bedeutung der römischen Verträge, integration 2007, 36 ff.

568 *Schäfer*, Europas Einheit: Herkunft, Ziel, Form, in: Isensee (Hrsg.), Europa als politische Idee und als rechtliche Form, 1994, S. 29.

569 „ENTSCHLOSSEN, durch diesen Zusammenschluß ihrer Wirtschaftskräfte Frieden und Freiheit zu wahren [...]“

570 Z.B. Nr. 6: „IN DEM WUNSCH, die Solidarität zwischen den Völkern unter Achtung ihrer Geschichte, ihrer Kultur und ihrer Traditionen zu stärken.“

Gemeinhin wird *Churchills* Züricher Rede vom 19. September 1946 über die „Vereinigten Staaten von Europa", im Sinne einer einer multilateralen Organisation zur Friedenssicherung, als Ausgangspunkt der Integration im modernen Sinne verstanden.[571]

Es stellte sich heraus, dass das überseeisch orientierte Großbritannien mehr als den 1949 gegründeten Europarat nicht mitzutragen bereit war, sodass sich die Einigung zuerst auf den kontinentalen Kern der sechs Gründungsmitglieder konzentrierte.[572]

Zunächst sollte die Verwaltung der kriegswichtigen Wirtschaftsgüter Kohle und Stahl einer supranationalen Organisation zugeführt werden, was 1952 mit der Gründung der Europäischen Gemeinschaft für Kohle und Stahl (EGKS) geschah.[573] Die Ablehnung der Europäischen Verteidigungsgemeinschaft durch die französische Nationalversammlung bremste auch auf dem Kontinent weitergehende Unionspläne, wie die Schaffung einer Europäischen Politischen Gemeinschaft. Daraufhin konzentrierten sich die Gründerväter der europäischen Einigung auf eine wirtschaftliche Zusammenarbeit zwischen den europäischen Kernstaaten Frankreich, Italien, Niederlande, Belgien, Luxemburg und der Bundesrepublik Deutschland. Für dieses Projekt erwarteten sie die geringsten Widerstände gegen eine friedenssichernde Europäisierung, für welche die EGKS für sich genommen nicht ausreichend war.[574]

Am 25. März 1957 wurde das bis zur Einheitlichen Europäischen Akte (EEA) 1987 bestehende Vertragsgeflecht von den sechs Gründungsstaaten unterzeichnet. Mit den Römischen Verträgen, die am 01.01.1958 in Kraft traten, wurde mit der Europäischen Wirtschaftsgemeinschaft (EWG)[575] im Bereich der allgemeinen, vor allem grenzüberschreitenden Wirtschaftspolitik und der Europäischen Atomgemeinschaft (EAG)[576] auf dem Feld der damals aufstrebenden friedlichen Nutzung der Kernenergie das Abkommen zur Gründung supranationaler Organisationen beschlossen. Damit war der Grundstein für eine bis heute fortdauernde Entwicklung gelegt, die von einer immer engeren wirtschaftlichen Verzahnung und einer beispiellos langen Friedensphase in West- und Mitteleuropa geprägt war.

---

571 Abdruck in *Churchill*, Der Zweite Weltkrieg, 1954, S. 1103 f., der vor allem ein deutsch-französisches Zusammengehen anmahnt.

572 Großbritannien störte sich insbesondere an der Schaffung der supranationalen Hohen Behörde; *Mosler*, Der Vertrag über die Europäische Gemeinschaft für Kohle und Stahl, ZaöRV 1952, 1 (18 f.).

573 BGBl. 1952 II, S. 447.

574 Zu den Motiven *Monnets* vgl. *Schröder*, Jean Monnet und die amerikanische Unterstützung für die europäische Integration 1950–1957, 1994, S. 536 ff.; zur britischen Europaolitik nach dem Zweiten Weltkrieg vgl. auch S. 80 ff.; siehe ferner: *Loth*, Der Weg nach Rom – Entstehung und Bedeutung der Römischen Verträge, integration 2007, 36 (41 f.).

575 BGBl. 1957 II, S. 766.

576 BGBl. 1957 II, S. 1014.

Wegen der starken Fixierung der Verträge auf ökonomische Sachverhalte waren die Gemeinschaften bis zur EEA 1986/87 vor allem ein wirtschaftspolitischer „Zweckverband“[577], der die Integration zunächst funktional auf die von den Mitgliedstaaten übertragenen Kompetenzen begrenzte.[578] Mit der EEA lösten sich die Mitgliedstaaten grundsätzlich von diesem wirtschaftlich-limitierten Leitbild und strebten eine weitergehende Europäische Union an.[579] An dieser Stelle zeigt sich die Nähe der Grundgedanken der Europäischen Einigung zu den Integrationsüberlegungen *Bismarcks*. In beiden Fällen wurde auf die einigende Kraft wirtschaftlicher Verflechtungen vertraut.[580] Aus der Sicht *Hallsteins* war die wirtschaftliche Einigung keine Vorstufe, sondern bereits Teil einer viel weitergehenden politischen Vereinigung.[581] Dieser funktionale *spill-over*-Ansatz gelang in einigen Teilen. So griff z.B. bereits die EWG 1979, gestützt auf Art. 235 EWG a.F., der die Herstellung des Gemeinsamen Marktes zum Ziel hatte, mit der Vogelschutzrichtlinie de facto auf die Materie des Umweltrechts zu.[582] Erst mit Inkrafttreten der EEA 1987 erhielt die Gemeinschaft tatsächlich formelle Kompetenzen auf diesem Gebiet.[583] Andererseits hat sich gezeigt, dass die *spill-over*-Effekte nur in begrenztem Umfang voll zur Geltung gekommen sind. Bis heute fehlt es an vollwertigen Ansätzen zu einer politischen Integration Europas.[584]

2. Vielfalt vor Einheit

Der Leitspruch der Europäischen Union lautet „In Vielfalt geeint“, wie die Mehrzahl der Mitgliedstaaten in der 53. Erklärung zum Vertrag von Lissabon betont. Legt man dieses Motto grammatisch aus, so wird deutlich, dass das europäische Projekt die nationalen Unterschiede und Besonderheiten nicht abschaffen, sondern möglichst fördern und erhalten will. So wird „Vielfalt“ mittels eines Substantives

---

577 *Ipsen*, Europäisches Gemeinschaftsrecht, 1972, S. 161 und S. 196 ff.; siehe auch *Hartmann*, Die institutionelle Entwicklung der EG: Grundlagen und Perspektiven, ZParl 1982, 241 (248); Kritik gegen den Begriff zusammengefasst bei *Hilf*, Die rechtliche Bedeutung des Verfassungsprinzips der parlamentarischen Demokratie für den europäischen Integrationsprozess, EuR 1984, 9 (12 f.).

578 *Ipsen*, Europäisches Gemeinschaftsrecht, 1972, S. 198 ff.

579 ABl. EG 1987 Nr. L 169/1; siehe hierzu *Stern*, Der Weg zur politischen Union Europas, in: Classen, (Hrsg.), „In einem vereinten Europa dem Frieden der Welt zu dienen...“, Liber amicorum Thomas Oppermann, 2001, S. 143 (S. 154 ff.).

580 Vgl. zur Konzeption *Bismarcks* oben B I 2.

581 *Hallstein*, Der unvollendete Bundesstaat, 1969, S. 25 ff.

582 ABl. EG 1979 L 103, 1.

583 *Götz*, Auf dem Weg zur Rechtseinheit in Europa?, JZ 1994, 265 (266); vgl. Art. 25 EEA.

584 *Boldt*, Von der Wirtschaftsgemeinschaft zur Politischen Union, HZ 21 (1995), 241 (248 f.).

großgeschrieben, während „geeint" als deskriptives Verb nur dienende Funktion hat.[585]

Der Leitspruch der EU ist rechtlich kein bloßes Lippenbekenntnis geblieben. Tatsächlich finden sich im Primärrecht, z.B. in Art. 5 EUV, klare Beschränkungen der Unionskompetenzen. Das Prinzip der begrenzten Einzelermächtigung gem. Art. 5 Abs. 2 EUV engt die Zuständigkeiten der Union nur auf die in den Verträgen zugestandenen Bereiche ein, Abs. 3 betont die Subsidiarität von Unionsrecht gegenüber nationalen Rechtsvorschriften.

Diese Grundsätze haben Ausstrahlungswirkung auf das gesamte Unionsrecht. Vor allem der EuGH, obwohl er eigentlich als Antreiber der weiteren Integration gilt, sichert zu, dass Belange und Werte der Mitgliedstaaten z.B. im Rahmen der Auslegung der Grundfreiheiten berücksichtigt werden und keine Vollharmonisierung der nationalen Rechtssysteme erzwungen werden soll.[586]

Die Rolle der Mitgliedstaaten, welche die Union gegründet haben, ist also, auch wenn das Unionsrecht für sich in Anspruch nimmt, eine eigene Rechtsordnung zu verkörpern und echte Kompetenzen innezuhaben,[587] prägend für die Union. Diese stellt in gewisser Weise ein Gegenkonzept zum System der einheitlichen Nationalstaaten des 19. Jahrhunderts dar.[588]

3. Streit um die Natur der Union

Besonders im Rahmen der deutschen Staatsrechtslehre ist es seit der Abkehr vom Leitbild einer weitgehend nur wirtschaftlich wirkenden internationalen Organisation strittig, welche Rechtsnatur die EU hat. Dies liegt daran, dass die Union mit ihren Eigenarten nicht in die gängigen Schemata der Staatsrechtslehre passt. Bis heute ist unklar, was die Finalität, also das endgültige Ziel der Union, ist.[589] Die weitere Integrationsentwicklung des europäischen Projekts ist ungewiss. Zwar existierten zu Beginn der europäischen Einigung langfristige Überlegungen, die

---

585 Gleiches gilt für die anderen Amtsssprachen, z.B. Unidos en la diversidad (span.), in verscheidenheid verenigd (niederl.), united in diversity (engl.).

586 So werden z.B. in nationalen Rechtsordnungen vorhandene Leitwerte geachtet, wie in Deutschland die Menschenwürde (EuGH Rs. C-36/02 *Laserdrome* Slg. 2004, S. I–9609), aber auch spezifische Erfordernisse, wie ein Verbot für Anhänger an Motorrollern in Italien, welches dort die Verkehrssicherheit steigern sollte (EuGH, EuZW 2009, 173).

587 EuGH Rs. C-6/64 *Costa/ENEL* Slg. 1964, S. 1251.

588 *Calliess*, Zum Denken im Europäischen Staaten und Verfassungsverbund, in: Ders. (Hrsg.), Verfassungswandel im europäischen Staaten- und Verfassungsbund, 2007, S. 187.

589 Mit Verweis auf die zahlreichen Krisen der Integration *Streinz*, Die Finalität der Europäischen Union und der Vertrag von Lissabon, Politische Studien 2009/1, S. 53; siehe auch *Ipsen*, Europäisches Gemeinschaftsrecht, 1972, S. 995; *Häberle*, Europäische Verfassungslehre, 2005, S. 216 ff. und *Ohler*, in: Grabitz/Hilf/Nettesheim, Das Recht der Europäischen Union, 2012, Art. 48 EUV Rn. 12.

Gemeinschaften zu einem Staatswesen zusammenzufassen. Dies zeigt sich insbesondere daran, dass mit der parlamentarischen Versammlung, der von Beginn an ein Misstrauensvotum gegen die Kommission eingeräumt wurde, bewusst die Keimzelle eines parlamentarischen Staatswesens geschaffen wurde.[590] Jedoch demonstrierten z.B. das Scheitern der EVG, die französische Politik des leeren Stuhles oder die Ablehnung des Verfassungsvertrages, dass die europäische Integration kein linearer Prozess hin zu einem europäischen Bundesstaat ist, sondern ein dynamisches, offenes Ringen zwischen nationalen und europäischen Interessen. Die Entwicklung der EU veranschaulicht besonders deutlich die bereits von *Triepel* diagnostizierte Unwägbarkeit föderaler Strukturen.

Der Status quo Europas wird nicht einheitlich beurteilt, auch wenn das BVerfG mit dem Maastricht-Urteil das Diktum geprägt hat, dass die Union ein „Staatenverbund“[591] sei, also eine Rechtsfigur sui generis. Andere Stimmen gehen dagegen davon aus, dass die Union ein derart fortgeschrittenes Stadium der Integration erreicht hat, dass man von Staatsqualität und damit von einem Bundesstaat ausgehen kann.[592]

Diese deutsche Diskussion um die rechtliche Verortung der EU verdeutlicht die oben dargelegte Verengung des Föderalismusbegriffes in der deutschen Staatsrechtslehre, welche stark an der Kategorie eines homogenen Nationalstaates haftet.

Die Unsicherheit bei der Kategorisierung des europäischen Systems ähnelt hier also den anfänglichen Zuordnungsschwierigkeiten der deutschen Staatsrechtler hinsichtlich des neu gegründeten Norddeutschen Bundes 1867 bzw. des Deutschen Reiches 1871, die in der damaligen Zeit auf Grund der vertragsähnlichen Verfassungsgebung teilweise auf einer Einstufung der neuen Struktur als Staatenbund beharrten.[593]

II. Die Gesetzgebungsorgane der Europäischen Union

1. Der Rat der Europäischen Union

Im Rahmen des EGKS-Vertrages von 1952 lagen die zentralen Entscheidungsbefugnisse noch bei der Hohen Behörde, der Vorgängerin der Kommission. Damit war die EGKS strikt supranational angelegt.[594] Der Rat als Vertretung der Mitgliedstaaten war dagegen nach dem Vertrag nur mit Zustimmungs-, Anhörungs- oder nachgelagerten Vetorechten ausgestattet und nicht das zentrale Organ in

590 *Reister*, Bemerkungen zum ersten parlamentarischen Misstrauensvotum in den Europäischen Gemeinschaften, ZParl 1973, 208 (209).

591 BVerfGE 89, 155 (189); zustimmend z.B. *Calliess*, in: HStR IV, 2006, § 83 Rn. 10.

592 Von einem „unechten“ Bundesstaat seit Inkrafttreten des Maastrichter Vertrages spricht *Schachtschneider*, Das europäisierte Deutschland nach dem Konventsentwurf einer „Verfassung für Europa“, in: Recht und Politik, 4/2003, S. 138 ff.

593 Siehe hierzu B I.

594 *Streinz*, Europarecht, 2008, Rn. 22.

der Montanunion.[595] Die Väter der europäischen Einigung gaben im Zuge der römischen Vertragsverhandlungen dem Rat die Funktion des zentralen Beschlussorgans. Damit wurde die Wahrnehmung der neuen Kompetenzen aus EWG und EAG stärker von den Vertretern der Mitgliedstaaten kontrolliert, welche auf diese Weise einen Ausgleich für die abgegebenen Entscheidungsbefugnisse erlangten.

In der Anfangszeit der europäischen Integration existierte genau genommen nicht ein einheitlicher Rat, sondern für EWG, EAG und EGKS bestanden getrennte Ratsorgane. Gleiches galt für die Kommissionen bzw. die Hohe Behörde. Eine organisatorische Zusammenführung erfolgte erst mit dem Fusionsvertrag im Jahr 1965.[596]

Der Rat sollte das zentrale Rechtsetzungsorgan bei der Erzeugung von Sekundärrecht sein. Ähnlich dem deutschen Bundesrat beschließen dabei instruktionsgebundene Vertreter der mitgliedstaatlichen Regierung, meist die Minister,[597] daher auch die gebräuchliche Bezeichnung „Ministerrat", über vorgeschlagene Rechtsakte. Damit wird deutlich, dass sich die vertragschließenden Mitgliedstaaten ein großes Gewicht im Rahmen der konkreten Ausgestaltung der Integration sichern wollten.

Wegen der grundsätzlichen Verfasstheit der EU als internationale Organisation kommt dem Rat eine zentrale Funktion bei der Fortentwicklung des Sekundärrechts zu. Im Rahmen der Entscheidungsprozesse im Rat müssen Beschlüsse gefasst werden, die von den Mitgliedstaaten, welche das Sekundärrecht im Ergebnis konkretisieren bzw. anwenden müssen, zumindest gebilligt werden können. Die Existenz eines Organes, welches die Interessen der einzelnen Mitglieder abbildet, ist in der Geschichte des Völkerrechtes nicht neu. In der UN existiert z.B. die Generalversammlung und im Bündnissystem des Europarates das Plenum der Mitgliedsländer.

Das Bundesverfassungsgericht charakterisiert den Rat gerade nicht als zweite Kammer in der Europäischen Rechtsetzung. Vielmehr ist er nach Ansicht der Karlsruher Richter *das* Vertretungsorgan der Herren der Verträge bei der Generierung von Normen des Sekundärrechts.[598] Damit ist die Rolle des Ministerrates grundsätzlich dieselbe, wie sie schon in den Gründungsverträgen der EWG etc. angelegt war. Sie soll den Partikularinteressen der Mitgliedstaaten beim Erlass von Verordnungen und Richtlinien ein entscheidendes Forum geben.[599] Die Karlsruher Einschätzung, dass der Ministerrat keine zweite Kammer ist, bestätigt sich bei

---

595 Z.B. Art. 53 EGKS; siehe aber auch z.B. Art. 59 § 2 EGKS; siehe dazu auch *Mosler*, Der Vertrag über die Europäische Gemeinschaft für Kohle und Stahl, ZaöRV 1952, 1 (40 f.).

596 Art. 1 FusV, abgedruckt in BGBl. 1965, II, S. 1454 ff.

597 Dies können ausdrücklich auch deutsche Landesminister bzw. Minister unterstaatlicher Gliederungen der anderen Mitgliedstaaten sein; *König*, Die Übertragung von Hoheitsrechten im Rahmen des europäischen Integrationsprozesses – Anwendungsbereich und Schranken des Art. 23 des Grundgesetzes, 2000, S. 371.

598 BVerfG 2 BvE 2/08, Rn. 271.

599 *Harnier*, in: von der Groeben/Thiesing/Ehlermann, Kommentar zum EWG-Vertrag, 1991, Vorbem. zum 5. Teil, Rn. 10.

genauerer Betrachtung seiner Kompetenzen. Wenn man eine zweite Kammer als Gesetzgebungsorgan versteht, welches mit gleichwertigem oder geringerem Einfluss auf die Rechtsetzung betraut ist,[600] so ist der Ministerrat nicht hierunter zu subsumieren. Der Rat hat in der Gesetzgebung in manchen Materien nach wie vor die Möglichkeit, gegen den Willen des Parlaments eine Letztentscheidung durchzusetzen. Somit ist der Rat in diesem Sinne mehr als „erste Kammer" und Parlament mit seiner nicht immer gegebenen Mitentscheidungsbefugnis eher als zweite Kammer zu qualifizieren.[601] Der Rat hat darüber hinaus nicht die klassische Funktion einer zweiten Kammer als gliedstaatliches oder reflexives Korrektiv, sondern soll die Fortentwicklung der Integration gestalten.[602] Vor der Einführung des Mitentscheidungsverfahrens durch das Inkrafttreten des Vertrags von Maastricht 1993 lässt sich sogar sagen, dass dem Parlament als in letzter Konsequenz überstimmbarer Instanz die Funktion einer demokratisch-unitarischen Reflexionskammer zugedacht war. Damit war und ist der Rat keine klassische zweite Kammer. Er ist als Ausdruck der völkerrechtlichen Herkunft der EU bis heute ein zentrales Rechtsetzungsorgan. Mit der Gewinnung und extensiven Ausübung neuer Kompetenzen hat das Parlament allerdings dem Rat die Rolle als aktiver Gestalter der EU-Rechtsetzung streitig gemacht. Ob diese Tendenz sich dahingehend fortsetzt, dass der Rat zunehmend die faktische Funktion einer mitgliedstaatlichen Reflexionskammer wahrnimmt, wird erst die Entwicklung der nächsten Jahrzehnte zeigen.

a) Die Willensbildung im Rat

Im Rat waren von Beginn an drei Abstimmungsquoren vorgesehen. Vor allem in für die Mitgliedstaaten sensiblen Bereichen ist bei Ratsentscheidungen bis heute Einstimmigkeit erforderlich.[603] Das niedrigste Quorum ist die einfache Mehrheit

---

600 *Groß*, Zwei-Kammer-Parlamente in der Europäischen Union, ZaÖRV 2003, 29 (31); dieser kommt nach Beleuchtung der Ratsfunktionen zum Ergebnis, dass der Rat bereits jetzt als zweite Kammer qualifiziert werden könne (S. 52).

601 Entsprechend *Huber*, in: Streinz, EUV/AEUV, 2012, Art. 14 EUV, Rn. 32.

602 *Boldt*, Von der Wirtschaftsgemeinschaft zur Politischen Union. Probleme der politischen Einigung Europas, HZ 21 (1995), 241 (243).

603 So z.B. Art. 86 Abs. 1 S. 2 AEUV, der die Einrichtung einer europäischen Staatsanwaltschaft ermöglicht und so auf den sensiblen Bereich der Strafverfolgung zugreift bzw. die Kompetenzen der EU in dieser Frage ausweitet. Ebenso ist Einstimmigkeit in Fragen der Sozialpolitik, die auch nach dem Lissabonner Vertrag eine Domäne der Mitgliedstaaten ist, gem. Art. 21 Abs. 3 S. 2 AEUV erforderlich. Gleiches gilt für den mehrjährigen Finanzrahmen gem. Art. 312 Abs. 2 AEUV. Der französische Conseil Constitutionnel forderte im Zuge des Vertragsschlusses von Amsterdam 1997, dass souveränitätssensible Bereiche wie die Asylpolitik nur unter unmittelbarer nationaler Teilhabe durch die EU wahrgenommen werden durften, was durch das Einstimmigkeitsquorum abgesichert wurde; vgl. *Hecker*, Souveränitätswahrung durch Einstimmigkeit im Rat: Der Conseil Constitutionnel zum Vertrag von Amsterdam, JZ 1998, 938 ff.

der Stimmen der Mitgliedstaaten. Dieses sorgt zwar für effektive und schnelle Ergebnisse in der Rechtsetzung, wird bis heute aber in eher unbedeutenden Fragen angewandt.[604] Dazwischen liegt die sog. qualifizierte Mehrheitsentscheidung, die im Laufe der Integration am häufigsten zu Streitigkeiten und Problemen führte. War zunächst zwischen Mitgliedstaaten umstritten, wie häufig qualifizierte Mehrheitsentscheidungen angewandt werden sollten, verlagerten sich die Diskussionen mehr und mehr dahingehend, wie hoch das Quorum der qualifizierten Mehrheit konkret ausgestaltet werden sollte.[605]

Zunächst war für die meisten Beschlüsse Einstimmigkeit erforderlich, womit sich das frühe Primärrecht stark am völkerrechtlichen Konsensprinzip orientierte. Art. 148 Abs. 1 EWG a.F. normierte, dass der Rat grundsätzlich mit einfacher Mehrheit entscheiden sollte. In zahlreichen Fällen war in den Verträgen in Ausnahme zu diesem Grundsatz ein Konsens erforderlich.[606] Die Mehrheitsentscheidung hatte oftmals nur als subsidiärer Auffangmodus die Funktion, Einigungsdruck auf die Vertreter der Mitgliedstaaten zu erzeugen.[607]

Erst nach Ablauf von Übergangsfristen sahen die Verträge allmähliche Übergänge zu verstärkten Mehrheitsentscheidungen vor. Der Ansatz, zunehmend zum Mehrheitsprinzip überzugehen, kam nicht von ungefähr. *Hallstein* bewertete das Mehrheitsprinzip als einen „Fundamentalsatz der Gemeinschaftsverfassung“[608], welcher erst dazu führe, dass sich Europa vom völkerrechtlichen Konsensprinzip hin zu einer supranationalen Organisation wenden könne.

Heute ist die qualifizierte Mehrheit der Regelfall in der Rechtsetzung.[609] Dies liegt auch daran, dass diese einen Ausgleich zwischen dem Bedürfnis nach effektiver Rechtsetzung und dem Interesse der Mitgliedstaaten an möglichst weitgehendem Einfluss schafft. Technisch wurde die qualifizierte Mehrheit bis zum Vertrag von Lissabon 2009 durch die Zuweisung von Stimmkontingenten an die Mitgliedstaaten ermittelt. Dabei wurden kleinere Staaten trotz ihrer relativ geringeren Bevölkerung überproportional berücksichtigt, während große Mitgliedstaaten verhältnismäßig weniger Stimmen erhielten, als ihnen nach ihrer Bevölkerungszahl zustanden.[610] Ein Beschluss kam zustande, wenn nach einer

---

604 *Lorz*, Interorganrespekt im Verfassungsrecht, 2001, S. 166. Die einfache Mehrheit hat vor allem bei der Regelung von Verfahrensfragen im Rat Bedeutung, so. z.B. beim Erlass der Ratsgeschäftsordnung gem. Art. 240 Abs. 3 AEUV.

605 *Ziegenhorn*, in: Grabitz/Hilf, Das Recht der Europäischen Union, 2012, Art. 16 EUV, Rn. 40 f.

606 Vgl. Art. 87 Abs. 1 EWG a.F., Art. 43 Abs. 2 Uabs. 3 EWG a.F.

607 Vgl. Art. 87 Abs. 2 EWG.

608 *Hallstein*, Die Europäische Gemeinschaft, 1979, S. 92.

609 *Breier*, in: Lenz/Borchardt, EU – Verträge. Kommentar, 2010, Art. 16, Rn. 9; *Lenski*, Rat und Europäischer Rat nach dem Vertrag von Lissabon (Reformvertrag), in: Pernice, (Hrsg.), Der Vertrag von Lissabon: Reform der EU ohne Verfassung?, 2008, 99 (110).

610 Z.B. nach Art. 205 EGV i.d.F. des Nizza-Vertrages zwischen drei und 29 Stimmen.

Abstimmung eine bestimmte Mindeststimmenzahl erreicht wurde.[611] Ab dem Vertrag von Nizza 2003 war kumulativ gem. Art. 205 Abs. 2 EGV a.F. die Erreichung einer doppelten Mehrheit nötig, welche sich auf die Gesamtzahl der Mitgliedstaaten bezog. Mit dem Lissabonner Vertrag 2009 wurde das Prinzip der doppelten Mehrheit im Gesetzgebungsverfahren gem. Art. 16 Abs. 4 EUV dergestalt weiterentwickelt, dass nunmehr die doppelt qualifizierte Mehrheit erreicht ist, wenn 55% der Mitgliedstaaten, die 65% der Unionsbevölkerung repräsentieren, zustimmen.[612] Die Bedeutung der qualifizierten Mehrheit für die Integration des europäischen Gebildes, welches heute von ursprünglich sechs auch 28 Mitgliedstaaten gewachsen ist, kann nicht hoch genug eingeschätzt werden.[613] Ohne den Mechanismus der qualifizierten Mehrheit wäre ein Abrücken der EU-Mitglieder vom schwerfälligen[614] Konsensprinzip kaum möglich gewesen, da diese sonst ihre Interessen nicht ausreichend vertreten gesehen hätten. Diese Angst vor einem Bedeutungsverlust im Rahmen der Integration zeigte sich besonders anschaulich in der Krise von 1965/66 und der folgenden Abstimmungspraxis nach dem Luxemburger Kompromiss bis in die 80er Jahre hinein.[615] Auch die Geschichte eines anderen völkerrechtlichen Gebildes zeugt davon, dass die einzelstaatliche Furcht, überstimmt zu werden, zur Blockade einer zwischenstaatlichen Organisation führen kann. So verhinderte Preußen aus Angst vor einer Majorisierung durch Österreich und die deutschen Mittelstaaten 1862 eine Reform des Deutschen Bundes, welche eine stärkere Abkehr vom Einstimmigkeitsprinzip im Bundestag ins Auge fasste.[616] Die qualifizierte Mehrheit stellt daher einen Ausgleich zwischen Konsens- und Mehrheitsprinzip dar, welcher sicherstellt, dass Interessen, die von einer Sperrminorität im Rat getragen werden, nicht übergangen werden können. Auf diese Weise werden die integrierende Wirkung des Konsensprinzips, welches

---

611 Z.B. nach Art. 205 EGV i.d.F. des Nizza-Vertrages 255 Stimmen.

612 Art. 238 Abs. 2 und 3 AEUV sehen Modifikationen von diesem Grundsatz vor für den Fall besonderer Rechtsakte, die nicht von der Kommission initiiert werden, und für Voten, bei denen nicht alle Ratsmitglieder stimmberechtigt sind.

613 *Axmann*, Genese Europäischer Rechtsetzungsverfahren, 2001, S. 276; *Ipsen*, Europäisches Gemeinschaftsrecht, 1972, S. 495, der das Mehrheitsprinzip als zentrale Triebfeder der Integration gegen partikulare Interessen einzelner Mitgliedsländer ansieht, zu ersten Problemen in der Mehrheitsfindung und Arbeitsfähigkeit des Rates nach der Osterweiterung 2004; *Dann*, in: von Bogdandy/Bast, Europäisches Verfassungsrecht, 2009, S. 350 f.

614 In den 60er Jahren wurden spektakuläre Nachtsitzungen der so unter Zeitdruck gesetzten Ratsmitglieder, die sich auf umfassende package deals verständigten, zunehmend Usus, um die drückende Aufgabenlast noch bewältigen zu können; *Sattler*, Das Prinzip der „funktionellen Integration“ und die Einigung Europas, 1967, S. 138 ff.; im Einzelnen *Sattler*, Die Entwicklung der Europäischen Gemeinschaften von ihrer Gründung bis zum Ende der EWG-Übergangszeit, JöR 19 n.F. (1970), 1 (110 ff.).

615 Siehe unten C II 2 c.

616 *Pflanze*, Bismarck, 1997, S. 162 ff.

die Freiheit jedes Mitgliedstaates wahrt, und die Effektivität des Mehrheitsprinzips kombiniert.[617]

Der Rat der Europäischen Union vereint zwei Grundansätze. Zum einen ist er als Teil des institutionellen Rahmens der EU ein Akteur der supranationalen Rechtserzeugung. Zum anderen fungiert er aber als Forum der nationalen Regierungen als intergouvernementale Instanz.[618] Die Vereinigung dieser sich widersprechenden Ansätze ist zugleich ein Sinnbild für die gegenwärtige EU. Sie ist kein europäischer Bundestaat, in dem der Rat die Aufgabe einer zweiten Kammer übernimmt, sie ist aber auch kein reiner Staatenbund, in dem die Regierungen alleine untereinander über die gemeinsame Rechtserzeugung entscheiden.

Letztendlich verkörpern die beiden den Rat prägenden Ansätze auch die zwei wesentlichen Finalitätsüberlegungen bezüglich der Union. Auf der einen Seite steht hierbei der Europäische Bundesstaat mit föderaler Beteiligung an der hauptsächlich im Parlament gestalteten Gesetzgebung. Auf der anderen Seite wird ein Europa der Vaterländer bzw. der Nationalstaaten gefordert, in denen die souveränen Mitgliedstaaten nach wie vor eine bestimmende Rolle spielen sollen.[619]

Der Einfluss des Rates in der Legislative ist also letztlich ein janusköpfiger Gradmesser für die Fortentwicklung der europäischen Integration. Wenn der Rat als intergouvernementales Forum Alleinentscheidungsbefugnisse abgeben bzw. teilen muss, bedeutet dies gleichzeitig einen Schritt hin zu einer Stärkung der supranationalen Ebene, auf der der Rat nur noch ein Agierender unter mehreren in der Rechtsetzung ist.

b) Blockadepolitik im Rat zur Wahrung nationaler Interessen

Durch den spezifischen Charakter des Rates und die häufig hohen Beschlussquoren standen und stehen den Mitgliedstaaten zahlreiche Blockademöglichkeiten zur Verfügung, um eigene Interessen notfalls radikal durchzusetzen. So versuchte zum einen Großbritannien im Jahr 1996 durch systematische Ablehnung aller Vorhaben, die noch einem Einstimmigkeitserfordernis unterlagen, zu erzwingen, dass

---

617 *Hesse*, Grundzüge des Verfassungsrechts der Bundesrepublik Deutschland, 1999, S. 64 f. War die Stimmgewichtung unter dem EGKSV noch an der Kohle- und Stahlproduktion orientiert, gewann in EAG und EWG die Bevölkerungszahl der Mitglieder an Bedeutung; vgl. *Ipsen*, Europäisches Gemeinschaftsrecht, 1972, S. 496.

618 Mit Verweis auf die beide Ansätze herausstellende Eröffnungsansprache von *Adenauer* als erstem Ratspräsidenten *Lempp*, Die Evolution des Rats der Europäischen Union, 2009, S. 196 ff.; siehe auch *Ipsen*, Europäisches Gemeinschaftsrecht, 1972, S. 346. Der intergouvernementale Ansatz wird besonders dann deutlich, wenn sich der Europäische Rat bei einem seiner Treffen ad hoc zum Rat der Europäischen Union umkonstituiert.

619 *Lempp*, Die Evolution des Rats der Europäischen Union, 2009, S. 199.

durch die EG verhängte Handelsbeschränkungen wegen der britischen BSE – Fälle abgebaut wurden.[620]

Zum anderen verfolgte Frankreich 1965/1966 eine „Politik des leeren Stuhls“, indem es allen Arbeiten des Rates für ungefähr ein halbes Jahr fernblieb.[621] Diese Blockade war in erster Linie von politischer Bedeutung, denn Frankreich als eines der großen Kernländer der Integration konnte bei deren Gestaltung nicht ohne Gefahr für das Europäische Projekt übergangen werden. Aus diesem Grund versuchten die anderen Mitgliedstaaten gemeinsam, Frankreich weiterhin in die Sekundärrechtsetzung einzubeziehen, was z.B. über Notenwechsel geschah.[622]

Frankreich hatte auf der anderen Seite durch sein schriftliches Mitwirken bei Vorhaben, die der Einstimmigkeit bedurften, die Machtprobe an entscheidender Stelle gescheut. Selbst wenn Art. 28 Abs. 4 EGKS bei Einstimmigkeitserfordernissen die Zusammenarbeit aller Mitgliedstaaten notwendig machte, war es fraglich, ob diese Norm ihrem Sinn und Zweck nach einer bewussten Blockadepolitik Legitimität verschaffen wollte. Mit Blick auf das Prinzip der Funktionsfähigkeit der Gemeinschaften und dem völkerrechtlichen *estoppel*-Grundsatz dürfte dies zu verneinen sein. In den anderen Vertragswerken fanden sich mit den Art. 118 Abs. 3 EAG a.F. und Art. 148 Abs. 3 EWG a.F. Normen, die ebenfalls in diese Richtung deuteten. Wenn demnach schon Enthaltungen der Einstimmigkeit nicht entgegenstanden, dann durfte erst recht die absichtliche Blockade durch gezieltes Fernbleiben nicht erheblich sein.[623] Zieht man zusätzlich eine Parallele zur Praxis im UN-Sicherheitsrat, wird klar, warum Frankreich wie auch die anderen Staaten im Rat[624] die Entstehung eines Präjudizes fürchteten. Die Politik des leeren Stuhles im UN-Sicherheitsrat durch die Sowjetunion im Zuge des Koreakrieges wurde nicht als permanente Ausübung des Veto-Rechts ausgelegt.[625] Stattdessen wurde die tatsächliche Stimmabgabe in den Sitzungen als Voraussetzung für die wirksame Wahrnehmung des Veto-Rechts statuiert.[626]

Letztlich hätte also eine Blockade an dieser Stelle die Position Frankreichs wahrscheinlich geschwächt, sodass das die französische Staatsleitung in diesem Bereich weiterhin auf Kooperation setzte.

Im Rahmen der einfachen Mehrheiten konnte der Rat der Fünf unproblematisch agieren, womit die Blockade in diesen Fragen keine Auswirkungen zeitigte.[627]

---

620 *Streinz*, Europarecht, 2008, S. 103, Fn. 30.

621 *Oppermann/Classen/Nettesheim*, Europarecht, 2009, § 2, Rn. 19.

622 *Kaiser*, Das Europarecht in der Krise der Gemeinschaften, EuR 1966, 4 (14 f.).

623 Argumentation ausführlicher dargelegt bei: *Kaiser*, Das Europarecht in der Krise der Gemeinschaften, EuR 1966, S. 14 f.; Regelung heute in Art. 238 Abs. 4 AEUV verankert.

624 Diese schoben Vorhaben, die der Einstimmigkeit unterlagen, nach Möglichkeit auf.

625 *Herdegen*, Völkerrecht, 2008, § 40 Rn. 14.

626 *Klein*, in: Graf Vitztum, Völkerrecht, 2007, S. 331.

627 *Kaiser*, Das Europarecht in der Krise der Gemeinschaften, EuR 1966, 4 (17).

Die Blockade wirkte sich daher vor allem bei Gesetzesvorhaben aus, die einer qualifizierten Mehrheit bedurften. Dadurch, dass die französischen Stimmen in der Gesamtzahl fehlten, konnte jedes Ratsmitglied bis auf Luxemburg einen Beschluss verhindern. Damit wurde der Zweck der qualifizierten Mehrheitsklauseln, die Arbeit im Ministerrat zu vereinfachen, karikiert.[628]

Der Grund für den Konfrontationskurs Frankreichs ist in dem bis heute die Geschichte Europas prägenden Dualismus zwischen Supranationalität und Nationalstaat zu suchen. Das damals unter *de Gaulle* entwickelte Modell vom Europa der Vaterländer, die aus eigener Souveränität kooperativ zusammenwirken sollten,[629] stand zunehmend im Gegensatz zum fortschreitend integrativen Ansatz der Gemeinschaften. Plastisch wurde dieser Konflikt insbesondere dadurch, dass die Verträge auf manchen Gebieten nach Ablauf von Übergangsfristen die Abstimmungsquoren absenkten, um im Sinne der Integration die Arbeitsfähigkeit der Gemeinschaften zu erhöhen. Konsequenz dessen war es, dass das Gewicht der einzelnen Staaten und ihrer partikularen Interessen im Rat rückläufig war. Gleichzeitig verfolgte Kommissionspräsident *Hallstein* Pläne, den Gemeinschaften eigene Finanzmittel zu erschließen, Kompetenzen z.B. auf dem Gebiet der Sozialstaatlichkeit zu gewinnen sowie die Rolle des Parlaments im Haushaltsverfahren zu stärken, indem er eine Vertragsreform vorschlug, wonach Änderungsvorschläge des Parlaments am Budget nur mit qualifizierter Mehrheit im Ministerrat zurückgewiesen werden konnten.[630]

Als in der für Frankreich mit dessen wichtigem landwirtschaftlichem Sektor bedeutsamen Agrarpolitik die Abkehr von der Einstimmigkeit hin zu einer qualifizierten Mehrheit anstand,[631] war für Frankreich der Anlass gegeben, seinen nationalen Interessen durch die Verweigerung einer Mitwirkung auf supranationaler Ebene Ausdruck zu verleihen.[632] Damit handelte es sich bei der Krise nicht nur um einen politischen Machtkampf um die Agrarfinanzierung, sondern um einen Streit um die zukünftige institutionelle Ausrichtung der europäischen Integration.[633]

---

628 *Kaiser*, Das Europarecht in der Krise der Gemeinschaften, EuR 1966, 4 (18).

629 *Oppermann/Classen/Nettesheim*, Europarecht, 2009, § 2, Rn. 15; *Boldt*, Von der Wirtschaftsgemeinschaft zur Politischen Union. Probleme der politischen Einigung Europas, HZ 21 (1995), 241 (243); *Stern*, Der Weg zur politischen Union Europas, in: Classen, (Hrsg.), „In einem vereinten Europa dem Frieden der Welt zu dienen...", Liber amicorum Thomas Oppermann, 2001, S. 143 (S. 150 f.).

630 Zur damaligen Konfliktsituation anschaulich: „Vermintes Gelände", Der Spiegel, 32/1965, S. 22 ff.; siehe ferner: *Europäische Kommission*, Die Geschichte der Europäischen Kommission 1958–1972, 2007, S. 93 sowie *Bajon*, Die Krise des leeren Stuhles 1965/66, in: Gehler (Hrsg.), From Common Market to European Union Building, 2009, S. 371 (S. 374 ff.).

631 Siehe Art. 43 Abs. 2 Uabs. 3 EWG a.F.

632 *Streinz*, Europarecht, 2008, S. 103.

633 *Bajon*, Die Krise des leeren Stuhles 1965/66, in: Gehler (Hrsg.), From Common Market to European Union Building, 2009, S. 371 (S. 384 ff.).

aa) Die Luxemburger Vereinbarung von 1966 und ihre Nachwirkungen

Tatsächlich erzwang Frankreich mit seinem Kurs Zugeständnisse der anderen Mitgliedstaaten. In der Luxemburger Vereinbarung vom 29.01.1966 verabredeten die EU-Mitglieder, bei Vorliegen von einfachen bzw. qualifizierten Mehrheitserfordernissen opponierende Staaten nicht einfach zu überstimmen, sofern diese durch den Beschluss in sehr wichtigen Interessen tangiert würden. Stattdessen sollten sich alle Ratsmitglieder um einen Konsens bemühen. Frankreich fügte in der Erklärung am Ende einen Auslegungshinweis hinzu, der eher einem Vorbehalt nahe kam, weil er vom Sinn der Erklärung, die Mehrheitsquoren im Grunde zu erhalten, erheblich abwich. Der Kompromiss sei so zu verstehen, dass bei Entgegenstehen sehr wichtiger Interessen eines Mitgliedstaates nur im Konsensverfahren vorgegangen werden dürfte;[634] das Überstimmen eines Mitgliedstaates sollte auf diesem Wege faktisch unmöglich gemacht werden. In einem dritten Absatz wurde die Luxemburger Vereinbarung wegen der französischen Auffassung von allen Mitgliedstaaten als bloßes *agreement to disagree* aufgefasst.[635]

Obwohl die Vereinbarung als solche nicht allgemein rechtsverbindlich war,[636] entfaltete sie als Vertrauenstatbestand in der Folgezeit Wirkungen für die Arbeit im Rat. Tatsächlich wurden Mehrheitsentscheidungen nur dann getroffen, wenn alle Mitgliedstaaten sehr wichtige Interessen auf ihrer Seite verneinten.[637] Ab Mitte der 80er Jahre wurden Mehrheitsentscheidungen zunehmend gebräuchlich,[638] was sich auch in der neuen Geschäftsordnung des Rates äußerte, welche seit 1987 (damals in Art. 9 Abs. 1, heute in Art. 11 Abs. UAbs. 2 GO Rat) die Erzwingung eines Mehrheitsvotums gestattete. Begonnen hatte dieser Prozess mit den Agrarpreisbeschlüssen von 1982, als der Versuch Großbritanniens, sehr wichtige Interessen geltend zu machen, mit einer einschränkenden Auslegung des Begriffs durch Frankreich und Irland unterbunden wurde.[639]

---

634 Erklärung abgedruckt bei *Streinz*, Europarecht, 2008, S. 103.

635 *Schorkopf*, Der Europäische Weg, 2010, S. 21; siehe auch v*on der Groeben*, Aufbaujahre der Europäischen Gemeinschaft, 1982, S. 276 f.

636 Anders *Dickschat*, Die rechtliche Wertung der Erklärungen des Ministerrates der Europäischen Wirtschaftsgemeinschaft vom 29. Januar 1966, AVR 13 (1967), 412 (415 ff.), der von einer authentischen Interpretation durch die im Rat vertretenden Mitgliedstaaten als Herren der Verträge ausging.

637 *Streinz*, Europarecht, 2008, S. 104.

638 *Lecheler*, Einführung in das Europarecht, 2003, S. 70.

639 Dabei sollte nur der unmittelbar anstehende Beschluss und nicht weitergehende Forderungen Maßstab für die Bewertung der sehr wichtigen Interessen sein; *Götz*, Mehrheitsbeschlüsse des Rates der Europäischen Union, in: Ole u.a. (Hrsg.), Festschrift für Ulrich Everling, Band I, 1995, 339 (342), vgl. zur Interpretationshoheit schon *Dickschat*, Die rechtliche Wertung der Erklärungen des Ministerrates der Europäischen Wirtschaftsgemeinschaft vom 29. Januar 1966, AVR 13 (1967), 412 (423).

Die letzte erfolgreiche Blockade durch die Berufung auf sehr wichtige Interessen erfolgte im Rat durch Deutschland, welches sich gegen Preisfestsetzungen auf dem Getreidemarkt sträubte. Letztendlich war dies wirkungslos, nachdem die Kommission im Wege der Ersatzorganschaft die Regelungen erlassen hatte.[640] Mit der EEA, die 1987 in Kraft trat, wurde auch primärrechtlich dokumentiert, dass das Konsensprinzip an Bedeutung verloren hatte. An zahlreichen Stellen der EEA finden sich Normen welche eine Ablösung der Einstimmigkeit durch qualifizierte Mehrheiten festschrieben.[641]

Die Regelungstechnik des Luxemburger Kompromisses findet im Rahmen der heutigen EU noch in der GASP Anwendung, wo der im Rat nur ausnahmsweise in den Fällen gem. Art. 31 Abs. 2 Uabs. 1 EUV mit qualifizierter Mehrheit abstimmen kann. Diese Abkehr vom reinen Intergouvernementalismus in der GASP erfährt im Primärrecht umgehend eine erhebliche Einschränkung. Gem. Art. 31 Abs. 2 UAbs. 2 EUV kann ein Mitgliedstaat im Rat unter Berufung auf wesentliche Gründe der nationalen Politik eine sofortige Abstimmung über einen Beschluss verhindern. Der Hohe Vertreter für Außen- und Sicherheitspolitik muss sich daraufhin um eine für den abweichenden Mitgliedstaat annehmbare Lösung bemühen. Scheitert dies, wird die Frage vom einstimmig beschließenden Europäischen Rat entschieden.[642]

So sehr die Praxis der Berufung auf wichtige Interessen der Mitgliedstaaten auch die Arbeit des Rates blockierte, in der Geschichte ist dieses Wiederaufleben des Konsensprinzips nicht ohne Beispiel.[643] Im Engeren Rat des Deutschen Bundes war grundsätzlich eine absolute Mehrheit zur Beschlussfassung nötig. Waren aber gem. Art. 7 Abs. 4 Deutsche Bundesakte „jura singolorum" der Einzelstaaten, womit gemeint ist, dass die Bundesglieder von einer Bundesregelung nicht als Teil der vertragsgemäßen Einheit, sondern als souveräner Staat betroffen waren, beeinträchtigt, so wurde Einstimmigkeit erforderlich.[644] Aus diesem Grund ist der Luxemburger Kompromiss nicht nur als störendes Integrationshemmnis zu sehen.[645] Vielmehr ist er Ausdruck dessen, dass Staaten zur Sicherung integraler Belange auf dem Konsensprinzip bestehen, welches die größtmögliche Wahrung der Souveränität garantiert.

---

640 Kritisch hierzu *Klein*, Neuere Entwicklungen des Rechts der Europäischen Gemeinschaften, DÖV 1986, S. 956.

641 Vgl. z.B. Art. 29 EEA, Art. 16 EEA.

642 Vgl. im Rahmen der verstärkten Zusammenarbeit früher ähnlich ausgestaltet Art. 11 Abs. 2 Uabs. 2 EGV a.F.

643 Das Veto Frankreichs war vielmehr den Interessenklauseln im Völkerrecht des 19. Jahrhunderts nachgebildet; *Götz*, Mehrheitsbeschlüsse des Rates der Europäischen Union, in: Ole u.a. (Hrsg.), Festschrift für Ulrich Everling, Band I, 1995, 339 (345).

644 *Kotulla*, Deutsches Verfassungsrecht 1806–1918, 2006, S. 60.

645 Sehr weitgehend in diese Richtung *Schachtschneider*, Die Staatlichkeit der Europäischen Gemeinschaft, in: Vollkommer (Hrsg.), Auf dem Weg in ein vereintes Europa, Atzelsberger Gespräche 1992, 1994, S. 97.

Für die Entwicklung der Supranationalität in Europa stellte die Praxis nach dem Luxemburger Kompromiss, im Rat bei Widerständen zum Konsensverfahren überzugehen, nichtsdestotrotz einen jahrelangen Stillstand dar.[646] Dies lag auch daran, dass die Kommission bei der Ausarbeitung von Sekundärrechtsinitiativen stärker auf mögliche Einzelinteressen der Mitgliedstaaten Rücksicht nehmen musste, wodurch der integrative Impetus der Kommission stark abgeschwächt wurde.[647] Die Mitgliedstaaten hielten damit an den intergouvernementalen Entscheidungsstrukturen fest, welche eigentlich durch die Einführung der qualifizierten Mehrheit als Quorum aufgebrochen werden sollten.[648] Das Mehrheitsprinzip fand im Nachgang des Luxemburger Kompromisses nur im Haushaltswesen und in Fragen von untergeordneter Bedeutung Anwendung.[649]

Auch im Zuge dieser Stärkung des Mehrheitsprinzips in der EEA achteten die Mitgliedstaaten auf die Wahrung ihrer Souveränitätsrechte. Dies zeigt sich insbesondere an der damals eingefügten Vorschrift des Art. 100a Abs. 4 und 5 EGV a.F. (heute Art. 114 Abs. 4 und 5 AEUV)[650]. Dort wurde den Mitgliedstaaten zugestanden, unter Berufung auf wichtige Erfordernisse im Sinne des Artikels 30 (heute Art. 36 AEUV) oder in Bezug auf den Schutz der Arbeitsumwelt oder den Umweltschutz einzelstaatliche Rechtsnormen beizubehalten oder nachträglich Gesetze mit einem höheren Schutzstandard einzuführen. Diese Souveränitätsreserve der Mitgliedstaaten, die in der Praxis keine wichtige Bedeutung erlangt hat, war eine direkte Antwort auf die Etablierung der qualifizierten Mehrheit.[651] Auf diese Weise sicherten sich die Mitgliedstaaten bei der Beeinträchtigung von aus ihrer Sicht wichtigen Interessen eine *opting-out*-Möglichkeit, die gem. Art. 100a Abs. 6 ff. EGV

---

646 Sowohl die Ausweitung des Mehrheitsprinzips als auch die Fortentwicklung der Kommission zu einer europäischen Regierung wurde durch die Blockade vorerst ad acta gelegt; *Hallstein*, Der unvollendete Bundesstaat, 1969, S. 50 f.; jedoch bewahrte der Kompromiss den supranationalen Ansatz an sich; *Stern*, Der Weg zur politischen Union Europas, in: Classen, (Hrsg.), „In einem vereinten Europa dem Frieden der Welt zu dienen...", Liber amicorum Thomas Oppermann, 2001, S. 143 (S. 151); ähnlich auch *Giegerich*, Europäische Verfassung und deutsche Verfassung im transnationalen Konstitutionalisierungskontext: Wechselseitige Rezeption, konstitutionelle Evolution und föderale Verflechtung, 2003, S. 293 f.

647 *Axmann*, Genese Europäischer Rechtsetzungsverfahren, 2001, S. 276; *Grabitz/Läufer*, Das Europäische Parlament, 1980, S. 121; entsprechend auch *Ipsen*, Die EG-Kommission in der Reformdiskussion, in: von Münch (Hrsg.), Staatsrecht-Völkerrecht-Europarecht, Festschrift für Hans Jürgen Schlochauer, 1981, 813 (814 f.); siehe ferner *Leonardi*, Die föderalen Funktionen des Europäischen Parlaments in seiner Aufgabenentwicklung, ZParl 1982, 250 (262 f.).

648 *Ipsen*, Europäisches Gemeinschaftsrecht, 1972, S. 1031.

649 *Götz*, Mehrheitsbeschlüsse des Rates der Europäischen Union, in: Ole u.a. (Hrsg.), Festschrift für Ulrich Everling, Band I, 1995, 339 (340 f.).

650 Vgl. Art. 18 EEA.

651 *Götz*, Mehrheitsbeschlüsse des Rates der Europäischen Union, in: Ole u.a. (Hrsg.), Festschrift für Ulrich Everling, Band I, 1995, 339 (349).

durch die Kommission in rechtlicher und zweckmäßiger Hinsicht überprüfbar war. Die damals befürchtete Aufspaltung des Integrationsprojekts in ein Europa der zwei oder drei Geschwindigkeiten ist dagegen ausgeblieben, da die Mitgliedstaaten nur in Einzelfällen von ihrer Abweichungskompetenz Gebrauch machten und sich nur selten gegen ablehnende Entscheidungen der Kommission vor dem EuGH durchsetzen konnten.[652] Eine andere *opting-out*-Variante, welche der Abmilderung des Konsensprinzips dient, existiert mit dem Institut der konstruktiven Enthaltung gem. Art. 31 Abs. 1 Uabs. 2 EUV. Dieses ermöglicht es den Mitgliedstaaten, in GASP-Fragen durch eine Enthaltung einen einstimmigen Beschluss nicht zu blockieren, aber diesen für sich selbst nicht für bindend zu erklären.[653]

bb) Der Kompromiss von Ioannina von 1994

Mit den zunehmenden Erweiterungen der Gemeinschaften wuchs für die größeren Staaten das Risiko, auch in Fragen, welche für einen Beschluss qualifizierte Mehrheiten voraussetzten, überstimmt zu werden. Im Vorfeld der Beitrittsrunde von 1995 (Beitritt von Österreich, Schweden, Finnland) im Jahr 1994, die zu einer Anhebung der Sperrminorität von 23 auf 26 Stimmen führte, verabredete der Ministerrat den sog. Kompromiss von Ioannina.[654] Die Übereinkunft konservierte die ursprüngliche Sperrminorität gegen einen qualifizierten Beschluss, die vor dem Beitritt der Neumitglieder notwendig war, um einen Beschluss zu blockieren. Vor allem Großbritannien und Spanien wehrten sich gegen die neue Konstellation, nach welcher nicht wie zuvor zwei große Ratsmitglieder zusammen mit einem kleineren Mitgliedstaat (ausgenommen Luxemburg) Beschlüsse mit qualifiziertem Mehrheitserfordernis aufhalten konnten.[655] Die Verhandlungen sollten während eines angemessenen Zeitraums fortgesetzt werden, um eine Lösung zu finden, welche mit 68 Stimmen angenommen werden konnte. Dem Ratspräsidenten wurde hierbei die Rolle eines Schlichters übertragen.[656]

Der Kompromiss von Ioannina stellte insoweit einen Fortschritt in der europäischen Integration dar, als die Ratsmitglieder das Mehrheitsprinzip nicht mehr per se in Abrede stellten, sondern nur noch über die Höhe des notwendigen Quorums und die Bedeutung ihres Stimmgewichts im Rahmen der Majoritätsentscheidungen

---

652 *Kahl*, in: Calliess/Ruffert, EUV/AEUV Kommentar, Art. 114 AEUV, Rn. 76 f.; vgl. auch Fn. 286 und 287 mit den Entscheidungen der Kommission über die abweichenden Rechtsakte der Mitgliedstaaten; zu Opting-out Regelungen als Integrationsinstrument *Mayer*, Wege aus der Verfassungskrise-Zur Zukunft des Vertrags über eine Verfassung für Europa, JZ 2007, 593 (596).

653 *Frenz*, Handbuch Europarecht, 2011, S. 272.

654 ABl. 1994 Nr. C 105/1.

655 *Poensgen*, Das Paradox von Ioannina: Betrachtungen zu einem Ratsbeschluss, in: Ole u.a. (Hrsg.), Festschrift für Ulrich Everling, Band II, 1995, 1133 (1134).

656 Art. 1 des Ratsbeschlusses vom 29.03.1994, ABl. 1994 Nr. C 105/1.

rangen. Praktisch kam der Kompromiss nur zweimal zur Anwendung,[657] sodass seine tatsächliche Bedeutung gering geblieben ist.

Mit der Reform von Nizza sollten eigentlich die politischen Sondervereinbarungen von Luxemburg und Ioannina ihre Wirkung verlieren.[658] Im Zuge der Vertragsverhandlungen über den Lissabonner Vertrag lebten die Modifizierungen der qualifizierten Mehrheitsentscheidungen in rechtsverbindlicher Form wieder auf. Im Lissabonner Vertrag sollte ab 2014 die Stimmenzahl im Rat zugunsten erleichterter Arbeitsfähigkeit modifiziert werden. Vor allem auf Druck Polens, welches durch die neue Gewichtung Nachteile für seine Position in den Ratsverhandlungen fürchtete,[659] wurde das 36. Zusatzprotokoll an den Vertrag angegliedert. Dessen Art. 3 Abs. 2 räumt jedem Mitgliedstaat im Rat für eine Übergangszeit bis 2017 die Möglichkeit ein, dass er die Abstimmung nach der in Abs. 3 festgehaltenen alten Stimmgewichtung verlangen kann.[660] Das Nizza-Regime wird damit nicht ohne weiteres fortgeführt. Gem. Abs. 3 a.E. besteht die Möglichkeit, auf Antrag eines Mitglieds zu prüfen, ob mit dem erreichten Nizza-Quorum auch gleichzeitig 62% der Gesamtbevölkerung erreicht sind.[661] Damit wird der größeren Bedeutung der Bevölkerungszahl bei der Abstimmung im Rat Rechnung getragen. Ob der neue, nicht mehr an der Abstimmung nach ponderierten Stimmkontingenten ausgerichtete Beschlussmodus zu neuen Blockademöglichkeiten führen wird, lässt sich nicht absehen.[662] Im Ergebnis spielen Modifizierungen des qualifizierten Mehrheitsmodus im Rat bis heute eine gewichtige Rolle in der EU, wo die Mitgliedstaaten nach wie vor um die größtmögliche Wahrung ihrer Souveränitätsrechte ringen. Trotzdem zeigte sich, dass das Mehrheitsprinzip, welches als Kernelement der Supranationalität zu qualifizieren ist, an Boden gewinnt.

2. Das Europäische Parlament

Das Parlament war zunächst der parlamentarischen Versammlung des Europarates nachempfunden, in deren Räumlichkeiten es auch lange Zeit tagte. Nicht direkt

---

657 In diesen Fällen, wie zum Beispiel 1995, als Großbritannien in der Landwirtschaftspolitik Widerstand signalisierte, wurde umgehend die Beschlussvorlage modifiziert, sodass es nicht zur tatsächlichen Anwendung des Mechanismus kam; siehe *Wedemeyer*, Mehrheitsbeschlussfassung im Rat der Europäischen Union, 2008, S. 78 m.w.N.

658 *Oppermann/Classen/Nettesheim*, Europarecht, 2009, § 7, Rn. 78.

659 *Fischer*, Der Vertrag von Lissabon, 2010, S. 76, 81; Polen schlug bei den Verhandlungen mit dem sog. Quadratwurzelmodell eine repräsentativere Stimmverteilung im Rat vor.

660 Hierzu *Lenski*, Rat und Europäischer Rat nach dem Vertrag von Lissabon (Reformvertrag), in: Pernice, (Hrsg.), Der Vertrag von Lissabon: Reform der EU ohne Verfassung?, 2008, 99 (112 f.).

661 Siehe entsprechend auch Art. 11 Abs. 5 GeschO Rat.

662 *Pache/Rösch*, Der Vertrag von Lissabon, NVwZ 2008, 473 (480).

gewählte Abgeordnete, sondern Deputierte aus den Parlamenten der Mitgliedstaaten bildeten die sog. parlamentarische Versammlung im europäischen Einigungswerk.[663] Auch die Verteilung der Mandate auf die einzelnen Mitgliedstaaten erfolgte nach dem Vorbild des Europarats, wobei zugunsten der Benelux-Staaten geringfügige Abweichungen getroffen wurden.[664] Obwohl Art. 21 EGKS a.F. bis 1957 den Mitgliedstaaten ein Wahlrecht darüber zusprach, ob die Abgeordneten mittels Direktwahl oder Entsendung bestimmt wurden, machte kein Staat entgegen der von der Versammlung formulierten Vorschläge von der erstgenannten Möglichkeit Gebrauch.[665] Art. 2 des Abkommens über Gemeinsame Organe vom 25.03.1957[666] tilgte die Direktwahlmöglichkeit aus dem Vertragsgefüge, nachdem der EWG-Vertrag und der EAG-Vertrag sich ebenfalls für ein vorläufiges Entsendeverfahren aussprachen.[667]

Aus diesem Grund kann in der Phase von 1952 bis 1978 nicht von einem Zentralparlament im klassischen Sinne gesprochen werden, selbst wenn die Versammlung sich selbst schon im Jahr 1958 als „Europäisches Parlament“ bezeichnete.[668] Die parlamentarische Versammlung war dem föderal geprägten Senat der USA, der bis 1913 aus Senatoren bestand, die von den Legislativen der Einzelstaaten gewählt wurden, ähnlicher als typischen Zentralparlamenten wie dem Bundestag im Grundgesetz. Dies wird besonders daran deutlich, dass die Zusammensetzung des Parlaments von der inneren Machtverteilung der Mitgliedstaaten geprägt war.[669] Hatten diese Zweikammerparlamente, wurden die Abgeordneten meist von beiden Kammern bestellt. Zudem änderte sich nach nationalen Parlamentswahlen und damit verbundenen geänderten Mandatsverteilungen auch die Struktur der entsandten Delegationen.[670] Das Parlament war damit im Takt mit den Wahlen in

663 *Corbett/Jacobs/Shackleton*, The European Parliament, 1995, S. 33.

664 *Mosler*, Der Vertrag über die Europäische Gemeinschaft für Kohle und Stahl, ZaöRV 1952, 1 (19); Luxemburg erhielt einen zusätzlichen Sitz, Belgien und die Niederlande drei hinzutretende Mandate.

665 *Von der Groeben/Thiesing/Ehlermann*, Kommentar zum EWG-Vertrag, Band 3, 1991, Art. 138, Rn. 3; *Steffani*, Parlamentarismus in den EG-Staaten und demokratisches Defizit der europäischen Institutionen, ZParl. 1978, 233 (249).

666 BGBl. 1957 II, S. 1156.

667 Siehe Art. 138 Abs. 1 und 2 EWG bis 1978, Art. 108 Abs. 1 und 2 EAG und Art. 21 Abs. 1 und 2 von 1957 bis 1978.

668 ABl. EG 1958, S. 7; siehe auch ABl. EG 1962, S. 1045; mit Blick auf die heutige Kompetenzausstattung ist diese Benennung gerechtfertigt; siehe *Häberle*, Europäische Verfassungslehre, 2005, S. 191. Die Bezeichnung „Parlament“ fand erst mit der EEA Eingang in das Primärrecht; v.a. Art. 30 der EEA, ABl. EG 1987 Nr. L 169/1.

669 Auch eine direkte Entsendung deutscher Ländervertreter wäre zulässig gewesen; *Rudolf*, Bundesländer und Europäische Gemeinschaften, in: von Münch (Hrsg.), Staatsrecht-Völkerrecht-Europarecht, Festschrift für Hans Jürgen Schlochauer, 1981, 117 (119).

670 *Haag/Bieber*, in: von der Groeben/Schwarze, Kommentar zum EU-/EG-Vertrag, 2003, Art. 190 EGV, Rn. 5.

den Mitgliedstaaten von einem stetigen Austausch der Abgeordneten geprägt, was einer kontinuierlichen Arbeit erheblich entgegenstand.

Praktisch bedeutsame Entscheidungsbefugnisse waren dem jungen parlamentarischen Organ kaum gegeben, im legislativen Bereich normierten höchstens Anhörungsrechte eine parlamentarische Beteiligung. Lediglich im Rahmen der kleinen Vertragsrevision gem. Art. 95 Abs. 4 EGKS war eine Mitentscheidung der Versammlung vorgesehen. Weitere Kompetenzen standen dem Gremium nicht zu, da insbesondere Frankreich bei den EGKS-Verhandlungen weitere Schritte in diese Richtung blockierte.[671]

Im Bereich der Legislativen war die parlamentarische Versammlung damit auf die Funktion eines Reflexionsorgans beschränkt und übte daneben eine gewisse Kontrollfunktion aus, wie z.B. das von Beginn an bestehende Misstrauensvotum gegen die Kommission zeigt.[672]

Erst durch Vertragsänderungen in den Jahren 1970 und 1975 wurden den Parlamentariern weitgehende Budgetbefugnisse zugestanden, sodass Rat und Parlament als gemeinsame Haushaltsbehörde fungieren sollten.[673] Diese ersten Haushaltsrechte lagen darin begründet, dass z.B. über eine neue gemeinsame Agrarpolitik der Gemeinschaft erste eigene Einnahmen erwuchsen.[674] Diese waren nicht mehr wie die bisherigen Beiträge der Mitgliedstaaten von den nationalen Parlamenten sanktioniert, sodass sich hier ein Legitimationsdefizit im Budgetwesen auftat. Um eine Haushaltskontrolle im klassischen Sinne zu gewährleisten, wurden dem Parlament entsprechende neue Kompetenzen zugebilligt.[675]

a) Die Einführung der Direktwahl

1979 fanden zum ersten Mal direkte Wahlen zum Europäischen Parlament statt. Zuvor hatten sich 1976 die Staats- und Regierungschefs im Europäischen Rat entschlossen,[676] dem in den Verträgen niedergelegten Auftrag zur Einführung direkter Parlamentswahlen nachzukommen und einer Initiative des Parlaments zur Einführung von Direktwahlen[677] zu entsprechen.

---

671 *Nettesheim*, Demokratisierung der EU und Europäisierung der Demokratieheorie, in: Bauer/Huber/Sommermann, Demokratie in Europa, 2005, S. 147.

672 Vgl. C III 2 e.

673 ABl. EG 1971 Nr. L 2/1 bzw. 1977 Nr. L 259/1.

674 Mit dem Ersten Eigenmittelbeschluss von 1970 gaben die Mitgliedstaaten dem schon im Jahr 1965 von *Hallstein* begonnenen Drängen („Vermintes Gelände“, Der Spiegel, 32/1965, S. 22 ff.) nach einer Abkehr von der sowieso mit Blick auf Art. 201 EWG nur übergangsweise vorgesehenen reinen Beitragsfinanzierung nach; vgl. ABl. EG 1970 Nr. L 94/19.

675 Siehe auch C III 2 a.

676 ABl. EG 1976 Nr. L 278/1, ABl. EG 1978 Nr. L 173/30.

677 ABl. EG 1975 Nr. C 32/15.

Damals stellte sich die Frage, was die Direktwahl eigentlich bezweckte.[678] Mit der Gewährung einer direkten Wahl sollten keinesfalls neue Kompetenzen für das Parlament einhergehen, wie die Systematik der Verträge deutlich machte. Vor der Ermächtigung zur Installation direkter Wahlen in Art. 138 Abs. 3 EWG beschränkte Art. 137 EWG die Rechte des Parlaments auf die „Beratungs- und Kontrollbefugnisse, die ihm nach diesem Vertrag zustehen." Auf diese Weise wurde die Bedeutung des schon in Art. 3 Abs. 1 und Art. 4 Abs. 1 S. 2 EWG normierten Grundsatzes der begrenzten Einzelermächtigung unterstrichen. Das Vorgehen, die personelle Legitimation zu stärken, ohne gleichzeitig die sachlich-inhaltliche Legitimation auszuweiten, war nicht schlüssig.[679] So verlangte z.B. *Zuleeg* 1974, dass unmittelbare Wahlen nur erfolgen dürften, wenn das Parlament vollwertige Kontrollfunktionen zugewiesen bekäme.[680]

Einige Stimmen in der Literatur forderten daher als Konsequenz der stärkeren Legitimationsbasis, dass das Parlament als Repräsentant der Völker in den Mitgliedstaaten nicht mehr vollumfänglich an den Grundsatz der begrenzten Einzelermächtigung gebunden sein sollte und insbesondere zu allen Fragen, welche die Gemeinschaft betreffen, Stellung nehmen durfte,[681] was der EuGH später bestätigte.[682] Tatsächlich begann das Parlament, durch die anderen Organe zumindest nicht gehindert bzw. sogar unterstützt,[683] seine Kompetenzen auszubauen.[684]

---

678 *Partsch*, Das Wahlverfahren und sein Einfluss auf die Legitimation des Europäischen Parlaments, EuR 1978, 293 (296).

679 Zu den begrenzten Funktionen des Parlaments nach der Einführung der Direktwahl zusammenfassend *Grabitz/Läufer*, Das Europäische Parlament, 1980, S. 364 ff.; siehe auch *Leonardi*, Die föderalen Funktionen des Europäischen Parlaments in seiner Aufgabenentwicklung, ZParl 1982, 250 (253).

680 *Zuleeg*, Die Anwendbarkeit des parlamentarischen Systems auf die Europäischen Gemeinschaften, EuR 1972, S. 8 ff.; in Rekurs auf den *Tindemans*-Bericht *Scheuner*, Perspektiven einer Europäischen Union, EuR 1976, 193 (210 f.).

681 *Bleckmann*, Europarecht, 1985, S. 50 f.; *Hilf*, Die rechtliche Bedeutung des Verfassungsprinzips der parlamentarischen Demokratie für den europäischen Integrationsprozess, EuR 1984, 9 (26 f.), welcher auch auf die entsprechende Intention der Mitgliedstaaten in der Stuttgarter Erklärung abstellt.

682 EuGH Rs, 230/81 Slg. 1983, 255.

683 So äußerten die Mitgliedstaaten auf der Pariser Gipfelkonferenz, dass zusätzlich zur Direktwahl flankierende Maßnahmen hinsichtlich der Kompetenzausstattung nötig sein würden; *Steffani*, Parlamentarismus in den EG-Staaten und demokratisches Defizit der europäischen Institutionen, ZParl. 1978, 233 (250).

684 *Klein*, Entwicklungsperspektiven für das Europäische Parlament, EuR 1987, S. 105; wegen der zunächst stockenden Entwicklung kritisch *Grabitz/Schmuck*, Das Europäische Parlament im Verflechtungssystem der EG – Handlungsspielräume, Rollenbeschreibung, Funktionen, ZParl 1984, 427.

Schon 1963 hatte das Parlament daher einen Katalog von Forderungen aufgestellt.[685] Darin beanspruchten die Abgeordneten die bisher fehlenden parlamentarischen Funktionen, wie eine entscheidende Beteiligung an der Rechtsetzung, Kontrollrechte über die Exekutivarbeit sowie Teilhabe an der Kreation der Exekutive der Gemeinschaften und ein effektives Budgetrecht. Letztlich signalisierte die in damaligen Verträgen noch sog. Versammlung damit den Willen, ein vollwertiges Parlament zu werden, um der Kompetenzverlagerung der Rechtsetzung weg von den nationalen Parlamenten einen demokratischen Ausgleich zu verschaffen.[686] Nachdem diesen Forderungen nicht durch Vertragsänderungen nachgekommen worden war, begann das seit dem Lissabonner Vertrag 751 Abgeordnete umfassende Parlament im Rahmen des bestehenden Primärrechts, seine Kompetenzen extensiv zu interpretieren.

Gleichzeitig setzte das Parlament durch die Fassung von Resolutionen und die Erarbeitung von Vorschlägen zur Reform des Primärrechts auch außerhalb seines Kompetenzkanons neue Akzente.[687] Nach seiner Amtsübernahme 2012 setzte Parlamentspräsident *Schulz* ein offensiveres Vorgehen des Abgeordnetenhauses im Rahmen der Eurokrisenpolitik, die im Wesentlichen von Europäischem Rat, Kommission und EZB bestimmt wurde, auf die Agenda.

Der neu erlassene Direktwahlakt vom 20. September 1976 (DWA)[688] ersetzte das bisher in den Verträgen geregelte Bestellungsverfahren des Parlaments. Seine Rechtsnatur lässt sich nicht klar zuordnen. Zum einen wurde er von den Ratsmitgliedern, zum anderen aber auch von den Vertretern der Mitgliedstaaten unterzeichnet, sodass ihm z.T. eine Zwitterstellung zwischen Völker- und Gemeinschaftsrecht[689] oder teils eine Stellung als Primärrecht niederen Rangs[690] attestiert wurde.

Unstreitig ist dagegen, dass der DWA das Wahlverfahren zum Parlament und die Rechtsstellung der Abgeordneten grundlegend umgestaltet hat. Das neue Wahlrecht legte gem. Art. 1 DWA 1976 vor allem Wert auf die Allgemeinheit und Unmittelbarkeit der Wahl. Die Gleichheit der Wahl wird als Grundsatz der föderalen Ordnung der Union dagegen untergeordnet. Dies zeigt Art. 14 Abs. 3 EUV auch heute noch, welcher eine degressiv-proportionale Stimmgewichtung vorschreibt. Zuvor war die Stimmenverteilung sogar nur auf eine „angemessene"[691] Repräsentation der Staaten im Parlament ausgelegt, was dazu führte, dass im Zuge

685 Amtsblatt der Europäischen Gemeinschaften, 1963, S. 1916.

686 Vgl. Präambel der Entschließung, Amtsblatt der Europäischen Gemeinschaften, 1963, S. 1916.

687 Vgl. z.B. den Verfassungsentwurf von 1994, PE 203.601/endg.

688 BGBl. 1977 II, S. 733.

689 *Bieber*, in: von der Groeben u.a., Kommentar zum EWG-Vertrag, 1991, Art. 138 EWG, Rn. 5.

690 *Lenz*, Ein einheitliches Verfahren für die Wahl des Europäischen Parlaments, 1995, S. 107, zum Streitstand S. 98 ff.

691 Art. 190 Abs. 2 EGV a.F.

der Erweiterungsrunde 2004 Altmitgliedern ein überproportional höheres Kontingent als vergleichbar großen Beitrittsländern zugestanden wurde.[692] Die Regelung, dass jeder Mitgliedstaat bei der Verteilung der Mandate in der parlamentarischen Versammlung eine bestimmte Anzahl an Sitzen zugeteilt bekommt, hat sich von den Anfängen über die Einführung der direkten Wahl bis heute konserviert. In Art. 2 DWA 1976 wurden den Mitgliedstaaten nationale Abgeordnetenkontingente gegeben,[693] deren Bemessung nicht nur durch die Größe der nationalen Bevölkerungsanteile, sondern auch durch den Grundsatz der völkerrechtlichen Staatengleichheit bestimmt wurde.[694] Der Zählwert der Stimme des europäischen Wählers mag noch in jedem Mitgliedstaat gleiches Gewicht haben, beim Erfolgswert klafft die Bedeutung der Einzelvoten auseinander.

Neben der expliziten Durchbrechung durch die Zuteilung der Wahlkontingente beeinträchtigt ein zweiter Faktor die Wahlrechtsgleichheit. Lange Zeit verpflichtete der DWA die Mitgliedstaaten nicht einheitlich zur Durchführung einer Verhältnis- oder Mehrheitswahl, sodass es durch die unterschiedliche Ausgestaltung der Wahlsysteme zu verzerrten Abbildern des Wählerwillens kam.[695]

Erst 2002 lenkte Großbritannien als letztes Mitglied ein[696] und führte in Ansätzen ein Verhältniswahlsystem ein, das sich immer noch an Wahlkreisen und nicht am gesamten Staatsgebiet orientiert.[697] Somit ist das Problem der divergierenden Wahlsysteme zumindest weitgehend gelöst, selbst wenn der DWA bis heute mitgliedstaatliche Gestaltungsspielräume offenlässt, welche dem Wählerwillen von Staat zu Staat verschieden Ausdruck verleihen.[698]

b) Das Parlament als unitarisches Organ

Durch die Direktwahl des Parlaments änderte sich der Charakter des Parlaments nicht vollends. Zwar erlangte das Parlament durch das neue Wahlrecht eine direkte Legitimationsbrücke zu den Wählern im Gemeinschaftsgebiet. Jedoch verlangt das

---

692 *Härtel*, Handbuch Europäische Rechtsetzung, 2006, § 5 Rn. 107.

693 Diese pauschalierte Stimmvergabe, welche sich an der Kategorie der Größe der Mitgliedstaaten orientiert, erinnert an die Zuweisung der Stimmanteile im Rat. Eine derartige Kontingentierung war bereits in der Völkervertretung der EPG 1953 vorgesehen; *von Puttkamer*, Entwurf eines Vertrages über die Satzung der Europäischen Gemeinschaft, ZaöRV 1953, 103 (115).

694 *Bieber*, in: von der Groeben u.a., Kommentar zum EWG-Vertrag, 1991, Anhang zu Art. 138 EWG, Rn. 14.

695 *Lenz*, Ein einheitliches Verfahren für die Wahl des Europäischen Parlaments, 1995, S. 36 m.w.N.

696 Im DWA wurde erstmals eine Festlegung auf eine Verhältniswahl getroffen; vgl. Art. 1 DWA 2002, ABl. EU 2002 L 283/1.

697 *Kaufmann-Bühler* in: Lenz/Borchardt, EU-Verträge, Kommentar, 2010, Art. 223 AEUV, Rn. 4. Dies ist gem. Art. 2 DWA 2002 auch zulässig.

698 Vgl. z.B. Art. 3 DWA 2002, welcher Gestaltungsspielräume hinsichtlich der Einführung von Sperrklauseln einräumt.

Wesen eines demokratischen Zentralparlaments als Volksvertretung, dass der durch die Wahl vermittelte Wille des Staatsvolkes repräsentativen Eingang in die Entscheidungspraxis des Organs findet.[699]

Selbst wenn man davon ausgeht, dass ein europäisches Staatsvolk existieren würde[700] oder das Fehlen dieser Tatbestandsvoraussetzung die Entwicklung einer parlamentarischen Ordnung nicht hindern muss,[701] bleiben hinsichtlich der Repräsentation des Willens der europäischen Wähler wegen der bestehenden Zuweisung nationaler Abgeordnetenkontingente erhebliche Zweifel. So werden die heutigen Europawahlkämpfe von den nationalen Parteien mit weitgehend nationalen Themen geführt.[702] Damit repräsentiert das Europäische Parlament, auch wenn Art. 14 Abs. 2 EUV in seiner aktuellen Fassung auf die Vertretung der Unionsbürger und nicht mehr der Staatsvölker abstellt, eine Vielfalt und keine Einheit.[703] Dies hindert nicht die grundsätzliche Fähigkeit des Europäischen Parlaments, als Repräsentationsorgan dieser Mannigfaltigkeit Rechnung zu tragen.[704]

Damit ändert die direkte Wahl des Parlaments nichts daran, dass seine Legitimation ebenso wie die des Rates in föderalen Ursprüngen wurzelt.[705] Aus diesem Grund wird teilweise bezweifelt, ob das Parlament mit der Einführung der direkten Wahl die Rolle eines unitarischen Gemeinschaftsorgans übernommen hat.[706]

Trotzdem verstand sich das Parlament als Triebfeder der Integration. Nach der Direktwahl 1979 nahm das Parlament für sich in Anspruch, eine Art verfassungsgebende Unionsversammlung zu sein, und erarbeitete bis 1984 auf Initiative des Abgeordneten *Spinelli* einen Verfassungsentwurf, welcher zwar nicht umgesetzt

---

699 *Klein*, Entwicklungsperspektiven für das Europäische Parlament, EuR 1987, S. 103.

700 Hiergegen mit weitgehenden Betrachtungen *Suski*, Das Europäische Parlament, Volksvertretung ohne Volk und Macht?, 1996, S. 26 ff.; vgl. vor allem die Schlussfolgerung auf 89 ff.; siehe auch *Saalfrank*, Funktionen und Befugnisse des Europäischen Parlaments, 1995, S. 112 ff.; dagegen argumentiert *Lenz*, Das Grundgesetz und die Verteilung der Sitze im Europäischen Parlament, NJW 1996, 1328 (1329) für ein durch die Unionsbürgerschaft entstandenes Wahlvolk.

701 *Suski*, Das Europäische Parlament, Volksvertretung ohne Volk und Macht?, 1996, S. 89; i.E. auch *Petersen*, Europäische Verfassung und europäische Legitimität – Ein Beitrag zum kontraktualistischen Argument in der Verfassungstheorie –, ZaöRV 2004, 429 (442 f.), der ein homogenes europäisches Volk im nationalstaatlichen Sinne nicht als für einen europäischen Bundesstaat notwendig voraussetzt.

702 *Häberle*, Europäische Verfassungslehre, 2005, S. 308, 323 f.

703 *Klein*, Entwicklungsperspektiven für das Europäische Parlament, EuR 1987, S. 103.

704 Anders *Köppen*, Verfassungsfunktionen-Vertragsfunktionen, Strukturelle Divergenz zwischen bundesstaatlichen Verfassungen und EU-Gründungsverträgen aus funktioneller Sicht, 2002, S. 174 ff.

705 *Heckel*, Der Föderalismus als Prinzip überstaatlicher Gemeinschaftsbildung, 1998, S. 43 spricht von einem Übergangszustand bzw. einem Kompromiss zwischen der gleichen Repräsentation aller Unionsbürger und der Abbildung der verschiedenen Nationalstaatlichkeiten.

706 *Klein*, Entwicklungsperspektiven für das Europäische Parlament, EuR 1987, S. 105.

wurde, aber dafür Einfluss auf die Ausgestaltung der EEA nahm.[707] Weiterhin beschloss es 1986 einen Vertragsentwurf zur Gründung einer mit mehr Kompetenzen ausgestatteten politischen Union[708] sowie weitere Papiere zugunsten der Fortentwicklung und Ausdehnung der supranationalen Integration.[709] Der Grund hierfür liegt darin, dass die gestaltenden Mitwirkungsrechte des Parlaments wegen des Prinzips der begrenzten Einzelermächtigung formell nur innerhalb der Zuständigkeit der EU bestehen. Daher wächst der Einfluss des Parlaments nur, wenn der europäischen Ebene neue Zuständigkeiten zuwachsen. Folglich bestand und besteht beim Parlament ein großes Interesse, die Befugnisse der EU extensiv zu Lasten der Mitgliedstaaten wahrzunehmen.

Ferner liefert die Geschäftsordnung des Europäischen Parlaments z.B. in Art. 29 Abs. 1 einen Einblick in das Selbstverständnis dieses Organs. Die Abgeordneten wirken nicht nach nationalen Gruppen, sondern in länderübergreifenden Fraktionen zusammen, welche sich an parteipolitischen Zielen orientieren.[710] Gleiches gilt für die Besetzung der Ausschüsse, für welche die parteipolitische Zusammensetzung im Plenum und nicht die Größe der nationalen Kontingente maßgeblich ist. Hieran wird ersichtlich, dass die Willensbildung im Parlament durch den Wettstreit politischer Ideen und nicht durch nationale Interessen erfolgen soll.[711]

---

707 *Weidenfeld*, Der Vertrag von Lissabon als historischer Schritt der Integration Europas – Ausbruch aus der Krise, in: Weidenfeld, Lissabon in der Analyse, 2008, S. 16; siehe auch *Saalfrank*, Funktionen und Befugnisse des Europäischen Parlaments, 1995, S. 33 f.

708 *Bleckmann*, Europarecht, 1997, S. 26. Weiterhin wurde 1994 wurde vom Institutionellen Ausschuss wiederum eine „Verfassung" entworfen; vgl. PE 203.601/endg.

709 Erklärung des Europäischen Parlaments vom 12. April 1989, ABl. 1989 Nr. C 96, S. 61; zusammenfassend siehe *Schoo*, in: Schwarze, EU-Kommentar, 2012, Art. 14 EUV, Rn. 17., welcher das Parlament als „Motor der Integration" einstuft; siehe auch *Grabitz/Schmuck*, Das Europäische Parlament im Verflechtungssystem der EG – Handlungsspielräume, Rollenbeschreibung, Funktionen, ZParl 1984, 427 8436 f.).

710 Entsprechend auch *Saalfrank*, Funktionen und Befugnisse des Europäischen Parlaments, 1995, S. 126 ff.; *Kluth*, in: Calliess/Ruffert, EUV/AEUV Kommentar, 2011, Art. 14 EUV, Rn. 36; *Grabitz/Läufer*, Das Europäische Parlament, 1980, S. 68 ff.; *Nicolaysen*, Europarecht I, 1991, S. 97.

711 *Hix/Noury/Gérard*, Dimensions of Politics in the European Parliament, American Journal of Political Science, 50 (2006), 494 (502) kommen in ihrer Untersuchung des Abstimmungsverhaltens der MdEPs seit 1979 zum Ergebnis, dass dieses in erster Linie tatsächlich nicht durch nationale Interessen geprägt ist; skeptischer *Frenz*, Handbuch Europarecht, 2011, S. 207; *Glaesner*, Die Beziehungen zwischen Ministerrat und Europäischem Parlament – Erfolg der „kleinen Schritte"?, ZParl 1982, 191 (193).

Somit steht das Parlament seinem Wesen nach einem Zentralparlament näher als z.B. der parlamentarischen Versammlung des Europarates, in welcher nach wie vor die Nationalität der Abgeordneten bestimmend ist.[712]

Und deshalb erfüllt das Parlament trotz seiner föderal geprägten Legitimation im Gefüge der EU eine unitarisierende Funktion.[713] Damit hat sich auch im Rahmen der europäischen Integration eine dualistische Organstruktur im Legislativbereich entwickelt. Das Parlament fungiert als Repräsentanz der integrierten Völker der EU, während im Rat die dort vertretenen Regierungen der Mitgliedstaaten föderative Partikularinteressen wahrnehmen.[714]

Die zentralistische Ausrichtung des Parlaments wird zudem anhand der aktuellen Rahmenvereinbarung zwischen Parlament und Kommission deutlich, in der die Straßburger Abgeordneten mit der Brüsseler Exekutive den Weg einer „besonderen Partnerschaft“[715] in der Gestaltung der weiteren Integration beschreiten. Die geschlossene Rahmenvereinbarung ist ein notwendiger Schritt der Koordination zwischen den beiden unitarisch ausgerichteten Unionsorganen. Schon 1980 forderten *Grabitz/Läufer* eine engere Verzahnung der beiden Organe, um deren Fähigkeiten gebündelt zur weiteren integrierenden Gestaltung der Unionspolitik zu nutzen.[716] Eine Parlamentarisierung der EU-Kommission hätte damit also gleichzeitig einen Integrationsschub zur Folge. Gegen die neue Vereinbarung hat sich der Rat, der in den Verhandlungen der beiden Organe übergangen wurde, in einer scharfen Erklärung gewandt und gedroht, Kompetenzverlagerungen zu seinen Lasten vor dem EuGH anzugreifen.[717]

3. Rat und Parlament im Spiegel der (deutschen) Staatsrechtslehre

Die Haltung der deutschen und europäischen Staatsrechtswissenschaft gegenüber dem Parlament war zunächst als durchweg positiv anzusehen. Auch europakritische Stimmen forderten eine Stärkung des Parlaments, um das Demokratiedefizit

712 So spricht Art. 25 der Satzung des Europarates nicht von Abgeordneten, sondern von Vertretern der Mitglieder, welche in der Versammlung zusammenkommen; vgl. auch *Deringer*, Europäisches Parlament und Maastrichturteil des Bundesverfassungsgerichts, in: Ole u.a. (Hrsg.), Festschrift für Ulrich Everling, Band I, 1995, 245 (259); a.A. *Möllers*, Gewaltengliederung, 2005, S. 266.

713 So auch *Heckel*, Der Föderalismus als Prinzip überstaatlicher Gemeinschaftsbildung, 1998, S. 43, m.w.N.

714 So auch *Heckel*, Der Föderalismus als Prinzip überstaatlicher Gemeinschaftsbildung, 1998, S. 100 f., wobei diese die Rolle der initiativberechtigten Kommission überbewertet. Die Kommission kann zwar über die Wahl der Kompetenzgrundlage die Intensität parlamentarischer Beteiligung steuern, ist hierbei aber durch die *Titandioxid*-Rechtsprechung des EuGH (vgl. unten C III 1 b cc (6)) beschränkt.

715 ABl. EU 2010 Nr L 304/47 (48).

716 *Grabitz/Läufer*, Das Europäische Parlament, Bonn, 1980, S. 49.

717 ABl. EU 2010 Nr. C 287/1.

der Europäischen Verträge abzumildern,[718] das aus ihrer Sicht vor allem durch die Schwächung der direkt legitimierten nationalen Parlamente in der Willensbildung der EU aufgetreten war.[719] Für die Befürworter der europäischen Einigung waren Kompetenzzuwächse für das Parlament als unitarisches, demokratisch legitimiertes Rechtsetzungsorgan für eine Vertiefung der Integration notwendig.[720]

Der Ansatz, die Union sei mit einem Makel im Hinblick auf ihre demokratische Legitimation behaftet, ist eine vorwiegend deutsche Eigenheit. In den anderen europäischen Staaten kreist die Debatte vor allem um die Wahrung nationaler Souveränität in einem vereinten Europa, auch wenn mittlerweile in anderen Staaten die Frage nach der demokratischen Legitimation des Unionshandelns aufkommt.

So häufen sich kritische Stimmen besonders in Großbritannien, wo die *Rule of Parliament*, in Gestalt der Gestaltungsmacht des direkt legitimierten House of Commons, als Kern der Verfasstheit als bedroht wahrgenommen wird. Eine Kompetenz-Kompetenz der EU würde den Grundsatz in Frage stellen, dass das jeweils spätere Gesetz des durch freie Wahlen legitimierten Parlaments die höchste Norm ist.[721] In Frankreich ist das Demokratieprinzip gem. Art. 3 der Verfassung eng mit der nationalen Souveränität verflochten: „Die nationale Souveränität liegt beim Volk […].“ Aus diesem Grund wird auch in Frankreich bezogen auf den

---

718 So z.B. *Schachtschneider*, Die Staatlichkeit der Europäischen Gemeinschaft, in: Vollkommer (Hrsg.), Auf dem Weg in ein vereintes Europa, Atzelsberger Gespräche 1992, 1994, S. 95, der „unüberwindbare Verfassungsgrenzen“ für eine echte Parlamentarisierung sah; siehe auch FG Neustadt, NJW 1964, 376.

719 *Deringer*, Europäisches Parlament und Maastrichturteil des Bundesverfassungsgerichts, in: Ole u.a. (Hrsg.), Festschrift für Ulrich Everling, Band I, 1995, 245 (248).

720 Siehe z.B. im Rahmen des Konvents für eines Verfassung für Europa: Schlussbericht der Arbeitsgruppe IX: „Vereinfachung“, CONV 424/02, S. 10 ff.; Schlussbericht Arbeitsgruppe X „Freiheit, Sicherheit und Recht”, CONV 426/02, S. 4 ff.; *Sattler*, Das Prinzip der „funktionellen Integration“ und die Einigung Europas, 1967, S. 205 ff.; *Zuleeg*, Demokratie in der Europäischen Gemeinschaft, JZ 1993, 1069 (1073); siehe auch *Ehlermann*, Das Parlament muß berechenbar sein. Zum Verhältnis von Kommission und Parlament, ZParl 1982, 185 (190).

721 Vgl. *Pickin vs. British Railways Board* [1974] AC 765, 789. Zur Situation in Großbritannien und anderen Mitgliedstaaten ausführlich *von Komorowski*, Demokratieprinzip und Europäische Union, 2010, S. 162 ff.; vgl. auch die Glosse von *Kaiser*, Souverän, souveräner, parlamentarische Souveränität, EuR 1972, S. 99 ff.; vgl. auch die umfassende Studie zur Möglichkeit von Kompetenzübertragungen in den Mitgliedstaaten durch *Lorenz*, Die Übertragung von Hoheitsrechten auf die Europäischen Gemeinschaften, 1990; siehe ferner *Härtel*, Handbuch Europäische Rechtsetzung, 2006, § 3 Rn. 15 ff, zur Rezeption des Parlaments in der Staatsrechtswissenschaft zusammenfassend *Dann*, in: von Bogdandy/Bast, Europäisches Verfassungsrecht, 2009, S. 340 ff.

Schutz nationaler Souveränität nach Rückkopplungen an die national legitimierten Verfassungsorgane verlangt.[722]

Spätestens seit der Maastricht-Entscheidung des Bundesverfassungsgerichts aus dem Jahr 1993[723] ist eine Tendenz in der Staatsrechtswissenschaft zu beobachten, Demokratieprinzip und Intensität der Beteiligung des Europaparlaments als getrennte Sachverhalte zu begreifen. Insbesondere wird moniert, dass die Beteiligungsrechte der nationalen Parlamente durch die fortschreitende Integration zunehmend eingeschränkt würden.[724] Dies kommt vor allem in der Kritik der Karlsruher Richter an der ungleichen Wahl zum Europäischen Parlament zum Ausdruck.[725] Da der Grundsatz gleicher Repräsentation, der in dem Prinzip *„One man-one vote"* manifestiert ist, ein zentrales Element parlamentarischer Demokratien darstellt, scheint die neuere Kritik des BVerfG am Straßburger Parlament durchaus berechtigt. In diesem Sinne geht die Judikatur des BVerfG in die Richtung, dass die weitere Übertragung substantieller Kompetenzen nur möglich ist, sobald auf europäischer Ebene eine entsprechende demokratische Repräsentation der Völker Europas besteht.[726]

Die auf diese Weise als Integrationshemmnis definierte degressiv-proportionale Stimmverteilung sichert, dass Interessen kleinerer Mitgliedstaaten in der parlamentarischen Diskussion Gehör finden. Der Schutz von Minderheiten gegen die Mehrheit gehört ebenso zum Kerninstrumentarium demokratischer Systeme, welche die Partizipationsfähigkeit von Minderheiten geradezu voraussetzen.[727] Das BVerfG hat in diesem Sinne seit jeher die Bevorzugung von Parteien nationaler Minderheiten in deutschen Wahlgesetzen gebilligt.[728] Im Kontext einer Vereinigung wie der EU, die sich aus großen und z.T. erheblich kleineren Nationalstaaten

722 *Hecker*, Souveränitätswahrung durch Einstimmigkeit im Rat: Der Conseil Constitutionnel zum Vertrag von Amsterdam, JZ 1998, 938 ff.

723 BVerfGE 89, 155.

724 So z.B. *Steiger*, Mehr Demokratie in der EU – aber wie? ZRP 2012, 13 (14 f); *Streinz*, Europarecht, 2008, § 4 Rn. 324 zweifelt, ob eine weitere signifikante Stärkung des notwendig unitarischen Parlaments rechtspolitisch wünschenswert ist; *Kirchhof*, Die Zukunft der Demokratie im Verfassungsstaat, JZ 2004, 981 (984 f.) spricht von einer „Entparlamentarisierung" der Gesetzgebung.

725 BVerfG, NJW 2009, 2267, Rn. 284 f.; auch im Zuge der Euro-Rettung drängte das BVerfG vor allem auf eine Einbindung des Bundestages in die Entscheidungen des Europäischen Rates, anstatt auf eine Stärkung des Europäischen Parlaments; *Wieland*, Die Zukunft Europas – Die Krise als Chance, JZ 2012, 213 (217 f.).

726 *Lenz*, Das Grundgesetz und die Verteilung der Sitze im Europäischen Parlament, NJW 1996, S. 1328 f. weist allerdings auf Passagen im Maastricht-Urteil hin, welche Abweichungen vom Grundsatz der Wahlrechtsgleichheit zu rechtfertigen scheinen (v.a. BVerfGE 89, 155 (186 f.)).

727 *Kotzur*, Die Demokratiedebatte in der deutschen Verfassungsrechtslehre, in: Bauer/Huber/Sommermann, Demokratie in Europa, 2005, S. 367 f.; vgl. auch *Häberle*, Europäische Verfassungslehre, 2005, S. 337 ff.

728 Z.B. in der Anfangszeit der Bundesrepublik: BVerfGE 1, 208 (253 f.), 2, 77 (83).

zusammensetzt, muss dies erst recht gelten. Daher ist die divergierende Stimmgewichtung nicht per se als undemokratisch zu werten,[729] sodass die Argumentation des BVerfG in Hinblick auf das Demokratieprinzip ohne Berücksichtigung der in Deutschland bestehenden Ausnahmen undifferenziert erscheint.[730]

Der in der Judikatur des BVerfG und dem deutschen Schrifttum ablesbare Gesinnungswandel[731] mag auch daran liegen, dass von integrationsskeptischer Seite erkannt wurde, dass eine Stärkung des für eine tiefere Integration streitenden Parlaments nicht dazu führt, dass möglichst wenig Kompetenzverluste auf mitgliedstaatlicher Ebene eintreten.[732]

Gleichzeitig wurde der Ministerrat, welcher Ende der 80er Jahre seine Lähmung durch den Luxemburger Kompromiss endgültig überwunden hatte und wieder effektiv an der Gestaltung der Gemeinschaften teilhaben konnte, als Organ zur Wahrung nationaler Interessen gegen ein Übermaß an Integration entdeckt. Diese kopernikanische Wende der europarechtskritischen Staatsrechtslehre spiegelte sich besonders in dem Umstand wider, dass nunmehr die demokratische Legitimationskette von den Völkern der Mitgliedstaaten hin zu den Vertretern der Mitgliedstaaten im Rat herausgestellt wurde,[733] wobei dieses Argument bei genauerer Betrachtung problematisch ist. Zum einen stärkt die Mitarbeit im Rat die Position

729 *Frenz*, Handbuch Europarecht, 2011, S. 87; auch *Churchill* mahnte in seiner Züricher Rede den Schutz kleinerer Nationen im zukünftigen Europa an, vgl. *ders.*, Der Zweite Weltkrieg, 1954, S. 1106; kritisch *Geiger*, Reformvorschläge zur Steigerung der Legitimationswirkung des Europäischen Parlaments, in: Geiger (Hrsg.), Neuere Probleme der parlamentarischen Legitimation im Bereich der auswärtigen Gewalt, 2003, S. 258.

730 Kritisch zur abwertenden Haltung des BVerfG auch *Schoo*, in: Schwarze, EU-Kommentar, 2012, Art. 14 EUV, Rn. 13.

731 So z.B. *Wegener* im Interview, Grundgesetz keine Hürde für mehr Europa, Nürnberger Nachrichten vom 12.09.2012, S. 12; *Magiera*, Das Europäische Parlament als Garant demokratischer Legitimation in der EU, in: Ole u.a. (Hrsg.), Festschrift für Ulrich Everling, Band I, 1995, 789 (794 ff.).

732 Diese Rechtsprechungslinie des BVerfG kritisierte *Habermas* in seinem Vortrag auf dem Deutschen Juristentag 2012 in München als „abschirmend-souveränitätsbesessen"; vgl. Abdruck des Textes in der Süddeutschen Zeitung vom 22./23.09.2012, S. 15; ebenso *Wegener* im Interview, Grundgesetz keine Hürde für mehr Europa, Nürnberger Nachrichten vom 12.09.2012, S. 12, der die Europarechtsfreundlichkeit des Grundgesetzes betont.

733 *Streinz*, Europarecht, 2008, Rn. 325; *Huber*, Das institutionelle Gleichgewicht zwischen Rat und Europäischem Parlament in der künftigen Verfassung für Europa, EuR 2003, 574 (593), der dem Parlament nur eine legitimationsabstützende Funktion zubilligt; dagegen spricht *Frowein*, Die rechtliche Bedeutung des Verfassungsprinps der parlamentarischen Demokratie für den europäischen Integrationsprozess, EuR 1983, S. 301 (302) noch offen davon, dass die EU einer „föderalen Legitimation" bedürfe.

der nationalen Exekutiven und nicht die der i.d.R. direkt legitimierten parlamentarischen Legislativen.[734] Zum anderen mangelt es an einer politischen Gesamtverantwortung des Rates, sodass die Kontrolle der Ratspolitik nur fragmentiert über die Parlamente der Mitgliedstaaten erfolgt.[735] Das neue Streben nach größerer demokratischer Rückkopplung an die nationale Willensbildung kommt auch in der Vertragsreform von Lissabon besonders zum Tragen. Gem. Art. 12 EUV sollen die nationalen Parlamente mehr an der Willensbildung der Union beteiligt werden. Dies ist zunächst im Rahmen der Arbeit im Rat beabsichtigt, wo vor allem mehr Informationen über die laufende und geplante Gesetzgebung an die nationalen Legislativen fließen sollen,[736] sowie bei der Kontrolle bezüglich der Handhabung des Subsidiaritätsgrundsatzes.[737] Zugleich wird der Mangel an demokratischer Legitimation als Hindernis für mehr Kompetenzübertragungen eingeschätzt, sodass nach dieser Sicht der Weg zu mehr Befugnissen für die Union nur über eine stärkere Einbindung der nationalen Legislativen führt.[738]

Die Aufwertung der nationalen Parlamente im Rahmen der Willensbildung der Union unterminiert gleichzeitig den traditionellen institutionellen Rahmen der EU.[739] Der Rat droht durch eine direktere Anbindung an die nationalen Legislativen und damit an die nationalen Innenpolitiken zu einem rein auf die Vertretung mitgliedstaatlicher Interessen ausgerichteten Organ zu werden. Gleichzeitig besteht die Gefahr einer Konkurrenzsituation zwischen EU-Parlament und nationalen Gesetzgebern, die letztlich desintegrierende Wirkungen haben kann.

4. Gescheiterter Verfassungsvertrag 2007 und Vertrag von Lissabon

Schon kurz nach der Reform von Nizza wurde deutlich, dass die dort beschlossenen Änderungen nicht ausreichten, um die schwerfällige Arbeitsweise einer Union mit einem erweiterten Kreis von Mitgliedstaaten zu überwinden. Daher wurde bereits kurz nach dem Inkrafttreten des Reformvertrages ein erneuter, diesmal grundlegender Umbau der EU in Angriff genommen. In einem Konvent unter *Giscard d'Estaing* wurde ein Vertrag über eine Verfassung für Europa erarbeitet.

---

734 *Leisner*, Schwächung der Landesparlamente durch grundgesetzlichen Föderalismus, in: Isensee (Hrsg.), Walter Leisner: Staat, 1994, 481 (483 f.).

735 *Härtel*, Handbuch Europäische Rechtsetzung, 2006, § 5 Rn. 104; die Problematik verstärkt sich, wenn, wie z.B. Art. 23 Abs. 6 GG vorsieht, dass Landesminister die Vertretung der Bundesrepublik wahrnehmen; siehe hierzu *König*, Die Übertragung von Hoheitsrechten im Rahmen des europäischen Integrationsprozesses – Anwendungsbereich und Schranken des Art. 23 des Grundgesetzes, 2000, S. 370 ff.

736 *Chalmers/Monti*, European Union Law, Updating Supplement, 2008, S. 43.

737 So schon die Erwägungen bei den Beratungen zum Verfassungsvertrag; *Dederer*, Die Konstitutionalisierung Europas, ZG 2003, 95 (105 ff.).

738 Siehe z.B. im Maastricht-Urteil BVerfGE 89, 155 (185 f.).

739 *Dann*, Parlamente im Exekutivföderalismus, 2004, S. 276.

Dieser sollte die EU nah an die Ebene der Staatlichkeit heranführen.[740] Nachdem der Verfassungsvertrag in Volksabstimmungen von den französischen und niederländischen Wählern abgelehnt worden war, wurde klar, dass dieses Projekt in der geplanten Form gescheitert war.[741] Daher konzentrierten sich die Bemühungen darauf, wesentliche Elemente des Verfassungsvertrages unter Verzicht auf zu staatsnahe Formulierungen in einem modifizierten Reformvertrag primärrechtlich zu verankern.

Der große Gewinner des 2009 in Kraft getretenen Lissabonner Reformvertrages war nach Ansicht von dessen 23. Präsidenten *Pöttering*[742] das Europäische Parlament, was mit Blick auf die Kompetenzgewinne im Rahmen der Rechtsetzung offenkundig der Fall zu sein scheint.[743]

Jedoch enthält der Lissabonner Vertrag auch Klauseln, die weitere Kompetenzgewinne des Parlaments zumindest erschweren können. So gab es im Bereich des Rates größere Veränderungen. Wie dargestellt, hatte sich die Kritik an der bisherigen Integrationspraxis gemehrt, wonach das unzureichend legitimierte Parlament die Kompetenzverluste der Mitgliedstaaten und damit auch der nationalen demokratischen Ordnungen nicht ausgleichen konnte. Um dem Rat, der aus dieser Sicht besser die nationalen Entscheidungsprozesse auf europäischer Ebene einbringen konnte, eine größere Legitimation zu verschaffen, war eine Stärkung des Demokratieprinzips in der Organisation des Rates notwendig. Der völkerrechtliche Grundsatz der Staatengleichheit, welcher die Mehrheitsfindung im Rat zuvor stets geprägt hatte, wurde daher durch das neue Prinzip der doppelten Mehrheiten in höherem Maße als bisher nivelliert.[744] Durch diese Regelung in Art. 16 Abs. 4 EUV wurde neben dem üblichen Abstellen auf die 55% – Mehrheit der EU-Mitglieder auch eine qualifizierte Mehrheit von 65% der europäischen Gesamtbevölkerung erforderlich. Somit gewann das Demokratieprinzip, welches die Gleichheit der Mitgliedstaaten im Rat bisher nur über die Stimmenzahl modifiziert hatte, größere Bedeutung. Dieser Schritt dürfte die bisherige Rechtsprechung des EuGH, in erster Linie an das Parlament als Bezugspunkt für demokratische Repräsentation in

740 Zu den Zielen des Verfassungsvertrages vgl. *Oppermann*, Eine Verfassung für die Europäische Union: Der Entwurf des Europäischen Konventes – Teil 1 und 2, DVBl. 2003, 1165 ff. und 1234 ff.; *Ruffert*, Schlüsselfragen der Europäischen Verfassung der Zukunft: Grundrechte – Institutionen – Kompetenzen – Ratifizierung, EuR 2004, 165 ff.

741 Hierzu *Mayer*, Wege aus der Verfassungskrise-Zur Zukunft des Vertrags über eine Verfassung für Europa, JZ 2007, 593 (594 f.).

742 Präsident des Parlaments von 2007 bis 2009.

743 *Papier*, Europas neue Nüchternheit: Der Vertrag von Lissabon, in: Pernice/Otto (Hrsg.), Europa neu verfasst ohne Verfassung, 2010, S. 28; siehe auch unten C III 1 b cc (5).

744 *Papier*, Europas neue Nüchternheit: Der Vertrag von Lissabon, in: Pernice/Otto (Hrsg.), Europa neu verfasst ohne Verfassung, 2010, S. 29.

Europa anzuknüpfen,[745] zumindest teilweise in Frage stellen. Somit bleibt offen, ob der EuGH weiterhin mit Verweis auf das Demokratieprinzip die Rechte des Parlaments gegenüber dem Rat in der Rechtsetzung extensiv auslegen wird.[746]

Zum anderen zeigt das neu geschaffene Amt des Präsidenten des Europäischen Rates, dass das Parlament im Bereich politischer Entscheidungen nicht nur an Einfluss gewinnen sollte. Hinsichtlich der Besetzung dieser neuen Position, die für die einheitliche Außenvertretung der Union verantwortlich sein soll, haben die Straßburger Parlamentarier keine rechtliche Kontrollmöglichkeit. Die Zuständigkeiten des Ratspräsidenten sind in den Verträgen ferner reichlich vage formuliert, sodass im Rahmen des reformierten Institutionengefüges Kompetenzkonflikte mit der Kommission angelegt sind.[747] Neben der Stellung der Kommission werden so mittelbar auch die Kompetenzen des Parlaments angegriffen. In den Verträgen ist mittels einer Vielzahl von Rechten, die von einer Interpellation bis hin zu einem Misstrauensvotum gehen, eine parlamentarische Kontrolle der Kommission verankert. Kompetenzverluste der Kommission zu Gunsten des nicht vom Parlament abhängigen Ratspräsidenten schwächen daher im Ergebnis auch die Position des Parlaments.

Das gleiche Bild ergibt sich bei der Außenpolitik der Union. Nachdem die Abgeordnetenvertretung mit ihrem kurzzeitigen Widerstand gegen die Ernennung von *Lady Ashton* zur ersten Hohen Vertreterin für die Außen- und Sicherheitspolitik gescheitert war, wurde deutlich, dass die Mitgliedstaaten die gemeinsame Außen- und Sicherheitspolitik nicht vollständig in die supranationale Sphäre der Union überführen wollten.[748] Stattdessen sollen die alten intergouvernementalen Mechanismen der GASP zumindest in abgeschwächter Form weiterbestehen. Dem Parlament werden zwar weitgehende Informations- und teils auch Zustimmungsrechte zugebilligt, der rechtsförmig garantierte Einfluss der Straßburger Abgeordneten auf derartige Materien ist im Vergleich zu den aus dem EG-Vertrag eingeflossenen Befugnissen deutlich geschmälert.[749]

---

745 *Lenz*, Ein einheitliches Verfahren für die Wahl des Europäischen Parlaments, 1995, S. 252 f.

746 Siehe hierzu auch unten C III 1 b cc (6).

747 *Seeger*, Die Institutionen- und Machtarchitektur der Europäischen Union mit dem Vertrag von Lissabon, in: Weidenfeld (Hrsg.), Lissabon in der Analyse, 2008, S. 77; vgl. auch das Amtsverständnis des neuen Ratspräsidenten *van Rompuy*, welcher seine unscharfen Kompetenzen im Primärrecht durch eigene Interpretation definieren will, dargestellt bei: *Fischer*, Der Vertrag von Lissabon, 2010, S. 107.

748 *Fischer*, Der Vertrag von Lissabon, 2010, S. 105.

749 Kritisch zum Primat der Mitgliedstaaten im intergouvernementalen Bereich am Beispiel der Eurokrise *Calliess*, Der Kampf um den Euro: Eine „Angelegenheit der Europäischen Union“ zwischen Regierung, Parlament und Volk, NVwZ 2012, 1 (2 f.).

Somit sind in den Lissabonner Vertrag nicht nur Kompetenzgewinne für das Parlament eingeflossen, sondern die Einflechtung intergouvernementaler Elemente in das tradierte supranationale Gemeinschaftsrecht führt zu Fragestellungen in Bezug auf die Kontrollfunktion des Parlaments. Diese war traditionell v.a. auf die Kommission bezogen, weswegen sich hier im Laufe der Zeit eine Vielzahl an parlamentarischen Zuständigkeiten entwickelt hat.[750] So ist neben dem Parlament der intergouvernementale Europäische Rat als politisches Leitungsgremium ein Gewinner der Vertragsreform von Lissabon.[751]

5. Der EuGH als entscheidende Instanz bei Kompetenzkonflikten

a) Verfahren vor dem EuGH

Die oben dargestellten Mechanismen dienen dazu, Streitigkeiten über die inhaltliche Ausgestaltung eines Rechtsaktes beizulegen. Im Fall eines echten Kompetenzkonfliktes, also bei unterschiedlichen Meinungen über den Umfang der Rechte der Organe, bietet der Legislativprozess dagegen keine Lösungsmöglichkeit an. Die dort gewährten Rechtspositionen geben den beteiligten Organen höchstens Machtmittel in die Hand, um die eigene Position offensiv zu vertreten.[752] Für eine rechtlich verbindliche Entscheidung einer Auseinandersetzung um Rechte und Pflichten der Institutionen bedarf es einer rechtsprechenden Instanz. Die Europäische Union verfügt mit dem EuGH über eine eigene Gerichtsbarkeit. Ob es sich dabei um eine Verfassungsgerichtsbarkeit im herkömmlichen Sinne handelt,[753] kann letztlich dahinstehen.

Ausschlaggebend ist vielmehr, dass dem EuGH schon in den Gründungsverträgen umfangreiche Kontroll- und Nachprüfungsbefugnisse verliehen wurden, die ihm bis heute eine schlichtende und darüber hinaus gestaltende Rolle gewähren. Die Stärke des EuGH ist in der anfänglichen strukturellen Schwäche des Parlaments, welches in den Gründungsverträgen mehr ein beratendes als ein effektiv kontrollierendes und einflussreiches Legislativorgan darstellte, begründet. Um Kommission und Ministerrat in der Anfangszeit wirkungsvoller Kontrolle zu unterwerfen, wurde der EuGH als Wächter des Gemeinschaftsrechts und der

---

750 Siehe unten C III 2.

751 Zusammenfassend zur vom Lissabonner Vertrag angestoßenen Kompetenzentwicklung der Organe *Pache/Rösch*, Der Vertrag von Lissabon, NVwZ 2008, 473 (475 ff.).

752 Vgl. z.B. die frühere Praxis des Parlaments, Fristen im Anhörungsverfahren extensiv auszuschöpfen; siehe C III 1 b cc (2).

753 Für das damalige EG- Recht bejahend *Bauer*, Der Europäische Gerichtshof als Verfassungsgericht, 2008, S. 67 ff., wobei diese Sichtweise im europäischen Ausland eher als Besonderheit der deutschen Rechtswissenschaft gewertet wird; siehe *Beaud*, Europa als Föderation? Relevanz und Bedeutung einer Bundeslehre für die Europäische Union, in: Pernice/Otto (Hrsg.), Europa neu verfasst ohne Verfassung, 2010, S. 77.

Selbstständigkeit der Gemeinschaften installiert.[754] Damit sollte der EuGH nach der Grundidee der Verträge die nur schwach ausgeprägte Kontrollfunktion des Parlaments kompensieren und ein Gegengewicht zu den bestimmenden Organen Rat und Kommission bilden.

Heute steht Rat und Parlament ein Bündel an Klagemöglichkeiten zu, mithilfe derer die Vertragsrechtskonformität des Handelns der anderen Organe geprüft bzw. diese zu vertragsrechtskonformem Handeln gezwungen werden können. Vor allem die Untätigkeitsklage gem. Art. 265 AEUV und die Nichtigkeitsklage gem. Art. 263 AEUV sind hier zu nennen.

Während die Untätigkeitsklage darauf gerichtet ist, festzustellen, dass ein Organ entgegen seinen Verpflichtungen nicht tätig geworden ist, dient die Nichtigkeitsklage dazu, die rechtserheblichen Maßnahmen eines Organs auf seine Rechtmäßigkeit zu untersuchen.

Beide Verfahrensarten stehen exklusiv nebeneinander. Dies wird schon daran deutlich, dass die Nichtigkeitsklage ein Agieren voraussetzt, während die Untätigkeitsklage gerade auf ein Unterlassen abstellt.[755] Damit wird den Legislativorganen ein umfangreiches Rechtsschutzsystem zur Verfügung gestellt, in dessen Rahmen Kompetenzstreitigkeiten ausgefochten werden können.

b) Integrative Tendenzen beim EuGH

Der EuGH sah und sieht sich traditionell als „Motor der Integration“[756]. Seine Urteile lassen stets die Tendenz erkennen, das Europarecht nicht nur konservativ auszulegen und anzuwenden. Sondern darüber hinaus wird es durch die ständig auf Integrationsziele der Union zurückgreifende Exegese des Unionsrechts möglich, die Supranationalisierung des europäischen Rechtsraums zu stärken bzw. erst auf den Weg zu bringen.[757]

Ein Beispiel hierfür bildet die Grundfreiheiten-Judikatur des EuGH zum nationalen Verbraucherschutzrecht. Dieses musste sich insbesondere am Maßstab der Warenverkehrs- und Dienstleistungsfreiheit messen lassen, nachdem der

---

754 *Heckel*, Der Föderalismus als Prinzip überstaatlicher Gemeinschaftsbildung, 1998, S. 44.

755 *Bieber/Epiney/Haag*, Die Europäische Union, 2011, S. 259.

756 Zitat von *Carl-Christoph Schweitzer* bei *Sander*, Der Europäische Gerichtshof als Förderer und Hüter der Integration, 1998, S. 15; *Wegener*, in: Calliess/Ruffert, EUV/AEUV Kommentar, 2011, Art. 19 EUV, Rn. 17 ff.; siehe entsprechend auch *Giegerich*, Europäische Verfassung und deutsche Verfassung im transnationalen Konstitutionalisierungskontext: Wechselseitige Rezeption, konstitutionelle Evolution und föderale Verflechtung, Berlin, S. 301.

757 *Blomeyer*, Der Europäische Gerichtshof – Garant der europäischen Rechtseinheit – Beispiel Arbeitsrecht, in: Vollkommer (Hrsg.), Auf dem Weg in ein vereintes Europa, Atzelsberger Gespräche 1992, 1994, S. 19 ff., S. 31; *Sander*, Der Europäische Gerichtshof als Förderer und Hüter der Integration, 1998, S. 41 ff.

Gerichtshof die Grundfreiheiten allesamt als Beschränkungsverbote interpretiert hatte.[758] Der EuGH verweigerte dem nationalen Verbraucherschutzrecht als Eingriff in das Grundfreiheitensystem die Rechtfertigung. Sein Kernargument war hierbei das Leitbild vom mündigen Verbraucher, dessen durch die nationalen Vorschriften gesicherten Interessen auch durch mildere Etikettierungspflichten geschützt werden konnten.[759] Dies hatte zur Folge, dass nationales Verbraucherschutzrecht im Anwendungsbereich der Grundfreiheiten unanwendbar wurde. Die Lücke, die durch die Unanwendbarkeit der nationalen Vorschriften entstand und bei den Mitgliedstaaten Handlungsbedarf erzeugte, wurde vor allem durch Richtlinien gefüllt, welche von ihren Erwägungen her nicht vom Leitbild des mündigen Verbrauchers ausgehen, sondern z.T. recht hohe Schutzstandards definieren.[760] In diesem Fall hat der EuGH durch seine Rechtsprechung den Hebel geschaffen, den sich das Europarecht zunutze machen konnte, und damit der Integration auf diesem Gebiet erst den Weg bereitet.

Ein anderes Beispiel für die integrationsfreundliche Vorgehensweise des EuGH ist dessen Rechtsprechung zum heute in Art. 5 Abs. 3 EUV normierten Subsidiaritätsprinzip, das als Schutzklausel für die Mitgliedstaaten fungiert. Regelungen auf Unionsebene sind demnach nur zulässig, wenn deren Ziel auf nationaler Ebene nicht ausreichend verwirklicht werden kann (Negativkriterium) und eine unionale Regelung den Zweck besser erreichen kann (Positivkriterium). In seiner jüngeren Judikatur trägt der EuGH dem Subsidiaritätsprinzip zumindest formell im Rahmen der Verhältnismäßigkeitsprüfung Rechnung. Das Gericht argumentiert jedoch regelmäßig nur pauschal und ohne eingehende Prüfung, ob das Negativkriterium erfüllt ist.[761] Letztere Tendenz ähnelt der früheren Entscheidungspraxis des BVerfG zu Art. 72 II GG, welche im Bereich der konkurrierenden Gesetzgebung zu einer umfangreichen Unitarisierung geführt hatte.[762] Insgesamt neigt der EuGH zu einer extensiven Auslegung der Kompetenzen der Union. Dies wird mit

758 Zur integrationsfördernden Auslegung der Grundfreiheiten als Beschränkungsverbote vgl. *Skouris*, Das Verhältnis von Grundrechten und Grundfreiheiten im Europäischen Gemeinschaftsrecht, DÖV 2006, 89 (90).

759 Vgl. EuGH Rs. 178/84, Slg. 1987, 1227, Rn. 53 f.

760 Damit konzentriert sich die EU z.B. mit Richtlinien zu irreführender Werbung, Haustürgeschäften oder Produkthaftung auf Bereiche des Bürgerlichen Rechts mit sozialpolitischer Ausstrahlungswirkung. Bemerkenswert ist, dass naheliegendere Reformen zur Herstellung eines einheitlichen Binnenmarktes, wie ein EU-Zivilgesetzbuch, bis heute kaum verwirklicht sind; siehe *Götz*, Auf dem Weg zur Rechtseinheit in Europa, JZ 265 (267 f.).

761 EuGH Rs. C-491/01, *British American Tabacco Slg. 2002 I-11606, Rn. 180 ff.;* EuGH Rs. C-58/08, *Vodafone u.a.* EWS 2008, 256; sehr kritisch hierzu *Calliess*, in: Calliess/Ruffert, EUV/AEUV Kommentar, 2011, Art. 5 EUV Rn. 68.

762 Vgl. BVerfGE 2, 213 (224 f.), BVerfGE 13, 230 (234), BVerfGE 34, 9 (39), BVerfGE 13, 230 (233); kritisch hierzu *Ossenbühl*, Föderalismus nach 40 Jahren Grundgesetz, in: DVBl 1989, 1230 (1233).

der Rechtsprechung zur Binnenmarktkompetenz deutlich, deren Inanspruchnahme vom EuGH als letztverbindlichem Interpretator der Kompetenzordnung großzügig gebilligt wurde.[763] Mit dem Übergang zum Mehrheitsprinzip im Rat ist die Möglichkeit einzelner Mitgliedstaaten, im Wege der Rechtsetzung das Zustandekommen aus ihrer Sicht zu integrativer Normen zu verhindern, gesunken. Eine substantielle Verschärfung der Kompetenzjudikatur des EuGH hat sich hieraus nicht ergeben,[764] sodass die Kombination aus der Aufgabe des Konsensprinzips im Rat und der integrationsfreundlichen Interpretationslinie des EuGH zu einer Verstärkung der Vergemeinschaftungstendenzen geführt hat.

Bereits im Umfeld der größten Krise der Integration, der „Politik des leeren Stuhles“ im Rat durch Frankreich, positionierte sich der EuGH gegen Renationalisierungstendenzen. Den vor Ausbruch der Krise kursierenden Ideen von einem Europa der Vaterländer setzte der EuGH mit dem *Costa/ENEL*-Urteil eine Untermauerung des supranationalen Modells als eigene Rechtsordnung entgegen.[765] Damit ist der EuGH eine der wichtigsten Triebfedern der europäischen Integration. Trotzdem hat der extensive Grundansatz des EuGH in der Auslegung des Unionsrechts gleichzeitig eine integrationshemmende Nebenwirkung. Dadurch, dass der EuGH stets sehr unionsfreundlich und damit zu Lasten der Kompetenzen der Mitgliedstaaten agierte, zögerten diese mit der Schaffung neuer Rechte auf Unionsebene, um nicht durch eine unkalkulierbare Rechtsprechung in größerem Maße als beabsichtigt nationale Gestaltungsspielräume preisgeben zu müssen.[766] Das BVerfG behielt sich in diesem Zusammenhang im *Lissabon*-Urteil eine *ultra-vires*-Kontrolle vor,[767] deren Prüfungsdichte, wie in der *Mangold*-Entscheidung gesehen, aber nicht besonders hoch ausfällt.[768]

c) Die Lehre vom institutionellen Gleichgewicht als Hauptargument des EuGH

Im Zusammenhang mit der Rechtsprechung des EuGH zu den Kompetenzen von Rat und Parlament findet sich häufig die Lehre vom institutionellen Gleichgewicht

763 *Nettesheim*, in: von Bogdandy/Bast, Europäisches Verfassungsrecht, 2009, S. 402 ff.

764 A.A. mit Blick auf die erstmalige Kassation einer Rechtsnorm in Gestalt der Tabakwerberichtlinie *Nettesheim*, in: von Bogdandy/Bast, Europäisches Verfassungsrecht, 2009, S. 404.

765 *Schorkopf*, Der Europäische Weg, 2010, S. 45 f.

766 *Schorkopf*, Die Untätigkeit des Rates der Europäischen Union im Gesetzgebungsverfahren, EuR 2000, 365 (371 f.).

767 BVerfG, 2 BvE 2/08 vom 30.6.2009, Rn. 240 f.

768 So zieht sich das BVerfG im *Mangold*-Judikat – in Anlehnung an die EuGH-Rechtsprechung zum Haftungs-recht – auf eine reine Evidenzkontrolle zurück und verlangt einen hinreichend qualifizierten Verstoß gegen die Kompetenzverteilung zwischen Union und Mitgliedstaaten, um einen Akt der EU als unanwendbar einzustufen; BVerfG, 2 BvR 2661/06, Rn. 71.

zwischen den Organen.[769] Dieser Ansatz ähnelt dem aus dem Staatsrecht bekannten System der checks and balances. Nach diesem Konzept soll die gegenseitige Kontrolle der Organe dazu führen, dass Machtmissbrauch verhindert wird. Mit dieser Theorie wird dem Rechtsstaatsprinzip zu verstärkter Geltung verholfen. Jedes Organ kann demnach seine Rechte nur unter Beachtung der Befugnisse der anderen Institutionen ausüben.[770] Die Lehre vom institutionellen Gleichgewicht und das Prinzip der checks and balances haben unterschiedliche Motive. Während Letzteres vor allem dazu dient, das Individuum vor Tyrannei zu schützen, hat die Lehre vom institutionellen Gleichgewicht eine andere Genese. Dies wird schon daran deutlich, dass die zentralen Interessenkonflikte in der EU nicht horizontal zwischen Legislative, Exekutive und Judikative bestehen, sondern vertikal zwischen Integration und Souveränitätswahrung der Mitgliedstaaten angesiedelt sind.[771]

Ihren Ausgangspunkt in der Judikatur des EuGH fand die Lehre vom institutionellen Gleichgewicht in den *Meroni*-Entscheidungen des Gerichtshofs,[772] welche sich mit Kompetenzübertragungen von Organen auf untere Behörden, konkret von der Kommission auf die Agenturen, befassten. Dort stellte der EuGH fest, dass dieses Gleichgewicht der Gewalten eine grundlegende Garantie des Gemeinschaftsrechts darstellte, sodass im damaligen Fall Zuständigkeitsübertragungen nur insoweit erlaubt waren, als den primärrechtlichen Institutionen ein Letztentscheidungsrecht verblieb.

Die Lehre vom institutionellen Gleichgewicht wird vom EuGH häufig in Zusammenhang mit dem Demokratieprinzip auf europäischer Ebene zitiert.[773] Schon die *Meroni*-Dogmatik des EuGH entwickelte den Ansatz einer Verknüpfung von demokratischer Legitimation und institutionellem Gleichgewicht. Damals bezog sich die Rechtsprechung des EuGH auf eine Begrenzung der Möglichkeit, Kompetenzen der Kommission auf Unterbehörden zu delegieren. Die Schaffung von Unterbehörden mit großer sachlich-inhaltlicher Legitimation zu Lasten der Kommission, welche die größere personale Legitimation innehatte, wurde in den damaligen Entscheidungen

769 *Anweiler*, Die Auslegungsmethoden des Gerichtshofs der Europäischen Gemeinschaften, 1997, S. 408 f. Kritisch zu dieser nicht explizit im Primärrecht verankerten Rechtsfigur *Bieber/Epiney/Haag*, Die Europäische Union, 2011, § 4, Rn. 16.; *Huber*, Das institutionelle Gleichgewicht zwischen Rat und Europäischem Parlament in der künftigen Verfassung für Europa, EuR 2003, 574 (577) sieht das institutionelle Gleichgewicht als Chiffre für den in der EU noch unvollkommen ausgeprägten Gewaltenteilungsgrundsatz.

770 *Oppermann/Classen/Nettesheim*, Europarecht, 2009, § 7, Rn. 13.

771 *Nicolaysen*, Europarecht I, 1991, S. 81.

772 EuGH Rs. 9/56, Slg. 1958, (44); EuGH Rs. 10/56, Slg. 1958, 51 (82).

773 EuGH Rs. C-21/94, Slg. 1995, I-1827, Rn. 17 ff., EuGH, Rs. C-392/95, Slg. 1997, I-3214, Rn. 22 ff.

zugunsten einer Bündelung der exekutiven Gemeinschaftskompetenzen bei der supranationalen, unabhängigen Kommission eingegrenzt.[774]

In der Folgezeit verwendete der EuGH die Lehre vom institutionellen Gleichgewicht der Organe vor allem, um die Position des demokratisch am stärksten legitimierte, durch das geschriebene Primärrecht aber schwach ausgestaltete Parlament zu stärken.[775] Insgesamt lässt sich also feststellen, dass die Judikatur des EuGH im institutionellen Bereich durch zwei Argumentationsschienen geprägt wird: zum einen durch die Lehre vom institutionellen Gleichgewicht, zum anderen durch das Bestreben, die demokratische Legitimation des Unionshandelns zu erhöhen.

Die Lehre vom institutionellen Gleichgewicht soll hauptsächlich den Zweck haben, eine möglichst effektive Kompetenzverteilung zu erreichen und auf diese Weise eine funktionsfähige supranationale Organisation zu schaffen.[776] Der an sich unscharfe und interpretationsoffene Begriff „institutionelles Gleichgewicht" ermöglicht es dabei, den Bedeutungswandel der europäischen Organe durch Rechtsprechung abzusichern[777] bzw. sogar voranzutreiben. Damit wird auch im Bereich der Kompetenzrechtsprechung des EuGH dessen grundsätzlich integrationsfreundliche Haltung erkennbar. Auf das Prinzip des institutionellen Gleichgewichts gestützt konnten und können die Luxemburger Richter bestehende Lücken im Primärrecht durch integrationsfreundliche Rechtsprechung schließen. Der EuGH verwendete das institutionelle Gleichgewicht aber auch als Argument gegen Praktiken des Parlaments, sofern dieses das Funktionieren des Integrationswerkes störte, wie z.B. im Fall zu zögernder Stellungnahmen im Anhörungsverfahren.[778]

Obwohl der Gerichtshof mit dem Grundsatz des institutionellen Gleichgewichts über einen starken Hebel verfügte, um auf das Verhalten der Rechtsetzung einzuwirken, finden sich in seiner Judikatur auch Anzeichen einer richterlichen Selbstbeschränkung. Insbesondere im Rahmen der politischen Verhandlungen zwischen Rat und Parlament hat der EuGH erklärt, keinen Einfluss nehmen zu wollen.[779] Eine trennscharfe Abgrenzung zwischen rechtlichen Verstößen und harten politischen Verhandlungsweisen dürfte schwerfallen.

---

774 *Griller/Orator*, Everything under control? The "way forward" for European agencies in the footsteps of the *Meroni* doctrine, ELR 2010, S. 3.

775 Siehe Beispiele bei *Oppermann/Classen/Nettesheim*, Europarecht, 2009, § 7, Rn. 13; hierzu auch *Möllers*, Gewaltengliederung, 2005, S. 259 f.

776 *Anweiler*, Die Auslegungsmethoden des Gerichtshofs der Europäischen Gemeinschaften, 1997, S. 409; zu den Zielrichtungen der Rechtsfigur auch *Grosche*, Rechtsfortbildung im Unionsrecht, 2011; S. 227 ff.

777 *Frenz*, Handbuch Europarecht, 2011, S. 101 f.

778 Gestützt auf den „Grundsatz loyaler Zusammenarbeit" EuGH, Rs. C-417/93, *Parlament/Rat*, Slg. 1995, I-1185, Rn. 9 ff.

779 Für das Haushaltsverfahren EuGH, Rs. C-34/86, Slg. 1986, 2155, Rn. 42.

d) Die Beteiligtenfähigkeit des Parlaments in Verfahren vor dem EuGH

Das Parlament war bis zum Maastrichter Vertrag ausdrücklich weder passiv noch aktiv als Partei im Rahmen der Klagen vor dem EuGH vorgesehen.

Damit war das Parlament gegenüber den anderen Organen der damaligen Gemeinschaften erheblich benachteiligt. Es war darauf angewiesen, dass andere Organe oder Dritte, wie im *Roquette-Frères*-Fall, für die Rechte des Parlaments stritten. In diesem Sinne kann letztgenanntes Urteil auch als erster Ansatz des EuGH gewertet werden, die Rechte des Parlaments noch im Rahmen des Wortlautes des Vertrages justiziabel zu machen. Überdies ließ der EuGH, auf Art. 37 Abs. 1 der Satzung des Gerichtshofs gestützt, erstmals zu, dass das Parlament im Wege des Streitbeitritts am Verfahren beteiligt war. Dabei bewegte er sich noch innerhalb des Wortlautes der Norm, welche festlegte, dass „alle Organe der Gemeinschaft“ einem Rechtsstreit beitreten könnten.[780]

Die folgenden Urteile des EuGH waren von der Einsicht getragen, dass nur das Parlament selbst in der Lage sein konnte, seine Rechtspositionen zu verteidigen.

Der argumentative Hebel des Gerichtshofes, dem Parlament entgegen dem Wortlaut der Verträge die Beteiligtenfähigkeit zuzubilligen, war auch hier die Lehre vom institutionellen Gleichgewicht zwischen den Organen.[781] Damit das Parlament seine Rechte im Rahmen dessen geltend machen konnte, musste es sie gegen die anderen Organe effektiv durchsetzen bzw. bei eigenen Vertragsverletzungen belangt werden können.[782]

Als Konsequenz gestand der Gerichtshof dem Parlament die Aktivlegitimation zur Erhebung der Untätigkeitsklage[783] sowie die Passivlegitimation im Rahmen von Nichtigkeitsklagen privilegierter[784] wie nichtprivilegierter Kläger[785] zu. Problematisch war, wie der Gerichtshof diesem Bedürfnis abhelfen konnte, da die Verträge hierfür keinen Anknüpfungspunkt im Wortlaut enthielten. Methodisch bestand das Vorgehen des EuGH in einem Analogieschluss, der sich auf die Verletzung von Rechten des Parlaments beschränkte.[786] Da Kommission und Rat im Vertrag durchweg als beteiligtenfähig angesehen wurden, das Parlament aber nicht, lag nach Ansicht des Gerichtshofes eine Regelungslücke vor, welche mit Blick auf das vertragliche Grundkonzept eines institutionellen Gleichgewichtes auch planwidrig und daher durch die Gewährung der Beteiligtenfähigkeit zu schließen war. Mit dieser über

780 EuGH Rs. 138/79, *Roquette Frères/Rat*, Slg. 1980, 3333.
781 *Fischer*, Europarecht, 2005, Rn. 124 f.
782 Erstmals vertrat diesen Ansatz mit Verweis auf die baldige Direktwahl des Parlaments *Pescatore*, Reconnaissance et contrôle judiciaire des actes du Parlament européen, RevTrimDrEur, 1978, S. 581.
783 EuGH Rs. 13/83, Slg. 1985, 1513; EuGH Rs. 377/87, Slg. 1988, 407.
784 EuGH Rs. 230/81, Slg. 1983, 255; EuGH Rs. 34/86, Slg. 1986, 2155.
785 EuGH Rs. 294/83, *Les Verts* Slg. 1986, 1339.
786 *Pieper/Schollmeier/Krimpove*, Europarecht – Das Casebook, 2000, S. 78.

den Wortlaut der Verträge weit hinausgehenden Rechtsfortbildung strapazierte der EuGH den Grundsatz der begrenzten Einzelermächtigung erheblich.[787]

Eine Unterbrechung dieser Entwicklung, die darauf hinauszulaufen schien, dass dem Parlament ebenso die Aktivlegitimation in der Nichtigkeitsklage zugesprochen werden würde, wird vielfach im *Komitologie*-Urteil des EuGH[788] gesehen.[789] Im damaligen Fall hatte das Parlament gegen einen Beschluss des Rates geklagt, welcher die Modalitäten des Erlasses von Durchführungsvorschriften durch die Kommission regelte. Der Gerichtshof sprach in harscher Abkehr vom Schlussantrag des Generalanwaltes *Darmon*[790] dem Parlament die aktive Beteiligtenfähigkeit im Rahmen der Nichtigkeitsklage ab. Die gerichtliche Kontrolle der Wahrung parlamentarischer Rechte könne auch auf anderem Wege, wie. z.B. über Individualnichtigkeitsklagen Dritter oder die das Parlamentsrecht behütende Kommission, gewährleistet werden.[791] Daher verbiete sich ein automatischer Schluss von der passiven auf die aktive Legitimation des Europäischen Parlaments.[792] In der Literatur wurde das Urteil kritisch aufgenommen und z.T. vorgeschlagen, das fehlende Element im Rechtsschutzsystem durch eine Art verkappte Nichtigkeitsklage zu ersetzen. Das Parlament sollte über eine Untätigkeitsklage gegen die Kommission auch den Ministerrat verpflichten können, den Rechtsakt anzupassen.[793] Letztendlich lag *Weiler* mit seinem Schlussfazit „One must wait and see."[794] richtig. Dieser zweifelte, ob mit dem *Komitologie*-Urteil das letzte Wort zur Aktivlegitimation des Parlaments im Rahmen der Nichtigkeitsklage gesprochen war. Der Ratsbeschluss, welcher Streitgegenstand des *Komitologie*-Verfahrens war, betraf die Rechte des Parlaments nur mittelbar[795] und war daher ungeeignet, ein gewichtiges Rechtsschutzbedürfnis des Parlaments herzuleiten.[796] Auf eine Abkehr von dieser Recht-

---

787 *Schoo*, Das Europäische Parlament und sein Verfassungsgericht, EuGRZ 1990, S. 532 f.

788 EuGH, Rs. 302/87, Slg. 1988, 5615.

789 *Hilf*, Das Klagerecht des Europäischen Parlaments im Organstreit, EuR 1990, S. 274 f. m.w.N.

790 Dieser hatte mit Blick auf die bisherige Rechtsprechungslinie des Gerichtshofes die Gewährung eines Klagerechts gefordert, solange das Parlament eine qualifizierte Betroffenheit in eigenen Kompetenzen darlegen konnte; EuGH, Rs. 302/87, Slg. 1988, 5615 (5627 ff.).

791 EuGH, Rs. 302/87, Slg. 1988, 5615 Rn. 27.

792 EuGH, Rs. 302/87, Slg. 1988, 5615 Rn. 12 ff.

793 In Verkennung der subjektiven Grenzen der Rechtskraft; *Thill*, Le défaut de qualité du Parlement Européen pour agir en annulation au titre de l'article 173 du traité CEE, CDE 1989, S. 390 f.

794 *Weiler*, Pride and Prejudice, *Parliament v. Council*, European Law Review 1989, S. 346; *Weiler* erkannte auch zutreffend, dass der Fall *Tschernobyl* die Möglichkeit zum Umdenken bieten würde (siehe *ders.*, S. 336, Fn. 6).

795 So auch *Schoo*, Das Europäische Parlament und sein Verfassungsgericht, EuGRZ 1990, S. 531 (Fn. 90).

796 So im Kern auch EuGH, Rs. 302/87, Slg. 1988, 5615 Rn. 10.

sprechung hofften auch die Parlamentarier selbst, welche ihre anhängige Klage zur Tschernobyl-Verordnung nicht zurückzogen, sondern aufrechterhielten.

Mit dem *Tschernobyl*-Urteil[797] wurde klargestellt, dass das Parlament zum Schutz eigener Befugnisse Nichtigkeitsklage erheben durfte. In diesem Fall hatte das Parlament gerügt, dass der Ministerrat beim Erlass einer Verordnung zur Regelung von Grenzwerten radioaktiver Stoffe in Nahrungs- und Futtermitteln das Parlament nicht ordnungsgemäß angehört hatte.

Da das Anhörungsrecht eine wesentliche Formvorschrift zugunsten des Parlaments darstellt, war hier ein gewichtiges Rechtsschutzinteresse zu bejahen und zur Wahrung des institutionellen Gleichgewichtes eine Gewährung der Beteiligtenfähigkeit geboten.[798] Diese Entscheidung dehnte den Grundsatz der begrenzten Einzelermächtigung ein weiteres Mal über die Maßen, insbesondere deshalb, weil sie die historische Auslegung der Vertragswerke überging. Bei den Verhandlungen über die EEA war der Vorschlag zur Gewährung einer Aktivlegitimation des Parlaments in den Vorschriften über die Nichtigkeitsklage verworfen worden.[799] Geht man davon aus, dass der EuGH in der Fortbildung des Primärrechtes insoweit beschränkt ist, dass er nur zum Schutz elementarer Interessen der Union handeln darf,[800] hat er mit dem *Tschernobyl*-Urteil diese Grenze überschritten. Eine Rechtsfortbildung gegen den kurz zuvor geäußerten Willen der Herren der Verträge wäre in diesem Fall unter sehr restriktiven Bedingungen zulässig gewesen. Mit der richterrechtlichen Kreation eines umfangreichen Klagerechts des Parlaments wurde ein effektives System wechselseitiger Kontrolle auf europäischer Ebene etabliert,[801] in dessen Mitte sich der EuGH selbst als letztentscheidende, zentrale Schlichtungs- und Ausgleichsinstanz stellte.

6. Interinstitutionelle Vereinbarungen als Mittel zum Interessenausgleich

Die Akteure in der Rechtsetzung waren in der Geschichte der Europäischen Einigung mehrfach mit Problemen konfrontiert, die sich daraus ergaben, dass die institutionellen Vorschriften der Verträge nur ein starres Korsett vorgaben, das in den Krisen- und Konfliktsituationen unzureichend war. Auch der Kompetenz- und Einflusszuwachs von Organen, wie die grundsätzlich gestiegene Bedeutung des Parlaments nach den Direktwahlen, war in den Verträgen nicht hinreichend abgebildet. Der Grund hierfür liegt in der Natur der Verträge. Das Primärrecht ist grundsätzlich Völkerrecht. Daher bedarf es nach dessen Konsensprinzip für

797 EuGH Rs. C-70/88, Slg. 1990, S. I-2041.

798 EuGH Rs. C-70/88, Slg. 1990, S. I-2041, Rn. 21 ff.

799 *Lengauer*, Nichtigkeitsklage vor dem EuGH, 1997, S. 34 f.

800 *Borchardt*, Richterrech t durch den Gerichtshof der Europäischen Gemeinschaften, in: GS Grabitz, 1995, S. 42.

801 *Mancini/Keeling*, Democracy and the European Court of Justice, The Modern Law Review, 57 (1994), 175 (180 f.).

Änderungen der Vertragswerke der Zustimmung aller beteiligten Nationen mit ihren innerstaatlichen z.T. komplexen Zustimmungserfordernissen.[802]

Zwischen den drei zentralen Organen Rat, Kommission und Parlament bahnten sich Spannungen an, welche durch die reine Anwendung des Vertragsrechts nicht lösbar waren. So drängte z.B. das Parlament, wie oben ausgeführt, auf mehr Kompetenzen im Bereich der Rechtsetzung, die in den Verträgen noch nicht enthalten waren. Somit entwickelte sich zwischen den Organen eine zunehmende Tendenz, Verfahrensfragen interinstitutionell in Verträgen zu regeln.[803] Zunächst auf den Grundsatz des Vertrauensschutzes[804] und später der loyalen Zusammenarbeit gestützt[805] hatte der EuGH die Zulässigkeit und Verbindlichkeit dieser Vereinbarungen unabhängig von ihrer Benennung[806] bejaht, während Kommission und Ministerrat einer Bindungswirkung skeptisch gegenüberstanden.[807] Mit dem Vertrag von Lissabon wird die Legitimation der Vereinbarungen in Art. 295 AEUV nun primärrechtlich abgesichert.

Art. 295 S. 2 letzter Hs. AEUV macht auch deutlich, dass solche Übereinkünfte rechtsverbindlich sein können.[808] Damit greift die Norm die Judikatur des EuGH auf, welche klarstellte, dass es für die Rechtsverbindlichkeit der Vereinbarungen auf den (natürlich mittels objektiver Kriterien festzustellenden) Rechtsbindungswillen der beteiligten Institutionen ankommt.[809] Dabei ist zu beachten, dass die Vereinbarungen wegen ihres selbstbindenden Charakters als solche nur inter partes und nicht erga omnes Bindungswirkung entfalten. Daher können nur die vertragsschließenden Organe die verabredeten Pflichten gerichtlich einklagen, nicht

802 So ist z.B. nach der Rechtsprechung des Supreme Courts in Irland stets eine Verfassungsänderung zur Genehmigung der Ratifikation notwendig, sofern ein neuer europäischer Vertrag signifikant von den bestehenden Abkommen abweicht; *Crotty v. An Taoiseach* [1987] IESC 4; [1987] IR 713 (9th April, 1987). Damit geht das regelmäßige Erfordernis einer Volksabstimmung einher. Entsprechend zum Pragmatismus der interinstitutionellen Vereinbarungen *Krajewski/Rösslein*, in: Grabitz/Hilf/Nettesheim, 2012, Art. 295 AEUV, Rn. 6.

803 *Kotzur*, in: Geiger u.a., EUV AEUV Kommentar, Art. 295 AEUV, Rn. 2.

804 EuGH Rs. 81/72, Slg. 1973, 575, Rn. 13.

805 EuGH, Rs. C-25/94, Slg. 1996, I-1497, Rn. 48; auch zuvor positive Hinweise in EuGH Rs. 34/86, Slg. 1986, 2155, Rn. 50; EuGH Rs. 204/86, 5323, Rn. 16.

806 Auch „Gemeinsame Erklärung“ oder „Interinstitutionelle Erklärung“ sind gebräuchliche Bezeichnungen.

807 Siehe ABl. EG 1977 Nr. C 180/18 sowie 259/4.

808 Die Vereinbarungen mit Rechtswirkungen erscheinen seitdem im Amtsblatt Nr. L, z.B. ABl. EU 2010 Nr L 304/47.

809 Siehe EuGH, C-25/94, Slg. 1996, I-1497, Rn. 49. Ob sich die Rechtsverbindlichkeit unmittelbar aus der Vereinbarung oder mittelbar aus dem Grundsatz der Organtreue ergab, war bis zur Schaffung des Art. 295 AEUV umstritten; vgl. hierzu *Härtel*, Handbuch Europäische Rechtsetzung, 2006, § 14, Rn. 17; ausführlich zur Justiziabilität *von Alemann*, Die Handlungsform der interinstitutionellen Vereinbarung, 2006, S. 281 ff.

aber Dritte.[810] Die Organe sind in ihrer Kompetenz zum Abschluss interinstitutioneller Vereinbarungen in zweierlei Hinsicht beschränkt. Zum einen limitiert der Grundsatz der begrenzten Einzelermächtigung die Abschlussfreiheit, d.h. die Institutionen können nur im Rahmen ihrer Befugnisse vertragliche Regelungen treffen. Zum anderen dürfen die Vereinbarungen nicht das Primärrecht eigenständig auslegen, denn hierzu ist allein der EuGH berufen.[811]

Somit dienen die interinstitutionellen Vereinbarungen bis heute dazu, das „Feintuning" der vertraglich lückenhaft geregelten Beziehungen der Organe in der Rechtsetzung auszutarieren.[812] So wird, wie oben dargestellt, dem Anspruch des Parlaments auf Beteiligung an der Initiative nachgegeben. Darüber hinaus finden sich interinstitutionelle Vereinbarungen im Zuge der Arbeit im Vermittlungsausschuss[813] oder in der Haushaltsplanung im Rahmen der finanziellen Vorausschauen.[814] Die Interorganverträge können zudem dazu, den Grundwerten der Union auch im Rechtsetzungsverfahren verstärkte Geltung verschaffen.[815]

III. Kompetenzen und deren Wahrnehmung

1. Legislativfunktion

a) Die Rolle der Kommission in der (frühen) Gesetzgebung

Die konkrete Gestaltungskraft der Institution des Ministerrates war in der Anfangszeit der Gemeinschaften von der Interaktion mit der Kommission gekennzeichnet. Jene war als am europäischen Gemeinwohl orientiertes Ministerium der Gemeinschaften konzipiert. Nach der Kür durch die Mitgliedstaaten konnten die Kommissare beinahe völlig unabhängig agieren und fungierten als eigentlicher Motor der Integration, welcher in Zusammenarbeit mit den Vertretern der Mitgliedstaaten im Rat die weitere Einigung gestalten sollte.[816] Anders als das ebenfalls unitarisch orientierte Parlament war die Kommission mit Kompetenzen ausgestattet, die eine gestaltende Rolle im europäischen Integrationsprojekt ermöglichte. In der Rechtsetzung äußerte sich dies nach der Gründung der Gemeinschaften durch die Römischen

---

810 *Hetmeier*, in: Lenz/Borchardt, EU-Verträge. Kommentar, 2010, Art. 295 AEUV, Rn. 1; einschränkend m.w.N. *Härtel*, Handbuch Europäische Rechtsetzung, 2006, § 14, Rn. 17.

811 *Hetmeier*, in: Lenz/Borchardt, EU-Verträge. Kommentar, 2010, Art. 295 AEUV, Rn. 1.

812 Zu den weiteren Funktionen *von Alemann*, Die Handlungsform der interinstitutionellen Vereinbarung, 2006, S. 373 ff.

813 ABl. EU 1993, Nr. C 329/132.

814 Näheres hierzu unten C III 2 a aa; vgl. z.B. ABl. EU 1999 C 172/1.

815 Interinstitutionelle Erklärung über Demokratie, Transparenz und Subsidiarität, ABl. 1993, Nr. C 329/132.

816 Der Verweis auf die Unabhängigkeit findet sich schon in Art. 9 Abs. 5 EGKS; siehe hierzu auch *Mosler*, Der Vertrag über die Europäische Gemeinschaft für Kohle und Stahl, ZaöRV 1952, 1 (18 f.).

Verträge 1957 darin, dass der Rat über den Erlass von Rechtsakten, die nur von der Kommission vorgeschlagen werden konnten, beschloss. Damit war die Kommission, indem sie über Zeitpunkt und Inhalt der Initiativen bestimmte, die Taktgeberin der Integration.[817] Der Rat konnte hingegen als Abbild der mitgliedstaatlichen Interessen mit einer abschließenden Entscheidung auf den Kommissionsvorschlag reagieren.[818] Somit war eine Fortentwicklung der Integration nur möglich, wenn es Kommission und Rat gelang, europäische und nationale Interessen miteinander in Einklang zu bringen. Das europäische Projekt setzte ein Vertrauensverhältnis zwischen beiden Organen voraus.[819] Letztendlich führten auch die Verstimmungen zwischen der *Hallstein*Kommission und der französischen Staatsführung unter Präsident *de Gaulle* zur ersten großen Krise der Gemeinschaften 1965/66, die eine Blockade der Arbeit im Rat durch Frankreich bewirkte.[820] Im Vorfeld dieser Krise hatte die Kommission erstmals versucht, eine Initiative ohne vorherige Konsultation des Rates in das Rechtsetzungsverfahren einzubringen und nur das Parlament vorab über eine Reform der Agrarfinanzierung informiert.[821]

In der Anfangszeit der Gemeinschaften nach den Römischen Verträgen war der Rat nichtsdestotrotz das führende Organ im institutionellen Rahmen, da er in allen entscheidenden Fragen zur Letztentscheidung berufen war. Ohne Ratsbeteiligung beschlossene Aktionen der Kommission blieben in den Mitgliedstaaten ohne großen Nachhall.[822]

b) Erlass formeller Rechtsakte

aa) Initiativmonopol der Kommission

Das Verhältnis von Rat und Parlament in der Rechtsetzung kann nur verstanden werden, wenn man berücksichtigt, dass auch die Kommission eine bedeutende Rolle bei der Schaffung von Sekundärrecht spielt. Gem. Art. 17 Abs. 2 S. 1 EUV und Art. 294 Abs. 2 AEUV kommt der EU-Kommission grundsätzlich ein alleiniges Gesetzesinitiativrecht zu. Dieses Monopol wird damit begründet, dass die Formulierung der Entwürfe am europäischen Gemeinwohl und nicht an zwischenstaatlichen oder von Partikularinteressen dominierten Kompromissvorschlägen orientiert sein soll.[823]

---

817 *Ipsen*, Europäisches Gemeinschaftsrecht, 1972, S. 360 f.

818 *Pescatore*, The law of integration, 1974, S. 63 f.; siehe auch *Nicolaysen*, Europarecht I, 1991, S. 93.

819 *Von der Groeben*, Aufbaujahre der Europäischen Gemeinschaft, 1982, S. 37.

820 *Westlake*, The council of the European Union, 1995, S. 104 f.; siehe unten C II 2 c.

821 *Sattler*, Die Entwicklung der Europäischen Gemeinschaften von ihrer Gründung bis zum Ende der EWG-Übergangszeit, JöR 19 n.F. (1970), 1 (115).

822 *Sasse*, Kommission und Rat: Konstitutionelle Rivalen oder funktionale Partner, EuR 1972, 341 (345).

823 *Oppermann/Classen/Nettesheim*, Europarecht, 2009, § 12, Rn. 44; mit Blick auf den Schutz der Interessen kleinerer Mitgliedstaaten *Temple Lang*, How much do

Gem. Art. 17 Abs. 1 S. 1 EUV wird die Förderung der allgemeinen Interessen der Union der Kommission zugeschrieben, sodass diese von den heutigen Verträgen als „supranationale Instanz *par excellence*“[824] definiert wird. Aus diesem Grund lag es nahe, der Kommission dieses umfassende Initiativrecht zu verleihen. Darüber hinaus strafft die Bündelung der Initiativgewalt bei der Kommission die Verfahrensabläufe in der EU-Gesetzgebung, indem rein zahlenmäßig weniger Vorschläge eingehen.[825] Gleichzeitig gibt dieses Modell Anlass zur Kritik, da auf diese Weise die Gestaltung der europäischen Integration zu einem reinen Eliten- und Beamtenprojekt zu verkommen droht und das Initiativrecht ausschließlich in die Hand eines supranational ausgerichteten Organs gelegt wird. Für den als Interessenforum der Mitgliedstaaten fungierenden Rat und das demokratisch direkt legitimierte Parlament bedeutet die Regelung eine wesentliche Zurücksetzung in der Legislative.[826] Die Kommission bestimmt auf diese Weise sowohl den Beginn als auch den grundsätzlichen Inhalt der Rechtsetzungsverfahren. Diese Position übt die Kommission zwar selten ohne vorherige Konsultationen bei Rat und Parlament aus,[827] trotzdem verfügt die exekutive Kommission mit ihrer formalen Monopolstellung über eine zentrale Gestaltungs- und Anstoßfunktion bezüglich der Arbeit der eigentlichen Legislativorgane.

---

the smaller member states need the European Commission? The role of the Commission in a changing Europe CMLR 2002, 315 (318); siehe auch den Diskussionsbeitrag von *Paulus*, in: Geiger, (Hrsg.), Neuere Probleme der parlamentarischen Legitimation im Bereich der auswärtigen Gewalt, 2003, S. 264 f.

824 *Ruffert*, in: Calliess/Ruffert EUV/AEUV Kommentar, 2011, Art. 17 EUV Rn. 4. *Hallstein* nannte in diesem Sinne die Kommission „Motor, Wächter und ehrlicher Makler“ des Gemeinschaftsinteresses; zit. nach *Oppermann/Classen/Nettesheim*. Europarecht, 2009, § 7 Rn. 93.

825 *Frenz*, Handbuch Europarecht, 2011, S. 87.

826 *Schäuble* nennt diesen momentanen Zustand einen „Anachronismus“; vgl. Interview, in: Der Spiegel, 26/2012, S 28 (S. 30). Rechtsvergleichend ist dies nicht unbegründet: Im deutschen GG liegt das Initiativrecht gem. Art. 76 Abs. 1 GG neben der Bundesregierung auch bei der Ländervertretung Bundesrat und dem demokratisch direkt legitimierten Bundestag, gerade um verschiedene Interessenströmungen an der Bundesgesetzgebung zu beteiligen. Um einen Ausgleich zwischen zentralen (Bundesregierung) und föderalen (Bundesrat) Anliegen zu gewährleisten, existieren gem. Art. 76 Abs. 2 und 3 GG wechselseitige Konsultationspflichten. Die gleiche Funktion eines umfänglichen Interessenabgleiches erfüllt im Übrigen ex post das Veto-Recht des bundesstaatlich orientierten Präsidenten in der US-Verfassung, welches im Gegensatz zur europäischen Lösung formal nicht in die Gestaltungsfreiheit der Legislativen eingreift.

827 *Sattler*, Die Entwicklung der Europäischen Gemeinschaften von ihrer Gründung bis zum Ende der EWG-Übergangszeit, JöR 19 n.F. (1970), 1 (114 f.); vgl. auch ABl. EU 2010 Nr. L 304/47, Punkt 36.

(1) Möglichkeiten des Parlaments zur Abmilderung des Initiativmonopols

Dass das Parlament nur ausnahmsweise gem. Art. 223 Abs. 1 AEUV, Art. 13 DWA und Art. 48 Abs. 1 EUV mit einem Initiativrecht in Wahlrechtsfragen und für Vertragsänderungen ausgestattet ist, ist ein deutlicher Unterschied zu parlamentarischen Systemen im herkömmlichen Sinne, da den Straßburger Abgeordneten damit ein zentrales Element der parlamentarischen Allzuständigkeit fehlt.[828] Das Streben nach einem Initiativrecht ist gleichzeitig ein Indikator dafür, dass das Parlament langfristig die Parlamentarisierung der EU betreibt. Im Bericht *Tindemans* wurde mit Blick auf das neu eingeführte Direktwahlrecht die Schaffung eines Initiativrechts gefordert.[829] Das Parlament versuchte lange Zeit durch Vorschläge zu Vertragsänderungen, das Initiativmonopol der Kommission aufzubrechen. So sieht z.B. der Entwurf des Institutionellen Ausschusses über eine Verfassung für die EU vom 14.02.1994[830] in Art. 32 Abs. 3 vor, dass im Falle der Untätigkeit der Kommission Rat und Parlament in gegenseitigem Einvernehmen einen Gesetzesvorschlag vorlegen können. Das Grundkonzept der Regelung, dass von der Kompetenzwahrnehmung ausgeschlossene Organe im Fall der Handlungsunfähigkeit des eigentlich zuständigen Organs subsidiär aktiv werden sollen, ist nicht ohne Beispiel. Die Kommission versteht sich als ermächtigt, im Fall der Verhinderung des Rates als eine Art Notgesetzgeber zu fungieren.[831] Auch die Generalversammlung der UN nimmt für sich seit 1950 das Recht in Anspruch, im Fall der Blockade des UN-Sicherheitsrates entgegen der Vorrangregelung in Art. 12 Abs. 1 UN-Charta Empfehlungen aussprechen zu dürfen.[832] Der IGH billigt diese Sicht mit Verweis auf die Hauptfunktion der UNO, die Friedensicherung, für die nicht nur der Sicherheitsrat Verantwortung trage.[833] Aus diesem Grund erscheint die Idee einer subsidiären Zuständigkeit von Rat und Parlament, sofern die Kommission blockiert ist und Wohl und Wehe der Europäischen Integration auf dem Spiel stehen, für welche gem. Art. 4 Abs. 1 EUV alle Organe Verantwortung tragen, naheliegend. Doch entbehrt der konkrete Ansatz des Parlaments nicht einer rechtlichen Widersprüchlichkeit, auch wenn er dadurch, dass das sekundäre Initiativrecht aufgeteilt wird, gegenüber den Mitgliedstaaten im Vertragsänderungsverfahren leichter politisch durchsetzbar sein dürfte. Durch die Vorwegnahme einer Einigung zwischen Rat und Parlament schon vor der Initiative wäre heute das in Art. 294 AEUV normierte, fein ziselierte Rechtsetzungsverfahren mit seinen vielen Ausgleichsmöglichkeiten letztlich zu bloßer Förmelei abgewertet. In der tatsächlichen Praxis der EU blieb

828 *Morlok/Kühr*, Wahlrechtliche Sperrklauseln und die Aufgaben einer Volksvertretung, JuS 2012, 385 (391); *Heckel*, Der Föderalismus als Prinzip überstaatlicher Willensbildung, 1998, 102; zu den weiteren Ausnahmen *von Buttlar*, Das Initiativrecht der Europäischen Kommission, 2003, S. 30 ff.

829 Hierzu *Scheuner*, Perspektiven einer Europäischen Union, EuR 1976, 193 ff.

830 PE 203.601/endg.

831 Vgl. hierzu unten C I 3 c bb.

832 Uniting for Peace-Resolution, GA/Res. 377 [V], UNYB 1950, S. 193.

833 IGH, *Certain Expenses for the United Nations Case*, ICJ Reports 1962, S. 163.

das Initiativmonopol der Kommission bisher unangetastet, nachdem diese z.B. im Vorfeld der Maastrichter Reform erfolgreich Widerstand gegen Änderungen an dieser Stelle geleistet hatte.[834]

Mit der Einführung des Mitentscheidungsverfahrens wandelte sich die Haltung des Parlaments. Im Zuge der Beratungen zum Verfassungsvertrag gab es sein Drängen nach einer Ablösung des Initiativmonopols der Kommission auf. Dabei spielten vor allem taktische Erwägungen eine Rolle. Das Parlament sah die Gefahr, dass bei einer Einführung eines Initiativrechts für Parlament und Rat dieser in Kompetenzmaterien ohne konstitutive parlamentarische Mitwirkung im Alleingang rechtsetzend tätig werden könnte.[835] Dies hätte eine Verschiebung des Kräfteverhältnisses im institutionellen Dreieck zugunsten des Rates der EU zur Folge, welche das Parlament nicht zuzugestehen bereit war. Die Entwicklung der Interessenlage des Parlaments illustriert deutlich dessen veränderte Stellung im europäischen Vertragswerk. Ging es dem Parlament bis zur Einführung des Mitentscheidungsverfahrens hauptsächlich darum, überhaupt entscheidende Mitspracherechte in der unionalen Willensbildung zu erhalten, konzentrierte es sich danach darauf, seine erreichte Position gegenüber den anderen Organen im institutionellen Dreieck zu sichern und auszubauen.

Trotz des taktischen Verzichts auf ein Initiativrecht demonstriert das Parlament seinen gesetzgeberischen Erstgestaltungsanspruch, indem es durch Resolutionen gem. Art. 225 AEUV die Kommission ab und an zum Tätigwerden auffordert.[836] Es war bis zur Vertragsreform von Lissabon umstritten, ob die Kommission eine mittels Untätigkeitsklage durchsetzbare Rechtspflicht hatte, den Parlamentsvorschlag aufzugreifen und eine Initiative einzubringen.[837] Im Ergebnis war dies abzulehnen gewesen. Auch wenn sich aus dem Vertrauensverhältnis zwischen beiden Organen Argumente hierfür ableiten ließen, hätte eine klagbare Rechtspflicht und die damit verbundene Schwächung der Kommission das Gefüge der Verträge derart umgestaltet, dass das institutionelle Gleichgewicht zwischen den Organen aus den Fugen geraten wäre. Durch eine Bindung der Kommission an die Vorschläge des Parlaments wäre die Stellung der Kommission als unabhängige Initiatorin der Sekundärrechtsetzung weitgehend ausgehöhlt worden.[838] Daher ging es zu weit, ein vorgelagertes Initiativrecht des Parlaments zu begründen. Nach der Lissabonner Reform stellt der neu angefügte Art. 225 S. 2 AEUV klar, dass die Kommission

---

834 *Schoo*, in: Schwarze, EU-Kommentar, Art. 192 EGV, Rn. 18.

835 *Härtel*, Handbuch Europäische Rechtsetzung, 2006, § 18 Rn. 13.

836 Z.B. Vorschläge zu einem Europäischen Gesundheitsausweis (ABl. 1996. Nr. C 141/104) oder zur Elektrizitätsgewinnung aus erneuerbaren Energien (ABl. 1998, Nr. C 210/143).

837 Vgl. zur damaligen Diskussion *Lorz*, Interorganrespekt im Verfassungsrecht, 2001, S. 141, Rn. 5.

838 Zum Streitstand für die wortgleiche Vorgängernorm Art. 192 Abs. 2 EG *Schoo*, in: Schwarze, EU-Kommentar Art. 192 EGV, Rn. 18. Überzeugend zur Parallelvorschrift des Art. 208 EGV *Hix*, in: Schwarze, EU-Kommentar, 2000, Art. 208 EGV, Rn. 6.

auf Aufforderungen hin nicht tätig werden muss. Das Parlament hat lediglich Anspruch auf eine Begründung der Ablehnung.

Neben den insgesamt seltenen Aufforderungen gem. Art. 225 AEUV macht das Parlament besonders durch politische Vorschläge zum jährlichen Arbeitsprogramm der Kommission deutlich, dass es Einfluss auf die zeitliche und inhaltliche Gestaltung der Rechtsetzung gewinnen will.[839]

Die Kommission hat sich darüber hinaus verpflichtet, im Vorfeld einer Initiative das Parlament umfassend zu informieren und ggf. auf parlamentarische Kritik hin Vorschläge abzuwandeln oder zurückzuziehen.[840] Diese Beteiligung hatte das Parlament bereits 1973 gegen die Kommission erstritten.[841] Für das Parlament war dieses Zugeständnis der Kommission, eine Verweigerung von Abänderungen zumindest zu begründen, aus damaliger Sicht nur ein Teilerfolg. Die Kommission richtete im Zuge der Blockaden durch den Luxemburger Kompromiss ihr Hauptaugenmerk auf Widerstände im Rat und passte ihre Legislativvorschläge entsprechend v.a. in diese Richtung an.[842] Damit hat das Parlament zumindest im Rahmen einer interinstitutionellen Vereinbarung Einfluss auf die konkrete Erarbeitung von Initiativen gewonnen. Das Entschließungsermessen, ob ein Vorschlag in den Rechtsetzungsprozess eingebracht wird, lag dagegen weiterhin bei der Kommission. Die aktuelle Rahmenvereinbarung stärkt die Position des Parlaments im Rahmen des Art. 225 AEUV weiter. Darin erklärt die Kommission, den Aufforderungen des Parlaments stets Rechnung zu tragen,[843] wodurch sich ihr Entscheidungsspielraum hinsichtlich der Reaktion auf eine parlamentarische Aufforderung erheblich verringert.

(2) Abänderungsrecht des Rates zur Abschwächung des Initiativmonopols

Spiegelbildlich zu Art. 225 AEUV steht auch dem Rat ein Aufforderungsrecht gem. Art. 241 AEUV gegen die Kommission zu. Darüber hinaus kommt ihm aber eine erheblich stärkere Kompetenz zu. Nach Art. 293 Abs. 1 AEUV ist der Rat befugt, die Vorschläge der Kommission grundsätzlich per einstimmigem Beschluss abzuändern. Auf diese Weise können die Mitgliedstaaten umfangreiche Umgestaltungen an der Initiative vorzunehmen, soweit diese nicht in vollständiger Denaturierung der Vorlage de facto einen neuen Vorschlag darstellen.[844] Dieses Recht des Rates

839 *Kaufmann-Bühler*, in: Lenz/Borchardt, EU- und EG Vertrag, 2006, Art. 192 EGV, Rn. 9; *Bieber*, Die Einwirkung des Europäischen Parlaments auf die Rechtsetzung in der Gemeinschaft, in: Schwarze (Hrsg.), Gesetzgebung in der Europäischen Gemeinschaft, 1985, S. 78 f.; siehe Art. 35 GeschO EP.

840 ABl. EG 1995 C 89/69; siehe insbesondere Nr. 3.8, die nur bei Vorliegen wichtiger Gründe eine Aufrechterhaltung einer Initiative vorsieht.

841 ABl. EG 1973, Nr. 164/30.

842 *Grabitz/Läufer*, Das Europäische Parlament, 1980, S. 126.

843 Nr. 16 der Vereinbarung, ABl. EU 2010 Nr L 304/47.

844 Ausführlich *von Buttlar*, Das Initiativrecht der Europäischen Kommission, 2003, S. 50 ff.

steht auf den ersten Blick im Widerspruch zur oben dargestellten Begründung des Initiativmonopols der Kommission, wird doch an dieser Stelle der Rat als Forum der partikularen Interessen der Mitgliedstaaten gestärkt.

Der Gefahr, dass einzelne Widerstände eine Initiative zu Lasten des Wohls der gesamten Union abändern, ist durch das Einstimmigkeitserfordernis ein effektiver Riegel vorgeschoben. Nur ein Konsens aller Vertreter der Mitgliedstaaten im Rat kann als Gesamtheit der Herren der Verträge ein Gegengewicht zur Initiative der Kommission bilden. Damit bleibt die Kommission in einer überragend starken Position. Während jeder opponierende Mitgliedstaat fürchten muss, durch eine mittels Verhandlungen der Kommission organisierte Mehrheitskoalition überstimmt zu werden, steht er gleichzeitig vor der schweren Aufgabe, sich mit allen anderen Mitgliedstaaten einigen zu müssen. Aus diesem Grund ist es für das einzelne EU-Mitglied oftmals attraktiver, die eigenen Interessen wenigstens in Teilen durch Kompromiss mit der Kommission zu retten, welche ihren Vorschlag gem. Art. 293 Abs. 2 AEUV grundsätzlich jederzeit im Verfahren anpassen kann.[845]

bb) Die Kommission als Ersatzrechtsetzungsorgan für den Rat

Nicht nur in der regulären Rechtsetzung der Union spielt die Kommission eine Rolle. Im Fall der Handlungsunfähigkeit des Rates nimmt die Kommission für sich in Anspruch, als Ersatznormgeber in bereits vom sekundären Unionsrecht geregelten Materien zu fungieren. Dies geschah z.B. 1985, als Deutschland mit der Berufung auf sehr wichtige Interessen Festsetzungen von Getreidepreisen im Rat blockierte.[846] Die Kommission sah das Gemeinschaftsrecht angesichts des Auslaufens der bis dahin geltenden Bestimmungen in einer derartigen Notlage, dass sie sich selbst zum Handeln legitimiert fühlte und vorläufige Regelungen zur Sicherung des Getreidehandels erließ, nachdem sie dies den Mitgliedstaaten zuvor angedroht hatte.[847] Dies ist nur eines von mehreren Beispielen, in denen die Kommission derartige Maßnahmen ergriff.[848] *Lamoureux* scheidet die Notfallkompetenzen in zwei Kategorien. Zum einen sollte die Kommission das geltende Recht in seiner Wirksamkeit erhalten dürfen (la théorie du gel). Zum anderen sollte sie auch, sofern alle Mittel zur Mobilisierung des Rates erschöpft sind, den Einigungsprozess durch Sekundärrechtsetzung weiter vorantreiben dürfen (la théorie des pouvoirs de la crise).[849] Auf den Fall der Getreidepreisregelungen angewandt ist der Akt in ABl. EG 1985 Nr. L 163/52 als bewahrende (Anpassung der

---

845 *Haltern*, Europarecht, 2007, S. 106 f.

846 Siehe hierzu oben C II 1 b aa.

847 Ankündigung ABl. EG 1985, Nr. C 153/7; Rechtsakte ABl. EG 1985 Nr. L 163/52 und Nr. L 169/94; vgl. auch *Klein*, Neuere Entwicklungen des Rechts der Europäischen Gemeinschaften, DÖV 1986, 951 (955 f.).

848 Beispiele bei *Lamoureux*, Les pouvoirs de la Commission en cas de vide juridique du fait de le carence du Conseil, RMC 1984, S. 216–221.

849 *Lamoureux*, Les pouvoirs de la Commission en cas de vide juridique du fait de le carence du Conseil, RMC 1984, S. 222 ff.

Preise in südlichen Ländern mit frühem Erntebeginn) und Nr. L 169/94 als weiterentwickelnde Maßnahme (Generelle Weiterentwicklung der Preisgestaltung) der Kommission einzustufen. Die Theorie von *Lamoureux*, vor allem in ihrer ersten Ausprägung, erinnert an die Rechtsprechung des BVerfG zu Art. 125a II GG, welche dem Bund eine Art aktiven Bestandsschutz bei den übergegangenen Gesetzgebungskompetenzen zuweist.[850]

Normativ wurde z.T. aus Art. 155 EWG (heute Art. 17 EUV) eine Notstandskompetenz hergeleitet,[851] wobei der Wortlaut hierzu keinen Anhaltspunkt bietet. Daher ist es folgerichtig, von einer ungeschriebenen Befugnis auszugehen, welche im Rahmen der *implied-powers*-Lehre noch zulässig ist.[852]

Der EuGH stützte die Sicht der Kommission anfangs, indem er die Maßnahmen der Kommission nicht für rechtswidrig oder nichtig erklärte. Ihren Ausgangspunkt nahm die Entwicklung hin zu Notgeschäftsführungsbefugnissen der Kommission mit der *Seefischereierhaltungsmaßnahmen*-Entscheidung des EuGH im Jahr 1981.[853] Der EuGH erklärte hierbei vorläufige Gesetze des britischen Staates, die dieser wegen fehlender europäischer Regelungen getroffen hatte, für nicht mit dem Europarecht vereinbar. Der Rat hatte bis zu diesem Zeitpunkt nur übergangsweise eine Regelung zur Ausübung der Seefischerei durch die Mitgliedstaaten getroffen. Daraufhin stellte Großbritannien zwar unter Information, aber ohne Zuwarten auf eine Stellungnahme der Kommission gesetzliche Vorgaben auf. Der EuGH schuf in diesem Urteil das Rechtsinstitut einer Sperrwirkung der Gemeinschaftskompetenzen. Die Mitgliedstaaten konnten im Rahmen der ausschließlich auf die Gemeinschaften übertragenen Befugnisse keine eigenständigen Regelungen mehr erlassen, sondern nur als Sachwalter des Gemeinschaftsinteresses und damit mehr als Bundesglied denn als souveräner Einzelstaat agieren.[854] Solche vorläufigen Notregelungen für den Fall, dass eine Kompetenzmaterie erst in den europäischen Rechtsrahmen überführt werden sollte und der Rat noch keine abschließende Regelung getroffen hatte,[855] waren nach dem Luxemburger Richterspruch lediglich im Einvernehmen mit der Kommission möglich. Schon allein diese Sperre für den

850 BVerfGE 111, 10 (29).

851 *Lamoureux*, Les pouvoirs de la Commission en cas de vide juridique du fait de le carence du Conseil, RMC 1984, S. 216.

852 *Schmitt von Sydow*, in: von der Groeben, Kommentar zum EWG-Vertrag, 1991, Art. 155, Rn. 48.

853 EuGH Rs. 804/79 – Slg. 1981, 1045.

854 *Fastenrath*, Regelungskompetenzen der EG-Mitgliedstaaten im Bereich gemeinsamer Politiken. Neue Entwicklung in der Rechtsprechung des EuGH, NJW 1983, 494 (495).

855 Für die Begründung der unionsabhängigen Sachwalterschaftsstellung war entscheidend, dass sich aus den Umständen eine Pflicht der Union zum Handeln ergab; entsprechend differenzierend EuGH Rs. C-804/79 – Slg. 1981;1045 (1076). War dies nicht gegeben, blieb es grundsätzlich bei der ungebundenen Zuständigkeit der Mitgliedstaaten; EuGH Rs. C-47 und 48/83, Slg. 1984, 1721.

nationalen Gesetzgeber machte die Blockade im Rat unattraktiv, da nun eine gänzliche Regelungslücke drohte.[856]

Im Zuge der Entscheidung gab die Kommission zusätzlich eine Erklärung ab, in der sie ihren Maßnahmen und Anordnungen Rechtscharakter zuwies.[857] In der Folge ging sie extensiv dazu über, in Blockadesituationen eigene Anordnungen zu erlassen. Dieses Vorgehen wurde vom EuGH zunächst geduldet, um die Funktionsfähigkeit der Gemeinschaftsrechtsordnung zu wahren. Insbesondere gelang es der Kommission auf diesem Weg, z.T. die Blockaden auszugleichen, welche die Nachwirkungen der Luxemburger Erklärung im Rat erzeugten.[858]

Gleichzeitig hatte das Gericht zu berücksichtigen, dass eine zu großzügige Auslegung der Notkompetenz zu einer Entfernung der Realität von der vertragsmäßigen Ordnung, in welcher der Rat das maßgebliche Entscheidungsorgan in der Sekundärrechtsetzung war, führte. Nach einer Serie von mehreren die Notkompetenz stützenden Judikaten hielt der EuGH als Konsequenz die Kommission bei der Ausweitung ihrer Notfallkompetenz auf, nachdem diese bestrebt war, aktiv zu werden, ohne nach Ansicht des EuGH ausreichend zu versuchen, den Rat bzw. die Mitgliedstaaten zu aktivieren.[859] Hierdurch stoppte der Gerichtshof nur die Ausweitung der Befugnis und stellte das Reserverecht der Kommission nicht per se in Frage.

Heute hat die Frage der ungeschriebenen Reservefunktion der Kommission wegen der erfolgten Abkehr von der Praxis der Luxemburger Beschlüsse an Brisanz verloren. Für eine subsidiäre Notrechtsetzung durch die Kommission besteht im heutigen Primärrecht weniger Raum, da die differenzierteren Regelungen des ordentlichen Gesetzgebungsverfahrens die Spielräume der Rechtsetzungsorgane genauer definieren.[860]

cc) Verfahren der Rechtsetzung

(1) Die beratenden Ausschüsse

Gem. Art. 300 Abs. 1 werden Rat, Parlament und Kommission bei ihrer Arbeit durch beratende Ausschüsse unterstützt,[861] nämlich durch den Ausschuss der Regionen

---

856 *Haltern*, Europarecht, 2007, S. 114 f.

857 ABl. EG 1981, Nr. C 224/1.

858 *Schwarze*, Ungeschriebene Geschäftsführungsbefugnisse für die Kommission bei Untätigkeit des Rates?, EuR 1982, 133 (139).

859 *Schmitt von Sydow*, in: von der Groeben, Kommentar zum EWG-Vertrag, 1991, Art. 155, Rn. 49 m.w.N. (siehe v.a. Fn. 75 dort); EuGH, Rs. 84/81, Slg. 1982, 1764; Rs. 804/79, Slg. 1981, 1045; einschränkend EuGH, Rs. 325/85, Slg. 1987, 5041, EuGH Rs. 332/85, Slg. 1987, 5143.

860 In diese Richtung auch *Martenczuk*, in: Grabitz/Hilf/Nettesheim, Das Recht der Europäischen Union, 2012, Art. 17 EUV, Rn. 33.

861 Der Hauptfall dieser Unterstützung besteht in der Anhörung der beratenden Ausschüsse bei Gesetzgebungsvorhaben, bei denen eine solche Anhörung vorgesehen ist, z.B. für den WSA Art. 114 Abs. 1 AEUV; kann aber auch in sonstigen Stellungnahmen und fachlichen Publikationen liegen.

(AdR) und den Wirtschafts- und Sozialausschuss (WSA). Letzterer wurzelte bereits gem. Art. 18 EGKSV in den EGKS-Verträgen, da eine Vergemeinschaftung der Kompetenzen bezüglich der damaligen Schlüsselindustrien ohne Einbeziehung der Sozialpartner nicht denkbar schien.[862] Während die Aufwertung zu einem vollwertigen Gemeinschaftsorgan insbesondere am Widerstand Deutschlands scheiterte, wurde dem Ausschuss vom Rat ein vollumfängliches Befassungsrecht in allen Fragen des Binnenmarktes zugestanden. Der WSA konnte sich damit losgelöst von konkreten Rechtsetzungsverfahren mit Vorschlägen zur sozialen Gestaltung des einheitlichen Binnenmarktes äußern. Mit dem Vertrag von Maastricht wurde das Recht des WSA zur Abgabe von Stellungnahmen aus eigener Initiative heraus im Primärrecht positiviert.[863]

Der AdR entstand aus dem zunächst ab 1988 bei der Kommission angesiedelten Beirat der lokalen und regionalen Gebietskörperschaften. Dieses Gremium war gänzlich an die Kommission gebunden. Da die deutschen Länder ein gesteigertes Maß an regionaler Partizipation an den Europäischen Entscheidungsprozessen forderten,[864] wurde der Beirat 1994 aufgelöst und gleichzeitig der Ausschuss der Regionen durch den Vertrag von Maastricht ins Leben gerufen.[865]

Für das Parlament ist die Existenz dieser Ausschüsse zwiespältig. Einerseits bieten sie sich als „institutionelle Begleiter“[866] gerade des Parlaments an, welche komplexere Sachverhalte sachverständig aufarbeiten und fundierte Informationen bereitstellen können. Andererseits stehen die eigenständigen Ausschüsse in Widerspruch zum Selbstverständnis eines jeden Parlaments, die in seinem Zuständigkeitsbereich bestehenden Interessen aus sich selbst heraus abzubilden und im Rahmen einer gemeinsamen Willensbildung zu integrieren.[867] Die Ausschüsse

---

862 Umfassend *Ipsen*, Europäisches Gemeinschaftsrecht, 1972, S. 375 ff.

863 Heute Art. 304 Abs. 1 S. 3 AEUV; zur Geschichte des WSA *Blanke*, in: Grabitz/Hilf/Nettesheim, 2012, Art. 300 AEUV, Rn. 28 ff.

864 Zur Entstehung der Problematik *Rudolf*, Das akzeptierte Grundgesetz, Europa und die Länder, in: Maurer (Hrsg.), Das akzeptierte Grundgesetz. Festschrift für Günter Dürig zum 70. Geburtstag, 1990, 145 (150 ff.).

865 Zur Verankerung des AdR im Maastrichter Vertrag *Suhr*, in: Calliess/Ruffert, EUV/AEUV, 2011, Art. 300 AEUV Rn. 17 ff.

866 Vgl. z.B. für den WSA ABl. EU 2010 Nr. C 354/59 Punkt 1.6; für den AdR ABl. EU 2010 Nr. C. 267/57 Punkt. 9.

867 Das BVerfG zweifelt die Eignung der Ausschüsse an, die Akte der Union demokratischer zu legitimieren; BVerfGE 123, 267 (380). Auch der Vertrag von Lissabon hat insoweit klargestellt, dass dem WSA keine umfassende Repräsentationsfunktion zukommt, indem Art. 300 Abs. 2 AEUV im Gegensatz zu Art. 257 Abs. 2 EGV a.F. keine Vertretungsfunktion bezüglich des Allgemeininteresses mehr aufführt. Kritisch zur Funktion des Ausschusses und Art. 257 EGV a.F. *Hilp*, Weißbuch „Europäisches Regieren“ und Bürgerbeteiligung – Ein untauglicher Versuch auf dem Weg zu einem Europa aller Bürger?, ZG 2003, 119 (123); *Frenz*, Handbuch Europarecht, 2011, S. 364 f. sieht den WSA als integrierendes Organ zur Schaffung einer europäischen Zivilgesellschaft.

haben ihre Mitwirkungsrechte gerade auf den Feldern der Sozial- und Regionalpolitik erhalten, auf deren Neugewichtung im Rahmen der EU-Politiken das Parlament traditionell drängt.[868]

Aus diesem Grund hat das Parlament zwar einzelne Vorschläge der Ausschüsse im Sinne einer bürgernahen Politik unterstützt, im Ergebnis aber deren Aufwertung zu Institutionen strikt bekämpft.[869] Dies manifestiert sich z.B. darin, dass das Parlament im Aufgabenfeld der beratenden Ausschüsse seine eigene Expertise durch Einrichtung von parlamentarischen Fachausschüssen mit ähnlichen Sachgebieten ausbaute.[870] Aus diesem Grund wurden dem AdR und dem WSA im Rahmen der weiteren Vertragsreformen nur in sehr begrenztem Umfang weitere Kompetenzen zugesprochen, sodass beide Gremien bis heute nur eine sehr untergeordnete Funktion als Beratungseinrichtungen ausfüllen, aber die parlamentarische Debatte nicht vorwegzunehmen vermögen.[871]

Der AdR als Vertretung der mitgliedstaatlichen Regionen steht gleichzeitig in einem Konkurrenzverhältnis zum Ministerrat, der eigentlich berufen ist, die Interessen der Einzelstaaten in ihrer jeweiligen Gesamtheit in den europäischen politischen Prozess zu transferieren.[872] Die Vertretung der Regionen war ein besonderes Anliegen vor allem der Bundesrepublik Deutschland, in der über die Landesblindheit der EU geklagt wird[873] und den Belangen kleinerer staatsrechtlicher Einheiten große

868 *Magiera*, Haushaltsbefugnisse des Europäischen Parlaments, in: von Münch (Hrsg.), Staatsrecht-Völkerrecht-Europarecht, Festschrift für Hans Jürgen Schlochauer, 1981, 829 (847).

869 2007 wurde z.B. eine Erklärung vorbereitet, die eine Abschaffung des WSA forderte; *Hayder*, Der Europäische Wirtschafts- und Sozialausschuss (EWSA) – eine unterschätzte EU-Institution, EuZW 2010, 171 (175).

870 So z.B. der Ausschuss für Regionale Entwicklung oder der Ausschuss für Beschäftigung und und soziale Angelegenheiten; Beispiele bei *Blanke*, in: Grabitz/Hilf/Nettesheim, 2012, Art. 300 AEUV, Rn. 25.

871 *Streinz*, Europarecht, 2008, § 4, Rn. 398. Z.B. sind die beiden Hilfsorgane nicht als Partei bei Vereinbarungen nach Art. 295 AEUV vorgesehen; auch das ausnahmsweise Klagerecht des AdR nach Art. 8 Abs. 2 des Protokolls über die Anwendung der Grundsätze der Subsidiarität und Verhältnismäßigkeit (Protokoll Nr. 2) zeigt im Umkehrschluss, dass die beratenden Ausschüsse im Grundsatz keine klageberechtigten Organe darstellen.

872 Vor allem Mitgliedstaaten mit zentralistischer Prägung oder sehr heterogenen Regionen sträuben sich gegen eine weitere Aufwertung des AdR. Problematisch ist ferner die stark divergierende demokratische Legitimation der in den AdR entsandten Delegierten. Vgl. *Suhr*, in: Calliess/Ruffert, EUV/AEUV, 2011, Art. 300 AEUV Rn. 27.

873 Der Ansatz einer direkten Entsendung von Landesabgeordneten in das Europäische Parlament hatte sich mit der Einführung der Direktwahl erledigt; *Rudolf*, Bundesländer und Europäische Gemeinschaften, in: von Münch (Hrsg.), Staatsrecht-Völkerrecht-Europarecht, Festschrift für Hans Jürgen Schlochauer, 1981, 117 (119).

Bedeutung zugemessen wird.[874] Durch die Entsendung von Vertretern aus europäischen Regionen, deren Legitimation sich aus regionalen oder lokalen Wahlmandaten speist, ist der AdR ein äußerst heterogenes Gebilde, insbesondere da regionale Strukturen in den europäischen Klein- und Zentralstaaten kaum entwickelt sind. Damit fehlt es dem AdR an einer staatsrechtlich homogenen Legitimationsbasis und auch an einer gleichstufigen Repräsentation europäischer Regionalinteressen, sodass dieser qua Institution nicht in der Lage ist, konstitutiv an der europäischen Rechtsetzung mitzuwirken. Daher ist der AdR als Hilfsorgan nur fähig, ein Stimmungsbild über regionale und lokale Belange durch das Anhörungsrecht in die europäische Willensbildung einzubringen, aber gerade nicht als weitere Gesetzgebungskammer zu fungieren. Ungewiss bleibt, wie sich diese Situation durch die zunehmenden Autonomiebestrebungen in Teilen der Mitgliedstaaten ändern wird.[875]

(2) Anhörungsverfahren

Das klassische Rechtsetzungsverfahren mit parlamentarischer Beteiligung stellt das Anhörungsverfahren dar, wobei allein die Entscheidung des Ministerrates konstitutiv ist. Das Parlament (und heute zusätzlich der Wirtschafts- und Sozialausschuss bzw. der Ausschuss der Regionen) wird zu der Entscheidung gehört, d.h. Einwände bzw. Änderungsvorschläge dürfen in einem Anhörungsbeschluss, der für den Rat unverbindlich ist, dargelegt werden.[876] Aus diesem Grund waren die Stellungnahmen des Parlaments für die Entscheidungen des Rates in der Anfangszeit der Gemeinschaften weitgehend unbedeutend.[877] Darüber hinaus war aus den Verträgen heraus keine systematische Begründung für die Verteilung der Anhörungsrechte ablesbar. Die Zuordnung erfolgte eher willkürlich.[878]

Das Anhörungsverfahren hat aber nicht nur im Rahmen des geschriebenen EU-Rechts Bedeutung erlangt. Zusätzlich entwickelte sich eine zunehmende Praxis des Rates, dem Parlament auch in Bereichen, welche keine Parlamentsbeteiligung vorsahen, Gelegenheit zur Stellungnahme zu geben. Seit Beginn der 60er Jahre nahm der Rat oftmals fakultative Anhörungen vor. Er holte, ohne hierzu verpflichtet zu sein, Stellungnahmen der parlamentarischen Versammlung zu aus seiner Sicht wichtigen Fragen der Gemeinschaftspolitik ein.[879] Obwohl der Rat damit eine langjährige Praxis etablierte, wurde der Umfang dieser Konsultationen niemals in Form eines verbindlichen Kataloges rechtlich festgeschrieben. In der Literatur wurde vertreten, dass mit der langjährigen Fortdauer eine Verpflichtung zur Anhörung

874 *Hönle/Sichert*, in: Schwarze, EU-Kommentar, 2012, Art. 300 AEUV, Rn. 21.

875 *Hönle/Sichert*, in: Schwarze, EU-Kommentar, 2012, Art. 300 AEUV, Rn. 28.

876 *Streinz*, Europarecht, 2008, Rn. 505 f.

877 *Sattler*, Die Entwicklung der Europäischen Gemeinschaften von ihrer Gründung bis zum Ende der EWG-Übergangszeit, JöR 19 n.F. (1970), 1 (110 ff.).

878 *Grabitz/Läufer*, Das Europäische Parlament, 1980, S. 125.

879 *Schaub*, Die Anhörung des Parlaments im Rechtsetzungsverfahren der EWG, 1971, S. 64 ff.

durch Gewohnheitsrecht eingetreten war.[880] Dieser Ansatz ist wegen der fehlenden gemeinsamen Rechtsüberzeugung von Seiten des Rates zu verneinen. Dies zeigt auch im Umkehrschluss die später erfolgte verbindliche Festschreibung von Parlamentsanhörungen. Mit dem *Luns-Westerterp*-Verfahren verpflichtete sich der Rat förmlich, bei bestimmten Vertragsschlüssen mit Drittstaaten eine Stellungnahme des Europäischen Parlaments wie im vertraglich fixierten Anhörungsverfahren sogar vor dem Abschluss der Verhandlungen einzuholen und das Parlament laufend über den Stand der Beratungen zu informieren.[881] Bereits 1964 billigte der Rat bei Assoziations- und Beitrittsverträgen dem Parlament eine Anhörung zu, was 1974 um eine Anhörung beim Abschluss von Handelsverträgen ergänzt wurde.[882] Hieran wird jedoch deutlich, dass sich unter formeller Beibehaltung der nur eingeschränkten Anhörungspflichten eine zunehmende Praxis herausbildete, das Parlament stärker in die Entscheidungsprozesse im Rahmen der Rechtsetzung einzubinden.

Zwischenzeitlich unternahm es der Rat auch, die Beteiligung des Parlaments in bestimmten Fragen abzuschwächen bzw. zu ignorieren. Versuche in den 60er Jahren, über die sekundäre Rechtsetzung das Anhörungsrecht des Parlaments durch die Festschreibung von Derogationsregeln auszuhebeln,[883] wurden nicht weiter verfolgt.

Das Anhörungsverfahren wurde in der Folgezeit der zunehmenden Bedeutung des Parlaments, welche es im Bereich der Haushaltsgesetzgebung im Rahmen der Vertragsreformen von 1970 und 1975 erhalten hatte, immer weniger gerecht.[884] Das Parlament konnte jährlich über weite Teile der Ausgabenprogramme der Gemeinschaften befinden und damit den Vollzug eines Gesetzesvorhabens durch Verweigerung der Finanzmittel blockieren. Daher schien es Rat und Kommission ratsam, das Parlament intensiver in die inhaltliche Ausgestaltung der Gesetzgebung einzubinden. Aus diesem Grund verständigten sich Rat, Parlament und Kommission 1975 auf eine interinstitutionelle Vereinbarung. Diese ermöglichte im Fall des Erlasses von

880 *Hilf*, Die rechtliche Bedeutung des Verfassungsprinzips der parlamentarischen Demokratie für den europäischen Integrationsprozess, EuR 1984, 9 (27); *Schaub*, Die Anhörung des Parlaments im Rechtsetzungsverfahren der EWG, 1971, S. 67 ff.

881 *Hetmeier*, in: Lenz/Borchardt, EU- und EG-Vertrag-Kommentar, 2006, Vorbem. Art. 251–252 EGV, Rn. 11; das Verfahren zielte v.a. auf die Einbindung in die Außenpolitik der Gemeinschaften; *Grabitz/Läufer*, Das Europäische Parlament, 1980, S. 164 ff.; *Corbett/Jacobs/Shackleton*, The European Parliament, 1995, S. 214.

882 Zusammenfassend *Nicoll*, Les procédures Luns/Westerterp pour l'information du Parlement Européen, RMC 1986, 475 f; EuGH, Rs. 302/87, Slg. 1988, 5615 (5634 f.).

883 *Schaub*, Die Anhörung des Parlaments im Rechtsetzungsverfahren der EWG, 1971, S. 63 mit Verweis auf Art. 24 der 19. Getreidemarktverordnung ABl. EG 1962, Nr. 30/933, welcher Abweichungen von der Grundverordnung ohne Anhörung des Parlaments erlaubte.

884 Zur steigenden Bedeutung durch die neuen Budgetbefugnisse des Parlaments vorausschauend *Ipsen*, Europäisches Gemeinschaftsrecht, 1972, S. 333 ff.

Rechtsakten mit erheblichen finanziellen Auswirkungen ein Konzertierungsverfahren, wenn der Rat von der Stellungnahme des Parlaments abweichen wollte.[885] Im Zug dieses Procedere sollte in einem aus Rat und Parlament zusammengesetzten Konzertierungsausschuss unter Einbeziehung der Kommission binnen drei Monaten Einvernehmen zwischen beiden Legislativorganen hergestellt werden.[886] Dieses Verfahren erinnert auch seiner Terminologie nach stark an das heutige ordentliche Gesetzgebungsverfahren.[887] Es stellte trotz seiner problematischen Justiziabilität[888] einen ersten Schritt hin zu einer mitentscheidenden Beteiligung des Parlaments dar,[889] insbesondere weil dieses damit nicht mehr ohne weiteres übergangen werden konnte.[890]

Bei dringenden Gesetzentwürfen konnte Straßburg durch die Androhung der Ausschöpfung der gegebenen Fristen zur Abgabe von Stellungnahmen Änderungswünsche gegenüber dem Ministerrat offensiv vorbringen.[891] Ein anderer Ansatz, das Anhörungsrecht extensiv zu nutzen, lag darin, die Abgabe der Anhörungserklärung derart zu verzögern, dass aus wirtschaftlichen Gründen dringliche Vorhaben der parlamentarischen Diskontinuität zum Opfer zu fallen drohten.

Ein solcher Sachverhalt lag auch dem *Roquette-Frères*-Judikat des EuGH[892] zugrunde. Der Rat beabsichtigte, zügig eine Verordnung über Isoglukose-Erzeugnisse zu erlassen. Das mit einem Anhörungsrecht versehene Parlament verwies in seiner letzten regulären Sitzung vor der Neuwahl die Angelegenheit erst in die Ausschüsse.[893] Dem Rat wäre im Rahmen des Vertragsrechts nur das Verlangen nach einer Sondersitzung oder die Einleitung eines Dringlichkeitsverfahrens als Option geblieben. In dieser Situation hätte er wegen des erheblichen Zeitdrucks möglicherweise große Zugeständnisse machen müssen.[894]

---

885 Hierzu *Bieber*, Die Einwirkung des Europäischen Parlaments auf die Rechtsetzung in der Gemeinschaft, in: Schwarze (Hrsg.), Gesetzgebung in der Europäischen Gemeinschaft, 1985, S. 81 f.; siehe auch *Glaesner*, Die Beziehungen zwischen Ministerrat und Europäischem Parlament – Erfolg der „kleinen Schritte"?, ZParl 1982, 191 (197).

886 ABl. EG 1975 Nr. C 89/1, 2.

887 So sollten sich zwei „Standpunkte" hinreichend annähern; Punkt Nr. 7 der Erklärung, ABl. EG 1975, Nr. C 89/1, 2.

888 *Streinz*, Europarecht, 2008, Rn. 506.

889 Zum Verfahren ausführlich *Elliesie*, Kompetenzverteilung im institutionellen Dreieck der EU, 2011, S. 49 ff.

890 *Axmann*, Genese Europäischer Rechtsetzungsverfahren, 2001, S. 153 charakterisiert das Konzertierungsverfahren daher als ein erstes suspensives Vetorecht des Parlaments: siehe auch *Grabitz/Läufer*, Das Europäische Parlament, 1980, S. 161 ff.

891 *Härtel*, Handbuch Europäische Rechtsetzung, 2006, § 19, Rn. 7 f.

892 EuGH Rs. 138/79, *Roquette Frères/Rat*, Slg. 1980, 3333.

893 EuGH Rs. 138/79, *Roquette Frères/Rat*, Slg. 1980, 3333, Rn. 8 f.

894 *Beutler*, Mehr Macht durch Recht? – Das Europäische Parlament vor dem Europäischen Gerichtshof, EuR 1984, S. 146.

Der Rat reagierte auf die Überweisung der Frage an die Ausschüsse, indem er ohne weitere Anhörung die Isoglukose-Verordnung erließ.[895] Hiergegen wandte sich ein Unternehmen aus Frankreich mit der Begründung, dass diese wegen der Verletzung wesentlicher Formvorschriften für nichtig zu erachten sei, da das Anhörungsrecht missachtet worden sei.[896]

Der EuGH unterstützte grundsätzlich die extensive Ausübung des Anhörungsrechts durch das Parlament. Im Urteil *Roquette Frères* sah er dieses Recht als wesentliche Formvorschrift an, deren Verletzung auch von Dritten in der Individualnichtigkeitsklage gerügt werden konnte. Als Kernargumente dienten ihm wiederum die Lehre vom institutionellen Gleichgewicht und die demokratische Legitimation des Gemeinschaftshandelns.[897]

Die Vorgehensweise, der Verletzung von Vorschriften aus dem Bereich des Organisationsrechts auch im Rahmen des Individualrechtsschutzes Relevanz beizumessen, erinnert an die *Elfes*-Dogmatik des Bundesverfassungsgerichts.[898]

Im konkreten Fall hatte der EuGH damit zweierlei deutlich gemacht. Zum einen zeigte er, ähnlich wie das Bundesverfassungsgericht mit der *Elfes*-Entscheidung, dass er seine Kompetenzen im Bereich der Überprüfung des institutionellen Gemeinschaftsrechts unabhängig vom Willen der Organe der Gemeinschaft ausüben konnte und wollte. Zum anderen legte er dar, dass die Rechte des Parlaments als einziges direkt legitimiertes Organ keine sanktionslos verletzbaren Formvorschriften sind. Der EuGH argumentierte mit der Einbindung des Parlaments als Ausdruck eines grundlegenden Prinzips demokratischer Legitimation.[899] Damit verlieh er dem Anhörungsrecht des Parlaments echte „Zähne"[900]. Später stellte der Gerichtshof klar, dass auch bei wesentlichen Abwandlungen eines Rechtsaktes nach der durchgeführten Anhörung erneut eine Stellungnahme des Parlaments einzuholen sei, da sonst das institutionelle Gleichgewicht der Organe gefährdet sei.[901] Dies sollte nur dann nicht gelten, wenn der Rat bei der Änderung positiv auf den Standpunkt des Parlaments reagierte.[902]

---

895 EuGH Rs. 138/79, *Roquette Frères/Rat*, Slg. 1980, 3333, Rn. 10.

896 EuGH Rs. 138/79, *Roquette Frères/Rat*, Slg. 1980, 3333, Rn. 32.

897 EuGH Rs. 138/79, *Roquette Frères/Rat*, Slg. 1980, 3333, Rn. 33 ff.

898 BVerfGE 6, 32 ff.

899 Hierzu *Mancini/Keeling*, Democracy and the European Court of Justice, The Modern Law Review, 57 (1994), 175 (179); siehe auch *Härtel*, Handbuch Europäische Rechtsetzung, 2006, § 3, Rn. 8 ff.

900 *Corbett/Jacobs/Shackleton*, The European Parliament, 1995, S. 191.

901 EuGH Rs. C-21/94, Slg. 1995, I-1827, Rn. 17 ff.; EuGH, Rs. C-392/95, Slg. 1997 I-3214, Rn. 22 ff.; zum in der Folge zwischen Rat und Parlament diskutierten Problem der Bestimmung der Wesentlichkeit einer Änderung *Bieber*, Die Einwirkung des Europäischen Parlaments auf die Rechtsetzung in der Gemeinschaft, in: Schwarze (Hrsg.), Gesetzgebung in der Europäischen Gemeinschaft, 1985, S. 77 f.

902 EuGH, Rs. C-388/92, Slg. 1994, I-2067, Rn. 10 und 15.

Das Parlament erhielt durch die Rechtsprechung des EuGH aber keine unbegrenzte Freiheit, sein Anhörungsrecht kompromisslos auszunutzen. Der Grundsatz loyaler Zusammenarbeit zwischen den Organen stellte nach der Judikatur eine Schranke für die extensive Anwendung des Anhörungsrechts dar, nachdem das Parlament die Beratung über den Anhörungsbeschluss trotz Dringlichkeit einer legislativen Entscheidung aus sachfremden Erwägungen verzögert hatte.[903]

Dass der Rat bei vorgeschriebener Parlamentsbeteiligung seine Beschlüsse erst in Kenntnis der Position der Straßburger Abgeordneten verabschieden kann, wirkte sich auch auf die anderen Rechtsetzungsverfahren aus. Im Mitentscheidungsverfahren gem. Art. 251 EG musste der Rat die Stellungnahme des Parlaments abwarten, bevor er einen gemeinsamen Standpunkt verabschieden konnte.

In der Praxis wich der Rat häufig von dieser Regel in rechtlich problematischer Weise ab. So formulierte er eine sog. allgemeine Ausrichtung des anstehenden Beschlusses in der ersten Lesung des Mitentscheidungsverfahrens bereits vor Eingang des parlamentarischen Standpunktes durch den Ausschuss der ständigen Vertreter (COREPER).[904] Dieser ist gem. Art. 240 AEUV mit der Vorbereitung der Ratstagungen befasst und entscheidet de facto einen Großteil der unproblematischen Arbeitslast im Vorhinein. Nachdem das Parlament seine Sichtweise dargelegt hatte, wurde ohne weitere Aussprache im sog. A-Punkt-Verfahren der Beschluss nach Vorbild der allgemeinen Ausrichtung gefasst.[905] Entgegen der Kritik des Parlaments billigte der EuGH dieses Vorgehen, solange durch die Ausrichtung die spätere Entscheidung nicht vorweggenommen wurde.[906] Mit dem Vertrag von Lissabon wurde die Gefahr eines Ratsbeschlusses ohne Rücksicht auf die Stellungnahme des Parlaments ausgeräumt. Art. 294 Abs. 4 AEUV bestimmt, dass die erste Lesung des Rates auf der Grundlage des parlamentarischen Standpunktes und nicht wie bisher auf der Kommissionsinitiative basierend erfolgt. Der Rat hat daher erst die Zuleitung seiner Beschlussgrundlage durch das Parlament abzuwarten.[907] Somit muss der Standpunkt des Parlaments seit der Lissabonner Vertragsreform zwingend vom Rat beachtet werden.

---

903 EuGH Rs. C-65/93, Slg. 1995, I-643, 669; im Ergebnis zuvor schon *Hilf*, Die rechtliche Bedeutung des Verfassungsprinzips der parlamentarischen Demokratie für den europäischen Integrationsprozess, EuR 1984, 9 (27) und *Glaesner*, Die Beziehungen zwischen Ministerrat und Europäischem Parlament – Erfolg der „kleinen Schritte“?, ZParl 1982, 191 (196 f.).

904 *Rabe*, Europäische Gesetzgebung – das unbekannte Wesen, NJW 1993, 1 (4).

905 Wobei sich Rat und Parlament über den Fortgang der Beratungen meist wechselseitig unterrichteten; *Hetmeier*, in: Lenz/Borchardt, EU- und EG-Vertrag, Kommentar, 2006, Art. 251 EG, Rn. 10; siehe zu A-Punkten auch Art. 3 Abs. 6–8 GeschO Rat.

906 EuGH, Rs. C-417/93, *Parlament/Rat*, Slg. 1995, I-1185, Rn. 8 ff.

907 *Hetmeier*, in: Lenz/Borchardt, EU-Verträge, Kommentar, 2010, Art. 294 AEUV, Rn. 6.

(3) Verfahren der Zusammenarbeit

Die nächste primärrechtlich verankerte Stufe stärkerer parlamentarischer Beteiligung war das Verfahren der Zusammenarbeit, welches als Übergangserscheinung hin zum Mitentscheidungsverfahren zu werten ist.[908] Dieses wurde durch Art. 6 der Einheitlichen Europäischen Akte von 1986 in das Vertragsgefüge eingeführt. Der Rat sollte hierbei in letzter Konsequenz einen Rechtsakt gegen den Widerstand des Parlaments durchsetzen können. Diese Veto-Möglichkeit war aber nur per einstimmigem Beschluss erreichbar.[909] Gerade mit Blick auf die Beitritte zu den Gemeinschaften im Vorfeld der EEA war Einstimmigkeit im Rat immer schwerer herstellbar. Daher verlangte das Verfahren der Zusammenarbeit auch auf Seiten des Rates Konsensbereitschaft. Dessen Ablauf zielte darauf ab, dass Rat und Parlament im Hinblick auf eine Initiative der Kommission deckungsgleiche Standpunkte erreichten. Nur in Ausnahmefällen, wenn das Parlament gem. Art. 252 Buchst. c EGV a.F. den Standpunkt des Rates in zweiter Lesung abgelehnt hatte, konnte sich der einstimmige Konsens der Mitgliedstaaten im Rat über den parlamentarischen Willen hinwegsetzen.[910]

Das Verfahren der Zusammenarbeit stellt seiner Anlage nach eine Fortentwicklung des Anhörungsverfahrens dar. Für das Parlament führte das Procedere trotz der Möglichkeit einer Überstimmung im Rat zu einem erheblichen Bedeutungszuwachs. Da gegen das Parlament nur mit Einstimmigkeit entschieden werden konnte, versuchten die Regierungen das Parlament für ihre Position zu gewinnen, um so eine Blockade herstellen zu können.[911] Diese Kooperationen bewirkten eine stärkere Integration des Parlaments in die Entscheidungsprozesse der Gemeinschaften und erhöhten dessen Gewicht in den Verhandlungen mit dem Rat, da umgekehrt auch die Parlamentarier in Abstimmung mit einzelnen Regierungen eine Blockade der Rechtsetzung erzwingen konnten.

Nach der Installation des Mitentscheidungsverfahrens drang das Europäische Parlament mit Erfolg auf eine Überführung der Materien, welche dem Verfahren der Zusammenarbeit unterlagen, hin zum Mitentscheidungsverfahren. Im Lauf der weiteren Vertragsreformen wurde das Verfahren der Zusammenarbeit hauptsächlich dazu genutzt, weitere Gebiete vom Anhörungsverfahren schrittweise in die parlamentarische Mitgestaltung einzubeziehen und damit die Eignung des Parlaments als Mitgesetzgeber zu testen. Ferner sollte dies dem Rat den mit dem Verlust von Entscheidungskompetenzen verbundenen Übergang zu einem Mitentscheidungsverfahren erleichtern.[912] Insgesamt illustriert das Vorgehen die grundsätzliche Taktik

908 *Axmann*, Genese Europäischer Rechtsetzungsverfahren, 2001, S. 215 f.

909 Zum Verfahren knapp *Lorz*, Interorganrespekt im Verfassungsrecht, 2001, S. 153 f.

910 *Härtel*, Handbuch Europäische Rechtsetzung, 2006, § 19 Rn. 14; charakterisiert dies treffend als suspensives Veto des Parlaments.

911 *Götz*, Mehrheitsbeschlüsse des Rates der Europäischen Union, in: Ole u.a. (Hrsg.), Festschrift für Ulrich Everling, Band I, 1995, 339 (348).

912 *Härtel*, Handbuch Europäische Rechtsetzung, 2006, § 19 Rn. 14.

des Parlaments im Ringen um Mitentscheidungsbefugnisse. Diese zielte darauf ab, in die Entscheidungsprozesse miteingebunden zu werden, wobei dem Rat das Letztentscheidungsrecht verbleiben sollte.[913] Mit der Festigung des Verfahrens konnte das Parlament dann weitergehend eine Letztentscheidung für sich beanspruchen. Mit dieser Vorgehensweise gelang es dem Parlament letztlich, den Mitgliedstaaten -gegen deren eigentliches Interesse-[914] schrittweise eine Mitentscheidungsbefugnis abzuringen. Ähnlich hatte das Parlament im Vorfeld der Entstehung des Zustimmungsverfahrens agiert, indem es eine umfassende Integrierung in den Abschlussprozess von Verträgen mit Drittstaaten forderte.[915]

(4) Verfahren der Zustimmung

Das Verfahren der Zustimmung war das erste, welches dem Parlament eine vollständige Blockademöglichkeit einräumte. Hierbei sollten Bereiche erfasst werden, in denen ein hoher Grad parlamentarischer Mitwirkung erwünscht war. Nachteilig für das Parlament bei diesem Procedere ist, dass nur eine reine Zustimmung oder Ablehnung des Kommissionsvorschlages möglich ist. Inhaltliche Änderungen durch die Einbringung eines eigenen Standpunktes sieht das Primärrecht nicht vor.[916] Da der Hauptanwendungsbereich des Zustimmungsverfahrens in der Zustimmung zur Ratifikation völkerrechtlicher Abkommen liegt, welche zum Zeitpunkt der Vorlage an das Parlament bereits ausverhandelt und paraphiert sind, fällt dieses Defizit erheblich ins Gewicht.[917]

Bei derartigen Vertragsverhandlungen wird das Parlament nach der aktuellen Rahmenvereinbarung zwischen Kommission und Parlament ständig über die aktuelle Situation informiert und kann ggf. Beobachter in die Delegation der EU entsenden,[918] was die fehlende inhaltliche Gestaltungsmacht aber nicht ausgleicht.

(5) Vom Mitentscheidungsverfahren zum ordentlichen Gesetzgebungsverfahren

Mit dem Vertrag von Maastricht 1992/1993 wurde das Mitentscheidungsverfahren als weitere Variante in der Rechtsetzung in den Verträgen verankert. Das Konzept einer Mitentscheidung des Parlaments bei der Willensbildung der Union wurzelt in den Plänen der *Vedel*-Gruppe von 1972,[919] welche im Zuge der damaligen Reformen im Haushaltsverfahren eine neue institutionelle Ordnung für das Budgetwesen

913 Siehe die entsprechende Entschließung des Parlaments, ABl. EG 1985 Nr. C 352/1; *Grabitz/Läufer*, Das Europäische Parlament, 1980, S. 129.

914 *Katz*, Europäisches Parlament und Parlamentarisierung der EU, integration 2006, 158 f.

915 *Axmann*, Genese Europäischer Rechtsetzungsverfahren, 2001, S. 122 f.

916 *Oppermann/Classen/Nettesheim*, Europarecht, 2009, § 12, Rn. 73 ff.; *Härtel*, Handbuch Europäische Rechtsetzung, 2006, § 5 Rn. 92, § 19 Rn. 10 Fn. 149.

917 *Hetmeier*, in: Lenz/Borchardt, EU- und EG-Vertrag. Kommentar, 2006, Vorbem. Art. 251–252 EGV, Rn. 9; siehe auch unten C III 2 f.

918 Nr. 23 ff. der Vereinbarung, ABl. EU 2010 Nr L 304/47.

919 Bull. EG Beilage 4/72.

erarbeitete. Der Rat blockierte damals eine derart bestimmende Rolle des Parlaments, da aus seiner Sicht kein Präzedenzfall für die weitere Kompetenzentwicklung geschaffen werden sollte.[920] Auch danach verhinderten der Rat bzw. die darin vertretenen Mitgliedstaaten eine systematische Erstreckung des Mitentscheidungsverfahrens zur Bekämpfung des demokratischen Defizits der Gemeinschaft. So erfolgte die Zuweisung der neuen Mitentscheidungsbefugnisse, wie schon bei der Verteilung der Anhörungsrechte, nicht z.B. nach dem Kriterium der Wesentlichkeit der betroffenen Kompetenzmaterien,[921] sondern als punktuelle parlamentarische „Experimentierfelder“[922] ohne systematischen Zusammenhang. Inhaltlich stellt das Mitentscheidungsverfahren eine Fortentwicklung des Verfahrens der Zusammenarbeit dar. Das Parlament kann wie im Verfahren der Zusammenarbeit inhaltlich Einfluss auf die konkrete Ausgestaltung des ihm vorgelegten Vorschlages nehmen und abweichende Standpunkte beschließen. Lässt sich nach mehrmaligem Austausch von Standpunkten zwischen Parlament und Rat kein Konsens finden, steht hier am Ende des Verfahrens nicht die Möglichkeit des Ministerrates, den Rechtsakt gegen den Willen des Parlaments zu erlassen. In diesem Fall findet zwingend ein Vermittlungsverfahren zwischen beiden Legislativorganen statt. Schlägt auch dieses fehl, ist die Initiative als Ganze gescheitert.[923]

Mit dem Lissabonner Vertrag wurde das Mitentscheidungsverfahren als „ordentliches Gesetzgebungsverfahren“ gem. Art. 294 AEUV zur Regel in der EU-Rechtsetzung. Es wurde bewusst terminologisch, auch wenn die eigentlichen Rechtsakte nach wie vor als „Verordnungen“ und „Richtlinien“ bezeichnet werden, mit der an staatliches Verfassungsrecht erinnernden Bezeichnung „Gesetzgebungsverfahren“ im Primärrecht verankert.[924] Dies bedeutet eine formelle Stärkung der parlamentarischen Beteiligung, welche nicht nur auf dem Papier Wirkung entfaltet. Heute kann das Parlament bei ca. 95% aller Legislativvorhaben konstitutiv mitwirken.[925] Das EP ist damit nicht mehr nur, wie vormals in Art. 192 EG niedergelegt, „an dem Prozess, der zur Annahme der Gemeinschaftsakte führt […], beteiligt“, sondern ist, wie Art. 14 und 16 EUV statuieren, gemeinsam mit dem Rat mitentscheidendes Gesetzgebungsorgan.

---

920 *Bieber*, Zur neuen Reform der EG-Finanzverfassung, NJW 1974, 2170 (2172).

921 So z.B. der Vorschlag der Kommission KOM (90) 600 endg., Bull.EG 10/1990, 1.1.5.; das Parlament forderte weitergehend die generelle Einführung des Mitentscheidungsverfahrens; ABl. EG 1991 Nr. C 129/134.

922 *Härtel*, Handbuch Europäische Rechtsetzung, 2006, § 19 Rn. 16.

923 Zum Mitentscheidungsverfahren vgl. auch die Gemeinsame Erklärung zu den praktischen Modalitäten des neuen Mitentscheidungsverfahrens (Artikel 251 EG-Vertrag) ABl. EG 1999 C 148/01.

924 *Seeger*, Die Institutionen- und Machtarchitektur der Europäischen Union mit dem Vertrag von Lissabon, in: *Weidenfeld*, Lissabon in der Analyse, S. 67.

925 *Brok/Leinen*, Vom Verfassungsvertrag zum Vertrag von Lissabon, in: Bundeszentrale für politische Bildung (Hrsg.), Der Vertrag von Lissabon, 2008, S. 19.

Darüber hinaus wurde das Parlament entscheidend aufgewertet. Dadurch, dass der Rat auf Grundlage des parlamentarischen Standpunktes und nicht mehr über die Initiative der Kommission über seinen Standpunkt zu entscheiden hat, kommt den Parlamentariern das Erstentscheidungsrecht im ordentlichen Gesetzgebungsverfahren zu.[926]

Zum anderen führt dies dazu, dass das Parlament zu jedem Gesetzesvorhaben seine Billigung, Abänderungsvorschläge oder Ablehnung artikulieren muss, um das Verfahren erfolgreich abzuschließen. Bis zum Lissabonner Vertrag war es dagegen möglich, dass durch A-Punkt-Verfahren und vor allem das Verstreichenlassen von Fristen in der zweiten Lesung Normen erlassen wurden, ohne dass nach Primärrecht eine echte Diskussion über die parlamentarische Stellungnahme im Rat erforderlich gewesen wäre.

(5.1) Ansatz eines „Navette"-Verfahrens als Ausgleichsmechanismus

Die erste und zweite Lesung im ordentlichen Gesetzgebungsverfahren gem. Art. 294 Abs. 3–6 bzw. 7–9 AEUV bestimmen ihrem Grundprinzip nach, dass Rat und Parlament Standpunkte austauschen, bis eine Übereinstimmung hergestellt werden kann.[927] Damit wird die Kompromisssuche zwischen den beiden Rechtsetzungsorganen bereits in einem sehr frühen Stadium der Normgebung angesiedelt. Dieses Procedere ähnelt dem „Navette"-Verfahren in der Schweiz, wo Ständerat und Nationalrat extensiv wechselseitige Standpunkte austauschen, bis ein Konsens gefunden wird.[928]

Art. 294 AEUV deckelt die Anzahl der Verhandlungsrunden vor Einleitung eines Vermittlungsverfahrens auf zwei und schreibt den Organen teilweise konkrete Fristen vor. Damit wird sichergestellt, dass die Verhandlungsdauer nicht zu sehr ausufert. Zusammenfassend lässt sich sagen, dass im ordentlichen Gesetzgebungsverfahren der Ansatz eines „Navette"-Verfahrens vorgesehen ist, und insbesondere dazu dient, leichtere Differenzen auszuräumen. Für den Fall eines schweren Dissenses, welcher nicht in den ersten beiden Lesungen durch wechselseitige Vorschläge aufgelöst werden kann, verlässt sich der AEUV nicht auf den Austausch von Standpunkten, sondern ordnet ein schlichtendes Vermittlungsverfahren an.[929]

Ein Großteil der Gesetzgebungsvorhaben in der EU wird de facto außerhalb des festgesetzten Verfahrens bereits im Vorfeld der ersten Lesung zwischen Rat, Kommission und Parlament abgestimmt. Diese sog. „first reading agreements" nehmen

926 *Kluth*, in: Calliess/Ruffert, EUV/AEUV Kommentar, 2011, Art. 294 AEUV Rn. 11b.

927 *Kluth*, in: Calliess/Ruffert, EUV/AEUV Kommentar, 2011, Art. 294 AEUV Rn. 4.

928 Teilweise kam es in der Schweiz zu mehr als zehn Verhandlungsrunden; *Jaag*, Die Zweite Kammer im Bundesstaat, 1976, S. 42.

929 In der Schweiz geschieht dies erst, wenn eine der beiden Kammern ihren Standpunkt selbst für endgültig erklärt, was in der Praxis kaum vorkommt; vgl. *Jaag*, Die Zweite Kammer im Bundesstaat, 1976, S. 44.

in ca. 70% aller Vorhaben[930] eine Einigung im Rahmen des formellen Gesetzgebungsverfahrens vorweg. Rechtlich abgesichert wird dies durch die interinstitutionelle Vereinbarung „Gemeinsame Erklärung zu den praktischen Modalitäten des neuen Mitentscheidungsverfahrens“[931].

Das Navette-Verfahren im Rahmen des Art. 294 AEUV geht in einem entscheidenden Punkt zulasten des Parlaments. Rechtsakte der Union können auch ohne konstitutive Zustimmung des Parlaments zustande kommen, falls das Parlament z.B. binnen drei Monaten auf einen Standpunkt des Rates nicht reagiert.

Dem Parlament gelang es, im Wege von interinstitutionellen Vereinbarungen weitergehenden Einfluss auf die Gestaltung des vorgeschlagenen Rechtsaktes zu erlangen. Die Kommission hat bis zum Beschluss nach Art. 293 AEUV ein Abänderungsrecht, solange der Rat den Vorschlag der Kommission nicht abgeändert hat. Dieses Recht nimmt die Kommission meist nach der ersten Lesung im Parlament wahr,[932] um dessen Einwände zu berücksichtigen. Der Rechtsgrund für dieses entgegenkommende Verhalten liegt in einer Vereinbarung zwischen Kommission und Parlament, betreffend einen „Verhaltenskodex für die Beziehungen zwischen dem Parlament und der Kommission“[933]. Die Motive der Kommission, dem Druck des Parlaments nachzugeben, finden sich in der Präambel der Vereinbarung, die sowohl auf die Bedeutung des Demokratieprinzips als auch auf das Vertrauensverhältnis zwischen beiden Organen abstellt. Im Fall des Erlasses der Dienstleistungsrichtlinie in der Wahlperiode 2004–2009 führte diese Praxis dazu, dass die Kommission den divergierenden Parlamentsvorschlag vollständig als abändernde Initiative übernahm.[934]

(5.2) Das Vermittlungsverfahren

Macht sich der Rat gem. Art. 294 Abs. 8 b AEUV Abänderungen des Parlaments in der zweiten Lesung nicht zu eigen, so kommt es zum Vermittlungsverfahren.

Das zentrale Ziel des Vermittlungsverfahrens ist die Herstellung von Konsens.[935] Ein Vermittlungsvorschlag ist infolgedessen erfolgreich, wenn sowohl die Vertreter des Rates als auch des Parlaments zustimmen. Gem. Art. 294 Abs. 10 AEUV bedarf es hierzu der Mehrheit der Mitglieder der Parlamentsdelegation und der qualifizierten Mehrheit der Delegation des Rates.[936] Damit spiegelt der

930 BVerfG, 2 BvC 4/10, Rn. 113.

931 ABl 2007 Nr. C 145/02.

932 *Kluth*, in: Calliess/Ruffert, EUV/AEUV Kommentar, 2011, Art. 294 AEUV Rn. 10.

933 ABl. 1995, Nr. C 89/69.

934 *Pöttering*, Die Bedeutung des Europäischen Parlaments für die fortschreitende Integration Europas, Politische Studien 2009/1, S. 27.

935 EuGH Rs. C-344/04, Slg. 2006 I-403, Rn. 58.

936 *Mähring*, Der Vermittlungsausschuss nach dem EG-Vertrag, JA 2000, 386 (388 f.).

Vermittlungsausschuss die im ordentlichen Rechtsetzungsverfahren notwendigen Mehrheitsverhältnisse wider, sodass im Grunde eine verkleinerte und vertrauliche Fortsetzung der Konsenssuche nach den ersten Lesungen erfolgt. Im Vermittlungsausschuss findet so eine Beschleunigung und Entformalisierung des zuvor gescheiterten Navette-Verfahrens statt.

Die Arbeit des Vermittlungsausschusses, was Vorsitz, Mitgliederzahl und Tagungsorte betrifft, geht streng paritätisch vor sich.[937] In seiner Konstitution unterstreicht der Ausschuss die Gleichberechtigung von Rat und Parlament im ordentlichen Gesetzgebungsverfahren.

Problematisch ist, inwiefern der Vermittlungsausschuss eine eigene Kompetenz zur Abänderung der ihm vorliegenden Standpunkte hat. Diese Streitfrage ist auch im deutschen Staatsrecht bekannt. In Deutschland darf die Rolle des Bundestags, welcher durch seine direkte Legitimation zentralen Einfluss auf die staatliche Willensbildung haben muss, durch die Arbeit des Vermittlungsausschusses nicht ausgehebelt werden. Der Vermittlungsausschuss, der nur der Konsenssuche, nicht aber der Gesetzgebung an sich dient, ist auf solche Abänderungen beschränkt, welche bereits vom Bundestag in Erwägung gezogen worden sind.[938] Auch im ordentlichen Gesetzgebungsverfahren der EU wird die Rolle des Vermittlungsausschusses eng interpretiert. Nach der Rechtsprechung des EuGH soll er zwar sämtliche Aspekte des Dissenses prüfen; er darf aber weder die Ausgangsbasis der Verhandlungen in Frage stellen noch eigene Vorschläge machen, welche den Anwendungsbereich des Vorhabens grundlegend ändern.[939] Dies ist im Schutz des Initiativrechts der Kommission, deren Monopol nicht durch Rat und Parlament mithilfe der Beschlussfassung im Vermittlungsausschuss ausgehebelt werden soll, begründet.[940]

In der Praxis wird schon im Vorfeld eines Vermittlungsverfahrens, teils bereits im Zuge der ersten Lesung, versucht, Streitigkeiten im Vermittlungsausschuss durch informelle Vorverhandlungen („Trilog“ zwischen Rat, Kommission und Parlament) vorwegzunehmen. Bisher haben diese Vorgespräche dazu geführt, dass in den Sitzungen des Vermittlungsausschusses nur über die vorher erarbeiteten Kompromissvorschläge abgestimmt wurde,[941] sodass er de facto lediglich eine formelle Rolle erfüllt.

Im Rahmen des Vermittlungsverfahrens wird gem. Art. 294 Abs. 11 AEUV der Kommission eine dominante Rolle als Schlichter zugewiesen. Dies lässt sich mit

---

937 *Mähring*, Der Vermittlungsausschuss nach dem EG-Vertrag, JA 2000, 388 (387).

938 Vgl. BVerfGE 125, 104.

939 EuGH Rs. C-344/04, Slg. 2006 I-403, Rn. 56 ff.

940 Art. 294 Abs. 11 AEUV ist insoweit Lex specialis zu Art. 293 Abs. 2 AEUV, wodurch die Kommission im Vermittlungsverfahren bloß als Makler und nicht mehr selbst gestaltend tätig werden kann; *Krajewski/Rösslein*, in: Grabitz/Hilf/Nettesheim, 2012, Art. 294 AEUV, Rn. 73.

941 *Hetmeier*, in: Lenz/Borchardt, EUV AEUV Kommentar, Art. 294 AEUV, Rn. 16.

ihrer Funktion als Wahrerin des europäischen Gemeinwohls erklären.[942] Schwierig an dieser Beteiligung ist, dass die Kommission selbst keine neutrale Vermittlerin ist, sondern als Initiatorin eines Rechtsaktes mit parteiischen Interessen im Verfahren auftritt.

Nicht problematisch ist es im Kontext der Europäischen Union, dass die Kommission als vermittelndes Organ ihre Rolle ferner zugunsten des Organs ausüben kann, zu welchem die größeren Vertrauens- und Loyalitätsbeziehungen bestehen.[943] Sie steht dabei als unabhängiges Organ im institutionellen Dreieck im Verhältnis zu Rat und Parlament, die beide in der Lage sind, das Zustandekommen eines von ihr initiierten Rechtsaktes zu blockieren. Ferner verfügt die Kommission gerade über eine reine Vermittlungsfunktion, während die inhaltliche Entscheidung weiter bei Rat und Parlament liegt. Im Rahmen der Entwicklung des Vermittlungsausschusses für das Haushaltsverfahrens war diese bloß schlichtende Tätigkeit der Kommission ein Zeichen für die Schwäche der europäischen Exekutive. 1969 gingen die Planungen in Richtung eines Schiedsgremiums, welches aus Kommission, Rat, Parlament und Gerichtshof gebildet werden sollte. Die Fokussierung des Vermittlungsverfahrens auf Rat und Parlament zeigte die damals fortschreitende Emanzipation der beiden Legislativorgane, insbesondere des Rates, von der bestimmenden Rolle der Kommission aus den Anfangszeiten der Gemeinschaften.[944] Im Vermittlungsverfahren wurde der Kommission in der Rechtsetzung vielmehr die Möglichkeit genommen, durch eine Änderung der Initiative gestaltend einzugreifen. In Zusammenarbeit mit dem Parlament war der Rat nunmehr in der Lage, gegen den Willen der Kommission gemeinschaftliche Rechtsakte zu erlassen.

(5.3) Fristen im Verfahren der Zusammenarbeit und im Mitentscheidungsverfahren

Trotz der intensiveren Einbindung der EU-Parlamentarier waren die beiden modernen Rechtsetzungsverfahren der Zusammenarbeit und der Mitentscheidung auch Spiegelbild der gestärkten Rolle des Rates. Dies äußerte sich besonders durch die in Art. 251 und Art. 252 EG a.F. verankerten Fristenregelungen in der zweiten Phase des Normsetzungsprozesses, welche heute z.T. in Art. 294 AEUV fortbestehen.

Im Rahmen des Anhörungsverfahrens war das Parlament nicht ausdrücklich zur Abgabe einer Stellungnahme gezwungen und konnte so durch geschicktes Verzögern gestaltenden Einfluss auf die Normsetzung nehmen. Im Rahmen der

942 So ist sie „ehrlicher Makler“ und „Schutzpatron“ kleiner Mitgliedstaaten; *Ipsen*, Europäisches Gemeinschaftsrecht, 1972, S. 362 f. Letztere Rolle beleuchtet kritisch: *Temple Lang*, How much do the smaller member states need the European Commission? The role of the Commission in a changing Europe, CMLR 2002, 315.

943 Hierzu *Jaag*, Die Zweite Kammer im Bundesstaat, 1976, S. 41 mit Blick auf exekutive Stichentscheide im Vermittlungsverfahren.

944 *Bieber*, Zur neuen Reform der EG-Finanzverfassung, NJW 1974, 2170 (2172).

Rechtsetzungsverfahren mit verstärkter parlamentarischer Beteiligung verhindert ein striktes Fristenregime beliebiges Verzögern der Parlamentarier.[945]

Bis zum Vertrag vom Amsterdam 1999 konnte der Rat gem. Art. 189 b EGV a.F. trotz des Scheiterns der Verhandlungen im Vermittlungsausschuss in dritter Lesung seinen ursprünglichen Standpunkt bestätigen. Das Parlament musste binnen sechs Wochen den Standpunkt des Rates mit absoluter Mehrheit abzulehnen, ansonsten wurde die Zustimmung fingiert. Auch nach der Streichung dieser groben Benachteiligung des Parlaments[946] gibt es im ordentlichen Gesetzgebungsverfahren strukturelle Ungleichbehandlungen zu Lasten des Parlaments.

Gem. Art. 294 Abs. 7 a) AEUV hat das Nichthandeln des Parlaments in zweiter Lesung zur Folge, dass der in erster Lesung abgewandelte Standpunkt des Rates als gebilligt gilt. Damit weicht das ordentliche Gesetzgebungsverfahren hier von seinem Grundgedanken[947] ab, nur bei positiver Übereinstimmung von Rat und Parlament einen Rechtsakt in Kraft zu setzen.[948] Die Verträge sehen an dieser Stelle eine Einigungsfiktion vor, welche ein ablehnendes Parlament zwingt, das Verfahren fortzusetzen und ein negatives Votum abzugeben. Verhält sich dagegen der Rat in der Gesetzgebung untätig, so hat dies nicht das Gelingen eines Rechtsetzungsverfahrens zur Folge, sondern im Regelfall die Einberufung des Vermittlungsausschusses.[949] Insgesamt wird das Parlament damit in eine destruktive Rolle gedrängt, was im Zuge der Vertragsverhandlungen von Maastricht beim Parlament nicht zu Unrecht Befürchtungen schürte, in die problematische Rolle einer „Integrationsbremse" zu geraten.[950]

Diffizil ist das Untätigbleiben des Rates und auch des Parlaments in der ersten Lesung des ordentlichen Gesetzgebungsverfahrens gem. Art. 294 AEUV, wo keine Fristen zur Abgabe einer Erklärung vorgegeben sind. In mehreren Fällen hat die fehlende Reaktion des Rates auf ein angestoßenes Gesetzgebungsprojekt

---

945 Nach dem Willen der Vertragsparteien von Amtsterdam war die Einhaltung des Fristenregimes dringend geboten; vgl. Erklärung 34 zum Vertrag, ABl. EG 1997 C 340/137. Ausnahmen wie heute Art. 294 Abs. 14 AEUV sind daher restriktiv zu handhaben.

946 *Härtel*, Handbuch Europäische Rechtsetzung, 2006, § 19, Rn. 24.

947 *Kluth*, in: Calliess/Ruffert, EUV/AEUV Kommentar, 2011, Art. 294, Rn. 4.

948 Gleiches galt gem. Art. 252 b) EGV für das Verfahren der Zusammenarbeit.

949 Gem. Art. 294 Abs. 8 b) AEUV hat das Nichthandeln des Rates in zweiter Lesung z.B. die Einberufung des Vermittlungsausschusses zur Folge. Nach Art. 252 f) EGV hatte das Nichthandeln im Verfahren der Zusammenarbeit in der zweiten Verfahrensphase das Scheitern des Verfahrens zur Folge. Gegen diese strukturelle Ungleichheit wandte sich das Parlament in seiner Resolution zum Maastrichter Vertragsentwurf (Nr. 2 c), ABl. EG 1992, Nr. C 125/81.

950 *Axmann*, Genese Europäischer Rechtsetzungsverfahren, 2001, S. 227; *Karpen*, Defizite parlamentarischer Kontrolle in der Europäischen Union, in: Geiger, (Hrsg.), Neuere Probleme der parlamentarischen Legitimation im Bereich der auswärtigen Gewalt, 2003, S. 245.

selbst für die durch ein Vorhaben tangierte Fachöffentlichkeit intransparent und bei Beschlüssen nach jahrelangen Verzögerungen teilweise sogar überrumpelnd gewirkt. Darüber hinaus ist die Möglichkeit des Rates, ohne Sanktion das Verfahren anzuhalten, mit Blick auf die Grundsätze der loyalen Zusammenarbeit sowie des institutionellen Gleichgewichts problematisch.[951]

Die Vertretung der Mitgliedstaaten ist zwar nicht mehr alleine in der Lage, die Gestaltung des Sekundärrechts zu bestimmen, da hierzu der Konsens mit dem Parlament erforderlich ist. Die Dominanz des Rates zeigt sich aber in der bis heute grundsätzlich bestehenden Möglichkeit, durch bloßes Nichthandeln gänzlich missliebige Projekte zu verzögern oder ganz auszusetzen, während das Untätigbleiben des Parlaments im Zweifel das Zustandekommen des Rechtsaktes zur Folge hat.[952]

(6) Rechtsprechung des EuGH als Faktor in der europäischen Gesetzgebung

Schon mit der *Roquette-Frères*-Entscheidung hatte der EuGH eine Tendenz erkennen lassen, durch seine Rechtsprechung zu Gunsten einer Stärkung des Parlaments auf die Rechtsordnung der Gemeinschaften einzuwirken.[953] Ein weiterer Beleg hierfür ist das *Titandioxid*-Urteil.[954] In diesem Fall hatte der EuGH über eine von der Kommission eingelegte Nichtigkeitsklage zu befinden.

Gegenstand des Verfahrens war eine Richtlinie zur Beseitigung von Industrieabfällen, welche die Kommission, gestützt auf Art. 100a Abs. 1 EWG (heute Art. 192 AEUV), als Initiative auf den Weg gebracht hatte, wobei das Verfahren der Zusammenarbeit vorgesehen war. Der Rat verabschiedete die Richtlinie dagegen aufgrund des Art. 130 EWG (heute Art. 114 Abs. 4 und 5 AEUV) im Anhörungsverfahren. Dem EuGH wurde damit eine Streitfrage zur Entscheidung vorgelegt, die Praxis

951 *Schorkopf*, Die Untätigkeit des Rates der Europäischen Union im Gesetzgebungsverfahren, EuR 2000, 365 (268 f.) führt in Fn. 13 das Beispiel der Tabakrichtlinie an, nach deren Initiierung 1989 der Rat erst im Jahr 1997 einen gemeinsamen Standpunkt billigte. *Schorkopf* versucht die Problematik in Anlehnung an EuGH, Rs. C-417/93, *Parlament/Rat*, Slg. 1995, I-1185, Rn. 9 ff. mittels einer Beschränkung des Gesetzgebungsermessenes des Rates durch den Anspruch der Kommission auf vollständige Behandlung ihrer Initiative zu lösen (vgl. S. 376 f.); siehe auch zum Umfang der Untätigkeit die Antwort der Kommission auf eine entsprechende schriftliche Anfrage ABl. EG 1999 Nr. C 297/63.

952 Damit ist der Rat nach wie vor in der Lage, durch interne Absprachen, wie den Luxemburger Kompromiss, grundsätzlich legal die Handlungsfähigkeit der Union zu lähmen; siehe auch *Grabitz/Läufer*, Das Europäische Parlament, 1980, S. 379.

953 *Grabitz/Schmuck*, Das Europäische Parlament im Verflechtungssystem der EG – Handlungsspielräume, Rollenbeschreibung, Funktionen, ZParl 1984, 427 (430, Fn. 10); *Hilf*, Die rechtliche Bedeutung des Verfassungsprinzips der parlamentarischen Demokratie für den europäischen Integrationsprozess, EuR 1984, 9 (32).

954 EuGH, Rs. C-300/89 – Slg. 1991, S. I-2867.

und Literatur seit Inkrafttreten der EEA 1986 beschäftigte[955] und auch heute noch von Bedeutung ist.[956] Offen war und ist z.T., wie die recht globale Binnenmarktkompetenz und die Befugnisse zum Erlass von Umweltschutzrecht zueinander in Verhältnis stehen. Beinahe jede Umweltschutzregelung hat im Ergebnis Auswirkungen auf die im Binnenmarkt tätigen Unternehmen. Eine Abgrenzung der beiden Kompetenzgebiete wird auf verschiedenste Weise versucht. Teils wird vertreten, dass mittels genereller Spezialität zwischen beiden Normen differenziert werden soll. Andere Stimmen wollen dem Problem mit dem klassischen Instrumentarium der Kompetenzlehre, wie v.a. der Schwerpunkttheorie, Herr werden.[957] Die Rechtsprechung des EuGH kommt ferner im Fall von anlagenbezogenen Regelungen der Umweltschutzkompetenzen und bei produktbezogenen Normierungen zur Einschlägigkeit der Binnenmarktklausel zur Anwendung.[958]

In der *Titandioxid*-Entscheidung kam der EuGH jedoch nach Heranziehung dieser klassischen Methoden der Kompetenzprüfung zu dem Ergebnis, dass mit diesen keine klare Abgrenzung möglich sei und daher prinzipiell beide Kompetenznormen Anwendung finden könnten.[959] Der EuGH und die herrschende Literatur sind sich einig, dass es möglich ist, eine Norm auf eine doppelte Kompetenzgrundlage zu stützen und damit einen Rechtsakt auf Basis von mehreren Bestimmungen zu erlassen.[960]

Im vorliegenden Fall führten nach Ansicht des EuGH übergeordnete Prinzipien der Gemeinschaften dazu, dass es doch eine eindeutige Kompetenzzuweisung gebe. Das Streben, dem europäischen Projekt mehr demokratische Legitimation zu verschaffen, münde darin, dass diejenige Kompetenznorm angewendet werde, welche die Mitwirkung des Parlaments, dem Ausdruck direkter Legitimation auf europäischer Ebene, am besten verwirkliche. Dies war im *Titandioxid*-Fall die Ermächtigung aus Art. 100a EWG, der das Verfahren der Zusammenarbeit vorsah. Damit gab der EuGH der Klage der Kommission statt.

---

955 *Epiney*, Gemeinschaftsrechtlicher Umweltschutz und Verwirklichung des Binnenmarktes – „Harmonisierung" auch der Rechtsgrundlagen?, JZ 1992, S. 565 f.

956 Siehe die breiten Ausführungen bei *Kahl*, in: Calliess/Ruffert, EUV/AEUV Kommentar, 2011, Art. 114 AEUV, Rn. 82 ff.

957 Dafür überzeugend plädierend *Nettesheim*, Horizontale Kompetenzkonflikte in der EG, EuR 1993, 243 (252 ff.); kritisch-differenzierend am Beispiel der Tabakwerberichtlinie *Nolte*, Die Kompetenzgrundlage der Europäischen Gemeinschaft zum Erlass eines weitreichenden Tabakwerbeverbotes, NJW 2000, 1144 (1145 ff.).

958 Zu den vielfältigen Abgrenzungsversuchen ausführlich u.a. *Fischer*, in: Lenz/Borchardt, EU Verträge, 2010, Art. 114 AEUV, Rn. 41 ff.; *Kahl*, in: Calliess/Ruffert, EUV/AEUV Kommentar, 2011, Art. 114 AEUV Rn. 82 ff. sowie *Fischer*, in: Vedder/Heintschel von Heinnegg, Europäisches Unionsrecht, 2012, Art. 192 AEUV, Rn. 5 ff.

959 EuGH, Rs. C-300/89 – Slg. 1991, S. I-2867, Rn. 17.

960 EuGH Rs. C 165/87, Slg. 1988, 5545, Rn. 11.

Hierdurch wurde die Position des Parlaments gegenüber dem Rat erheblich gefestigt, da nun stets die Kompetenznormen mit der stärksten Einbindung des Parlaments bevorzugt heranzuziehen waren.[961]

Das *Titandioxid* – Urteil stellt für die Kompetenzlehre gerade für deutsche, aber auch z.B. für österreichische Belange eine erhebliche Neuerung dar. Eine Kompetenzordnung erfüllt in diesem Sinne vor allem die Funktion einer klaren Abgrenzung von Zuständigkeiten verschiedener Rechtsetzungskörperschaften. Bei der Zuordnung von Gesetzgebungsmaterien zu Kompetenznormen spielen insbesondere traditionelle Auslegungen eine tragende Rolle, um eine kontinuierliche, stabile Scheidung in Bundes- und Länderbereich zu gewährleisten.[962]

Der EuGH betrat mit seinem *Titandioxid*-Judikat Neuland, indem er nachrangig zur klassischen Kompetenzauslegung die demokratische Legitimation von Unionsrechtsakten in Gestalt der parlamentarischen Beteiligung als zusätzliche Maxime zuließ. Da in den Verträgen die Kompetenznormen mit den Verweisen auf das anzuwendende Verfahren versehen sind und daher die Norm, welche die größte parlamentarische Beteiligung verspricht, hinreichend erkennbar bleibt, beeinträchtigt die *Titandioxid*-Entscheidung für sich genommen noch nicht die Klarheit der Kompetenzordnung.

Konsequent müsste der EuGH in Zukunft neben dem Demokratieprinzip aber auch andere übergeordnete unionsrechtliche Grundsätze zur Kompetenzauslegung anwenden. So ist z.B. umgekehrt denkbar, dass bei der Tangierung wichtiger Interessen der Mitgliedstaaten und damit der föderalen Struktur der EU im Zweifelsfalle die Kompetenznorm mit der intensiveren Ratsbeteiligung heranzuziehen ist und damit wieder Blockaden und Argumentationslinien seitens der Mitgliedstaaten im Rat wie nach dem Luxemburger Kompromiss drohen.[963] Dass derartige materielle Erwägungen in der Kompetenzauslegung ein Fremdkörper sind, zeigt der Blick auf die deutsche Verfassungsordnung: Im Rahmen der Beteiligung des Bundesrates in Form des Zustimmungs- oder Einspruchsverfahrens lässt sich aus dem Grundgesetz kein grundlegendes Prinzip ableiten, welches besagt, dass im Zweifel bei wichtigen Länderinteressen von einem Zustimmungsgesetz ausgegangen werden muss.[964]

---

961 Entsprechend prüft das Parlament gem. Art. 37 Abs. 1 GeschO EP die Richtigkeit der gewählten Rechtsgrundlage.

962 Am Beispiel Österreichs mit der Besonderheit der originalistisch-historischen Auslegung (Versteinerungstheorie) *Adamovich/Funk/Holzinger/Frank*, Österreichisches Staatsrecht, Band 1, 2011, Rn. 19.088 ff.

963 In Österreich hat der VfGH das bundesstaatliche Prinzip in den Kanon der Auslegungsmethoden aufgenommen, aber bisher eher im Sinne der Widerspruchsfreiheit und bundesstaatlichen Rücksichtnahme als Kompetenzausübungsschranke und nicht als kompetenzbegründend verstanden; *Adamovich/Funk/Holzinger/Frank*, Österreichisches Staatsrecht, Band 1, 2011, Rn. 19.102 m.w.N.

964 *Mann*, in: Sachs, GG, 2011, Art. 77, Rn. 15; auch wenn die Zustimmungspflicht als solche dem Schutz der Länderkompetenzen dient; vgl. BVerfG, NVwZ 2010, 1146

Letztlich führt die Einbeziehung höherer Grundsätze in die Kompetenzauslegung dazu, dass die rechtssichere Stabilität der Zuständigkeitsverteilung durch eine Auslegung nach tradierten Maßstäben nicht mehr vollends gegeben ist. Denn insbesondere Güterabwägungen zwischen mehreren kollidierenden, übergeordneten Prinzipien, die auf eine Kompetenzfrage einwirken, können eine rechtlich gebotene, klare Trennung der Tatbestände von Kompetenznormen beinahe unmöglich machen. Diese teilweise Abkehr des EuGH von der Klarheit der Kompetenzordnung steht im Widerspruch zum untrennbar hiermit verbundenen Demokratieprinzip, welches die Luxemburger Richter eigentlich stärken wollten.[965] Vielmehr dient die stabile Kompetenzordnung gerade dem Demokratieprinzip, da sie eine eindeutige Zuordnung von Verantwortung ermöglicht, wodurch die Wählerschaft die Leistungen ihrer Repräsentanten erkennen und entsprechend in ihrer Wahlentscheidung würdigen kann. So gebietet das Prinzip der repräsentativen Demokratie eine formelle Exklusivität der Exegese der Kompetenzordnung in Bezug auf andere materielle Prinzipien von Verfassungsrang.

In der Folge zeigte die Judikatur des EuGH Tendenzen, die *Titandioxid*-Argumentation zur Kompetenzauslegung nur restriktiv anzuwenden, womit er selbst zeigte, dass er ein Überborden materieller Abwägungen in der Kompetenzauslegung begrenzen wollte. So ließ der EuGH z.B. bei späteren Regelungen zur lokalen Abfallentsorgung eine Stützung auf die umweltpolitischen Kompetenzen der Gemeinschaften zu, da er hier schon im Wege der Schwerpunkttheorie zu dem Ergebnis kam, dass der Binnenmarkt nur in untergeordneter Weise betroffen sei.[966]

Die Judikatur des EuGH zielt jedoch nicht nur auf eine Stärkung der Position des Parlaments ab, wie dies im *Titandioxid*-Urteil der Fall war. Das Luxemburger Gericht verstand und versteht sich traditionell als ein Motor der Integration und urteilte daher primär zugunsten der weiteren Entwicklung des europäischen Projekts.[967] Nachdem Mitte der 80er Jahre der Luxemburger Kompromiss im Ministerrat zunehmend aufgeweicht worden war und das Mehrheitsprinzip im Rat daher mehr an Gewicht gewonnen hatte, reagierte der EuGH mit einer integrationsfreundlichen Rechtsprechung, welche die Tendenz gegen das Konsensprinzip

---

(1148 f.), aus diesem Grund fordert *Nettesheim*, Horizontale Kompetenzkonflikte in der EG, EuR 1993, 243 (260) eine weitere methodische Durchdringung der Frage durch den EuGH, um die Stabilität der europäischen Kompetenzordnung zu wahren.

965 Kritisch zur Methodik des EuGH in der *Titandioxid*-Entscheidung *Nettesheim*, Horizontale Kompetenzkonflikte in der EG, EuR 1993, 243 (252 ff.).

966 EuGH Rs. C-155/91, Slg. 1993 I-939.

967 Siehe hierzu z.B. auch die Schlussanträge des Generalanwaltes *Colomer* zu den Verfahren EuGH Rs. C-11/06 und 12/06, Slg. 2007, I-9164, Rn. 1 f., der attestierte, dass der EuGH gerade in Zeiten der Stagnation des europäischen Projektes durch offensive Rechtsprechungslinien gegensteuerte.

im Rat weiter verstärkte.[968] In mehreren Urteilen[969] begann er, der Auffassung der Kommission in den jeweiligen Verfahren folgend, die Heranziehung von Kompetenznormen zu bevorzugen, welche keine Einstimmigkeit bzw. das geringere Mehrheitsquorum erforderten.[970] Auch das *Titandioxid*-Urteil steht in dieser Reihe, da die vom EuGH abgelehnte Kompetenz in der Umweltpolitik damals Einstimmigkeit erforderte.[971]

Mit den Entscheidungen machte das Gericht deutlich, dass es nicht nur die klassischen Methoden der Kompetenzauslegung als Maßstab zur Bestimmung der herzuziehenden Norm anzuwenden gedachte, sondern auch anderen Erwägungen Gewicht beimaß. Somit steht die Rechtsprechung des EuGH zur Durchsetzung des Mehrheitsprinzips in einer Linie mit dem *Titandioxid*-Urteil von 1991.[972]

Nach dieser Feststellung bleibt fraglich, ob sich diese Kompetenz-Rechtsprechung des EuGH einem übergeordneten Grundsatz wie dem Demokratieprinzip subsumieren lässt, wie dies beim EuGH im *Titandioxid*-Urteil anklingt.[973] Auf den ersten Blick mag dies zutreffend sein, da die Parlamentsbeteiligung, die nach Ansicht des EuGH ein „grundlegendes demokratisches Prinzip"[974] widerspiegelt, gestärkt wird. Demgegenüber wird das Mehrheitsprinzip aufgewertet, sodass die Blockademöglichkeiten der Einzelstaaten eingeschränkt werden. Diese Sicht verdeckt den Umstand, dass die demokratische Legitimation der Union auf zwei Strängen beruht. Neben der Direktwahl des Parlaments nehmen die Unionsbürger als Staatsbürger meist mittelbar Einfluss auf die Kür ihrer nationalen Regierungen und damit auf die Zusammensetzung des Rates.[975] Je stärker dieser vom Mehrheitsprinzip dominiert wird, desto größer ist die Gefahr, dass diese Legitimationsbasis von Akten der Gemeinschaft zumindest in den überstimmten Staaten abreißt.[976]

---

968 Gleichzeitig weitete die EEA die Gebiete, auf denen Mehrheitsentscheidungen möglich waren, erheblich aus; vgl. *Götz*, Anmerkung (EuGH-Urteile Rs. 68/86 und 131/86 vom 23.2.1988), EuR 1988, S. 299.

969 EuGH, Rs. 45/86, Slg. 1987, 1493; EuGH Rs. 68/86 Slg. 1988, 855; EuGH 131/86 Slg. 1988, 906; EuGH Rs. 242/87, Slg. 1989, 1425.

970 *Sander*, Der Europäische Gerichtshof als Förderer und Hüter der Integration, 1998, S. 41 ff.

971 *Nettesheim*, in: von Bogdandy/Bast, Europäisches Verfassungsrecht, 2009, S. 437, welcher ebenfalls das integrative Motiv beim EuGH betont.

972 *Everling*, Abgrenzung der Rechtsangleichung zur Verwirklichung des Binnenmarktes nach Art. 100a EWGV durch den Gerichtshof, EuR 1991, S. 180.

973 Kritisch m.w.N. *Köppen*, Verfassungsfunktionen-Vertragsfunktionen, Strukturelle Divergenz zwischen bundesstaatlichen Verfassungen und EU-Gründungsverträgen aus funktioneller Sicht, 2002, S. 169.

974 EuGH, Rs. C-300/89, Slg. 1991, I–2867, Rn. 20.

975 *Oppermann/Classen/Nettesheim*, Europarecht, 2009, § 7, Rn. 69.

976 Diese Besorgnis klingt auch im Maastricht-Urteil des BVerfG 89, 155 (182 ff.) an, das Überstimmungen zwar wegen der Integrationsoffenheit des GG grundsätzlich zulässt, gleichzeitig aber Schranken aus dem Gebot der Gemeinschaftstreue festsetzt. Markant hieran ist insbesondere die Wortwahl des BVerfG, die z.T. an

Daher zeigt sich, dass der EuGH nicht nur davon geleitet war, Akte der Union auf eine breitere demokratische Basis zu stellen.[977] Vielmehr bleibt ein wesentliches Prinzip, unter das sich die dargestellte Rechtsprechung subsumieren lässt, das Interesse an einer Vertiefung der Integration. Während das unitarisch agierende Parlament gestärkt wurde, wurde parallel das Gewicht der Einzelstaaten im Rat geschwächt.[978] Hierdurch wird besonders plastisch, dass der EuGH im Rahmen seiner Kompetenzrechtsprechung in erster Linie integrative Ansätze verfolgt.[979]

In den Verträgen schlug sich ebenfalls der Trend weg von den Einstimmigkeitserfordernissen nieder. Insbesondere der 2003 in Kraft getretene Vertrag von Nizza, welcher mit Blick auf die kommenden Erweiterungsrunden der EU Lähmungen in der Legislativarbeit zu vermeiden suchte, reduzierte die Anzahl der Einstimmigkeitserfordernisse zumindest mit teilweisem Erfolg.[980]

c) Komitologieverfahren

aa) Entwicklung des Komitologieverfahrens bis zum Lissabonner Vertrag

Der Ministerrat stand im Zuge der ersten Ausübung der Kompetenzen der Gemeinschaften vor der Problematik, dass der Erlass von Sekundärrecht oftmals nur in sehr abstrakter Form erfolgen konnte. Zur konkreteren Fassung der Normen sah sich der Rat angesichts der Fülle der zu erlassenden Sekundärrechtsnormen außer Stande.[981]

Aus diesem Grund griff der Rat seit Beginn der 60er Jahre, als mit der gemeinsamen Agrarpolitik zunehmend detaillierte Regelungen notwendig wurden, auf

---

den Luxemburger Kompromiss erinnert („elementare Interessen der Mitgliedstaaten“ [BVerfGE 89, 155 (184)] als Begrenzung des Mehrheitsprinzips).

977 *Rabe*, Europäische Gesetzgebung – das unbekannte Wesen, NJW 1993, 1 (4) betont z.B, dass die parlamentarische Beteiligung primär Ausfluss der Kontrollfunktion des Parlaments sei und weniger der Legitimation des Unionshandelns diene.

978 So auch sehr kritisch *Everling*, Abgrenzung der Rechtsangleichung zur Verwirklichung des Binnenmarktes nach Art. 100a EWGV durch den Gerichtshof, EuR 1991, S. 182.

979 So auch *Nettesheim*, Horizontale Kompetenzkonflikte in der EG, EuR 1993, 243 (249 f.) in seiner Bewertung des *Titandioxid*-Judikats.

980 *Wägenbaur*, Der Vertrag von Nizza ist in Kraft, ZRP 2003, S. 111.

981 So wurde oftmals die hieraus resultierende Schwerfälligkeit der Ratsarbeit kritisiert; vgl. *Bruha/Münch*, Stärkung der Durchführungsbefugnisse der Kommission – Anmerkungen zu Art. 10 der Einheitlichen Europäischen Akte, NJW 1987, 542 (545). Dagegen plädiert *Temple Lang*, How much do the smaller member states need the European Commission? The role of the Commission in a changing Europe, CMLR 2002, 315 (334) für eine Konzentration der Exekutivkompetenzen beim Sekretariat des Rates. Für die Flexibilität der Komitologie dagegen *Schmolke*, Die Einbeziehung des Komitologieverfahrens in den Lamfalussy-Prozess – Zur Forderung des Europäischen Parlaments nach mehr Entscheidungsteilhabe, EuR 2006, 432 (444).

die Sach- und Personalkompetenz der Kommission zu und beauftragte diese durch Zuweisungen in den Sekundärrechtsakten, Durchführungsvorschriften zur technischen Konkretisierung zu erlassen. Der EuGH billigte diese Praxis, die wegen der zuvor restriktiven *Meroni*-Rechtsprechung als problematische Delegation von Entscheidungsbefugnissen bewertet wurde,[982] wobei die wesentlichen Fragen der Sekundärrechtsetzung vorbehalten sein sollten. Der Gerichtshof forderte nach einigen sehr liberalen Auslegungen[983] zum Schutz der regulären Rechtsetzung eine hinreichend bestimmte Ermächtigungsgrundlage, welche die delegierten Befugnisse eingrenzte.[984]

Nachdem das Komitologieverfahren zunächst lediglich punktuelle Regelungen erfuhr und nur ausnahmsweise angewandt wurde,[985] führte die EEA in Art. 10 die Komitologie primärrechtlich als Regelverfahren zum Erlass von Durchführungsvorschriften ein. Der Ministerrat sollte nur noch ausnahmsweise selbst auf diesem Gebiet tätig werden.[986] Damit wurde die bisher nur hilfsweise gedachte exekutive Tertiärrechtsetzung in der EU als eigenständige Rechtsquelle gestärkt. Der Einfluss der Mitgliedstaaten sollte dadurch sichergestellt werden, dass die Kommission nicht alleine, sondern ausschließlich nach Stellungnahme eines durch Vertreter der Mitgliedstaaten besetzten Ausschusses rechtsetzend tätig werden konnte.[987]

(1) Das Ringen zwischen Rat und Kommission um die Letztentscheidung

Mit dem Komitologiebeschluss des Rates vom 13.07.1987[988] wurden mehrere Verfahren normiert, welche die Kommission mehr oder weniger unter Kontrolle des Rates zur Wahrnehmung der Rechtsetzung ermächtigten.[989]

---

982 Eine weitere Subdelegation durch die Kommission z.B. auf die Agenturen ist wegen der *Meroni*-Doktrin unionsrechtswidrig; so auch *Härtel*, Handbuch Europäische Rechtsetzung, 2006, § 11 Rn. 8.

983 Im Fall *Köster* legte der EuGH die Ermächtigungsgrundlage sogar sehr extensiv aus, indem er der Kommission die Kompetenz zum Erlass von Ausfuhrregelungen zusprach, obwohl die zugrundeliegende Verordnung nur ausdrücklich Einfuhrregelungen erfasste; vgl. EuGH Rs. 25/70, Slg. 1970, 1161; vgl. darüber hinaus Rs. 5/77, Slg. 1977, 1555, Rs. 23/75, Slg. 1975, 1279.

984 EuGH Rs. 291/86, Slg. 1988, S. 3679.

985 ABl. 1962/933.

986 Vgl. Art. 202 EGV a.F., dritter Spiegelstrich; derartige Abweichungen waren von diesem auch mit Blick auf das grundsätzliche Regel-Ausnahmeverhältnis zu begründen; vgl. EuGH, Rs. 16/88, Slg. 1989, 3457, Rn. 10.

987 Insofern spiegelt die Komitologie das bestehende Konkurrenzverhältnis von Kommission und Rat in der Rechtsetzung wider; siehe auch *Axmann*, Genese Europäischer Rechtsetzungsverfahren, 2001, S. 272 f.

988 Ratsbeschluss vom 13.07.1987, ABl. EG 1987, Nr. L 197/33.

989 Überblicksartig *Rabe*, Europäische Gesetzgebung – das unbekannte Wesen, NJW 1993, 1 (5).

Während im Beratungsverfahren die Kommission an die Stellungnahme des Ausschusses nicht gebunden und der Rat keine Einflussmöglichkeit hatte,[990] war im Verwaltungsverfahren der Rat nach einer negativen Stellungnahme des Ausschusses stärker eingebunden. Die Kommission konnte die Durchführung entweder einen Monat aussetzen[991] oder musste sogar drei Monate zuwarten,[992] um dem Rat Gelegenheit zu geben, mit qualifizierter Mehrheit einen anderslautenden Beschluss zu fassen.

In der Folgezeit tat sich im Regelausschussverfahren zwischen der in ihren Kompetenzen gestärkten Kommission und dem Rat ein Streit darüber auf, inwieweit die Vertretung der Mitgliedstaaten die Rechtsetzung durch die Kommission beeinflussen durfte.

Im allgemeinen Regelungsverfahren (*Filet*-Verfahren) konnte der Rat mit qualifizierter Mehrheit die von der Kommission vorgeschlagene Regelung erlassen, wenn der Ausschuss den Vorschlag der Kommission nicht billigte, oder einstimmig einen eigenen Beschluss fassen.[993] Erreichte der Rat die notwendige Mehrheit nicht, konnte die Kommission in diesem Regelungsverfahren selbst den Rechtsakt erlassen.[994]

Dagegen war der Rat im besonderen Regelungsverfahren (*Contrefilet*-Verfahren) in der Lage, binnen drei Monaten mit einfacher Mehrheit den Kommissionsvorschlag zu blockieren bzw. mit qualifizierter Mehrheit einen anderen Beschluss zu fassen.[995] Der Rat fungierte also als eine Art zweite Instanz, wenn zwischen Kommission und Ausschuss kein Konsens erzielt werden konnte.[996]

Sowohl der Rat als auch die Kommission rangen in der Folgezeit um die Letztentscheidungsgewalt. Die Kommission bevorzugte das allgemeine Regelungserfahren ohne Einspruchsmöglichkeit, welche dem Rat die Kassation oder Abänderung eines Komitologierechtsaktes nicht erlaubte.[997] Der Rat versuchte hingegen, verstärkt das *Contrefilet*-Verfahren durchzusetzen.[998]

---

990 Verfahren I gem. Art. 2 des Ratsbeschlusses vom 13.07.1987.

991 Verfahren IIa gem. Art. 2 des Ratsbeschlusses vom 13.07.1987.

992 Verfahren IIb gem. Art. 2 des Ratsbeschlusses vom 13.07.1987.

993 Verfahren IIIa gem. Art. 2 des Ratsbeschlusses vom 13.07.1987.

994 *Axmann*, Genese Europäischer Rechtsetzungsverfahren, 2001, S. 254 f.

995 Verfahren IIIb gem. Art. 2 des Ratsbeschlusses vom 13.07.1987.

996 *Daiber*, EU-Durchführungsrechtsetzung nach Inkrafttreten der neuen Komitologie-Verordnung, EuR 2012, 240 (246); *Gerken/Holtz/Schick*, Reform der Komitologie im Verfassungsentwurf des Europäischen Konvents, Wirtschaftsdienst 2003, 662 (665).

997 Die Kommission schlug die Anwendung dieses Verfahrens von sich aus nie vor; *Mensching*, Der neue Komitologie-Beschluss des Rates, EuZW 2000, 268 (269), Fn. 10.

998 *Nettesheim*, in: Grabitz/Hilf/Nettesheim, Das Recht der EU, 2012, Art. 290 AEUV, Rn. 7; zum Konflikt auch *Lorz*, Interorganrespekt im Verfassungsrecht, 2001, S. 235.

Der Streit zwischen beiden Organen wurde erst durch den Komitologiebeschluss vom 28.06.1999[999] beigelegt, wodurch die Unterscheidung zwischen beiden Verfahrensarten aufgehoben wurde. Hierdurch verlor zwar der Rat sein Blockaderecht mit einfacher Mehrheit nach dem *Contrefilet*-Verfahren, dafür konnte er im Rahmen des *Filet*-Verfahrens schon mit einer qualifizierten Mehrheit den Kommissionsvorschlag zur Fall bringen.[1000]

Danach existierten neben dem reformierten Regelungsverfahren drei weitere Verfahrenstypen zum Erlass von Rechtsakten durch die Kommission. Das Beratungsverfahren blieb unberührt. Dagegen wurden die Unteralternativen des Verwaltungs- und des Regelungsverfahrens abgeschafft. Im Verwaltungsverfahren konnte die Kommission im Fall einer ablehnenden Ausschussstellungnahme einen Aufschub von drei Monaten gewähren. Binnen dieser Frist war der Rat in der Lage, mit qualifizierter Mehrheit einen endgültig blockierenden Beschluss zu fassen.[1001] Ergänzend wurde als Neuschöpfung das Verfahren bei Schutzmaßnahmen eingeführt, welches anstatt der Einbindung der Ausschüsse eine verstärkte Konsultation der Mitgliedstaaten vorsah.[1002]

(2) Das Parlament im Komitologieverfahren[1003]

Aus Sicht des Parlaments stellte das Komitologieverfahren eine Bedrohung für die errungenen Mitwirkungsrechte bei der Gesetzgebung dar.[1004] Nach dem Beschluss über die Ermächtigungsgrundlage zum Erlass von Durchführungsvorschriften gab das Europäische Parlament den weiteren Verfahrensgang aus der Hand. Einer Kassation der Ermächtigungsgrundlage alleine durch das Parlament stand und steht die Struktur des europäischen Sekundärrechtsetzungsverfahrens entgegen, welches den Erlass und die Streichung von Normen nur auf Vorschlag der Kommission und im Zusammenwirken mit dem Rat ermöglicht. Der folgende Prozess lag bei Kommission, Rat und den ca. 400 verschiedenen Komitologieausschüssen, die

999 ABl. EU 1999 Nr. L 184/23, vgl. auch die Erläuterung von Rat und Kommission in ABl. EU 1999 Nr. C 203/1.

1000 *Mensching*, Der neue Komitologie-Beschluss des Rates, EuZW 2000, 268 (270). Bisher war das neue qualifizierte Mehrheitsquorum für den Rat schwer zu erreichen, im Jahr 2005 wurde dieses in den sieben problematischen Fällen verfehlt, vgl. *Wasilew*, Das Komitologieverfahren, Europathema vom 12.12.2006, Wissenschaftliche Dienste des Bundestages, Nr. 60/2006, S. 2.

1001 Vgl. zu den Neuerungen *Lorz*, Interorganrespekt im Verfassungsrecht, 2001, S. 236.

1002 Art. 6 des Komitologiebeschlusses, ABl. EU 1999 Nr. L 184/23.

1003 Auf das spezielle *Lamfalussy*-Verfahren mit seiner vierstufigen Regelungskaskade wird aus Platzgründen nicht eingegangen; siehe hierzu *Schmolke*, Die Einbeziehung des Komitologieverfahrens in den Lamfalussy-Prozess – Zur Forderung des Europäischen Parlaments nach mehr Entscheidungsteilhabe, EuR 2006, 432.

1004 Vgl. auch die sehr kritische Entschließung des Parlaments vom 8.7.1987 zum damaligen Komitologiebeschluss, ABl. EG 1987 Nr. C 246/42; ähnlich kritisch im Jahr 1999: PE 228.449/endg.

eine Vielzahl an materiellen Gesetzen erzeugten, welche die im formellen Rechtsetzungsverfahren beschlossenen Akte bei weitem übertraf.[1005]

Da im Wege der Komitologie auch Regelungen zu wesentlichen Fragen, wie zu der ethisch bedeutsamen Entscheidung über die Zulassung von Genprodukten in der Landwirtschaft, getroffen werden, ist dies mit Blick auf die demokratische Legitimation des Unionshandelns problematisch.[1006] Schon Ende der 60er Jahre verlangte das Parlament nach einer Beteiligung im von ihm grundsätzlich gebilligten Ausschussverfahren. Zumindest in den Fällen, in denen zwischen Kommission und Ausschuss kein Konsens gefunden werden konnte, sollte eine parlamentarische Beteiligung geschaffen werden.[1007] Der Versuch, im Wege der Nichtigkeitsklage gegen den Komitologiebeschluss des Rates vorzugehen, scheiterte noch an der damals fehlenden Beteiligtenfähigkeit des Parlaments.[1008]

Mit der Einführung des Verfahrens der Zusammenarbeit und des Verfahrens der Mitentscheidung bildete das unveränderte Komitologieverfahren die gesteigerte Bedeutung des Parlaments in der Rechtsetzung evident unzureichend ab. Das Parlament drohte aus diesem Grund, weitere Rechtsetzung im Wege der Komitologie durch seine gewachsenen Mitwirkungsrechte zu blockieren.[1009] Rat, Kommission und Parlament einigten sich deshalb im Jahr 1994 auf einen Modus vivendi. Dieser räumte dem Parlament neben einer frühzeitigen Konsultation die Möglichkeit ein, beim Erlass von Normen im Komitologieverfahren Stellungnahmen abzugeben, die möglichst weitgehend von der Kommission berücksichtigt werden sollten.[1010] Im neuen Komitologiebeschluss des Rates aus dem Jahr 1999 wurde dieser Modus vivendi weitgehend aufgegriffen.[1011]

2006 wurde zur weiteren Stärkung der parlamentarischen Position das sog. Regelungsverfahren mit Kontrolle eingeführt.[1012] Dieses ermächtigte das Parlament zur Blockade im Komitologieverfahren für die Konkretisierung von Sekundärrecht,

---

1005 Deutlich über 80% der Unionsrechtsakte sind Komitologiebeschlüsse, siehe *Gerken/Holtz/Schick*, Reform der Komitologie im Verfassungsentwurf des Europäischen Konvents, Wirtschaftsdienst 2003, 662 (664).

1006 *Streinz*, Europarecht, 2008, Rn. 524.

1007 *Axmann*, Genese Europäischer Rechtsetzungsverfahren, 2001, S. 256. Dem Einwand, dass dies zu einer unzumutbaren Verlängerung des Verfahrens führen würde, begegnete das Parlament mit der Selbstverpflichtung, grundsätzlich binnen zwei Monaten Stellung zu nehmen; *Bieber*, Die Einwirkung des Europäischen Parlaments auf die Rechtsetzung in der Gemeinschaft, in: Schwarze (Hrsg.), Gesetzgebung in der Europäischen Gemeinschaft, 1985, S. 77.

1008 EuGH, Rs. 302/87, Slg. 1988, 5615; vgl. hierzu auch oben C III 1 c cc.

1009 So auch *Lorz*, Interorganrespekt im Verfassungsrecht, 2001, S. 235.

1010 ABl. EG 1995 Nr. C 293/1; später modifiziert durch ABl. EG 1996 Nr. C 102/01. In ABl. EG 1996 Nr. C 347/125 (Nr. 72) wurden dem Parlament weitere Informations- und Konsultationsrechte zugesichert.

1011 ABl. EG Nr. L 1999 184/23.

1012 Beschluss des Rates vom 17.07.2006, ABl. EU Nr. L 2006, Nr. 200/11.

das im Mitentscheidungsverfahren erlassen wurde. Das Parlament konnte nicht unumschränkt einen Rechtsakt ablehnen, sondern musste dies binnen vier Monaten nach Übermittlung mit einer Überschreitung der Ermächtigungsgrundlage begründen.[1013] Das Regelungsverfahren mit Kontrolle stellt also eine Möglichkeit der EU-Parlamentarier dar, einen Rechtsakt im Komitologieverfahren auf seine Rechtmäßigkeit, aber nicht auf seine politische Zweckmäßigkeit hin zu überprüfen.[1014] Dem Parlament blieb es unbenommen, statt durch einen Widerspruch im Komitologieverfahren mittels einer Nichtigkeitsklage gegen den erlassenen Rechtsakt vorzugehen.[1015]

Eine umfassende parlamentarische Kontrolle und Gestaltungsmacht wurden durch diese Zugeständnisse allerdings nicht erreicht. Im Gegenteil, das Komitologieverfahren wurde auch nach dem Ratsbeschluss von 1999 und der Reform 2006 in der Öffentlichkeit als intransparente Domäne der Kommission wahrgenommen.[1016]

bb) Heutiges Komitologieverfahren

Der Vertrag von Lissabon bricht zum großen Teil mit der bisherigen Ausgestaltung des Komitologieverfahrens. Mit Art. 290 und Art. 291 Abs. 2 AEUV differenziert das Primärrecht nun zwischen delegierter Rechtsetzung und der Durchführung des Unionsrechts.[1017]

1013 Vgl. dazu auch die Erklärung von Rat, Kommission und Parlament vom 21.10.2006, ABl. EU 2006 Nr. C 255/1.

1014 Ob eine solche Beteiligung wünschenswert ist, wird nicht durchweg bejaht. *Möllers* sieht die Stärkung des parlamentarischen Einflusses in der Ausgestaltung materieller Rechtsnormen als wenig profilschärfend und demokratietheoretisch problematisch an, siehe: *Möllers*, Durchführung des Gemeinschaftsrechts – Vertragliche Dogmatik und theoretische Implikationen, EuR 2002, S. 483 ff.; ebenso *Deringer*, Europäisches Parlament und Maastrichturteil des Bundesverfassungsgerichts, in: Ole u.a. (Hrsg.), Festschrift für Ulrich Everling, Band I, 1995, 245 (255), der befürchtet, dass sich das Parlament in technischen Details verlieren könnte. Auch der Deutsche Bundestag sichert bei weitgehenden Verordnungsermächtigungen z.B. im Steuerrecht oder Umweltrecht seinen legislativen Gestaltungsanspruch durch parlamentarische Zustimmungserfordernisse ab; vgl. *Schneider*, Gesetzgebung, 2002, S. 177; *Saurer*, Die Funktionen der Rechtsverordnung, 2005, S. 371 ff.; wegen der Beschränkung der Kontrolle auf die Rechtmäßigkeit dagegen kritisch *Härtel*, Handbuch Europäische Rechtsetzung, 2006, § 11 Rn. 49.

1015 Schlussantrag des Generalanwaltes *Mengozzi*, EuGH *Parlament/Rat*, Rs. C-355/10, Rn. 20.

1016 Vgl. die Kritik an der Entstehung des Glühbirnenverbotes im Wege der Komitologie „Heiße Ware"; in: Der Spiegel 35/2012, S. 87 f.

1017 Zur problematischen Abgrenzung *Nettesheim*, in: Grabitz/Hilf/Nettesheim, Das Recht der EU, 2012, Art. 290 AEUV, Rn. 21 ff.; *Stelkens*, Artikel 291 AEUV, das Unionsverwaltungsrecht und die Verwaltungsautonomie der Mitgliedstaaten – zugleich zur Abgrenzung der Anwendungsbereiche von Artikel 290 und Artikel 291 AEUV –; EuR 2012, 511 ff. Unberührt von der Reform bleibt nach Erklärung 39

Art. 291 AEUV regelt die Durchführungsrechtsetzung, welche dem bisherigen Verfahren am nächsten kommt. Die nähere Ausgestaltung nach Abs. 3 ist durch die Verordnung (EU) Nr. 182/2011 erfolgt,[1018] welche die früheren Komitologiebeschlüsse ablöste[1019] und am 01. März 2011 in Kraft trat. Nach der Verordnung bestehen nur noch das bisher bekannte Beratungsverfahren und als Nachfolger des Regelungsverfahrens sowie des Verwaltungsverfahrens das sog. Prüfverfahren.[1020]

Das Verfahren nach der neuen Verordnung nähert das Komitologieverfahren an das in Deutschland praktizierte Procedere zum Erlass von Rechtsverordnungen[1021] durch die Exekutive an, da Rat und Parlament beim eigentlichen Normerlass nicht mehr beteiligt sind. Die beiden Rechtsetzungsorgane sind gem. Art. 11 der VO auf eine nachträgliche Rechtskontrolle in Rechtsakten, die durch ein ordentliches Gesetzgebungsverfahren erlassen wurden, reduziert. Das Komitologieverfahren findet damit auf Gestaltungsebene nur noch zwischen der Kommission und den Komitologieausschüssen statt. Die Rolle der zweiten Instanz, welche zuvor dem Rat zukam, übernimmt nun ein Berufungsausschuss. Dieser kann bei erstmaliger Ablehnung mit qualifizierter Mehrheit eine erneute Stellungnahme abgeben.

Die neue Ausgestaltung ist notwendig, da nach Art. 291 Abs. 3 AEUV die „Mitgliedstaaten“ über die Wahrnehmung der Durchführungsbefugnisse wachen sollen, sodass das Organ „Rat“ hierzu nach dem Primärrecht nicht mehr befugt ist. Die Rolle der Kommission ist im unionalen Rechtsetzungsverfahren hierdurch gestärkt, da sich der Berufungsausschuss aus Vertretern der Mitgliedstaaten zusammensetzt, aber der Vorsitz von der Kommission geführt wird.[1022] Gleichzeitig hat sich der Anwendungsbereich dieses Verfahrens verkleinert: Mit der Regelung des Art. 291 AEUV soll dem Grundsatz der Subsidiarität im Rahmen der Tertiärrechtsetzung zur stärkeren Geltung verholfen werden. Damit haben primär die Mitgliedstaaten für die Durchführung des Unionsrechts zu sorgen. Nur bei einem Bedürfnis nach einheitlicher Rechtsetzung kommt gem. Art. 291 Abs. 2 AEUV das Ausschussverfahren zum Tragen.[1023]

---

zum Lissabonner Vertrag das Lamfalussy-Verfahren zur Regulierung von Finanzdienstleistungen; ABl. EU 2010, Nr C 83/350.

1018 ABl. EU 2011 Nr. L 55/13.

1019 Wobei Art. 12 der VO klarstellt, dass für Rechtsakte, die auf das Regelungsverfahren mit Kontrolle verweisen, dieses Verfahren einstweilen fortgilt.

1020 *Daiber*, EU-Durchführungsrechtsetzung nach Inkrafttreten der neuen Komitologie-Verordnung, EuR 2012, 240 (252).

1021 In diese Richtung auch *Nettesheim*, in: Grabitz/Hilf/Nettesheim, Das Recht der EU, 2012, Art. 290 EUV, Rn. 17.

1022 *Daiber*, EU-Durchführungsrechtsetzung nach Inkrafttreten der neuen Komitologie-Verordnung, EuR 2012, 240 (246).

1023 *Ruffert*, in: Calliess/Ruffert, EUV/AEUV, 2011, Art. 291 AEUV, Rn. 6.

Art. 290 AEUV normiert dagegen die „Delegation", welche meist Materien umfasst, die zuvor dem Regelungsverfahren mit Kontrolle unterfallen sind.[1024]

Anders als beim Durchführungsverfahren muss der europäische Gesetzgeber das konkrete Delegationsverfahren im Basisrechtsakt mitregeln, wobei Art. 290 AEUV zwei Verfahrensalternativen vorgibt. Das Delegationsverfahren dient im Unterschied zum Durchführungsverfahren dazu, einen noch ausfüllungsbedürftigen Sekundärrechtsakt durch Tertiärrecht zu konkretisieren.[1025] Der Rat oder das Parlament kann entweder den durch die Kommission erlassenen Rechtsakt mittels Beibringung von Einwänden binnen einer festgesetzten Frist blockieren oder die Delegation widerrufen.[1026]

Damit ist auch im Rahmen der Kontrolle der delegierten Rechtssetzung festzuhalten, dass das Parlament eine gleichberechtigte Position mit dem Rat erreicht hat. Diese Lösung vermag als solche als Ergebnis eines Prozesses hin zu einer Gleichstellung des Parlaments auf den ersten Blick logisch erscheinen. Dabei ist aber zu beachten, dass Art. 290 AEUV auf jedweden Basisrechtsakt anwendbar ist, also ebenso auf Normen, die in besonderen Gesetzgebungsverfahren mit keiner bzw. schwächerer Parlamentsbeteiligung zustande gekommen sind. Damit stellt Art. 290 AEUV einen „Systembruch"[1027] dar, der durch die fehlende Vernetzung der Legislativorgane bei der Kontrolle der Tertiärrechtsetzung noch weiter verbreitert wird. Anders als im ordentlichen Gesetzgebungsorganen mit seinen diffizilen Verfahrensschritten ist das Verhältnis von Rat und Parlament in Art. 290 AEUV nicht weiter geregelt.[1028]

2. Kontrollfunktion

In Art. 17 Abs. 8 S. 1 EUV ist eine grundsätzliche Verantwortung der Kommission gegenüber dem Parlament normiert. Diese ist durch einige klassische Kontrollrechte eines Parlaments, wie dem Budgetrecht, Fragerechten und einem Misstrauensvotum, unterfüttert. Mit der aktuellen Rahmenvereinbarung zwischen Kommission

---

1024 *Sydow*, Europäische exekutive Rechtsetzung zwischen Kommission, Komitologieausschüssen, Parlament und Rat, JZ 2012, 157 (163).

1025 *Stelkens*, Artikel 291 AEUV, das Unionsverwaltungsrecht und die Verwaltungsautonomie der Mitgliedstaaten – zugleich zur Abgrenzung der Anwendungsbereiche von Artikel 290 und Artikel 291 AEUV –; EuR 2012, 511 (537).

1026 Kritisch zur letzteren Alternative *Sydow*, Europäische exekutive Rechtsetzung zwischen Kommission, Komitologieausschüssen, Parlament und Rat, JZ 2012, 157 (163), welcher insbesondere fragt, ob der Widerruf ohne Initiative der Kommission möglich sein soll. Darüber hinaus befürchtet *Sydow* eine Überforderung des Parlaments mit der Kontrolle der Delegationsrechtsakte.

1027 Zur Vorgängernorm im Verfassungsvertrag *Härtel*, Handbuch Europäische Rechtsetzung, 2006, § 11 Rn. 111.

1028 *Härtel*, Handbuch Europäische Rechtsetzung, 2006, § 11 Rn. 112.

und Parlament kam es zu einer Konkretisierung des bestehenden Kanons der parlamentarischen Beteiligungsrechte durch ein Netz von wechselseitigen Verpflichtungen zwischen beiden Organen.[1029] Diese stärken im Wesentlichen den vorhandenen Kompetenzbestand des Parlaments.

a) Europäisches Haushaltsverfahren

Wie in der Gesetzgebung war zunächst der Rat als Vertretung der Mitgliedstaaten das zentrale Entscheidungsorgan in Budgetfragen.[1030] Für eine Beteiligung des Parlaments an der Haushaltsgesetzgebung gab es kein nennenswertes Bedürfnis, da die Gemeinschaften zu Beginn durch Zuweisungen aus den Mitgliedstaaten, welche dort in den nationalen Haushaltsplänen von den Parlamenten genehmigt wurden, finanziert wurden.[1031] Das Parlament erfüllte nur eine Aufgabe als demokratisches Reflexionsorgan. Infolgedessen war es gem. Art. 78 Abs. 4 und 5 EWG[1032] nur mit dem Recht versehen, Änderungsvorschläge abzugeben. Damit konnte das Jahresbudget nur verzögert, aber nicht blockiert werden. Diese konnten vom Rat mit einem endgültigen Haushaltsbeschluss jedoch übergangen werden. Erst durch die gemeinsame Agrarpolitik und die damit entstandenen Eigenmittel aus Agrarabschöpfungen und der Schaffung weiterer Eigenmittel stellte sich die Frage, wie die Ausgabenpolitik der von da ab finanziell autonomen und mit für eine internationale Organisationsform vergleichsweise umfangreichen Haushaltsmitteln ausgestatteten Gemeinschaften[1033] besser demokratisch legitimiert werden konnte. So kam es zu einer sukzessiven Stärkung des Parlaments. Anfang der siebziger Jahre wurden die Mitgestaltungsrechte des Parlaments durch mehrere Vertragsänderungen und interinstitutionelle Vereinbarungen ausgebaut.[1034]

Die ersten Schritte in Richtung eines parlamentarischen Budgetrechts in der EU wurden am 21. April 1970 mit dem Luxemburger Vertrag unternommen und mit dem Vertrag vom 22. Juli 1975 fortgesetzt.[1035] Das Haushaltsverfahren entsprach bis zum Inkrafttreten des Lissabonner Vertrages den Regelungen, die durch die letztere Vertragsänderung Eingang in das Primärrecht gefunden hatten.[1036]

Rat und Parlament wurden durch die Reform als gemeinsame Haushaltbehörde der Gemeinschaften tituliert, welche über den Haushalt zu entscheiden hatte.

1029 V.a. Kapitel II der Vereinbarung, ABl. EU 2010 Nr L 304/47.
1030 FusV vom 08.04.1965 abgedruckt in BGBl. 1965 II, S. 1454 ff.
1031 Im Rahmen der EGKS hatte es bereits Ansätze zu einer stärkeren parlamentarischen Einbindung gegeben, da diese direkt Umlagen von der Montanindustrie erhob; siehe *Axmann*, Genese Europäischer Rechtsetzungsverfahren, 2001, S. 167.
1032 I.d.F. nach Art. 21 FusV.
1033 *Morawitz*, Die eigenen Mittel der Gemeinschaften, EuR 1970, 232 (235); *Heckel*, Der Föderalismus als Prinzip überstaatlicher Gemeinschaftsbildung, 1998, S. 52 ff.
1034 *Bieber*, Zur neuen Reform der EG-Finanzverfassung, NJW 1974, 2170.
1035 Zur Entwicklung ausführlich *Suski*, Das Europäische Parlament, 1996, S. 149 ff.
1036 *Lorz*, Interorganrespekt im Verfassungsrecht, 2001, S. 157.

Der Kommission erhielt die Funktion, einen Vorentwurf für das weitere Budgetverfahren zu erarbeiten und dem Rat zuzuleiten. Dieser erarbeitete hieraus gem. Art. 272 Abs. 2 und 3 EGV a.F ggf. im Benehmen mit Kommission und Parlament eine Haushaltsinitiative. Damit war an dieser Stelle eine Ausnahme vom allgemeinen Initiativrecht der Kommission gegeben.

Die Stellung des Parlaments im folgenden Verfahren hing davon ab, ob sich die Ausgaben des Budgets obligatorisch aus den Normen des Primär- und Sekundärrechts ergaben oder nicht-obligatorisch waren. Bei obligatorischen Posten verblieb das Letztentscheidungsrecht gem. Art. 272 EGV a.F. beim Rat, der mit qualifizierter Mehrheit vom Parlament vorgeschlagene Änderungen kassieren konnte. Waren die Posten nicht-obligatorisch, durfte das Parlament dem Rat Änderungen vorschlagen. Dieser konnte diese daraufhin nur mit qualifizierter Mehrheit ablehnen. Die Zurückweisung war durch das Parlament wiederum mit Dreifünftelmehrheit ablehnbar. Damit wurde im Haushaltsverfahren ein erstes parlamentarisches Letztentscheidungsrecht geschaffen.

Bei den nicht-obligatorischen Ausgaben war das Parlament jedoch nicht völlig frei. Im Rahmen des Art. 272 Abs. 9 EGV a.F. gab die Kommission einen Höchstsatz für diese Ausgaben vor. Einer Erhöhung der Höchstgrenze durch das Parlament war nicht zulässig. Der Gerichtshof stellte sich im Haushaltsstreit des Jahres 1986 einem Versuch des Parlaments entgegen, eigenmächtig den Höchstsatz anzuheben. Die Begründung, dass es in notwendigen Ausnahmefällen darüber hinausgehende Beträge in den Haushalt einstellen durfte, griff vor dem Hintergrund der Stellung der Kommission im Haushaltsverfahren nicht.[1037]

Das Zusammenwirken von Rat und Parlament erforderte eine weitergehende Konzertierung beider Organe, welche vor allem in Gestalt gegenseitiger Konsultationen erfolgte. Das Parlament strebte danach, hierbei dem Rat politische Zugeständnisse abzuringen, während jener nur an der technischen Beschlussfassung des Haushaltes interessiert war.[1038]

Die Differenzierung von Ausgaben als obligatorisch oder nicht-obligatorisch führte in der Folge zu zahlreichen Konflikten zwischen Rat und Parlament, welche das jeweils für sie günstigere Haushaltsbeschlussverfahren durchbringen wollten bzw. die Grenzen ihrer Kompetenzen ausloteten.[1039] So versuchte z.B. das Parlament v.a. im nicht-obligatorischen Bereich, durch Ergänzungen des Haushaltsplanes die beherrschende Stellung von Rat und Kommission im Gesetzgebungsverfahren zu unterlaufen. Dabei fügte es Projekte ein, die es in der regulären

1037 EuGH, Rs. C-34/86, Slg. 1986, 2155.

1038 *Magiera*, Haushaltsbefugnisse des Europäischen Parlaments, in: von Münch (Hrsg.), Staatsrecht-Völkerrecht-Europarecht, Festschrift für Hans Jürgen Schlochauer, 1981, 829 (848); siehe auch die entsprechenden Entschließungen des EP ABl. EG 1979 Nr. C 302/40 und ABl. EG 1980 Nr. C 85/47.

1039 So versuchte das Parlament z.B. im Haushaltsverfahren 1979, das Sparprogramm des Rates durch die Aufstockung von nicht-obligatorischen Mitteln zu unterlaufen, *Grabitz/Läufer*, Das Europäische Parlament, 1980, S. 145 ff.

Rechtsetzung nicht durchsetzen konnte, und schuf sich so de facto ein Recht zur Gesetzesinitiative.[1040] Diese Problematik wurde erst 2002 bereinigt, als mit der damaligen Reform Art. 22 der Haushaltsordnung dergestalt abgeändert wurde, dass jede Ausgabeermächtigung durch ein Sachgesetz gedeckt sein musste.[1041] Umgekehrt unternahm es der Rat, über sein Gesetzgebungsrecht Kostendeckelungen bereits in den Sachgesetzen zu normieren, um die Spielräume des Parlaments im Haushaltsverfahren einzuengen.[1042]

1982 schlossen Rat, Parlament und Kommission als Reaktion auf diese unübersichtlichen Kompetenzverhältnisse im Budgetwesen eine Vereinbarung über die Einordnung der Budgetposten, um Streitigkeiten, welche das Haushaltsverfahren insgesamt zu verzögern drohten, zu vermeiden.[1043] Die Parteien verständigten sich insbesondere darauf, im Fall eines absehbaren Scheiterns der Verhandlungen kurz vor dem Auslaufen des vorgehenden Etatplanes, weiter mögliche Einigungen zu sondieren, sodass spätestens im Januar ein neuer Budgetbeschluss gefasst werden konnte. Dabei war ein Schlichtungsverfahren bei Unstimmigkeiten zwischen Rat, Parlament und Kommission vorgesehen, auf welches auch der EuGH die Parteien in späteren Streitfällen verwies.[1044]

Gemäß dem Vertrag vom 22. Juli 1975 wurde dem Parlament mit Art. 272 EGV a.F. als Ultima Ratio das Recht gegeben, mit Zweidrittelmehrheit aus wichtigen Gründen eine Globalablehnung des Haushaltes auszusprechen. Davon machte das Parlament z.B. im Jahr 1980 Gebrauch und beendete das laufende Verfahren.[1045] Die

1040 *Lenzen*, Der EU-Haushalt: Ein Katalysator für Legislativmaßnahmen?, EuR 1996, 214 (221 f.); *Suski*, Das Europäische Parlament, 1996, S. 150 f.; *Corbett/Jacobs/Shackleton*, The European Parliament, 1995, S. 233 ff.

1041 *Härtel*, Handbuch Europäische Rechtsetzung, 2006, § 21 Rn. 92 ff.; zuvor verzichtete das Parlament bereits in einer interinstitutionellen Vereinbarung grundsätzlich auf von Sachgesetzen ungedeckten Ausgabeermächtigungen, ABl. EG 1998 Nr. C 344/1. Davor sah die Haushaltsordnung in Art. 22 Abs. 1 vor, dass nur *bedeutende* Gemeinschaftsaktionen eines Sachgesetzes bedurften; zur Abgrenzung siehe EuGH Rs. C-106/96, Slg. 1998, I-2729, siehe auch die Art. 22 Abs. 1 HO a.F.; vorausgehende Vereinbarung der drei zentralen Gemeinschaftsorgane ABl. EG 1982 Nr. C 194/3.

1042 *Glaesner*, Die Beziehungen zwischen Ministerrat und Europäischem Parlament – Erfolg der „kleinen Schritte"?, ZParl 1982, 191 (196).

1043 ABl. EG 1982 Nr. C 194/1.

1044 EuGH Rs. 34/86, Slg. 1986, 2155, Rn. 50.

1045 Die Ablehnung des durch die erste Direktwahl 1979 gestärkten Parlaments war vor allem dem Widerstand gegen die ausufernden Agrarausgaben, welche die Parlamentarier zugunsten nicht-obligatorischer Ausgaben kürzen wollten, geschuldetet, *Axmann*, Genese Europäischer Rechtsetzungsverfahren, 2001, S. 175, Fn. 572; *Zieger*, Die Stellung des Europäischen Parlaments, in: von Münch (Hrsg.), Staatsrecht-Völkerrecht-Europarecht, Festschrift für Hans Jürgen Schlochauer, 1981, 947 (956); ebenso *Magiera*, Haushaltsbefugnisse des Europäischen Parlaments, in: von Münch (Hrsg.), Staatsrecht-Völkerrecht-Europarecht, Festschrift für Hans Jürgen Schlochauer, 1981, 829 (846 ff.).

materielle Einschränkung des Art. 272 EG a.F., dass nur bei Vorliegen wichtiger Gründe eine derartige Ablehnung möglich war, war de facto wirkungslos, da die Feststellung, ob ein wichtiger Grund bestand, weitgehend im politischen Ermessen der Parlamentarier lag.[1046]

Das Haushaltsverfahren der EU geht seit der Einführung der parlamentarischen Beteiligung davon aus, dass die Verhandlungen über das Budget scheitern bzw. hinausgezögert werden können. Dies äußert sich in der Verankerung eines rigiden Fristenkatalogs im Rahmen des Haushaltsverfahrens gem. Art. 314 Abs. 3 und 4 AEUV, welcher wie im ordentlichen Gesetzgebungsverfahren das Parlament strukturell benachteiligt, da ein Nichtbeschluss binnen 42 Tagen als fingierte Zustimmung gewertet wird.[1047] Anders als beim ordentlichen Gesetzgebungsverfahren wird der vermittelnde, aber zeitintensive Navetteansatz zur Streitbeilegung nicht genutzt, da nach der Fassung von Änderungsbeschlüssen durch das Parlament gem. Art. 314 Abs. 4 c AEUV direkt zum Vermittlungsausschuss übergeleitet wird.

Das Haushaltsverfahren in der EU ist weiterhin seit den Reformen von 1975 in seinen Verfahrensschritten zeitlich determiniert, um einen rechtzeitigen Abschluss zu gewährleisten. Der Haushaltsentwurf der Kommission muss gem. Art. 314 Abs. 1 AEUV bis zum ersten September des Vorjahres an Rat und Parlament übermittelt werden, während die Behörden der EU ihre Haushaltsvorschläge bis zum ersten Juli an die Kommission weitergeleitet haben müssen. Im Rahmen der interinstitutionellen Vereinbarung zum Haushaltsverfahren sind die am Budgetprozess beteiligten Organe übereingekommen, die Verfahrensschritte innerhalb konkreter Zeiträume abzuschließen.[1048]

Im Sinne der Funktionsfähigkeit des Gemeinschaftsprojekts existiert ferner, heute in Art. 315 AEUV normiert, ein Nothaushaltsrecht, um Blockaden durch die Übernahme des Haushaltsplanes des Vorjahres nach monatlichen Zwölfteln zu verhindern.[1049] In Ausnahmefällen kann der Rat zur Wahrung der Arbeitsfähigkeit der Union[1050] gem. Art. 315 Abs. 2 AEUV auf Vorschlag der Kommission im generellen Rahmen der Haushaltsordnung einzelne Ausgaben erhöhen, wobei das Parlament gem. Art. 315 Abs. 3 und 4 AEUV binnen 30 Tagen die Ausgaben wieder kürzen kann.

Das Haushaltsverfahren erfuhr mit Inkrafttreten des Lissabonner Vertrags eine grundlegende Reform und ist seither in Art. 314 AEUV geregelt. Das Verfahren zum

---

1046 *Suski*, Das Europäische Parlament, 1996, S. 156.

1047 *Bux*, Das EU-Haushaltsverfahren nach Lissabon, EuR 2010, 711 (716).

1048 Siehe Punkt 5 der Gemeinsamen Erklärung von Rat, Kommission und Parlament zu den nach Inkrafttreten des Lissabon-Vertrags auf das Haushaltsverfahren anzuwendenden Übergangsmaßnahmen, Anlage 5 zum Beschluss P7_TA(2009) 0115.

1049 Vorbild für diese Regelung war die französische Verfassung; *Härtel*, Handbuch Europäische Rechtsetzung, § 21 Rn. 67.

1050 *Waldhoff*, in: Calliess/Ruffert, EUV/AEUV Kommentar, 2011, Art. 315 AEUV, Rn. 4.

Erlass des Jahreshaushaltsplanes ist stark an das ordentliche Gesetzgebungsverfahren angelehnt, wobei sich das neu gefasste Vorgehen an der bereits bestehenden und durch interinstitutionelle Vereinbarungen bestimmten Praxis orientiert.[1051] Die Kommission verfügt gem. Art. 314 Abs. 2 AEUV über ein Initiativ- und Abänderungsrecht, welches bis zur Einberufung des Vermittlungsausschusses ausgeübt werden darf.

Die zuvor für die Beteiligung des Parlaments relevante Trennung in obligatorische und nicht-obligatorische Aufgaben sowie das Höchstsatzverfahren wurden aufgegeben, womit sich das Parlament nach jahrelangem Fordern durchgesetzt hat.[1052] Der gewachsenen Bedeutung des Parlaments in der europäischen Gesetzgebung wurde Rechnung getragen, indem im Haushaltsverfahren dessen konstitutive Mitwirkung eingeführt wurde.

Das weitere Verfahren weicht vom ordentlichen Gesetzgebungsverfahren dergestalt ab, dass der Navette-Ansatz in Form eines vorgeschalteten Austauschs von Standpunkten entfällt. Der Rat leitet seinen Standpunkt an das Parlament weiter. Ändert dieses den Plan ab, führt dies automatisch zur Einberufung des Vermittlungsausschusses, welcher binnen 21 Tagen einen verbindlichen Kompromissvorschlag erarbeiten soll. Das Instrument einer Globalablehnung, welches dem Parlament in der Entwicklung des Budgetrechts ein weitgehendes Letztentscheidungsrecht zukommen ließ, ist dagegen durch den Lissabonner Vertrag abgeschafft worden. De facto besteht dieses im Rahmen des Vermittlungsverfahrens weiter, indem die Vertreter des Parlaments (oder auch des Rates), wie bei den Verhandlungen über den Nachtragshaushalt 2013 geschehen,[1053] eine Einigung binnen 21 Tagen verhindern. Rechtsfolge einer derartigen Blockade ist gem. Art. 315 Abs. 8 AEUV die erneute Einleitung des Verfahrens mit einem neuen Vorschlag durch die Kommission.

Das Verfahren zur Annahme des Verständigungsvorschlages gleicht einem „Haushaltsmikado“[1054]. Art. 314 Abs. 7 AEUV bestimmt, dass binnen 14 Tagen nach Abschluss des Vermittlungsausschusses ein endgültiger Beschluss herbeigeführt werden muss. Hierbei verleiht das Primärrecht dem Parlament eine beherrschende Stellung, gegen dessen Ablehnung das Budget nicht verabschiedet werden kann. Dagegen kann ein ablehnendes Votum des Rates im Parlament mit einer doppelt qualifizierten Mehrheit, die einerseits die Mehrheit der gesetzlichen Mitgliederzahl und andererseits drei Fünftel der abgegebenen Stimmen umfasst, zurückgewiesen werden, indem die Abgeordneten ihre Änderungsvorschläge vor dem Vermittlungsverfahren in den Haushalt einstellen.

1051 Z.B. ABl. EU 2006 Nr. C 139/1, Anhang II; *Inghelram*, in: Lenz/Borchardt, EU-Verträge Kommentar, 2010, Art. 314, Rn. 1.

1052 *Magiera*, Haushaltsbefugnisse des Europäischen Parlaments, in: von Münch (Hrsg.), Staatsrecht-Völkerrecht-Europarecht, Festschrift für Hans Jürgen Schlochauer, 1981, 829 (842 f.).

1053 Pressemitteilung des Rates der Europäischen Union 16182/12.

1054 *Waldhoff*, in: Calliess/Ruffert, EUV/AEUV Kommentar, 2011, Art. 314, Rn. 9.

In der Praxis dürfte dieser Vorzug des Parlaments gegenüber dem Rat keine Rolle spielen, da sich dieser kaum gegen den durch seine Vertreter im Vermittlungsausschuss ausgehandelten Kompromiss stellen würde.[1055] Trotzdem ist diese Passage des Primärrechts bemerkenswert, da dem Parlament im Rahmen des Gesamthaushalts die Möglichkeit eingeräumt wird, einen Beschluss des Rates zu überstimmen, sodass dieser nur in der Position ist, ein suspensives Veto einzulegen.

Das Entlastungsrecht nach Art. 319 AEUV gegenüber der Kommission hat für das Parlament besondere Bedeutung gewonnen. Zwar sind die Rechtsfolgen einer fehlenden Entlastung der Kommission nicht vollständig eruiert, trotzdem zwang die Versagung eines derartigen Beschlusses für den Haushalt 1996 durch das Parlament die Kommission *Santer* im Jahr 1999 zum Rückzug.[1056] De facto hat sich das Europäische Parlament damit eine Möglichkeit geschaffen, ohne Vorliegen der qualifizierten Mehrheit des Art. 234 AEUV die Kommission durch den entstandenen politischen Druck zur Demission zu zwingen.[1057] Das Entlastungsrecht, welches 1975 beim Parlament als zentralem Kontrollorgan konzentriert wurde, diente nicht nur dazu, der Kommission verdeckt das Misstrauen auszusprechen, sondern auch durch bedingte Entlastungen die Kommission zur Erfüllung politischer Auflagen zu drängen.[1058] Da das Parlament die Ausführung des Haushaltes mit den eigenen Ressourcen nicht vollständig überwachen kann, hat sich die Kommission in der aktuellen Rahmenvereinbarung verpflichtet, umfassende Auskunft zu geben.[1059]

In jüngerer Zeit ist das Parlament dazu übergegangen, auch in Hinblick auf den Haushaltsvollzug des Rates Entlastungsbeschlüsse zu fassen. Ein derartiges Kontrollrecht ist im Primärrecht nicht vorgesehen; Art. 319 AEUV gibt dem Rat als Empfehlungsgeber vielmehr die Stellung eines an dem Beschluss, der nur für und gegen die Kommission wirken soll, mitwirkendes Organ. Das Parlament versucht jedoch, ein derartiges Kontrollrecht in Bezug auf den Haushaltsvollzug gegen den Rat zu etablieren, was dieser bisher zurückweist.[1060]

1055 *Schoo*, in: Schwarze, EU-Kommentar, 2012, Art. 314 AEUV, Rn. 16.

1056 *Fugmann*, Haushaltsentlastung 1996 oder: Wer hat den Schwarzen Peter?, EuZW 1999, 65.

1057 *Kannengieser*, Die Entlastung im Haushaltsrecht der Europäischen Gemeinschaften, DÖV 1995, 55 (59). Abwägend nach rechtsvergleichenden Betrachtungen *Rüping*, Die parlamentarische Haushaltskontrolle in den Europäischen Gemeinschaften und den Mitgliedstaaten, EuR 1982, 213 (230).

1058 Mit Verweis auf den Entlastungsbeschluss 1990 *Suski*, Das Europäische Parlament, 1996, S. 153.

1059 Nr. 31 der Vereinbarung, ABl. EU 2010 Nr L 304/47.

1060 *Rossi*, Zur Entlastungsbefugnis des Europäischen Parlaments, EuR 2013, 170 (insb. 174 ff.).

aa) Beschränkung des Budgetrechts durch den mehrjährigen Haushaltsrahmen

Mit dem Vertrag von Lissabon wurde in Art. 312 AEUV das Rechtsinstitut des mehrjährigen Finanzrahmens in die Verträge aufgenommen.[1061] Hierbei sollen vor allem jährliche Obergrenzen für die Ausgaben der Union festgelegt werden.

Vorbild für die Regelung war die seit 1988 bestehende Praxis der Finanziellen Vorausschauen, welche durch interinstitutionelle Vereinbarung die Eckpunkte der Haushaltsführung für sieben Jahre determinierte.[1062]

In Bezug auf die Bindungswirkung der Vereinbarung galt dasselbe wie für alle anderen interinstitutionellen Verträge. Inter partes bestand Bindungswirkung, während Dritte die Einhaltung der vereinbarten Planungen nicht einklagen konnten.[1063]

Grund für diese Absprachen war das Drängen der Mitgliedstaaten im Rat, die mehr Leistungen an die Gemeinschaften erbrachten als sie über Subventionen etc. zurückerhielten (sog. „Nettozahler"[1064]), nach mehr Haushaltsdisziplin.[1065] Weitergehende Konflikte im Rahmen des Haushaltsbeschlusses führten dazu, dass ebenfalls in Parlament und Kommission Forderungen laut wurden, die konfliktreichen jährlichen Haushaltsberatungen zu entschärfen. Am 30.06.1982 einigten sich die am Haushaltsverfahren beteiligten Organe auf eine gemeinsame Erklärung, in der sie sich darauf verständigten, die zukünftigen Verhandlungen gemäßigter zu gestalten.[1066] Insbesondere wurde ein neuer Mechanismus zur Streitbeilegung, der

---

1061 Schon beim Verfassungsvertrag war die primärrechtliche Aufwertung der vormaligen mehrjährigen Finanzrahmen vorgesehen; *Dederer*, Die Konstitutionalisierung Europas, ZG 2003, 95 (116 f.).

1062 Zur Entstehung der ersten Vorausschau *Suski*, Das Europäische Parlament, 1996, S. 154 f. Für 2007 bis 2013 gilt die institutionelle Vereinbarung vom 17.05.2006 (ABl. EU 2006 C 139/1).
Terminologisch wurden die ersten beiden Vereinbarungen Delors I und II genannt, anschließend wählte man die neutrale Formulierung Agenda 20xx; vgl. *Fischer*, Der Vertrag von Lissabon, 2010, S. 452.

1063 So auch den Grundsatz „pacta sunt servanda" bemühend *Wilms*, Die Reform des EU – Haushaltes im Lichte der Finanziellen Vorausschau 2007–2013 und des Vertrages von Lissabon – neue Perspktiven für die Europäische Union?, EuR 2007, S. 726; a.A. *Montagnon*, Le Cadre financier de l'Union Européen pour l'après-2006, RMC 2004, S. 211, welche von bloßem soft law ausgeht.

1064 Diese Bezeichnung hat auch normativen Charakter gewonnen, siehe z.B. die Erklärung Nr. 59 zum Vertrag von Lissabon.

1065 *Waldhoff*, in: Calliess/Ruffert, EUV/AEUV Kommentar, 2011, Art. 312, Rn. 1; vgl. auch die Erwartungen des bayerischen Ministerpräsidenten *Seehofer* an den mehrjährigen Finanzrahmen; *Seehofer*, Die Rolle Bayerns in der Mitgestaltung und Konzipierung zukünftiger europäischer Integration, Politische Studien 2009/1, S. 39.

1066 Amtsblatt der Europäischen Gemeinschaften 1982, Nr. C 194.

„Dreiseitendialog“[1067], geschaffen, welcher übergreifende Gespräche bei Meinungsverschiedenheiten ermöglichte. Dieses später in „Trilog“ umfirmierte Instrument der Bereinigung von Konflikten im Haushaltsverfahren erwies sich alleine nicht als ausreichend, um die immer komplexeren Interessengegensätze der Organe auszugleichen.[1068] Trotzdem ist der Trilog auch nach der Modifizierung des Lissabonner Vertrages im Zuge der Erstellung des Haushaltsplanes durch die Kommission als Instrument präventiver Streitbeilegung festgelegt.[1069]

Die Kommission regte Anfang 1987 an, die Eckpunkte der Haushaltsführung per interinstitutioneller Vereinbarung auf fünf Jahre vorauszuplanen.[1070] Auf diesen Vorschlag hin wurde von Rat, Parlament und Kommission die erste Finanzielle Vorausschau erarbeitet, welche die Finanzierung der Gemeinschaft in Grundsätzen regelte.

Die bis zur Einführung des Art. 312 AEUV im Grunde freiwilligen Vereinbarungen standen im Widerspruch zum Annuitätsprinzip im Haushaltsrecht. Vor allem aus Sicht des Parlaments, dem im Vertragswerk speziell das Budgetrecht als zentrale Funktion zugewiesen wird,[1071] stellt die Festschreibung von Obergrenzen für die Ausgaben eine starke Beschränkung für den Beschluss des tatsächlichen Haushaltes dar. Aus diesem Grund mussten die finanziellen Vorausschauen dem jährlichen Haushaltsbeschlussverfahren genug Spielraum lassen.[1072]

Problematisch an der Neuregelung durch den Vertrag von Lissabon ist, dass Art. 312 AEUV einen starren Mechanismus vorgibt. Schon die erste Finanzielle Vorausschau 1988 litt daran, dass unvorhersehbare politische Ereignisse erhebliche Mehrausgaben, z.B. wegen der Umbrüche in Ost- und Mitteleuropa 1989/90, erforderten und daher umfangreiche Anpassungen der Vereinbarung, denen zähe Verhandlungen vorausgingen, nötig machten.[1073] Selbst wenn die neueren Übereinkünfte begrenzte Mehrausgaben für Sonderfragen, sog. Flexibilitätsinstrumente,[1074] enthalten, wird dieses Problem zwar abgemildert, aber nicht gelöst. Bisher waren

1067 Abs. III Ziff. 2a der Erklärung, aaO.

1068 *Timmann*, Die interinstitutionelle Vereinbarung über die Haushaltsdisziplin vom 29. Juni 1988, EuR 1988, S. 274 f.

1069 Gemeinsame Erklärung von Rat, Kommission und Parlament zu den nach Inkrafttreten des Lissabon-Vertrags auf das Haushaltsverfahren anzuwendenden Übergangsmaßnahmen; Anlage 5 zum Beschluss P7_TA(2009)0115.

1070 Im Grundsatz KOM (87) 101; anschließend zahlreiche Einzelvorschläge (sog. Delors-Paket), dargestellt bei *Timmann*, Die interinstitutionelle Vereinbarung über die Haushaltsdisziplin vom 29. Juni 1988, EuR 1988, S. 276.

1071 Siehe nur die in Art. 14 und 16 EUV hervorgehobene Ausübung der Haushaltsbefugnisse.

1072 *Waldhoff*, in: Calliess/Ruffert, EUV/AEUV Kommentar, 2011, Art. 312, Rn. 7.

1073 *Strasser*, Die Finanzen Europas, 1991, S. 199.

1074 *Europäische Kommission*, Die Finanzverfassung der Europäischen Union, 2002, S. 131.

solche Anpassungen der Finanzrahmen durch Abänderung der interinstitutionellen Vereinbarungen noch unter großen Mühen möglich[1075] bzw. es bestanden im Konfliktfall als Ultima Ratio Kündigungsmöglichkeiten.[1076] Letztere Handhabe wird dem Parlament durch das nun normierte Verfahren genommen. Änderungen am Rahmen sind damit nur durch ein neues besonderes Gesetzgebungsverfahren nach Art. 312 AEUV realisierbar. Dort ist die Position des Parlaments gegenüber dem Rat der EU im Vergleich zum ordentlichen Gesetzgebungsverfahren insgesamt abgeschwächt. Art. 312 AEUV fordert eine Einstimmigkeit des Rates, womit in erster Linie die Situation der zahlenmäßig schwächer im Rat vertretenen Nettozahler gestärkt werden soll.[1077] Dagegen wird im Parlament mit der Mehrheit der Mitglieder gem. Art. 312 Abs. 2 AEUV ein erheblich schwächeres Zustimmungsquorum verlangt. Im Vorfeld der Aufstellung des Finanzrahmens im Jahr 2012 zeigte sich die mit dem Konsenserfordernis verbundene Blockademöglichkeit für jeden einzelnen Mitgliedstaat. Während Kommission und Parlament eine Ausgabensteigerung für wirtschaftliche und soziale Projekte anstrebten,[1078] sperrte sich der Europäische Rat, insbesondere Großbritannien, gegen Aufstockungen, um den Haushalt der Union mit Blick auf die Sparbemühungen in den Mitgliedstaaten nicht allzu stark zu erhöhen.[1079] Im Grunde lebt damit die oben dargestellte alte Konfliktlinie zwischen Rat und Parlament hinsichtlich einer Deckelung der Haushaltsausgaben in neuer Gestalt wieder auf.

Darüber hinaus ist das Parlament, welches bei den Finanziellen Vorausschauen Vertrags- und damit Verhandlungspartner der interinstitutionellen Vereinbarungen war, gem. Art. 312 Abs. 2 AEUV auf die Zustimmung zum im Rat ausgehandelten Finanzrahmen beschränkt, sodass es qua Primärrecht seine mitgestaltende

1075 Siehe Punkt 21 der Vereinbarung vom 17.05.2006 (ABl. EU 2006 C 139/1). So geschehen z.B. durch den Beschluss 2009/407, ABl. EU 2009 L 132/8).

1076 Siehe z.B. die Erwähnung in Punkt 30 der Vereinbarung vom 17.05.2006 (ABl. EU C 139/1); siehe auch *Bux*, Das EU-Haushaltsverfahren nach Lissabon, EuR 2010, 711 (715 f.).

1077 *Waldhoff*, in: Calliess/Ruffert, EUV/AEUV Kommentar, 2011, Art. 312, Rn. 8. Ausnahme hiervon ist zwar die Passarelleklausel in Art. 312 Abs. 2 S. 3, die ebenfalls Einstimmigkeit im Europäischen Rat fordert, womit sich die grundlegende Position der Mitgliedstaaten aber nicht verändert.

1078 Vgl. z.B. die Rede des Kommissionspräsidenten *Barroso* am 12.06.2013, der von einer gemeinsamen Agenda des Parlaments und der Kommision für wirtschaftliches Wachstum und Arbeitsplätze spricht; SPEECH/13/521 und die Entschließung des Parlaments im Vorfeld der Beratungen über den Finanzrahmen; P7_TA(2011)0266.

1079 Vgl. die Schlussfolgerungen des Europäischen Rates vom 7./8.2.2013; EUCO 37/13; siehe auch „Investitionen für die Zukunft“, Debattenbeitrag vom EU-Kommissar für Arbeit und Soziales *Andor* in Süddeutsche Zeitung vom 08. November 2012, S. 24; „Merkel: Europa ist ohne Großbritannien nicht vorstellbar“, FAZ vom 08. November 2012, S. 1.

Rolle in dieser Frage eingebüßt hat.[1080] Inwiefern Art. 312 Abs. 5 AEUV, welcher ein Zusammenwirken der Organe zur ordnungsgemäßen Verabschiedung fordert, einen Ausgleich in Form einer Konzertierung schaffen kann, ist noch ungeklärt. Durch das Zustimmungsrecht ist das Parlament in der Lage, den vom Europäischen Rat verabschiedeten Finanzrahmen zu blockieren.[1081] Um eine rechtzeitige Verabschiedung des Finanzrahmens zu gewährleisten, ist in Zukunft die Herausbildung konzertierender Verfahrensweisen notwendig, deren Einführung das Parlament durch die Verweigerung der Zustimmung erzwingen kann. Das Vetorecht der Mitgliedstaaten unterliegt dagegen wiederum einer Einschränkung. Gem. Art. 312 Abs. 4 AEUV tritt bei Untätigkeit des Europäischen Rates eine automatische Fortschreibung der Regelungen des letzten Finanzrahmens ein. Das Primärrecht wendet hierbei die Grundsätze des Nothaushaltsrechts nach Art. 315 AEUV auf den Finanzrahmen an. Damit ist der Rat im Ergebnis bei Verhandlungen mit dem Parlament über Budgetkürzungen benachteiligt, da das subsidiäre Notrecht einen Fortbestand des Status quo vorsieht.

An dieser Stelle wird wiederum deutlich, dass das Parlament auch im Kernbereich parlamentarischer Kontrolle, dem Budgetrecht, zwar substantiell an Kompetenzen gewonnen hat, diese aber durch das Beharren auf nationale Letztentscheidungsrechte im Rat teilweise wieder relativiert werden.

bb) EU-Steuern? – Einfluss für das Parlament auf der Einnahmeseite des Budgets

Schon *Hallstein* kritisierte die Einnahmebasis der Europäischen Einigung. EWG und EAG dürften nicht die „Kostgänger der Staaten“[1082] sein. Mit dieser von *Bismarck* stammenden Formel umschrieb er treffend die Finanzierung der europäischen Organisationen.

Auch *Hallstein* strebte in seiner Zeit als Kommissionspräsident nach einer breiteren Einnahmebasis der Gemeinschaften. So empfahl er, die gesamten Außenzolleinnahmen in den Gemeinschaftshaushalt abzuführen und im Gegenzug die Finanzbeiträge der Mitgliedstaaten aufzuheben, wobei dieser Plan in der Krise durch Frankreichs „Politik des leeren Stuhls“ zunächst unterging.[1083] Auch spätere Vorschläge der Kommission hin zu europäischen Steuern konnten sich nicht durchsetzen.[1084]

1080 *Waldhoff*, in: Calliess/Ruffert, EUV AEUV Kommentar, Art. 311 AEUV, Rn. 13.

1081 P7_TA-PROV(2013)0078; siehe auch die gemeinsame Erklärung der Fraktionsvorsitzenden zum Beschluss des mehrlährigen Finanzrahmens; http://www.eppgroup.eu/press/showpr.asp?prcontroldoctypeid=1&prcontrolid=11680&prcontentid=19399&prcontentlg=de, zuletzt abgerufen am 14.02.2013.

1082 *Hallstein*, Der unvollendete Bundesstaat, 1969, S. 25 ff.

1083 *Europäische Kommission*, Die Geschichte der Europäischen Kommission 1958–1972, 2007, S. 101 ff.

1084 *Morawitz*, Die eigenen Mittel der Gemeinschaften, EuR 1970, 232 (242).

Zwar löste sich das europäische Einigungswerk ab 1970 von einer reinen Beitragsfinanzierung, wie sie ansonsten bei internationalen Organisationen üblich ist.[1085] In diesem Jahr kamen die Mitgliedstaaten überein, den Gemeinschaften durch Zuweisung eigener Mittel anstatt einer reinen Umlage in Form von Matrikularbeiträgen eine finanzielle Autonomie zu gewähren.[1086] Grundlage dessen war und ist der Eigenmittelbeschluss durch den Rat ohne parlamentarische Beteiligung, durch welchen die Systematik der unionalen Finanzquellen festgelegt wird. Zu Beginn wurden den Gemeinschaften die Agrarabschöpfungen und Anteile an den Zöllen der Mitgliedstaaten als eigene Mittel zuerkannt. Als diese nicht mehr ausreichten, verpflichteten sich die Mitgliedstaaten, Anteile der von ihnen eingetriebenen Mehrwertsteuern an die Gemeinschaften abzuführen. Ab 1988 wurden wieder direkte Beiträge durch die Mitgliedstaaten eingeführt. Ihre Höhe richtet sich nach einem variablen Anteil am von der Kommission zu ermittelnden Bruttonationaleinkommen.[1087] Diese Zuweisungen der Mitgliedstaaten, welche aktuell auf maximal 1,24% des jährlichen Bruttonationaleinkommens gedeckelt sind, bilden heute mit einem Anteil von ca. 65% das Gros der Eigenmittel der Union.[1088] Gleichzeitig wurde immer wieder deutlich, dass die europäischen Institutionen nicht in der Lage waren, mit der angestrebten Finanzausstattung ihre Aufgaben zu erfüllen.[1089]

Aus diesem Grund wollte die Kommission die Festschreibung einer soliden Einnahmebasis der EU, welche neben dem Zugriff auf das Steueraufkommen der Mitgliedstaaten eigene Steuerquellen umfassen sollte.[1090] Auch das Parlament sah dies als positiv an, selbst wenn es zunächst verstärkt an den Steuern der Mitgliedstaaten partizipieren wollte. Das Grundkonzept des Parlaments, eine direkte Beziehung zu den nationalen Steuerzahlern und eine ausreichende Eigenfinanzierung der EU zu erreichen,[1091] dürfte langfristig die Erschließung erheblicher Steuerkompetenzen erfordern.

Derzeit verfügt die EU nur über eine einzige Steuer, welche als sonstige Einnahme gem. Art. 311 Abs. 2 AEUV klassifiziert wird. Diese wird auf die Gehälter ihrer

---

1085 *Waldhoff*, in: Calliess/Ruffert, EUV AEUV Kommentar, Art. 311 AEUV, Rn. 3.

1086 *Morawitz*, Die eigenen Mittel der Gemeinschaften, EuR 1970, 232 (235).

1087 Entwicklung dargestellt bei *Schoo*, in: Schwarze, EU-Kommentar, 2012, Art. 311 AEUV, Rn. 4 ff.

1088 *Khan*, in: Geiger/Khan/Kotzur, EUV AEUV Kommentar, 2010, Art. 311 AEUV, Rn. 5.

1089 *Bleckmann/Hölscheidt*, Gedanken zur Finanzierung der EG, DÖV 1990, S. 853; ebenso *Weber-Grellet*, Europäisches Steuerrecht, 2005, S. 24; daher erfüllte sich die Prognose von *Morawitz*, Die eigenen Mittel der Gemeinschaften, EuR 1970, 232 (241 f.), der eine ausreichende Finanzausstattung als gegeben ansah, langfristig nicht.

1090 Anklänge z.B. in Bull. EG 1983/5, S. 11, aber auch: KOM (2004) 505, 5, Zusammenfassung der Entwicklungen bei *Helmke*, Die Finanzkompetenzen der Europäischen Gemeinschaft, 2007, S. 197 f.

1091 EP Dok. P6 TA (2007) 0098, Nr. 37 und 38.

Bediensteten erhoben und hat in Relation zu den Gesamteinnahmen nur marginale Bedeutung.[1092]

Ob die Union Kompetenzen im Bereich des Steuerrechts erhalten soll, ist nicht nur eine Frage fiskalrechtlicher Natur.[1093] Hiermit ist das Problem der demokratischen Legitimation des Unionshandelns tangiert. Dass die Mitbestimmung über Steuererhebungen eng mit demokratischen Bestrebungen (im weitesten Sinne) verknüpft ist, zeigen viele Beispiele in der Verfassungsgeschichte. Die Kernforderung der Boston Tea Party 1773 war nicht ohne Grund „no taxation without representation". Ebenso kämpften die Ständevertretungen im deutschen Frühkonstitutionalismus um Mitsprache im Abgabenbereich.[1094] Im Rahmen der Steuergesetzgebung bestehen in dieser Hinsicht gesteigerte Anforderungen. Insbesondere die duale Legitimationskette der Union widerspricht der vom Demokratieprinzip geforderten Transparenz, Entscheidungen eindeutig einer Körperschaft zuordnen zu können.[1095] Der Bereich des Steuerrechts, welcher durch seine vielfältigen Anreize- bzw. sanktionierenden Funktionen eine zentrale Gestaltungsmöglichkeit der Wirtschafts- und Sozialpolitik ausmacht, ist ein bedeutender Teil staatlicher Souveränität und bedarf umfassender parlamentarischer Kontrolle.[1096] Auch für das Budgetrecht des Parlaments ist die Partizipation an der Steuergesetzgebung sehr wichtig. Steuereinnahmen stellen fixe Rechnungsposten auf der Einnahmeseite des Jahreshaushaltes dar. Die Frage, ob in Zeiten knapper Kassen Ausgaben gekürzt, Schulden aufgenommen werden sollen oder Steuererhöhungen notwendig sind, ist Teil der haushaltspolitischen Gesamtverantwortung eines jeden Parlaments.

Aus diesem Grund würde es die Schaffung relevanter Steuerkompetenzen der EU nötig machen, dem Parlament auch bei der Generierung von Eigenmitteln der Union eine konstitutive Mitentscheidung zuzubilligen. In der EGKS, die direkte Umlagen von der Montanindustrie verlangte, bezog sich z.B. die Hohe Behörde bei der Festsetzung der jährlichen Sätze auf die Ausschüsse der parlamentarischen Versammlung.[1097]

Der Rat und die einzelnen Mitgliedstaaten müssten hierbei gegenüber den Straßburger Abgeordneten empfindliche Verluste ihrer Befugnisse hinnehmen, da eine größere parlamentarische Beteiligung bei der Schaffung orginärer Steuern

---

1092 Das Aufkommen beläuft sich auf ca. 1% der Gesamteinnahmen; *Khan*, in: Geiger/Khan/Kotzur, EUV AEUV Kommentar, 2010, Art. 311 AEUV, Rn. 9.

1093 So wie z.B. *Bleckmann*, Europarecht, 1997, Rn. 1264 Probleme möglicher Doppelbesteuerungen sieht.

1094 *Wieland*, Erweitern und Teilen – Die künftige Finanzordnung der Europäischen Union, ZRP 2002, S. 507.

1095 I.E. auch *Waldhoff*, in: Calliess/Ruffert, EUV/AEUV Kommentar, 2011, Art. 311, Rn. 16; einschränkend *Ohler*, Mehr Mut zur Steuerpolitik in Europa, EuZW 1997, 370 (373).

1096 *Terra/Wattel*, European Tax Law, 1997, S. 3.

1097 *Axmann*, Genese Europäischer Rechtsetzungsverfahren, 2001, S. 167.

zwingend angezeigt wäre.[1098] Das bisherige Verfahren zur Festlegung des Systems der EU-Eigenmittel gem. Art. 311 Abs. 3 S. 1 AEUV sieht nur ein Anhörungsrecht des Europäischen Parlaments vor, während der Rat durch einstimmigen Beschluss entscheidet. Das Interesse der Mitgliedstaaten an der Wahrung ihrer finanziellen Souveränität[1099] erfährt mit der erforderlichen Zustimmung jedes Mitgliedstaates zum Eigenmittelbeschluss eine weitere Stärkung. Hierdurch wächst jedem Mitgliedstaat ein eigenes Blockaderecht zu, was sich in zahlreichen Sonderregelungen im aktuellen Eigenmittelbeschluss zugunsten einzelner Mitgliedsländer äußert.[1100] Mit der Schaffung europäischer Steuern wäre analog zum Haushaltsverfahren eine über die bloße Anhörung hinausgehende konstitutive Mitwirkung des Parlaments bei der Ausgestaltung des Eigenmittelsystems nötig.

b) Interpellationsrecht

Schon früh nutzte das Parlament extensiv seine Fragerechte, welche ihm gegen die Kommission in den Gründungsverträgen zugestanden wurden.[1101] Die Möglichkeit, Anfragen an die Kommission zu stellen, diente nicht nur der Wahrnehmung der parlamentarischen Kontrolle, sondern auch dazu, verkappt eigene Positionen zu artikulieren.[1102] Insbesondere gebrauchte das Parlament vor Einführung des Zusammenarbeits- bzw. Mitentscheidungsverfahrens das Fragerecht, um die Rechtsetzung in den Gemeinschaften mangels konstitutiver Mitwirkungsrechte kritisch begleiten zu können. Das Parlament setzte sein Fragerecht ferner zur Informationsgewinnung für die Legislativarbeit ein.[1103] Das Interpellationsrecht war für das Parlament mithin nicht nur ein funktionales Kontrollrecht, sondern ergänzte in der Anfangszeit der Gemeinschaften die schwache Beteiligung des Parlaments in der Legislative.

Die Kommission hat gem. Art. 230 Abs. 2 AEUV die Pflicht, Anfragen des Parlaments zu beantworten. Im Wege eines Erst-Recht-Schlusses wird aus dieser Norm zusätzlich auf das Zitierrecht des Parlaments, d.h. das Recht, die Anwesenheit der

1098 *Wieland*, Erweitern und Teilen – Die künftige Finanzordnung der Europäischen Union, ZRP 2002, S. 507; i.E. auch *Terra/Wattel*, European Tax Law, 1997, S. 3; *Suski*, Das Europäische Parlament, 1996, S. 159.

1099 *Schoo*, in: Schwarze, EU-Kommentar, Art. 311 AEUV, Rn. 24.

1100 Vgl. v.a. Art. 3 Abs. 4 Uabs. 2 und Abs. 5 Uabs. 2 (Modifizierungen zugunsten verschiedener „Nettozahler"); Art. 4 und 5 (sog. „Britenrabatt") des aktuellen Eigenmittelbeschlusses vom 07.06.2007, ABl. EU 2007 Nr. L 163/17.

1101 Vgl. z.B. Art. 23 Abs. 3 EGKS, Art. 140 Abs. 3 EWG; zu Häufigkeit und Inhalt der Anfragen *Dann*, Parlamente im Exekutivföderalismus, 2004, S. 334 ff.

1102 *Reister*, Bemerkungen zum ersten parlamentarischen Misstrauensvotum in den Europäischen Gemeinschaften, ZParl 1973, 208 (212).

1103 *Dann*, Parlamente im Exekutivföderalismus, 2004, S. 335 f.; *Dann*, in: von Bogdandy/Bast, Europäisches Verfassungsrecht, 2009, S. 358 f.

Kommission verlangen zu können, geschlossen.[1104] So entwickelten sich die durch die Geschäftsordnung geschaffenen Fragestunden zu einem Instrument der politischen Kontrolle der Kommission durch das Parlament.[1105]

Parallel zum primärrechtlich positivierten Fragerecht gegen die Kommission existiert neben der Möglichkeit für die Ratsmitglieder, gem. Art. 230 Abs. 3 AEUV vom Parlament gehört zu werden, auch ein Interpellationsrecht der Parlamentarier gegen den Ministerrat. Im Primärrecht ist ein solches Recht gegen die Ratsmitglieder, die grundsätzlich nur ihren nationalen Parlamenten gegenüber Rechenschaft ablegen müssen, nicht verankert.[1106] Seit Bestehen der Gemeinschaften wurden parlamentarische Anfragen vom Rat regelmäßig beantwortet.[1107] 1973 verpflichtete sich der Rat in einer Erklärung auch formell im Sinne der bestehenden Praxis.[1108] Trotzdem ist mit Blick darauf, dass der Rat nach wie vor eine entscheidende Stellung im institutionellen Dreieck einnimmt, die parlamentarische Kontrolldichte gegenüber dem Rat nur schwach ausgeprägt. Mit Ausnahme des Klagerechts vor dem EuGH steht dem Parlament kein selbstständiges Sanktionsrecht zur Absicherung oder Entwicklung einer umfassenderen Kontrollfunktion zu.[1109]

c) Untersuchungsrecht

Abgesehen von der Möglichkeit der Fragestellung ist das Recht, mittels Untersuchungsausschüssen eigenständig zu ermitteln, ein zentrales Instrument der parlamentarischen Kontrollfunktion. Der Vertrag von Maastricht hat das heute in Art. 226 AEUV verortete Untersuchungsrecht des Parlaments erstmals im Primärrecht verankert.[1110] Seitdem kann das Parlament im Rahmen seiner Kontrollfunktion Verletzungen des Europarechts oder Missständen in dessen Anwendung aktiv nachspüren.

Zuvor war sehr umstritten, ob eine solche Kompetenz des Parlaments bestand.[1111] Das 1979 direkt gewählte Parlament beanspruchte ein Untersuchungsrecht über

---

1104 *Kotzur*, in: Geiger/Khan/Kotzur, EUV AEUV Kommentar, 2010, Art. 230 AEUV, Rn. 9; a.A. *Hölscheid*, in: Grabitz/Hilf/Nettesheim, Das Recht der Europäischen Union, 2012, Art. 230 AEUV, Rn. 10.

1105 *Grabitz/Läufer*, Das Europäische Parlament, 1980, S. 151 f., wobei diese nicht an die Intensität einer parlamentarischen Debatte im Westminster-Modell heranreichten; siehe *Corbett/Jacobs/Shackleton*, The European Parliament, 1995, S. 266 f.

1106 Zu dieser Lücke im Bestand der parlamentarischen Kontrollkkompetenzen *Dann*, Parlamente im Exekutivföderalismus, 2004, S. 361 ff.

1107 *Kipke*, Die Untersuchungsausschüsse des Europäischen Parlaments, ZParl 1989, 487 (491).

1108 Bull. EP Nr. 34/73; siehe auch *Glaesner*, Die Beziehungen zwischen Ministerrat und Europäischem Parlament – Erfolg der „kleinen Schritte"?, ZParl 1982, 191 (192).

1109 *Beckedorf*, Das Untersuchungsrecht des Europäischen Parlaments, 1995, S. 156 ff.

1110 Siehe Art. G Nr. 41 EUV a.F.

1111 *Grabitz/Läufer*, Das Europäische Parlament, 1980, S. 83 verneinten die Existenz eines Untersuchungsrechtes noch gänzlich.

eine Revision der Geschäftsordnung. 1981 wurde in Art. 95 GeschO EP die Befugnis vorgesehen, Untersuchungsausschüsse einzusetzen, später wurden die Regelungen weiter ausgebaut und konkretisiert.[1112] Hiergegen wandte man ein, dass es auf europäischer Ebene an einer echten Regierung fehle, deren Handeln mittels des Untersuchungsrechts durch eine ebenfalls nicht explizit vorhandene parlamentarische Opposition zu kontrollieren sei.[1113] Letzterer Einwand überzeugte nur begrenzt, da schon der EWG-Vertrag andere Kontrollrechte eines klassischen Parlaments, wie das Misstrauensvotum oder später sukzessiv das Haushaltsrecht, normierte, obwohl keine Regierung im traditionellen Sinne bestand.

Die Befürworter des Untersuchungsrechts argumentierten, dass das Parlament im Rahmen seines Selbstorganisationsrechts und auf Grund dessen, dass das Enqueterecht zum traditionellen Bestand der Parlamentsrechte in den mitgliedstaatlichen Demokratien gehört, zur Einrichtung von Untersuchungsausschüssen berechtigt gewesen sei.[1114] Gerade zur ordnungsgemäßen Wahrnehmung seiner originären Aufgabe, der Kontrolle des Gemeinschaftshandelns durch Rat und Kommission, war demnach die Einführung eines Untersuchungsrechts notwendig.

Mit der Normierung des Untersuchungsrechts im Primärrecht entfiel dieser Streit, wobei das Parlament bis dahin neun Untersuchungsschüsse eingesetzt hatte, weswegen man bereits von einer festen Praxis ausgehen konnte. Das Untersuchungsrecht des Parlaments sollte nicht nur als reines Innenrecht wirken, sondern auch nach außen gegenüber anderen Organen ausstrahlen. Dieser Fortschritt äußerte sich in der Normierung des Art. 193 Abs. 3 EGV A.F., welcher bestimmte, dass Rat, Kommission und Parlament die Einzelheiten der Ausübung des Untersuchungsrechts einvernehmlich festlegen, was durch interinstitutionellen Beschluss vom 19.04.1995 geschah.[1115] Heute sieht Art. 226 Abs. 3 AEUV vor, dass das Parlament auf eigene Initiative mit Zustimmung des Rates und der Kommission eine Verordnung über die Ausgestaltung des Untersuchungsrechts erlassen kann. Die primärrechtliche Regelung des Untersuchungsrechts brachte dem Parlament nicht nur Fortschritte. Dass die zu kontrollierende Kommission entscheidend an der konkreten Gestaltung eines Kontrollrechts beteiligt wird, wird als problematisch bewertet.[1116] Es ist hierbei aber

---

1112 *Beckedorf*, Das Untersuchungsrecht des Europäischen Parlaments, 1995, S. 172 f. mit Verweis auf ABl. EG 1981 Nr. C 90/48 (76), ABl. EG 1987 Nr. C 7/83.

1113 *Ipsen*, Europäisches Gemeinschaftsrecht, 1972, S. 333.

1114 *Schoo*, Kontrollen bei der Durchführung von Gemeinschaftsrecht aus der Sicht des Europäischen Parlaments, in: Schwarze (Hrsg.), Gesetzgebung in der Europäischen Gemeinschaft, 1985, S. 109 ff.; Darstellung des Streitstandes auch bei *Beckedorf*, Das Untersuchungsrecht des Europäischen Parlaments, 1995, S. 178 ff.; vgl. zusammenfassend auch *Kipke*, Die Untersuchungsausschüsse des Europäischen Parlaments, ZParl 1989, 487 f.

1115 *Höpfner*, Parlamentarische Kontrolle in Deutschland und in der Europäischen Union, 2004, S. 81 f.

1116 *Höpfner*, Parlamentarische Kontrolle in Deutschland und in der Europäischen Union, 2004, S. 82.

zu beachten, dass das Parlament bei der Führung von Untersuchungen stets auf die Kooperation der Kommissionsbehörden angewiesen ist. Damit ist die Beteiligung der Kommission an der Ausgestaltung des Untersuchungsrechtes sinnvoll, um etwaigen Konflikten über die Reichweite parlamentarischer Untersuchungen in Kernbereiche der Kommissionsarbeit vorzubeugen.

Die vom Parlament geführten Ermittlungen zeigen, dass es sich bei diesem Kontrollrecht um ein machtvolles Instrument handelt.[1117] So führten z.B. die Untersuchungen im Rahmen der Korruptionsaffären in der *Santer*-Kommission 1999 zur Gründung des Europäischen Amtes für Betrugsbekämpfung (OLAF).[1118]

Das Instrument des Untersuchungsausschusses gibt dem Parlament nicht nur ein mächtiges Kontrollrecht in die Hand, sondern auch die Möglichkeit, spezifische Fragen und Probleme eingehend zu beleuchten und aufgrund der Ergebnisse politische Forderungen zu formulieren. Die Ausschüsse zur Situation der Frau in Europa oder zum Drogenproblem in den Europäischen Gemeinschaften dienten in diesem Sinne weniger der klassischen Kontrolle,[1119] sondern vielmehr der Information des Parlaments für die Legislativarbeit.[1120]

d) Amtsenthebung von Kommissaren durch den Gerichtshof

Während das Parlament durch die Verträge gem. Art. 234 AEUV das Recht hat, die Kommission als Ganzes im Wege eines politischen Misstrauensbeschlusses abzusetzen, kann der Rat neben dem Kommissionskollegium mit einfacher Mehrheit beantragen, dass einzelne Kommissare bei groben Verfehlungen oder Amtsunfähigkeit aus ihrer Position entfernt werden. Die endgültige Entscheidung bei dieser rechtlichen Kontrolle der Kommission liegt nach Art. 247 AEUV beim EuGH. Praktisch wurde das Verfahren nur in einem Fall von Amtsunfähigkeit in den 70er Jahren zum Abschluss gebracht. 1999 kam der Kommissar *Bangemann* nach dem Einreichen des Antrags durch den Rat einem Gerichtsentscheid durch seinen Rücktritt zuvor.[1121] Der Rat übt daher die Funktion eines Anklägers insgesamt zurückhaltend aus; so wurde z.B. im Fall der korruptionsverdächtigen Kommissarin *Cresson* kein Verfahren eingeleitet.[1122]

1117 Zusammenfassung bei *Corbett/Jacobs/Shackleton*, The European Parliament, 1995, S. 276 ff.

1118 *Kaufmann-Bühler*, in: Lenz/Borchardt, EUV AEUV Kommentar, Art. 236 AEUV, Rn. 2.

1119 Darstellung bei *Beckedorf*, Das Untersuchungsrecht des Europäischen Parlaments, S. 221 ff bzw. S. 239 ff.

1120 Im Bericht des letztgenannten Ausschusses wurde deutlich, dass dieser wegen der komplexen Fragestellung, welcher die regulären Ausschüsse nicht gewachsen waren, ins Leben gerufen wurde; vgl. EP Dok. A2–114/86, S. 6.

1121 *Ruffert*, in: Calliess/Ruffert, EUV AEUV Kommentar, 2011, Art. 247 AEUV, Rn. 1.

1122 *Ruffert*, in: Calliess/Ruffert, EUV AEUV Kommentar, 2011, Art. 247 AEUV, Rn. 1; erst später versuchte die Kommission, über diesen Weg eine Streichung

Damit versucht der Rat nicht, sein Antragsrecht im Sinne eines Misstrauensvotums gegen einzelne Kommissare auszuüben, vielmehr gleicht die Handhabung einer rechtlichen Evidenzkontrolle.

e) *Europäisches Misstrauensvotum*

Art. 234 AEUV normiert, dass das Parlament der Kommission als Ganzes das Misstrauen aussprechen kann; diese muss daraufhin geschlossen zurücktreten. Hierzu ist eine doppelt qualifizierte Mehrheit, nämlich die Mehrheit von zwei Dritteln der abgegebenen Stimmen und die Mehrheit der Mitglieder des Parlaments, erforderlich. Wegen dieser hohen Hürde war in der Praxis bisher keiner der Misstrauensanträge erfolgreich. Der einzige Rücktritt einer Kommission, der auf das mittelbare Wirken des Parlaments zurückzuführen ist, ist der Rückzug der *Santer*-Kommission. Nachdem ein Misstrauensvotum gegen diese am Zweidrittelquorum gescheitert war, verweigerte das Parlament mit absoluter Mehrheit die Entlastung gem. Art. 319 AEUV für die Haushaltsführung des Jahres 1996,[1123] weshalb sich die Kommission 1999 zum Rücktritt gezwungen sah.[1124]

Ein Misstrauensvotum für die parlamentarische Versammlung war von Beginn an in den Verträgen festgehalten. Hieran erkennt man einen Ansatz für den Grundgedanken der Väter der europäischen Einigung, langfristig ein vollwertiges parlamentarisches System zu schaffen, indem der ansonsten schwach ausgestalteten Keimzelle des Parlamentarismus bereits das verfassungsrechtlich schärfste Kontrollrecht in die Hände gelegt wurde.[1125] Während gem. Art. 24 Abs. 2 EGKS das Misstrauen sachlich mit dem Jahresbericht der Hohen Behörde (Vorläuferin der Kommission) zunächst verknüpft war, sahen die anderen Verträge solche sachlichen Beschränkungen nicht mehr vor.[1126]

Damit mussten nur die o.g. Mehrheiten erreicht werden, um die Kommission zu stürzen. Die Regelung, die dem Parlament Zugang zum scheinbaren „Gipfel parlamentarischer Macht“[1127] verschaffte, zeigt gleichzeitig die Schwäche des Parlaments

---

der Ruhegelder *Cressons* zu erwirken, der EuGH betrachtete die im Rahmen des Urteils erfolgte Feststellung von rechtlichen Verfehlungen als genügende Sanktion; siehe EuGH Rs. C-432/04, Slg. 2006, I-6387.

1123 ABl. 1999, Nr. C 104/106.

1124 ABl. 1999, Nr. C 177/19.

1125 Insofern treffend *Reister*, Bemerkungen zum ersten parlamentarischen Misstrauensvotum in den Europäischen Gemeinschaften, ZParl 1973, 208 (209). Das Misstrauensvotum sollte nicht nur eine demokratische Zierde darstellen, sondern auch zum einen Konflikte innerhalb der Gemeinschaft lösen und zum anderen dem Parlament ein ernstzunehmendes Machtmittel an die Hand geben.

1126 Vgl. Art. 24 Abs. 2 EGKS bis zum Inkrafttreten des FusV, der mit Art. 27 Abs. 2 den Wortlaut anglich.

1127 *Bieber*, Das Parlamentarische Misstrauensvotum in den Europäischen Gemeinschaften, NJW 1973, S. 406.

auf. Das Misstrauensvotum ist lediglich destruktiv ausgestaltet und nur auf die Kommission als Ganzes bezogen.[1128]

Ein Votum gegen einen einzelnen Kommissar hätte daher grundsätzlich nur politische Bedeutung. Nach Punkt II/5 der aktuellen Rahmenvereinbarung zwischen Parlament und Kommission[1129] wird der Kommissionspräsident durch einen derartigen Beschluss nur zur sorgfältigen Prüfung des Falles angehalten und ggf. zu einer Begründung der Zurückweisung des parlamentarischen Vorbringens verpflichtet. Nach Art. 17 Abs. 6 EUV ist eine Rücktrittsforderung seitens des Präsidenten gegen einen Kommissar rechtsverbindlich. Die Regelung stellt i.E. einen sinnvollen Interessenausgleich zwischen Parlament und Kommission dar, da das Parlament bei Vertrauensverlusten einzelner Kommissare nicht zum stabilitätsbedrohenden Sturz der gesamten Kommission gezwungen wird. Im Sinne des Grundsatzes der loyalen Zusammenarbeit zwischen den Organen und der Funktionsfähigkeit der Union ist das Parlament zu einer derartigen vorherigen Konsultation verpflichtet, sofern nur einzelne Kommissare über keinen parlamentarischen Rückhalt mehr verfügen. Umgekehrt ist der Kommissionspräsident bei seiner Abwägungsentscheidung durch das drohende umfassende Misstrauensvotum nicht vollständig ungebunden.[1130]

Im Ergebnis ist die Ausübung des Misstrauensvotums gegen einzelne Kommissare als milderes Mittel im Sinne der Systemstabilität anzusehen, solange sich in der EU keine echten parteipolitischen Koalitionen herausbilden, welche eine Kommission durch parlamentarische Mehrheiten tragen.[1131] Einer solchen gewaltenverschränkenden Entwicklung steht das EU-Recht, welches auf den Schutz der Unabhängigkeit der Kommission bedacht ist, durch die Normierung einer strikten Inkompatibilität von Kommissarsamt und Parlamentsmandat in Art. 7 Abs. 1 DWA entgegen. Die hierdurch fehlenden personellen Verflechtungen erschweren die Entwicklung von engen Kooperations- und Vertrauensverhältnissen zwischen Kommission und Parlamentsmehrheit.[1132]

Vor Inkrafttreten des Maastrichter Vertrages, als das Parlament bei der Ernennung der Kommission keine Rolle spielte, war dies umso problematischer, als die Mitgliedstaaten durch eine Neuernennung der vorherigen Kommissare den

---

1128 *Kotzur*, in: Geiger u.a. (Hrsg.), EUV/AEUV Kommentar, 2010, Art. 234 AEUV, Rn. 1.

1129 ABl. EU 2010 Nr. L 304/47.

1130 *Schoo*, in: Schwarze, EU-Kommentar, 2012, Art. 234 AEUV, Rn. 11.

1131 Das Herauslösen einzelner Minister aus der Regierung bedeutet in parlamentarischen Regierungssystemen im Regelfall auch eine schwere Belastung für die die Regierung tragende Koalition.

1132 *Dann*, Parlamente im Exekutivföderalismus, 2004, S. 328; *Eickhoff*, Das Funktionsrecht des Europäischen Parlaments, 2008, S. 94 f.; siehe zur Herleitung der Inkompatibilität auch *Dann*, Exekutivföderalismus, Der Staat 42 (2003), 355 (366).

Misstrauensakt des Parlaments faktisch aufheben konnten.[1133] Wegen der heute notwendigen Bestätigung der Kommission durch das Parlament dürfte dieses Schwierigkeit überwunden sein. Die aufgewertete Rolle des Parlaments durch die Kombination aus Mitwirkung bei der Ernennung und der Absetzung der Kommission führt dazu, dass das Vertragssystem der EU formell einen großen Schritt in Richtung Parlamentarisierung gegangen ist, da das Parlament nun sowohl bei der Einsetzung der Kommission mitwirken als auch den Rücktritt derselben durchsetzen kann. Trotzdem hat noch keine Scheidung des Parlaments in stetige Regierungs- und Oppositionsfraktionen stattgefunden,[1134] was insbesondere am erhöhten Mehrheitsquorum liegt. Bisher war keines der Misstrauensvoten erfolgreich. Der Gebrauch dieses Instruments war daher eher ein politisches Signal des Parlaments an die anderen Organe, dass es seine Rolle als Kontrollinstitution verstärkt wahrzunehmen gedachte.[1135] Dass ein Misstrauensbegehren wegen der qualifizierten Abstimmungsquoren keine vollständig leere Drohung darstellt, bewies das direkt gewählte Parlament schon sehr früh, indem es im Haushaltsverfahren gem. Art. 203 Abs. 8 EWG den Entwurf des Haushaltsplans 1980 im Wege der Globalablehnung mit Zweidrittelmehrheit scheitern ließ.[1136] Die Parlamentarier machten damit deutlich, dass die Hürden des Art. 144 EWG (heute Art. 234 AEUV) nicht unüberwindbar sind. Insgesamt ist für das Zustandekommen eines Misstrauensvotums ein über mehrere Parteilager hinausgehendes Zusammenwirken notwendig, sodass dies nur bei erheblichen Vertrauensverlusten der Kommission erfolgreich sein dürfte. Das Misstrauensvotum ist damit mehr ein Mittel der politischen Evidenzkontrolle[1137] als ein wirksamer Mechanismus zur Herstellung eines parlamentarischen Systems in der EU.

1133 Zum Problem *Bieber*, Das Parlamentarische Misstrauensvotum in den Europäischen Gemeinschaften, NJW 1973, S. 407, der auch Stimmen zitiert, nach denen das Misstrauensvotum deswegen völlig unwirksam sei. Aus diesem Grund ist der Ansicht *Geigers* (*Geiger*, in: Geiger u.a. (Hrsg.), EUV AEUV Kommentar, 2010, Art. 17 EUV, Rn. 30), welcher im Zuge der Schaffung des Zustimmungserfordernisses die Bedeutung des Misstrauensvotums schwinden sah, nicht zuzustimmen. *Hilf*, Die rechtliche Bedeutung des Verfassungsprinzips der parlamentarischen Demokratie für den europäischen Integrationsprozess, EuR 1984, 9 (31) sah in dieser Konstruktion Gefahrenpotential für einen europäischen Verfassungskonflikt.

1134 Vgl. hierzu BVerfG, 2 BvC 4/10 vom 9.11.2011, Rn. 119.

1135 So auch *Bieber* in seiner Bewertung des ersten Misstrauensantrags; *Bieber*, Das Parlamentarische Misstrauensvotum in den Europäischen Gemeinschaften, NJW 1973, S. 407 f.

1136 Amtsblatt der Europäischen Gemeinschaften 1980, Nr. C 4 S. 36 und 1985, Nr. C 12 S. 90.

1137 *Hölscheidt*, in: Grabitz/Hilf/Nettesheim, Das Recht der EU, 2012, Art. 234 aEUV, Rn. 3 betont, dass das Misstrauensvotum mehr Sanktionsrecht als Gestaltungsrecht des Parlaments ist.

f) Auswärtige Politik im Rahmen der Kompetenzen des institutionellen Dreiecks

Für Vertragsschlüsse der EU im Rahmen ihrer traditionellen Kompetenzen im Wirtschaftsbereich sieht Art. 218 AEUV ein besonderes Procedere vor, welches im Gegensatz zu ordentlicher Gesetzgebung und zum Haushaltsverfahren von einer Überordnung des Rates geprägt ist und schon zuvor in Art. 300 EGV normiert war. Dieser Artikel ermächtigt die Kommission auf deren Vorschläge hin zur Führung von Verhandlungen. Der Rat kann dabei durch Richtlinien und die Einsetzung eines begleitenden Sonderausschusses die Spielräume der Kommission beschränken. Nach der Paraphierung von Verträgen ist ein Genehmigungsbeschluss des Rates erforderlich.

Das Parlament muss dagegen grundsätzlich nur ex post durch ein Anhörungsrecht beteiligt werden, wie es schon im Rahmen der EWG-Verträge in einigen Materien Usus war. Wegen der erst nachträglichen Anhörung verblieb dem Parlament keine Möglichkeit, auf die Verhandlungen einzuwirken. Der Rat war in dieser Frage bisher nicht bereit, mehr als die schon bestehende, in Art. 300 EGV a.F. vorgesehene regelmäßige Information des Parlaments über den Stand der Vertragsberatungen zuzugestehen bzw. die Stellungnahme schon während der Verhandlungen entgegenzunehmen.[1138]

Lediglich in den Fällen des Art. 218 Abs. 6 Buchst. a AEUV besteht ein weitergehendes Zustimmungsrecht des Parlaments. Damit tritt das Parlament bei Vertragsschlüssen mit dem Ausland als gestaltendes Element in den Hintergrund, da es in beiden Beteiligungsformen, keine rechtlich verbindlichen Standpunkte abgeben darf. Im Rahmen des Zustimmungsverfahrens beschließt das Parlament nach Art. 86 GeschO EP bereits vor den Verhandlungen Stellungnahmen und wird dazu über den Fortgang der Verhandlungen informiert.[1139] Diese konzertierenden Verfahrenselemente dienen der Absicherung einer späteren zeitnahen Zustimmung des Parlaments. Die Entstehung dieser Praxis ist vor allem dadurch bedingt, dass keine Fristen zur Abgabe der Zustimmung vorgegeben sind, deren Überschreitung eine rechtliche Fiktion eines positiven Votums zur Folge hat.[1140] Trotzdem ist die parlamentarische Beteiligung in der supranationalen Außenpolitik gegenüber den

---

1138 *Bieber*, Die Einwirkung des Europäischen Parlaments auf die Rechtsetzung in der Gemeinschaft, in: Schwarze (Hrsg.), Gesetzgebung in der Europäischen Gemeinschaft, 1985, S. 85 f.; *Krajewski*, Foreign Policy and the European Constitution, Yearbook of European Law 2003, 435 (445 f.); siehe auch C III1 b cc (2).

1139 Siehe Nr. 23 ff. der aktuellen Rahmenvereinbarung zwischen Parlament und Kommission, ABl. EU 2010 Nr. L 304/47.

1140 *Härtel*, Handbuch Europäische Rechtsetzung, 2006, § 19, Rn. 11 f. deutet wegen der auf Grund des unbedingten Zustimmungsrechtes entstandenen Konzertierungsansätze das Zustimmungsverfahren als Einstieg in ein parlamentarisches Mitentscheidungsrecht.

Rechten zur Setzung von internem Recht unterentwickelt.[1141] Im Ergebnis hat das Parlament auch beim Zustimmungsrecht nur die Wahl, entweder durch die Verweigerung als Blockierer wichtiger völkerrechtlicher Reformen aufzutreten oder ohne die Möglichkeit, Änderungen anzubringen, dem Vertragsschluss zuzustimmen.[1142]

Das Verfahren macht deutlich, dass die Mitgliedstaaten als Herren der Verträge die Vertretung der EU nach außen weitgehend unter ihrem Einfluss halten wollen, was an der ständigen Rückbindung der verhandlungsführenden Kommission an den Rat deutlich wird. Die Kommission nimmt im Bereich der auswärtigen Vertragsverhandlungen nach der Einbringung ihres Initiativvorschlages mehr die Funktion eines einheitlichen Sprachrohres nach außen denn die einer eigenständig agierenden Exekutive wahr. Bis zum Vertrag von Amsterdam war dem Rat sogar der formelle Vertragsschluss gem. Art. 228 Abs. 2 EVG a.F. vorbehalten.[1143] Anders als in anderen Rechtsordnungen gehört damit die völkerrechtliche Vertretung der EU durch das Regierungsorgan der Kommission, welche grundsätzlich gem. Art. 17 Abs. 1 S. 4 EUV für die völkerrechtliche Vertretung der Union zuständig ist, nicht zum geschützten Kern exekutiver Gestaltungsspielräume. Vielmehr üben die Mitgliedstaaten ihre in der Union gebündelten Souveränitätsrechte über den Rat noch weitgehend eigenständig aus.

3. Kreationsfunktion

a) Ernennung der Kommission

Der Vertrag von Maastricht ergänzte die Funktionen des Parlaments auch an anderer Stelle wesentlich, indem schon länger bestehende Forderungen nach einer Teilhabe der Abgeordneten an der Kreation der Kommission aufgegriffen wurden.[1144] Ihm wurde erstmals ein Mitwirkungsrecht bei der Einsetzung der Kommission zugestanden, womit die bisher kaum vorhandene Kreationsfunktion der

1141 *Nettesheim*, in: von Bogdandy/Bast, Europäisches Verfassungsrecht, 2009, S. 461; *Möllers*, Gewaltengliederung, 2005, S. 374; zu den Problemen einer verstärkten Parlamentsbeteiligung siehe den Diskussionsbeitrag von *Krück*, in: Geiger (Hrsg.), Neuere Probleme der parlamentarischen Legitimation im Bereich der auswärtigen Gewalt, 2003, S. 185.

1142 Plastisch am Beispiel der WTO-Verhandlungen *Brok*, Die neue Macht des Europäischen Parlaments nach „Lissabon" im Bereich der Handelspolitik, integration 2010, 209 (214).

1143 *Lorz*, Interorganrespekt im Verfassungsrecht, 2001, S. 307.

1144 Für den *Vedel*-Bericht *Fuß*, Positionsstärkung des Europäischen Parlaments, EuR 1972, S. 358 ff.; für den *Tindemans*-Bericht *Scheuner*, Perspektiven einer Europäischen Union, EuR 1976, 193 (209).

Straßburger Abgeordneten eine entscheidende Stärkung erfuhr,[1145] um die demokratische Legitimation der Kommission zu festigen.[1146] Bis dahin war die Bestellung der Kommission ein Monopol der Mitgliedstaaten.[1147] Gleichzeitig benötigte die Kommission für ihre Amtsführung zur Gestaltung der weiteren Integration zusammen mit den Mitgliedstaaten das Vertrauen der EU-Länder.[1148] Auch heute schlagen die Mitgliedstaaten gem. Art. 14 Abs. 7 EUV im Europäischen Rat Kommissionspräsidenten bzw. im Rat der EU die Bewerberliste für das restliche Kommissarskollegium vor, welche die Grundlage für die Wahl bzw. die Zustimmung des Parlaments bildet. Die Geschichte der europäischen Verträge zeigt eine zunehmende Supranationalisierung der Kreationsfunktion. Mit dem Vertrag von Nizza ist mit Art. 214 Abs. 2 EGV a.F. das Quorum für den Ernennungsbeschluss bzw. Vorschlag zum Kommissionspräsidenten von einer einstimmigen Entschließung auf die qualifizierte Mehrheit der Mitgliedstaaten gesenkt worden. Der Modus, mittels welchem der Wille der Mitgliedstaaten in das Ernennungsverfahren eingebracht wurde, wechselte mit der Zeit. Bis zum Vertrag von Nizza waren die „Regierungen der Mitgliedstaaten" gem. Art. 214 Abs. 2 EGV (Amsterdamer Vertrag a.F.) zuständig. Danach war der Rat in der Zusammensetzung der Staats- und Regierungschefs mit der Kreationsfunktion betraut. Die aktuelle Regelung durch den Vertrag von Lissabon ist insoweit ein kleiner Rückschritt, da nunmehr der intergouvernemental strukturierte Europäische Rat für den Vorschlag des Kommissionspräsidenten zuständig ist. Dessen Auswahlermessen ist beschränkt, weil er gem. Art. 14 Abs. 7 EUV das Ergebnis der Wahlen zum Europaparlament zu berücksichtigen hat. Somit sind die parteipolitischen Mehrheitsverhältnisse im Parlament in Zusammenhang mit der Kreation der Kommission erstmals im Primärrecht positiviert verknüpft. Im Ergebnis ändert sich die Praxis der Staats- und Regierungschefs bei der Kandidatenernennung nicht. Vielmehr bestand schon zuvor der Zwang, mit Blick auf das Zustimmungserfordernis im Parlament das Personaltableau mehrheitsfähig zu gestalten.[1149] Anders als beim Vorschlag

1145 *Suski*, Das Europäische Parlament, 1996, S. 171.

1146 *Martenczuk*, in: Grabitz/Hilf/Nettesheim, Das Recht der EU, 2012, Art. 17 EUV, Rn. 5.

1147 Hierzu *Hummer/Oberwexer*, Die neue „Europäische Kommission" 1995–2000 – Bennennung, Investitur und Zusammensetzung-, EuR 1995, 129 (131).

1148 So trat *Hallstein* 1967 von seinem Amt als Kommissionspräsident zurück, als klar wurde, dass ihm die Mitgliedstaaten nur eine begrenzte weitere Amtszeit zubilligten; vgl. *Europäische Kommission*, Die Geschichte der Europäischen Kommission, 1958–1972, 2007, S. 117; vgl. auch *Ipsen*, Die EG-Kommission in der Reformdiskussion, in: von Münch (Hrsg.), Staatsrecht-Völkerrecht-Europarecht, Festschrift für Hans Jürgen Schlochauer, 1981, 813 (820).

1149 *Martenczuk*, in: Grabitz/Hilf/Nettesheim, Das Recht der EU, 2012, Art. 17 EUV, Rn. 106.

des Bundespräsidenten zur Wahl des Bundeskanzlers kommt den Staats- und Regierungschefs mangels bestehender fester Koalitionsverhältnisse im Parlament eine weitaus größere Einschätzungsprärogative zu.[1150]

Erste Ansätze einer parlamentarischen Billigung der Kommission wurden ab 1980 sichtbar, als das Parlament mit der Annahme des *Rey*-Berichts der neu eingesetzten Kommission sein Vertrauen aussprach.[1151] Diese Praxis verfestigte sich[1152] und wurde 1983 in der „Feierlichen Deklaration von Stuttgart" auch zum Teil von den Mitgliedstaaten anerkannt, da diese die Kommissionen dazu anhielten, ihr Programm dem Parlament zur Aussprache und Abstimmung vorzulegen.[1153] Heute sieht Art. 35 GeschO EP eine gemeinsame Entwicklung des Programmes durch alle drei Organe des institutionellen Dreiecks vor, wozu sich auch die Kommission verpflichtet hat.[1154]

Der nach Maastricht eingeführte Art. 158 Abs. 2 EGV a.F. legte fest, dass das Parlament im Ernennungsprozess anzuhören war und das Kommissionskollegium als Ganzes vom Parlament per Zustimmung bestätigt werden musste. Mit dem Vertag von Amsterdam wurde die Kompetenz des Parlaments weiter ausgebaut, sodass Art. 17 EUV heute noch zusätzlich die gesonderte Wahl des Kommissionspräsidenten beinhaltet. Trotz des Bedeutungsgewinns des Parlaments bei der Investitur der Kommission bleibt der Einfluss der Mitgliedstaaten beherrschend, was sich z.B. an Art. 17 Abs. 5 EUV zeigt. Dieser statuiert in Aufgabe des bisher geltenden Grundsatzes „ein Staat – ein Kommissar" nun eine gleichberechtigte Rotation bei dem Kommissionsposten. Das Parlament ist damit bei der Kür der Kommission nur mit einer „negativen Kreationsfunktion"[1155] bedacht worden.

Im Rahmen der EGKS war die Besetzung der Hohen Behörde noch gem. Art. 9 und 10 EGKS nach dem Ablauf einer ersten Übergangsfrist ähnlich dem US-Senat in einem Rotationsystem organisiert, welches alle zwei Jahre einen Austausch von einem Drittel der neun Mitglieder vorsah. Mit Art. 158 Abs. 2 EWG wichen die Römischen Verträge von diesem Modell zugunsten einer festen Legislaturperiode von vier Jahren ab. Erst mit dem Vertrag von Maastricht 1992/1993 wurde die Dauer der Amtszeit der Kommission an die parlamentarische Legislaturperiode von fünf Jahren angeglichen.[1156] 1999 wurden nach dem Rückzug der *Santer*-Kommission Beginn und Ende der Amtsdauer mit der Legislaturperiode des Parlaments

1150 Damit ist das Vorschlagsrecht nicht wie im Fall des Bundespräsidenten „politisch bedeutungslos"; *Herzog*, in: Maunz/Dürig, Grundgesetz-Kommentar, 2012, Art. 63, Rn. 2.

1151 ABl. EG 1980, Nr. C 117/52 ff.

1152 *Suski*, Das Europäische Parlament, 1996, S. 114.

1153 Bull EG 6/1983, S. 26 (29).

1154 Siehe die Vereinbarung in Anlage XIV zur GeschO EP.

1155 *Dann*, Parlamente im Exekutivföderalismus, 2004, S. 306 ff.

1156 *Martenczuk*, in: Grabitz/Hilf/Nettesheim, Das Recht der Europäischen Union, 2012, Art. 17 EUV, Rn. 66.

in Übereinstimmung gebracht,[1157] sodass ein zeitlicher Konnex zwischen beiden Organen hergestellt wurde.

Mit Blick auf dessen behauptetes demokratisches Legitimationsdefizit wurde die Beteiligung des Parlaments nicht nur positiv gesehen, da hierdurch die Entscheidung der Mitgliedstaaten vollständig überwunden werden konnte.[1158] *Saalfrank*, der sich in den 90er Jahren in seiner Dissertation mit der gestärkten Rolle des Parlaments auseinandersetzte, schätzte dieses Problem 1995 nicht als übermäßig gravierend ein, da die Regierungsvertreter die konkrete Postenverteilung selbst bestimmen konnten.[1159]

Dass den EU-Mitgliedern diese Entscheidungsprärogative tatsächlich alleine verblieb, ist zweifelhaft. Im Ernennungsverfahren vor dem Parlament entwickelten sich zunehmend intensive Befragungen der einzelnen Kandidaten, welche vom Parlament im Vorfeld der Abstimmung über das Kommissarskollegium durchgesetzt wurden.[1160] Konnten hierbei Zweifel an der Persönlichkeit der Anwärter nicht ausgeräumt werden, nutzte das Parlament das Zustimmungserfordernis bezüglich des gesamten Kollegiums als Druckmittel, um konkrete Veränderungen im Personaltableau und im Ressortzuschnitt zu erzwingen. Schon 1995 reagierte *Santer* auf die Kritik des Parlaments an der designierten Ämterverteilung mit der Umschichtung von Arbeitsgruppen zwischen den Ressorts.[1161] Besonders manifest wurde die Rücksichtnahme auf parlamentarische Vorbehalte 2004 bezüglich des Kandidaten für den Posten des Justizkommissars, *Buttiglione*, welcher durch homophobe und frauenfeindliche Äußerungen in Misskredit geraten war. Das Vorgehen des Parlaments, welches in dieser Frage zur Machtprobe bereit war, stieß auf ein geteiltes Echo. Teils wurde angemerkt, dass sich das Parlament durch die Strapazierung seiner Kompetenzen mit Blick auf weitere Vertragsreformen selbst Schaden zugefügt habe.[1162] Nachdem der aggressiven Haltung des Parlaments tatsächlich nachgegeben worden war und im Rahmen der nächsten Investitur 2010 die vom Parlament kritisierte Anwärterin *Jeleva* von alleine auf ihre Kandidatur verzichtet hatte,[1163] erfuhren die Kompetenzen des Parlaments im Gegenteil eine entscheidende Stärkung. Die Parlamentarier erlangten entgegen

---

1157 *Chalmers/Hadjiemmanuil/Monti/Tomkins*, European Union Law, 2009; S. 117.

1158 *Saalfrank*, Funktionen und Befugnisse des Europäischen Parlaments, 1995, S. 196.

1159 *Ders.*, S. 196.

1160 Erstmals gab *Santer* diesem Verlangen nach; hierzu *Hummer/Oberwexer*, Die neue „Europäische Kommission" 1995–2000 – Bennennung, Investitur und Zusammensetzung-, EuR 1995, 129 (135).

1161 *Hummer/Oberwexer*, Die neue „Europäische Kommission" 1995–2000 – Bennennung, Investitur und Zusammensetzung-, EuR 1995, 129 (136).

1162 *Ruffert*, in: Calliess/Ruffert, EUV/AEUV Kommentar, 2011, Art. 17 EUV, Rn. 50; des Weiteren bewirkte das Parlament im Zuge der Kommissionsbesetzung 2004 Änderungen der geplanten Ressorts; vgl. *Chalmers/Hadjiemmanuil/Monti/Tomkins*, European Union Law, 2009; S. 117.

1163 *Ders*, Art. 17 EUV, Rn. 50.

der von *Saalfrank* dargelegten Konzeption auch Einfluss auf die konkrete Besetzung der Kommission. Der Erfolg des Parlaments im Einsetzungsverfahren stellte einen Markstein für die parlamentarische Demokratisierung Europas dar.[1164] Die konkrete Praxis der Befragungen oder sog. Hearings, welche in Art. 99 GeschO EP normiert ist, wird rechtlich z.T. scharf angegriffen.[1165] *Ruffert* hält diese aus seiner Sicht im Grund politisch sinnvolle Vorgehensweise für mit dem Vertragstext nicht vereinbar. Dabei stützt er sich auf den Wortlaut des Art. 17 Abs. 7 U abs. 3 S. 1 EUV, welcher statuiert, dass sich die Kommission als „Kollegium" dem parlamentarischen Votum stellen soll und auch die sonstigen Kontrollrechte des Parlaments gegen die Kommission als Ganzes ausgestaltet sind, sodass Einzelbefragungen unzulässig seien.[1166] Die vorhergehende einzelne Befragung der Kommissionsmitglieder stellt jedoch an sich nicht den Charakter der parlamentarischen Zustimmung als Billigung des gesamten Kollegiums in Frage.[1167]

Der Grund für die scharfe Kandidatenbefragung liegt gerade in dem Umstand, dass die EU kein vollwertiges parlamentarisches System entwickelt hat und die Kommission grundsätzlich in ihrer weiteren Amtsführung politisch unabhängig vom Parlament agiert.[1168] Als Konsequenz hieraus existiert im Parlament auch keine scharfe Aufteilung der Abgeordneten in Regierungs- und Oppositionsfraktionen, die bestimmte Amtsanwärter weitgehend vorbehaltlos unterstützen oder ablehnen. Vielmehr konzentriert sich das gesamte Parlament auf die möglichst weitgehende Überwachung der unabhängigen Exekutive.[1169] Damit erfüllt das Parlament bei der

---

1164 *Chaltiel*, La Commission Européene face au Parlement Européen, RMC 2004, S. 629 f. u. S. 633; in diese Richtung auch *Katz*, Europäisches Parlament und Parlamentarisierung der EU, integration 2006, 158 (162), die betont, dass nur die tatsächliche Ausnutzung der Kompetenzen den Bedeutungsgewinn des Parlaments begründete.

1165 Den Streit zusammenfassend *Eickhoff*, Das Funktionsrecht des Europäischen Parlaments, 2008, S. 48 ff.

1166 *Ruffert*, in: Calliess/Ruffert, EUV/AEUV Kommentar, 2011, Art. 17 EUV, Rn. 51.

1167 *Martenczuk*, in: Grabitz/Hilf/Nettesheim, Das Recht der EU, 2012, Art. 17 EUV, Rn. 110; *Kugelmann*, in: Streinz, EUV/AEUV, 2012, Art. 17 EUV Rn. 116.

1168 Die Unabhängigkeit der Kommission soll deren Funktion als überparteiliches Organ sicherstellen, vgl. *Temple Lang*, How much do smaller member states need the European Commission? The role of the Commission in a changing Europe CMLR 2002, 315 (325).

1169 Dieser Mechanismus prägt auch das scharfe Trennsystem der US-Verfassung, welches eine Vielzahl von checks and balances hervorgebracht hat; siehe unten D I 1. Mit der auf *Bryde* zurückgehenden These, dass die Trennung von Parlament und Kommission im Gegensatz zu von parteipolitischen Loyalitäten geprägten parlamentarischen Systemen wie dem der Bundesrepublik sicherstelle, dass ungeeignete Kandidaten aussortiert werden, argumentiert *Frenz*, Handbuch Europarecht, 2011, S. 88; ähnlich auch *Dann*, Parlamente im Exekutivföderalismus, 2004, S. 329 f., der die Hearings als Ausdruck eines kontrollierenden und nicht kreiierenden Parlaments deutet.

Zustimmung zur Kommission nicht nur eine Kreations-, sondern auch eine Kontrollfunktion. Eine Befragung der zukünftigen Kommission durch das Parlament ist an sich zulässig. Es findet sich in den EU-Verträgen keine Vorschrift, die, wie z.B. Art. 54 Abs. 1 GG bei der Wahl des Bundespräsidenten, eine Wahl ohne Aussprache vorschreibt. Dies gründet auch darin, dass die Kommission eine teilweise erheblich andere Rolle ausfüllt. Die Kommission fungiert – anders als z.B. der deutsche Bundespräsident –[1170] nicht nur als neutrale Hüterin des Unionsrechts, sondern ist darüber hinaus gerade durch das Initiativmonopol mit einem entscheidenden politischen Gestaltungsauftrag bedacht, sodass die Autorität der Kommissare in ihrer Amtsführung hinter das notwendige öffentliche Kontrollbedürfnis bei der Ausübung politischer Macht zurücktritt.

b) Besetzung weiterer Ämter

Das Parlament verfügte schon vor dem Vertrag von Maastricht hinsichtlich weiterer Institutionen der EU über Mitwirkungsbefugnisse bei der Personalauswahl, wobei dem Rat bzw. Europäischen Rat das alleinge Ernennungsrecht zukam.[1171] Diese Rechte erschöpfen sich meist in Anhörungsrechten zu den Personalvorschlägen des Rates bzw. des Europäischen Rates.[1172] Diese sind nicht an die Stellungnahme des Parlaments gebunden, sodass die Vertretung der Mitgliedstaaten bzw. die Staats- und Regierungschefs hier weitgehend frei agieren können. Eine gemeinsame Wahl gibt es nur sekundärrechtlich vorgesehen bei der Kür des Europäischen Datenschutzbeauftragten.[1173]

Das parlamentarische Anhörungsrecht in Personalfragen war zunächst bei der Ernennung von Mitgliedern des Rechnungshofes vorgesehen und gilt heute gem. Art. 283 Abs. 2 AEUV auch für die Direktoriumsmitglieder der EZB. Als der Ratspräsident dem Parlament zum ersten Mal am 12.09.1977 eine Liste mit Vorschlägen für die Mitglieder des neu gegründeten Rechnungshofes[1174] übersandte, nahmen die Abgeordneten die erstmalige Mitsprache in Personalfragen einer anderen Gemeinschaftsinstitution nicht als bloße Formalität wahr. Erst am 12.10.1977 gab das Parlament seine Stellungnahme an den Rat zurück.[1175] Auch über interinstitutionelle Vereinbarungen werden dem Parlament weitere Anhörungsrechte zu Personalvorschlägen zugestanden, wie z.B. bezüglich der Exekutivdirektoren von Regulierungsagenturen.[1176] Weitergehende Vorschläge, welche ein konstitutives

---

1170 *Niehaus*, in: Sachs, GG, 2011, Art. 54 Rn. 4, 17.

1171 In der parlamentarischen Sphäre liegt dagegen der Bürgerbeauftragte gem. Art. 228 AEUV.

1172 Art. 286 Abs. AEUV für den Rechnungshof.

1173 Art. 42 Abs. 1 der Verordnung (EG) Nr. 45/2001.

1174 ABl. EG 1977 Nr. L 359/1.

1175 *Isaac*, Les finances communautaires, RevTrimDrEur 1980, 302 (347).

1176 Siehe Nr. 32 der Rahmenereinbarung zwischen Kommission und Parlament, ABl. EU 2010 Nr L 304/47.

Mitentscheidungsrecht des Parlaments forderten, konnten bis heute nicht verwirklicht werden.[1177]

Trotzdem hat das Europaparlament diese Anhörungsrechte genutzt, um zum einen Qualifikationskriterien zu formulieren und zu etablieren und zum anderen aus seiner Sicht ungeeignete Kandidaten zu verhindern.[1178]

Ende 2012 wandte das Parlament z.B. sein Anhörungsrecht gem. Art. 283 Abs. 2 AEUV im Rahmen der Besetzung des Direktoriums der EZB an, um eine Bestallung unter Berücksichtigung einer Frauenquote zu realisieren. Dabei verwendet das Parlament sein klassisches Druckmittel, welches es schon im Rahmen seines legislativen Anhörungsrechts nutzte. Die Parlamentarier setzten lange Zeit keinen Termin für die Anhörung des vom Europäischen Rat nominierten männlichen Kandidaten *Mersch*, des damaligen luxemburgischen Zentralbankpräsidenten, an und zögerten während der laufenden Eurokrise damit die Entscheidung hinaus, um Zwang auf die Mitgliedstaaten auszuüben.[1179] Nach der am 25.10.2012 erfolgten Anhörung gab das Parlament schließlich eine ablehnende Stellungnahme ab,[1180] woraufhin *Mersch* trotzdem ernannt wurde.[1181]

Ähnlich wie die Verzögerungstaktik beim legislativen Anhörungsrecht steht dieses Vorgehen im Spannungsfeld mit dem Grundsatz der loyalen Zusammenarbeit der Organe,[1182] sodass die Anhörung nicht übermäßig hinausgezögert werden darf.

Die Richterernennung zum EuGH liegt gem. Art. 253 Abs. 1 AEUV bei den Regierungen der Mitgliedstaaten selbst, die im konsensualen Einvernehmen die Richterstellen für sechs Jahre besetzen. Rat und Parlament als Unionsorgane sind hierbei nur im Rahmen der Konstituierung des anzuhörenden Expertenausschusses gem. Art. 255 AEUV beteiligt. Während das Parlament nur über die Auswahl der fachkundigen Persönlichkeiten anzuhören ist, verfügt der Rat über das Recht, die Zusammensetzung und Verfahrensordnung des Gremiums zu bestimmen.[1183]

1177 Z.B. schlug die Kommission Entsprechendes für das Ernennungsverfahren beim Rechnungshof vor; vgl. BullEG, Beil 2/91, S. 177 f.

1178 Vgl. z.B. im Rahmen des Anhörungsrechts für Mitglieder des Rechnungshofes ABl. EG 1989 C 323/31 sowie ABl. EG 1994 C 20/91.

1179 Vgl. zum Vorgehen des Parlaments „Notenbanker als Quotenopfer", SZ vom 7. September 2012, S. 17.

1180 Beschluss des Europäischen Parlaments vom 25. Oktober 2012 zur Empfehlung des Rates zur Ernennung eines Mitglieds des Direktoriums der Europäischen Zentralbank, P7_TA(2012)0396.

1181 Siehe die Pressemitteilung des Rates EUCO 226/12 PRESSE 488 vom 22. November 2012.

1182 Siehe C III 1 c bb).

1183 Zum Ausschuss *Wegener*, in: Calliess/Ruffert, EUV/AEUV Kommentar, 2011, Art. 255 AEUV, Rn. 1 ff.

4. Der Europäische Rat – Parlamentsfreier Raum der Lenkungspolitik und neuer Einflussfaktor neben dem Rat der Europäischen Union

1975 kamen die Staats- und Regierungschefs der Mitgliedstaaten erstmals als Europäischer Rat zusammen. Damit hatten der deutsche Kanzler *Schmidt* und der französische Präsident *Giscard d'Estaing* die seit 1961 bestehende Praxis der Gipfel der Staats- und Regierungschefs einen neuen institutionellen Rahmen gegeben,[1184] der seit der EEA in den Verträgen Erwähnung findet und dem heute in Art. 18 EUV Organqualität zugewiesen wird. Dieser sollte wesentliche politische Fragen der weiteren Integration auf höchster Ebene klären. Die 1974 beschlossene Einrichtung des Europäischen Rates stellte eine Abkehr von den damaligen Integrationsplänen der Gründerväter der Europäischen Einigung dar. Die Kommission sollte eigentlich als Motor der Integration dienen und in die Rolle einer europäischen Regierung hineinwachsen, während der Rat als mitgliedstaatliche Vertretung allmählich in die Funktion einer zweiten Kammer zurückfallen sollte.[1185]

Diese Ideen waren schon 1965/66 zweifelhaft geworden, als Frankreich mit seiner „Politik des leeren Stuhles" im Ministerrat die europäische Idee in eine schwere Krise gestürzt hatte, um nicht nur das Einstimmigkeitsprinzip im Rat zu wahren, sondern auch die Entstehung politischer Spielräume der Kommission zu blockieren.[1186] Nachdem sich Frankreich mit den Luxemburger Beschlüssen 1966 weitgehend durchgesetzt hatte, war fraglich, wer nach der Beschränkung der politischen Kompetenzen der Kommission den weiteren Kurs der Integration bestimmen sollte. Zudem waren die anderen bestehenden Organe in dieser Hinsicht durch das Prinzip der begrenzten Einzelermächtigung in ihrer Handlungsfähigkeit eingeengt.[1187]

1969 traten dann die europäischen Staats- und Regierungschefs auf der Haager Gipfelkonferenz zusammen, um die weiteren Schritte der Integration zu beraten und auf den Weg zu bringen. Die Gipfelkonferenzen wurden auf französischen Vorschlag hin 1974 in den Europäischen Rat umgewandelt, der mindestens einmal pro Halbjahr tagen sollte.

1184 *Chalmers/Hadjiemmanuil/Monti/Tomkins*, European Union Law, 2009; S. 108; *Reichenbach u.a.*, Integration: Wanderung über europäische Gipfel, 1999, S. 16.

1185 Hierzu sollte vor allem die Abkehr vom Konsensverfahren als Ansatzpunkt dienen; *Hallstein*, Der unvollendete Bundesstaat, 1969, S. 63 f. Funktional betrachtet ist heute weiter der Rat die Erste Kammer, da die Verträge nach wie vor stets dem Rat und nicht immer dem Parlament ein Beschlussfassungsrecht zugestehen; *Härtel*, Handbuch Europäische Rechtsetzung, 2006, Synthese, Rn. 19.

1186 *Oppermann/Classen/Nettesheim*, Europarecht, 2009, § 1, Rn. 19.

1187 Wobei die Kommission außerhalb ihres Kompetenzbestandes mit dem Europäischen Rat bei der Erarbeitung von Vorschlägen zur weiteren Integration durchaus zusammenwirkt; vgl. „Nur Deutschland kann den Euro retten", Handelsblatt vom 5.6.2012, S. 10 f.

Damit machten die Mitgliedstaaten als Herren der Verträge deutlich, dass sie die Kompetenz zum Anstoß weiterer Integrationsschritte nicht auf die supranationale Ebene abgeben wollten. Hierbei ist zu beachten, dass die Integration hinsichtlich einer gemeinsamen Außen-, Justiz- und Sicherheitspolitik, wie sie im Maastrichter Vertrag unter den Namen GASP und PJZS als zweite und dritte intergouvernementale Säulen der Union eingeführt wurden, wesentlich stärker die klassische Souveränitätsrechte der Mitgliedstaaten berührt als die ökonomische Einigung mit der bloßen Schaffung eines einheitlichen Binnenmarktes. Schon der Vorläufer der gemeinsamen Außenpolitik, die Europäische Politische Zusammenarbeit, war ab 1970 als intergouvernementale Abstimmung zwischen den Mitgliedstaaten konzipiert worden.[1188] Die jüngeren Integrationsschritte, wie die EU-Osterweiterung, der Ausbau der militärischen Komponente der GASP oder die gemeinsame Währungspolitik, werden heute maßgeblich vom Europäischen Rat bestimmt.[1189] Dies ist demokratietheoretisch problematisch, da die Verhandlungsprozesse zwischen den Regierungen nur wenig transparent und nachvollziehbar verlaufen und echte Opposition gegen die Politik der Mitgliedstaaten vor allem im Wege parlamentarischer Kontrolle nur eingeschränkt möglich ist.[1190] Der Europäische Rat ist in der Außenpolitik im Verhältnis zur Stellung des Ministerrats in der Anfangsphase der Union weitaus ungebundener. Während der frühe EuGH die Schwäche des Parlaments als Kontrollorgan kompensierte, ist auch dieser im weitgehend parlamentsfreien Raum der intergouvernementalen Außenpolitik gem. Art. 275 AEUV ebenfalls ohne Prüfungsbefugnisse.[1191]

Der aus der Anfangszeit der Gemeinschaften stammende Streit zwischen Kommission und Rat, welches der beiden Organe die Keimzelle einer späteren Regierung werden sollte,[1192] setzt sich mit dem Dualismus zwischen Europäischem Rat und Kommission fort. Dieser äußert sich z.B. in Aufforderungen bzw.

1188 *Lorz*, Interorganrespekt im Verfassungsrecht, 2001, S. 344.

1189 Skeptisch zur Stellung des Europäischen Rates mit Blick auf das Demokratieprinzip *Ruffert*, Schlüsselfragen der Europäischen Verfassung der Zukunft: Grundrechte – Institutionen – Kompetenzen – Ratifizierung, EuR 2004, 165 (185); siehe auch den Abschlussbericht der Gruppe zur Zukunft Europas vom 17.09.2012, S. 7, der für eine verstärkte Einbindung des Parlaments in die Politik des Europäischen Rates plädiert.

1190 *Neyer*, Die Krise der EU und die Stärke einer deliberativen Integrationstheorie, ZIB 12. Jg. (2005), 377 (378 f.).

1191 Art. 276 AEUV beschränkt auch in Fragen der polizeilich-justiziellen Zusammenarbeit das Prüfungsrecht der Luxemburger Richter.

1192 *Sasse*, Kommission und Rat: Konstitutionelle Rivalen oder funktionale Partner, EuR 1972, 341 (348); *Scheuner*, Perspektiven einer Europäischen Union, EuR 1976, 193 (200).

Ersuchen des Europäischen Rates an die Kommission, in bestimmten Politikfeldern tätig zu werden.[1193] Mit dem Lissabonner Vertrag wurde ferner in Gestalt des ständigen Ratspräsidenten gem. Art. 15 Abs. 6 EUV erstmals eine Personalie geschaffen,[1194] die den Europäischen Rat und grundsätzlich die EU nach außen einheitlich repräsentiert. Das Verhältnis dieser neuen zentralen Personalie zum bisher eindeutigen Haupt der europäischen „Regierung", dem Kommissionspräsidenten, ist ungeklärt.[1195]

Die Rolle der ursprünglichen Gemeinschaftsorgane war seit der Wende durch den Luxemburger Kompromiss und die Einführung der regelmäßigen Gipfel sichtlich auf die Ausfüllung der herrschenden Kompetenzen, die im Großen und Ganzen im Rahmen auf die Herstellung eines gemeinsamen Marktes abzielen, begrenzt. Dies war auch im Interesse der Mitgliedstaaten, deren Einfluss im klassischen institutionellen Rahmen durch die Mitarbeit im Rat infolge der Kompetenzgewinne des Parlaments und dem damit verbundenen Zwang, mit dem unitarisch orientierten Parlament Kompromisse zu schließen, relativ gesunken war. Der Aufstieg des Europäischen Rates ist also auch zum Teil mit dem relativen Bedeutungsverlust des Rates der Europäischen Union gegenüber Kommission und vor allem Parlament zu erklären.[1196] Die Zustimmung des Rates ist nach wie vor in allen Entscheidungen in der Sekundärrechtsetzung konstitutiv. Damit wird dem bestimmenden Einfluss der Mitgliedstaaten als Herren der Verträge Rechnung getragen. Das alleinige Gestaltungsrecht in der Rechtsetzung, welches der Rat lange Zeit nach einer Kommissionsinitiative innehatte, müssen sich die Vertreter der Mitgliedstaaten mittlerweile regelmäßig mit den Parlamentariern teilen.[1197] Darüber hinaus haben die einzelnen Mitgliedstaaten nach der Durchsetzung des Mehrheitsprinzips im Rat und der hiermit verbundenen Möglichkeit, überstimmt zu werden, relativ an Gewicht verloren.

1193 *Lenski*, Rat und Europäischer Rat nach dem Vertrag von Lissabon (Reformvertrag), in: Pernice (Hrsg.), Der Vertrag von Lissabon: Reform der EU ohne Verfassung?, 2008, 99 (101).

1194 Damit wurde der vormalige Rotationsmodus zwischen den Mitgliedstaaten aufgehoben; *Fischer*, Der Vertrag von Lissabon, 2010, S. 152.

1195 *Lenski*, Rat und Europäischer Rat nach dem Vertrag von Lissabon (Reformvertrag), in: Pernice, (Hrsg.), Der Vertrag von Lissabon: Reform der EU ohne Verfassung?, 2008, 99 (103) sieht den den Ratspräsidenten eher in einer repräsentativen Funktion.

1196 So auch der Präsident des Europäischen Parlaments Schulz, der eine intensive Beteiligung des Parlaments an der Arbeit des Europäischen Rats anmahnt, vgl. http://www.faz.net/aktuell/politik/europaeische-union/martin-schulz-im-interview-notfalls-muss-es-krachen-11715859.html, abgerufen am 13.04.2012. Damit kam es letztlich doch zu einer Verschiebung des institutionellen Gleichgewichtes, die *de Gaulle* gefürchtet hatte; hierzu *Bajon*, Die Krise des leeren Stuhles 1965/66, in: Gehler (Hrsg.), From Common Market to European Union Building, 2009, S. 371 (S. 385 f.).

1197 *Malorny*, Exekutive Vetorechte im deutschen Verfassungssystem, 2011, S. 439.

Im Europäischen Rat gilt dagegen grundsätzlich gem. Art. 15 Abs. 4 EUV das Konsensprinzip, sodass jeder einzelne Mitgliedstaat weiterhin über eine Veto-Position verfügt. Problematisch an der Renaissance des Intergouvernementalismus ist daher dessen Schwerfälligkeit.[1198] So bestimmen, ähnlich wie zu Anfangszeiten der Gemeinschaften, Einstimmigkeitsquoren die Arbeit im Europäischen Rat.[1199] Nachtsitzungen mit großem Entscheidungsdruck und zahlreichen intransparenten Kompromissen sind daher bei den Treffen der Staats- und Regierungschefs eher die Regel als die Ausnahme. Die wachsende Komplexität der Sitzungen des Europäischen Rates erklärt sich auch aus dem Umstand, dass dieser sich zunehmend mit Fragen beschäftigen muss, die im eigentlich zuständigen Ministerrat nicht lösbar waren und dementsprechend auf Ebene der Staats- und Regierungschefs verglichen werden müssen.[1200] Damit verwässert sich das Leitbild des Europäischen Rates als Impulsgeber der Integration, womit auch die Abgrenzung zum Rat der Europäischen Union als Vertretung der Mitgliedstaaten in der Rechtsetzung unscharf wird.

Das Europäische Parlament fällt derzeit im Rahmen der Politiken des Europäischen Rates als Kontroll- oder gar gestaltendes Organ aus. Ein Ausbau der Beteiligung des Parlaments an den Entscheidungsprozessen des Europäischen Rates würde dazu führen, die intergouvernementale Verfahrensweisen im Europäischen Rat in den supranationalen Rahmen der Union einzubinden und damit die Integration auch in nicht-wirtschaftlichen Kompetenzbereichen zu vertiefen.[1201]

Das neue Leitungsgremium war lange Zeit nicht normativ in den europäischen Verträgen erwähnt. Erst mit der EEA 1986 und dem Vertrag von Maastricht 1992 wurde die Funktion des Europäischen Rates rechtlich umrissen. Nach Maastricht war der Europäische Rat für die Sachgebiete zuständig, die dem institutionellen Rahmen weitgehend vorenthalten waren, d.h. für die damalige zweite und dritte Säule des EU Vertrages, GASP und PJZS. Das Verhältnis zwischen beiden intergouvernementalen Säulen und den klassisch supranationalen EG/EAG-Verträgen war zunächst ungeklärt. Insbesondere war fraglich, in welchem Verhältnis die neuen

1198 Dies bemerkte auch *Tindemans* in seinem Bericht; *Scheuner*, Perspektiven einer Europäischen Union, EuR 1976, 193 (207 f.); Kritik aus demokratietheoretischen Gründen bei *Rumler-Korinek*, Kann die Europäische Union demokratisch ausgestaltet werden? Eine Analyse und Bewertung aktueller Beiträge zur „europäischen Demokratiedebatte“, EuR 2003, 327 (339 f.).

1199 Hierzu *Sattler*, Das Prinzip der „funktionellen Integration“ und die Einigung Europas, 1967, S. 138 ff.

1200 *Nicolaysen*, Europarecht I, 1991, S. 87 f.

1201 Von einer „Integration niederen Ranges“ durch die intergouvernementale Zusammenarbeit spricht zu Recht *Wieland*, Die Zukunft Europas – Die Krise als Chance, JZ 2012, 213 (217). Ob die Mitgliedstaaten diesen Weg nur auf Grund der schwerfälligen Effizienz der supranationalen Organe gewählt haben, ist dagegen zweifelhaft.

intergouvernementalen Kompetenznormen, z.B. zum Erlass von Rahmenbeschlüssen, zu den bestehenden Kompetenzen der Gemeinschaft standen. So drohten dem institutionellen Rahmen aus Ministerrat sowie vor allem den unitarisch wirkenden Organen Kommission und Parlament empfindliche Verluste ihrer Befugnisse.[1202]

Mit seinem Urteil zum Umweltstrafrecht schob der EuGH Kompetenzabflüssen des institutionellen Rahmens einen Riegel vor. Er statuierte einen Vorrang der ersten Säule vor den intergouvernementalen Säulen,[1203] sodass der Kompetenzbestand der alten Gemeinschaftsorgane durch die neuen Säulen der Union unangetastet blieb. Dieses Judikat des EuGH entspricht letztlich auch der vom Europäischen Rat selbst angestoßenen Entwicklung. So haben die Mitgliedstaaten z.B. in der Stuttgarter Erklärung zum Ausdruck gebracht, dass sie die Integration weiter vertiefen und verbreitern wollen, und gerade keinen Rückschritt von der Supranationalität in die intergouvernementale Mechanismen proklamiert. Heute stellt Art. 15 Abs. 1 EUV klar, dass der Europäische Rat kein neues Legislativorgan darstellen soll. Zum Teil ergeben sich aus den nach den Sitzungen beschlossenen Schlussfolgerungen deutliche Vorgaben für das Abstimmungsverhalten des Rates im Gesetzgebungsverfahren,[1204] sodass die eigenen Gestaltungsspielräume des Rates signifikant zurückgegangen sind.

Im Rahmen der GASP hat das Parlament bis heute nur sehr beschränkte Kompetenzen, die über Fragerechte, die Abgabe von Empfehlungen und eine jährliche Aussprache kaum hinausgehen.[1205] Nur sofern Haushaltsrechte des Parlaments betroffen sind, hat dieses vertiefte Beteiligungsrechte in einer institutionellen Vereinbarung[1206] zugestanden bekommen.[1207] Inwiefern diese Rechte, wie das fakultative Anhörungsrecht und das Konzertierungsverfahren in der Frühzeit der Union, einen ersten Ansatz hin zu einer stärkeren Parlamentsmitwirkung darstellen, bleibt abzuwarten. Ob sich dazu die jährliche Aussprache im EU-Parlament auf Dauer zu einer vielbeachteten Debatte, wie bei der Verabschiedung des Haushaltes des Auswärtigen Amtes im

---

1202 Kritisch zur losgelösten Stellung des Europäischen Rates *Möllers*, Gewaltengliederung, 2005, S. 269.

1203 EuGH Rs. C-176/03, EuZW 2005, 632; ferner auch EuGH Rs. C-170/96, Slg. 1998, I-2765; zur Bedeutung des Urteils zum Umweltstrafrecht auch *Epiney*, Die Entwicklung der Rechtsprechung des EuGH im Jahr 2005, NVwZ 2006, 1244 ff.; siehe auch *Everling*, Von den Europäischen Gemeinschaften zur Europäischen Union, in: Classen (Hrsg.), „In einem vereinten Europa dem Frieden der Welt zu dienen...", Liber amicorum Thomas Oppermann, 2001, S. 163 (S. 182).

1204 *Lenski*, Rat und Europäischer Rat nach dem Vertrag von Lissabon (Reformvertrag), in: Pernice (Hrsg.), Der Vertrag von Lissabon: Reform der EU ohne Verfassung?, 2008, 99 (101 f.); *Frenz*, Handbuch Europarecht, 2011, S. 226.

1205 Dagegen *Huber*, in: Streinz, EUV/AEUV, 2012, Art. 14 EUV, Rn. 23 f., welcher die Schwächung der parlamentarischen Kontrollfunktion „naturgemäß" auf die durch die Mitgliedstaaten vermittelte demokratische Legitimation zurückführt.

1206 ABl. EG 1997, C 286/80.

1207 *Oppermann/Classen/Nettesheim*, Europarecht, 2009, § 39, Rn. 17.

Reichstag, entwickelt oder die Haushaltrechte des Parlaments durch eine Ausweitung der finanziellen Investitionen der EU im Ausland, wie beim Repräsentantenhaus der USA, zu einer faktischen Kompetenzausweitung führen, bleibt abzuwarten.

IV. Fazit

Die weitere Zukunft der Europäischen Union ist offen.[1208] Nach wie vor prägen die auf *Monnet* und die anderen Väter der Einigung zurückgehenden Ideen der politischen Union Europas die Diskussion.[1209]

Zahlreiche Reformvorschläge zielen auf die Schaffung einer bikammeralistischen Struktur mit dem Parlament und einer konkret unterschiedlich ausgestalteten Staatenvertretung.[1210] Insbesondere in der deutschen Staatsrechtslehre wird hierbei auf das Grundgesetz bzw. auf ältere deutsche Verfassungen zurückgegriffen.[1211] Das Parlament soll ähnlich dem Bundestag das zentrale Organ der neuen Union werden, während der Rat zu einer Art Bundesrat mit weitergehenden Zustimmungsrechten umfunktioniert werden soll. Der Europäische Rat soll zu einem kollektiven Präsidium eines neuen Bundesstaates werden, während die Kommission als Regierung ausgebaut werden soll.[1212]

1208 *Isensee*, Integrationsziel Europastaat?, in: Ole u.a. (Hrsg.), Festschrift für Ulrich Everling, Band I, 1995, S. 567 (567, 590), welcher eine Entwicklung hin zu einem Europäischen Bundesstaat ausdrücklich ablehnt und den Status quo als genügenden Ausgleich zwischen Nationalstaatlichkeit und internationaler Vernetzung lobt; siehe auch *Stern*, Der Weg zur politischen Union Europas, in: Classen, (Hrsg.), „In einem vereinten Europa dem Frieden der Welt zu dienen...", Liber amicorum Thomas Oppermann, 2001, S. 143 (S. 162).

1209 *Ipsen*, Europäisches Gemeinschaftsrecht, 1972, S. 996; *Sattler*, Das Prinzip der „funktionellen Integration" und die Einigung Europas, 1967, S. 221; *Grabitz/Läufer*, Das Europäische Parlament, 1980, S. 336 ff.; siehe auch die Rede des Kommissionspräsidenten *Barroso* zur Lage der Union, SPEECH/12/596 und den Abschlussbericht der Gruppe zur Zukunft Europas vom 17.09.2012, S. 4.

1210 Siehe die dargestellten Verfassungsentwürfe bei *Häberle*, Europäische Verfassungslehre, 2005, S. 600 ff.

1211 Von einer deutschen „Befangenheit" spricht *Ipsen*, Europäisches Gemeinschaftsrecht, 1972, S. 185.

1212 Z.B. *Weber*, Zur künftigen Verfassung der Europäischen Gemeinschaft, JZ 1993, 325 (329), der im Rahmen des Rates die unterschiedliche Stimmgewichtung der Einzelstaaten weitgehend nivellieren will. *Schäuble* schlägt die Direktwahl eines europäischen Präsidenten und einen Umbau des Ministerrates zu einer Art Bundesrat nach deutschem Modell oder zu einem Senat nach US-amerikanischem Modell vor; Interview; in: Der Spiegel 26/2012, S. 28 ff. Derartige Ansätze kritisierte *de Gaulle* wegen der Ähnlichkeiten mit dem deutschen Verfassungsmodell als Weg in den institutionellen Abgrund; *Europäische Kommission*, Die Geschichte der Europäischen Kommission 1958–1972, S. 108.

Das größte Problem an diesem Ansatz ist, dass der durch die Existenz zweier Leitungsorgane entstandene Dualismus zwischen Kommission und Europäischem Rat nicht aufgelöst wird. Es ist fraglich, ob in einem europäischen Bundesstaat tatsächlich eine Beteiligung der Mitglieder auf legislativer und gubernativ-exekutiver Ebene auf Dauer haltbar ist. Der Bundesrat im Kaiserreich ist Beispiel dafür, dass die effektive Staatsleitung durch ein kollektives Organ kaum möglich erscheint.[1213] Neben der Kompetenzabgrenzung zwischen den beiden Organen stellt sich die Frage, wie und in welchem Umfang eine Kontrolle durch bzw. Abhängigkeit vom Europäischen Parlament ausgestaltet sein soll. Während die Kommission schon heute durch eine Vielzahl von Instrumenten einer parlamentarischen Kontrolle unterliegt, kann der Europäische Rat weitgehend ungebunden agieren.

Ferner steht zur Debatte, den Rat der EU nach dem Senatsmodell zu formen, also dessen Mitglieder durch die nationalen Parlamente oder direkt durch die Völker der Mitgliedstaaten zu wählen.[1214] Die Europäische Union ist noch kein Staat, aber eine internationale Organisation, die eine in der Geschichte beispiellose Tiefe an Integration entfaltet hat. Der starke völkerrechtliche Einschlag führt dazu, dass der Ministerrat als Vertretung der Mitgliedstaaten in der Gesetzgebung seit Beginn der europäischen Einigung eine dominierende Rolle spielt.

Das Parlament war hingegen nach seiner Schaffung keine Volksvertretung im herkömmlichen Sinne. Seiner Zusammensetzung nach ähnelte es dem Senat der USA stärker als einer repräsentativen Körperschaft zur Vertretung der europäischen Völker. Seinen ersten spärlichen Funktionen nach war es jedoch mehr als demokratische Reflexionskammer denn als gestaltende Gesetzgebungskörperschaft zu qualifizieren.

Erst über die Zubilligung von Haushaltsbefugnissen und durch Vertragsreformen wurde das Parlament formell-rechtlich dem Rat zunehmend gleichgestellt[1215]

1213 Ein solches Organ ist nach *Binding* „absolut handlungs-, also auch regierungsunfähig", *Binding*, Die rechtliche Stellung des Kaisers im heutigen Deutschen Reiche, 1898, S. 13; vgl. auch *Rehm*, Unitarismus und Föderalismus in der deutschen Reichsverfassung, 1898, S. 19.

1214 Diese Lösung wäre bemerkenswert, da der Rat dann im Grunde nach dem Muster des Europäischen Parlaments bis zur Einführung der Direktwahl ausgestaltet wäre. Die Satzung der gescheiterten Europäischen Politischen Gemeinschaft sah einen Senat vor, dessen Mitglieder durch die nationalen Parlamente gekürt werden sollten. Vgl. auch *Groß*, Zwei-Kammer-Parlamente in der Europäischen Union, ZaÖRV 2003, 29 (54 f.). *Groß* plädiert letztlich im Sinne eines evolutiven Verfassungswandels für die Beibehaltung des bisherigen Ratsmodells, da dies dem supranationalen Charakter der EU am nächsten komme (S. 54); *Geiger*, Reformvorschläge zur Steigerung der Legitimationswirkung des Europäischen Parlaments, in: Geiger, (Hrsg.), Neuere Probleme der parlamentarischen Legitimation im Bereich der auswärtigen Gewalt, 2003, S. 261.

1215 In Ratsdokument 15018/10, S. 11 macht der Rat klar, dass er eine volle Gleichstellung der beiden Organe nicht dulden würde.

und durch den Direktwahlakt demokratisch durch die Völker der Union legitimiert. Die direkte Legitimation wurde darüber hinaus vom EuGH zum Anlass genommen, richterrechtlich die Position der Straßburger Parlamentarier zu stärken. Der EuGH verfolgte mit dieser Rechtsprechungslinie nicht nur wie vorgegeben die demokratische Legitimation des Gemeinschaftshandelns, sondern hatte zudem in seiner Funktion als Motor der Integration die Stärkung des supranationalen Rahmens der Union zum Ziel. Dies wird auch daran deutlich, dass der EuGH Blockademöglichkeiten des mitgliedstaatlich orientierten Rates nach dem Luxemburger Kompromiss durch die Ausweitung der Notrechtsetzungskompetenz der supranational ausgerichteten Kommission ausweitete.

Die Staatsrechtslehre in Deutschland sah das Parlament lange Zeit einheitlich als zu fördernde, demokratische Instanz in der Union an. Erst als klarer wurde, dass das Parlament supranational orientiert war, spaltete sich die Lehre in zwei Lager. Während die integrationsfreundliche Seite weiterhin auf einer notwendigen Stärkung des Parlaments beharrte, unterstützten die Befürworter nationaler Souveränität den Rat unter Betonung dessen abgeleiteter Legitimation über die nationalen Parlamente gegenüber dem nicht strikt nach dem Grundsatz der gleichen Wahl kreierten Parlament.

An der Rechtsprechung des EuGH und der Argumentation der Integrationsskeptiker wird gleichzeitig ersichtlich, dass der Verweis auf demokratischere Legitimationsstrukturen in der EU letztlich ein von beiden Seiten instrumentalisiertes, vordergründiges Argument ist, um die Kompetenzentwicklung in die jeweils gewünschte Richtung zu beeinflussen.

Der Rat ist bis heute die zentrale Gesetzgebungskörperschaft der Union geblieben. Das Parlament agiert dagegen beinahe, aber nicht vollumfänglich gleichberechtigt. Der Aufstieg des Parlaments und der damit verbundene gleichzeitige relative Machtverlust des Rates, der zunehmend Kompromisse mit den Straßburger Abgeordneten im Rahmen der Rechtsetzung suchen musste, führte dazu, dass die Mitgliedstaaten bei der Übertragung neuer Kompetenzen auf die Union im Rahmen von Vertragsreformen deutlich zurückhaltender handeln und mehr auf intergouvernementale Zusammenarbeit im Europäischen Rat setzen, wo das Parlament nur untergeordnete Beteiligungsrechte hat.

D. Senat und Repräsentantenhaus – Der Kongress der Vereinigten Staaten

Die USA sind heute ein Bundestaat, der sich aus 50 Einzelstaaten zusammensetzt. Ursprünglich bestanden die Vereinigten Staaten aus 13 ehemaligen britischen Kolonien an der Ostküste, die nach der Unabhängigkeitserklärung einen Staatenbund bildeten.

I. Die amerikanische Verfassungsordnung

Das alles überragende Gründungsmotiv der amerikanischen Revolution war Freiheit: Freiheit von religiöser Verfolgung, wie sie im 18. Jahrhundert Europa noch prägte, und Freiheit von Fremdbestimmung des Einzelnen, insbesondere von den ehemaligen englischen Kolonialherren. Dies wird an der Struktur der Unabhängigkeitserklärung vom 4. Juli 1776 deutlich, welche zunächst die von der britischen Krone verursachten Missstände darlegt, um dann der elementaren Freiheit jedes Individuums das Wort zu reden:

"We hold these truths to be self-evident, that all men are equal, that they are endowed by their Creator with certain unalienable rights, that among these are Life, Liberty and the pursuit of Happiness."[1216]

In der moderneren amerikanischen Staatsrechtsliteratur hat sich seit den 80er Jahren der Ansatz durchgesetzt, dass dieses Motiv der Verfassungsväter nicht nur gegen exekutive Willkürherrschaft gerichtet war. Die Verhinderung einer neuen Tyrannei, egal von welcher Gewalt, war daher das zentrale Motiv der Schöpfer der Constitution.[1217] Niemand, auch nicht eine demokratisch legitimierte Mehrheit, sollte die Macht besitzen, willkürlich über die Bevölkerung zu herrschen. Den traditionellen Ansichten, die in der US-Verfassung vor allem ein System der Schwächung der Exekutive sahen,[1218] ist somit entgegenzuhalten, dass ein zu schwacher Präsident zu einer legislativen Übermacht führen würde, welche die individuelle Freiheit gefährden könnte.[1219]

Aus diesem Grund ist die US-Verfassung von einem umfassenden System der *checks and balances* durchzogen. Kein Akteur im Verfassungsleben ist in der Lage,

1216 Auszug bei *Brugger*, Einführung in das öffentliche Recht der USA, 2000, S. 2.

1217 *Helms*, Präsident und Kongress in der legislativen Arena, ZParl. 1999, 841 (842).

1218 Hiergegen auch *Rozell*, Executive Privilege, 1994, S. 25 ff.

1219 *Anderson*, A 1787 Perspective on Separation of Powers, in: Goldwin/Kaufman (Hrsg.), Separation of Powers-Does it still work?, 1986, S. 138 (S. 144).

seine Kompetenzen auszuüben, ohne durch ein anderes Verfassungsorgan kontrolliert oder blockiert werden zu können.[1220] Daher verlangt die Verfassung von allen Institutionen eine große Fähigkeit zum Kompromiss. Dies zeigt sich am deutlichsten am Gesetzgebungsverfahren der USA. Für das Zustandekommen eines Gesetzes bedarf es in der Legislative übereinstimmender Beschlüsse beider Häuser im Kongress. Darüber hinaus kann der Präsident als Angehöriger der Exekutive ein Veto gegen das Vorhaben aussprechen, welches wiederum durch Repräsentantenhaus und Senat überstimmbar ist. Selbst wenn ein Gesetz den Legislativprozess erfolgreich durchlaufen hat, ist es dem Supreme Court in Ausübung des richterlichen Prüfungsrechts möglich, es für nichtig zu erklären. Der Supreme Court steht nicht losgelöst über den anderen Verfassungsorganen, wie sich nach der Weltwirtschaftskrise zeigte. Der Kongress darf die innere Gerichtsverfassung, wie zum Beispiel die Anzahl der amtierenden Richter, verändern. Unter Androhung dieses Druckmittels erzwang Präsident *Roosevelt* zusammen mit der Mehrheit im Kongress die Unterstützung für die *new-deal*-Gesetzgebung durch das zunächst ablehnend-kämpferische Oberste Gericht.[1221]

Dieses ausgleichende System der US-Verfassung stand nicht am Beginn der amerikanischen Verfassungsgeschichte. Mit der Unabhängigkeitserklärung vom 4. Juli 1776 sagten sich die 13 Kolonien von Großbritannien los und wurden eigenständige Staaten, die nur lose über einen Staatenbund verknüpft waren. Bald stellte sich heraus, dass zum einen selbst die größeren Staaten nicht stark genug waren, eine selbstständige Politik zu verfolgen. Zum anderen erwies sich die durch das Einstimmigkeitserfordernis im Kongress gelähmte Zentralgewalt des Staatenbundes als zu ineffizient, um den Herausforderungen der Zeit zu genügen. Die Autorität der Bundesebene war derart gering, dass es nicht einmal gelang, die von den Einzelstaaten abzuführenden Haushaltsmittel einzutreiben und Handelsblockaden zwischen den Staaten zu brechen. Dies führte zu erheblichen Problemen im Wirtschaftsleben der frühen USA und zu Meutereien der auf ihren Sold wartenden Armee.[1222] Ursprünglich dazu ausersehen, den bestehenden Staatenbund zu reformieren, kamen am 25. Mai 1787 Vertreter aller amerikanischen Staaten außer dem rebellischen Rhode Island in Philadelphia zusammen. Die Delegierten gingen über ihren Auftrag hinaus und erarbeiteten eine neue Verfassung, welche einen Bundesstaat vorsah.[1223] Die US-Verfassung bildet in ihrer Präambel anschaulich die Krise

---

1220 Das Funktionieren dieses Mechanismus wurde in der Ratifikationsdebatte nach der Philadelphia Convention 1787 von Seiten der Antiföderalisten, die langfristig ein aristokratisches Bündnis von Präsident und Kongress gegen das Volk erwarteten, bezweifelt; vgl. *Fenske*, Der moderne Verfassungsstaat, 2001. S. 108.

1221 Sog. *court packing plan*, *Brugger*, Einführung in das öffentliche Recht der USA, 2000, S. 47.

1222 Zur Schwäche der USA unter den Konföderationsartikeln *Dorf*, The Constitution of the United States, 1967, S. 6 ff.

1223 Zur gesamten Entwicklung *Beck*, Die Verfassung der Vereinigten Staaten von Nordamerika, 1926, S. 59 ff.; *Fenske*, Der moderne Verfassungsstaat, 2001, S. 103 f.

der Konföderation als Motiv für die Schaffung einer bundesstaatlichen Struktur ab, da als zentrale Erwägung die Schaffung einer „more perfect union" angegeben wird. Damit relativiert sich die o.g. häufig kolportierte Angst der amerikanischen Verfassungsgeber vor einer Tyrannei einer übermächtigen Zentralregierung, da diese ihre Verhandlungen gerade mit Blick auf das gescheiterte Modell des durchsetzungsschwachen Kontinentalkongresses führten.

Die Verfassungsväter der USA waren sich bewusst, dass die 13 Gründungsstaaten an der Ostküste nur der Grundstein für die Besiedlung des amerikanischen Hinterlandes bis zum Pazifik waren. Neu erworbene Territorien sollten gem. Art. 4 Sec. 3 der Verfassung als neue Staaten der Union beitreten können. Mit Ausnahme von West Virginia und Maine, welche als Produkte der Auseinandersetzung zwischen Nord- und Südstaaten Sonderfälle darstellten, wurden alle übrigen Staaten auf neu erworbenen und erschlossenen Gebieten der Vereinigten Staaten gegründet. Daher ist zwar die Union ein Geschöpf der Einzelstaaten, gleichzeitig sind die meisten der heutigen Bundestaaten erst durch das Wirken der Union entstanden. Trotzdem ist es verfehlt, daraus zu schließen, dass der amerikanische Föderalismus wegen dieses Umstandes ein bloßes Scheingebilde sei.[1224] Durch die Aufnahme der Territorien als Einzelstaaten war garantiert, dass diese ihre eigene Prägung und Wertvorstellungen beibehalten konnten. Deutlichstes Beispiel hierfür ist Louisiana, wo bis heute die Tradition der zuerst französischen Kolonialherren u.a. in der starken Rezeption des Code Napoléon im Rechtssystem nachwirkt.[1225] Damit bestätigt sich in den USA *v. Treitschkes* Diktum: „Ein Bundesstaat lässt sich nicht improvisieren. Mehr als ein anderer Staatsaufbau muß diese kunstvolle Staatsform begründet sein in der Geschichte des Landes."[1226]

Dass sich die USA mit der Verfassung von 1787 tatsächlich vom Staatenbund zum Bundesstaat gewandelt hatten, war in der damaligen Zeit zunächst umstritten. Die sog. State-Rights-Bewegung, eine mächtige Strömung der damaligen Politik- und Rechtswissenschaft, ging davon aus, dass die Einzelstaaten per Vertrag einige ihrer Kompetenzen auf gemeinsame Institutionen übertragen hätten. Die einzelnen Staaten konnten nach dieser Ansicht durch Novation der Verfassung ihre Kompetenzen zurückerlangen bzw. aus der Union austreten.[1227] Dazu hatten sie u.a. dem Südstaatensenator und Vizepräsidenten *Calhoun*[1228] zufolge die Befugnis, als an sich

1224 So wie z.B. *Hitler* polemisierte: Auszug aus „Mein Kampf" bei *Fraenkel*, Amerika im Spiegel des deutschen politischen Denkens, 1959, S. 317.

1225 Hierzu ausführlich *Tucker*, The Code and The Common Law in Louisiana, in: Schwartz (Hrsg.), The Code Napoleon and the Common Law world, 2008, S. 346 ff.

1226 *v. Treitschke*, Bundestaat und Einheitsstaat, in: *ders.*, Historische und politische Aufsätze, 1886, S. 157.

1227 Dies erinnert an *Bismarcks* Staatsstreichpläne, die durch eine Neuverhandlung des Bundesvertrages auf eine Schwächung der verfassungsmäßigen Stellung des Reichstages zielten.

1228 Vizepräsident von 1825–1832; der Rücktritt erfolgte im Zuge der Krise; vgl. hierzu *Ellis*, The Union at Risk. Jacksonian Democracy, States' Rights and the

stabilisierendes Minus zum die Union gefährdenden Sezessionsrecht kompetenzwidrig erlassenes Bundesrecht als nichtig anzusehen.[1229]

Der Streit um die Durchsetzung dieses Rechts wurde im Rahmen der Nullifikationskrise des Jahres 1832 zwischen Zentralgewalt und einzelnen Bundestaaten, vor allem South Carolina, entschieden. Dort hatte ein eigens einberufener Nullifikationskonvent das protektionistische Bundeszollgesetz für ungültig erklärt und die Eintreibung der Abgaben verweigert. Nachdem die Bundesebene mit dem Erlass der Force Bill zeitweise ein militärisches Vorgehen zur Klärung der Krise erwogen und Präsident *Jackson* erklärt hatte, dass die Union den Vorrang vor den Bundesstaaten habe,[1230] lenkte South Carolina zu Beginn des Jahres 1833 ein und fügte sich einem zum Kompromiss abgemilderten Zollgesetz.[1231]

Damit hatte die Bundeszentrale unter Präsident *Jackson* die Kontroverse für sich entschieden.[1232] In der Staatsrechtslehre und der Staatspraxis der USA setzte sich seitdem die Ansicht durch, dass die Bundesstaaten eine unauflösliche Union (*perpetual union*) bildeten, in welcher die Einzelstaaten in ihrer Souveränität beschränkt waren.[1233] Letztlich war damit erst nach dem Ende der Nullifikationskrise endgültig klar, dass mit der Verfassung von 1787 tatsächlich ein Bundesstaat entstanden war, dessen Willen im Zweifel Vorrang hatte.

Nulllification Crisis, 1987, S. 76; *Ronellenfitsch*, John C. Calhoun und die Europäische Staatengemeinschaft, in: Classen, (Hrsg.), „In einem vereinten Europa dem Frieden der Welt zu dienen...", Liber amicorum Thomas Oppermann, 2001, S. 65 (S. 69 ff.).

1229 Sog. Recht der „Nullification"; *Trute*, Zur Entwicklung des Föderalismus in den Vereinigten Staaten von Amerika, ZaöRV 1989, 191 (214 f.); siehe auch bereits die Rezeption durch *von Seydel*, Der Bundestaatsbegriff, Zeitschrift für die gesamte Staatswissenschaft, 1872 (28), 185 (208 ff.). Heute nimmt der Supreme Court nur für sich selbst ein Kassationsrecht für kompetenzwidriges Bundesrecht an; vgl. z.B. *National League of Cities v. Usery*, 426 U.S. 833 (1976). Gegen die Lehre der Nullifikation bereits im Jahr 1809 *United States v. Peters*, 9 U.S. 115 (1809). In *Ableman v. Booth*, 62 U.S. 506 (zum Vorrang der Bundesebene v.a. 516 ff.) (1859) stoppte der Supreme Court den Versuch des Obersten Gerichts von Wisconsin, ein Bundesgesetz zu nullifizieren.

1230 Auszug der Proklamation bei *Stampp*, The imperiled Union: Essays on the Background of the Civil War, 1980, S. 33 f.

1231 Zum Verlauf der Krise vgl. *Ellis*, The Union at Risk. Jacksonian Democracy, States' Rights and the Nulllification Crisis, 1987, S. 74 ff. sowie S. 158 ff.

1232 Auch wenn der Präsident in der konkreten Sache erhebliche Zugeständnisse machte; vgl. die Bewertung durch *Ellis*, The Union at Risk. Jacksonian Democracy, States' Rights and the Nulllification Crisis, 1987, S. 180 ff.

1233 *Stampp*, The imperiled Union: Essays on the Background of the Civil War, 1980, S. 30 ff.

II. Die Gesetzgebungsorgane der US-Verfassung

1. Senat und Repräsentantenhaus als Herzkammern der Gesetzgebung

Im Vorfeld der verfassungsgebenden Philadelphia Convention 1787 war die Struktur der Legislative noch nicht vollends geklärt. Die Kontinentalkongresse nach der Unabhängigkeitserklärung legten sich in Art. V der Articles of Confederation zunächst auf ein föderales Einkammerparlament fest, dessen Abgeordnete durch die Bundesstaaten gestellt werden sollten.[1234]

a) Motive für die Etablierung eines Zweikammersystems

Die Idee eines Zweikammersystems hatten die Verfassungsväter der USA von ihren ehemaligen britischen Kolonialherren übernommen, wobei sie auch Ziele der Gewaltenkontrolle verfolgten. Die föderale Prägung des Senats war dabei nicht nur das Produkt bundestaatlicher Überlegungen, denn eine Adelsschicht zur Besetzung eines Oberhauses nach dem britischen Modell existierte in den USA nicht.[1235] Zwei Häuser, Senat und Repräsentantenhaus, bilden nach den Beschlüssen der Convention gem. Art. I Sec. 1 der Constitution gemeinsam das Gesetzgebungsorgan, den Kongress. Beide müssen stets einem Gesetzesvorhaben zustimmen.

Die Mitglieder des Repräsentantenhauses sollten gem. Art. 1 der US-Verfassung direkt in Wahlkreisen, die Senatoren von der jeweiligen Legislative der Bundesstaaten gewählt werden. Letztere hatten also ihrem Herkommen nach eine starke Rückbindung an die Staatsorganisation ihrer Entsendestaaten, sodass der Senat vom ursprünglichen Grundkonzept her als Organ föderaler Interessen gesehen werden konnte.[1236] Die Stimmverteilung, zwei Senatoren pro Staat, sollte im Interesse der kleineren Staaten besonders geschützt werden. Für eine Reform zur Änderung dieser Regel wurde gem. Art. 5 der Constitution der Konsens aller Bundesstaaten zur Voraussetzung gemacht.[1237] Die Anzahl von zwei Senatoren pro Staat ist gleichzeitig

1234 Nachw. bei *Friedrich*, From the declaration of independence to the constitution, 1954, S. 10.

1235 *Foster*, Commentaries on the Constitution of the United States, 1896, S. 463; dass sich der Senat in der Anfangszeit eine aristokratische Rolle zuschreiben wollte, zeigen Versuche im Jahr 1791, monarchisch anmutende Tiel für den Präsidenten wie "His Majesty, The President" durchzusetzen; siehe *Rühle*, Das politische Denken von John Taylor of Caroline (1753–1824), 2010, S. 399; Art. 1 Sec. 9 Cl. 8 der Verfassung verbietet Adelstitel dagegen explizit.

1236 *Trute*, Zur Entwicklung des Föderalismus in den Vereinigten Staaten von Amerika, ZaöRV 1989, 191 (201).

1237 Diese Regelung in Kombination mit den langen Amtszeiten der Senatoren wurde und wird teils stark kritisiert und erinnert an die Diskussionen um die mangelnde demokratische Legitimation des Europäischen Parlaments; vgl. *Schwartz*, American Constitutional Law, 1955, S. 54.

ein Anknüpfungspunkt an den zuvor bestehenden Kontinentalkongress. Dort sollte jeder Staat gem. Art. V Sec. 2 der Articles of Confederation mit mindestens zwei Delegierten vertreten und gem. Art. V Sec. 4 der Articles of Confederation mit je einer Stimme, also gleich mit den anderen Staaten, gewichtet sein.

Die konkrete Ausgestaltung des Senats war eine der umstrittensten Fragen in der Verfassungsdiskussion. Erst am Ende der Beratungen der Convention setzte sich die heutige Konstellation als Kompromisslösung, den sog. „Connecticut“[1238] – oder „Great Compromise“[1239], durch.

Dieser enthielt folgende Punkte:

- „Der Kongress besteht aus zwei Häusern.
- Die Vertretung im Unterhaus erfolgt proportional zur Bevölkerungszahl der Staaten.
- Im Oberhaus hat jeder Staat dasselbe Stimmgewicht.
- Um den Kompromiss für die größeren Staaten tragfähiger auszugestalten, sollen alle Gesetze, welche die Staatseinnahmen betreffen, vom Unterhaus ausgehen.“[1240]

Zuvor waren Ideen des von den größeren Staaten unterstützten Virginia-Entwurfs, der eine an der Bevölkerungszahl orientierte Sitzverteilung im Senat bestimmte, am Widerstand der kleineren Staaten gescheitert. Diese pochten auf eine Einhaltung des Grundsatzes der Staatengleichheit und trugen ihrerseits den New-Jersey-Entwurf vor, welcher ein Einkammerparlament mit gleicher Stimmenzahl pro Staat vorsah.[1241] Ebenso wurden mit Blick auf das Prinzip einer strikten Gewaltenteilung Pläne eines aus den Exekutiven der Bundesstaaten gebildeten Senats abgelehnt.[1242]

Die Zusammensetzung der beiden Kongresskammern vereint damit die zwei grundlegenden Prinzipien der amerikanischen Staatsordnung: die demokratische Volkssouveränität[1243] und die Bundesstaatlichkeit. *Toqueville*, der diese Verbindung

---

1238 *Dorf*, The Constitution of the United States, 1967, S. 17.

1239 *Träger*, Der Senat der USA: Seit 220 Jahren unverändert einflussreich, in: Leunig (Hrsg.), Handbuch Föderale Zweite Kammern, 2009, S. 259; *Hübner*, Das politische System der USA, 2007, S. 12 ff.

1240 Abgedruckt bei *Dorf*, The Constitution of the United States, 1967, S. 18. Die Terminologie „Oberhaus-Unterhaus“ macht die Nähe zur englischen Rechtsordnung deutlich.

1241 *Reimann*, Die Vereinigten Staaten von Nordamerika im Übergange vom Staatenbund zum Bundesstaat, 1855, S. 141 ff. Dabei konnten sie sich auf ihren eigentlichen Auftrag, die Revision der auf dem Grundsatz der Staatengleichheit aufbauenden Konföderationsartikel stützen; siehe *Dorf*, The Constitution of the United States, 1967, S. 16 f.

1242 *Friedrich*, From the declaration of independence to the constitution, 1954, S. 24 ff.

1243 Das Wahlrecht zum Repräsentantenhaus und zum Präsidenten war erst im Laufe der amrikanischen Geschichte tatsächlich demokratisch-allgemein im modernen Sinne ausgestaltet. Erst ab 1820 lösten sich die Einzelstaaten von Mindestbesitzklauseln in den Wahlgesetzen, welche ein Zensuswahlrecht statuiert hatten. Die weitere Genese hin zu einem allgemeinen Wahlrecht lässt sich am 15. Zusatzartikel

als Gewaltakt der Verhandlungen der Philadelphia-Konvention ansah,[1244] behielt damit insofern Recht, als der Senat in seiner Zusammensetzung tatsächlich mehr durch politische Nachgiebigkeit gegenüber den kleineren Staaten und weniger durch staatstheoretische Erwägungen gekennzeichnet war.[1245]

b) *Rollenbilder und Funktionen der Häuser im Lauf der Zeit*

Das Repräsentantenhaus fungiert mit seinen 435 Abgeordneten als Volksvertretung und dient damit dazu, dem Prinzip der Volksouveränität in der Legislativen Geltung zu verschaffen. Diesem Leitbild kam es nach der Gründung durch sein transparentes Verfahren nach: Zu Beginn war das Repräsentantenhaus das Forum der jungen amerikanischen Nation. Dies lag insbesondere an der Öffentlichkeit der Sitzungen. Der Senat hingegen tagte zunächst in geschlossener Versammlung. Erst 1795 ließ er Zuschauer während seiner Versammlungen zu.[1246] Die skeptische Haltung der Senatoren gegenüber öffentlichen Sitzungen zeigt sich daran, dass der Widerstand gegen TV-Übertragungen von Senatssitzungen erst 1986 endgültig aufgegeben wurde.[1247]

Auch *Toqueville* konstatierte 1835 in seinem Werk „Demokratie in Amerika", dass der Senat, sobald das vom Volkswillen getragene Repräsentantenhaus ein Gesetz beschlossen habe, in einer schwachen Position stehe.[1248] *Toqueville* war in dieser Hinsicht von *Rousseaus* Ansatz der Volkssouveränität beeinflusst und kam

(1870, keine Verwehrung des Wahlrechts wegen der Rasse), am 19. Zusatzartikel (1920, keine Verwehrung des Wahlrechts wegen des Geschlechts) und am 24. Zusatzartikel (1964, Verbot von Wahlsteuern, welche v.a. in den Südstaaten gezielt Schwarze an der Ausübung des Wahlrechts hindern sollten) nachvollziehen.

1244 *Toqueville*, Die Demokratie in Amerika, 1958, S. 111.

1245 Tatsächlich wären die Verhandlungen am Widerstand der kleineren Staaten gegen eine rein an der Bevölkerungszahl ausgerichteten Vertretung beinahe gescheitert; vgl. *Beck*, Die Verfassung der Vereinigten Staaten von Nordamerika, 1926, S. 148; siehe auch *Madison* in: Federalist Paper Nr. 62, der von der Lösung offen als kleinstem möglichen Übel spricht; *Hamilton/Jay/Madison*, The Federalist Papers, Nachdruck 2006, S. 400 f.

1246 Bezeichnenderweise war der erste Angestellte des Senats ein Türwächter, der darauf achten sollte, dass nur Senatoren Zugang zu den Sitzungen erhielten. Erst auf Druck der Einzelstaaten, welche die Arbeit der entsandten Senatoren beobachten wollten, wurde eine Besuchergalerie geöffnet, die zunächst aber kaum von Presseorganen genutzt wurde, weil die Debatten im Repräsentantenhaus lebhafter geführt wurden; vgl. http://www.senate.gov/artandhistory/history/minute/The_Senate_Opens_Its_Doors.htm, abgerufen am 16.12.2011. Später steigerte sich das Interesse an bestimmten Senatssitzungen derart, dass sogar Platzkarten vergeben wurden; *Field van Tessel/Finkelman*, Impeachable Offenses, 1999, S. 2.

1247 *Tidmarch*, Mandatsträger und Medienmacher, in: Thaysen/Davidson/Livingston (Hrsg.), US-Kongress und Bundestag, 1988, S. 487.

1248 *Toqueville*, Demokratie in Amerika, 1955, S. 112.

daher zu einer sehr positiven Bewertung der Volksvertretung.[1249] Diese Analyse berücksichtigte nicht, dass die Verfassungsväter durch die Schaffung zweier Häuser im Sinn von *Montesquieu* auf eine Teilung der Legislativgewalt drängten und daher von einer prinzipellen Gleichheit der Kongresskammern ausgingen. Trotzdem spiegelt *Toquevilles* Ansicht die unterschiedliche Bedeutung der beiden Kammern in der ersten Zeit nach 1787 anschaulich wider. Dem Senat, der sich am Anfang mehr als eine Art Gesandtenkonferenz verstand, stand ein tatkräftig agierendes Repräsentantenhaus gegenüber.[1250]

Das Repräsentantenhaus ist in seiner Besetzung aber auch durch die Bundesstaatlichkeit der USA geprägt. Gem. Art. 1 Sec. 2 Cl. 3 werden die Sitze im Repräsentantenhaus nach Maßgabe der Anzahl der Einwohner auf die Einzelstaaten verteilt. Im Umkehrschluss bedeutet dies, dass jeder Staat zumindest einen Repräsentanten stellen muss. Daraus folgt bis heute, dass in den USA Staaten existieren, die einen Repräsentanten entsenden dürfen, aber deutlich weniger Einwohner zählen als mancher Wahlkreis in großen Bundestaaten. Während ein durchschnittlicher Wahlkreis eines Repräsentanten im Jahr 2000 ca. 650.000 Einwohner umfasste, wohnten in Wyoming gleichzeitig nur 509.000 Menschen.[1251] Darüber hinaus sind nur US-Bürger, die einem Staat angehören, zur Wahl der Abgeordnetenkammer berechtigt, sodass den Einwohnern von Washington DC kein Stimmrecht bei der Wahl der Repräsentanten zukommt.[1252] Das Bundesstaatsprinzip überlagert daher, wenn auch in geringerem Ausmaß, im Repräsentantenhaus das Prinzip der Wahlrechtsgleichheit, sodass beide Kongresskammern föderal geprägt sind.

Die Zuständigkeit des Kongresses als Gesetzgeber wird in Art. 1 Sec. 8 der Verfassung per enumerativer Aufzählung bestimmt. In einem Kompetenzkatalog, der zum Teil stark noch den Geist der amerikanischen Revolutionsjahre atmet (so darf der Kongress Kaperbriefe ausstellen oder die einheitliche Ausbildung der Milizen sicherstellen), werden dem Kongress eine Vielzahl von Gesetzgebungsmaterien überantwortet. Die Begrenzung der Gesetzgebungskompetenzen des Bundes dient in den USA nicht nur der Absicherung der Befugnisse der Gliedstaaten, sondern soll gleichzeitig durch die vertikale Verteilung der Rechte der Legislative eine zu starke Machtkonzentration beim Kongress verhindern. Die Existenz zweier Häuser resultiert also nicht nur aus dem Bedürfnis der Staaten nach einer Vertretung auf Bundesebene, sondern auch aus der Furcht vor einer schädlichen Dominanz der Legislative im Verfassungsleben. Die Aufspaltung der Legislativgewalt soll das von den Verfassungsvätern erkannte Übergewicht der gesetzgebenden Gewalt gegenüber den an das Gesetz gebundenen Exekutiv- und Judikativorganen abmildern und

1249 Eingehend hierzu m.w.N.: *Henning*, Politikwissenschaft und politisches Denken, 2000, S. 311 ff. (Fn. 38).

1250 *Beloff*, The American Federal Government, 1959, S. 138.

1251 Vgl. *Jäger (Hrsg.)*, Das Regierungssystem der USA, 2007, S. 103 und S. 461.

1252 *Hay*, Law of the United States, 2010, S. 33.

einer tyrannischen Parlamentsdiktatur durch einen direkt gewählten Einkammerkongress vorbeugen.[1253]

Zudem wollten die Verfassungsväter den legislativen Kammern unterschiedliche Funktionen im Verfassungsleben übertragen. Das Repräsentantenhaus hatte als Spiegelbild des Volkswillens die Aufgabe, die unstete Tagespolitik zu bestimmen, während der Senat als mäßigendes, staatstragendes Wächteramt konzipiert war.[1254] Der Senat sollte gewissermaßen als Reflexionskammer der Gesetzgebung Weitsicht und gesellschaftliche Anerkennung verleihen.[1255] Tatsächlich trat der Senat in der Geschichte der USA als hemmendes Element in der Gesetzgebung auf, wie. z.B. bei der Bürgerrechtspolitik der 1960er Jahre deutlich wurde.[1256] Dieses Motiv wird besonders mit Blick auf die Legislaturperioden der verschiedenen Mandatsträger anschaulich. Während ein Repräsentant gem. Art. 1 Sec. 2 Cl. 1 der Verfassung auf zwei Jahre gewählt ist und seine Wiederwahl und damit die Interessen seiner Wähler im Blick haben muss, amtiert ein Senator gem. Art. 1 Sec. 3 Cl. 1 sechs Jahre, wodurch er weniger von den Schwankungen der Tagespolitik betroffen sein soll. Die Senatoren werden darüber hinaus nicht auf einmal gewählt. Die Mitglieder des Senats sind in drei Klassen eingeteilt, welche jeweils ca. ein Drittel des Plenums umfassen. Alle zwei Jahre wird eine Klasse neu gewählt, sodass der Senat als Ganzes nur einen partiellen Austausch seiner Mitglieder erfährt und als kontinuierliches Organ fortbesteht, während das Repräsentantenhaus dem Diskontinuitätsgrundsatz unterworfen ist.[1257]

Die Funktionsteilung zwischen beiden Häusern wird am stärksten Kontrollinstrument des Kongresses, dem Amtsenthebungsverfahren gegen den Präsidenten, besonders deutlich. Während das Repräsentantenhaus als Ankläger fungiert und über die Eröffnung des Verfahrens verfügen kann, entscheidet der Senat unter Leitung des Vorsitzenden Richters am Supreme Court als Gericht über den Fall. Das parteipolitisch aufgeladene Repräsentantenhaus stößt also den Fall an, während das Senatorenkollegium als Verfassungshüter objektiv über die Vorwürfe befinden soll.

1253 *Quint*, Amerikanisches Verfassungsrecht – ein aktueller Überblick, JZ 1986, S. 621.

1254 *Brugger*, Einführung in das Öffentliche Recht der USA, 2000, S. 34.

1255 Mit Verweis auf *Jefferson* anschaulich *Schüttemeyer/Sturm*, Wozu Zweite Kammern? Zur Repräsentation und Funktionalität in westlichen Demokratien, ZParl 1992, S. 517 (519 f.).

1256 Damals versuchte die konservative Mehrheit aus Republikanern und Südstaatendemokraten, Reformen möglichst lange, z.B. durch Filibuster, aufzuhalten; vgl. *Reyes*, Die Rolle zweiter Kammern in Bundesstaaten, 2003, S. 87 f. In diesem Fall erlag die Senatsmehrheit einer Tendenz zum Populismus, die durch den Senat eigentlich vermieden werden sollte; *ders.*, S. 175 f.

1257 *Brogan*, Amerikanische Politik, 1956, S. 309.

Die kurze Legislaturperiode des Repräsentantenhauses führte in der Geschichte der USA immer wieder zu Kritik, da dieses Organ hierdurch in ein zu enges Zeitkorsett und zu ständigem Wahlkampf gezwungen wird.[1258] Um eine konstruktivere Politik und intensivere Sachdiskussionen in der Abgeordnetenkammer zu ermöglichen, schlug z.B. Präsident *Johnson* 1966 vor, die Mandatsdauer auf vier Jahre anzuheben.[1259] Derartige Vorschläge konnten sich aber bis heute nicht durchsetzen.

Die derzeitige Staatspraxis der USA hat die beiden Rollenbilder verschwimmen lassen. Die Bundestaaten haben je nach ihren innerstaatlichen Mehrheitsverhältnissen oftmals den Zuschnitt der Wahlkreise zur Wahl des Repräsentantenhauses dergestalt vorgenommen, dass eine der im Kongress vertretenen Parteien besonders profitiert. Diese auch „Gerrymandering“[1260] genannte Praxis wird vom Supreme Court heute dem Grunde nach unterstützt, solange nicht wesentliche Prinzipien, wie z.B. das Verbot der Rassendiskriminierung, verletzt werden.[1261] Auf diese Weise sind viele Wahlkreise zu regelrechten Hochburgen einer Partei geworden, sodass ein in einem „sicheren“ Wahlkreis gewählter Repräsentant weniger Rücksicht auf seine Wiederwahl nehmen muss,[1262] während Abgeordnete aus Gebietssprengeln mit inhomogener Wählerschaft beinahe ständig mit Wahlkampf und Reisen in ihre Heimatbezirke beschäftigt sind.[1263] Mit der Einführung der Direktwahlen gilt dasselbe für den Senat, weswegen Mandatsträger aus Staaten mit

---

1258 Federalist No. 52 deutet a.E. an, dass die kurze Legislaturperiode ein weiteres Sicherungsinstrument gegen eine zu große Machtkonzentration beim direkt legimtimerten Repräsentantenhaus darstellen sollte; kritisch mit der Forderung nach einer Mandatsverlängerung *Sabato*, A more perfect Constitution: Why the Constitution must be revised: Ideas to inspire a new generation, 2008, S. 93 ff.

1259 Congressional Record, 89th Congress, 2nd Session, S. 131.

1260 Der Name rührt von einem der ersten derartig manipulativen Eingriffe in das Wahlsystem her: 1812 hatte Gouverneur *Gerry* in seinem Bundestaat den Zuschnitt des Wahlkreises zum Repräsentantenhaus, in dem er antreten wollte, so durchgesetzt, dass der Stimmbezirk, welcher genau die Siedlungen der *Gerry*-treuen Wähler einschloss, in seinen Umrissen wie ein Salamander aussah. Hierzu und zu den Manipulationsmöglichkeiten *Nohlen*, Wahlrecht und Parteiensystem, 2007, S. 89 ff.

1261 Siehe *Davis v. Bandemer* 478 U.S. 109 (1986); bis 1962 sah der Supreme Court die Frage der Wahlkreiseinteilung überhaupt als *political question*. Mit der Entscheidung *Shelby County v. Holder*, 570 U.S. ___ (2013) hat der Supreme Court die Spielräume der Einzelstaaten wieder erweitert.

1262 Zahlreiche Abgeordnete stammen aus derartigen Parteihochburgen im Repräsentantenhaus, die auf eine jahrzehntelange Parlamentszughörigkeit zurückschauen können; *Hay*, Law of the United States, S. 22 (Fn. 11).

1263 *Achmann*, Struktur und Arbeitsweise des Kongresses der Vereinigten Staaten von Nordamerika mit besonderer Berücksichtigung des Untersuchungsrechts, 1970, S. 72.

wechselnden parteipolitischen Mehrheiten ebenfalls mehr den unsteten Volkswillen ihrer Wählerschaften zu berücksichtigen haben.[1264]

c) Besondere Entwicklungen im Senat

aa) Vermittlungsfunktion vor dem Sezessionskrieg

Die Bedeutung und das Ansehen des Senats gegenüber dem Repräsentantenhaus stiegen in der Zeit vor dem Ausbruch des Sezessionskrieges im 19. Jahrhundert stetig. Ein Grund hierfür lag in der Struktur der beiden Kammern. Im vom Prinzip der Staatengleichheit geprägten Senat waren die bevölkerungsärmeren Südstaaten proportional stärker repräsentiert als im Repräsentantenhaus. Dies wurde durch Art. 1 Sec. 2 Cl. 3 S. 1 der Constitution, welcher Sklaven nur zu drei Fünfteln auf die Bevölkerungszahl anrechnete, verstärkt. Aus diesem Grund entwickelte sich der Senat im Vorfeld des Sezessionskrieges zunehmend zum Hauptforum für die Kontroversen zwischen süd- und nordstaatlichen Interessen.[1265] Die Unterschiede zwischen den landwirtschaftlich geprägten Sklavenhalterstaaten im Süden und den liberaleren, industriell ausgerichteten Nordstaaten wuchsen im Laufe der Zeit mehr und mehr. Die Folgen dieses Gegensatzes wirkten sich auch auf die Staatspraxis der USA aus.

Spätestens mit dem Ende der Ära *Marschall* am Supreme Court im Jahr 1835[1266] erfüllte ein neuer Geist den US-amerikanischen Föderalismus. *Marshall* hatte gegen Widerstände der Antiföderalisten und der *state-rights*-Bewegung eine integrationsfreundliche Rechtsprechung bewahrt. In der anschließenden Rechtsprechung des Obersten Bundesgerichts unter *Taney* wurde die Konzeption des *dual federalism* verstärkt bemüht, welche die verfassungsrechtliche Kompetenzordnung deutlich konservativer trennte und damit im Grundsatz zugunsten der bestehenden einzelstaatlichen Befugnisse interpretierte.[1267]

1264 *Träger*, Der US-Senat: Seit 220 Jahren unverändert einflussreich, in: Leunig (Hrsg.), Handbuch Föderale Zweite Kammern, 2009, S. 267 f. Nach Inkrafttreten des 17. Amendments zeigte sich eine Tendenz der Senatoren, offensiver die Interessen ihrer Wahlbevölkerung zu vertreten. Gleichzeitig schwand die Bindung der Senatoren an ihre Parteien, deren Vertreter in den Staatenlegislativen kein Wahlrecht mehr ausüben konnten; vgl. hierzu *Meinke*, Institutional Change and the electoral Connection in the Senate, Political Research Quaterly 61 (2008), S. 445 ff.

1265 Das Bild der mäßigenden, staatstragenden Kammer trübte sich in dieser Zeit ein. Aus den 1850er Jahren sind mehrere Schlägereien im Senat überliefert; vgl. *Sautter*, Der Amerikanische Bürgerkrieg 1861–1865, 2009, S. 21 f.

1266 *John Marshall* war von 1801 bis 1835 *chief justice*; sein Nachfolger *Roger B. Taney* amtierte von 1835 bis 1864.

1267 *Annaheim*, Die Gliedstaaten im amerikanischen Bundesstaat, 1992, S. 39 ff. In *Ableman v. Booth*, 62 U.S. 506 (516) (1859), argumentierte das Gericht zwar für eine Unterordnung der Bundesstaaten, gestand diesen aber eine eigene Souveränität zu.

In diesem neuen rechtlichen Umfeld agierte der Senat als Mittler zwischen den auseinderdriftenden Interessen in Nord- und Südstaaten. Die Kompromisse, die in der Vorkriegszeit die Interessengegensätze einigermaßen in der Waage hielten, wurden vor allem im Senat ausverhandelt. Gleichzeitig war der Senat wegen des Grundsatzes der gleichen Vertretung der Einzelstaaten selbst Gegenstand der Auseinandersetzungen zwischen Sklavenhalterstaaten und abolitionistisch eingestellten Staaten. Wegen der steten Ausweitung des Territoriums der USA und der damit verbundenen Gründung neuer Gliedstaaten stellte sich, ähnlich wie in Deutschland im Vorfeld des 30-jährigen Krieges zwischen protestantischen und katholischen Reichsständen, die Frage,[1268] wie das Gleichgewicht beider Seiten im Senat[1269] beibehalten werden konnte. Die großen Verständigungen hierbei, wie der Missouri Kompromiss 1820,[1270] waren stets darauf ausgerichtet, das bestehende ungefähre Patt bezüglich der gestellten Senatoren zu wahren. An diesen Kämpfen wird das damals noch herrschende Verständnis des Senats als bundesstaatliche Kammer, die durch Instruktionen der Einzelstaaten beeinflussbar war, besonders plastisch.

Nach den Verhandlungen 1820 wurde zwar die Gründung Missouris als sklavenhaltender Staat von den Nordstaaten gebilligt. Kurz zuvor entstand jedoch unter Zustimmung der Südstaaten mit Maine als abgetrennter Teil von Massachusetts ein neuer Bundesstaat im Norden, sodass die Aufnahme Missouris in die Union die Mehrheitsverhältnisse im Senat nicht veränderte. Gleichzeitig wurde für die Zukunft eine Grenzlinie zwischen den künftigen Sklavenhalterstaaten und Staaten mit Sklavereiverbot festgelegt.[1271] Das Zustandekommen der Verständigung von Nord- und Südstaaten war vor allem dem Senat zu verdanken. Im Repräsentantenhaus, wo die Vertreter der Nordstaaten klar in der Mehrheit waren, war die Zulassung der Sklaverei in Missouri zunächst auf starke Ablehnung gestoßen. Erst nach

---

1268 Ähnlich wie in den USA der Konflikt zwischen Süd- und Nordstaaten eine stete Ausgleichspolitik erforderlich machte und im Rahmen der Nullification Crisis offen ausbrach, stand das Alte Reich vor der Herausforderung, katholische und protestantische Landesherrschaften unter einem Dach zu einen. 1555 wurde durch den Augsburger Religionsfrieden mit der cuius-regio-Regel unter dem eine leichte katholische Dominanz sichernden geistlichen Vorbehalt ein einstweiliger, weitgehend paritätischer Ausgleich zwischen beiden Konfessionen gefunden. Der Auslöser für den 30- Jährigen Krieg war der drohende Übergang Böhmens ins protestantische Lager, wodurch die Machtverhältnisse im bis dahin katholisch dominierten Kurfürstenkollegium zu kippen drohten. Damit konnte sich die katholische Liga nicht abfinden. Zur deutschen Geschichte im Vorfeld des 30-jährigen Krieges vgl. *Kotulla*, Deutsche Verfassungsgeschichte. Vom Alten Reich bis Weimar (1495–1934), 2008, Rn. 146 ff. zum Augsburger Religionsfrieden und den folgenden Konflikten, Rn. 290 ff. zum Ausbruch des 30-jährigen Krieges.

1269 Zur Gleichgewichtspolitik in den USA *Sautter*, Der Amerikanische Bürgerkrieg 1861–1865, 2009, S. 13.

1270 U.S. Congressional Documents and Debates, 16th Congress, 1st Session, S. 545 ff.

1271 *Gold*, The Missouri Compromise, 2011, S. 8 f.

Sitzungen mit Senatoren in *conference committees* setzten sich die Sklavenhalter knapp durch.[1272]

1850 wurde die alte Grenzlinie zwischen Nord- und Südstaaten durch den anstehenden Beitritt Kaliforniens im Lager der Abolitionisten und weiterer Staaten im Mittleren Westen in Frage gestellt, sodass Bedarf nach einer neuen Übereinkunft bestand. Mit dem maßgeblich im Senat ausverhandelten Kansas-Nebraska-Act 1854 und dem Kompromiss von 1850 konnte der Gegensatz in den USA nochmals einige Jahre überbrückt werden, wobei wegen des absehbaren Konfliktes und der gleichzeitigen Emanzipation der Senatoren weniger die Vertretung der Einzelstaaten im Senat, sondern schon eher (militär-) strategische Erwägungen eine Rolle spielten.[1273]

Die damals überragende Bedeutung des Senats und der von ihm ausgehandelten Übereinkommen zeigte sich nach 1857. Der Supreme Court übte in diesem Jahr im *Dred Scott*-Fall[1274] sein richterliches Prüfungsrecht ungewöhnlich extensiv aus. Er kassierte den Kern des Missouri-Kompromisses, die geographische Begrenzung der Sklavenhalterstaaten, als verfassungswidrigen Eingriff in das Eigentum. Das unter Chief Justice *Taney* gefällte Urteil, welches den Ausgleichsversuchen zwischen Nord- und Südstaaten die rechtliche Grundlage nahm, gilt heute als einer der Hauptgründe für den Ausbruch des Sezessionskrieges 1861.[1275]

bb) Weitgehende Emanzipation des Senats vom Vizepräsidenten als Vorsitzenden

Während das Repräsentantenhaus durch seinen Sprecher, welcher in der konstituierenden Sitzung durch Mehrheitsvotum bestimmt wird, geleitet wird, ist die Lage beim Senat komplexer. Qua Verfassung wird gem. Art. 1 Sec. 3 Cl. 4 eine Durchbrechung der Gewaltenteilung angeordnet. Der Vizepräsident als Teil der Exekutive ist Präsident des Senats, wenn auch im Regelfall ohne Stimmrecht. Nur bei einem Abstimmungspatt entscheidet dessen Votum. Die Zuweisung des Stichentscheides an ein Mitglied der Exekutive führt zu einer seltsam anmutenden Konstellation, die z.B. am Ende der Präsidentschaft *Clintons* eintrat.

1272 U.S. Congressional Documents and Debates 16th Congress, 1st Session, S. 1572 f. und S. 1586 f.

1273 In den Verhandlungen im Kongress spielte z.B. die Erschließung der neuen Ländereien mit Eisenbahnen und die Gewinnung wichtiger Knotenpunkte am Mississippi eine Rolle; vgl. *Calore*, The Causes of the Civil War, 1938 (Reprint 2008), S. 207 ff.

1274 *Dred Scott v. Sandford* 60 U.S. 393 (1857).

1275 *Brugger*, Recht und Rasse in der amerikanischen Verfassungsrechtsprechung, JZ 1989, S. 811 f; die heftige Schelte gegen das Urteil war auch ein Grund dafür, dass das Gericht in der Folgezeit bis zur *Roosevelt*-Ära sein Prüfungsrecht zugunsten der *political question doctrine* stark einschränkte; *Hueglin/Fenna*, Comparative Federalism, 2006, S. 289.

Nach den Kongresswahlen im Jahr 1999 gehörten beiden Lagern im Senat je 50 Senatoren an, wodurch häufig die Stimme des Vizepräsidenten bei parteipolitisch geprägten Abstimmungen den Ausschlag gab. Gleichzeitig zur Kongresswahl fand die Präsidentschaftswahl statt, aus welcher der Republikaner *Bush jr.* und dessen Vizepräsident *Cheney* als Sieger hervorgingen. Bis zur Amtseinführung der neuen Administration führte der demokratische Vizepräsident *Gore* den Vorsitz im Senat und stützte eine Mehrheit zugunsten der demokratischen Senatoren. Mit dem Wechsel an der Staatsspitze wendete sich das Blatt zugunsten der Republikaner.[1276]

Diese Konstruktion der Verfassungsväter zur Verhinderung störender Blockaden im staatstragenden, mäßigenden Senat erinnert strukturell an ein Institiut aus dem englischen Parlamentarismus. Im Rahmen des sog. Peers-Schubes kann der britische Premierminister die Mehrheitsverhältnisse im Oberhaus beeinflussen, indem er regierungstreue Persönlichkeiten zur Erhebung in den dort vertretenen Adelsstand vorschlägt.[1277] Während der Peers-Schub der Stabilisierung der Regierung dient, die auf diesem Wege Blockaden im Oberhaus überwinden kann, dient der Stichentscheid durch den Vizepräsidenten der Funktionsfähigkeit des Senats. Ein Reflex dieser Regelung ist aber eine in den USA unübliche Form der Gewaltenverschränkung. Im Ergebnis kann die Gestaltungsmehrheit im Senat vom Ausgang der Wahl zur Exekutive abhängen.[1278]

In der Staatspraxis nimmt der Vizepräsident der USA seine Funktion als Senatspräsident aber nur bei drohenden Abstimmungspatts und zeremoniellen Anlässen, wie der *State of the Union Address* des Präsidenten, wahr. Ansonsten übt der Vizepräsident sein Amt als Senatsvorsitzender traditionell nicht aus und bleibt den Sitzungen fern.[1279] Aus diesem Grund wählt der Senat mit dem gem. Art. 1 Sec. 3 Cl. 5 eigentlich nur interimistisch fungierenden Präsidenten pro tempore seinen geschäftsführenden Vorsitzenden selbst. Damit ist de facto die strikte Gewaltenteilung der US-Verfassung auch in diesem kritischen Punkt meist gewahrt. Der Rückzug des Vizepräsidenten auf die rein formale Führung des Senats geschah dabei nicht nur

---

1276 Vor allem mit Blick auf die hieraus resultierenden organisatorischen Schwierigkeiten *Rybicki*, Senate organisation in the 107th Congress: Agreements reached in a closely diveded Senate, in: Cattler/Rice (Hrsg.), Senate oft he United States, 2008, S. 96 f.

1277 *Sturm*, Vorbilder für eine Bundesratsreform? Lehren aus den Erfahrungen der Verfassungspraxis Zweiter Kammern, ZParl 2002, 166 (172).

1278 *Dann*, The Gubernative in Presidential and Parliamentary Systems – Comparing Organizational Structures of Federal Governments in the USA and Germany, ZaöRV 2006, 1 (21 f.) spricht von einer verfassungsrechtlichen „Hybrid"-Stellung des Vizepräsidenten zwischen Exekutive und Legislative.

1279 So auch *Träger*, Der Senat der USA: Seit 220 Jahren unverändert einflussreich, in: Leunig (Hrsg.), Handbuch föderale zweite Kammern, 2009, S. 260, der diesen Rückzug mit der großen sonstigen Aufgabenfülle des Vizepräsidenten begründet. Da dem Vizepräsidenten rechtlich sonst nur die Reservefunktion für das Präsidentenamt zukommt, ist dies zweifelhaft.

aus eigenem Antrieb. Der Senat setzte Vizepräsidenten wie *Adams*,[1280] die ihre Rolle als Vorsitzender tatsächlich ausfüllen wollten, klare Grenzen. *Adams* wurde mit einer angedrohten Geschäftsordnungsänderung, die ihm das Rederecht zu politischen Fragen entzogen hätte, zur Raison gebracht.[1281]

cc) Die Einführung der Direktwahl des Senats

(1) Der Senat auf dem Weg zum unitarisch geprägten Organ

Die Verfassung der USA ließ das Verhältnis zwischen den Senatoren und den gliedstaatlichen Parlamenten, die sie gewählt hatten, im Unklaren. Von Instruktionsbeziehungen oder freier Gewissensentscheidung im Rahmen des Senatorenamtes ist an keiner Stelle der Constitution die Rede. In der Staatspraxis bis zur ersten Hälfte des 19. Jahrhunderts waren Weisungen der gliedstaatlichen Legislativen an ihre Senatoren gebräuchlich.[1282] Dies lag zum einen daran, dass in einigen einzelstaatlichen Legislativen Weisungen an die Abgeordneten aus den entsendenden Counties üblich waren.[1283] Zum anderen versahen die Staaten ihre Vertreter auf den Kontinentalkongressen häufig mit Weisungen für die Verhandlungen.[1284] Anfangs hatten sich die Senatoren noch stark an die Instruktionen ihrer Herkunftsstaaten gebunden gefühlt. Dies bringt besonders die Äußerung des Senators *Rowan* im Jahr 1828 zum Ausdruck. Er fühlte sich als „Organ des Staates Kentucky“[1285] (sic!) an eine seiner persönlichen Überzeugung widerstrebende Instruktion gebunden.[1286] Im Laufe der Zeit waren dagegen zunehmend Emanzipationsprozesse zu verzeichnen,

1280 *John Adams* war der erste Vizepräident (1789–1797) und anschließend der zweite Präsident (1797–1801) der USA.

1281 *Ellis*, Sie schufen Amerika, 2005, S. 228.

1282 Leibholz, Das Wesen der Repräsentation und der Gestaltwandel der Demokratie im 20. Jahrhundert, 1966, S. 200 f.

1283 *Trute*, Zur Entwicklung des Föderalismus in den Vereinigten Staaten von Amerika, ZaöRV 1989, 191 (200).

1284 *Riker*, The Senate And American Federalism, American Political Science Review 49 (1953), 453 (456); schon die Entstehung der US-Verfassung geht aber auf ein Abweichen von einzelstaatlichen Instruktionen durch Gesandte der Staaten zurück, siehe D I.

1285 *Gales/Seaton*, Register of debates in Congress, 1828, Sp. 731. Diese Äußerung ist auch im Kontext der Nullifikationsdebatte der damaligen Zeit zu verstehen. Die von *Calhoun* geprägte Nullifikationsdoktrin ging von der Souveränität der Staaten als Herren des Verfassungsvertrages aus. Entsprechend sprach z.B. Senator *Webster* als Nullifikationsgegner 1833 davon, dass die Entsendung der Senatoren nicht Ausdruck der einzelstaatlichen Souveränität, sondern der Verpflichtung der Bundestaaten zur Besetzung der Senatssitze sei; Speeches of John C. Calhoun and Daniel Webster in Senate of the United States on the Enforcing Bill, 1833, S. 63.

1286 Über den Fall berichtet ohne Nennung des Namens auch *Foster*, Commentaries on the Constitution of the United States, 1896, S. 495.

weswegen Weisungen der einzelstaatlichen Gesetzgeber als reine Meinungsäußerungen unbeachtet blieben.[1287] Die Sollbruchstelle dieser Entwicklung war die Nullifikationskrise, deren Ausgang zugunsten der Bundesebene klarstellte, dass die Einzelstaaten nicht „Herren der Constitution“, sondern der Verfassung unterworfen waren. Selbst wenn die Senatoren im Interesse ihrer Wiederernennung insbesondere im Vorfeld von Wahlen in ihren Heimatstaaten politisch aktiv wurden, wandelten sie sich mehr und mehr zu unabhängigen, keiner Instruktion verpflichteten Mandatsträgern. Sie verstanden sich zunehmend, ganz im Sinne der berühmten Rede des britischen Staatspolitikers *Edmund Burke* an die Bürger von Bristol 1774,[1288] nicht als bloße Sachwalter ihres Staates, sondern als unabhängige Vertreter des gesamten Bundes.[1289]

Der Prozess der Entkoppelung der Senatoren vom Willen ihrer Entsendeparlamente bedeutete auch eine Veränderung in der Verfassungsstruktur der Vereinigten Staaten. Schon bei der Ratifikation der Verfassung war eine derartige Entwicklung von Antiföderalisten, die gegen die Gründung eines Bundestaates argumentierten, befürchtet worden.[1290] Die direkte Beteiligung der Gliedstaaten an der Bundesgesetzgebung erlosch de facto. Folglich hatten die Bundesstaaten kein Forum mehr zur Verfügung, welches ihnen die Möglichkeit gab, im Gesetzgebungsprozess ihre Anliegen vorzubringen.[1291] Dies zwang die Staaten dazu, wie Vertreter anderer Interessengruppen auch, ihre Positionen über Lobbyismus in den legislativen Prozess einzubringen. So unterhalten beinahe alle Staaten Vertretungen in Washington, ferner existieren verschiedenste Lobbyorganisationen, wie die National Conference of State Legislatures oder die National Governors' Association, in denen alle oder mehrere durch ein spezifisches Interesse verbundene Staaten zusammenwirken, um Einfluss auf die Rechtsetzung und Politik des Bundes zu

---

1287 *Jaag*, Die zweite Kammer im Bundesstaat, 1976, S. 100; anschauliche Beispiele bei *Foster*, Commentaries on the Constitution of the United States, 1896, S. 496 (Fn. 21). Nichtsdestotrotz gaben manche einzelstaatlichen Legislativen bis zum Jahr 1913 Instruktionen an die von ihnen gewählten Senatoren heraus; *Riker*, The Senate And American Federalism, American Political Science Review 49 (1953), 453 (456).

1288 Abrufbar unter: http://press-pubs.uchicago.edu/founders/documents/v1ch13s7.html, letzter Abruf: 01.09.2013.

1289 *Kennedy*, Zivilcourage, 1964, S. 40 f. Teils gingen Senatoren sogar gezielt in Opposition zur einzelstaatlichen Legislative, um politische Vorteile zu erringen; *Riker*, The Senate And American Federalism, American Political Science Review 49: 2 (1953), 453 (457 f.).

1290 *Haas*, Zweite Kammer erster Klasse: der US-Senat, in: Riescher/Ruß/Haas (Hrsg.), Zweite Kammern, 2010, S. 30.

1291 Der Staatsrechtler *Taylor* sah schon diese Emanzipationsbestrebungen des Senats skeptisch und forderte bereits 1814 ein Abberufungsrecht der einzelstaatlichen Parlamente, um die Funktion des Senats als einzelstaatliche Interessenvertretung sicherzustellen; *Rühle*, Das politische Denken von John Taylor of Caroline (1753–1824), 2010, S. 564.

nehmen.[1292] Die National Governor's Association entstand z.B. 1912 im Zuge von Forderungen, eine Art Gouverneurshaus auf Bundesebene zu etablieren, um die Bundesstaaten mehr an der gesamtstaatlichen Willensbildung zu beteiligen.[1293]

Auf den ersten Blick wirkt diese rechtliche Trennung von Staaten und Senatoren wie ein Widerspruch zu den Überlegungen der Verfassungsgeber, die als Gesandte der Einzelstaaten erbittert um den Grundsatz der gleichen Vertretung im Senat rangen und so die Senatoren durchaus als Vertreter der Bundestaaten wahrnahmen.[1294]

Die Funktion des Senats als föderales Organ war aber nur ein Aspekt in den Erwägungen der Verfassungsväter. Daneben prägt die Grundidee eines mäßigenden Ausgleichs im amerikanischen Staatswesen den Senat als Organ, sodass die Genese hin zu einer unabhängigen, nicht zwingend föderalen Kammer nicht völlig den Vorstellungen von 1787 zuwiderläuft. Zum einen wurde durch die Emanzipation des Senats das System der Gewaltenteilung neben der bereits stark ausgebildeten horizontalen Trennung zwischen den Organen auf Bundesebene auch in vertikaler Dimension zwischen Bundes- und Staatenebene verwirklicht.[1295] Zum anderen stand für die Väter der Verfassung die Vertretung einzelstaatlicher Interessen durch den Senat nicht allein im Vordergrund. Vielmehr sollte dieser im Verfassungsleben der USA in erster Linie Hort der Stetigkeit und Stabilität sein, wie beispielsweise aus dem Grundtenor der Federalist Papers Nr. 62 und 63 hervorgeht.[1296] Als Kernargumente für die konkrete Ausgestaltung des Senats werden dort oft und ausführlich dessen Seriosität, Erfahrung und Fähigkeit zum Ausgleich tagespolitischer Wankelmütigkeit vorgebracht.

Die Wahrnehmung einzelstaatlicher Interessen klingt dagegen nur zu Beginn des Papers Nr. 62 in Bezug auf die Stimmverteilung im Senat kurz an.[1297] So sollte die Parität aller Staaten in Bezug auf die Anzahl der entsandten Senatoren Ausdruck und

---

1292 *Welz*, Die bundesstaatliche Struktur, in: Jäger u.a. (Hrsg.), Das Regierungssystem der USA, 2007, S. 92; *Hanschel*, Konfliktlösung im Bundesstaat: Die Lösung föderaler Kompetenz-, Finanz- und Territorialkonflikte in Deutschland, den USA und der Schweiz, 2012, S. 360 f.; auch in der Schweiz, wo Art. 161 Abs. 1 der Bundesverfassung ein Verbot von Instruktionen normiert, pflegen einige Kantonalregierungen informelle Kontakte zu „ihren" Ständeräten; vgl. *Fleiner*, Deutscher Bundesrat – Schweizerischer Ständerat; Zweikammer-Entwicklungen im Vergleich, in: Geis/Lorenz (Hrsg.), Staat, Kirche, Verwaltung. Festschrift für Hartmut Maurer zum 70. Geburtstag, 2001, S. 67 (S. 73).

1293 *Annaheim*, Die Gliedstaaten im amerikanischen Bundesstaat, 1992, S. 100.

1294 So auch *Reyes*, Die Rolle zweiter Kammern in Bundesstaaten, 2003, S. 82 f.

1295 Diese Unterscheidung hat aufgrund der zunehmenden faktischen Kompetenzverwischungen zwischen Bundes- und Staatenebene an Bedeutung verloren; *Thaysen/Davidson/Livingston*, US-Kongress und Bundestag, 1988, S. 153 ff.

1296 *Hamilton/Jay/Madison*, The Federalist Papers, Nachdruck 2006, S. 400 ff. und S. 407 ff.

1297 *Hamilton/Jay/Madison*, The Federalist Papers, Nachdruck 2006, S. 401.

Mittel der Sicherung der Souveränität der Einzelstaaten sein. Diese vergleichsweise kurze Passage dürfte auch dem Kampf zwischen Föderalisten und Antiföderalisten um die Annahme der Verfassung geschuldet gewesen sein. Der Verfasser des Papers, *Madison* oder *Hamilton*, sah durch die Stimmverteilung im Senat das Schreckgespenst der Antiföderalisten, die „unberechtigte Verschmelzung der Staaten zu einem Einheitsstaat“[1298], effektiv gebannt. *Von Holst* erkannte daher in seinem Werk über das Staatsrecht der USA zutreffend, dass der Senat mit seinen unabhängigen Senatoren nur sehr eingeschränkt wie ein Staatenhaus betrachtet werden könne.[1299]

(2) Die Verfassungsergänzung von 1913

1913 wurde in einer Verfassungsreform die Direktwahl der Senatoren im 17. Amendment niedergelegt.[1300] Hierdurch wurde der Wandel hin zu einem unabhängigen Senat auch formell statuiert. Die Rückbindung der Senatoren an die Staatsorganisation der Einzelstaaten ging beinahe gänzlich verloren.[1301] Lediglich im Fall der vorzeitigen Erledigung eines Senatspostens haben die Bundesstaaten gem. 17. Amendment, Sec. 2 noch verschieden ausgestaltete Einflussmöglichkeiten auf die Nachfolge von Senatoren bis zur regulären Neuwahl der zu besetzenden Position. Mithin stehen sich seit 1913 zwei direkt legitimierte Kammern im Kongress gegenüber.

Für die Reform gab es zwei Hauptgründe. Einerseits strebte der Senat, welcher sich zunehmend dem Einfluss der Staaten entzogen hatte, nach einer dem Repräsentantenhaus ebenbürtigen Legitimation.[1302] Andererseits hatte sich die Wahl durch die gliedstaatlichen Legislativen in der Praxis nicht bewährt, da diese sich in zahlreichen Fällen nicht auf einen Senator verständigen konnten und so z.T. lang andauernde Vakanzen im Senat eintraten.[1303] Dies war vor allem dadurch bedingt, dass die im Zuge der Industrialisierung gewachsene Großindustrie mit ihren Finanzmitteln Einfluss auf die Nominierungen zu nehmen versuchte.[1304] Oregon

---

1298 *Hamilton/Jay/Madison*, The Federalist Papers, Nachdruck 2006, S. 401.

1299 *Von Holst*, Staatsrecht der Vereinigten Staaten von Amerika, 1885, S. 44.

1300 *Brugger*, Einführung in das öffentliche Recht der USA, 1993, S. 31.

1301 *Heun*, Der amerikanische Bundesstaat – Grundlagen, Struktur, Entwicklungslinien, in: Konrad-Adenauer-Stiftung, Zukunftsforum Politik Nr. 36 (2001), S. 24 (S. 29); dies wurde und wird in den USA kritisch gesehen; *Hanschel*, Konfliktlösung im Bundesstaat: Die Lösung föderaler Kompetenz-, Finanz- und Territorialkon-flikte in Deutschland, den USA und der Schweiz, 2012, S. 353 f.

1302 Erste Forderungen von Senatoren in diese Richtung sind bereits aus dem Jahr 1827 dokumentiert; siehe dazu http://www.senate.gov/artandhistory/history/common/briefing/Direct_Election_Senators.htm., abgerufen am 13.08.2013.

1303 Dass die Bundesebene seit 1866 ein Wahlgesetz zur Bestimmung der Senatoren erlassen hatte, änderte hieran nichts; *von Hoff*, Die Rolle des US-Supreme Court im Prozess der Verfassungsänderung in den Vereinigten Staaten, 2008, S. 37.

1304 *Haas*, Zweite Kammer erster Klasse: der US-Senat, in: Riescher/Ruß/Haas (Hrsg.), Zweite Kammern, 2010, S. 31.

hatte bereits 1907 diesen Argumenten nachgegeben und im Grunde gegen den Wortlaut der Verfassung die Direktwahl der Senatorenposten eingeführt. Dort verpflichtete sich die Staatslegislative per Gesetz, die Kandidaten, die in einer Volkswahl die Mehrheit errungen hatten, für den Senat zu nominieren.[1305] Dem Vorbild Oregons folgten bis 1913 elf weitere Staaten, sodass der Druck wuchs, per Verfassungsergänzung eine Positivierung der neuen Staatspraxis zu erreichen.[1306]

Das 17. Amendment markierte eine Durchbrechung des auf Ausgleich und Machtbalance angelegten amerikanischen Verfassungssystems.[1307] Der Senat behielt trotz der Einführung der Direktwahl die Fülle an Sonderkompetenzen, welche, wie z.B. die *treaty power*, nicht zuletzt seinem föderalen Herkommen geschuldet waren,[1308] und gewann die Stärkung direkter Legitimation hinzu.[1309] Die bisher systemimmanente Abschwächung des Senats durch seine bloß mittelbare Rückbindung an das Volk wurde mit dem 1913 eingeführten Verfassungszusatz beseitigt. Auch die von *Hamilton* oder *Madison* im Federalist Paper Nr. 63[1310] vorgebrachte Funktion des Senats als stabilisierender Ausgleich zum unsteten, vom direkten Volkswillen abhängigen Repräsentantenhaus wurde durch die Direktwahl in Zweifel gezogen. Nunmehr musste sich jeder Senator einer direkten Volkswahl in seinem Staat stellen.

Bis heute ist der 17. Verfassungszusatz umstritten geblieben. Zuletzt wurde 2004 ein Vorschlag zu einer Rückkehr zur Wahl der Senatoren über die Staatenlegislativen eingebracht.[1311] Die direkte Legitimation, gepaart mit den weiter bestehenden senatorischen Sonderrechten, zeigt, dass der Senat entgegen der Verfassungskonzeption ein formelles Übergewicht im Kongress erhalten hat. Die in Federalist Paper No. 63 ausgedrückte und auch bei *Toqueville* anklingende Idee einer Suprematie des

---

1305 Mit dieser Praxis stand es de facto der Staatslegislative anheim, selbst das Wahlsystem für die Senatoren zu bestimmen. Damit ähnelte das Procedere der Auswahl der Ständeräte in der Schweiz, wo die Verfassung diese Frage gem. Art. 150 Abs. 3 explizit den Kantonen überlässt; vgl. hierzu *Fleiner*, Deutscher Bundesrat – Schweizerischer Ständerat; Zweikammer-Entwicklungen im Vergleich, in: Geis/Lorenz (Hrsg.), Staat, Kirche, Verwaltung. Festschrift für Hartmut Maurer zum 70. Geburtstag, 2001, S. 67 (S. 70).

1306 http://www.senate.gov/artandhistory/history/common/briefing/Direct_Election_Senators.htm., abgerufen am 13.08.2013.

1307 Mit dem 17. Amendment wurde endgültig klar, dass der Kongress mit beiden Kammern eine reine Volksvertretung darstellte; vgl. *U.S. Term Limits, Inc. v. Thornton* – 514 U.S. 779, 821 (1994).

1308 Siehe D III 2 e.

1309 *Fraenkel*, Das amerikanische Regierungssystem, 1960, S. 131; aus diesem Grund wird der Senat als bedeutendere Kammer des Kongresses angesehen; siehe z.B. die abschließende Bewertung von *Reyes*, Die Rolle zweiter Kammern in Bundesstaaten, 2003, S. 173 f.

1310 *Hamilton/Jay/Madison*, The Federalist Papers, Nachdruck 2006, S. 407 ff.

1311 Bill eingebracht am 28.04.2004 von Senator *Miller*, 108th Congress, 2nd Session S. J. Res. 35.

direkt gewählten Repräsentantenhauses[1312] gegenüber dem mehr als apolitischen Staatsrat fungierenden Senat war mit dem 17. Amendment endgültig ad acta gelegt. Letztendlich stellt die Verfassungsreform 1913 keine Revolution im Verfassungswesen der USA dar, vielmehr wurde lediglich die evolutionäre Entwicklung der Staatspraxis hin zu einem unabhängigen, nicht zwangsläufig partikularisch orientierten Gesetzgebungsorgan durch eine formale Ergänzung der Verfassung nachvollzogen. Im Ergebnis ist der Senat nicht mehr auf seine Funktion als Reflexions- oder Föderalorgan beschränkt, sondern steht dem Repräsentantenhaus formell als Gesetzgebungsorgan gleich und verfügt dazu über historisch bedingte besondere Vorrechte. Diese größere Bedeutung des Senats wird für die US-Verfassung mit Blick auf den dem Demokratieprinzip immanenten Gedanken gleicher Repräsentation aller Bürger in der Gesetzgebung als erhebliches Problem gesehen.[1313] So hat ein Bürger in Kaliforniern bei den Wahlen zum Senat 1/70 des Stimmgewichtes eines Einwohners von Wyoming. Zur Zeit der Gründung der USA betrug die Divergenz zwischen den Bürgern Virginias und Delawares nur 1/12. Aus diesem Grund fordert z.B. der Politikwissenschaftler *Sabato* eine Reform des Stimmschlüssels im Senat zugunsten der bevölkerungsreichen größeren Staaten.[1314] Dieser Ansatz ist aber mit Blick auf die Schutzklausel des Art. 5 der Constitution kaum durchsetzbar.

d) Repräsentationsdefizite des Kongresses

Das Staatsgebiet der USA umfasst nicht nur die heute 50 Staaten, sondern auch weitere Hoheitsgebiete, wie einige Inselformationen im Pazifik und Puerto Rico sowie vor allem die Hauptstadtregion Washington D.C., deren Status im Staatssystem der USA vorliegend vertieft betrachtet werden soll. Washington ist als Hauptstadt nicht ohne Staatenstatus, da die Verfassungsorgane des Bundes einen Raum frei von den Einflüssen der Einzelstaaten beanspruchten. Aus diesem Grund traten Maryland und Virginia 1790 dem Bund ein quadratisches Gebiet am Potomac River ab, welches die zukünftigen Organe des Bundestaates beherbergen sollte. Washington D.C. wird durch den Kongress verwaltet. Die Verfassung steht nach Ansicht des Supreme Courts dagegen einer vollwertigen Repräsentation des Distrikts im Kongress entgegen.[1315] Im Jahr 1978 beschlossen Senat und Repräsentantenhaus mit dem notwendigen Quorum eine Verfassungsergänzung, welche den Hauptstadtdistrikt einem Staat gleichgestellt hätte. Nachdem innerhalb der vom

1312 *Toqueville*, Demokratie in Amerika, 1955, S. 112.

1313 *Levinson*, Our undemocratic Constitution, 2006, S. 49 ff.

1314 *Sabato*, A more perfect Constitution: Why the Constitution must be revised: Ideas to inspire a new generation, 2008, S. 24 ff. Konkret sollen die zehn größten Staaten zwei und die fünfzehn folgenden bevölkerungsstärksten Staaten einen zusätzlichen Sitz erhalten (S. 26).

1315 Zu den umfangreichen Kompetenzen des Kongresses in Washington DC vgl. *National Mut. Ins. Co. v. Tidewater Transfer Co., Inc.*, 337 U.S. 582 (1949).

Kongress gesetzten Frist nicht genügend Staatenlegislativen die Verfassungsänderung angenommen hatten, scheiterte dieser Ansatz.[1316]

Im Repräsentantenhaus ist Washington DC daher durch einen Abgeordneten vertreten, der aber nicht im Plenum, sondern nur in den Ausschüssen mit einem Stimmrecht ausgestattet ist. Im Senat sitzt mangels Staatsqualität kein Vertreter des Distriktes.[1317]

Seit 1964 darf der District of Columbia mit drei Wahlmännerstimmen an den Präsidentschaftswahlen teilnehmen, wobei diese Zahl anders als bei den Wahlmännerkontingenten der Staaten nicht an die Bevölkerungszahl gekoppelt ist, sondern der Anzahl der Wahlmänner des kleinsten Bundesstaates entspricht.[1318]

Die mangelnde Vertretung Washingtons wird aus Gründen der grundsätzlichen Wahlrechtsgleichheit kritisiert, vor allem weil der Kongress Steuern in dem Bezirk erheben kann und damit der Grundsatz „No Taxation without Representation" verletzt wird.[1319] Daher gab es seit jeher Bestrebungen, den Einwohnern des Distrikts das volle Wahlrecht zum Kongress zu verschaffen. Hierbei werden verschiedene Vorschläge diskutiert, die vom Erlass eines einfachen Gesetzes über die Einverleibung der Wohnviertel Washingtons durch Maryland bis hin zur Anerkennung des Distriktes als Bundesstaat reichen.[1320]

1316 Votum des Repräsentantenhauses: 124 Congressional Record 5272–5273, Votum des Senats: 124 Congressional Record 27260; vgl. den Bericht des Senatsausschusses für Verfassungsfragen aus dem Jahr 2002; zu diesen und weiteren Anläufen, in Washington D.C. ein Wahlrecht zum Kongress einzuführen siehe Senate Reports 107th Congress 2nd Session, Report 107, 343.

1317 Vor der Erhebung Washingtons zum Regierungssitz 1801 nahmen die Bewohner der Gegend seit der Abtretung des Gebietes an den Bund 1790 regulär an den Kongresswahlen in Maryland bzw. in Virginia teil; vgl. American Bar Association, Statement of the American Bar Association submitted to the Subcommittee on the Constitution, Committee on the Judiciary U.S. House of Representatives on the subject of H.R. 5388, The District of Columbia, Fair and equal House Voting Rights Act, September 14, 2006. Zur mangelnden Staatsqualität *National Mut. Ins. Co. v. Tidewater Transfer Co., Inc.*, 337 U.S. 582 (1949).

1318 Das Wahlrecht wurde im 23. Amendment niedergelegt, welches 1961 in Kraft trat; zur Entstehung *von Hoff*, Die Rolle des US-Supreme Court im Prozess der Verfassungsänderung in den Vereinigten Staaten, 2008, S. 58 ff.

1319 American Bar Association, Statement of the American Bar Association submitted to the Subcommittee on the Constitution, Committee on the Judiciary U.S. House of Representatives on the subject of H.R. 5388, The District of Columbia, Fair an equal House Voting Ringhts Act, September 14, 2006; *Sabato*, A more powerful Constitution: Why the Constitution must be revised: Ideas to inspire a new generation, 2008, S. 27.

1320 Der erste Vorschlag stammte von *Hamilton*, der mit Blick auf die Steuerhoheit des Kongresses einen entsprechenden Verfassungszusatz vorschlug; vgl. *Elwood*, Testimony before the Subcommittee on the Constitution, Civil Rights and Property Rights, Senate – Committe on the Judiciary, May 23, 2007.

Bisher haben derartige Reformen keinen Erfolg gehabt. Damit verbleibt als einzige Abordnung des Distrikts Washington DC der Abgeordnete mit eingeschränkten Mitwirkungsrechten im Repräsentantenhaus.

2. Der Supreme Court und andere integrierende Faktoren

Der Supreme Court unter *Marshall* als Vorsitzendem (1801–1835) unterstützte die extensive Wahrnehmung der *interstate commerce clause*, die Gesetzgebungskompetenz des Bundes zur Regelung des zwischenstaatlichen Handels, durch die Zentralgewalt. Selbst mittelbarste Auswirkungen auf den Handel zwischen den Staaten wurden als kompetenzbegründend für den Bund angesehen.[1321] Ferner wurde der Bundesebene mit einer extensiven Interpretation der *necessary and proper clause*, die der Bundesebene eine Abrundungskompetenz zur Erfüllung ihrer Aufgabenbereiche zusprach, de facto eine kompetenzielle Generalklausel an die Hand gegeben.[1322] Damit reagierte der Supreme Court auch auf die Erfahrungen zur Zeit der Konföderationsartikel, als Handelshemmnisse und -streitigkeiten zwischen den Einzelstaaten die Funktionsfähigkeit der Zentralgewalt weitgehend unterminierten.[1323] Die neue Deutung der *interstate commerce clause*, die der Supreme Court stets beibehalten hat, kam letztlich mehr einer Verfassungsrevision denn einer Interpretation gleich.[1324] Da beinahe jedes staatliche Handeln Folgen für den

---

1321 Grundlegend zur *commerce clause*: *Gibbons v. Ogden*, 9 Wheat. 1 (1824); zur Folgejudikatur *Currie*, Die Verfassung der Vereinigten Staaten, 1988, S. 24 ff.

1322 Wegweisend zum Vorrang des Bundesrechts und der bundesfreundlichen implied powers doctrine *McCulloch v. Maryland*, 4 Wheat. 316; entsprechend zum Ganzen *Bryde*, Verfassungsentwicklung. Stabilität und Dynamik im Verfassungsrecht, 1982, S. 89; das Urteil zusammenfassend und einordnend *Currie*, Die Verfassung der Vereinigten Staaten, 1988, S. 23 f.

1323 Hierzu *Dorf*, The Constitution of the United States, 1967, S. 6 ff.

1324 *Baring*, Der Warren Court – eine vorläufige Bilanz, ZRP 1969, S. 181. Eine zeitweise Begrenzung erfuhr diese Rechtsprechung nur zu Beginn der *new-deal*-Politik Roosevelts, als der Supreme Court Sozialreformen zunächst in engerer Auslegung der *commerce clause* blockierte. Die aktuellen Urteile der Obersten Richter zum Patient Protection and Affordable Care Act („Obamacare“, mit dem Kernstück einer generellen Krankenversicherungspflicht) zeigen eine neue Zurückhaltung des Supreme Courts in der Auslegung der *commerce clause*. Die Mehrheit der Richter wertete die individuelle Versicherungspflicht, bei deren Nichtbefolgung Strafsteuern drohen, nicht als Regelung des zwischenstaatlichen Handels, sondern stützte sich auf die Kompetenz des Bundes zur Steuererhebung; *National Federation of Independent Business v. Sebelius*, 567 U.S. ___ (2012). Damit hat sich die Bundesebene in diesem Fall zwar durchgesetzt, es erscheint aber nicht ausgeschlossen, dass der Supreme Court weitere Sozialgesetzgebungsmaßnahmen des Bundes, welche auf die commerce clause gestützt werden, deutlich kritischer bewerten wird (schon 1995 in diese Richtung: *United States v. Lopez* – 514 U.S. 549 (1995)).

Verkehr von Waren und Dienstleistungen zwischen den Staaten haben kann, kann der Bund verschiedenste Maßnahmen durch diese Klausel rechtfertigen.[1325] Für den Supreme Court bildete die *interstate commerce clause* damit den Hebel, bei Fragen, welche seiner Ansicht nach einer bundeseinheitlichen Regelung bedurften, eine Gesetzgebungskompetenz für den Kongress herzuleiten. Ausgehend von der Normierung des Handelsverkehrs zwischen den Staaten war die Bundesebene in der Lage, auf Sachgebiete zuzugreifen, die zur Zeit der Entstehung der Verfassung 1787 kaum absehbar waren, wie v.a. die Sozialpolitik. Mit Ausnahme der Zeit vom Ende des 19. Jahrhunderts bis 1937, als die Obersten Richter die *commerce clause* konservativer interpretierten und den Einzelstaaten mehr Spielräume bei der Gesetzgebung sichern wollten,[1326] konnte der Bund so seine Zuständigkeiten deutlich ausweiten. Heute stützen sich weite Teile der amerikanischen Sozialgesetzgebung, die insbesondere auf die *new-deal*-Politik *Roosevelts* zurückzuführen ist, auf die Kompetenz des Bundes zur Regelung des zwischenstaatlichen Handels. Ebenso basiert die Gleichstellungsgesetzgebung, die unter *Johnson* vorangetrieben wurde, zu einem großen Teil darauf.[1327] Dass den Einzelstaaten bis heute umfangreiche Kompetenzen im Straf- und Zivilrecht verblieben sind, haben diese weniger dem Schutz ihrer Gesetzgebungsbefugnisse durch den Supreme Court als der Zurückhaltung des Kongresses in diesen Materien zu verdanken.[1328]

Neben der bundesfreundlichen Auslegung der Kompetenznormen führt die überlegene Finanzkraft der Zentralgewalt zu unitarisierenden Effekten im amerikanischen Staatswesen. Wegen der erheblich größeren Einnahmebasis aus Bundesteuern kann der Kongress auch auf Gebieten, die eindeutig der Staatengesetzgebung unterliegen, Einfluss ausüben. Dies geschieht durch die Bereitstellung von Bundesmitteln an die Staaten unter der Bedingung, bestimmte Projekte voranzutreiben.[1329]

1325 *Hübner*, Das politische System der USA, 2007, S. 45 f. führt hierzu das das Urteil 327 U.S. 173 (1946) an, in welchem die Anwendung eines Bundesgesetzes zur Arbeitszeitbegrenzung auf eine Fensterreinigungsfirma damit begründet wurde, dass *deren Kunden* zum großen Teil für den nationalen Markt produzierten.

1326 Zur formalistischen Auslegung in dieser Zeit ausführlich *Cushman*, Formalism in Commerce Clause Jurisprudence, The University of Chicago Law Review 67 (2000), 1089 ff.

1327 *Lens*, The Supreme Court, Federalism, and Social Policy, Social Science Review 75 (2001), 318 (320 ff.).

1328 *Currie/Wyatt*, Die Gewaltenteilung in den USA, JA 1991, 261 (263); darüber hinaus reagierten die Einzelstaaten mit koordinierter Gesetzgebung auf übermäßige Disparitäten im Rechtsystem; *Heun*, Der amerikanische Bundesstaat – Grundlagen, Struktur, Entwicklungslinien, in: Konrad-Adenauer-Stiftung, Zukunftsforum Politik Nr. 36 (2001), S. 24 (S. 29).

1329 *Morstein Marx*, Amerikanische Verwaltung, 1963, S. 48 f.; siehe z.B. den No Child Left Behind Act 2001 (Pub.L. 107–110, 115 Stat. 1425), der den Staaten Fördermittel für bestimmte bildungspolitische Maßnahmen bereitstellt, für welche der Bund keine eigene Gesetzgebungskompetenz hat. Zu den finanziellen Förderungen des Bundes vgl. auch *Hübner*, Das politische System der USA, 2007, S. 46 f.;

Insgesamt hat sich das ursprünglich klare System einer vertikalen Gewaltenteilung damit modifiziert. Die Kompetenzgrenzen von Bundes- und Staatenebene sind durch die ausgreifende Integration nicht mehr klar unterscheidbar.[1330]

3. Weitgehender Ausfall des Supreme Courts als Streitbeilegungsorgan in Kompetenzkonflikten

Bemerkenswert ist die geringe Anzahl der Streitigkeiten der beiden Kammern vor dem Supreme Court. Während das Parlament in der EU auch den rechtlichen Konflikt mit dem Rat suchte, sind keine Auseinandersetzungen zwischen den Kongresskammern überliefert. Vielmehr werden in der amerikanischen Staatsrechtsliteratur, hauptsächlich nur Kontroversen zwischen dem Kongress als Ganzem und der Exekutive dargestellt.[1331]

Der Grund hierfür liegt im praktizierten Verfassungsprozessrecht in den USA. Nachdem der Supreme Court unter Chief Justice *Marshall* seine Position als Verfassungsgericht mit der Begründung des richterlichen Prüfungsrechts im Fall *Marbury v. Madison* aus dem Jahr 1803[1332] gefestigt hatte, zeigte das Oberste Gericht in der Folgezeit eine starke Tendenz zur richterlichen Selbstbeschränkung. Der zentrale Hebel hierfür war und ist die *political question doctrine.* Dieser Ansatz, als Judikative nicht den politischen Prozess als solchen zu bestimmen, was Aufgabe von Exekutive und Legislative ist, sondern nur über Rechtsfragen zu entscheiden, ist aus Sicht der deutschen Rechtsordnung nachvollziehbar.[1333] Die Richter am Supreme Court urteilen alleine über die Einstufung eines konkreten Falles als politische oder rechtliche Problematik. Damit konnte die *political question doctrine* lange Zeit auch dazu dienen, unliebsamen Entscheidungen aus dem Wege zu gehen, indem entsprechende Sachverhalte als politische Fragen nicht zur Entscheidung angenommen wurden.[1334] Ein krasses Beispiel hierfür war die

---

Ripley, Kongress und Einzelstaaten, in: Thaysen/Davidson/Livingston (Hrsg.), US-Kongress und Bundestag, 1988, S. 158 ff., der betont, dass der Bund den Staaten im Rahmen der Finanzprogramme meist nur Freiheiten überlässt, um politisch heikle Entscheidungen nicht selbst treffen zu müssen.

1330 *Thaysen/Davidson/Livingston*, US-Kongress und Bundestag, 1988, S. 153; auch wenn direkte Vollzugsbefehle vom Supreme Court als verfassungswidrig angesehen wurden; siehe hierzu *Möllers*, Gewaltengliederung, 2005, S. 341 ff.

1331 Vgl. z.B. *Schwartz*, American constitutional law, 1955, S. 115 ff.

1332 *Marbury v. Madison*, 5 U.S. 137 (1803); hierzu auch *Will*, in: David/Grasmann (Hrsg.), Einführung in die großen Rechtssysteme der Gegenwart, 1988, S. 532 f.

1333 Auch das BVerfG erkennt den Gestaltungsspielraum der Politik vor allem im Rahmen verfassungskonformer Rechtsauslegung an, was z.B. in den Entscheidungen über die sozial-liberale Ostpolitik deutlich wurde.

1334 Siehe hierzu differenzierend *Leibholz*, Strukturprobleme der modernen Demokratie, 1967, S. 314 ff.

lang anhaltende Verweigerung eines Richterspruches über die zum Teil eindeutig dem Prinzip der gleichen Wahl widersprechenden Wahlkreiseinteilung in den Einzelstaaten.[1335] Erst ab 1962 beschlossen die obersten Richter in der Entscheidung *Baker v. Carr*, die Staaten zur Einhaltung des Prinzips „One man – one vote" notfalls durch richterliche Festlegung der Wahlkreise zu zwingen,[1336] nachdem sie zuvor im selben Judikat klarer gefasste Kriterien zur Ausübung der *politcal question doctrine* formuliert hatten.[1337] Demnach soll ein Fall als politische Frage abgewiesen werden, wenn folgende Indikatoren vorliegen:

- Zuordnung einer bestimmten Entscheidung zu einem bestimmten politischen Organ durch die Verfassung selbst,
- Fehlen justiziabler Standards, um eine Frage zu lösen,
- Unlösbarkeit einer Frage ohne vorherige politische Entscheidung,
- Unmöglichkeit einer Gerichtsentscheidung ohne Mangel an Beachtung der Zuständigkeit einer anderen Staatsgewalt.[1338]

Auch wenn diese Kriterien den Anwendungsbereich der *political question doctrine* näher umschreiben, lassen sie den obersten Richtern genügend Interpretationsspielräume, um weiterhin frei auszuloten, ob eine rechtliche oder politische Frage zur Entscheidung vorliegt.[1339]

Die *political question doctrine* findet seit jeher in der Staatspraxis im Verhältnis der beiden Häuser im Kongress Anwendung. Nicht nur Differenzen um die inhaltliche Gestaltung eines Gesetzes, sondern auch der Streit um die Wahrnehmung einer Befugnis an sich wird in den USA dem politischen Spiel zwischen Senat und Repräsentantenhaus überlassen. Die Verfassung weist nach der Formel dies Supreme Courts zum einen die Einigungsprozesse in der Legislative allein dem Kongress zu. Zum anderen sind in der Verfassung keine justiziablen Standards normiert, die eine rechtliche Würdigung der Entscheidungsprozesse erlauben. Ein Organstreitverfahren zur Kontrolle der Kompetenzausübung ist in den USA weitgehend unbekannt.[1340]

1335 So divergiert z.B. die Einwohnerzahl der Wahlkreise zum kalifornischen Senat zwischen 14.000 und 6.000.000; siehe: *Hübner*, Das politische System der USA, 2007, S. 162.

1336 Kritisch hierzu: *Kronstein*, Die Entwicklung des Verfassungsrechts durch den Supreme Court, 1972, S. 17 f.

1337 *Baker v. Carr*, 369 U.S. 186 (1962).

1338 Übersetzung bei *Heller*, Der U.S. Supreme Court, EuGRZ 1985, 685 (691).

1339 So auch *Heller*, Der U.S. Supreme Court, EuGRZ 1985, 685 (691).

1340 Eingehend zum Zusammenhang von *political question doctrine* und dem grundsätzlich fehlenden Organstreit in den USA *Kau*, United States Supreme Court und Bundesverfassungsgericht, 2007, S. 317 ff.

An dieser Stelle scheint das grundlegend andere Verfassungsverständnis der USA durch. Während das Gesetzgebungsverfahren in der EU vor allem auf effiziente Legislativarbeit ausgerichtet ist,[1341] ist das Leitmotiv der US-Constitution der Schutz der Freiheit des Einzelnen vor dem Staat. In der legislativen Arbeit wurde dies durch die Trennung des Kongresses in zwei Häuser gewährleistet. Sie müssen in freiem Spiel einen Konsens erreichen, um handlungsfähig zu sein. Der weitgehende Verzicht des Supreme Courts, per Rechtsprechung den verfassungsrechtlich kaum definierten Prozess der Gesetzgebung in rechtlich bestimmtere Bahnen zu lenken, befördert diesen Ansatz der Verfassungsväter im Grundsatz. Jedes Haus im Kongress kann im Rahmen seiner Geschäftsordnungsautonomie Hürden und Blockaden im Gesetzgebungsverfahren konstruieren, ohne rechtliche Konsequenzen fürchten zu müssen. Somit kann das Repräsentantenhaus es nicht gerichtlich rügen, wenn der Senat ein von ihm bereits abgeschlossenes Gesetzgebungsvorhaben im Wege eines Filibusters blockiert.

Trotzdem ist es fraglich, ob diese Doktrin völlig zu überzeugen vermag. Die Selbstbeschränkung des Gerichtshofes hat zur Folge, dass vor allem destruktive Blockaden in der Gesetzgebung Bestand haben. Die Rechte des Einzelnen waren und sind aber nicht alleine dadurch gesichert, dass der Staat wegen handlungsunfähiger Organe nicht agiert. Vielmehr kann auch ein staatliches Handeln notwendig sein, um die individuelle Freiheit zu wahren.[1342] Der *judicial self restraint* des Supreme Courts in Bezug auf das Gesetzgebungsverfahren ist daher gerade mit Blick auf die alles überragende Freiheitsgarantie der US-Verfassung kritisch zu sehen, sodass eine zumindest teilweise Abkehr vom Dogma der *political question doctrine* notwendig erscheint.

So könnte der Supreme Court beispielsweise Klagen gegen Maßnahmen eines der beiden Häuser zur Entscheidung annehmen, wenn einerseits staatliches Handeln zur Wahrung individueller Freiheiten notwendig ist und andererseits die verklagte Kammer Verfahrensweisen anwendet, die offensichtlich dazu dienen, einen diesbezüglichen Gesetzesvorschlag ohne tatsächliche inhaltliche Befassung gänzlich zu verhindern.

1341 *Anweiler*, Die Auslegungsmethoden des Gerichtshofs der Europäischen Gemeinschaften, 1997, S. 409.

1342 So wurde die demokratische Partizipation zahlreicher schwarzer US-Bürger erst durch die Bürgerrechtsgesetzgebung der 50er und 60er Jahre legislativ abgesichert. Bezeichnenderweise wurde in diesem Zusammenhang die bisher längste Filibusterrede im Senat gehalten; vgl. *Gold/Gupta*, The Constitutional Option, Harvard Journal of Law & Public Policy, Vol. 28, S. 230 ff.

III. Kompetenzen der amerikanischen Legislativorgane und deren Wahrnehmung

1. Legislativfunktion

Die Verfassung der USA vertraut in Art. 1 Sec. 1 die gesetzgebende Gewalt alleine dem Kongress an.[1343] Im Sinne des grundsätzlich streng zu verstehenden Gewaltenteilungsprinzips darf der Präsident grundsätzlich keinen Einfluss auf das Gesetzgebungsverfahren haben. Nur ausnahmsweise kann der Präsident gem. Art. 2 Sec. 3 S. 2 der Verfassung den Kongress einberufen oder bei Uneinigkeit über eine Vertagung deren Zeitraum bestimmen.

a) Die Rolle des Präsidenten in der Gesetzgebung

Trotzdem sieht Art. 1 Sec. 7 Cl. 2 der Verfassung ein mächtiges Blockademittel in der Gesetzgebung vor. Der Kongress ist verpflichtet, jede beschlossene Gesetzesvorlage, die in Kraft treten soll, dem Präsidenten vorzulegen (sog. *Presentment Clause*). Der Präsident hat die Möglichkeit, zehn Tage nach der Zuleitung des Beschlusses Einwendungen gegen den von beiden Häusern beschlossenen Rechtsakt vorzubringen und innerhalb dieser Frist dem Kongress zuzuleiten. Bleibt der Präsident untätig, fingiert nach Ablauf der Zehntagesfrist die Verfassung seine Zustimmung.

Will der Kongress die ursprüngliche Form des Gesetzes nach Einlegung eines Vetos beibehalten, hat er die Vorbehalte in beiden Häusern mit Zweidrittelmehrheit zurückzuweisen. Bei knappen Mehrheitsverhältnissen stellt diese Vetokompetenz ein erhebliches Machtmittel im Spiel der Verfassungsakteure dar.[1344] Die Ratio hinter des eigentlich systemwidrigen Beanstandungsrechts liegt in dem Bestreben der Verfassungsväter, jedwede Form der Tyrannei zu vermeiden und eine drohende Dauerdominanz der Legislative im Verfassungsleben zu unterbinden. Wegen dieser balancewahrenden Funktion wird teilweise in der amerikanischen Staatsrechtslehre vertreten, dass das Vetorecht nur bei Gesetzen Anwendung finden dürfe, welche das Verhältnis der Gewalten zueinander berühren.[1345] *Hamilton* versuchte im Gegensatz dazu, sogar ein absolutes Veto des Präsidenten in der Gesetzgebung festzuschreiben, womit er scheiterte.[1346]

Gleichzeitig soll das Staatsoberhaupt als berufener Wahrer der Interessen der Bundeszentrale als Gegengewicht zu den auch partikularistisch orientierten

1343 Art. 1 Sec. 1 lautet: "All legislative Powers herein granted shall be vested in a Congress of the United States, which shall consist of a Senate and House of Representatives."

1344 Hiergegen aus demokratietheoretischen Gründen *Levinson*, Against the Veto, The new Republic, 09.10.2006, S. 12 f.

1345 *Lorz*, Interorganrespekt im Verfassungsrecht, 2001, S. 197.

1346 *Fisher*, The Pocket Veto: Its Current Status, CRS Rep. March 30, 2001, S. 1.

Kongressabgeordneten fungieren und diese durch die Zurückleitung von Gesetzgebungsprojekten zu weitergehender Reflexion zwingen.[1347] Die Zweidrittelmehrheit in beiden Häusern als Quorum zur Überwindung des Vetos hat sich im politischen Prozess als schwer zu nehmende Hürde erwiesen,[1348] sodass in vielen Fällen bereits die Androhung der Blockade durch den Präsidenten zu Zugeständnissen an präsidiale Forderungen im Kongress führte.[1349] Die Praxis, dass der Präsident das Veto nutzte, um auf die Politik des Kongresses einzuwirken, entstand erst mit Präsident *Jackson*, der das Veto-Recht zur Durchsetzung eigener politischer Interessen gezielt einsetzte.[1350] Zuvor verstanden die Präsidenten ihr Beanstandungsrecht als Instrument, verfassungsrechtliche Bedenken gegen Gesetzesbeschlüsse des Kongresses geltend zu machen.[1351] Damit stellte das Veto in der frühen Staatspraxis der USA ein Mittel dar, ex ante die Verfassungsmäßigkeit von Gesetzen zu prüfen.

Neben der Möglichkeit, lediglich ein überstimmbares Veto einzulegen, kann der Präsident in bestimmten Konstellationen auch ein Gesetzgebungsprojekt gänzlich scheitern lassen. Gem. Art. 1 Sec. 7 Cl. 2 S. 2 Hs. 2 erlangt eine Gesetzesvorlage keine Gesetzeskraft, wenn der Kongress durch Vertagung an der Entgegennahme der präsidentiellen Einwendungen gehindert ist. In der Staatspraxis führt dies dazu, dass der Präsident de facto bei Gesetzesbeschlüssen, welche ihm z.B. zehn Tage vor dem Ende einer Sitzungsperiode zugeleitet werden, ein absolutes Veto gegen den Kongress besitzt, indem er sich bis zum Ende der Sitzungsperiode nicht mit dem Gesetzesentwurf befasst. In diesem Fall führt das Nichthandeln des Präsidenten also ausnahmsweise zum Scheitern eines Gesetzgebungsprojektes. Der Supreme Court stützte mit Blick auf den klaren Wortlaut des Art. 1 Sec. 7 stets dieses endgültige sog. *Pocket Veto*.[1352] Versuche des Kongresses, durch die Bereitstellung von empfangszuständigen Vertretern während der Vertagung eine Entgegennahme der

1347 Instruktiv mit Verweis auf Federalist Paper Nr. 7: *I.N.S. v. Chadha*, 462 U.S. 919 (1983), Nr. 13 f., *The pocket veto case*, 279 U.S. 655, 680 (676) (1929).

1348 Der Supreme Court hat das Quorum insoweit abgemildert, als dieses nur in Bezug auf die zur Beschlussfähigkeit erforderliche und nicht die gesetzliche Mitgliederzahl gilt; vgl. *Missouri Pacific Railway Co. v. Kansas*, 248 U.S. 276, 279 (1919).

1349 Insgesamt wurden in der Verfassungsgeschichte der USA nur 4% der 2500 eingelegten Vetos überstimmt; siehe: *Jäger*, Der Präsident, in: Jäger u.a. (Hrsg.), Das Regierungssystem der USA, 2007, S. 151; siehe auch *Watson*, The President's Veto Power, Annals of the American Academy of Political and Social Science 499 (1988), 36 (43).

1350 Wobei seine Nachfolger in der Zeit des Bürgerkriegs auch zahlreiche eigennützige private bills blockierten, die auf die Plünderung der Staatskasse durch Abgeordnete abzielten; *Gross*, The legislative Struggle, 1953, S. 408.

1351 *Watson*, The President's Veto Power, Annals of the American Academy of Political and Social Science 499 (1988), 36 (39).

1352 Der Begriff rührt daher, dass der Präsident den Gesetzesvorschlag quasi bis zum Ende der Sitzungsperiode in seiner Tasche verschwinden lässt.

Einwände des Präsidenten zu gewährleisten, wurden vom Supreme Court bisher als verfassungswidrig zurückgewiesen. Art. 1 Sec. 7 verlange, dass der Kongress sich umgehend mit der Kritik aus dem Weißen Haus auseinandersetze.[1353]

Das Veto-Recht gibt dem Präsidenten nicht das Recht, selbst gestaltend in die Gesetzgebung einzugreifen. Aus diesem Grund kann er einen Gesetzgebungsakt nur im Ganzen passieren lassen oder aufhalten. Ein „Rosinenpicken" in Form eines lediglich auf unliebsame Teile des Gesetzesvorschlages begrenzten Vetos (sog. *item veto*) ist dagegen unzulässig.[1354] Der Kongress nutzt seine alleinige Gestaltungskompetenz entsprechend, um dem Präsidenten die Ausübung des Vetos zu erschweren. Vom Präsidenten abgelehnte Projekte werden durch Ergänzungen in Form von *riders* mit von ihm stark präferierten oder dringenden Vorhaben gekoppelt, sodass das Haupt der Exekutive einem gewissen Druck zur Billigung des Gesetzes unterliegt.[1355] In diesem Zusammenhang ist wiederum der Senat durch seine flexible Geschäftsordnung im Vorteil. Während das Repräsentantenhaus den erhöhten Beratungsbedarf einer im Verfahren geänderten Vorlage durch die *germaness rule*, welche nur themenbezogene Abänderungen erlaubt, abfedert, kann jeder Senator grundsätzlich jederzeit Änderungsanträge stellen[1356] und damit punktgenau auf drohende Widerstände aus dem Weißen Haus reagieren.[1357]

Der grundsätzlich defizitäre Einfluss auf das Gesetzgebungsverfahren veranlasste viele Präsidenten insbesondere in neuerer Zeit, in dem ihnen zugewiesenen Bereich des Gesetzesvollzuges Einfluss auf die tatsächliche Wirksamkeit eines Rechtsaktes zu nehmen.[1358] Dies taten die Präsidenten in der Frühzeit der USA bereits durch die Praxis der *signing statements*, die ergänzend zur Unterschrift Auslegungshinweise bezüglich der Ausführung des Gesetzes enthielten. Auch wenn der Kongress diese Praxis als unzulässiges *item veto* wertete, wird von Seiten der Exekutive

---

1353 Nur bei kürzeren Vertagungen und Sitzungsunterbrechungen erlaubte der Supreme Court eng begrenzte Ausnahmen, um die Entstehung eines absoluten Vetos zu verhindern; vgl. *Fisher*, The Pocket Veto: Its Current Status, CRS Rep. March 30, 2001, S. 3 ff. Im Fall einer nur dreitägigen Unterbrechung der Senatssitzungen ließ er z.B. die Entgegennahme durch die Geschäftsstelle des Senats als ausreichend gelten, da während dieser Zeit der Senat seine Tätigkeit erkennbar nicht vollständig ruhen lassen wollte; *Wright v. United States*, 202 U.S. 583 (1938).

1354 Insbesondere ergibt sich dieses nicht inhärent aus der Position des Präsidenten; *Fisher*, A Presidential Item Veto, CRS Rep. December 2, 2004, S. 2; vgl. hierzu auch 12 Op. O.L.C. 128 (1988).

1355 *Schwartz*, American Constitutional Law, 1955, S. 100; *Fisher*, A Presidential Item Veto, CRS Rep. December 2, 2004.

1356 *Oldopp*, Das politische System der USA, 2005, S. 53.

1357 Im dualistischen System der USA kommt dem Präsidenten damit de facto ein an sich überproportionaler Einfluss auf die Gestaltung der Gesetzgebung zu; *Levinson*, Our undemocratic Constitution, 2006, S. 39.

1358 Insbesondere *Nixon* nutzte diesen Mechanismus; *Heun*, Das Budgetrecht im Regierungssystem der USA, 1989, S. 69 ff.

hiervon regelmäßiger Gebrauch gemacht.[1359] Ein weiteres Mittel zur Einflussnahme auf den Gesetzesvollzug stellen die *executive orders* dar, die von zahlreichen Präsidenten als zentral erlassene Konkretisierung des Gesetztextes für die Bundesverwaltung erlassen wurden, dar. In der Verfassungsrealität haben diese Orders z.T. eigene Regelungswirkungen entfaltet wie z.B. die Aufhebung der Rassentrennung in der US-Armee.[1360] Aus diesem Grund wurde diese Staatspraxis als Unterlaufen der strikten Gwwaltenteilung durch die Exekutive gewertet.[1361] In diesem Zusammenhang spielte außerdem das Recht,[1362] schon gesetzlich genehmigte Finanzmittel ganz oder vorübergehend zurückhalten zu können (sog. i*mpoundment*) und damit die effektive Durchführung eines Gesetzes zu behindern, eine bedeutsame Rolle. 1974 wurde diese durch den mit dem Kongress in Konflikt stehenden Präsidenten *Nixon* etablierte Praxis[1363] vom Kongress durch den *Budget-and-Impoundment-Control-Act*[1364] stark reglementiert. 1996 wurde der präsidentielle Gestaltungsspielraum mit dem *Line-Item-Veto-Act,*[1365] der den Präsidenten ermächtigte, einzelne vom Kongress schon beschlossene Ausgabenposten im Alleingang gänzlich zu streichen, wieder ausgedehnt.[1366] Dieses Gesetz war das Ergebnis eines mehrmonatigen Machtkampfes zwischen dem demokratischen Präsidenten *Clinton* und dem republikanisch dominierten Kongress, während dem vorübergehend keine Haushaltsmittel bereitstellt wurden und so die Regierung zur Einstellung ihrer Arbeit zwang.[1367] 1998 erklärte der Supreme Court letzteres Gesetz für verfassungswidrig, da die dadurch an die Exekutive delegierte Kompetenz zur inhaltlichen Änderung von Gesetzen gegen die in Art. 1 verankerte ursprüngliche Verfassungskonzeption

---

1359 Hierzu *Garvey*, Presidential Signing Statements: Constitutional and Institutional Implications, CRS Rep. January 4, 2012, S. 1 ff.

1360 Executive Order Nr. 9981, welche Präsident *Truman* in seiner Eigenschaft als Oberbefehlshaber erließ.

1361 *Gaziano*, The Use and Abuse of Executive Orders and Other Presidential Directives, http://www.heritage.org/research/reports/2001/02/the-use-and-abuse-of-executive-orders-and-other-presidential-directives, zuletzt abgerufen am 24.02.2014.

1362 Siehe aber mit Verweis auf *Kendall v. United States ex Rel. Stokes*, 37 U.S. 524 (1838); *Train v. City of New York*, 420 U.S. 35 (1975) *Brugger*, Einführung in das öffentliche Recht der USA, 1993, S. 69.

1363 *Tiefer*, Congressional Practice and Procedure, 1989, S. 856 f.; Art. 1 Sec. 7 der Verfassung der Konföderierten Staaten enthielt dagegen ein ausdrückliches Recht des Präsidenten, verschwenderische Ausgaben zurückhalten zu dürfen.

1364 Public Law 93–344 (Congressional Budget and Impoundment Control Act 1974); siehe v.a. Sec. 10. Dort ist geregelt, dass der Präsident nunmehr die Zustimmung des Kongresses benötigt, um bewilligte Mittel einbehalten zu dürfen.

1365 Public Law 104–130 (Line Item Veto Act 1996); 1 U.S.C. § 105, 2 U.S.C. § 681.

1366 Das *item veto* war gerade in dem in zahlreiche deataillierte Einzelgesetze zerplitterten Budgetwesen ein gewünschtes Instrument des Präsidenten; *Fraenkel*, Das amerikanische Regierungssystem, 1960, S. 322.

1367 *Lorz*, Interorganrespekt im Verfassungsrecht, 2001, S. 198 f.

einer allein im Kongress verorteten Legislativkompetenz verstieß. Damit gewann das bereits im Zusammenhang mit der Praxis des legislativen Vetos bekannte, vom Supreme Court statuierte umfassende Verbot der Delegation von verfassungsrechtlichen Kompetenzen neue Bedeutung.[1368]

b) Erlass formeller Gesetze

Jedes Bundesgesetz muss, um in Kraft treten zu können, sowohl vom Senat als auch vom Repräsentantenhaus verabschiedet werden. Damit kommt beiden Häusern ein absolutes Vetorecht zu, also die Möglichkeit, einen Gesetzentwurf gänzlich scheitern zu lassen. Um eine legislative Blockade zu verhindern, haben sich in der Staatspraxis der USA mehrere Streitbeilegungsmechanismen herausgebildet.

aa) Streitbeilegung

Zur Bereinigung von Konflikten um die inhaltliche Gestaltung eines Gesetzgebungsaktes zwischen beiden Kongresshäusern hält die US-Verfassung selbst keine Regelung vor. Um Kompromisse zwischen beiden Kammern zu ermöglichen, hat sich die Gewohnheit entwickelt, im Streitfall ad hoc *conference comittees*, die eine Verständigung zwischen beiden Organen finden sollen, zu bilden. Ein solches wird einberufen, wenn die von einer Kammer gefasste Initiative im anderen Organ des Kongresses abgeändert wird und die initiierende Kammer mit den Änderungen nicht einverstanden ist.[1369] Dabei treffen Delegationen beider Häuser aufeinander, welche die jeweiligen Interessen vertreten. Damit stehen diese Ausschüsse ihrer Funktion nach dem deutschen Vermittlungsausschuss nahe, welcher eine permanente Einrichtung darstellt.[1370]

Ein *conference committee* fungiert wie ein Makler zwischen beiden Kammern, der selbst nach Ablehnung eines Lösungsvorschlages weitere Verständigungsversuche unternehmen darf.[1371] Da es zum erfolgreichen Abschluss eines Vermittlungsverfahrens der Zustimmung beider Delegationen und nicht einer Mehrheit des committees bedarf, muss ein *conference committee* bei seinen Verhandlungen

1368 *Clinton v. City of New York*, 524 U.S. 417 (1998).

1369 Damit existiert in der Staatspraxis der USA nur ein sehr kurzes Navette-Verfahren zur Streitbeilegung, welches schnell durch ein Vermittlungsverfahren ersetzt wird; *Reyes*, Die Rolle zweiter Kammern in Bundesstaaten, 2003, S. 154.

1370 *Lösche*, Kongress – fragmentierte Legislative, Informationen zur politischen Bildung 283/2004, S. 29; zum Verfahren siehe *Jefferson*, Handbuch des Parlamentsrechts, S. 305 ff.

1371 *Jaag*, Die Zweite Kammer im Bundesstaat, 1976, S. 49 bezeichnet diese Art der Vermittlung treffend als eine Art Navette-Verfahren. Wegen der steten Rückbindung der Ausschüsse an die beiden Kammern dürfte sich die vom BVerfG aufgeworfene Frage einer Begrenzung der Kompetenzen des Vermittlungsausschusses nicht stellen.

nicht zwingend paritätisch besetzt sein.[1372] Der Spielraum der US-Vermittlungsausschüsse ist aber durch die Geschäftsordnungen beider Häuser auf die vorausgegangenen Beratungen in der Gesetzgebung begrenzt.[1373] Sofern von Seiten der Kongresskammern keine Vorgaben gemacht werden und noch keine hinreichend klaren Standpunkte der Häuser entwickelt wurden, können zuvor in einem der Häuser noch nicht debattierte Änderungen im Rahmen des Ausschussverfahrens vorgenommen werden.[1374] Ein weiterer Unterschied zum deutschen Modell ist, dass die Einsetzung eines *conference committee* nur eine Variante zur Ausräumung von Differenzen bedeutet und auch andere informelle Möglichkeiten zur Schlichtung rechtlich nicht ausgeschlossen werden, wie zum Beispiel das weitere wechselseitige Austauschen von Beschlüssen in Anlehnung an das Navette-Verfahren.[1375] Der größte Antreiber und zugleich das schwerste Hemmnis der Vermittlungsarbeit im Kongress ist die mit zwei Jahren sehr kurz bemessene Legislaturperiode des Repräsentantenhauses, nach deren Ablauf die noch nicht beschlossenen Entwürfe der Diskontinuität zum Opfer fallen.

Die *conference committees* bilden nicht den einzigen Ansatz zur Konfliktbereinigung, der sich in der Staatspraxis der USA entwickelt hat. Vielfach wird die Gestaltung eines Gesetzgebungsaktes bereits im Vorfeld von den Funktionsträgern des Kongresses verabredet und mit Hilfe des Ministerialapparates der Exekutive ausgearbeitet.[1376] Informelle Absprachen spielen nicht nur vor dem Gesetzgebungsprozess eine Rolle, sondern auch im Konfliktfall nehmen die Parteiführer im Kongress und der Präsident bzw. dessen Vertreter aus der Administration in zunehmendem Maße praktisch die Arbeit eines Vermittlungsausschusses wahr. Markant ist, dass der Präsident als Mitglied der Exekutive bereits in diesem eigentlich allein der Legislative zustehenden Stadium eingreift.[1377] An dieser Stelle wird erneut deutlich,

---

1372 *Vogler*, The third House: Conference Committees in the United States Congress, 1971, S. 5.

1373 Rule XXVIII der Standing Rules of the Senate, Rule XXII der House Rules.

1374 *Tsebelis/Money*, Bicameralism, 1997, S. 201 berichten von einem Fall im Jahr 1985, als das Repräsentantenhaus auf eine Erweiterung des Gesetzgebungsvorhabens durch den Senat hin ein *conference committee* verlangte und seiner Delegation weitreichende Verhandlungsfreiheit einräumte. Der Senat verzichtet meist im Sinne der unabhängigen Stellung der Senatoren auf eine genaue Instruktion; *Hasselsweiler*, Der Vermittlungsausschuß. Vefassungsgrundlagen und Staatspraxis, 1981, S. 28.

1375 *Jaag*, Die Zweite Kammer im Bundesstaat, 1976, S. 44; *Tsebelis/Money*, Bicameralism, 1997, S. 198; wobei das Navette-Verfahren in der Staatspraxis der USA deutlich seltener als das *conference-committee*-Verfahren zur endgültigen Streitbeilegung dient; *Hasselsweiler*, Der Vermittlungsausschuß. Vefassungsgrundlagen und Staatspraxis, 1981, S. 23 f.

1376 *Schneider*, Gesetzgebung, 2002, S. 62.

1377 So nimmt der Präsident in persönlichen Gesprächen und durch gezielte Unterstützung von Wahlkreisen wichtiger Abgeordneter Einfluss auf deren Abstimmungsverhalten; *Heun*, Das Budgetrecht im Regierungssystem der USA, 1989, S. 89 f.

dass das tradierte Verfassungsdogma der strengen Gewaltenteilung in heutiger Zeit nicht immer praktikabel und einer gemeinsamen Ausübung der Staatsgewalt durch getrennte Institutionen gewichen ist.[1378]

bb) Spezielle Blockademöglichkeiten des Senats

Ein weiterer Grund für die Stärke des Senats ist die große, durch seine Geschäftsordnung gewährleistete Rede- und Gestaltungsfreiheit der einzelnen Senatoren in der Diskussion über einen Gesetzesvorschlag.[1379] Im Repräsentantenhaus bestehen schon wegen dessen größerer Anzahl an Mitgliedern klare Redezeitbegrenzungen für Debatten[1380] und die Arbeit im Plenum ist starken Rationalisierungen unterworfen.[1381] Seit 1890 sind Obstruktionstaktiken durch die damals gestraffte Verfahrensordnung im Repräsentantenhaus unmöglich.[1382] Der kleinere Senat ist dagegen diesbezüglich weitgehend ungebunden.[1383] 1806 strich der Senat die einzige Möglichkeit einer Redezeitbegrenzung aus seiner Geschäftsordnung, während das Repräsentantenhaus seit 1811 Ansatzpunkte für Limitierungen von Debatten schuf.[1384]

Um bei Fragestellungen mit Diskussionsbedarf eine weitergehende Debatte zu ermöglichen, versammeln sich die Abgeordneten im Repräsentantenhaus als *committee of the whole state of the union.* Dieser besondere Ausschuss, der im Plenarsaal unter Mitwirkung aller Abgeordneten tagt, ist nicht dem strikten Procedere des Plenums unterworfen. Endgültige Entscheidungen werden dagegen nur im Plenum getroffen.[1385]

Im Senat wird die grundsätzlich zeitlich nicht limitierte Rede durch die fehlende sachlich-inhaltliche Einengung von Senatsverhandlungen kumuliert, sodass selbst das Vorlesen eines Telefonbuchs in der Debatte als zulässig angesehen wurde.[1386] Die Diskussionen werden in der Praxis der Senatsverhandlungen nur in den ersten

---

1378 Wegweisend in diesem Sinne *Neustadt*, Presidential Power, 1965, S. 33.

1379 Zwar sollen sich die Senatoren während einer Tagungsphase des Senats auf zwei Reden beschränken, in der Praxis werden Verstöße aber selten gerügt; *Beth/Heitshusen*, Filibusters and Cloture in the Senate, CRS Rep. November 29, 2012, S. 3.

1380 Zu den Beschränkungen im Repräsentantenhaus *Gross*, The legislative Struggle, 1953, S. 373.

1381 *Keefe/Ogul*, The American Legislative Process, 1985, S. 198 ff.

1382 *Kellner*, Parlamentarische Obstruktion, ZParl 1986, 423 (428).

1383 *Brogan*, Amerikanische Politik, 1956, S. 31.

1384 *Semmler*, Das Amt des Speaker of the House of Representatives im amerikanischen Regierungssystem, 2001, S. 50, Fn. 166.

1385 Siehe insbesondere House Rule XVIII; Cl. 3, der wichtige Gesetzesmaterien, die im *committee of the whole* zu behandeln sind, aufzählt.

1386 *Gellner/Kleiber*, Das Regierungssystem der USA, 2007, S. 50 f.

drei Stunden jedes Sitzungstages auf den Verhandlungsgegenstand beschränkt, anschließend herrscht das unumschränkte, freie Rederecht.[1387]

Dies entspricht dem Grunde nach dem verfassungsmäßigen Rollenbild des Senats, welcher als staatstragendes Haus nach dem Grundsatz der *unlimited debate* Gesetzesvorhaben eingehend beraten soll.[1388] Im Repräsentantenhaus ist dieser Grundsatz zugunsten der strikten Mehrheitsherrschaft dagegen stark eingeschränkt.[1389]

Der *Filibuster* – die unbeschränkte Dauerrede sogar eines einzigen opponierenden Senators, um einen Gesetzentwurf nicht zur Abstimmung gelangen zu lassen – ist von den bisher im Senat eingeführten Regelungsmechanismen nur eingeschränkt, aber nicht abgeschafft und wird im Eigeninteresse des Senats in absehbarer Zeit wohl auch nicht aufgehoben werden.[1390] Mit dem Filibuster steht dem Senat ein starkes Druckmittel bei Verhandlungen mit der Exekutive oder dem Repräsentantenhaus, aber auch ein reines Blockadeinstrument zur Verfügung. Demokratietheoretisch ist dies problematisch, da selbst eine kleine Gruppe von Senatoren fähig ist, die weit überwiegende Mehrheit des Plenums am Handeln zu hindern.[1391] In der Anfangszeit der Vereinigten Staaten war die Möglichkeit einer Obstruktion durch Dauerrede zwar bekannt, wurde aber kaum genutzt, um Legislativverfahren vollständig auszusetzen.[1392] Extensiv wurde der Filibuster erst im Zuge der Bürgerrechtsgesetzgebung unter Präsident Johnson eingesetzt.[1393] Wegweisende Gesetzgebungsprojekte, wie auf dem Gebiet der Rassengleichstellung, wurden lange Zeit durch zum Teil spektakuläre Filibuster im Senat aufgehalten.[1394] Es gelang des Weiteren einer kleinen Gruppe von Senatoren im Jahr 1916, gesetzliche Maßnahmen für Kriegsvorbereitungen der USA in der Handelsschifffahrt durch Filibuster-Reden bis zum nahen Ende der Sitzungsperiode zu verzögern, worauf Präsident *Wilson* die entsprechenden Maßnahmen per Anordnung, gestützt auf seine Kompetenz als

---

1387 *Haas*, Zweite Kammer erster Klasse: der US-Senat, in: Riescher/Ruß/Haas (Hrsg.), Zweite Kammern, 2010, S. 42; zu dieser sog. *Pastore*-Rule *Beth/Heitshusen*, Filibusters and Cloture in the Senate, CRS Rep. November 29, 2012, S. 5.

1388 *Achmann*, Struktur und Arbeitsweise des Kongresses der Vereinigten Staaten von Nordamerika mit besonderer Berücksichtigung des Untersuchungsrechts, 1970, S. 135 f.

1389 *Kellner*, Parlamentarische Obstruktion, ZParl 1986, 423 (431).

1390 *Schwartz*, American Constitutional Law, 1955, S. 68 f.

1391 *Gross*, The legislative Struggle, 1953, S. 378 f.; *Sabato*, A more perfect Constitution: Why the Constitution must be revised: Ideas to inspire a new generation, 2008, S. 25.

1392 *Tiefer*, Congressional Practice and Procedure, 1989, S. 693, Fn. 4.

1393 *Keefe/Ogul*, The American Legislative Process, 1985, S. 212 f.

1394 Senator *Thurmond* hielt zu diesem Zweck mit einer Dauer von 24 Stunden und 18 Minuten die bislang längste Rede im Senat; vgl. *Gold/Gupta*, The Constitutional Option, Harvard Journal of Law & Public Policy, Vol. 28, S. 230 ff. Eine Übersicht der bedeutendsten Filibuster ist im Ausschussbericht zum *cloture*-Verfahren aus dem Jahr 2011, S. Prt. 112–31, 112th Congress 1st Session., S. 45 ff. enthalten.

Oberbefehlshaber, erließ.[1395] Nachdem dieses Vorgehen des Senats auf massive Kritik in der öffentlichen Meinung der USA gestoßen war, änderten die Senatoren 1917 die bisherige Geschäftsordnung, indem nun mit Mehrheit von zwei Dritteln der anwesenden Senatoren die Schließung der Debatte (*cloture*) durchgesetzt werden konnte. 1949 erfuhr die Regelung wieder eine Verschärfung, da zwei Drittel der gesetzlichen Gesamtmitgliedezahl erreicht werden mussten. Seit 1959 sind auch Geschäftsordnunganträge von der *cloture* erfasst, in deren Rahmen zuvor noch unbeschränkt debattiert werden durfte.[1396] 1963 gelang es, das Quorum außer bei Geschäftsordnungsanträgen auf drei Fünftel der Senatoren zu senken, sodass aktuell 60 Stimmen notwendig sind, um das Ende einer Debatte erzwingen zu können.[1397] Da diese Mehrheit selten von einer Partei erreicht wird, blieb das Instrument der *cloture* insgesamt von geringer Bedeutung. De facto kommt das Filibusterrecht im Senat daher einem qualifizierten Mehrheitsquorum gleich.[1398]

Bei Erfolg eines *cloture*-Antrages ist die restliche Debattenzeit auf maximal 30 Stunden begrenzt, wobei jeder Senator nur noch eine maximale Redezeit von einer Stunde hat.[1399]

Als mildere Variante des Filibusters existiert im Senat das informelle Institut des sog. *hold*, welches es jedem Senator erlaubt, Gesetzesvorschläge zeitweise von der Beratung auszunehmen, um eine bessere Einarbeitung in die Materie zu ermöglichen bzw. Widerstand zu signalisieren.[1400] In der Praxis wird dieses anonym einlegbare Instrument auch gebraucht, um Vorlagen zumindest zeitweise durch die folgende Untätigkeit des Senats aufzuhalten.[1401]

1395 Unter Darlegung der Motive der treibenden Kraft hinter dem Filibuster, Senator *Norris*; *Kennedy*, Zivilcourage, 1964, S. 210 ff.

1396 Zusammenfassend *Kellner*, Parlamentarische Obstruktion, ZParl 1986, 423 (429); *Achmann*, Struktur und Arbeitsweise des Kongresses der Vereinigten Staaten von Nordamerika mit besonderer Berücksichtigung des Untersuchungsrechts, 1970, S. 134 f. Ausführlich zu den Veränderungen berichtet der Ausschussbericht zum *Cloture*-Verfahren aus dem Jahr 2011, Senate Report 112–31, 112th Congress 1st Session, S. 183 ff.

1397 Zur Entwicklung umfassend *Gold/Gupta*, The Constitutional Option, Harvard Journal of Law & Public Policy, Vol. 28, S. 217 ff.; zu Reformversuchen seitens einzelner Senatoren bei *Steffani*, Parlamentarische und präsidentielle Demokratie, 1979, S. 312; ferner *Achmann*, Struktur und Arbeitsweise des Kongresses der Vereinigten Staaten von Nordamerika mit besonderer Berücksichtigung des Untersuchungsrechts, 1970, S. 136.

1398 *Tsebelis*, Veto-Players, How political Institutions work, 2002, S. 151 f.

1399 *Semmler*, Das Amt des Speaker of the House of Representatives im amerikanischen Regierungssystem, 2001, S. 51.

1400 *Beth/Heitshusen*, Filibusters and Cloture in the Senate, CRS Rep. November 29, 2012, S. 20 f.

1401 *Haas*, Zweite Kammer erster Klasse: der US-Senat, in: Riescher/Ruß/Haas(Hrsg.), Zweite Kammern, 2010, S. 54 f.

Der Grundsatz der unbeschränkten Debatte im Senat erfüllt gegenüber den anderen Organen nicht nur eine Blockadefunktion. Intern erleichtert es das Recht jedes Senators, Gesetzesvorlagen um sachfremde Erwägungen zu erweitern (sog. *rider*), Mehrheiten im Plenum zu organisieren sowie den Präsidenten und das Repräsentantenhaus für einen Vorschlag einzunehmen.[1402] So fand eine Regelung zur vereinfachten Visavergabe an Computerspezialisten nur eine Mehrheit im Senat, weil die Zustimmung der Senatoren aus Mississippi durch die Verlängerung der dortigen Entenjagdsaison im gleichen Gesetz erreicht wurde.[1403] Im Repräsentantenhaus besteht spiegelbildlich die Möglichkeit, derartigen sachfremden Erweiterungen, welche die Debatte dort in Länge ziehen und die gestrafften Arbeitsprozesse gefährden, durch einen Antrag auf Schluss der Debatte und die Abstimmung über den ursprünglichen Antrag entgegenzutreten.[1404]

c) Delegierte Rechtsetzung

Gewissermaßen als Gegenstück zum Vetorecht des Präsidenten im Gesetzgebungsverfahren entwickelte der Kongress ein Vetorecht bezüglich des Verwaltungshandelns. Rechtstechnisch geschah dies dadurch, dass der Kongress, ein Haus alleine oder lediglich ein Ausschuss gesetzlich ermächtigt wurde, Kompetenzen zum Erlass materiellen Rechts an die Exekutive zu delegieren.[1405]

Bereits die Möglichkeit materieller Rechtsetzung für sich genommen stellt ein dogmatisches Problem dar, normiert doch Art. 1 Sec. 1 ein Monopol des Kongresses in der Rechtsetzung. Eine ähnliche Verfassungsbestimmung existiert mit Art. 70 Abs. 3 Bayerische Verfassung auch im deutschen Staatsrecht, wobei die Verfassung des Freistaates explizit und implizit materielle Rechtserzeugung durch Exekutivorgane zulässt.[1406]

Die Constitution kennt dagegen nach der Rechtsprechung des Supreme Courts im Grunde keine Ausnahmen vom Gesetzgebungsmonopol des Kongresses gem. Art. 1 Sec 1.[1407] Nachdem deutlich geworden war, dass der Erlass und die stetig notwendige Anpassung detaillierter Regelungen oftmals den Gesetzgeber überforderten, wurde von Seiten der Legislative versucht, Regelungsbefugnisse an die flexiblere Exekutive abzutreten. Die Staatsrechtslehre und Rechtsprechung der

---

1402 Damit kommt dem Senat heute sowohl eine moderierende als auch eine konservierende Funktion in der Gesetzgebung zu; *Reyes*, Die Rolle zweiter Kammern in der Gesetzgebung, 2003, S. 89 f.

1403 So ein Beispiel bei *Oldopp*, Das politische System der USA, 2005; S. 53. *Lorz*, Interorganrespekt im Verfassungsrecht, 2001, S. 198, Fn. 198 berichtet von einer Verknüpfung eines Entschädigungsgesetzes für Hochwasseropfer mit einer Regelung über den Computereinsatz bei Volkszählungen.

1404 House Rule XIX.

1405 *Brugger*, Einführung in das öffentliche Recht der USA, 1993, S. 70.

1406 *Möstl*, in: Lindner/Möstl/Wolff, Verfassung des Freistaates Bayern, Art. 70 Rn. 9 ff.

1407 *Touby v. United States*, 500 U.S. 160, 165 (1991).

USA war in dieser Frage lange Zeit durch die sog. *non-delegation-doctrine* geprägt, welche die Übertragung von exklusiv dem Kongress vorbehaltenen Rechtsetzungskompetenzen verbot. Dogmatisch basierte dies auf dem Grundsatz, dass der vom Verfassungsgeber mit der Gesetzgebung betraute Kongress über diese ihm zugewiesene Aufgabe nicht erneut disponieren konnte, ohne das ursprüngliche Verfassungskonzept in Frage zu stellen.[1408]

Nachdem eine solche Übertragung wegen des o.g. Bedürfnisses nach flexibler Rechtsetzung aber de facto stattfand und die strikte Rechtsprechungslinie damit nicht zu halten war, billigte der Supreme Court die entstandene Staatspraxis mit der ausweichenden Begründung, die Normsetzung durch die Exekutive sei zulässig, solange damit nur ein zuvor von der Legislative definierter grundlegender Standard oder verständlicher Grundsatz näher bestimmt werde.[1409]

Erst als die *new-deal*-Gesetzgebung *Roosevelts* der Exekutive weitreichende Gestaltungsspielräume zuwies, reagierte der Supreme Court mit der Kassation von Delegationsermächtigungen. Dieses Intermezzo wurde nach der Beilegung des Konflikts zwischen *Roosevelt* und dem Supreme Court beendet. Damit stand der Ausweitung der exekutiven Rechtsetzung nichts mehr im Wege.[1410] Der Supreme Court verlegt sich heute bei der Prüfung von Exekutivrecht besonders bei grundrechtsrelevanten Regelungen auf eine strikte Auslegung der gesetzlichen Ermächtigungsgrundlage, womit er sich der Wesentlichkeitskontrolle des BVerfG annähert.[1411]

Als Besonderheit bildete sich in den USA die Praxis heraus, dem delegierenden Gremium die Kompetenz zu verleihen, das von der Exekutivbehörde erlassene Recht per Veto aufzuheben.[1412] Dogmatisch setzte das legislative Veto bei der

---

1408 *Field v. Clark*, 143 U.S. 649 (1891); siehe auch: *Mc Mahon*, Chadha And The Nondelegation Doctrine: Defining A Restricted Legislative Veto, YLJ Vol. 94 (1985), S. 1495; *Luce*, Legislative Problems, 1935, S. 509.

1409 *Buttfield v. Stranahan*, 192 U.S. 470 (1904); *J. W. Hampton, Jr. & Co. v. United States*, 276 U.S. 394 (1928); *A.L.A. Schechter Poultry Corp. v. United States*, 295 U.S. 495 (1935); im Ergebnis hat der Supreme Court die Doktrin nicht völlig aufgegeben; siehe hierzu *Möllers*, Gewaltengliederung, 2005, S. 182 ff.

1410 Der Ansatz zur Begrenzung der *non-delegation-doctrine* war die sog. *standard-doctrine*, die dem Gesetzgeber Delegationen an die Exekutive erlaubte, solange im Gesetz Inhalt und Ausmaß der Ermächtigung klar bestimmt waren. Diese neue Lehre wurde vom Supreme Court sehr extensiv ausgelegt, sodass auch Generalklauseln zugelassen und sogar ungeschriebene Standards in vom Wortlaut her unbegrenzte Ermächtigungsnormen hineingelesen wurden. Vgl. hierzu und zur anfänglichen Ablehnung der *new-deal*-Politik durch den Supreme Court *Schütze*, Der Erlass von Rechtsvorschriften durch die Bundeswirtschaftsverwaltung in den USA, 1974, S. 94 ff.

1411 *Lorz*, Interorganrespekt im Verfassungsrecht, 2001, S. 225 ff. Die *non delegation doctrine* wird teils in der amerikanischen Staatsrechtslehre zu einen „lebenden Leichnam" erklärt; *ders.*, S. 225 (Fn. 68 m.w.N.).

1412 Die Konstruktion wurde zwischen 1932 und 1977 insgesamt 295-mal angewandt: *I.N.S. v. Chadha*, 462 U.S. 919 (944) (1983).

Funktion des Kongresses als alleinigen Gesetzgebers an. Die Verwaltung sollte übertragene Rechtsetzungsbefugnisse nur unter Aufsicht der Legislative wahrnehmen dürfen. Diese Kontrolle wurde im Fall des legislativen Vetos durch Klauseln in den Verordnungsermächtigungen gewährleistet, die es dem Kongress als Ganzem, nur einem Haus oder sogar nur einzelnen Ausschüssen ermöglichten, von der Exekutive gesetztes Recht durch einfachen Beschluss wieder zu kassieren. Auf diese Weise war der Kongress oder Teile davon in der Lage, das fein ziselierte Gesetzgebungsverfahren der Verfassung zu umgehen, indem durch die Ausübung der Veto-Position auf die konkrete Ausgestaltung des zu formenden Rechtes Einfluss genommen werden konnte. Auf diese Weise war der Kongress in der Lage, die Rechtsetzung zu beeinflussen, ohne auf das Veto des Präsidenten Rücksicht nehmen zu müssen.[1413]

Der Supreme Court erklärte diese Praxis mit Verweis auf das austarierte System der *checks and balances* und den Gewaltenteilungsgrundsatz für verfassungswidrig. Sowohl das unter zwei Kammern geteilte Gesetzgebungsrecht als auch die Vetomöglichkeit des Präsidenten dienten dem Ziel, eine Konzentration von Macht bei einem Verfassungsakteur zu verhindern. Gerade die Despotie eines allmächtigen Einkammerparlaments wurde als problematisch angesehen:

"[W]e shall finally accumulate, in a single body, all the most important prerogatives of sovereignty, and thus entail upon our posterity one of the most execrable forms of government that human infatuation ever contrived. Thus we should create in reality that very tyranny which the adversaries of the new Constitution either are, or affect to be, solicitous to avert."[1414]

In der Entscheidung *Bowsher v. Synar* stellten die obersten Richter klar, dass auch andere Arten der Einflussnahme auf den Erlass von Exekutivrecht, wie die gesetzlich festgeschriebene Möglichkeit, den zuständigen Amtsträger durch Kongressbeschluss abzuberufen, als legislatives Veto anzusehen seien.[1415]

Damit trug der Supreme Court weiter dem Dogma der strengen Gewaltenteilung Rechnung und schob, nachdem personelle Verflechtungen zwischen Kongress und Regierung durch das strikte Inkompatibilitätsgebot verboten waren, zudem Ansätzen eines rechtsförmlichen Zusammenwirkens in Sachfragen einen weitgehenden Riegel vor.[1416]

1413 *I.N.S. v. Chadha*, 462 U.S. 919 (948 ff.) (1983); zur Praxis der legislativen Vetos bezogen auf die Kompetenz zur Reorganisation von Verwaltungsstrukturen auch *Morstein Marx*, Amerikanische Verwaltung, 1963, S. 108 ff.

1414 Zit. aus *I.N.S. v. Chadha*, 462 U.S. 919 (949) (1983); mit Verweis auf Federalist Paper Nr. 22, abgedruckt bei *Hamilton/Jay/Madison*, The Federalist Papers, Nachdruck 2006, S. 131 ff.

1415 *Bowsher v. Synar*, 478 U.S. 714 (726) (1986).

1416 Justice *White* kritisierte in seinem Sondervotum, dass dem Kongress durch die Entscheidung ein maßgebliches Kontrollrecht aus der Hand geschlagen werde; *I.N.S. v. Chadha*, 462 U.S. 919 (1983), 967 (972 f.); ähnlich kritisch *Sundquist*, Constitutional Reform and Effective Government, 1992, S. 294 ff.

Der Kongress hat jedoch anderweitige Wege gefunden, die Ausgestaltung von Exekutivrecht zu beeinflussen. Zentrales Machtmittel ist hierbei das Budgetrecht, welches dem Kongress erlaubt, entgegen seiner Intention ausgeführte Gesetzgebungsprojekte durch Sperrung der Finanzmittel zu bremsen. Darüber hinaus verpflichtet der Kongress im Rahmen des *report-and-wait*-Verfahrens die Exekutive teilweise, den Entwurf einer Ausführungsregelung vorab vorzulegen, um im Zweifel durch eine Konkretisierung der gesetzlichen Ermächtigungsgrundlage missliebigen Interpretationen vorzubeugen. Außerdem arbeitet der Kongress teilweise mit befristeten Ermächtigungen, sog. *sunset*-Klauseln, was eine periodische Überprüfung und Evaluierung der Gesetzesausführung ermöglicht.[1417]

Im Ergebnis hat sich damit auch im gewaltenteiligen System der USA eine ständige Praxis exekutiver Rechtsetzung etabliert. Diese ist jedoch durch ein Bündel an Kontrollmöglichkeiten des Kongress eingehegt.

2. Kontrollfunktion

Eine Generaldebatte als Widerstreit von Regierung und Opposition, wie man sie von Zeit zu Zeit im Bundestag erlebt, existiert im Verfassungsleben der Vereinigten Staaten nicht. Art. 1 Sec. 6 Cl. 2 HS. 2 der Constitution, welcher es Amtsträgern in den Vereinigten Staaten verbietet, während ihrer Amtszeit ein Mandat im Kongress auszüben, wird als striktes Trennungsgebot zwischen den Gewalten interpretiert. Die US-Verfassung setzt also nicht auf das Konzept des Wechselspiels von Regierung und Opposition, sondern auf eine konsequente Gewaltenteilung zwischen Exekutive und Legislative. Das Trennungsgebot ist als solches Ausfluss der Kontrollfunktion des Kongresses, welche nicht durch eine Verflechtung mit der Exekutive verwässert werden soll. Insbesondere wollten die Väter der Verfassung der Korrumpierung von Mandatsträgern entgegenwirken, wie v.a. Art. 1 Sec. 6 Cl. 2 HS. 1 zeigt. Dieser untersagt es Kongressmitgliedern, während ihrer Mandatsdauer in ein neu geschaffenes oder mit höheren Bezügen versehenes Amt zu wechseln.[1418] Aus diesem Grund sind Auftritte des Präsidenten vor dem Kongress selten bzw. treten sonstige Amtsträger der Bundesexekutive nicht vor dem Plenum des Kongresses auf. Grundsätzlich spricht das Staatsoberhaupt nur im Rahmen der *State of the Union Address* gem. Art. 2 Sec. 3 der Verfassung vor

1417 Zu den Entwicklungen nach dem Verbot des legislativen Vetos *Lorz*, Interorganrespekt im Verfassungsrecht, 2001, S. 231. Ein Beispiel für derartige Befristungen findet sich im Tax Relief Act 2010, Publ. Law 11–312, 124 Stat 3296, in Sec. 101, welcher zuvor bestehende, umfangreiche Steuererleichterungen bis zum 01.01.2013 verlängerte. Gleichzeitig nutzten die Präsidenten das Urteil des Supreme Courts, welches im Verhältnis von Präsident und Kongress kurzzeitig große Unsicherheit erzeugt hatte, nicht als Argumentationsgrundlage für weitere Klagen, um weitergehend die Restriktionsmöglichkeiten des Kongresses zu begrenzen; dazu *Hübner*, Das politische System der USA, 2007, S. 148.

1418 *Fraenkel*, Das amerikanische Regierungssystem, 1960, S. 284 f.

dem Plenum der Mandatsträger beider Häuser, wobei er auch unverbindliche Empfehlungen zu Gesetzen abgeben kann. Selbst dieses Recht, vor dem Kongress zu reden, wurde nach der anfänglichen Etablierung regelmäßiger Auftritte vor dem Kongress von den Präsidenten im 19. Jahrhundert nicht mehr wahrgenommen.[1419] Erst seit Präsident *Wilson* erlebte die *State of the Union Address* als meist im Jahresturnus stattfindende Rede vor dem Kongress eine Renaissance.[1420] Ansonsten ist der Präsident auf gelegentliche schriftliche Mitteilungen begrenzt, d.h. er kann dem Kongress nach eigenem Ermessen bzw. in Erfüllung einer Berichtspflicht Informationen zukommen lassen.[1421]

In der Anfangszeit der USA war es innerhalb des Kongresses noch stark umstritten, ob Aussprachen mit Vertretern der Regierung nicht doch stattfinden sollten. Am Ende setzten sich die Befürworter einer strikten Gewaltenteilung durch. Die Debatte über die Anwesenheit von Regierungsvertretern vor den Abgeordneten riss in der Folgezeit niemals gänzlich ab. Regelmäßig wurden Vorschläge laut, über den Graben der strikten Trennung von Legislative und Exekutive hinweg Verknüpfungen zu schaffen.[1422]

Rechtsförmige Entwicklungen in diese Richtung gab es in der nordamerikanischen Verfassungsgeschichte nur in der kurzen Episode der Konföderierten Staaten von Amerika 1861–1865. In Art. 1 Sec. 6 a.E. der ansonsten der Constitution von 1787 weitgehend nachempfundenen Konföderationsverfassung wurde die Kompetenz des Kongresses normiert, den Vorstehern der Departments Anwesenheits- und Rederecht bezüglich der Gegenstände ihres Geschäftsbereichs zu gewähren. Während der wenigen Jahre des Bestehens der Konföderierten Staaten wurden darüber hinaus per Gesetz die Amtsdauer der Kabinette an die Legislaturperiode des Repräsentantenhauses angepasst und Vorschläge diskutiert, die Minister aus den Reihen des Kongresses zu rekrutieren,[1423] sodass der Schritt zu einer Parlamentarisierung der Konföderation nicht fern schien. Der Ausgang des Bürgerkrieges beendete diese Ansätze einer Gewaltenverschränkung abrupt.

Bis heute sind Ämter in der Exekutive und Mandate in der Legislative konsequent getrennt. Damit hat sich implizit ein strenges Inkompatibilitätsgebot in der Verfassung entwickelt. Der Wechsel in die Administration des Präsidenten als

---

1419 Was auch daran lag, dass diese Rede nur entgegengenommen, aber nicht weiter diskutiert wird; siehe schon *Wilson*, Congressional Government, 1885, S. 239 f.

1420 Präsident *Jefferson* prägte in seiner Amtszeit die langjährige Staatspraxis, dass die Rede dem Kongress nur in Papierform übermittelt wurde; siehe: *Dorf*, The Constitution of the United States, 1967, S. 85.

1421 *Wilson*, Congressional Government, 1885, S. 270; siehe z.B. Notice to Congress – Continuation of the National Emergency with Respect to the Western Balkans, June 17, 2013, in welcher Präsident *Obama* die Fortdauer der Notstandsmaßnahmen im westlichen Balkan mitteilte.

1422 Nachweise vgl. bei *von Beyme*, Das präsidentielle Regierungssystem der Vereingten Staaten in der Lehre der Herrschaftsformen, 1967, S. 37 ff.

1423 *Von Beyme*, Vorbild Amerika?, 1986, S. 54.

Secretary gilt den meisten Kongressabgeordneten zudem als Rückschritt in der politischen Karriere, da eine Wiederwahl in den Kongress nach einem Mandatsverzicht nur in den seltensten Fällen gelingt und die Dauer der Zugehörigkeit zum Parlament, die Seniorität, bis heute ein enormer Machtfaktor auf dem Captitol Hill ist.[1424]

Dass der Kongress auf personelle Verknüpfungen mit der Exekutive und so auf den ersten Blick auf ein machtvolles Kontrollmittel verzichtete, war im ersten Jahrhundert des Bestehens der USA vor allem für die Exekutive mit dem Präsidenten an der Spitze ein großes Problem. Der Kongress war zu dieser Zeit das Forum für nationale Debatten, welche in den Kongressjournalen gem. Art. 1 Sec. 5 Cl. 4 der Verfassung weite Verbreitung im Land fanden und zur Meinungsbildung beitrugen. Der Regierung fehlte so ein wichtiges Instrument, ihre Sicht der Dinge in die öffentliche Diskussion einzubringen. Erst mit der Ausbreitung moderner Medien wie Radio und Fernsehen gelang es den Präsidenten, sich und ihre Politik publikumswirksam im Rahmen von Pressekonferenzen und Ansprachen an die Nation darzustellen.[1425] Für den Kongress bedeutete dies eine Verlagerung der Erörterung über die Regierungspolitik aus dem Plenum beider Häuser in die mediale Öffentlichkeit. Aus diesem Grund hat sich der Kongress von der Funktion der politischen Kontrolle der Regierung weitgehend verabschiedet und sich zu großen Teilen auf die Wahrnehmung seiner Kernkompetenzen in Gesetzgebung und Haushaltskontrolle konzentriert, weshalb sich der Schwerpunkt der parlamentarischen Arbeit in den USA mehr noch als in den parlamentarischen Regierungssystemen in die Ausschüsse verlagert hat.[1426]

a) Haushaltsverfahren

Die Verortung des Budgetrechts, also der Kontrolle der Haushaltsführung der Exekutive, stellt genau genommen eine Durchbrechung der strengen Gewaltenteilung in den USA dar. Die Väter der Verfassung übernahmen dieses klassische Königsrecht des Parlaments als notwendiges Element des Systems der *checks and*

1424 Hierzu und zur Abkehr vom strikten Senioritätsprinzip unter Speaker *Gingrich*, *Lösche*, Kongress – fragmentierte Legislative, Informationen zur politischen Bildung 283/2004, S. 33.

1425 Da die Medien die sonst Parlamenten vorbehaltene Funktion der kritischen Befragung der Regierung übernahmen, kam in diesem Zusammenhang das Bonmot auf, dass die Medien die „Vierte Gewalt" seien, auf; vgl. *Fraenkel*, Das amerikanische Regierungssystem, 1976, S. 336 f. In diesem Zusammenhang irrt *Helms*, Präsident und Kongress in der legislativen Arena, ZParl. 1999, 841 (845), der die Mobilisierung der Öffentlichkeit als Kind der 70er Jahre einordnet.

1426 Diese Aufgabenkonzentration führt dazu, dass der Kongress als weitgehendes „Arbeitsparlament" wahrgenommen wird; *Dann*, Parlamente im Exekutivföderalismus, 2004, S. 17.

balances. Gem. Art. 1 Sec. 9 Cl. 7 der Verfassung bedarf jede Staatsausgabe einer Genehmigung des Gesetzgebers.

Im militärischen Bereich erfährt das Budgetrecht des Kongresses eine besondere Stärkung. Derartige Ausgaben dürfen gem. Art 1 Sec. 8 Cl. 12 nur höchstens über zwei Jahre hinweg beschlossen werden. Damit bleibt das Primat des Kongresses in diesem Bereich gesichert, womit sich auch das Misstrauen der Verfassungsväter gegen stehende Heere in der Hand der Exekutive niedergeschlagen hat.[1427] *Hamilton* hat im Federalist Paper No. 26[1428] sehr deutlich gemacht, dass eine transparente Debatte über das Militärwesen, der sich auch die Mehrheitspartei in einem Haus nicht entziehen kann, einen wirksamen Schutz vor drohenden Machtkonzentrationen bietet.

In Deutschland steht der jährliche Beschluss über den Haushalt als formelles Gesetz im Zentrum des politischen Geschehens. Dabei wird in der Bundesrepublik über einen gem. Art. 110 Abs. 2 und 3 GG von der Bundesregierung als Gesetzesinitiative eingebrachten Haushaltsplan abgestimmt. In den USA kann der Kongress den Haushaltsansatz des Präsidenten anders als der Bundestag den Regierungsetat nicht im Plenum zur Diskussion stellen. Daher erlangte das Ringen um einen Gesamthaushaltsplan in den USA nie die politische Bedeutung wie in den kontinentalen Rechtsordnungen, wo dieses als Anlass dazu diente, die Minister im Plenum zu ihrer Politik zu befragen und Kritik zu üben.[1429]

Die US-Verfassung schweigt über ein Initiativrecht des Präsidenten. Bis 1921 fehlte es an einem zentralen Budgetplan. Vielmehr verhandelten die einzelnen Behörden, vermittelt über das Schatzministerium, mit den Kongressausschüssen über ihre Finanzausstattung. Erst mit dem Budget-and-Accounting-Act 1921 wurde der Präsident einfachgesetzlich ermächtigt, dem Kongress einen zentralen Etatplan vorzulegen. Gleichzeitig wurde mit dem Government Acounting Office eine beim Kongress angesiedelte Haushaltskontrollbehörde installiert, die ähnlich einem Rechnungshof mit begrenzter Unabhängigkeit über die Haushaltsführung wachen sollte.[1430]

Der Haushaltsplan wird seither maßgeblich von dem der Präsidialverwaltung zugeordneten Office of Management and Budget (OMB) ausgearbeitet.[1431] Damit zollte der Kongress dem Umstand Tribut, dass nur die Exekutive mit ihrer Verwaltungskraft und Sachkompetenz in der Lage ist, einen umfassenden Entwurf über das Jahresbudget zu erstellen.[1432] Gleichzeitig gewann der Präsident durch

---

1427 *Fraenkel*, Das amerikanische Regierungssystem, 1960, S. 316 f.

1428 *Hamilton/Jay/Madison*, The Federalist Papers, Nachdruck 2006, S. 159 ff.

1429 *Fraenkel*, Das amerikanische Regierungssystem, 1960, S. 316 f., wobei dieser auch auf Ansätze *Hamiltons* im Federalist Nr. 26 eingeht, der die Budgetdebatte als Forum zur kritischen Begleitung der Regierungspolitik verstand.

1430 Public Law 67–13, 42, heute umbenannt in „Government Accountability Office".

1431 Hierzu *Heun*, Das Budgetrecht im Regierungssystem der USA, 1989, S. 15 f., S. 25 ff.

1432 Vgl. *Isensee*, Budgetrecht des Parlaments zwischen Schein und Sein, JZ 2005, 971 (975), der von einem Initiativmonopol der Exekutive kraft Natur der Sache im Haushaltsverfahren spricht.

das de facto bestehende Initiativrecht insbesondere bei anstehenden Ausgabekürzungen einen entscheidenden Hebel zur Steuerung der Haushaltspolitik.[1433] Mit der Einführung des präsidentiellen Budgetentwurfs wurde das bisher fragmentierte Verhandeln der einzelnen Behördenleiter gebündelt, sodass die Exekutive gegenüber dem immer noch unsystematisch beschließenden Kongress mit einem abgestimmten Konzept auftreten konnte.[1434] Letzterer stellte kein einheitliches Jahresbudget auf, sondern bewilligte eine Serie von Einzelausgaben in Form einer rechtlich nicht verbindlichen, gemeinsamen Resolution beider Häuser. Dabei wichen zahlreiche Appropriationen durch die Bewilligung mehrjähriger Ausgaben teilweise vom Annuitätsprinzip ab.[1435] Diese Zersplitterung des Bundesetats war nicht von Beginn an gegeben. In der Anfangszeit der USA verabschiedete der Kongress noch einen einheitlichen Jahreshaushaltsplan. Erst im Lauf der Zeit löste sich durch die Gründung neuer Bundesbehörden und der Erschließung neuer Aufgabenbereiche das einheitliche Appropriationsgesetz zugunsten differenzierter Einzelregelungen auf.[1436]

Senat und Repräsentantenhaus entscheiden seit jeher in einem doppelten Verfahren über einzelne Ausgabenprogramme. Zunächst bedarf es für jede Ausgabe einer *Authorisiation*, welche das zu finanzierende Vorhaben billigt und eine Höchstgrenze für den Budgetplan festsetzt. Auf der Basis dieses Autorisationsgesetzes wird anschließend mit dem Appropriationsgesetz die genaue Höhe einer Ausgabe bestimmt.[1437]

Das aktuelle Verfahren zum Erlass von Haushaltsgesetzen in den USA ist heute maßgeblich durch den *Budget-and-Impoundment-Control-Act 1974*[1438] geprägt. Dieser modifizierte das bisher praktizierte unsystematische Verfahren im Kongress erheblich und wirkte damit dem strukturellen Übergewicht des präsidentiellen Entwurfs entgegen. Mit diesem Gesetz orientierte sich der Kongress in Richtung eines Jahreshaushaltes, welcher maßgeblich in den neu geschaffenen Budgetausschüssen von Senat und Repräsentantenhaus erarbeitet werden sollte.[1439] Dies wird durch die Einführung zweier gemeinsamer und umfassender Etatresolutionen beider Häuser des Kongresses deutlich, welche im Rahmen des ebenfalls neu geschaffenen, verbindlichen Zeitplanes zum Erlass von Budgetplänen verabschiedet

1433 *Hübner*, Das politische System der USA, 2007, S. 135.

1434 *Keefe/Ogul*, The American Legislative Process, 1985, S. 311.

1435 Überblicksartig zum Haushaltsverfahren *Wenzel*, Budget-Politik im ersten Amtsjahr der Reagan-Administration: Das Fundament eines strukturellen Haushaltsdefizits, ZParl 1989, 217 (218 f.); ausführlich *Heun*, Das Budgetrecht im Regierungssystem der USA, 1989, S. 41 ff.

1436 *Tiefer*, Congressional Practice and Procedure, 1989, S. 925.

1437 *Heun*, Das Budgetrecht im Regierungssystem der USA, 1989, S. 53.

1438 Public Law 93–344.

1439 Zu den negativen Effekten dieses Ansatzes ausführlich *Folkers*, Das Dilemma des Defizits, Haushaltsentwicklung und Konsolidierungsverfahren in den USA, Finanzarchiv 44 n.F. (1986), 365 (368 ff.).

werden. Auf Basis der auf diese Weise getroffenen Festsetzungen sind die einzelnen Ausgabeermächtigungen bis zum Beginn einer neuen Haushaltsperiode abzustimmen und insbesondere mit den erwarteten Staatseinahmen in Einklag zu bringen.[1440] Gleichzeitig wurden auch institutionelle Reformen eingeleitet, um das Budgetrecht koordinierter wahrzunehmen. So wurden in beiden Häusern spezielle Haushaltsausschüsse geschaffen und als Gegenpol zum Fachwissen der präsidialen Haushaltsbehörde wurde das Congressional Budget Office (CBO) gegründet.[1441] Zudem erfolgte eine weitere Straffung des Verfahrenskalenders. Insbesondere wurde die zweite Budgetresolution nur noch als fakultativer Verfahrensschritt beibehalten, sodass die erste Budgetresolution bereits quasi-bindenden Charakter hat.

Die Hinwendung zum Annuitätsprinzip machte weitere Modifikationen am Verfahren zum Erlass von Haushaltsplänen notwendig. Das im regulären Gesetzgebungsverfahren bestehende Recht der Senatoren, durch einen Filibuster das Verfahren zu lähmen, wurde durch Zeitbeschränkungen für die Verabschiedung der Budget Resolutions im *Budget-and-Impoundment-Control-Act 1974* unterbunden.[1442] Damit unterwarf sich der Senat im Wege der Gesetzgebung einem Fristenregime, sodass im Budgetprozess die Möglichkeit einer einseitigen Blockade aufgegeben wurde.[1443]

Werden einzelne oder eine Vielzahl derartiger Ausgabenpakete nicht gewährt bzw. der Fristenplan nicht eingehalten, kann der Kongress sogar den beinahe vollständigen Stillstand der Arbeit der Exekutive erzwingen. Einem solchen *shutdown* sah sich z.B. Präsident *Clinton* 1995/1996 ausgesetzt, als die republikanische Mehrheit im Repräsentantenhaus um den Speaker *Gingrich* einen strikten Oppositionskurs gegen das demokratisch besetzte Weiße Haus fuhr.[1444]

Beiden Kammern des Kongresses steht mit dem Budgetrecht eine machtvolle Kompetenz zu. Selbst wenn der Präsident nicht per Misstrauensvotum absetzbar

---

1440 Hierzu *Heun*, Das Budgetrecht im Regierungssystem der USA, 1989, S. 34 ff.

1441 Title I und II des Congressional Budget and Impoundment Control Act 1974, Public Law 93–343; vgl. auch *Wenzel*, Budget-Politik im ersten Amtsjahr der Reagan-Administration: Das Fundament eines strukturellen Haushaltsdefizits, ZParl 1989, 217 (219).

1442 Sec. 303 (a) (3) des Budget-and-Impoundment-Control-Act 1974.

1443 U.S. Congress. Senate. Committee on Rules and Administration, Examining the Filibuster: Hearings, 2010, S. 270; ferner schränkte der Senat im Wege der sog. *Byrd-Rule* die Bepackung des Budgets mit anderen Gesetzesvorschlägen ein; siehe hierzu *Keith*, The Budget Reconciliation Process: The Senate's "Byrd Rule" CRS. Rep. July 2, 2010, womit sich auch im Senat der USA de facto eine Art haushaltsrechtliches Bepackungsverbot i.S.v. Art. 110 Abs. 4 GG etabliert hat.

1444 Allgemein zum *shutdown* und zu den Ereignissen 1995/1999 *Gressle*, Shutdown of the Federal Government: Causes, Effects, and Process, CRS Rep. November 8, 1999; zur gesetzlichen Regelung siehe Pub.L. 97–258, 31 U.S.C. § 1341, der es Amtsträgern des Bundes verbietet, ohne Appropriation finanzwirksame Maßnahmen zu treffen.

ist, kann die Regierungsarbeit als Ultima Ratio zur Gänze lahmgelegt werden. Im Ergebnis ist also zwar nicht der Amtsinhaber in persona, aber sein politisches Programm von parlamentarischer Unterstützung abhängig.

Die Bewilligung der Kreditaufnahme durch die Exekutive war lange Zeit alleine in den Appropriationsgesetzen verankert, welche die Exekutive ermächtigten, zur Deckung von bestimmten Ausgaben Schuldtitel des Bundes auszugeben. Als sich im Lauf des Ersten Weltkrieges herausstellte, dass der Kongress nicht zeitig genug auf den rasch wachsenden Finanzbedarf der Exekutive reagieren konnte, gingen die Abgeordneten auf dem Kapitol 1917 dazu über, die Schuldenaufnahme nicht mehr einzeln zu bewilligen. Der Regierung wurde stattdessen per Gesetz vorgeschrieben, sich bis zu einer bestimmten Höhe sich die USA verschulden zu dürfen. Diese Ermächtigung war noch dahingehend beschränkt, dass der Kongress sich vorbehielt, den Rahmen der Ausgabenprogramme, welche eine Kreditaufnahme notwendig machten, selbst festzusetzen. So war die erste Begrenzung auf die Ausgabe von Kriegsanleihen bezogen.[1445] Ab 1939 führte der Kongress das bis heute unveränderte Procedere ein, eine pauschale Obergrenze festzusetzen, die alle Kredite des Bundes erfasst.[1446]

Somit ist aus praktischen Gründen das Haushaltsrecht des Kongresses unter diesem Aspekt eingeschränkt. Beide Häuser sind meist nicht mehr inhaltlich-konkret mit den zu finanzierenden Projekten befasst, sondern gewähren der Exekutive Gestaltungsspielräume in der Schuldenaufnahme. Diese Praxis wurde schon zur Zeit ihrer Entstehung als kritisch eingestuft, da sich der Kongress seiner haushaltspolitischen Verantwortung zu sehr entzog, wie Senator *La Follette* anmerkte.[1447] Der *Gramm-Rudman-Hollings*-Act 1985[1448] versuchte die Erhöhung der Schuldenobergrenze mit langfristigen Sparzielen zu verknüpfen,[1449] scheiterte jedoch mit diesem Versuch am Supreme Court. Die Obersten Richter verboten insbesondere die Einrichtung einer unabhängigen Behörde, die im Alleingang Ausgabenkürzungen bei der Exekutive hätte durchsetzen können, als Verstoß gegen den Grundsatz der Gewaltenteilung.[1450] Im Rahmen der Haushaltskrise 2011 hat sich erstmals gezeigt, dass auch die pauschale Schuldenobergrenze ein wirksames

1445 Sog. Liberty Bonds. Der Kongress ermächtigte hierbei den Finanzminister, Zinssatz und Laufzeit nach eigenem Ermessen festzusetzen; vgl., Public Law 65–43, (Second Liberty Bond Act) § 1, 40 Stat. 288, 288 (1917).

1446 Kompakt zur Vorgeschichte und Entstehung der Schuldenobergrenze *Austin/Levit*, Debt Limit: History and Recent Increases, S. 2 f., CRS Rep. Jan. 28, 2010.

1447 "Congress has acquired the habit of divesting itself of all responsibility as to legislation."; zit. aus *Follettes* Rede zur ersten Schuldenobergrenze: Kein Autor, Recent Legislation, Budget Control Act of 2011, Pub.L. No. 112–25, 125 Stat. 240 (to be codified in scattered sections of the U.S. Code), 125 Harv. L. Rev. 867, 868 (2012).

1448 Public Law 99–177 Stat. 1038, 2 U.S.C. § 900.

1449 Hierzu ausführlich *Folkers*, Das Dilemma des Defizits, Haushaltsentwicklung und Konsolidierungsverfahren in den USA, Finanzarchiv 44 n.F. (1986), 365 (374 ff.).

1450 *Bowsher v. Synar*, 478 U.S. 714 (1986).

Instrument des Kongresses sein kann, die politischen Freiräume des Präsidenten einzuengen.[1451]

aa) Lediglich formeller Vorzug des Repräsentantenhauses vor dem Senat im Budgetwesen

Im Rahmen der Haushaltsgesetzgebung kommt dem Repräsentantenhaus gem. Art. 1 Sec. 7 der Verfassung im Gegensatz zum sonstigen Gesetzgebungsverfahren das Vorrecht zu, den ersten Vorschlag machen zu dürfen, der Senat soll dagegen nur Abänderungen einbringen.

Art. 1 Sec. 7 war eine der umstrittenen Materien auf der Philadelphia Convention. Die Frage nach dem Recht, Steuern festzusetzen, war einer der Auslöser der amerikanischen Revolution gewesen. „No taxation without representation" lautete das Schlagwort der Boston Tea Party 1773, die sich gegen in Großbritannien beschlossene Steuer- und Zollgesetze richtete. Die großen Staaten um Virginia wollten dem nach Bevölkerungsproporz zusammengesetzten Repräsentantenhaus die alleinige Kompetenz in Steuersachen bewilligen, wobei sie sich auf o.g. Parole stützen konnten. Die kleineren Staaten drängten, um ihren Einfluss bangend, dagegen auch in dieser Frage auf paritätische Gleichberechtigung zwischen beiden Kammern. Am Ende war der Wortlaut des Art. 1 Sec. 7 der ausgehandelte Connecticut-Kompromiss.[1452]

Dem Repräsentantenhaus gelang es, Art. 1 Sec. 7 über den auf Steuergesetze begrenzten Wortlaut hinaus auf alle Appropriationsgesetze auszudehnen.[1453] Der Senat akzeptiert dies als laufende Staatspraxis, bestreitet aber gleichzeitig eine rechtliche Verpflichtung, dem Repräsentantenhaus den Vorzug zu lassen.[1454]

Entgegen des in der Verfassung grammatisch klar geregelten Vorrangs des Repräsentantenhauses unternahm es der Senat 1925 bei einem Gesetz zur Finanzierung des Postwesens, einen Erstvorschlag vorzulegen, der aber vom Repräsentantenhaus energisch zurückgewiesen wurde.[1455] Obwohl der Versuch scheiterte, eine Art. 1 Sec. 7 gänzlich zuwiderlaufende Staatspraxis zu schaffen, hat sich die Bedeutung des Erstvorschlagsrechts stark minimiert.[1456] Oftmals interpretierte der

---

1451 *Hänsel/Eubank*, Die Erhöhung der Schuldengrenze in den USA, Länderbericht der Konrad-Adenauer-Stiftung vom 04. August 2011, S. 2.

1452 Art. 1 Sec. 7 ist damit Folge des Connecticut-Kompromisses; zur Entstehung des Art. 1 Sec. 7 auch eingehend *Jensen*, The Taxing Power: A Reference Guide to the United States Constitution, 2005, S. 170 f.

1453 *Jaag*, Die zweite Kammer im Bundesstaat, 1976, S. 25.

1454 *Heun*, Das Budgetrecht im Regierungssystem der USA, 1989, S. 17.

1455 *Reyes*, Die Rolle zweiter Kammern in Bundestaaten, 2003, S. 140.

1456 *Dorf*, The Constitution of the United States, 1967, S. 65, der den Passus als „meaningless" einstuft; anders *Fraenkel*, Das amerikanische Regierungssystem, 1960, S. 289, der den Senat im Haushaltsverfahren als reine Berufungsinstanz (gemeint ist wohl Revisionsinstanz) beschreibt, wobei er die große Sachkenntnis des senatorischen Haushaltsausschusses außer Acht lässt.

Senat sein Abänderungsrecht so, dass lediglich die Einleitung des Vorschlages aus dem Repräsentantenhaus übernommen und der Rest gänzlich neu gefasst wurde.[1457]

Dieses Vorgehen ist verfassungsrechtlich nicht unbedenklich. Die Constitution stattet das Repräsentantenhaus ausdrücklich mit der Kompetenz aus, eine verbindliche Initiative auszuarbeiten, welche die Grundlage der Haushaltsverhandlungen zwischen beiden Häusern bilden soll. Dass der Senat de facto eine eigene Beschlussvorlage entwirft, entspricht nicht seiner Befugnis. Art. 1 Sec. 7, welcher eine Ausnahme vom paritätisch zugewiesenen Initiativrecht in der Gesetzgebung darstellt, ist keine reine Formvorschrift. Er überantwortet bewusst das stärkste Kontrollrecht des Kongresses in erster Linie dem Repräsentantenhaus als Abbild der Willensbildung im Gesamtvolk, wie es auch die Verfassungsväter im Rahmen des Connecticut Kompromisses zum Ausdruck gebracht haben.[1458] Der Senat soll dagegen nur als mäßigender Ausgleich wirken und allzu populistische Vorschläge durch sein Änderungsrecht abmildern. Doch dadurch, dass der über seine direkte Legitimation zunehmend selbstbewusste Senat sein Abänderungsrecht derart extensiv wahrnahm, hat sich die Bedeutung des Ersteinbringungsrechtes des Repräsentantenhauses minimiert, sodass in der Staatspraxis heute auch im Haushaltsverfahren beide Kammern wie im regulären Gesetzgebungsverfahren die gleiche Wichtigkeit erlangt haben.

bb) Präsidentielles Notbudgetrecht

Ernst Fraenkel konstatierte in seinem Buch über das amerikanische Regierungssystem das Fehlen eines Notetatrechts in der US-Verfassung. Das vordergründige Argument für diesen „sorglosen Optimismus"[1459] der Verfassungsväter lag im Prinzip einer strengen Gewaltenteilung, welches im allein dem Kongress überantworteten Budgetrecht eine effektive Kontrollmöglichkeit der Exekutive bedeutete.

Im Zuge der Haushaltsdebatten in den Jahren 2011 und 2012 war der Kongress wegen der verschiedenen parteipolitischen Mehrheiten in der Frage der Erhöhung der Schuldenobergrenze gespalten, sodass eine Lähmung des gesamten Staatsapparates drohte. Zur Überbrückung dieser Blockade wurde ein Notrecht des Präsidenten zur Anhebung des gesetzlichen Verschuldungslimits diskutiert. Stimmen in der amerikanischen Staatsrechtslehre bezogen sich dabei vor allem das 14. Amendment mit Sec. 4 S. 1 als Argument. In dieser aus der Wiederaufbauzeit nach dem Bürgerkrieg stammenden Norm wird die Gültigkeit der durch die

1457 *Reyes*, Die Rolle zweiter Kammern in Bundestaaten, 2003, S. 139; siehe auch *Jaag*, Die zweite Kammer im Bundestaat, 1976, S. 25; einmal hatte der Senat zu einem Appropriationsgesetz über 2400 Änderungsanträge eingebracht.

1458 Siehe D I.

1459 *Fraenkel*, Das amerikanische Regierungssystem, 1976, S. 319; entsprechend auch *Heun*, Das Budgetrecht im Regierungssystem der USA, 1989, S. 93 f, der das daraus entstehende Gefahrenpotential einer Blockade ebenfalls kritisiert.

Kriegsanstrengungen gewachsenen Staatsschulden der USA bekräftigt. Hieraus sollte im Wege der Analogie ein generelles Haushaltsnotrecht des Präsidenten folgen.[1460]

Section 4 des 14. Amendments endet mit einer Ermächtigung an den Kongress, die notwendigen Maßnahmen zu treffen. Damit wird durch diese Norm das Prinzip der alleinigen Budgetgewalt des Kongresses eher gestärkt.[1461] Aus diesem Grund erscheint es dogmatisch fragwürdig, aus einer Aufgabenzuweisung an den Kongress eine Kompetenz des Präsidenten herzuleiten.

Das von den Vertretern einer präsidentiellen Notkompetenz vorgebrachte Judikat des Supreme Courts *Perry v. United States* aus dem Jahr 1935,[1462] welches die Reservekompetenz des Präsidenten aus Section 4 des 14. Amendment begründet haben soll, steigert noch die Zweifel an dieser Position. In dem Judikat heißt es lediglich, dass die Norm Ausdruck eines weitergehenden Prinzips und die Werthaltigkeit von Schuldverschreibungen der USA stets durch den Gesamtstaat zu gewährleisten sei.[1463] Diese Argumentationslinie ähnelt der Judikatur des BVerfG, welche bei drohenden, schweren Grundrechtsverletzungen den Organen und Gliedstaaten der Bundesrepublik die Berufung auf Kompetenzgrenzen versagt und sie als Einheit zur Abstellung der Bedrohung in die Pflicht nimmt.[1464] Daraus lässt sich für sich genommen noch keine Verlagerung von Kompetenzen ableiten.

Da die Wahrung der finanziellen Integrität der USA nur ein übergreifend in der Verfassung enthaltener Rechtsgrundsatz ist, sind daher Ansätze vorzuziehen, die an *necessity*, also den Staatsnotstand an sich, anknüpfen und auf diesem Wege dem Präsidenten als Hüter der verfassungsmäßigen Ordnung eine eng auszulegende Reservekompetenz zur Krisenbewältigung zusprechen. Die Vertreter dieser Ansicht ordnen in diesen Kontext weitere historische Vorgänge ein. So seien die Aussetzung des Prinzips *habeas corpus* durch Präsident *Lincoln* während des Sezessionskriegs[1465] und die Drohungen *Roosevelts* im Zuge der Weltwirtschaftskrise

1460 A Debt Ceiling We Can't Wish Away, N.Y. Times, July 8, 2011, A21; siehe auch den Artikel von *Dworkin*, http://www.nybooks.com/blogs/nyrblog/2011/jul/29/can-obama-extend-debt-ceiling-his-own/, abgerufen am 05.08.2013.

1461 Mit der exklusiven Budgetkompetenz des Kongresses argumentiert auch der Wissenschaftliche Dienst des Kongresses in seinem Gegengutachten; siehe hierzu: http://www.washingtontimes.com/blog/inside-politics/2011/jul/13/crs-obama-14th-amendment-circumvent-debt-limit/, abgerufen am 08.08.2013.

1462 *Perry v. United States*, 294 U.S. 330 (1935).

1463 *Perry v. United States*, 294 U.S. 330 (354) (1935).

1464 BVerfGE 33, 303 (358).

1465 Dabei ist die mögliche Aufhebung dieser Verbürgung gem. dem Wortlaut von Art. 1 Sec. 9 Subsec. 2 keinem konkreten Organ zugewiesen. Durch seine systematische Stellung im 1. Artikel, welcher sich mit dem Kongress und nicht mit dem Präsidenten befasst, liegt aber ein Recht des Kongresses vor. *Lincoln* handelte daher ohne die zumindest nachträgliche Zustimmung des Kongresses verfassungswidrig. So befand i.E. damals auch Chief Justice *Taney* als Angehöriger

1933, den Kongress im Notfall zeitweise zu übergehen, letztlich auch Ausdruck der Reservefunktion des Präsidenten.[1466] Mit dem *National Emergencies Act 1976*[1467] versuchte der Kongress, die Ausübung von derartigen Notstandsbefugnissen durch den Präsidenten, welche dieser vor allem aus seiner Stellung als Oberbefehlshaber begründete, einzugrenzen und zu befristen.[1468] Im Umkehrschluss ergibt sich hieraus, dass auch der Kongress im Grundsatz von der Existenz derartiger Notstandsrechte der Exekutive ausgeht, was aufgrund der flexibleren Willensbildung in der Exekutive im Fall unaufschiebbarer Notmaßnahmen sinnvoll erscheint.

Der Supreme Court hat sich bisher zu einer Notstandskompetenz des Präsidenten nur uneinheitlich geäußert. In einem Urteil, welches unter dem Vorsitzenden Richter *Taft*, zuvor selbst Präsident, erging, argumentiert das Gericht mit der breiten Legitimation des Präsidenten als gewählten Repräsentanten des ganzen Volkes. Aus diesem Grund sei eine einschränkende Interpretation seiner Kompetenzen über die geschriebenen Schranken hinaus nicht geboten.[1469] Dagegen verweigerte der Supreme Court es Präsident *Truman* im Jahr 1952, ohne gesetzliche Ermächtigung die Zwangsübernahme kriegswichtiger Unternehmen, die von Streiks bedroht waren, durch die öffentliche Hand zu vollziehen, um die Versorgung der Truppen im Koreakrieg sicherzustellen. Dabei stützte sich die Mehrheitsmeinung maßgeblich auf die Angst der Verfassungsväter vor jedweder Art von autoritärer Herrschaft.[1470]

Damit zeigt sich, dass die Inanspruchnahme eigener Notkompetenzen des Präsidenten stets in einem Spannungsverhältnis mit der starren Kompetenzverteilung der Verfassung steht. In diesem Sinne stellt die Lösung des Konfliktes um die Erhöhung der Schuldenobergrenze 2011/12 einen Ausgleich zwischen der Erhaltung der staatlichen Funktionsfähigkeit und der Sicherung der Kompetenzen des Kongress dar.

Der Kompromiss zur Beilegung der Schuldenkrise, der *Budget Control Act 2011*,[1471] sah vor, dass das Amt des Präsidenten bei der Erhöhung der Schuldenobergrenze eine zentrale und verantwortliche Rolle spielen sollte. Sobald die Schuldenobergrenze um 100 Mrd. Dollar überschritten wurde und der Präsident

---

eines Circuit Courts; vgl. *Fraenkel*, „Martial Law" und Staatsnotstand, in: Fraenkel (Hrsg.), Der Staatsnotstand, 1965, S. 146 ff.

1466 *Posner*, Obama Should Raise the Debt Ceiling on His Own, http://www.nytimes.com/2011/07/22/opinion/22posner.html?src=ISMR_HP_LO_MST_FB, abgerufen am 19.09.2013.

1467 Pub.L. 94–412, 90 Stat. 1255, 50 U.S.C. § 1601–1651.

1468 Genauer *Relyea*, Martial Law and National Emergency, CRS Rep. January 7th 2005, der auch weitere Notstandmaßnahmen wie die Internierung von japanischstämmigen Einwohnern durch *Roosevelt* anspricht (S. 4).

1469 *Myers v. United States*, 272 US 52 (53) (1926).

1470 *Youngstown Sheet & Tube Co. v. Sawyer*, 343 US 579 (613 f.) (1952).

1471 Public Law No. 112–25, 125 Stat. 240.

dies dem Kongress mitteilte, musste die Grenze um 400 Mrd. Dollar angehoben werden. 500 Mrd. Dollar sollten automatisch hinzukommen, wenn der Kongress nicht binnen 50 Tagen nach der Meldung einen gemeinsamen Beschluss gegen eine weitere Erhöhung fasste.[1472] Mit Schreiben vom 12. Januar 2012 gab Präsident *Obama* die vorgeschriebene Mitteilung an den Kongress ab[1473] und setzte so den Automatismus zur Steigerung der Obergrenze in Gang. Diese Umgehung eines eindeutigen Beschlusses zur Heraufsetzung der Grenze wurde bewusst gewählt, um der republikanischen Mehrheit im Repräsentantenhaus die Zustimmung zum Gesamtkompromiss zu erleichtern und die Verantwortung für die unpopuläre Erhöhung dem Präsidenten zuzuweisen.[1474]

Diese Regelung stellte einen Rückzug des Kongresses aus seiner haushaltspolitischen Verantwortung dar. Die Gestaltung der Schuldenfinanzierung hing nur vom Verhalten des Präsidenten ab, während der Kongress als eigentlich für die Kreditaufnahme gem. Art. 1 Sec. 8 Alt. 2 der Verfassung zuständiges und verantwortliches Organ durch reines Nichthandeln die Anhebung der Schuldendeckelung bewirken konnte. Gleichzeitig grenzte der Kongress durch die Festsetzung von weiteren Schuldenlimits die Gestaltungsspielräume des Präsidenten durch eine einfachgesetzliche Beschränkung ein, sodass dessen Notstandskompetenz zumindest eine klare Begrenzung erfuhr.

Obwohl der Kompromiss als solcher eine vertretbare Abwägung zwischen Funktionsfähigkeit und Gewaltenteilungsprinzip herstellte, ist es nicht sicher, ob diese Form der Notstandskompetenz dauerhaft tragfähig wäre. De facto stellt die Regelung eine Kompetenzübertragung auf den Präsidenten dar. Eine einfachgesetzliche Delegation der von der Verfassung übertragenen Kompetenzen wurde in anderen Fällen durch den Supreme Court mit Verweis auf die sog. *non-delegation-doctrine* zurückgewiesen,[1475] sodass der gefundene Kompromiss verfassungsrechtlich problematisch erscheint.

Um ein präsidentielles Notstandsrecht konstitutionell abgesichert zu begründen, wäre rechtspolitisch eine entsprechende Verfassungsänderung zu fordern. Letztendlich behielt daher *Fraenkel* mit seiner Einschätzung der Verfassung in dieser Frage Recht. Der ausschlaggebende Grund, warum bis heute nicht durch Verfassungsergänzung ein Budgetnotrecht bzw. überhaupt Notstandsbefugnisse der Exekutive in der amerikanischen Constitution verankert wurden, liegt vor allem daran, dass die Vereinigten Staaten bisher keine derartig schwere Zerreißprobe erleben

1472 31 U.S.C. § 3101A.

1473 112th Congress, 1st House Document 112–48.

1474 Kein Autor, Recent Legislation, Budget Control Act of 2011, Pub.L. No. 112–25, 125 Stat. 240 (to be codified in scattered sections of the U.S. Code), 125 Harvard Law Rev. 867, 869 (2012).

1475 Kein Autor, Recent Legislation, Budget Control Act of 2011, Pub.L. No. 112–25, 125 Stat. 240 (to be codified in scattered sections of the U.S. Code), 125 Harvard Law Rev. 867, 870 (2012); zur non delegation doctrine vgl. oben D III 1 c.

mussten, wie dies z.B. in Deutschland mit dem preußischen Verfassungskonflikt der Fall war.[1476]

b) Hearings und Untersuchungen in den Kongressausschüssen

Die formellen Kommunikationsmöglichkeiten zwischen Exekutive und Kongress sind durch die amerikanische Verfassung stark reduziert. Der Präsident bzw. die Vorsteher der Ministerien haben kein organschaftliches Recht, um an Sitzungen des Kongresses teilzunehmen bzw. in die laufenden Debatten einzugreifen. Umgekehrt existiert kein parlamentarisches Fragerecht, welches es Abgeordneten ermöglicht, im Plenum Interpellationen gegen die Regierung einzubringen. Das Plenum des Kongresses erfüllt damit in den USA nicht die Funktion eines Forums für Kritik und Kontrolle der Regierung.[1477]

Eines der öffentlichkeitswirksamsten Mittel zur Kontrolle der Exekutive des Kongresses ist es daher, zur Beschaffung von Informationen für die Gesetzgebung und die Kontrolle der Präsidentenadministration Mitglieder der Exekutive und auch Personen aus Wirtschaft und Gesellschaft als sachverständige Zeugen zu Vernehmungen in die Ausschüsse zu laden.[1478] Im System der strikten Gewaltenteilung der USA ist die Wahrnehmung des Untersuchungsrechts, welches sich im 19. Jahrhundert als gewohnheitsrechtliches Institut entwickelt hat und vom Supreme Court als verfassungsgemäße implied power der Legislativen dargestellt wird,[1479] nach dem Budgetrecht das stärkste Kontrollrecht des Kongresses. Jeder Ausschuss kann sich im Rahmen seines Zuständigkeitsbereiches zu einem Untersuchungsausschuss erklären und Ermittlungen durchführen, wobei zu speziellen Fragestellungen ferner ad hoc Sonderuntersuchungsausschüsse möglich sind, die auch von beiden Häusern gemeinsam einberufen werden können.[1480] Derartige originäre Untersuchungsausschüsse wurden vom Senat und Repräsentantenhaus schon in der Frühzeit der Vereinigten Staaten einberufen, um Missstände in Staat und Gesellschaft aufzuklären und Reaktionen hierauf zu eruieren. Seit 1946 ist durch den *Legislative Reorganisation*

1476 *Fraenkel*, Das amerikanische Regierungssystem, 1976, S. 319.

1477 *Fraenkel*, Das amerikanische Regierungssystem, 1960, S. 287 f.

1478 Entsprechend im Bundestag Art. 70 Abs. 1 GOBT; zum Verfahren der Kongressausschüsse bei Hearings *Achmann*, Struktur und Arbeitsweise des Kongresses der Vereinigten Staaten von Nordamerika mit besonderer Berücksichtigung des Untersuchungsrechts, 1970, S. 100; zu den Ergebnissen von Enquête-Verfahren in den USA vgl. z.B. den Bericht von Senat und Repräsentantenhaus zur Iran-Contra-Affäre, House Reports Nr. 100–43, Senate Reports Nr. 100–218.

1479 *Steffani*, Parlamentarische und präsidentielle Demokratie, 1979, S. 183 f. und S. 311; siehe auch *Kilbourne v. Thompson*, 103 U.S. 168 (1880) sowie *Mc Grain v. Daugherty*, 273 U.S. 135 (1927); *Achmann*, Struktur und Arbeitsweise des Kongresses der Vereinigten Staaten von Nordamerika mit besonderer Berücksichtigung des Untersuchungsrechts, 1970, S. 63 f.

1480 *Albert*, Stellung, Funktion und verfassungsrechtliche Problematik der Independent Regulatory Commissions in den USA, 1971, S. 60 ff.

Act jeder Ausschuss ermächtigt, selbst Untersuchungen durchführen.[1481] So war der erste Untersuchungsausschuss im Repräsentantenhaus 1792 eine Reaktion auf einen verlorenen Indianerfeldzug. Im 19. Jahrhundert prägten insbesondere Missstände bei der Exekutive, wie Unregelmäßigkeiten bei der Verwendung öffentlicher Mittel und Vergabe von Beamtenstellen, die Arbeit der Ausschüsse, während im 20. Jahrhundert auch die umfassende Evaluation politisch-gesellschaftlicher Fragestellungen in den Vordergrund rückte.[1482]

Es ist in den USA umstritten, ob die Exekutive Informationen zum Schutz des Gemeinwohls vor dem Kongress geheim halten darf. Schon 1792 diskutierte Präsident Washington in seinem Kabinett über den Umfang der preiszugebenden Informationen an den ersten Untersuchungsausschuss.[1483] Ob und in welchem Umfang ein solches *„executive privilege"* besteht, ist in der Staatsrechtslehre der USA nicht abschließend geklärt.[1484] Das Recht der Kongressausschüsse, Zeugen vorzuladen und Informationen anzufordern, endet nach der Rechtsprechung des Supreme Courts in Fragen der Außen-und Sicherheitspolitik, die in Abwägung dem Informationsinteresse des Kongresses mit der der Geheimhaltung bedürfen. Einem absoluten Geheimnisschutz erteilten die obersten Richter dagegen eine Absage, da dieser die Balance zwischen den Gewalten zu sehr zugunsten der Exekutive verschieben würde.[1485] In der amerikanischen Staatspraxis setzt die Exekutive das nach ihrer Ansicht bestehende Privileg regemäßig ein, um Auskünfte an den Kongress zu verweigern.[1486]

Im Ergebnis zeigt sich, dass die effektive Umsetzung des Untersuchungsrechts in den USA auch von der Bereitschaft der Exekutive zur Kooperation abhängt.[1487] Zu exzessiven Bestrebungen, die Kontrollfunktion des Kongresses zu unterminieren, hat die Verfassung mit der Verankerung der Gesetzgebungs- und Budgetkompetenz beim Kongress einen effektiven Riegel vorgeschoben. Um neue Stellen und

1481 *Haas/Welz/Steffani*, Der Kongress, in: Jäger u.a. (Hrsg.), Das Regierungssystem der USA, 2007, S. 108.

1482 *Achmann*, Struktur und Arbeitsweise des Kongresses der Vereinigten Staaten von Nordamerika mit besonderer Berücksichtigung des Untersuchungsrechts, 1970, S. 143 ff.; der erste Ausschuss im Senat wurde 1818 gebildet, der erste gemeinsame Ausschuss im Hahr 1891 (siehe ebd.).

1483 *Garvey/Dolan*, Presidential Claims of Executive Privilege: History, Law, Practice, and Recent Developments, CRS Rep. August 21, 2012, S. 1.

1484 *Trebesch*, Der Kongress der Vereinigten Staaten von Amerika und der Bereich des Auswärtigen, 1972, S. 184 ff.; zusammenfassend *Wegener*, Der geheime Staat, 2006, S. 419.

1485 *United States v. Nixon*, 418 U.S. 683 (703 ff.) (1974).

1486 Aktuelle Übersicht bei *Garvey/Dolan*, Presidential Claims of Executive Privilege: History, Law, Practice, and Recent Developments, CRS Rep. August 21, 2012, S. 35 ff.; zuletzt berief sich Präsident *Obama* im Juni 2012 in Bezug auf eine Operation gegen mexikanische Drogenkartelle auf das Privileg (S. 30 ff.).

1487 Zum Teil werden über Auskünfte umfangreiche Verhandlungen geführt; *Haas/Welz/Steffani*, Der Kongress, in: Jäger u.a. (Hrsg.), Das Regierungssystem der USA, 2007, S. 108.

Verwaltungsorganisationen zu schaffen, benötigt der Präsident die Freigabe von Geldmitteln durch beide Kongresskammern, sodass Senat und Repräsentantenhaus die Entstehung missbräuchlicher Strukturen unterbinden können. Gleiches gilt für die Durchsetzung von gesetzgeberischen Maßnahmen.[1488]

c) Der Aufbau einer Legislativverwaltung

Im Vergleich zu anderen Parlamenten hat der US-Kongress nur begrenzte Möglichkeiten, den Präsidenten in seiner Amtsführung zu überwachen. Damit fehlt den Kongressmitgliedern ein effektives Mittel, um im Zweifel die ordnungsgemäße Umsetzung der Gesetzesbeschlüsse durch den Präsidenten und seine nachgeordneten Departments zu überprüfen. Aus diesem Grund tendiert der Kongress dazu, zu wichtigen Vorhaben per Gesetz Verwaltungsstrukturen zu schaffen, die nur der Realisierung dieser Vorhaben dienen. Solche Behörden sind direkt dem Kongress verantwortlich und nicht in die Strukturen der präsidentiellen Ministerialbürokratie eingebunden, deren Kontrollbefugnisse zugleich beschnitten sind. Der Supreme Court hat die Einrichtung derartiger Verwaltungen gebilligt und dem Kongress sogar weitergehende Rechte in der Personalpolitik dieser Behörden zugestanden, da der Präsident die dort tätigen Beamten nicht ohne weiteres eigenständig entlassen kann.[1489] Beispiele für derartige *independent regulatory agencies* sind u.a. die *Federal Trade Commission* oder die *U.S. Securities and Exchange Commission*, die nicht in die Hierarchie der Ministerialverwaltungen eingegliedert sind.[1490] Den Behörden kommt oftmals neben der Wahrnehmung verwaltender Tätigkeiten auch die Kompetenz zu, quasi-judikativ und legislativ tätig zu werden. Die *Federal Trade Commission* ist z.B. zur Ahndung von Verstößen in ihrem Zuständigkeitsbereich befugt und erlässt konkretisierende materielle Rechtsnormen.[1491]

Der negative Effekt dieser legislativen Verwaltungsstrukturen besteht darin, dass der Zwang zur Kooperation abnimmt und damit der in der Verfassung ohnehin existierende Graben zwischen Kongress und Präsidialverwaltung breiter wird. In einem System wie der US-Verfassung, das von seinen Akteuren ein großes Maß an Kompromissbereitschaft verlangt, ist dies eine bedenkliche Entwicklung.[1492]

1488 Anschaulich *Oldopp*, Das politische System der USA, 2005, S. 76.

1489 *Humphrey's Executor v. United States* 295 U.S. 602 (1935); siehe auch aktueller *Morrison v. Olsen* 487 U.S. 654 (1988).

1490 Eine Auflistung findet sich in 44 USC § 3502 (5); *Hay*, Law of the United States, 2010, S. 29; mit weiteren Beispielen *Albert*, Stellung, Funktion und verfassungsrechtliche Problematik der Independent Regulatory Commissions in den USA, 1971, S. 24 ff.

1491 *Currie*, Die Verfassung der Vereinigten Staaten, 1988, S. 35.

1492 Zum Problem generell *Herzog*, in: Maunz/Dürig, Grundgesetz-Kommentar, 2012, Art. 62, Rn. 62.

d) *Impeachment*

Die Verfassung der USA sieht ein präsidentielles Regierungssystem vor. Der Präsident, zugleich Staatsoberhaupt und Regierungschef, und seine Administration regieren wiederum im Sinne einer strengen Gewaltenteilung unabhängig von den Mehrheiten im Kongress. Aus diesem Grund ist den beiden Häusern der amerikanischen Legislative das in parlamentarischen Demokratien übliche Instrument des Misstrauensvotums verwehrt.[1493] Auch in Bezug auf andere Amtsträger des Bundes steht dem Kongress kein gesondertes Abberufungsrecht zu.[1494] Eine Ausnahme hiervon bildet lediglich das o.g. *Impeachment*-Verfahren,[1495] das seiner Anlage nach nicht auf den bloßen Entzug des politischen Vertrauens, sondern an die gerichtsförmige Feststellung von rechtlichen Verfehlungen des Präsidenten bzw. seiner Administration oder anderer Amtsträger des Bundes[1496] anknüpft.

Materiell erfordert Art. 2 Sec. 4 der US-Verfassung für ein erfolgreiches Impeachment-Verfahren die Feststellung, dass sich Präsident, Vizepräsident oder sonstige Amtsträger des Bundes des Verrates, der Bestechung oder eines sonstigen Vergehens oder Verbrechens schuldig gemacht haben. Nur bei Richtern legt die US-Verfassung einen weiteren Spielraum für den Senat vor, indem Art. 3 Sec. 1 der US-Verfassung diesen eine Pflicht zur einwandfreien Amtsführung auferlegt.[1497]

Um Missbräuche zu verhindern, wird der Vorsitz des über den Präsidenten als Gericht tagende Senats gem. Art. 1 Sec. 3 Cl. 6 der Verfassung dem Chief Justice übertragen. Für einen Schuldspruch ist eine Mehrheit von zwei Dritteln der Senatoren erforderlich.[1498] Bisher endete noch kein Impeachment-Verfahren mit der Amtsenthebung des Präsidenten. In den Verhandlungen gegen Präsident Johnson

---

1493 *Reinhard*, Geschichte der Staatsgewalt, 2000, S. 122 bezeichnet den unabhängigen Präsidenten als Kontruktion eines „Ersatzkönig auf Zeit".

1494 In *Bowsher v. Synar*, 478 U.S. 714 (715 f.) (1986) betont der Supreme Court, dass der Kongress wegen des Grundsatzes der Gewaltenteilung nur über das in der Verfassung selbst niedergelegte *Impeachment*-Verfahren Amtsträger der Exekutive wegen Verfehlungen aus dem Dienst entfernen kann.

1495 *Achmann*, Struktur und Arbeitsweise des Kongresses der Vereinigten Staaten von Nordamerika mit besonderer Berücksichtigung des Untersuchungsrechts, 1970, S. 28 f.

1496 Nicht bezüglich Mitgliedern des Kongresses. Ein Verfahren im Jahr 1791 gegen Senator *Blount* wurde im Senat nicht eröffnet. Dafür beschloss der Senat, *Blount* nach Art. 1 Sec. 5 der Verfassung aus dem Senat auszuschließen; *Field van Tessel/Finkelman*, Impeachable Offenses, 1999 S. 86 ff.

1497 Aus diesem Grund forderte 1970 der damalige republikanische Minderheitenführer *Ford* im Repräsentantenhaus ein Amtsenthebungsverfahren gegen den Supreme Court Richter *Douglas* wegen dessen umfangreicher Nebentätigkeiten und dessen in seinen Augen grob unmoralischen Lebenswandels; zur damaligen Entwicklung *Field van Tessel/Finkelman*, Impeachable Offenses, 1999 S. 6 ff.

1498 *Dorf*, The Constitution of the United States, 1967, S. 60.

im Jahr 1868 und Präsident Clinton 1999 wurde das Zwei-Drittel-Quorum verfehlt; Präsident Nixon trat 1974 bereits vor Abschluss des Verfahrens zurück.[1499]

Das Fehlen eines Misstrauensvotums ist im System der *checks and balances* konsequent, da dem Präsidenten das ausgleichende Gegenstück zum parlamentarischen Amtsenthebungsrecht, nämlich ein Auflösungsrecht des Kongresses, gänzlich fehlt.[1500] Ein derartig politisches Abberufungsrecht widersprach ferner auch den Vorstellungen der Verfassungsväter. *Hamilton* schrieb im Federalist No. 70,[1501] dass die aus Großbritannien bekannte Verantwortlichkeit der Regierung gegenüber dem Parlament in der Unverantwortlichkeit des dortigen Monarchen begründet sei. In der amerikanischen Republik sei es dagegen gerade gewollt, dass dem Haupt der Exekutive die alleinige Verantwortung für alle seine Handlungen gegenüber dem Volk zukomme, sodass die Bereitstellung einer dem Kongress gegenüber politisch haftenden Regierung diesen Ansatz verwässern würde. Der Präsident ist also nur dem Gesetz, dessen Vollzug er gem. Art. 2 Sec. 3 S. 3 der Verfassung gewissenhaft zu vollziehen hat, und nicht dem Gesetzgeber unterworfen, wie das Federalist Paper No. 71 pointiert darstellt.[1502] Deshalb kann der Kongress nur im quasi-richterlichen Impeachment-Verfahren über rechtliche Verfehlungen des Präsidenten entscheiden. Der Präsident ist dem Kongress gegenüber folglich rechtlich, aber nicht politisch verantwortlich, er unterliegt einer reinen Rechts-, aber keiner Zweckmäßigkeitskontrolle.

Ein politisches Missbilligungsvotum hat sich im Rahmen der Geschäftsordnungsautonomie der beiden Häuser des Kongresses entwickelt. Durch eine sog. *vote of censure* können beide Häuser der Politik eines Präsidenten oder sonstiger Amtsträger ihre Missbilligung aussprechen.[1503] Damit haben beide Häuser die Kompetenz des Art. 1 Sec. 5 der Verfassung, ihre eigenen Mitglieder zu maßregeln, auf die Exekutive ausgedehnt. So lehnte der Senat 1834 die Politik Präsident *Jacksons* im Zusammenhang mit dem Abzug von staatlichen Mitteln aus der Bank of the United States ab, während das Repräsentantenhaus 1842 gegen die Zollpolitik Präsident *Tylers* und 1846 gegen Präsident *Polk* wegen des Amerikanisch-Mexikanischen

---

1499 Präsident *Clinton* wurde freigesprochen; siehe *Oldopp*, Das politische System der USA, 2005, S. 84.

1500 *Von Beyme*, Das präsidentielle Regierungssystem der Vereinigten Staaten in der Lehre der Herrschaftsformen, 1967, S. 2. Wegen des Gleichgewichts der Gewalten als Kernmotiv der US-Verfassung bleibt diese Aussage richtig, auch wenn nicht alle parlamentarischen Systeme das Auflösungsrecht des Parlaments bei der Exekutive verorten und damit der Begriff „Gegenstück" problematisch erscheint (vgl. hierzu *Hartmann*, Westliche Regierungssysteme, 2011, S. 24 f.).

1501 *Hamilton/Jay/Madison*, The Federalist Papers, Nachdruck 2006, S. 454 ff.

1502 *Hamilton/Jay/Madison*, The Federalist Papers, Nachdruck 2006, S. 363 ff.

1503 Für die Zeit von 1973 bis 2006 listet *Maskell*, "No Confidence" Votes and Other Forms of Congressional Censure of Public Officials, CRS Rep. June 11, 2007, S. 11 ff. 31 missbilligende Resolutionen von Seiten des Kongresses gegen Angehörige der Exekutive auf.

Krieges seine Missbilligung über die Politik des Amtsinhabers ausdrückte.[1504] Ein derartiges Missbilligungsvotum wurde z.B. von Präsident *Jackson* als verfassungswidrig angesehen. 1837 reagierte der Senat auf die Kritik, indem er seine Entscheidung nachträglich aus den Protokollen tilgte.[1505] Im Zuge der Watergate-Affäre seit 1972 um Präsident *Nixon* wurde von einigen Abgeordneten des Repräsentantenhauses versucht, ein Impeachment-Verfahren durch den Ausspruch einer *censure* zu vermeiden.[1506] Zuletzt wurden derartige Resolutionen gegen Präsident *Clinton* im Zuge der *Lewinsky*-Affäre eingebracht.[1507]

Im Ergebnis war der Kongress mit diesen und weiteren Resolutionen gegen weitere Amtsträger des Bundes nicht erfolgreich, da die geforderten Rücktritte bzw. Entlassungen der Amtsträger mangels Rechtspflicht i.d.R. nicht erfolgten. Hieran wird besonders deutlich, dass die USA kein parlamentarisches, sondern eine dualistisches Regierungssystem mit einer personell unabhängigen Exekutive verkörpern.[1508] Das Fehlen eines milderen politischen Mittels zwischen dem Extremen der Amtsenthebung und der weiteren Amtsführung wurde z.B. im Zuge der *Nixon*-Affäre beklagt. Vorschläge zur Einführung eines Misstrauensvotums mit erhöhten Mehrheitsquoren verhallten nach dem Rücktritt *Nixons* rasch.[1509]

Die Zuständigkeit der beiden Kongresskammern zur Durchführung des Verfahrens birgt die Gefahr, dass politisch motivierte Amtsenthebungsverfahren eingeleitet werden können bzw. trotz rechtlicher Verfehlungen aus politischen Überlegungen heraus kein Verfahren initiiert wird. So musste sich z.B. Vizepräsident *Burr*, der *Hamilton* 1804 im Duell getötet hatte und deswegen in mehreren Bundestaaten strafrechtlich verfolgt wurde, nicht gegenüber dem Kongress verantworten, während die Verfahren gegen *Johnson* und *Clinton* gerade im politischen Kontext zu verstehen waren. Ersterer wurde von weiten Teilen des Kongresses als zu südstaatenfreundlich empfunden, während *Clinton* insbesondere von den Republikanern im Kongress als moralisch fragwürdig wahrgenommen wurde.[1510]

1504 *Field van Tessel/Finkelman*, Impeachable Offenses, 1999, S. S. 199 ff.

1505 Zur Streichung des Votums *Field van Tessel/Finkelman*, Impeachable Offenses, 1999, S. 202; Abdruck des Protestschreibens S. 206 ff.

1506 *Field van Tessel/Finkelman*, Impeachable Offenses, 1999, S. 200.

1507 106th Congress (1999–2000), RES.44.IS, 106th Congress (1999–2000), H.J.RES.12.IH, 105th Congress (1997–1998), H.J.RES.140.IH.

1508 *Maskell*, "No Confidence" Votes and Other Forms of Congressional Censure of Public Officials, CRS Rep. June 11, 2007; S. 8 f.

1509 *Sundquist*, Constitutional Reform and Effective Government, 1992, S. 76; auf S. 204 ff. fordert *Sundquist* anstelle der Ersetzung durch den Vizepräsidenten eine Neuwahl des Präsidenten zur Vermittlung neuer Legitimation.

1510 Beispiele bei *Oldopp*, Das politische System der USA, 2005, S. 84. Im Fall *Clinton* waren die bevorstehenden Kongresswahlen für viele Abgeordnete ein wichtiger Grund, für die Aufnahme eines wählermoblisierenden *Impeachment*- Verfahrens zu stimmen; vgl. *Filzmeier/Plasser*, Lokalismus und Lewinsky-Gate: Analyse der US-amerikanischen Kongreßwahlen 1998, ZParl 1999, 841 (842 f.). Im Fall *Johnson*

Da die beiden letztgenannten Fälle in keiner Verurteilung wegen rechtlicher Verstöße endeten, ist festzustellen, dass der durch das Erfordernis einer Zwei-Drittel-Mehrheit nur parteiübergreifend handlungsfähige Senat unter Vorsitz des Chief Justice in Zweifelsfällen zurückhaltend agiert und das Impeachment-Verfahren nicht zu einem Misstrauensvotum umfunktioniert,[1511] während das tagespolitisch orientierte Repräsentantenhaus oftmals als befangene Anklägerin tätig wird und politisch motivierte Anklagen vorträgt.[1512] Dies ist im Fall einer tatsächlich erhobenen Klage wegen der ausgleichenden Funktion des Senats unproblematisch.[1513] Dagegen entwertet das Anklagemonopol des Repräsentantenhauses das Impeachment-Verfahren dahingehend, dass trotz Rechtsverletzung aus politischer Opportunität wie im Fall *Burr* keine Anklage erhoben werden kann. Dass die sonst strikt auf Machtbalance ausgerichtete US-Verfassung an dieser Stelle kein Gegengewicht, wie z.B. ein Klageerzwingungsverfahren vor dem Supreme Court, vorsieht und alleine das Mehrheitsprinzip gelten lässt, ist verwunderlich.[1514]

Der Senat interpretiert seine Funktion als 100-köpfige Jury, die über die Schuld von Amtsträgern richtet, bis heute nicht politisch. Dies hat seine Wurzeln in der Zeit der Präsidentschaft *Jeffersons*, der die Mehrheiten seiner antiföderalistischen Partei in beiden Häusern nutzen wollte, um den integrationsfreundlichen Supreme Court unter Chief Justice *Marshall* personell mithilfe von politisch motivierten Impeachment-Verfahren umzubesetzen. Dabei sollte ein Verfahren gegen Richter *Chase* den Anfang bilden. Schon damals verwahrte sich der Senat gegen eine derartige Handhabung des Amtsenthebungsverfahrens und sprach *Chase* entsprechend frei.[1515]

---

war der Anlass des Verfahrens die Weigerung des Präsidenten, den Kongress bei Entlassungen zu konsultieren; *Fenske*, Der moderne Verfassungsstaat, 2001, S. 407.

1511 Ferner verzichtet der Senat beim *Impeachment*-Verfahren ausdrücklich auf verfahrensverzögernde Filibuster und schreibt seinen Mitgliedern strikte Redezeitbegrenzungen vor; siehe Rule XXIV der Rules of Procedure and Practice in the Senate when sitting on *Impeachment*.

1512 Auch wenn sich im Repräsentantenhaus nicht die Ansicht *Fords* durchgesetzt hat, dass die Erhebung der Anklage nur formal vom Zustandekommen einer Mehrheit im Repräsentantenhaus abhinge; vgl. hierzu *Heller*, Der Supreme Court der Vereinigten Staaten von Amerika, EuGRZ 1985, 685 (688); im Fall *Clinton* agierte der Senat deutlich sachlicher als das anklagende Repräsentantenhaus; *Haas*, Zweite Kammer erster Klasse: der US-Senat, in: Riescher/Ruß/Haas (Hrsg.), Zweite Kammern, 2010, S. 51.

1513 Zu diesem Ergebnis kommt auch *Luce*, Legislative Problems, 1935, S. 117, der das *Impeachment*-Verfahren trotz seiner Mängel als beste bekannte Alternative darstellt.

1514 Auch das GG kennt im Rahmen der Präsidentenanklage kein Erzwigungsverfahren für die Einleitung einer Präsidentenanklage; jedoch sind hier jedoch nicht nur der Bundestag, sondern auch der Bundesrat antragsberechtigt.

1515 Umfassend zum Fall und *Jeffersons* Interpretation des *Impeachment*-Verfahrens *Bailey*, Constitutionalism, Conflict and Consent, Jefferson on the *Impeachment*

e) *Zugriff auf die Außen- und Sicherheitspolitik*

Das wichtigste Vorrecht des Senats ist seine beherrschende Stellung bei der Zustimmung zur Ratifikation völkerrechtlicher Verträge.[1516] Nicht zuletzt deswegen war der Senat im 20. Jahrhundert das bedeutendere Forum für die politischen Debatten in den USA. Dort wurde beispielsweise Amerikas Rückkehr zum Isolationismus durch die Ablehnung des Völkerbundvertrags im Jahr 1920 beschlossen.[1517]

Diese *treaty power* des Senats ergibt sich aus Art. 2 Sec. 2 Cl. 2 der US-Verfassung. Der Präsident soll nur unter Mitberatung und Einwilligung (*advice and consent*) des Senats völkerrechtliche Verträge schließen dürfen. Dass innerhalb des Kongresses lediglich der Senat direkt auf die Gestaltung der Vertragsbeziehungen Einfluss haben soll, ist wiederum Ausdruck der verschiedenen Rollenbilder der beiden Häuser. Die Schöpfer der Constitution wollten die Außenpolitik nicht dem von wankelmütiger Volksmeinung geprägten Repräsentantenhaus anvertrauen, sondern bevorzugten an dieser Stelle den ihrem Wunschbild nach auf Mäßigung und Gemeinwohl hin orientierten Senat.[1518] Darüber hinaus wirkte bei der Konzeption der exklusiven *treaty power* des Senats die zuvor starke Beteiligung der Gliedstaaten an der Außenpolitik der Konföderation nach.[1519] Während ein „consent“ rechtlich zur Einholung der Zustimmung von zwei Dritteln der Senatoren verpflichtet, ist die Berechtigung des Senats, „*advice*“, also Rat, zu geben, für die Vertragsverhandlung durch den Präsidenten beinahe ohne Bedeutung. Die Verhandlungen mit auswärtigen Mächten liegen klassischerweise in der Zuständigkeit der Exekutive, sodass durch die Bejahung eines parlamentarischen Informationsrechts das in der Verfassung angelegte Gleichgewicht der

---

Power, The Review of Politics 70 (2008), 572 (576 ff.); *Field van Tessel/Finkelman*, Impeachable Offenses, 1999 S. 101 ff.

1516 So schon *Wilson*, Congressional Government, 1885, S. 232; *Young*, The American Congress, 1958, S. 179. Die *treaty power* ist ein Beispiel für die teilweise vorhandenen Durchbrechungen des Grundsatzes der Gewaltenteilung; *Currie/Wyatt*, Die Gewaltenteilung in den USA, JA 1991, 261 (262).

1517 Was für den amtierenden Präsidenten *Wilson* eine herbe Niederlage bedeutete; *Schwabe*, in: Lösche/Loeffelholz (Hrsg.), Länderbericht USA, 2004, S. 118 f., technisch kam das Scheitern durch die Forderung des Senats nach für den Präsidenten unannehmbaren Vorbehalten zustande; *Tiefer*, Congressional Practice and Procedure, 1989, S. 616 ff.

1518 *Holt*, Treaties defeated in the Senate, 2000, S. 6 f.; grundlegend auch: *The pocket veto case*, 279 U.S. 655, 680, 685 (1929).

1519 *Fraenkel*, Das amerikanische Regierungssystem, 1960, S. 291; siehe auch Article IX Sec. 1 der Articles of Conderation; *Hamilton* konnte sich bei den Verfassungsberatungen nicht damit durchsetzen, dem Präsidenten einen grundsätzlichen Vorrang in der Außenpolitik einzuräumen; siehe *Holt*, Treaties defeated in the Senate, 2000, S. 3.

Gewalten aus der Balance gebracht hätte.[1520] Tatsächlich hat kaum ein Präsident im Vorfeld eines Vertragsschlusses förmlich um den „*advice*“ der Senatoren gebeten.[1521] Eine Einbeziehung des Kongresses in Vertragsverhandlungen erfolgt nur bei komplexen und wichtigen Vertragswerken, bei denen zu erwarten ist, dass die Position der USA durch Nachverhandlungen in Folge einer verweigerten Zustimmung erheblich geschwächt werden würde. In diesem Fall pflegen der Kongress und der Präsident im sog. *fast-track*-Verfahren vorzugehen.[1522] Hierbei garantiert der Kongress eine Abstimmung über den ausgehandelten Vertrag binnen 90 Tagen, sodass der Senat wiederum sein Filibusterrecht begrenzt, und sagt eine sorgfältige Umsetzung des noch auszuhandelnden Vertrages im Vorhinein zu. Der Präsident verspricht im Gegenzug eine stetige Einbindung der Legislativen in die Vertragsverhandlungen.[1523] Zwar gibt der Senat damit die Möglichkeit einer Änderung eines Vertrages aus der Hand,[1524] gleichzeitig gewinnt er auf diese Weise aber Einfluss auf die Gestaltung der Verhandlungen. Damit verliert im *fast-track*-Verfahren das *consent*-Element der senatorischen Mitwirkung an Gewicht, wofür de facto im Gegenzug die *advice*-Funktion, also die (mit-)beratende Tätigkeit des Senats, gestärkt wird. Das *fast-track* Verfahren stellt daher eine effiziente Variante der auswärtigen Vertragsverhandlung dar, welche die Rechte des Senats in der Außenpolitik wahrt.

Die neuere Staatspraxis unterläuft teilweise auch die verpflichtende Beteiligung des Senats durch die Existenz von sog. *executive agreements*, welche allein in den präsidentiellen Verantwortungsbereich fallen und daher keine zustimmungspflichtigen treaties darstellen sollen. Eine klare Abgrenzung der beiden Vertragstypen ist bis heute nicht gelungen. Als Fixpunkt dienen lediglich die Kompetenzen, welche exklusiv dem Präsidenten zugewiesen sind, wie vor allem der Oberbefehl über die Streitkräfte. In den 50er und 60er Jahren des letzten Jahrhunderts sah sich der Senat durch die *executive agreements* in seinen Kompetenzen gefährdet. Mit Verweis auf die militärische Führerschaft des Präsidenten wurden ihm wegweisende Abkommen, wie das von Jalta im Jahr 1945, nicht vorgelegt.[1525] Auch in jüngerer Zeit wurden z.B. während der Präsidentschaft *Clintons* von 1992 bis 2000 209 treaties vom

1520 *Kronstein*, Entwicklung des amerikanischen Verfassungsrechts durch den Supreme Court, 1972, S. 14 f.

1521 *Brogan*, Amerikanische Politik, 1956, S. 297.

1522 Siehe den dieses Verfahren etablierenden Trade Act of 1974, § 151–154 (19 U.S.C. § 2191–2194).

1523 *Lorz*, Interorganrespekt im Verfassungsrecht, 2001, S. 296 f.; *Destler*, Die Stimme des Kongresses in der Außenpolitik, in: Thaysen/Davidson/Livingston. (Hrsg.), US-Kongress und Bundestag, 1988, S. 376; *Möllers*, Gewaltengliederung, 2005, S. 367.

1524 Aus diesem Grund kritisch *Krause*, Der Bedeutungswandel parlamentarischer Kontrolle: Deutscher Bundestag und US-Kongress im Vergleich, ZParl 1999, 534 (539 f.).

1525 *Fraenkel*, Das amerikanische Regierungssystem, 1960, S. 290.

Senat mitbeschlossen, während das Staatsoberhaupt gleichzeitig 2047 Regierungsabkommen alleine unterzeichnete.[1526] U.a. aus diesem Grund wurde vom gleichnamigen Senator 1953 das verfassungsergänzende *Bricker*-Amendment initiiert, welches die *executive agreements* ausdrücklich der Zustimmungspflicht im Senat unterwerfen und sie damit den regulären Verträgen gleichstellen sollte.[1527] Der Vorschlag, der weiterhin die Kompetenz der Bundesebene zum Abschluss völkerrechtlicher Verträge empfindlich eingeschränkt[1528] und somit auch die Rechte des Senats verkürzt hätte,[1529] fand schon unter den Senatoren keine Mehrheit.

Die Entwicklung der kritisierten *executive agreements* liegt wiederum in der extensiven Interpretation der *consent*-Klausel durch den Senat, welche die außenpolitischen Gestaltungsmöglichkeiten des Präsidenten einschränkte.[1530] Dieser hatte seine Geschäftsordnung 1868 so ergänzt, dass Abänderungen im Vertragsentwurf mit einfacher Mehrheit beschlossen werden konnten. Damit war der Senat unter erleichterten Bedingungen in der Lage, ein von der Exekutive ausgehandeltes Abkommen durch nachträgliche Abänderungen zu blockieren.[1531]

Neben den Regierungsabkommen erfährt die *consent*-Klausel in der Staatspraxis eine weitere Schwächung. Der *actus contrarius* zum Abschluss eines Vertrages, die Kündigung, wird vom Präsidenten alleine vorgenommen. Der Supreme Court wies die Klage einiger Senatoren gegen diese Praxis ab.[1532]

Trotz des de jure unberührten Vorzugs des Senats im Wortlaut der Verfassung informiert heute die Exekutive der USA vor allem in Fragen, die Auswirkungen auf den Etat haben, beide Kammern über Vertragsverhandlungen mit dem Ausland und sondiert deren zustimmende oder ablehnende Haltung.[1533] Damit ist auch das Repräsentantenhaus, welches 1796 mit der Forderung nach Informationen über ein Geheimabkommen mit England am Widerstand Präsident *Washingtons* gescheitert war,[1534] heute ein gewichtiger Faktor bei Vertragsschlüssen mit dem Ausland. Der

---

1526 Übersicht über das Ausmaß der *executive agreements* seit 1933 im Vergleich zu den regulären treaties bei *Oldopp*, Das politische System der USA, 2005, S. 74.

1527 *Trebesch*, Der Kongress der Vereinigten Staaten von Amerika und der Bereich des Auswärtigen, 1972, S. 48 f.

1528 Der Vorschlag rezipierte zum Teil das Urteil *Missouri v. Holland*, 252 U.S. 416 (1920), welches die Verhandlungskompetenz zum Abschluss völkerrechtlicher Verträge der Union zugunsten der Gliedstaaten beschränkte. In der Bundesrepublik Deutschland ist diese Problematik durch das Lindauer Abkommen zumindest faktisch gelöst.

1529 *Grewe*, Das Bricker – Amendment, AöR 79 (1953/54), 122 (124 f.).

1530 Kritisch hierzu: *Fraenkel*, Das amerikanische Regierungssystem, 1960, S. 290 f.

1531 *Holt*, Treaties defeated in the Senate, 2000, S. 120.

1532 *Goldwater v. Carter*, 444 U.S. 996 (1979).

1533 So sondierte z.B. Präsident *Bush sen.* im Zuge der deutschen Wiedervereinigung, als Wirtschaftshilfen zur Debatte standen, vorsorglich die Meinung des Repräsentantenhauses; *Knappe*, Die USA und die deutsche Einheit, 1996, S. 43.

1534 Damit scheiterte *Madison* mit der Etablierung eines Beteiligungsrechts des Repräsentantenhauses. Auch der Ansatz, über ein nach dem Abschluss von Verträgen

Grund hierfür liegt darin, dass auch das Repräsentantenhaus mittelbar auf den Abschluss völkerrechtlicher Verträge Einfluss zu nehmen vermag. Sobald völkerrechtliche Verträge eine Umsetzung durch einfache Gesetzgebung erfordern[1535] oder die Haushaltsführung der Vereinigten Staaten berühren, ist dessen Teilhabe an der Budgetgewalt betroffen.[1536] Art. 1 Sec. 9 Cl. 7 normiert, dass völkerrechtliche Verträge, welche Lasten für den US-Haushalt nach sich ziehen, nur dann zur Ausführung gelangen, wenn der Kongress die notwendigen Haushaltsmittel bewilligt. Somit sind in der heutigen Staatspraxis die aus der treaty *power* resultierenden Vorrechte des Senats weitgehend nivelliert, da im klassischen Instrumentarium der US-amerikanischen Außenpolitik seit der Zeit des Dollar-Imperialismus die Gewährung von Finanzhilfen oder Beitragszahlungen zu internationalen Organisationen eine beherrschende Stellung einnehmen.[1537] Gleichzeitig ist das Repräsentantenhaus indirekt in Vertragsabschlüsse involviert, sobald diese eine Änderung des Bundesrechts, an welcher das Repräsentantenhaus zwingend beteiligt ist, notwendig machen. Somit hat das Repräsentantenhaus derzeit über das Gesetzgebungs- und Budgetrecht ähnliche Bedeutung wie der Senat bei der Beeinflussung

---

erforderliches Zustimmungsgesetz das Repräsentantenhaus einzubinden, setzte sich nicht durch; umfassend dazu *Kuehl*, The Power of Making Treaties: Washington, Madison and the Deabate over the Jay Treaty, in: Rozell/Pederson/Williams (Hrsg.), George Washington and the Origins of the American Presidency, 2000, S. 244 ff. Wortlaut der Antwort *Washingtons* abgedruckt bei *Luce*, Legislative Problems, 1935, S. 135.

1535 Siehe hieran anknüpfend z.B. den vom Abgeordneten *Paul* initiierten Versuch, einen UN-Austritt der USA zu erreichen, 112. Congress, H.R. 1146 (2011).

1536 Zum großen Umfang derartiger Gesetzeswerke *Dittgen*, Präsident und Kongress im außenpolitischen Prozess, in: Jäger u.a. (Hrsg.), Das Regierungssystem der USA, 2007, S. 407.

1537 *Krause*, Der Bedeutungswandel parlamentarischer Kontrolle: Deutscher Bundestag und US-Kongress im Vergleich, ZParl 1999, 534 (542); siehe nur die 2011 erfolgte Einstellung der Zahlungen an die UNESCO auf Grund zweier Gesetze von 1990 und 1994 (Public Law 101–246 und 103–236), die die Finanzierung von internationalen Organisationen, die voraussetzungslos die Staatlichkeit Palästinas anerkennen, verbieten oder die begrenzte Möglichkeit der Gewährung von Militärhilfen an ausländische Staaten im Fall eines Staatsstreiches (Public Law 113–31, 22 USC § 8422 (b)(3)). Vgl. zur Zahlungseinstellung an die UNESCO http://www.zeit.de/politik/ausland/2011–10/palaestina-unesco, abgerufen am. 09.08.2013; siehe auch sehr weitgehend: H.R. 1905 (112th): Iran Threat Reduction and Syria Human Rights Act of 2012 zur Außenpolitik der USA gegenüber Syrien und dem Iran; auch zuvor finden sich in der amerikanischen Geschichte Beispiele für außenpolitische Akte des Repräsentantenhauses wie z.B. die erst zögerliche Bereitstellung von Geldmitteln für den Kauf Alaskas von Russland: Congressional Globe, House of Representatives, 40th Congress, 2nd Session, S. 4055. In jüngerer Zeit wurde ferner versucht, über die Androhung der Kürzung von Finanzmitteln UN-Reformen zu erzwingen; siehe 109th. Congress, H.R. 2745 (United Nations Reform Act 2005).

der auswärtigen Angelegenheiten, wobei eine verfassungsrechtliche Positivierung in Form eines Zustimmungsrechts, wie von Mitgliedern des Repräsentantenhauses gefordert, bis heute nicht erfolgt ist.[1538] Lediglich das von der Verfassung statuierte Zweidrittelquorum, das die Mehrheitsfindung im Senatorenplenum erschwert und so dem Präsidenten verstärkte Überzeugungsarbeit abverlangt, zeugt von einer gewissen Restdominanz des Senats als außenpolitischer Staatsrat der USA. Der im Jahr 1945 erfolgte Versuch, durch eine Verfassungsergänzung das Repräsentantenhaus formell mit dem Senat im auswärtigen Bereich gleichzustellen, scheiterte am Nichthandeln des Senats.[1539]

Das Urteil *I.N.S. v. Chadha* hatte nicht nur zur Folge, dass der Einfluss der Legislative auf die konkrete Ausgestaltung exekutiver Rechtsetzung schwand. Der Richterspruch sorgte außerdem auf einem anderen Feld des Kompetenzstreits von Kongress und Exekutive für neuen Zündstoff, nämlich bei der Entscheidungsgewalt über den Einsatz der Streitkräfte. Zwar normiert Art. 1 Sec. 8 ausdrücklich die Befugnis des Kongresses, den Krieg zu erklären. Die tatsächliche Führung der Streitkräfte, auch bei einem Kampfeinsatz im Ausland, beansprucht dagegen der Präsident als Oberbefehlshaber alleine und dementsprechend wurden oft ohne ausdrückliche Kriegserklärung, wie z.B. in Vietnam oder Korea geschehen, Streitkräfte der USA in Marsch gesetzt. Deshalb stand durch die eigenmächtige Entsendung von Truppen durch den Präsidenten das Verhältnis zwischen beiden Kompetenzkreisen in Frage.[1540]

Der Kongress reagierte auf diese Praxis 1973 mit der Verabschiedung der „*War Powers Resolution*", welche gegen das Veto Präsident *Nixons* durchgesetzt wurde. Dieses Gesetz unterwirft den Präsidenten umfangreicher Konsultations- und Informationspflichten.[1541] In letzter Konsequenz ermächtigt die *War Powers Resolution*

1538 *Lorz*, Interorganrespekt im Verfassungsrecht, 2001, S. 293.

1539 *von Hoff*, Die Rolle des US-Supreme Court im Prozess der Verfassungsänderung in den Vereinigten Staaten, 2008, S. 56.

1540 Kritisch und ausführlich hierzu *Fisher*, Presidential war power, 2004, S. 128 ff.; *Hay*, Law of the United States, 2010, S. 25 f. Die grundsätzliche verfassungsrechtliche Aufteilung der Gewalt über das Heer erfolgt nach *Youngstown Sheet & Tube Co. v. Sawyer* 343 U.S. 579 (1952) so, dass der Präsident das Kommando führt, während der Kongress die (finanzielle) Versorgung der Armee sicherstellt. Vor dem Zweiten Weltkrieg versuchte der Kongress durch sog. Neutralitätsgesetze den außenpolitischen Spielraum des Präsidenten einzuengen; vgl. z.B. aus dem Jahr 1935 Public Law 49 Stat. 1081; 22 U.S.C. § 441. Die Zeit nach dem Zweiten Weltkrieg war durch eine spürbare Zurückhaltung des Kongresses in außenpolitischen Fragen geprägt, deren Ende mit dem Erlass der WPR eingeleitet wurde; *Destler*, Die Stimme des Kongresses in der Außenpolitik, in: Thaysen/Davidson/Livingston. (Hrsg.), US-Kongress und Bundestag, 1988, S. 369 ff.; *Currie*, Die Verfassung der Vereinigten Staaten, 1988, S. 33 ff.

1541 Generell Benachrichtigung im Vorfeld von Einsätzen, umfassende Information spätestens 48 Stunden nach Beginn einer Mission; vgl. Sec. 3,4 der War Powers Resolution.

beide Häuser, per Beschluss den Truppeneinsatz jederzeit zu stoppen bzw. nach 60 bis maximal 90 Tagen die Fortsetzung der Kampfhandlungen von der Zustimmung des Kongresses abhängig zu machen.[1542]

Alle Präsidenten haben bis heute die *War Powers Resolution* als verfassungswidrigen Eingriff in den exklusiven Bereich der Exekutive abgelehnt,[1543] aber ebenso wie der Kongress den Gang vor den Supreme Court aus Furcht vor einer möglichen Niederlage gescheut, sodass die effektive Durchsetzbarkeit der *War Powers Resolution* im Ergebnis mehr von den politischen Machtverhältnissen als von rechtlicher Kompetenzzuordnung abhängig war und ist.[1544]

Das Urteil *I.N.S. v. Chadha* deutet nun an, dass zumindest die Befugnis des Kongresses, mit einem einfachen Beschluss beider Häuser (concurrent resolution) die Kampfhandlungen einzustellen, verfassungswidrig sein könnte. Der Grund hierfür liegt darin, dass der Kongress sich die alleinige Entscheidungsgewalt über die Beendigung eines Truppeneinsatzes zuschreibt, ohne dem Präsidenten ein suspensives Veto zuzugestehen. Damit legt die *War Powers Resolution* ein Verfahren fest, welches stark vom eigentlich vorgesehenen legislativen Entscheidungsprozess abweicht. Daher dürfte diese Passage der *War Powers Resolution* verfassungsrechtlich nicht zu halten sein.[1545] Dagegen ist das z.B. im Vorfeld des Irakkrieges 2003 praktizierte Procedere,[1546] im Wege einer dem Veto-Recht des Präsidenten unterliegenden Resolution (joint resolution) die Exekutive zum Truppeneinsatz zu ermächtigen, mit der Verfassung vereinbar.[1547]

1542 Siehe Public Law 93–148, 87 Stat. 555 (1973).

1543 Siehe z.B. die Begründung des Vetos durch Präsident *Nixon*: *Richard Nixon*, Veto of the War Powers Resolution, Pub. Papers 893 (Oct. 24, 1973). Die Präsidenten geben Berichte an den Kongress zu Militärmissionen, des Weiteren nicht „pursuant to the war powers resolution" (so z.B. bei einem regulären Gesetz „OMB Report Pursuant to the Sequestration Transparency Act of 2012")(P. L. 112–155), sondern „consistent with the war powers resolution" („Specific statutory authorization. – Consistent with Section 8(a)(1) of the War Powers Resolution"; siehe z.B. Public Law 107–40, 115 Stat. 224 als Reaktion auf den 11. September), und zeigen so, dass diese aus ihrer Sicht keine Rechtsbindung auslöst; *Lorz*, Interorganrespekt im Verfassungsrecht, 2001, S. 364.

1544 Für eine klarere Abgrenzung der Kompetenzen *Sabato*, A more perfect Constitution: Why the Constitution must be revised: Ideas to inspire a new generation, 2008, S. 97 ff.

1545 Der an der *INS v. Chadha*-Entscheidung beteiligte Richter *White* monierte in seinem Sondervotum die mögliche Verfassungswidrigkeit dieser Passage; siehe 462 U.S. 919 (971) (1983).

1546 Public Law 107–243, 116 Stat. 1498 (2002).

1547 *Dittgen*, Präsident und Kongress im außenpolitischen Prozess, in: Jäger u.a. (Hrsg.), Das Regierungssystem der USA, 2007, S. 409 f.

3. Kreationsfunktion

a) *Subsidiäre Wahl der Staatsspitze durch den Kongress*

In erster Linie erfolgt die Kür des US-Präsidenten und seines Stellvertreters mittelbar durch in den Einzelstaaten gewählte Wahlmänner. Für den Fall, dass diese keine Mehrheit für einen Kandidaten zustande bringen, greift ein subsidiäres Wahlverfahren im Repräsentantenhaus, welches am ehesten geeignet erscheint, um den gesamtstaatlichen Volkswillen anstelle der Wahlmänner zu repräsentieren. Dessen Abgeordnete wählen die Spitze der Exekutive nicht im herkömmlichen Beschlussverfahren. Vielmehr schreibt das 12. Amendment vor, dass bei diesem Votum nach Staaten abgestimmt wird, wobei jeder Staat eine Stimme hat. Folglich müssen sich im Vorfeld der Wahlentscheidung die meist mehrere Abgeordnete umfassenden einzelstaatlichen Kontingente über die Stimmvergabe einigen. Damit legt die Verfassung ein Verfahren fest, das der Institution der Kuriatsstimme im Deutschen Bund gleicht, welche von mehreren Staaten gemeinschaftlich im Bundestag abgegeben wurde.[1548] Im Gegensatz zum Deutschen Bund, der die kleineren, politisch schwächeren Staaten über die gemeinsame Stimmführung im Bundestag mediatisierte, gewinnen durch die zusammengefasste Stimmabgabe der Repräsentanten die kleineren Staaten an Gewicht. So in den USA können theoretisch die 26 bevölkerungsärmsten Staaten die 24 einwohnerstärksten Staaten überstimmen.[1549]

Der ursprüngliche Wählerwille ist bei dieser Wahl nach dem 12. Amendment nur insofern relevant, als dass das Repräsentantenhaus lediglich zwischen den drei Kandidaten, welche die meisten Wahlmännerstimmen erhalten haben, entscheiden darf. In gleicher Weise wird bezüglich des Vizepräsidenten verfahren.

Die subsidiäre Reservekompetenz des Repräsentantenhaus ist also durch föderale Elemente geprägt, sodass die Abgeordneten im Gegensatz zu ihrer sonstigen Funktion bei der Wahl nicht den unitarischen Willen des Gesamtvolkes, sondern die bei der Kongresswahl zum Ausdruck gekommenen inneren Mehrheitsverhältnisse ihrer Heimatstaaten abbilden.

Die hilfsweise Wahl des Präsidenten durch das Repräsentantenhaus hat sich in der Verfassungsgeschichte nicht als systemstabilisierend erwiesen. 1800 wurde die junge Republik in eine schwere Krise gestürzt, als zwischen *Jefferson* und *Burr* erst nach 35 unentschiedenen Wahlgängen eine Entscheidung über das Amt des Präsidenten fiel. Die Reaktion hierauf war die Modifizierung des Wahlverfahrens mit dem 12. Verfassungszusatz. Präsident und Vizepräsident werden seitdem auf

---

1548 *Kotulla*, Deutsches Verfassungsrecht 1806–1918, 1.Band, 2006, S. 59.

1549 Damit ist die Präsidentenwahl im Repräsentantenhaus eine weitere Ausprägung des Grundsatzes der Staatengleichheit in der US-Verfassung; *Levinson*, Our undemocratic Constitution, 2006, S. 86; den ländlich geprägten Gebieten der USA kommt damit erheblicher Einfluss bei der staatlichen Willensbildung zu; vgl. *Morstein Marx*, Amerikanische Verwaltung, 1963, S. 43 f.

getrennten Stimmzetteln in das Weiße Haus gewählt.[1550] 1824 war die Wahl aus demokratietheoretischen Erwägungen umstritten, da der damalige Speaker *Clay* seinen Einfluss im Repräsentantenhaus zugunsten von *John Quincy Adams* nutzte und damit die Wahl des nach Wahlmännerstimmen führenden *Andrew Jackson* blockierte.[1551] Für die Kür des Vizepräsidenten gilt im Fall eines Patts, dass der Senat unter den beiden Kandidaten mit den meisten Stimmen subsidiär zur Wahl schreitet. Dieses Verfahren hat in der Geschichte der Vereinigten Staaten nur einmal, nämlich im Jahr 1836, Anwendung gefunden und auch wegen der tendenziell geringen Bedeutung des Vizepräsidenten keine gesteigerte verfassungsrechtliche Bedeutung gewonnen.[1552] Eine letzte Reservewahlfunktion des Kongresses sieht das 25. Amendment in Sec. 2 vor. Bei Freiwerden des Vizepräsidentenpostens müssen beide Kammern des Kongresses einem vom Präsidenten vorgeschlagenen neuen Vizepräsidenten zustimmen. Dieses Verfahren wurde bisher nur zweimal angewandt, nämlich bei der Ernennung *Fords* durch *Nixon* 1973 und *Rockefellers* durch *Ford* 1974.[1553]

Trotz der seltenen Anwendung des 25. Amendments, welches 1967 in Kraft trat, wird an dessen Regelungsstruktur deutlich, dass das Verfassungsverständnis der USA immer weniger vom Gedanken einzelstaatlicher Repräsentation auf Bundesebene geprägt ist. Die Abgeordneten des Repräsentantenhaus sind bei dieser Wahl des Vizepräsidenten, dem potentiellen Amtsnachfolger des Präsidenten, nicht wie im Rahmen des 12. Amendments über ihre Staaten mediatisiert, sodass der unitarische Wille des Gesamtvolkes stärkere Berücksichtigung findet.

b) Beteiligung an der Ernennung von sonstigen Amtsträgern

Während das Repräsentantenhaus subsidiär an der Wahl der exekutiven Staatsspitze beteiligt ist, erstreckt sich die Kreationsfunktion des Senats vor allem auf den Bereich der Verwaltung und der Justiz. Gem. Art. 2 Sec. 2 Cl. 2 ernennt der Präsident mit Zustimmung des Senats Botschafter, Gesandte und Konsuln, die Richter des Obersten Bundesgerichts und alle sonstigen Beamten der Vereinigten Staaten. Damit kann das Staatsoberhaupt nicht allein über die Ämter in Justiz und Verwaltung verfügen, sondern bekommt den Senat als kontrollierenden Gegenpart an die Seite gestellt, der mit einfacher Mehrheit an der Bestellung mitwirkt.

1550 *Fenske*, Der moderne Verfassungsstaat. 2001, S. 391 f.

1551 *Filzmeier/Plasser*, Wahlkampf um das Weiße Haus: Presidential Elections in den USA, 2001, S. 45 f.

1552 Der -in den letzten Jahren gesteigerte- Einfluss des Vizepräsidenten auf die Regierungspolitik hängt stark von den Freiräumen ab, die ihm vom jeweiligen Präsidenten gelassen werden; vgl. *Dann*, The Gubernative in Presidential and Parliamentary Systems – Comparing Organizational Structures of Federal Governments in the USA and Germany, ZaöRV 2006, 1 (21 f.).

1553 Hierzu ausführlich: *Feerick*, The Twenty-Fifth Amendment: Its Complete History and Application, 1992, zum Fall *Ford*: 129 ff.; zum Fall *Rockefeller* S. 163 ff.

Die Zuständigkeit des Senats in dieser Frage wurde in der Constitutional Convention schrittweise entwickelt. Nachdem der Plan abgelehnt worden war, die Ernennung von Richtern einem Juristengremium zu überantworten, kam man überein, nicht die gesamte Legislative, sondern nur den Senat mit der Mitwirkung zu beauftragen, um parteiliche Streitigkeiten bei der Personalauswahl zu verhindern. Gleichzeitig sollte der Senat nicht allein über die Ernennungen bestimmen, damit die Partikularinteressen einzelner Staaten bei der Personalauswahl zu sehr dominieren würden.[1554] Die Ansiedlung dieser Kompetenz beim Senat ist nicht nur in dessen Funktion als mäßigende Kammer begründet, vielmehr soll auch sichergestellt werden, dass kleinere Staaten bei der Postenverteilung auf Bundesebene nicht zu kurz kommen.[1555] Damit verdanken die Senatoren diese Befugnis ihren föderalen Ursprüngen. Die Beteiligung des Senats gilt aber nur im Rahmen von Ernennungen und grundsätzlich nicht bei Entlassungen, wie der Supreme Court unter Zubilligung einer vorrangigen Entscheidungsgewalt des Präsidenten in Exekutivfragen betont.[1556] Ein solches Recht bzw. ein Beteiligungsrecht des gesamten Kongress nahm der Oberste Gerichtshof lediglich bei Verwaltungsbehörden an, die vom Gesetzgeber mit der Ausführung eines speziellen Gesetzeswerkes betraut worden waren.[1557] 1868 versuchte der Kongress, durch ein einfaches Gesetz eine generelle Mitwirkung bei der Entlassung von Amtsträgern des Bundes zu erzwingen, um Präsident *Johnsons* politische Spielräume bei der Gestaltung des Wiederaufbaus nach dem Bürgerkrieg einzuengen. Dieser ignorierte das aus seiner Sicht verfassungswidrige Gesetz und überstand das daraufhin gegen ihn eingeleitete *Impeachment*-Verfahren.[1558]

Gem. Art. 2 Sec. 2 Cl. 2 HS. 2 der Verfassung kann der Kongress im Wege einfacher Gesetzgebung die Zustimmungspflicht des Senats bei Amtsträgern auf unteren Ebenen die Ernennung auf den Präsidenten allein, den Gerichtshöfen und den Leitern von Bundesbehörden übertragen. Diese Klausel schützt die Leistungsfähigkeit

1554 Zur Entstehung der Bestimmung *White*, Toward the framers' understanding of "advice and consent": a historical and textual inquiry, Harvard Journal of Law and Public Policy, Vol. 29, No. 1, 104 (110 ff.).

1555 *Myers v. United States*, 272 US 52 (119 f.) (1926); damit überlässt die US-Verfassung die Besetzung der Bundesbehörden dem politischen Spiel zwischen Präsident und Senat. Bis heute zeigt sich diese föderale Komponente durch die *senatorial courtesy*; siehe *Oldopp*, Das politische System der USA, 2005, S. 105.

1556 Im Federalist Nr. 77 war zwar von einem Entlassungsrecht des Senats die Rede. In *Myers v. United States*, 272 US 52 (52 f.) (1926) wurde dies als undifferenzierte Auslegung zurückgewiesen; umfassend zur Frage des Entlassungsrechts *Albert*, Stellung, Funktion und verfassungsrechtliche Problematik der Independent Regulatory Commissions in den USA, 1971, S. 41 ff.

1557 *Humphrey's Executor v. United States* 295 U.S. 602 (1935).

1558 Tenure of Office Act of March 2, 1867, 14 Stat. 430, 154; zur Verfassungswidrigkeit des Gesetzes in einem obiter dictum *Myers v. United States*, 272 US 52 (177) (1926); *Fenske*, Der moderne Verfassungsstaat, 2001, S. 407.

des nur 100-köpfigen Senats, welcher mit der Zustimmung zu jeder Ernennung in der amerikanischen Bundesverwaltung personell überlastet wäre. Der Supreme Court hat für die Besetzung derartiger Stellen, die von der Zustimmungspflicht ausgenommen werden dürfen, Kriterien aufgestellt, nämlich insbesondere den Umfang des eigenständig zu entscheidenden zugewiesenen Aufgabenbereiches.[1559]

Das Repräsentantenhaus hat in diesem Bereich größere Bedeutung, da es als Gesetzgebungsorgan an der Kreation der Normen zur Ausfüllung des Art. 2 Sec. 2 Cl. 2 HS. 2 beteiligt ist. Durch Regulierungen mittels der formellen Gesetzgebung hat also auch das Repräsentantenhaus Einfluss auf die Personalauswahl des Bundes erlangt. Zwar ist es nach wie vor nicht befugt, an konkreten Ernennungen mitzuwirken. Dafür gelang es ihm, mittelbar über die Formulierung abstrakter gesetzlicher Kriterien, wie dem Primat des Leistungsprinzips, auf die föderale Personalhoheit zuzugreifen. Eine solche gesetzliche Regelung hat sich zur Bekämpfung des sog. *spoil system* etabliert. Spätestens seit Präsident *Jackson*[1560] wurde es zur Gewohnheit neu gewählter Amtsinhaber, Gesinnungsgenossen auch in bedeutende Posten der Bundesverwaltung zu hieven.[1561] Stattdessen griff der reguläre Gesetzgeber mit dem *Pendleton Act* von 1883 in die rein politisch motivierte Personalpolitik des Weißen Hauses ein. Nur noch einige wenige politische Beamtenstellen sollten zur freien Disposition des Präsidenten stehen. Für den Rest der zu besetzenden Positionen gilt dagegen bis heute das Leistungsprinzip (*merit system*). Die Kontrolle darüber, ob tatsächlich nach Qualifikation eingestellt wird, überantwortet der *Pendleton Act* nicht dem Senat, sondern einem unabhängigen Kontrollgremium, welches mit Vertretern der Exekutive besetzt ist.[1562]

Anders verhält es sich mit der Billigungspflicht des Senats bei der Besetzung von leitenden Funktionen in der Bundesverwaltung und vor allem bei vakanten Richterposten am Supreme Court. Besonders letztere Berufung ist im Verfassungsleben der USA von großer Bedeutung. Die neun Richter im Supreme Court können als Bremsklotz oder Antreiber im politischen Prozess wirken, je nach den jeweiligen Mehrheitsverhältnissen in Exekutive und Legislative. So baute z.B. der

1559 *Morrison v. Olson*, 487 U.S. 654 (655) (1988); schon zuvor in Bezug auf höhere Amtsträger *Buckley v. Valeo*, 424 U.S. 1 (126) (1976): "We think its fair import is that any appointee exercising significant authority pursuant to the laws of the United States is an 'Officer of the United States', and must, therefore, be appointed in the manner prescribed by § 2, cl. 2, of that Article."

1560 Amtsinhaber von 1829 bis 1837.

1561 *Müller*, Politische Bildstrategien im amerikanischen Präsidentschaftswahlkampf, 1828–1996, 1997, S. 222 ff. Aber auch lokale Parteifunktionäre bauten in ihrer Umgebung Patronagestrukuren auf; *Morstein Marx*, Amerikanische Verwaltung, 1963, S. 75.

1562 *Müller*, Politische Bildstrategien im amerikanischen Präsidentschaftswahlkampf, 1828–1996, 1997, S. 223 f; heute gilt für die Besetzung von ca. 90% der Beamtenstellen das Leistungsprinzip; siehe *Oldopp*, Das politische System der USA, 2005, S. 78.

mehrheitlich liberal orientierte Supreme Court unter Chief Justice *Warren* 1953–1969 im Sinne der fortschrittsorientierten Bürgerrechtsbewegung durch extensive Verfassungsauslegung den Grundrechtsschutz aus und stützte staatliche Maßnahmen auf dem Gebiet der Sozialpolitik, während die obersten Richter nach einigen konservativen Besetzungen unter *Burger* 1969–1986 insgesamt deutlich zurückhaltender agierten.[1563]

Somit versuchen die beiden großen parteipolitischen Lager, jeweils ihnen gewogene Persönlichkeiten lebenslang im Supreme Court zu platzieren, um auf Dauer eine liberalere oder konservativere Rechtsprechungslinie zu erreichen.

Der Senat ist bei Ernennungen selten ein Hindernis. Oftmals erhält der Wunschkandidat des Präsidenten eine große überparteiliche Mehrheit, auch wenn die Nominierten sich einer ausgiebigen öffentlichen Befragung stellen müssen.[1564] Nur in seltenen Fällen, z.B. wenn der Vorschlag aus dem Weißen Haus zur Nachbesetzung eines Bundesrichterpostens aus Sicht des Senats allzu konservativ oder liberal ausfiel, kamen nur knappe Mehrheiten oder gar Ablehnungen zustande.[1565] Inhaltlich hat der Senat lediglich indirekt Einfluss auf die Auswahl des Präsidenten. So blockierte der Senat 1968/69 per Filibuster die Ernennung des Liberalen *Fortas* zum Chief Justice durch den scheidenden Präsidenten *Johnson*, sodass dessen konservativer Nachfolger *Nixon* den moderat konservativ eingestellten *Burger* vorschlagen konnte.[1566] Dies war einer der seltenen Fälle, in welchen der Senat im Rahmen seiner Kreationsfunktion das Mittel der Dauerrede offensiv einsetzte.[1567]

Im Ergebnis kann man sagen, dass der Senat sich in seiner Haltung bei Berufungen durchaus von politischen Erwägungen leiten lässt, dem Präsidenten in der Staatspraxis aber eine Einschätzungsprärogative zur Auswahl des Amtsanwärters

---

1563 Kritische Bilanz der Arbeit des Supreme Courts in dieser Zeit bei *Brugger*, Demokratie, Freiheit, Gleicheit, 2002, S. 109 ff.; zum *Warren*-Court siehe auch *Baring*, Der Warren Court – eine vorläufige Bilanz, ZRP 1969, S. 180 ff.; zuvor schon mit Blick auf die allmähliche Ablösung des integrationsfreundlichen *Marshall*-Court *Wilson*, Congressional Government, 1885, S. 37.

1564 *Heller*, Der Supreme Court der USA, EuGRZ 1985, 685 (693).

1565 Der letzte Fall einer knapperen Ernennung mit 58:42 Stimmen stellt die Nominierung des rechtskonservativen *Alito* durch *Bush jun.* gegen harschen Widerstand des demokratischen Lagers im Senat dar; Congressional Records – Senate, 109th Congress, 2nd Session 2006, S. 348.

1566 *Heller*, Der Supreme Court der USA, EuGRZ 1985, 685 (693); die Wahl *Burgers* wird bis heute als Beginn einer dauerhaft konservativen Wende am Obersten Bundesgericht verstanden, vgl. hierzu http://www.nytimes.com/1989/09/04/opinion/the-reagan-court-child-of-lyndon-johnson.html; abgerufen am 08.08.2013. Die Blockade im Fall *Fortas* war im Grunde aber weniger durch parteipolitische als durch Zweifel in Bezug auf dessen richterliche Unabhängigkeit begründet; siehe *Oldopp*, Das politische System der USA, 2005, S. 108.

1567 Zur Möglichkeit des Filibusters im Ernennungsverfahren *Tiefer*, Congressional Practice and Procedure, 1989, S. 611.

überlässt.[1568] Das Zustimmungserfordernis wird im Senat daher parteiübergreifend als politische Evidenzkontrolle verstanden, sodass die zweite Kongresskammer im Rahmen der Ausübung der Personalhoheit weitgehend ihrer Funktion als mäßigendes Element im Verfassungsleben nachkommt. Der Senat agiert tendenziell nicht als Berater des Präsidenten in Personalfragen, wie es die *advice-and-consent*-Klausel nahelegt, sondern als reiner Vetospieler, dessen Position das Weiße Haus bei der Postenverteilung zu beachten hat.[1569] In jüngerer Zeit nahm der Senat sein Ernennungrecht deutlich restriktiver wahr, indem er zahlreiche Vorschläge Präsident *Obamas* unbearbeitet ließ bzw. die Ernennungen lange Zeit verzögerte.[1570]

Eine Bindung des Präsidenten bei der Ernennung von Amtsträgern existiert im Rahmen der *senatorial courtesy*. Dabei misst der Präsident Vorschlägen der Senatoren, die aus dem Bezirk des zu ernennenden Beamten stammen, stark erhöhtes Gewicht bei der Auswahlentscheidung zu, sodass das Auswahlrecht meist de facto beim Senat liegt.[1571]

Die Mitwirkung des Senats ist auf eine nachträgliche Zustimmung zu den vom Präsidenten ausgewählten Personalien begrenzt. Der Versuch des Senats, im Jahr 1877 auf die Vorschlagsliste des Kabinetts unter Präsident *Hayes* Einfluss zu nehmen, scheiterte am Widerstand der amerikanischen Öffentlichkeit zum Vorgehen des Senats.[1572]

4. Der Konflikt zwischen Kongress und Präsident und die Krise des Konsensmodells

Die politische Unabhängigkeit des Präsidenten und seiner Administration von den Mehrheitsverhältnissen im Kongress bewirkt, dass sich zwei Staatsorgane mit

1568 Je näher am Kernbereich der Exekutivarbeit die zu besetzende Position verortet ist, deso zurückhaltender agiert der Senat. So war die Ablehnung der Ernennung von *John Tower* zum Verteidigungsminister 1989 eine absolute Ausnahme; vgl. *Träger*, Der Senat der USA, in: Leunig (Hrsg.), Handbuch föderale zweite Kammern, 2009, S. 293 und *Reyes*, Die Rolle zweiter Kammern in Bundesstaaten, 2003, S. 141.

1569 So musste z.B. unter Präsident *Bush jun.*, dessen Kandidatin wegen des drohenden Scheiterns im Senat für das Arbeitsministerium ihre Bewerbung zurückziehen, da diese eine illigale Einwandererin beschäftigt hatte; *Hübner*, Das politische System der USA, 2007, S. 139.

1570 *U.S. Congress. Senate. Committee on Rules and Administration*, Examining the Filibuster: Hearings, 2010, S. 562; zuletzt verzögerte der Senat die Ernennung des Verteidigungsministers *Hagel*; vgl. Nürnberger Nachrichten vom 16.02.2012, S. 4.

1571 Dieses Verfahren bietet den Senatoren im Rahmen des heute herrschenden *merit systems* die Möglichkeit, Ämterpatronage zu betreiben; *Shell*, in: Lösche/Loeffelholz (Hrsg.), Länderbericht USA, 2004, S. 224 f. Enstanden ist dies durch die in der Verfassung nicht verankerte „Klubsitte" des Senats, nie gegen den Einspruch der Senatoren aus dem Wohnsitzstaat des zu ernennenden Kandidaten zu entscheiden; siehe hierzu: *Morstein Marx*, Amerikanische Verwaltung, 1963, S. 44.

1572 *Luce*, Legislative Problems, 1935, S. 127.

politischen Leitungsfunktionen gegenüberstehen. Dies mündete in einen Wettbewerb um die tatsächliche Staatsleitung in den USA. Das Verhältnis zwischen Präsident und Kongress war und ist daher stets von Kämpfen um die Dominanz im Verfassungsleben der USA geprägt.[1573] Dies ist von der Verfassung auch so gewollt: Der Präsident hat mit dem Veto-Recht eine Einwirkungsmöglichkeit auf die Gesetzgebung, wohingegen der Kongress vor allem in Gestalt des Budgetsrechts und der Beteiligungsrechte des Senats Einfluss auf exekutive Zuständigkeitsbereiche nehmen kann. In diesen „Grauzonen“[1574] des amerikanischen Verfassungsrechts, die vom Supreme Court durch eine klärende Rechtsprechung ausgefüllt werden, ist Platz für eine Fülle an politisch auszutragenden Kompetenzkonflikten.

Zunächst schien es so, als ob der Kongress wegen seiner Funktion als Forum der Nation die maßgebliche Instanz im Verfassungsleben geworden wäre, wie der spätere Präsident *Wilson* plakativ in seinem Werk „Congressional Gouvernement“ konstatierte.[1575] Die Möglichkeiten über moderne Medien wie dem Radio direkt in Kontakt mit der Öffentlichkeit zu treten, stärkten die Stimme aus dem Weißen Haus. Nach ersten Ansprachen unter *Wilson* gelang es vor allem *Roosevelt* durch seine Kamingespräche im Rundfunk der breiten Masse seine Überzeugungen nahezubringen.[1576] Mit dem weiteren Fortschritt in der Kommunikationstechnik standen in immer größerem Ausmaße nicht mehr der Kongress, sondern der Präsident und seine Agenda im Fokus der Öffentlichkeit. Die Kongresswahlen wurden im Zuge der sich nach *Roosevelt* noch stärkeren Fixierung auf das Programm und die Arbeit des Präsidenten in der Folgezeit mehr und mehr zu Plebisziten über die Politik der Exekutive,[1577] sodass das Regierungssystem in den USA mit seinen häufigen Wahlen zeitweise imperial-bonapartistsche Züge annahm.

Mit der skandalträchtigen Präsidentschaft *Nixons*, der am Ende einem wohl erfolgreichen *Impeachment*-Verfahren im Kongress durch Rücktritt zuvorkam, endete

---

1573 *Luce*, Legislative Problems, 1935, S. 207 vergleicht die wechselnde Oberhand der Gewalten mit einem schwingenden Pendel.

1574 Treffend *Semmler*, Das Amt des Speaker of the House of Representatives im amerikanischen Regierungssystem, 2001, S. 38.

1575 *Wilson*, Congressional Government, 1885. Dieser Zustand war in der Verfassung durchaus angelegt: Der Präsident verfügt im Vergleich zum Kongress über eine überschaubare Kompetenzfülle; vgl. *Quint*, Amerikanisches Verfassungsrecht – ein aktueller Überblick, JZ 1986, S. 622.

1576 *Winfield*, FDR and the News Media, 1990, S. 103 ff.; zum Konzept des “Going Public” auch ausführlich *Thaysen/Davidson/Livingston*, US-Kongress und Bundestag, 1988, S. 533 ff.; ferner die Bedeutung würdigend *Achmann*, Struktur und Arbeitsweise des Kongresses der Vereinigten Staaten von Nordamerika mit besonderer Berücksichtigung des Untersuchungsrechts, 1970, S. 38.

1577 So werden heute z.B. die sog. *midterm elections* (schon die Bezeichnung zeigt den Bezug zum Präsidentenamt) im Kongress oft als Niederlage oder Sieg des Präsidenten interpretiert; vgl. *Linsenmeier*, Amerika wählt – nicht nur den Kongress, http://www.boell.de/internationalepolitik/europatransatlantik/europa-transatlantik-amerikanische-kongresswahlen-10352.html; abgerufen am 11.08.2013.

diese Zeit. Alle Präsidenten nach *Nixon* sahen sich einem erneut sehr selbstbewussten Kongress gegenüber, der Projekte aus dem Weißen Haus oftmals nur nach harten Verhandlungen (*bargaining*) als Gesetze passieren ließ und versuchte, den präsidentiellen Machtanspruch durch einfache Gesetze, wie die *war powers resolution* und das Verbot von *impoundments*, einzuhegen.[1578] In jüngster Zeit ist dies z.B. im zähen, aber teils erfolgreichen Ringen Präsident *Obamas* um eine Reform des Gesundheitswesens zu beobachten. Dies ist im Übrigen ein Vorhaben, mit dem Präsident *Clinton* zu Beginn seiner Amtszeit am Widerstand des mehrheitlich republikanischen Kongresses gänzlich gescheitert war.[1579]

Die Verfassungsgeschichte der USA ist im Ergebnis von einem Tauziehen zwischen dem Präsidenten und dem Kongress um die letzte Entscheidungshoheit in der staatlichen Willensbildung, geprägt, was auch dem Willen der Schöpfer der Verfassung entsprach.

Es war ein wesentliches Motiv der Verfassungsgebung in den USA, Machtkonzentrationen zu verhindern. Die Mitglieder der Philadelphia Convention fürchteten jede Form der Tyrannei, auch die einer demokratisch legitimierten Mehrheit über die Minderheit. Dieser Ansatz durchzieht das gesamte fein ziselierte System des Ausgleichs und der Kontrolle zwischen den US-amerikanischen Verfassungsorganen. Somit fordert das Staatsgebäude von allen Akteuren im Verfassungsleben ein erhebliches Maß an Kompromissbereitschaft.[1580] In der Gesetzgebung hat sich beispielsweise gezeigt, dass gegebenenfalls nicht nur die beiden Legislativkammern, sondern z.B. auch der Präsident und die Einzelstaaten in die Konzeption von Bundesrecht miteingebunden werden müssen.

Schon *Toqueville*[1581] und *Franklin*[1582] erkannten die Gefahr einer Lähmung des amerikanischen Staatssystems in der Gesetzgebung, welche durch die gegenseitige Blockade von Senat und Repräsentantenhaus zustande kommen könnte. Eine derartige Beeinträchtigung der Kongressarbeit war zu dessen Lebzeiten, wie *Toqueville* selbst zugab,[1583] kaum vorgekommen. Dies lag aber nicht, wie von ihm vermutet, an der grundsätzlichen Gleichförmigkeit der Einzelstaaten und am Respekt des Senats vor dem Willen des Gesamtvolkes, sondern in erster Linie am politischen System der USA mit wenigen, meist nur zwei im Kongress vertretenen Parteien,

1578 Zu diesem Wesensmerkmal des amerikanischen Regierungssystems *Lehmbruch*, Parteienwettbewerb und Bundesstaat, 1998, S. 17.

1579 *Filzmeier/Plasser*, Lokalismus und Lewinskygate: Analyse der US-amerikanischen Kongresswahlen 1998, ZParl 1999, S. 819 (820).

1580 *Steffani*, Parlamentarismus in den EG-Staaten und demokratisches Defizit der europäischen Institutionen, ZParl. 1978, 233 (239).

1581 Wobei er zugunsten der Volkssouveränität votierend vor allem die Blockademöglichkeit des Senats kritisch sah; siehe *Toqueville*, Die Demokratie in Amerika, 1955, S. 112.

1582 *Haas*, Sein oder nicht sein: Bikammeralismus und die Funktion Zweiter Kammern, in: Riescher/Ruß/Haas (Hrsg.), Zweite Kammern, 2010; S. 5.

1583 *Toqueville*, Die Demokratie in Amerika, 1955, S. 112.

deren Abgeordnete in der gesamten amerikanischen Verfassungsgeschichte tendenziell mehr pragmatisch kooperieren und weniger die ideologische Konfrontation suchten, selbst wenn die politischen Mehrheiten in den beiden Kammern und der Amtsinhaber im Weißen Haus verschiedenen Parteien angehören (sog. *divided government*).[1584]

Die Konflikte um die Erhöhung der Schuldenobergrenze in den Jahren 2011 und 2012 waren insoweit ein Novum, als Teile des Repräsentantenhauses zu einer ungewöhnlich starken parteipolitischen Polarisierung tendierten.[1585] Derartig kompromisslose Verhaltensweisen sind aber z.B. bereits von Südstaatenpolitikern in der Bürgerrechtspolitik bekannt und von der Verfassung, die für Gesetze einen möglichst großen Konsens der Repräsentativorgane verlangt, nicht nur gedeckt, sondern zum Schutz relevanter Minderheitsinteressen geradezu vorgesehen.

Vor dem Hintergrund der Dynamisierung der Wirtschaft in einer globalisierten Welt werden in der amerikanischen Staatrechtslehre Stimmen laut, dass dieses Verfassungsmodell einer effizienten Regierungsarbeit abträglich sei. Gerade die gleiche Vertretung der Staaten im Senat würde dazu führen, dass die US-Bundespolitik zum Teil gezwungen sei, die Interessen der weit überwiegenden Mehrheit der Bevölkerung zugunsten von Kompromissen mit Senatoren aus kleineren Staaten zu übergehen.[1586]

IV. Fazit

In den USA entwickelte sich bereits in den ersten 50 Jahren ihres Bestehens eine Dynamik, die zu einer weitgehenden Trennung der föderalen Ebenen führte. Hierdurch wurde der Senat, der ursprünglich als Vertretung der Staaten konzipiert war, wie auch die heftigen Verhandlungen um die Stimmverteilung zeigen, unter Beibehaltung seiner reflexiven Grundhaltung zu einem unitarisch ausgerichteten Organ. Als föderale Kammer bewährte sich der Senat lediglich im Rahmen der Kompromisse im Vorfeld des Sezessionskrieges. 1913 gipfelte die Trennung von Bundeszentrale

1584 Zur vergleichsweise geringen Fraktionsdisziplin *Oldopp*, Das politische System der USA, 2005, S. 54 ff.

1585 Der nach den Wahlen 2010 entstandene Kongress ist verglichen mit seinen Vorgängern mit nur 44 verabschiedeten Gesetzen in der ersten Hälfte der Legislaturperiode verhältnismäßig untätig gewesen, wobei auch nach den Wahlen von 1994 mit 41 Gesetzen sogar noch weniger effektiv gearbeitet wurde; siehe das Schaubild bei *Rytz*, Die politische Handlungsfähigkeit: Blockaden in Washington in: Mildner/Rytz/Thimm, State of the Union, SWP Studie Juli 2012, S. 50 (S. 60).

1586 *Balkin/Levinson*, Constitutional Crisis, Yale Law School, Faculty Scholarship Series, Paper 18. (2008), S. 22 (Fn. 67); zur generellen Problematik eines Zwangs zum Konsens auch *Schulze-Fielitz*, Theorie und Praxis parlamentarischer Gesetzgebung, 1988, S. 439 f.

und Staaten in der weitgehenden institutionellen Abnabelung des Senats von der Staatsorganisation der Einzelstaaten durch die Einführung der Direktwahl der Senatoren durch das 17. Amendment. Seither ist der Senat direkt legitimiert und verfügt zugleich über ein Bündel an Kompetenzen, vor allem im Bereich der Personalhoheit und der Außenpolitik des Bundes, welches er seiner mittlerweile weitgehend brachliegenden Funktion als föderale Vertretung verdankt.

Parallel hierzu gelang es der Bundesebene, durch eine extensive Ausübung ihrer Kompetenzen eine Expansion des Bundesrechtes zu erreichen. Mit der Emanzipation des Senats von der Staatsorganisation der Einzelstaaten haben diese ihre formelle Interessenvertretung auf Bundesebene weitgehend verloren. Ein Schutz der Staatenkompetenzen erfolgte nurmehr durch den Supreme Court, der phasenweise zu ausgreifende Bundesgesetze kassierte.

Das Repräsentantenhaus erfüllt dagegen bis heute seine Aufgabe als Abbild der gegenwärtigen politischen Mehrheiten im Gesamtstaat. Seit dem Beginn der Konflikte zwischen Nord- und Südstaaten hat die Abgeordnetenkammer gegenüber dem Senat aber relativ an Bedeutung und Prestige eingebüßt.

Der Senat ist im Gesetzgebungsverfahren durch seine flexible Geschäftsordnung mit weitreichenderen Gestaltungsmöglichkeiten ausgestattet. Ein Filibuster kann ein Gesetzgebungsverfahren zum Erliegen bringen oder zumindest empfindlich verzögern. Darüber hinaus ist es dem Senat möglich, durch Anfügen von sachfremden *ridern* ein Gesetzgebungsprojekt sogar nachträglich umzugestalten. Das Repräsentantenhaus schreibt dagegen wegen seiner nur zweijährigen Legislaturperiode und seiner größeren Mitgliederzahl in seiner Geschäftsordnungen strikte Redezeitbeschränkungen und ein Verbot, in der Debatte vom Thema abzuweichen, vor. Gleichzeitig verfügt der Senat über Kompetenzen, die in seiner föderalen Funktion begründet liegen, v.a. im Rahmen der Außen- und Personalpolitik. Mithilfe des Budgetrechts und der Mitwirkung an der einfachen Gesetzgebung gelang es dem Repräsentantenhaus allerdings, die Vorrechte des Senats zumindest teilweise zu egalisieren.

Damit lässt sich ein leichter Kompetenzvorsprung des Senats konstatieren, obwohl die Legislativorgane in den USA an sich gleichberechtigt konstruiert wurden.

Das Gebot der Gewaltenteilung, welches der US-Verfassung zugrunde liegt, ist ursächlich dafür, dass der Kongress in erster Linie Legislativfunktionen wahrnimmt. Die anderen klassischen parlamentarischen Funktionen, vor allem die Kreations- und Kontrollfunktion, sind schwächer ausgeprägt, sodass Exekutive und Legislative wesentlich unabhängiger voneinander agieren, als dies in parlamentarischen Demokratien üblich ist. Dies wird besonders durch das Fehlen eines Fragerechts deutlich.

Trotzdem stehen beide Gewalten im Rahmen des kontrollierenden Sytems der *checks and balances* in einem Wechselbezug. Der Präsident kann durch das Beanstanden eines vom Kongress gefassten Gesetzesbeschluss ein aufschiebendes Veto einlegen. Dies bewirkt, dass bereits vor oder während des Beschlussverfahrens in den Häusern des Kongresses informelle Verhandlungen zwischen den eigentlich getrennten Verfassungsorganen stattfinden.

Umgekehrt ist der Kongress in der Lage, den Präsidenten bei Rechtsverstößen durch ein *Impeachment*-Verfahren abzusetzen, wobei Versuche des Repräsentantenhauses, politisch motivierte Anklagen vorzutragen, durch das hohe Quorum für eine Absetzung im Senat und durch die gemäßigte Einstellung der Senatoren bisher verhindert wurden. Die subsidiäre Wahl des Präsidenten durch das Repräsentantenhaus und des Vizepräsidenten durch den Senat hatte nur in der Gründungsphase der USA praktische Bedeutung, als wegen der geringeren Anzahl an Staaten Patts im Wahlmännerkollegium wahrscheinlicher waren.

Zusammenfassend lässt sich konstatieren, dass die amerikanische Verfassung vordergründig eine sehr stabile Rechtsordnung geschaffen hat, die seit 1787 mit nur 27 Ergänzungen ausgekommen ist. Tatsächlich hat das Verfassungsleben der USA durchaus erhebliche Änderungen erfahren. In erster Linie ist hierbei der Funktionenwechsel des Senats zu nennen, welcher heute kaum mehr als föderale Kammer betrachtet werden kann. Auch das Interorganverhältnis zwischen Kongress und Präsident hat sich im Laufe der Zeit mehrfach gewandelt. Während es dem Kongress nie gelungen ist, eine Abhängigkeit des Präsidenten von den Mehrheiten im Kongress durchzusetzen, bildeten sich zahlreiche informelle Verknüpfungen zwischen den Gewalten.

E. Kompetenzverschiebungen im Vergleich

Der folgende Abschnitt ist in drei Teile untergliedert. Zunächst soll der Frage nach den Grundfunktionen von Legislativorganen in Zweikammersystemen nachgegangen werden. Anschließend werden die Kompetenzverschiebungen in den untersuchten Systemen vergleichend herausgearbeitet. Im Anschluss wird versucht, eine Systematik der Kompetenzverschiebungen zu entwickeln.

I. Kompetenzzuweisungen und ihre Ursachen

1. Vergleichender Abriss der Grundmotive der untersuchten Systeme

Alle drei analysierten Systeme setzten und setzen auf föderale Strukturen, um eine Integration der zuvor bestehenden kleineren Einheiten zu erreichen. Dabei entwickelten sich die USA aus dem Staatenbund der Konföderationsartikel heraus. Das Kaiserreich knüpfte zwar in seiner Konzeption als Bund monarchischer Staaten an die Tradition des Deutschen Bundes an, stellte aber durch seine preußisch-unitarische Prägung gleichzeitig ein staatsrechtliches Novum im bisher zersplitterten Deutschland dar. Die EU entstand hingegen als friedenssicherndes Bündnis im Zentrum Europas, welches kurzfristig die Wirtschaft und langfristig weitere zentrale Politikbereiche in integrative, supranationale Strukturen überführen sollte.

a) Unschärfe des Bundesstaatsbegriffes

Die genaue Einordnung der Systeme in den Kanon Bundesstaat – Staatenbund war bzw. ist in allen System umstritten. Ein entscheidendes Merkmal der Bundestaatlichkeit ist die Verbindlichkeit der zentralen Rechtsordnung in den Mitgliedstaaten.[1587] Während sich in den USA die Nullifikationstheorie, die den Staaten die Ablehnung einzelner Bundesrechtsvorschriften erlaubte, erst mit dem Ausgang des Bürgerkrieges endgültig erledigte,[1588] ist der grundsätzlich bestehende (Anwendungs-) Vorrang des Unionsrechts vor den nationalen Rechtsordnungen nicht vollständig anerkannt. Insbesondere garantiert die EU ihren Mitgliedstaaten im Gegensatz zu den beiden anderen föderalen Ordnungen in Art. 50 Abs. 1 EUV ein ausdrückliches Austrittsrecht. Vor allem das deutsche Bundesverfassungsgericht behält sich nach dem Maastricht- und dem Lissabon-Urteil eine Letztkontrolle zur Sicherung des Demokratieprinzips und der Identität des Grundgesetzes nach den Grundsätzen

1587 Zur Ähnlichkeit der Streitfragen auch *Oeter*, Souveränität und Demokratie als Probleme der „Verfassungsentwicklung" der Europäischen Union, ZaöRV 1995, 659 (679).

1588 Siehe D I.

des Art. 79 Abs. 3 GG vor.[1589] Hingegen interpretiert der EuGH die EU als eigenständige Rechtsordnung über den Rechtskreisen der Mitgliedstaaten.[1590] Derartige Schwebelagen der Souveränität, welche sich auch *Bismarck* im Zuge einer Novation der Reichsverfassung durch die Länder für seine antiparlamentarischen Staatsstreichpläne zunutze machen wollte,[1591] sind typisch für föderale Strukturen.[1592]

b) Integrative Ansätze

Kompetenzen im Bereich der Wirtschaft auf Bundesebene sind ein Schlüssel zur Integration und Unitarisierung weiterer Gesetzgebungsmaterien. In der EU und dem Kaiserreich vertraute man darauf, dass die Integration, die aus der Wahrnehmung wirtschaftlicher Kompetenzen hervorgehen sollte, weitere Politikbereich erfassen würde.[1593] Durch die Rechtsprechung von Supreme Court und EuGH, welche durch eine extensive Interpretation der Befugnisse zur ökonomischen Vereinheitlichung geleitet waren, kam es zu Kompetenzkonzentrationen auf föderaler Ebene. In den USA stellte in diesem Sinne die Befugnis des Kongresses, Gesetze zur Regelung des zwischenstaatlichen Handels erlassen zu können, in der Folgezeit den Ansatzpunkt für die weitere Rechtsvereinheitlichung dar, welche im Wege der Auslegung der *interstate commerce clause* durch den Supreme Court erfolgte.[1594] Bemerkenswert ist im Fall der EU und der USA, dass sich deren Rechtsetzung vor allem in Richtung sozialpolitischer Fragen ausgeweitet hat, während wirtschaftsnahe Projekte wie z.B. ein einheitliches Zivilrecht, nur rudimentär verwirklicht wurden. Gleichzeitig finden sich in allen untersuchten Systemen Zeitspannen, die von einer Besinnung auf die Souveränität und Eigenverantwortlichkeit der Gliedstaaten geprägt waren. Beispielhaft seien nur die Konzeption eines Europas der

---

1589 Vgl. zuletzt im Lissabonurteil BVerfGE 123, 267 (353 f.), stark einschränkend im Honeywell-Judikat: BVerGE 126, 286; *Hartmann*, Die institutionelle Entwicklung der EG: Grundlagen und Perspektiven, ZParl 1982, 241 (248 f.) bejahte zuvor die Vergleichbarkeit der Verfasstheit der EWG mit den föderalen Lehren *Calhouns*, entsprechend auch *Ronellenfitsch*, John C. Calhoun und die Europäische Staatengemeinschaft, in: *Classen* (Hrsg.), „In einem vereinten Europa dem Frieden der Welt zu dienen...", Liber amicorum Thomas Oppermann, 2001, S. 65 (S. 82 f.).

1590 EuGH, Rs. 26/62, Slg. 1963, 1.

1591 B III1 b bb (3) (b).

1592 *Schönberger*, Die Europäische Union als Bund, AöR 129 (2004), 81 (104 ff.); zum Einfluss der Nullifikationsthese *Calhouns* auf die deutsche Staatsrechtslehre *Lehmbruch*, Parteienwettbewerb und Bundesstaat, 1998 S. 62.

1593 Am Beginn der europäischen Integration vorausschauend *Mosler*, Der Vertrag über die Europäische Gemeinschaft für Kohle und Stahl, ZaöRV 1952, 1 (35).

1594 D II 2; siehe auch *Bryde*, Verfassungsentwicklung. Stabilität und Dynamik im Verfassungsrecht, 1982, S. 88 f. und *Will*, in: David/Grasmann (Hrsg.), Einführung die großen Rechtssysteme der Gegenwart, 1988, S. 535 ff.

Vaterländer in der EU[1595] und die *state-rights*-Bewegung in den USA genannt. Wie bereits in der Einleitung deutlich gemacht, wird hier die Spannung zwischen Bundeseinheitlichkeit und einzelstaatlicher Vielfalt, die sich in historischen Wellenbewegungen niederschlägt, offenbar.[1596] b

Fraglich ist im Lichte der festgestellten überwiegenden Tendenzen zur Vereinheitlichung, wie sich diese Unitarisierung auf die Stellung der Gesetzgebungsorgane ausgewirkt hat. In Deutschland geht die föderale Struktur des Grundgesetzes davon aus, dass der Verlust eigener Gestaltungsrechten der Länder durch eine Beteiligung an den Entscheidungen des Bundes ausgeglichen werden soll.[1597] Dies zeigen z.B. die Verhandlungen zur Föderalismusreform I, welche die Absenkung der Zahl der im Bundesrat zustimmungspflichtigen Gesetzesmaterien im Tausch gegen eine Ausweitung der Länderkompetenzen zum Gegenstand hatten.[1598]

In den USA ist dieser Grundsatz dadurch, dass der Senat seine Funktion als föderales Vertretungsorgan nur noch sehr eingeschränkt qua Institution wahrnimmt, dagegen von geringerer Bedeutung. Vielmehr setzte das US-amerikanische Verfassungssystem auf eine strikte Trennung von Bundes- und Staatenebene, sodass der Staatsorganisation der Einzelstaaten keine formell-verfassungsmäßige Einwirkungsmöglichkeit auf die Willensbildung der Bundesebene verblieben ist.[1599] Das ist ein wesentlicher Grund, warum Kompetenzkonzentrationen auf Bundesebene in den USA zu erheblichen Spannungen, wie z.B. der Nullifikationskrise oder der anfänglichen Ablehnung der *new-deal*-Politik durch den Supreme Court,[1600] führten.

2. Besondere Stellung der föderalen Kammern

Föderale Kammern sind meist mit Vorrechten ausgestattet, die auf ihre Funktion als Vertretung der Gliedstaaten zurückgehen.

Am deutlichsten wird dies beim Senat der USA, welcher seit der Verfassungsergänzung von 1913 de facto mehr als direkt gewählte Reflexionskammer denn

---

1595 *Hartmann*, Die institutionelle Entwicklung der EG: Grundlagen und Perspektiven, ZParl 1982, 241 (242 f.) führt z.B. die zögerliche Einführung des Europäischen Währungssystems an.

1596 Ausführlich am Beispiel der USA *Heun*, Der amerikanische Bundesstaat – Grundlagen, Struktur, Entwicklungslinien, in: Konrad-Adenauer-Stiftung, Zukunftsforum Politik Nr. 36 (2001), S. 24 (S. 33 f.).

1597 *Kirchhof*, Bedarf der deutsche Bundesstaat einer Reform an Haupt und Gliedern?, in: Konrad-Adenauer-Stiftung, Zukunftsforum Politik Nr. 36 (2001), S. 7 (S. 17); für die Schweiz entsprechend *Fleiner*, Deutscher Bundesrat – Schweizerischer Ständerat; Zweikammer-Entwicklungen im Vergleich, in: Geis/Lorenz (Hrsg.), Staat, Kirche, Verwaltung. Festschrift für Hartmut Maurer zum 70. Geburtstag, 2001, S. 67 (S. 73).

1598 Siehe BT Drs. 16/813, S. 11 ff., S. 14 f.

1599 *Heun*, Der amerikanische Bundesstaat – Grundlagen, Struktur, Entwicklungslinien, in: Konrad-Adenauer-Stiftung, Zukunftsforum Politik Nr. 36 (2001), 24 (33).

1600 Siehe D I und II 2.

als Staatenvertretung fungiert.[1601] Seine Vorrechte im Bereich der Außenpolitik und der Besetzung von Amtsträgern leiten sich aus seiner eigentlich als Vertretung der Einzelstaaten ausgelegten Rolle ab. Trotz des weitgehend faktischen Verlustes dieser Aufgabe hat der Senat seinen hergebrachten Kompetenzbestand behalten. Hierdurch ergibt sich der zentreale Faktor für die bis heute übergewichtige Stellung des Senats in der amerikanischen Legislative. Auch der Bundesrat im Deutschen Kaiserreich war als Träger der Souveränität formal mit zentralen staatsleitenden Kompetenzen in Gesetzgebung und Verwaltung betraut, dazu sollte er als primärer Schlichter bei einzelstaatlichen Verfassungsstreitigkeiten in den Ländern bzw. zwischen Ländern dienen.[1602] Der Rat der Europäischen Union hingegen war ursprünglich das zentrale Entscheidungsorgan der Gemeinschaften, was sich bis heute in zahlreichen ausschließlich ihm zugewiesenen Befugnissen äußert.[1603]

a) Rudimente des Völkerrechts

Föderale Systeme integrieren mehrere Staaten in einem neuen Gebilde. Daher ist es nicht fern liegend, dass bündischen Strukturen auch Ausprägungen des Völkerrechts innewohnen. Deutlich treten diese Partikel des zwischenstaatlichen Rechts im Zusammenhang mit den föderal geprägten Gesetzgebungsorganen zutage, da dort die gliedstaatlichen Interessen kumulieren.

Dass die völkerrechtliche Rechtsordnung und die Verfassungsordnungen föderale Systeme vergleichbar sind, wird in der Literatur z.T. bestritten.[1604] Dabei betont man insbesondere den Dualismus beider Rechtskreise. Dies überzeugt nicht. So zeigt z.B. die Gründungsgeschichte der Vereinigten Staaten oder der Einigungsprozess der Europäischen Union, dass der Übergang von völkerrechtlichen Staatenbünden hin zu integrierteren Systemen kein Sonderfall ist.

aa) Aufleben des völkerrechtlichen Konsensprinzips und Ringen um das Mehrheitsprinzip

Am deutlichsten wird dies, wenn in Anlehnung an das völkerrechtliche Konsensprinzip das Erfordernis einstimmiger Beschlüsse normiert wird.

In den USA, wo der direkte Einfluss der Gliedstaaten auf die Gesetzgebung seit der Auflösung imperativer Strukturen zwischen Senatoren und deren Entsendestaaten geschwunden ist, macht sich die prinzipielle Gleichbehandlung der Bundesstaaten in der Bestandsgarantie der Sitzverteilung im Senat bemerkbar. Für eine verfassungsergänzende Abkehr vom Grundsatz „Ein Staat – Zwei Senatoren“

1601 D II 1 c cc.

1602 B II 2 c.

1603 C II 1.

1604 *Hecker*, Souveränitätswahrung durch Einstimmigkeit im Rat: Der Conseil Constitutionnel zum Vertrag von Amsterdam, JZ 1998, 938 ff.

bedarf es der Zustimmung der betroffenen Bundesstaaten. Damit ist das Ergebnis des hartnäckigen Kampfes der kleineren Bundesstaaten auf der Philadelphia Convention nach wie vor in der Verfassung festgeschrieben.[1605] Auch im Deutschen Kaiserreich waren die Reservatrechte einzelner Staaten insofern gesichert, als diese nur im Konsens mit den betreffenden Staaten aufgehoben werden konnten.[1606]

Dies gilt ebenfalls für die Geschichte der EU, die als supranationale Organisation selbst noch ein völkerrechtliches Gebilde ist. Die Abkehr vom rein völkerrechtlichen Konsensprinzip war hier lange umkämpft. Bis heute erfordern einige Fragen von besonderer Wichtigkeit ein einstimmiges Votum im Rat der Europäischen Union.[1607] Die qualifizierte Mehrheit als Kompromiss zwischen den Polen der Einstimmigkeit und der einfachen Mehrheit war erst nach langen Widerständen durchsetzbar. Mit dem Luxemburger Kompromiss von 1966 hatte Frankreich einen neuen modus operandi im Rat erzwungen. Mit der Berufung auf sehr wichtige Eigeninteressen konnte durch einen einzelnen Mitgliedstaat eine Abstimmung nach dem Mehrheitsprinzip abgewendet werden.[1608] Bis heute finden sich ähnliche Regelungen im Primärrecht, z.B. im Rahmen der Beteiligung des Rates an der GASP.[1609] Im ordentlichen Gesetzgebungsverfahren wirkt sich das Konsensprinzip ebenfalls aus. So darf der Rat einstimmig eine Initiative der Kommission abändern und auf diese Weise zu unitarisierende Vorschläge blockieren.

Somit lässt sich feststellen, dass das im Völkerrecht bekannte Konsensprinzip in föderalen Strukturen auflebt, sobald integrale Interessen der Glieder betroffen sind. Dass das Deutsche Reich von 1871 mehr vom Primat Preußens als von föderalen Grundsätzen geprägt war, verdeutlicht Art. 5 Abs. 2 RV. In den damals zentralen Fragen der Heeresgesetzgebung war gerade nicht die Zustimmung aller Länder erforderlich. Dem Präsidium, also verklausuliert Preußen, wurde ein konservatives Veto zugesprochen. Dass die Verfassung nur dem größten Land im Reich eine Blockadeposition einräumte, wenn es in sehr wichtigen Fragen überstimmt zu werden drohte, zeigt besonders anschaulich das primäre Anliegen der Verfassung, Preußen eine hegemoniale Stellung im Reich zu sichern.

Der Bundesrat im Deutschen Kaiserreich wurde von *Bismarck* bewusst als Kammer konstruiert, in der grundsätzlich das Mehrheitsprinzip gelten sollte. Der Reichskanzler wollte hierdurch eine Behinderung der Ratsarbeit durch einzelne

---

1605 D II 1.

1606 Vgl. z.B. Art. V des Vertrags über den Beitritt Bayerns zur Verfassung des Deutschen Bundes, RGBl. 1871, S. 9 ff.; zu dieser Parallele auch bei *Matz*, Länderneugliederung, 1997, S. 51.

1607 Im Zuge der Beratungen über den Verfassungsvertrag hatte die Kommission vorgeschlagen, die Einstimmigkeitsklauseln weitgehend durch ein verstärktes Mehrheitsqorum zu ersetzen, welches Blockaden durch einzelne kleinere Mitglieder verhindert hätte; siehe KOM 2002 (728) endg., S. 6 f.

1608 Siehe C II 1 b.

1609 C II 1b.

reichs- bzw. preußenfeindliche Länder verhindern und eine effektive Gesetzgebung durch den Bundesrat erreichen.[1610]

Das flexible Mehrheitsprinzip steht also, wie *Bismarcks* Intention zeigt, im Gegensatz zum starren Konsensprinzip. Dessen Einführung als Beschlussmodus in föderalen Kammern wurde z.T. als problematisch angesehen, da es die Mehrheit in die Lage versetzt, einen Beschluss zu fassen, dem sich die aus souveränen Staaten zusammengesetzte Minderheit zu unterwerfen hat. Trotzdem ist das Mehrheitsprinzip Ausdruck rationaler Entscheidungsfindung in der Willensbildung eines Organs, da ein Konsens als idealer Zustand der Rechtserzeugung in der Praxis selten und nur unter großem Vermittlungsaufwand möglich ist. Die Suche nach konsensfähigen Kompromissen kann zum einen zu empfindlichem Zeitverlust und zum anderen zu Verkürzungen sowie Verfremdungen des ursprünglichen Beschlussvorschlages führen, sodass konsensualen Verfahrensweisen stets der Makel der Ineffektivität anhaftet.[1611]

In föderalen Kammern bewirkt die strikte Erhaltung des Konsensprinzips meist Stillstand in der weiteren Integration, wie dies der Luxemburger Kompromiss anschaulich belegt. Damit ist das Festhalten am Konsensprinzip eine grundsätzliche Garantie für die Konservierung des Status quo in einer Rechtsordnung. Die Einführung des Mehrheitsprinzips beschleunigt dagegen integrative Prozesse.[1612] Das Gewicht des einzelnen Mitgliedstaates nimmt durch die potentielle Möglichkeit der Überstimmung ab, sodass opponierende Staatenvertreter dazu gezwungen werden, mit der Mehrheit eine Verständigung zu suchen. Dabei ist weniger die Position kleinerer Mitgliedstaaten tangiert, da diese auch bei Einstimmigkeit durch politischen Druck leichter zum Einlenken gezwungen werden können. Vielmehr schwächt sich das Gewicht der größeren Mitgliedstaaten ab, die bei einstimmigen Entscheidungsquoren in der Lage sind, ihre Blockade auch gegen politische Pression aufrechtzuerhalten. Faktisch führt das Mehrheitsprinzip damit zu einer teilweisen Nivellierung der politischen Gewichte der Einzelstaaten.[1613] Dies wird z.B. daran deutlich, dass der Widerstand im Ministerrat gegen die Einführung des Mehrheitsprinzips stets von großen bzw. mittelgroßen EU-Ländern getragen wurde. Der Luxemburger Kompromiss wurde von Frankreich erzwungen, der Kompromiss von Ioannina erfolgte auf britischen und spanischen Widerstand hin und die jüngsten Modifikationen im Zuge des Lissabonner Reformvertrages wurden v.a. auf polnischen Druck hin installiert.

1610 Zu den Gründungsmotiven des Bundesrates siehe B II 2 a.

1611 Mit Bezug auf parlamentarische Gremien *Schulze-Fielitz*, Theorie und Praxis parlamentarischer Gesetzgebung, 1988, S. 443 ff.

1612 Zur Schwerfälligkeit des konsensualen Vorgehens in der EWG nach dem Luxemburger Kompromiss *Grabitz/Schmuck*, Das Europäische Parlament im Verflechtungssystem der EG – Handlungsspielräume, Rollenbeschreibung, Funktionen, ZParl 1984, 427 (431); siehe auch *Heckel*, Der Föderalismus als Prinzip überstaatlicher Gemeinschaftsbildung, 1998, S. 48.

1613 *Nicolaysen*, Europarecht I, 1991, S. 85.

Gleichzeitig ist die Überstimmbarkeit im Rahmen des Mehrheitsprinzips hinsichtlich der Souveränität der Gliedstaaten problematisch.[1614] So weigerte sich *Bismarck*, nachdem das Präsidialland Preußen einmal im Bundesrat überstimmt wurde, diesen Beschluss anzuerkennen und drang unter Androhung seines Rücktritts auf ein erneutes Votum.[1615]

Hingegen war in der EU als Staatenverbund mit den Mitgliedstaaten als gleichberechtigten Herren der Verträge die Einführung des Mehrheitsprinzips eine umkämpfte Streitfrage.[1616] Nachdem sich die qualifizierte Mehrheit etabliert hatte, wichen die Mitgliedsländer bei der Entwicklung neuer Integrationsstufen, wie der PJZS oder der GASP, zunächst auf den Europäischen Rat als grundsätzliches Entscheidungsorgan aus. Dieser sollte die Zusammenarbeit in diesen Bereichen intergouvernemental koordinieren. Der Europäische Rat beschließt grundsätzlich einstimmig, sodass das Konsensprinzip bei der Gestaltung der Integration gewahrt bleibt. Ein anderer Ansatz der Mitgliedstaaten zur Durchsetzung des Mehrheitsprinzips ist die Vereinbarung von *opting-out*-Regelungen im Primärrecht, welche es einzelnen Mitgliedstaaten ermöglichen, bei Bedarf von gegen den eigenen Willen zustande gekommen Regelungen abzuweichen.[1617]

Auch wenn in föderalen Organen das Mehrheitsprinzip gilt, greifen deren Mitglieder wegen der eigenen Überstimmbarkeit auf konsensuale Verfahrensweisen zurück, welche auf die Einbindung möglichst vieler Akteure abzielen, wobei der nichtöffentliche Rahmen der Sitzungen die Bereitschaft zu wechselseitigen Zugeständnissen fördert.[1618] So entscheidet der Senat der USA seit jeher grundsätzlich nach dem Mehrheitsprinzip. Trotzdem haben in seiner Arbeitsweise der Grundsatz der kollegialen Zusammenarbeit zwischen den Senatoren und der sorgfältigen Debatte im Plenum große Bedeutung erlangt. Der Senat hat sich trotz seiner Emanzipation von den Einzelstaaten und der Zulassung von öffentlichen Sitzungen

1614 *Geiger*, Reformvorschläge zur Steigerung der Legitimationswirkung des Europäischen Parlaments, in: Geiger, (Hrsg.), Neuere Probleme der parlamentarischen Legitimation im Bereich der auswärtigen Gewalt, 2003, S. 256 beklagt, dass auf diese Weise insbesondere die Verantwortlichkeit der Regierungen ihren nationalen Parlamenten gegenüber verwischt wird; kritisch zu einer Ausdehnung des Mehrheitsprinzips in der EU auch *Huber*, Das institutionelle Gleichgewicht zwischen Rat und Europäischem Parlament in der künftigen Verfassung für Europa, EuR 2003, 574 (593 f.); siehe auch *Lütgens*, Das Demokratieprinzip als Auslegungsgrundsatz und Norm im Integrationskontext: zugleich ein Beitrag zum Europäischen Polizeiamt (Europol) und der Problematik ministerialfreier Räume, 2004, S. 188.

1615 Siehe B III 1 a bb.

1616 Skeptisch *Ruffert*, Schlüsselfragen der Europäischen Verfassung der Zukunft: Grundrechte – Institutionen – Kompetenzen – Ratifizierung, EuR 2004, 165 (184).

1617 C II b aa.

1618 *Dann*, Parlamente im Exekutivföderalismus, 2004, S. 96 ff.; *Härtel*, Handbuch Europäische Rechtsetzung, § 20, Rn. 16.

große Teile seines kollegial-vertraulichen Verfahrens bewahren können. Dies führt dazu, dass ein einzelner Senator im Wege der Einlegung eines anonym einlegbaren *hold*[1619] oder einer Filibusterrede de facto über das Recht verfügt, ein Gesetzgebungsverfahren erheblich zu verzögern oder ganz zu blockieren.

Konsensuales Vorgehen spielte entsprechend im Kollegium des Senats eine große Rolle, womit sich die Tradition als Gesandtenkongress der Einzelstaaten tagenden Kontinentalkongresses ein Stück weit fortsetzte. Erst 1917 wurde mit der *cloture* eine Beschränkung eingeführt, wodurch eine qualifizierte Mehrheit von Senatoren den Fortgang des Verfahrens erzwingen konnte.[1620]

Heute kann ein Quorum von drei Fünfteln der Senatoren die Debatte über einen Gesetzesvorschlag und damit einen Filibuster beenden. Im Grunde hat sich der Senat damit zumindest formal vom konsensualen Verfahren zugunsten qualifizierter Mehrheitsentscheidungen verabschiedet, selbst wenn bis dato wegen der Kollegialität unter den Senatoren von der *cloture* nur selten Gebrauch gemacht wird. Diese starke Blockadeposition des Senats wird auf Grund der nicht nach Bevölkerungszahl proportionierten Sitzverteilung im Senat als besonders undemokratisches Element der US-Verfassung gerügt.[1621]

Sowohl in den USA als auch in der EU ist damit auf verschiedenen Wegen das Instrument der qualifizierten Mehrheitsentscheidung der Schlüssel zum Aufbruch überkommener Konsensstrukturen. In beiden Rechtsordnungen war die Einführung dieser Quoren problematisch. So dauerte es bis in die 1980er Jahre, bis die Mitgliedstaaten im Rat in Abkehr vom Luxemburger Kompromiss tatsächlich durchgehend die qualifizierte Mehrheit als Beschlussmodus akzeptierten. Hingegen erfolgte die Einführung der *cloture* in den USA auf massiven Druck der durch den Präsidenten aufgestachelten Öffentlichkeit, nachdem der Senat 1917 die militärischen Sicherungsmaßnahmen *Wilsons* per Filibuster blockiert hatte.[1622]

Neben der Bewahrung konsensualer Verfahrensweisen in föderalen Kammern existieren andere Wege, um die Souveränitätsbedürfnisse einzelner Teilstaaten zu befriedigen. In den USA zielte z.B. *Calhoun* mit dem Ansatz eines Nullifikationsrechtes für die Gliedstaaten bezüglich einzelner Akte der Bundesebene darauf ab,

1619 Das Institut des „*hold*" stellt im Ergebnis eine informelle Androhung eines blockierenden Filibusters dar, entsprechend ist und war es z.B. im Verfahren des Ministerrates wahrscheinlich, dass Mitgliedstaaten informell die Berufung auf „wichtige Interessen" in Aussicht stellen, um eine bessere Verhandlungsposition zu gewinnen; siehe *Lütgens*, Das Demokratieprinzip als Auslegungsgrundsatz und Norm im Integrationskontext: zugleich ein Beitrag zum Europäischen Polizeiamt (Europol) und der Problematik ministerialfreier Räume, 2004, S. 191.

1620 D III 1 b.

1621 *Levinson*, Our undemocratic constitution, 2006, S. 52 f.

1622 D III 1 a.

den föderalen Zusammenschluss als Ganzen zu bewahren.[1623] In der EU hat sich dieses Modell in Gestalt von *opting-out*-Klauseln bei einzelnen Unionskompetenzen primärrechtlich verfestigt. So können die Mitgliedstaaten z.T. unter Berufung auf wichtige Souveränitätsinteressen die Teilnahme an einzelnen Politiken und Rechtsetzungsmaterien verweigern.[1624] Die Kompetenz der Mitgliedstaaten, im Zweifel einzelne Integrationsschritte nicht vollziehen zu müssen, stellt damit ein wichtiges Instrument zur Fortentwicklung der Union dar, da im Gegenzug zur teilweisen Preisgabe des Anspruchs einer Vollharmonisierung ein dynamischeres Vorgehen nach dem Mehrheitsprinzip durch die integrationswilligen Staaten möglich ist. Damit ist die Etablierung von Abweichungsbefugnissen anders als dies *Triepel* konstatierte[1625] kein vollständiger Sieg zentripetaler Tendenzen, sondern eine flexible Möglichkeit, diese in das bestehende bundesstaatliche Konstrukt einzuhegen.

bb) Grundsatz der Staatengleichheit

Neben dem Konsensprinzip kennzeichnet der Grundsatz der Staatengleichheit bundestaatliche Ordnungen, v.a. im Zusammenhang mit den Organen, die als Vertretung der föderalen Interessen fungieren. Die US–Verfassung beweist dies besonders anschaulich. Jeder Staat entsendet unabhängig von seiner Bevölkerungszahl zwei Senatoren. Darüber hinaus wird bei der subsidiären Präsidentenwahl im Repräsentantenhaus nicht nach Abgeordneten, sondern nach Staaten abgestimmt.[1626] Die Gleichheit aller Staaten ist eines der zentralen Prinzipien im Völkerrechtsverkehr und fußt auf der Tatsache, dass jedem als Staat anerkanntem Gebilde Rechtssubjektivität nach außen und ein eigener Souveränitätskreis nach innen zugestanden wird.[1627]

Den in föderalen Strukturen eingebundenen Staaten kommen letztere Rechte nur begrenzt zu. Ihre Souveränität nach innen und Rechtssubjektivität nach außen werden durch Kompetenzen einer übergeordneten Ebene ganz oder teilweise ausgeübt. Trotzdem beeinflusst der Gedanke föderativer Gleichheit auch stärker integrierte Staatenverbindungen. Oftmals ist eine völlige Gleichheit nicht mehr anzutreffen, aber v.a. zum Nachteil der größeren Teilstaaten und zum Schutz der Kleinstaaten durch eine Deckelung des Stimmgewichts nach oben bzw. einer Mindeststimmenzahl nach unten noch präsent.[1628] Dies zeigt die Stimmgewichtung

---

1623 *Ronellenfitsch*, John C. Calhoun und die Europäische Staatengemeinschaft, in: Classen, (Hrsg.), „In einem vereinten Europa dem Frieden der Welt zu dienen...", Liber amicorum Thomas Oppermann, 2001, S. 65 (S. 77).

1624 Siehe z.B. Art. 114 Abs. 4 und 5 AEUV. Die Klauseln lehnen sich teilweise ihrem Wortlaut nach an den Luxemburger Kompromiss an; siehe C II 1 b aa.

1625 *Triepel*, Zweierlei Föderalismus, Süddeutsche JZ, 1947, 150 (151).

1626 D II 1; D III 3 a.

1627 Siehe z.B. auch Art. 4 Abs. 2 EUV.

1628 Zum Begriff und zum Vorkommen föderaler Gleichheit in verschiedenen Systemen *Pleyer*, Föderative Gleichheit, 2005, S. 27 ff.; *Rudolf*, Das akzeptierte Grundgesetz, Europa und die Länder, in: Maurer (Hrsg.), Das akzeptierte Grundgesetz.

im Rat der Europäischen Union bei Abstimmungen mit qualifizierter Mehrheit nach dem Vertrag von Nizza. Diese teilte die Stimmkontingente im Rat nicht nur nach der reinen Bevölkerungsstärke zu, sondern stärkte gezielt kleinere Staaten in überproportionaler Weise.[1629] Die aktuelle Stimmverteilung des Art. 16 Abs. 4 EUV gewichtet dagegen grundsätzlich die Bevölkerungszahlen der Mitgliedstaaten stärker.

Ebenso war im deutschen Bundesrat Preußen als größtes Land gegenüber den anderen Staaten vom unmittelbaren Stimmgewicht her unterrepräsentiert. Dass im Deutschen Kaiserreich keine Kritik an dieser ungleichen Gewichtung aufkam, lag an zwei Faktoren. Zum einen war das Reich als Bund der Länder konstruiert, sodass die unmittelbare Bevölkerungszahl nicht der Maßstab für die Bedeutung eines Landes war. Zum anderen sicherte *Bismarck* bei der Konzeption der Verfassung Preußen bzw. seinem Herrscherhaus eine Vielzahl von Vorrechten, die in der Summe zu einer privilegierten Stellung des größten deutschen Staates führten.[1630]

In den USA und der EU wird dagegen die am Grundsatz der Staatengleichheit orientierte Stimmgewichtung als Beleg für demokratische Defizite herangezogen. Populär sind hierbei Rechenbeispiele über das ungleiche Stimmgewicht der Wähler in unterschiedlichen Staaten (z.B. in den USA Wyoming und Kalifornien).[1631]

Als Ausgleich für den zumindest partiellen Verlust der völkerrechtlichen Postulationsfähigkeit dient die Stärkung der föderalen Interessenorgane zur Sicherung der Mitspracherechte der Gliedstaaten. Besonders sichtbar wird dies im Rahmen der an die Bundesebene abgegebenen Kompetenzen im Bereich der auswärtigen

---

Festschrift für Günter Dürig zum 70. Geburtstag, 1990, 145 (148) betont in diesem Sinne die Übstimmbarkeit der großen Länder im Ministerrat in den qualifizierten Mehrheitsentscheidungen.

1629 Vgl. Art. 205 Abs. 2 EGV a.F., welcher z.B. Frankreich mit ca. 60 Millionen Einwohnern genauso viele Stimmen wie Deutschland mit ca. 80 Millionen Einwohnern zuerkannte. Nach *Huber*, Das institutionelle Gleichgewicht zwischen Rat und Europäischem Parlament in der künftigen Verfassung für Europa, EuR 2003, 574 (578) stellte diese Gewichtung der Stimmen im Rahmen der qualifizierten Mehrheit einen Ausgleich zwischen Staatengleichheit und Demokratieprinzip her; in diese Richtung auch *Möllers*, Gewaltengliederung, 2005, S. 248; weitere „undemokratische" Kriterien, wie das wirtschaftliche Gewicht oder die Flächengröße, führt dagegen *Frenz*, Handbuch Europarecht, 2011, S. 263 als ergänzende Faktoren an.

1630 B II 2 b.

1631 Siehe D II 1 c cc; auch in der Schweiz, wo die Kantone nach Art. 150 Abs. 2 der Bundesverfassung einen oder zwei Abgeordnete im Ständerat stellen, sind derartige Beispiele zu finden. Z.B. hat heute ein Wähler im Kanton Appenzell-Innerhoden gegenüber Wählern in Zürich ein 38-fach erhöhtes Stimmgewicht; vgl. *Fleiner*, Deutscher Bundesrat – Schweizerischer Ständerat; Zweikammer-Entwicklungen im Vergleich, in: Geis/Lorenz (Hrsg.), Staat, Kirche, Verwaltung. Festschrift für Hartmut Maurer zum 70. Geburtstag, 2001, S. 67 (S. 69).

Gewalt, wo sich der Souveränitätsverlust des einzelnen Bundesgliedes am deutlichsten manifestiert. So war die *advice-and-consent*-Klausel der US-Verfassung zugunsten des Senats darin begründet, dass die Einzelstaaten nach den zuvor geltenden Articles of Confederation die gemeinsame Außenpolitik alleine bestimmen konnten. *Bismarck* hingegen zielte mit der Schaffung eines besonderen Auswärtigen Ausschusses unter Vorsitz Bayerns im Bundesrat darauf ab, den deutschen Südstaaten den Verlust ihrer Souveränität nach außen durch den Beitritt zum Reich erträglicher zu gestalten. Gleichzeitig zeigen die beiden Beispiele, dass die tatsächliche Mitwirkung der Einzelstaaten auf gesamtstaatlicher Ebene i.E. trotzdem nicht besonders intensiv ausfällt. Der Auswärtige Ausschuss blieb bedeutungslos, der von den Einzelstaaten emanzipierte Senat gewann nie die Bedeutung eines außenpolitischen Beraters des Präsidenten. Das wachsende Gewicht des intergouvernemental agierenden Europäischen Rates in der EU ist ein Beleg für das mitgliedstaatliche Bedürfnis nach Einfluss auf die Außenpolitik. Diesem wurde innerhalb des supranationalen institutionellen Dreiecks nicht genügend Rechnung getragen, da mit der Ausweitung der Materien im Zustimmungsverfahren der Rat gegenüber dem Parlament an Gewicht verlor.

Insgesamt lässt sich also Folgendes konstatieren: Da die Souveränität der Einzelstaaten im Zuge der Wahrnehmung zahlreicher Befugnisse durch die Zentralgewalt im Rahmen unitarisierender Prozesse zurückgedrängt wird, nimmt die Bedeutung der föderalen Vertretung für die Einzelstaaten in Systemen mit derartigen Tendenzen zu. Daher ist die Gewichtung der vertretenen Staaten in der föderalen Kammer für diese maßgeblich, sobald dort mit Mehrheitsvoten entschieden wird. Der Bundesrat war hierbei so konstruiert, dass den deutschen Klein- und Mittelstaaten eine überproportionale Stimmgewichtung zuerkannt wurde,[1632] was weder ihrer Bevölkerungszahl noch ihrer wirtschaftlichen Bedeutung im Verhältnis zum größten Land Preußen entsprach. Neben einer erhöhten Legitimität durch die Übernahme der Stimmkontingente vom Bundestag des Deutschen Bundes erhoffte sich *Bismarck* eine verbesserte Integrationswirkung insbesondere bei den süddeutschen Ländern. Dies wird z.B. an der Erhöhung der bayerischen Stimmenzahl auf sechs deutlich.[1633]

Auch in der EU war die Stimmgewichtung der Mitgliedstaaten im Rat bei qualifizierten Mehrheitsentscheiden ein zentraler Konfliktfaktor. Nachdem das Konsensprinzip, welches durch den Luxemburger Kompromiss bis in die 80er Jahre de facto konserviert wurde, in der Entscheidungspraxis des Rates aufgegeben worden war, war das Quorum der qualifizierten Mehrheit Gegenstand weiterer Auseinandersetzung. Durch den Beitritt neuer Mitgliedstaaten sank das Stimmgewicht der bestehenden Ratsmitglieder relativ.

1632 *Rehm*, Unitarismus und Föderalismus in der deutschen Reichsverfassung, 1898, S. 25.

1633 Siehe B II 2 d aa.

b) *Ausgestaltung und Systemstellung als föderale Interessenvertretung*

Im Folgenden wird der Frage nachgegangen, in welcher Form die gliedstaatliche Repräsentation in Gestalt einer föderalen Kammer organisiert werden kann und wie die Rückbindung der mitgliedstaatlichen Vertreter an die Staatsorganisation, insbesondere die Parlamente, der Gliedstaaten erfolgt.

aa) Senats- oder Ratsmodell

Bundestaatliche Beteiligung in der Gesetzgebung kann in zwei groben Varianten erfolgen, nämlich mittels einer durch Vertreter der Regierungen der Gliedstaaten bestückten exekutiv-föderalen Kammer (Ratsmodell) oder durch von den Staats- oder Staatenparlamenten gewählte Senate (Senatsmodell).[1634]

Die Unterschiedlichkeit beider Beteiligungsansätze wird vor allem in zwei miteinander verwobenen Punkten deutlich: Legitimation und Instruktion.

In exekutiv-föderalen Kammern speisen die Repräsentanten der Einzelstaaten ihre personale Legitimation ausschließlich aus ihrer Ernennung durch die Regierung, von deren Wohl und Wehe ihre Position abhängt. Aus diesem Grund ist ihre sachlich-inhaltliche Legitimation beinahe auf null reduziert. Mit Ausnahme von notwendigen Spielräumen für Kompromisse und Verhandlungen sind die exekutiv-föderalen Vertreter an die Weisung ihrer Regierungen gebunden. Beispiele für derartige Organe sind der Rat der Europäischen Union und der Bundesrat im Kaiserreich.[1635]

Innerhalb des Senatsmodells existieren zwei Varianten:[1636] Der Senat kann durch die Legislativen oder direkt durch die Bevölkerung der Einzelstaaten besetzt werden. Die Vereinigten Staaten haben in ihrer Verfassungsgeschichte beide Alternativen des Senatsmodells erprobt. Bis 1913 wurden die Senatoren durch die einzelstaatlichen Legislativen bestimmt, sodass von einer legislativ-föderalen Kammer gesprochen werden kann. Nach dem 17. Amendment erfolgte die Direktwahl der Senatoren, die sich aber schon zuvor von Instruktionsansprüchen ihrer

---

1634 *Mulert*, Die Funktion zweiter Kammern in Bundesstaaten, 2006, S. 65 ff. unterscheidet zwischen einer Senatslösung mit direkt von den Landesvölkern gewählten Vertretern und indirekt über die Landesparlamente legitimierten Deputierten. Dazu grenzt er Modelle ab, in denen Mitglieder der zweiten Kammer qua Geburt oder Ernennung legitimiert sind. Eine derartige Refoirmvariante schlägt *Sabato*, A more perfect Constitution: Why the Constitution must be revised: Ideas to inspire a new generation, 2008, S. 28 ff. vor, der ehemalige Präsidenten und Vizepräsidenten als „nationale Senatoren“ automatisch nach ihrer Amtszeit einen Senatssitz zubilligt.

1635 Auch der Bundesrat unter dem Grundgesetz ist in diese Kategorie einzuordnen.

1636 *Groß*, Zwei-Kammer-Parlamente in der Europäischen Union, ZaöRV 2003, 29 (54).

Konstituenten emanzipiert hatten. Das 17. Amendment ist deshalb der formell-verfassungsändernde Schlussstein unter den zuvor abgeschlossenen Funktionenwandel des Senats. Das Senatsmodell zeichnet sich also durch eine Loslösung der Staatenvertreter von der Staatsorganisation ihrer Entsendestaaten aus. Die Einzelstaaten der USA haben – mit Ausnahme der Verfassungsänderung – keine Möglichkeit, direkt an der Gestaltung der zentralen Willensbildung mitzuwirken. Funktional haben sich Repräsentantenhaus und Senat damit angenähert, sodass eine exakte Scheidung in Volksvertretung und föderale Kammer nicht mehr möglich ist.[1637]

Darüber hinaus gelang es dem US-Senat, seine unabhängige Stellung auch in Hinblick auf die Bundesexekutive zu sichern. Er drängte den formell bestehenden Vorsitz durch die Exekutive in Gestalt des Vizepräsidenten in eine rein repräsentative Rolle. Der Vizepräsident kann damit nur ausnahmsweise durch den verfassungsmäßig verbürgten Stichentscheid bei Abstimmungspatts tatsächlich inhaltlichen Einfluss auf die Willensbildung des Senats nehmen.[1638]

Die Wahrnehmung der gliedstaatlichen Vertretung erfolgt also unterschiedlich. Im Senatsmodell handeln die Staatenvertreter als freie und unabhängige Repräsentanten, während das Ratsmodell bevollmächtigte Funktionäre aus der Staatsorganisation der Gliedstaaten zur Ausübung der Stimmrechte im föderalen Organ heranzieht.[1639]

In föderalen Strukturen ist die Organisation der gliedstaatlichen Mitwirkung oftmals der umstrittenste Teil der Verfassungsverhandlungen gewesen. Schon die Mitglieder der Philadelphia Convention rangen lange um eine Lösung, die einen Ausgleich der Interessen der kleineren und größeren Staaten bringen sollte.[1640] Im Rahmen der Europäischen Einigung war die Schaffung eines exekutiven Rates, der als Vertretung der mitgliedstaatlichen Regierungen fungieren sollte, nicht umkämpft. Mit der fortschreitenden Integration geriet aber die Abkehr vom Konsensprinzip und die damit verbundene Frage, inwieweit gegen den Willen eines Staates Beschluss gefasst werden kann, zu einem bis heute bestehenden Konfliktfeld.[1641] Nur in der Satzung der nie verwirklichten Europäischen Politischen Gemeinschaft 1953 wurde über die Schaffung eines von den nationalen Parlamenten zu besetzenden Senats als föderale Kammer in einem gemeinschaftlichen

---

1637 D II 1 b; siehe auch die Abgrenzung des Senats vom Bundesrat durch *von Gierke*, German Constitutional Law in its Realation to the American Constitution, Harvard Law Review 23 (1909/10), 273 (282 f.).

1638 D II 3 c.

1639 *Leibholz*, Das Wesen der Repräsentation und der Gestaltwandel der Demokratie im 20. Jahrhundert, 1966, S. 203; vergleichend *Preuß*, Die Organisation der Reichsregierung und der Parteien (1890), in: Preuß, Gesammelte Schriften, Band 1. Politik und Gesellschaft im Kaiserreich, 2007, 155 (164 f.); siehe auch *Reyes*, Die Rolle zweiter Kammern in Bundesstaaten, 2003, S. 182.

1640 D II 1.

1641 Siehe C II 1.

Parlament vorgeschlagen, wobei auch die Stimmverteilung auf die Mitgliedstaaten heftig umstritten war. Neben diesem Senat sollte allerdings ein Rat der nationalen Minister entscheidend an der Gestaltung der Gemeinschaft mitwirken, sodass hier ebenso ein starkes exekutiv-föderales Element vorgesehen war.[1642] Der Satzungsentwurf erinnert damit an das Verfassungsmodell *Dunckers* für den Norddeutschen Bund, welcher ebenfalls die Kombination von Senats- und Ratsmodell ins Auge gefasst hatte.[1643]

Bei der Vorbereitung der Verfassungsgebung des Norddeutschen Bundes war die Ausgestaltung der zweiten Kammer neben dem Reichstag von divergierenden Vorschlägen geprägt. Die vorgebrachten Ansätze basierten auf unterschiedlichen historischen Vorbildern aus der deutschen Verfassungsgeschichte. Während der konservative *Wagener* eine ständische Vertretung nach Vorbild des Regensburger Reichstags präferierte, lehnte sich *Duncker* stark an das demokratisch-unitarische Paulskirchenmodell mit einem Senat als föderale Kammer an. Letztlich wählte *Bismarck* ein exekutiv-föderales Bundesratsmodell,[1644] das ein Organ schuf, welches Preußen mehr oder weniger versteckt eine dominierende Rolle im neuen Staat sicherte und vordergründig die Gestaltung der Reichspolitik an die Exekutiven der Länder verwies. Hieran wird wiederum deutlich, dass das Kaiserreich schon von seinen Ursprüngen her die Tendenz zu einer Unitarisierung unter preußischen Vorzeichen in sich barg. Die zentrale Stellung des Bundesrates des Kaiserreiches war in der Verfassungspraxis nur formal Ausdruck der Souveränität der Länder.[1645]

1642 *Von Puttkamer*, Entwurf eines Vertrages über die Satzung der Europäischen Gemeinschaft, ZaöRV 1953, 103 (116 f., 118 f.); die Einführung eines Senatsmodells wäre politisch mit Blick auf die Souveränitätsvorbehalte der Mitgliedstaaten schwer durchsetzbar; siehe *Henke*, Plädoyer für kürzere Legitimationsketten in der Europäischen Union, EuR 2010, 118 (133); auch in den Verhandlungen zur Montanunion wurde von deutscher Seite die Schaffung eines Zweikammerparlaments angeregt; hierzu: *Giegerich*, Europäische Verfassung und deutsche Verfassung im transnationalen Konstitutionalisierungskontext: Wechselseitige Rezeption, konstitutionelle Evolution und föderale Verflechtung, 2003, S. 164 f.

1643 B II 2a.

1644 Dagegen war bei der Konzeption des Grundgesetzes die Entscheidung zwischen Bundesrats- bzw. Senatsmodell oder einer Zwischenlösung eine der am heftigsten diskutierten Streitfragen. Erst als dem Bundesrat im Grundgesetz grundsätzlich nur ein überstimmbares Einspruchsrecht zugestanden wurde, ließen sich die Befürworter einer Senatslösung im Parlamentarischen Rat überzeugen; siehe hierzu *Morsey*, Die Entstehung des Bundesrates im Parlamentarischen Rat, in: Scheuing, Der Bundesrat als Verfassungsorgan und politische Kraft, 1974, S. 63 ff. Auch in der Schweiz war die Stellung des Ständerates in der Bundesverfassung umstritten; vgl. dazu *Fleiner*, Deutscher Bundesrat – Schweizerischer Ständerat; Zweikammer-Entwicklungen im Vergleich, in: Geis/Lorenz (Hrsg.), Staat, Kirche, Verwaltung. Festschrift für Hartmut Maurer zum 70. Geburtstag, 2001, S. 67 (S. 69 f.).

1645 B III 1 a.

Die Stellung des Bundesrates im Verfassungswesen des Kaiserreiches war damit strukturell anders gelagert als die des Ministerrates in der europäischen Integration.[1646] Während der Bundesrat v.a. als föderales Feigenblatt in *Bismarcks* Verfassungswerk diente und in der Staatspraxis nicht in der Lage war, als Organ eine eigenständige politische Rolle zu spielen, war der Rat der EU von den Mitgliedstaaten als Schöpfer und Herren der Verträge als echtes zentrales Entscheidungsorgan vorgesehen worden. Diese starke Einbindung der Regierungen der Mitgliedstaaten in die Willensbildung der Union ist jedoch auch nicht unproblematisch, da sie die Verwaltungskraft der Gliedstaaten stark in Anspruch nimmt.[1647] Im Kaiserreich zeigte sich, dass die kleineren Länder nur eingeschränkt über die Sach- und Personalkompetenz verfügten, um an allen Beratungsgegenständen effektiv mitzuarbeiten.[1648] Auch in der EU wurde nach der zyprischen Ratspräsidentschaft 2012 deutlich, dass kleinere Länder mit der Arbeitsbelastung im Rat stark überfordert werden konnten.[1649] Damit wird offenkundig, dass das Konzept einer Fortwirkung der übergangenen Kompetenzen in Gestalt einer Mitwirkung der Gliedstaaten an der Gesetzgebung bei kleineren Mitgliedern an Grenzen stößt. Nicht ohne Grund sehen die kleineren Mitgliedstaaten der EU deshalb in der eigentlich zentralisch ausgerichteten Kommission einen Wahrer ihrer Interessen, die im Rat nur unzureichend zur Geltung kommen.[1650] Im Ergebniswird klar, dass das Ratsmodell seiner Anlage nach nur für Staaten mit entsprechender Gestaltungskraft einen Ersatz für den Verlust der übergegangenen Kompetenzen bieten kann.

Exekutiv-föderale Gesetzgebungsorgane sind in Systemen mit einer starken vertikalen Gewaltenverflechtung nichtdestotrotz aus einem anderen Grund notwendig. In der Europäischen Union äußert sich diese Notwendigkeit darin, dass die konkrete Ausführung des supranational gesetzten Rechts durch die Exekutiven der Mitgliedstaaten erfolgt. Ihre Beteiligung an der Genese des Sekundärrechts ist daher eine notwendige Folge der Kooperation der verschiedenen Ebenen.[1651] Besonders deutlich wird die starke Einbindung der Mitgliedstaaten durch die Ausschüsse im europäischen Komitologieverfahren, wodurch diese ihre Interessen und Verwaltungskompetenz in die Formulierung von Durchführungsrechtsakten einbringen können.[1652] Dagegen sind Bundes- und Staatenebene in den USA grundsätzlich

---

1646 In diese Richtung zu weitgehend *Oeter*, Souveränität und Demokratie als Probleme der „Verfassungsentwicklung" der Europäischen Union, ZaöRV 1995, 659 (679 f.).

1647 *Jaag*, Die Zweite Kammer in Bundesstaat, 1976, S. 104 ff.

1648 B III 1 a aa.

1649 Kritisch zum überforderten zyprischen Ratsvorsitz: „Musterschüler von der Insel", in: Das Parlament vom 21.01.2013, S. 7.

1650 *Temple Lang*, How much do the smaller member states need the European Commission? The role of the Commission in a changing Europe CMLR 2002, 315 (318).

1651 *Dann*, in: von Bogdandy/Bast, Europäisches Verfassungsrecht, 2009, S. 343 ff.; *Möllers*, Gewaltengliederung, S. 334.

1652 C III 1 c, *Härtel*, Handbuch Europäische Rechtsetzung, 2006, § 11, Rn. 45 ff.

getrennt, was sich durch den großen Verwaltungsunterbau der Bundesverwaltung, welche grundsätzlich die Bundesgesetze vollzieht, manifestiert.[1653]

bb) Föderale Kammern und die Vertretung der Gliedstaatenparlamente

Die exekutive bzw. unabhängige Ausrichtung der föderalen Kammer ist demokratietheoretisch problematisch. Grundsätzlich haben die Gliedstaatenparlamente keinen direkten Einfluss auf das Abstimmungsverhalten der von ihnen getragenen Regierung.[1654] Durch die Konzentration von Entscheidungsbefugnissen bei der Zentralgewalt verlieren diese Parlamente an Einfluss und Gestaltungsmöglichkeiten. Die Sorge um die Rechte des Bundestages ist z.B. das zentrale Argument in der deutschen Staatsrechtslehre, welches gegen weitere Integrationsschritte vorgebracht wird.[1655] Entsprechend stützt sich die Beschwerdebefugnis in Verfassungsbeschwerden zu europäischen Kompetenzgewinnen auf eine Entwertung des Wahlrechts gem. Art. 38 I 1 GG durch den Verlust von Entscheidungsbefugnissen des Bundestages.[1656] Auch *Max Webers* Vorschläge zur Reform der Reichsverfassung zielten auf eine Stärkung der Landesparlamente. Diese sollten nach *Webers* Vorstellungen die Vertreter in den Bundesrat entsenden, die dann aber keinen Weisungen unterliegen durften.[1657] Mangels eines Instruktionsverhältnisses zur Staatsorganisation der Länder hätte sich der Bundesrat damit im Ergebnis zu einem zusätzlichen unabhängig-unitarischen Organ entwickelt, wie dies auch im Fall des US-Senats geschah.

Fordert man ein Instruktionsrecht oder konstitutive Mitentscheidungsbefugnisse für Gliedstaatenparlamente, löst dies in föderalen Systemen Friktionen aus. In *Bismarcks* Verfassungsüberlegungen war das sogar gewünscht, da dieser Landes- und Reichstagsabgeordnete für seine Zwecke gegeneinander ausspielen wollte,[1658] was durch den weitgehenden Funktionsausfall des Bundesrates als starke Vertretung der verbündeten Regierungen praktisch nicht eintrat.[1659] Am Beispiel der USA zeigte sich, dass die Staatenparlamente vor der Einführung des 17. Amendments häufig nicht einmal ihrer Wahlfunktion ordnungsgemäß nachkommen konnten, sodass ein durchgehendes Instruktionsrecht im Sinne einer imperativen Mandatierung der Senatoren in der Praxis nicht durchsetzbar gewesen wäre.[1660] In der EU

1653 D II 3.
1654 Für den deutschen Bundesrat vgl. BVerfGE 8, 104 (120).
1655 C II 3; siehe aktuell Bayerischer Landtag, 16. Wahlperiode, Drucksache 16/15140, S. 7.
1656 BVerfGE 89, 155, 171 f.
1657 B III 6 a.
1658 Diese Zielsetzung war mit Blick auf den Widerstand des preußischen Abgeordnetenhauses gegen die konstitutive Mitwirkung des konstituierenden Reichstags an der Verfassungsgebung nicht ohne Begründung; siehe B II 1 a.
1659 B II 2 a.
1660 D II 3 c aa.

wird auf eine konstitutive Einbindung der nationalen Parlamente verzichtet. In der Praxis hat dies dazu geführt, dass die mitgliedstaatlichen Regierungen Gesetzgebung an den nationalen Parlamenten vorbei über die EU-Rechtsordnung etablierten, wodurch der Parlamentarismus in den Einzelstaaten eine starke Schwächung erfuhr.[1661] Zwar weist Art. 12 EUV den Parlamenten der Mitgliedstaaten nunmehr eine Teilhabe an der europäischen Integration zu. Über bloße Informations- und Kontrollrechte, insbesondere über die Subsidiariätskontrolle hinausgehende aktive Gestaltungsrechte sind ihnen nur bei der Beteiligung am Vertragsänderungsverfahren gegeben. Eine konstitutive parlamentarische Beteiligung an der Willensbildung in exekutiv-föderalen Organen ist des Weiteren schwer zu gestalten. Die im Rahmen der im Rat der EU geführten Verhandlungen geforderte Vertraulichkeit, Flexibilität und rasche Einigungsbereitschaft stehen im Gegensatz zur öffentlichen und strukturierten parlamentarischen Debatte.[1662] Eine umfassende Einbeziehung von teilstaatlichen Parlamenten in die Verhandlungen von Organen nach dem Ratsmodell würde daher zu einer weitgehenden Lähmung führen.[1663]

c) Stabilisierende Traditions- und Konservierungsfunktion föderaler Kammern

Föderale Zusammenschlüsse ergeben sich meist nicht ad hoc, sondern entstehen im Rahmen eines Integrationsprozesses zwischen mehreren Staaten. Daher sind Staatenhäuser in der Gesetzgebung meist von den Traditionen vorangegangener Integrationsschritte geprägt.

aa) Übernahme historischer Vorbilder

Der Bundesrat des Kaiserreiches knüpfte in seiner direkt der Deutschen Bundesakte entlehnten Stimmverteilung und mit Resten eines Gesandtschaftsrechtes

---

1661 *Geiger*, Reformvorschläge zur Steigerung der Legitimationswirkung des Europäischen Parlaments, in: Geiger, (Hrsg.), Neuere Probleme der parlamentarischen Legitimation im Bereich der auswärtigen Gewalt, 2003, S. 254 f.; ebenso nach eingehender Analyse der betroffenen Parlamentsfunktionen *Schüttemeyer*, Funktionsverluste des Bundestags durch die europäische Integration, ZParl 1978, 261 (276 ff.).

1662 *König*, Die Übertragung von Hoheitsrechten im Rahmen des europäischen Integrationsprozesses – Anwendungsbereich und Schranken des Art. 23 des Grundgesetzes, 2000, S. 599.

1663 Anders aber der aktuell angenommene Änderungsvorschlag zu Art. 70 Abs. 4 S. 2 und 3 der Bayerischen Verfassung, welcher für die Staatsregierung bindende Gesetze bzw. Stellungnahmen des Landtages zu Abstimmungen im Bundesrat über Angelegenheiten der EU einführt. Ob die nur ausnahmsweise vorgesehene Eröffnung von Verhandlungspielräumen der Staatsregierung nicht zur Regel wird, bleibt abzuwarten; Bayerischer Landtag, 16. Wahlperiode, Drucksache 16/15140, S. 7.

der Einzelstaaten an den Bundestag des Deutschen Bundes an. *Bismarck* sah sich hierzu bei der Verfassungsgebung gezwungen, um seinem neuen Reichsgebilde durch die Anerkennung hergebrachter Statusrechte der zwangsweise beitretenden Länder mehr Legitimität nach außen zu verschaffen. Tatsächlich aber schwächte er die Möglichkeiten einzelstaatlicher Blockaden, indem er im neuen Bundesrat im Regelfall das Mehrheitsprinzip gelten ließ, allein dem bestimmenden Preußen weitgehende Vetorechte einräumte und sich von vorher bestehenden Konsenserfordernissen gänzlich verabschiedete. Damit wird deutlich, dass *Bismarck* den im Bundesrat versammelten Ländern nur die formellen Positionen eines auf Basis der tradierten Souveränität staatsleitenden Kongresses zugestehen wollte. In der Verfassungswirklichkeit waren die Länder in der Staatsleitung durch die dominierende preußische Reichsleitung entmündigt.[1664]

In der Europäischen Union dagegen zeigt sich, dass diese als Ausdruck der europäischen Einigung nach den Schrecken des Zweiten Weltkrieges die souveräne Gleichheit ihrer Mitglieder besonders achtet. Der Rat der Europäischen Union verkörperte bei seiner Entstehung eine kontinuierliche Brücke vom zwischenstaatlichen Vertragsrecht hin zu einer supranationalen Rechtsordnung. Dies lässt sich besonders durch die hohe Zahl an Kompetenzmaterien der Gemeinschaften nachweisen, die zu Beginn nur mit Einstimmigkeit im Rat zur Setzung von Sekundärrecht ausgeschöpft werden konnten.[1665] Damit garantierte der Rat in seiner Arbeit den einstweiligen Fortbestand des völkerrechtlichen Konsensprinzips und den absoluten Schutz nationaler Souveränität in den jungen Gemeinschaften.

Ebenso ist der Senat der USA von tradierten Rollenbildern geprägt. Er soll auch als bundesstaatliche Vertretung agieren. Diese Funktion hatte zuvor unter den Konföderationsartikeln der Kontinentalkongress inne, in dem die Staaten mit gleichem Stimmrecht vertreten waren. Zudem sind die Befugnisse des Senats, im Bereich der Beamtenernennung und der Außenpolitik im Rahmen der *advice-and-consent*-Klausel mitzuentscheiden, letztendlich auf den als zentrales Regierungsorgan fungierenden Kontinentalkongress zurückzuführen.[1666]

bb) Kontrollierend-konservierende Anlage und Funktion föderaler Kammern

Dieser Übergang der Formen und Kompetenzen von Vorgängerinstitutionen auf die Staatenvertretungen geschieht nicht ohne Grund. Zum einen erleichtert die Übernahme bestehender Regelungen die Verhandlungen über eine neue Verfassung. Auch *Bismarck* wandte sich gegen Vorschläge eines gänzlich neuen Reichsaufbaus, gerade um die enge Frist des Augustbündnisses zu wahren. Ebenso griff die Philadelphia Convention nach der Beilegung des Streits um die Ausgestaltung des Senats auf die

1664 Siehe zur faktisch schwachen Stellung des Bundesrats auch B II 2 sowie B III 1 a.
1665 C II 1.
1666 D III 2 e.

Mindestzahl der Staatenvertreter aus den Articles of Confederation zurück.[1667] Zum anderen sorgt die Tradierung bereits bestehender Normen für eine erhöhte Legitimität unter den teilnehmenden Staaten, da vertraute Formen der Entscheidungsfindung beibehalten werden. Eine Abkehr von bewährten Mechanismen ist im Verkehr unter Staaten stets schwer durchzusetzen. Dies zeigt anschaulich Frankreichs „Politik des leeren Stuhls" 1965/66, welche mit Erfolg das von der teilweisen Ablösung bedrohte traditionelle Konsensprinzip bei wichtigen nationalen Belangen bewahrte. Damit haben föderale Kammern auch die Funktion, den auf die neue Struktur übergehenden Kompetenzbestand im Wirkungskreis der nun partiell mediatisierten Einzelstaaten zu halten. Sie sind damit einerseits als Ausgleich für Kompetenzverluste Anreiz zur Integration in föderale Strukturen,[1668] andererseits sind sie innerhalb der neu entstehenden Ordnung als konservativ-retardierendes Element gegen weitere unitarisierende Prozesse konzipiert. Wie zentral letztere Schutzfunktion ist, verdeutlicht das Beispiel der Vereinigten Staaten: Die Emanzipation des US-Senats von der Staatsorganisation der Einzelstaaten und der damit verbundene Funktionsausfall führten dazu, dass der Supreme Court bis zur Ära *Roosevelt* mehr und mehr vom Antreiber der Integration unter Chief Justice *Marshall* zum Konservator der ursprünglichen Kompetenzordnung geriet, da der Senat in seiner Funktion als Beschützer der Kompetenzen der Einzelstaaten versagte. Der Supreme Court fungierte damit im Rahmen seiner Rechtskontrolle als Wahrer der Kompetenzordnung und hütete den formal unberührten Kompetenzbestand der Einzelstaaten vor zu extensiven Zugriffen der Bundesebene.

Die Form eines Bundesstaates erlaubt, dass territorial abgrenzbare Minderheiten im Gesamtstaat vor der reinen Anwendung des Mehrheitsprinzips, welches auf Dauer zu einer Desintegration der übergangenen Bevölkerungsteile führen kann, geschützt sind.[1669] Die Legitimation einer föderalen Vertretung ist daher nicht nur demokratischer Natur. Ihre Daseinsberechtigung speist sich im Wesentlichen aus der Grundfunktion jeder föderalen Struktur, eine integrierte Gemeinschaft mehrerer Glieder zu schaffen. Speziell wird durch die Beteiligung einer föderalen Kammer in

---

1667 Siehe z.B. B II 2 a.

1668 *Mulert*, Die Funktion zweiter Kammern in Bundesstaaten, 2006, S. 47 und 72 bringt dies auf die Formel, dass die Beteiligung der Gliedstaaten umso intensiver ausfallen muss, je größer die Kompetenzkonzentration auf gesamtstaatlicher Ebene und damit der Verlust an Selbstbestimmungsrechten ist; *Sasse*, Kommission und Rat: Konstitutionelle Rivalen oder funktionale Partner, EuR 1972, 341 (345).

1669 *Herzog/Grzeszick*, in: Maunz/Dürig, GG, 2012, Art. 20, Rn. 26; so auch *Isensee*, in: Isensee/Kirchhof, Handbuch des Staatsrechts, Band IV, 1999, § 98 Rdnr. 240, 252ff., der darauf hinweist, dass jeder Bundesstaat je nach territorialer Gliederung eine Vielzahl an unterschiedlichen Mehrheits-/Minderheitskonstellationen unter einem Dach vereint.

der Legislative erreicht, dass vor allem unitarisierende Gesetze in den Gliedstaaten auf eine höhere Akzeptanz stoßen.[1670]

In bündischen Systemen mit Integrationstendenzen nimmt die föderale Kammer also in der Regel zugunsten der gliedstaatlichen Kompetenzen die Rolle des Bewahrers und Sachwalters der bestehenden Ordnung wahr.[1671] Dies kann bei zentrifugalen Entwicklungstendenzen durchaus eine integrierende Funktion haben, wie z.B. das Agieren des Senats der USA im Rahmen der Kompromisspolitik vor dem Ausbruch des amerikanischen Bürgerkrieges oder *Max Webers* Forderungen nach einer Stärkung des Bundesrates als vereinigendes Organ am Ende des Ersten Weltkrieges verdeutlichen.[1672] Ebenso versuchten die EU-Ratsmitglieder während der Krise der Gemeinschaften 1965/66, Frankreich trotz seiner Verweigerungshaltung in die Entscheidungsprozesse der Gemeinschaft einzubinden.[1673]

Im Nebeneffekt sind föderale Kammern par excellence dazu geeignet, einer der Grundfunktionen des Rechts zu dienen, nämlich eine stabile, verlässlich-materiale Ordnung zu garantieren. Diese von *Rüthers* so bezeichnete Konservierungsfunktion ist ein zentraler Baustein für jede rechtlich organisierte Gesellschaft.[1674]

Aus diesem Grund wird den Staatenhäusern von der Staatsrechtslehre häufig die Funktion einer Reflexionskammer zugeschrieben, die bezweckt, staatliche Entscheidungen als gewissermaßen unpolitisches, neutrales Organ zu überprüfen.[1675] In der US-Verfassungsordnung soll der Senat ausdrücklich nicht nur die Interessen der Bundesstaaten repräsentieren, sondern gerade auch als mäßigender Ausgleich zum Repräsentantenhaus und weitsichtiger Berater des Präsidenten fungieren. Dies zeigen Ausführungen in den Federalist Papers, die auf die Klugheit und Weisheit von Versammlungen, wie dem Senat Roms oder Karthagos, abstellen.[1676] Ebenso wurde im Kaiserreich dem Bundesrat und dessen Nachfolger in der Weimarer Zeit, dem Reichsrat, in der deutschen Staatsrechtslehre die Aufgabe eines politisch neutralen Hüters der Verfassung in der Legislative zuerkannt. In der Weimarer

1670 Das Grundgesetz sichert die Mitwirkung der Länder an der Gesetzgebung neben der Gliederung des Bundes in Länder gesondert über die Ewigkeitsgarantie in Art. 79 Abs. 3 GG ab. Damit wird deutlich, dass das Grundgesetz Bundesstaatlichkeit nicht nur als eine formale vertikale Aufteilung des Staatsaufbaus versteht, sondern ebenso die Integration der Länder in den Gesamtstaat permanent verankert.

1671 Am Beispiel des US-Senats und des Schweizer Ständerates *Lehmbruch*, Parteienwettbewerb und Bundesstaat, 1998 S. 112.

1672 D II 3 a, B III 6 a; zur integrativen Funktion des Ministerrates *Heckel*, Der Föderalismus als Prinzip überstaatlicher Gemeinschaftsbildung, 1998, S. 46.

1673 C II b.

1674 *Rüthers*, Rechtstheorie. 2005, § 3, Rn. 79.

1675 *Häberle*, Europäische Verfassungslehre, 2005, S. 413 spricht sogar von einem „aristokratischen Element“ im demokratischen Verfassungsgefüge; siehe auch *Reyes*, Die Rolle zweiter Kammern in Bundesstaaten, 2003, S. 169 f.

1676 Siehe Federalist No. 62 und 63.

Staatsrechtsehre, die teilweise davon geprägt war, über den Parteiendiskurs erhabene, nur dem Gemeinwohl verpflichtete Organe als vorzugswürdig anzusehen, erfuhr der Reichsrat aus diesem Grund eine wertschätzende Beurteilung.[1677]

Die Beteiligung einer zusätzlichen föderalen Kammer sichert die Konservierungsfunktion des Rechts noch unter einem anderen Gesichtspunkt. Die von *Tsebelis* beschriebene Vetospielertheorie besagt, dass die Gesetzgebung eines politischen Systems umso wandelbarer und flexibler funktioniert, je weniger Akteure in der Lage sind, eine Entscheidung zu blockieren. Die Kehrseite einer schnellen Entscheidungsfindung unter Beteiligung weniger Vetospieler besteht darin, dass die Stabilität einmal beschlossener Gesetze nach politischen Machtwechseln in den entscheidenden Organen stark eingeschränkt ist.[1678]

Die US-Verfassung hat eine Rechtsordnung geschaffen, die eine besonders hohe Zahl von Vetospielern aufweist. In der Gesetzgebung können Senat und Repräsentantenhaus einen Legislativprozess blockieren; dazu verfügt der Präsident über ein überstimmbares, suspensives Vetorecht. Darüber hinaus kann ex post der Supreme Court bereits beschlossene Gesetze aus verfassungsrechtlichen Gründen kassieren. Die Vielzahl an Blockademöglichkeiten wird in der heutigen Zeit, die durch Globalisierung und kommunikative Vernetzung eine beschleunigte Entscheidungsfindung erforderlich und möglich macht, häufig als Makel der US-Verfassung verstanden.[1679] Dabei wird übersehen, dass einmal getroffene und von allen relevanten Organen gebilligte legislative Entscheidungen in den USA sich in der Regel durch ein hohes Maß an Dauerhaftigkeit und rechtlicher Verlässlichkeit auszeichnen.[1680]

Die Reichsverfassung war darauf ausgelegt, den demokratisch-unitarischen Impetus des Reichstages in einen föderal-konstitutionellen Rahmen einzuhegen, was dadurch erreicht wurde, dass der Reichstag nur in Zusammenwirken mit dem Bundesrat tätig werden konnte. Plastisch wird dies anhand der Diätenreformvorschläge des Reichstags, die vor 1906 gerade auch am Nichthandeln des Bundesrates scheiterten.[1681] Der Bundesrat war damit, wie von *Bismarck* vorgesehen, ein entscheidender Wahrer der konstitutionellen Ordnung gegen parlamentaristische Bestrebungen. Umgekehrt diente der Reichstag als Hüter des erreichten Zentralstaates gegen partikulare Bestrebungen der Länder.[1682] Nach der Konzeption Bismarcks sollten beide Organe mit ihrer Vetomacht herangezogen werden, um die Politik der preußischen Reichsleistung abzusichern. Dass de facto der Bundesrat zu einer nicht gestaltenden Vetomacht degenerierte, lag im Wesentlichen an der

---

1677 B II 3.

1678 Zur Theorie *Tsebelis*, Veto Players: How political Institutions work, 2002, S. 17 ff.

1679 D III 5.

1680 Siehe auch die positive Bewertung des amerikanischen Verfassungsssystems bei *Riker*, The Justification of Bicameralism, International Political Science Review, 13 (1992), 101 (114 f.); zum Spannungsfeld von Kompromiss und Innovation *Schulze-Fielitz*, Theorie und Praxis parlamentarischer Gesetzgebung, 1988, S. 437.

1681 *Hatschek*, Das Parlamentsrecht des Deutschen Reiches, Erster Teil, 1915, S. 611 ff.

1682 B III 5.

spezifischen Verfassungsentwicklung des Reiches, die von einer Bedeutungserosion der nicht-preußischen Länder geprägt war.

Das ordentliche Gesetzgebungsverfahren der EU, welches Kommission, Rat und Parlament als konstitutive Elemente für das Zustandekommen eines Rechtsaktes bestimmt, weist ebenfalls in die Richtung einer strikten Vetospielersituation, deren Entstehung und Absicherung vom EuGH mit der Formel des institutionellen Gleichgewichtes flankiert wurde. Schon in der Grundanlage der EWG war eine Setzung von Sekundärrecht grundsätzlich nur im Einvernehmen von Kommission und Rat möglich. Durch die Rechtsprechung des EuGH wurde das Parlament zum dritten Vetospieler aufgewertet, sodass die europäische Gesetzgebung nun aus dem spannungsvollen Zusammenwirken des institutionellen Dreieckes heraus erfolgen muss.

Die Stärke der föderalen Kammern als Vetospieler rührt in den untersuchten Systemen aus dem Umstand her, dass die Gesetzgebungsorgane weitgehend mit den gleichen Kompetenzen ausgestattet sind. Letztlich ebnet erst ein Konsens zwischen beiden Körperschaften den Weg zu einem Gesetzeserlass. Durch das Erfordernis einer positiven Zustimmung wirken interne Blockadesituationen auf den Gesetzgebungsprozess als Ganzes. Insbesondere wenn die innere Verfassung eines Organs spezielle Vorrechte für alle oder bestimmte Mitglieder bzw. spezielle Abstimmungsmodi vorschreibt, erhalten gliedstaatliche Vertretungsorgane ein besonderes Gewicht. Aus diesem Grund konnte Frankreich mit seiner „Politik des leeren Stuhls" im Rat die gesamte Gemeinschaftsrechtsetzung blockieren.[1683] Ebenso war jeder einzelne US-Senator auf Grund der internen Geschäftsordnung des Senats durch eine Filibusterrede bis 1917 in der Lage, den Fortgang der Gesetzesberatungen aufzuhalten. Und ohne die Zustimmung der preußischen Delegierten im Bundesrat waren ferner Reformen im Militärwesen des Kaiserreiches ausgeschlossen.

Eine hohe Anzahl an Vetospielern dient der zentralen Konservierungsfunktion des Rechts, weil dadurch das Zusammenspiel und die sorgfältigere Abwägung verschiedener Interessen erzwungen werden. Föderale Systeme, die eine Beteiligung der Gliedstaaten an der gesamtstaatlichen Willensbildung im Wege des Bikameralismus beinhalten, sind generell mit mehr Blockademöglichkeiten ausgestattet, sodass diesen stets das Motiv eines mäßigenden Ausgleichs innewohnt.[1684]

Lehmbruch hat die Einbindung föderaler Vertretungen mit den ihnen eigenen, konsensual-koninuierlich und damit entscheidungshemmenden Verfahrensweisen in den Willensbildungsprozess als problematischen Strukturbruch in parlamentarischen Systemen gedeutet. Dieses Vorgehen steht demnach im Widerspruch

---

1683 Damals kam erschwerend hinzu, dass das Parlament in seiner Kompetenzausstattung dem Rat deutlich nachgeordnet war.

1684 *Smith*, Konfliktlösung im demokratischen Bundesstaat, 2011, S. 207; zu den Spezifika in föderalen Systemen *Tsebelis*, Veto Players: How political Institutions work, 2002, S. 136 ff.

zum am Mehrheitsprinzip orientierten, diskontinuierlichen, parlamentarisch-demokratischen Parteienwettbewerb auf Bundesebene.[1685] Tatsächlich muss etwa die EU-Kommission zwischen Rat und Parlament, die beide auf einer eigenen Legitimationsquelle gründen, balancieren, um erfolgreich die politische Gestaltung der Union vorantreiben zu können.[1686] Die Verbindung zweier unterschiedlicher Handlungslogiken in einem Regierungssystem führt ferner zum Aufbau von Spannungen, welche sich von Zeit zu Zeit in eruptiven Schüben entladen.[1687] Damit zeigt *Lehmbruch* treffend die riskante Kehrseite der konservierenden Wirkung der Existenz föderaler Gremien auf. So kann das Festhalten an bestehenden Rechtsstrukturen, welche mit der Wirklichkeit nicht vereinbar sind, erst zu einer Instabilität im Staatswesen führen bzw. diese lediglich in der Schwebe halten. In diesem Sinne stellte z.B. die oben angeführte Ausgleichspolitik im Senat vor dem Sezessionskrieg zwar lange Zeit eine Möglichkeit zur Wahrung der Einheit der Union dar, löste aber den eigentlich bestehenden Konflikt um die Sklaverei, der sich dann im Sezessionskrieg Bahn brach, nicht endgültig.

d) Übertragung justizieller Funktionen auf föderale Kammern

Die rechtsprechende Gewalt zur Auslegung der EU-Verträge ist gem. Art. 19 Abs. 1 EUV dem EuGH und damit einem Gericht zugewiesen. Im Deutschen Kaiserreich und in den USA wurden die föderalen Kammern nicht nur als reine Legislativkammern geschaffen, sondern es wurden ihnen auch judikative Funktionen übertragen. Der Senat fungiert in den USA bei Amtsenthebungsverfahren als Richter über den Schuldvorwurf gegen den angeklagten Amtsträger. In Verfahren, die nicht gegen den Präsidenten oder den Vizepräsidenten gerichtet sind, führt der Vizepräsident den Vorsitz im Senat, was eines der seltenen Beispiele für eine Gewaltenverschränkung in der US-Verfassung darstellt. In den USA wird diese Zuweisung gerichtsähnlicher Verfahren v.a. mit der mäßigenden Funktion des Senats begründet.[1688] Gleichzeitig war die Wahrnehmung von Justizaufgaben durch eine Staatenvertretung kein Novum der US-Verfassung. Gem. Art. 9 Sec. 2 der Articles of Confederation, der ein sehr ausdifferenziertes Verfahren vorschrieb, war der Kontinentalkongress als letzte Instanz zur Schlichtung von Streitigkeiten zwischen den Einzelstaaten vorgesehen.[1689]

1685 *Lehmbruch*, Parteienwettbewerb und Bundesstaat, 1998, S. 9; in diese Richtung auch *Steffani*, Parlamentarismus in den EG-Staaten und demokratisches Defizit der europäischen Institutionen, ZParl. 1978, 233 (241).

1686 Siehe schon *Ehlermann*, Das Parlament muß berechenbar sein. Zum Verhältnis von Kommission und Parlament, ZParl 1982, 185 (186).

1687 *Lehmbruch*, Parteienwettbewerb und Bundesstaat, 1998, S. 12 bemüht hierbei das Bild aneinander grenzender und gegeneinander wandernder tektonischer Platten.

1688 D III 2 d.

1689 Gem. Art. 3 Sec. 2 der Constitution wurde diese Funktion dem Supreme Court übertragen.

Diese schlichtende Funktion des föderalen Vertretungsorgans war auch in der *Bismarckschen* Reichsverfassung verankert. Der Bundesrat im Deutschen Kaiserreich, teilweise in Zusammenwirken mit dem Reichstag, hatte gem. Art. 76 RV die Rolle als Schiedsrichter in Streitigkeiten zwischen einzelnen Ländern und als Schlichter bei landesinternen Verfassungskonflikten.[1690] Die judikativen Kompetenzen des Bundesrates sind durch die historischen Wurzeln dieses Verfassungsorgans zu erklären. Schon der Bundestag im Deutschen Bund war nicht nur als rechtsetzende Körperschaft, sondern auch gem. Art. 11 DBA als Instrument der friedlichen Konfliktlösung, nach völkerrechtlichen Begriffen also ein Self-Contained-Regime zur Streitbeilegung, zwischen den deutschen Staaten installiert. Da die *Bismarcksche* Reichsverfassung kein Verfassungsgericht kannte, lag es nahe, die Schlichterrolle bei Verfassungsstreitigkeiten dem Bundesrat zuzuweisen, zumal damit der besonders in der Struktur des Bundesrates angelegte, verdeckte preußische Einfluss auch im justiziellen Bereich gesichert war. Ebenso wurde in Fällen fehlender Justizgewährung dem Bundesrat in Anlehnung an Art. 29 WSA eine Schlichterfunktion zugeteilt.[1691]

Damit zeigt sich, dass die justiziellen Funktionen des Bundesrates wie auch des Senats auch aus rechtstraditionellen Erwägungen heraus in den Verfassungen verankert wurden. Die weitergehende Beteiligung des Reichstages gem. Art. 76 Abs. 2 RV an der Beilegung von Verfassungsstreitigkeiten war dagegen eine spezielle Abweichung der Reichsverfassung, um im Zweifel unitarisierend auf die Landesverfassungen einwirken zu können.[1692]

In beiden Rechtsordnungen wurde damit in unterschiedlichem Ausmaß die Anwendung und Konkretisierung des Verfassungsrechtes in die Hände der Verfassungsorgane gelegt. Im Kaiserreich waren die Organe durch das Fehlen eines Verfassungsgerichtes hierbei völlig frei. Der Supreme Court der USA hat sich hingegen durch die Schaffung des richterlichen Prüfungsrechtes eine entschiedende Rolle erkämpft, füllt diese aber sehr zurückhaltend aus, wie sich in Gestalt der *political question doctrine* zeigt. Dies ist auch konsequent, da die US-Verfassung zudem mit dem *Impeachment*-Verfahren gezielt auch eine zentrale justizielle Funktion mit starker politischer Dimension an den Senat vergeben hat.[1693] Die EU geht einen Sonderweg, indem Streitigkeiten zwischen Mitgliedstaaten durch Art. 259 AEUV unter vorheriger Vermittlung durch die Kommission an den EuGH verwiesen werden. Die Streitbeilegung zwischen den Mitgliedstaaten über Fragen des

---

1690 B II 2 c; diese Beschränkung der justiziellen Funktionen setzte sich auch im Grundsatz in der Weimarer Republik fort; siehe Art. 19 WRV; siehe zur begrenzten Kompetenz des Staatsgerichtshofes als „spezifisch bundesstaatliche (föderalistische) Einrichtung“ *Schmitt*, Der Hüter der Verfassung, Berlin 1996, S. 54 ff.

1691 *Bönnemann*, Die Beilegung von Verfassungskonflikten vor der Zeit des Grundgesetzes, 2007, S. 79.

1692 Zu den Motiven *Bismarcks* in Bezug auf den Reichstag B II 1.

1693 *Bryde*, Verfassungsentwicklung. Stabilität und Dynamik im Verfassungsrecht, 1982, S. 310 f.; siehe hierzu auch D II 3.

Europarechts ist damit nicht im Rahmen eines schlichtenden föderalen Diskurses im Rat, sondern gerichtsförmig durch den EuGH zu klären.[1694] Der EuGH ist ergo die alleinige Instanz zur Klärung von Rechtsfragen zwischen den Mitgliedstaaten, was dessen starke Stellung zur Interpretation des gesamten Gemeinschaftsrechts untermauert.[1695]

3. Parlamentarische Gremien als Garanten der demokratischen Repräsentation

a) *Begriff und Ausgestaltungen des Parlamentarismus*

Heute ist der Begriff des Parlamentarismus staatsrechtlich so zu verstehen, dass in der Staatsorganisation ein Vertretungsorgan des Volkes vorhanden ist. Über diesen weiten, rein formellen Begriff, der auch bloße Scheinparlamente umfassen kann, lassen sich zwei weitere Kriterien für das Vorliegen eines parlamentarischen Verfassungssystems nach modernem, westlichem Verständnis anführen. Zum einen sollte die Volksvertretung mit entscheidenden Mitbestimmungs- und Kontrollfunktionen ausgestattet sein, zum anderen die Kammer aus freien, gleichen und regelmäßig wiederkehrenden Volkswahlen hervorgehen.[1696]

Folgt man diesen zusätzlichen Definitionsmerkmalen, wird offenbar, dass das Europäische Parlament bis 1979 tatsächlich kein Parlament im klassischen Sinne darstellte, da es an einer direkten Volkswahl fehlte.[1697] Erst mit der ersten direkten Wahl der Abgeordneten kann von einem Parlament im engeren Sinne die Rede sein.

Eine weitere Differenzierung innerhalb der parlamentarischen Systeme ermöglicht die Untersuchung des Verhältnisses von Volksvertretung und Regierung. In einem parlamentarischen Regierungssystem stützt sich die Regierung auf eine politische Mehrheit im Parlament, sodass den Volksvertretern die zentrale politische Kontrollfunktion im Staatswesen zukommt. An ein solches System näherte sich z.B. das Deutsche Kaiserreich an, als der Reichstag zunehmenden Einfluss auf die Entlassung des Reichskanzlers durch den Kaiser gewann, was schließlich in der Normierung der Abhängigkeit des Kanzlers vom Parlament in der Oktoberreform 1918 gipfelte.[1698]

Als Gegenpol hierzu existieren Systeme, in denen die Exekutive ihre Legitimation aus anderen Quellen speist. Beispielhaft steht hierfür die präsidentielle Demokratie

---

1694 EuGH Rs C-5/94, Slg. 1996, I-2553.

1695 Zu möglichen Begrenzungen der richterlichen Entscheidungsbefugnisse des EuGH *Grosche*, Rechtsfortbildung im Unionsrecht, 2011, S. 236 ff.

1696 Zu enger und weiter Auslegung des Parlamentarismusbegriffs *Brenner*, Das Prinzip Parlamentarismus, in: Isensee/Kirchhof, Handbuch des Staatsrechts, Band 3, 2005, § 44, Rn. 14 ff.

1697 Siehe C II 2.

1698 Siehe B III 2 c.

in den USA, in der sich der Präsident auf eine eigene Legitimation durch eine indirekte Volkswahl berufen kann. Die Legislative in Gestalt des Kongresses hat hier nur die Möglichkeit, im Rahmen des Impeachment-Verfahrens in Anknüpfung an rechtliche Verfehlungen eine Amtsenthebung durchzusetzen.[1699] Auch das Deutsche Kaiserreich postulierte in seiner Verfassung den Anspruch, dass der Kanzler vom Vertrauen des Kaisers abhing und damit seine Legitimation aus der monarchischen Souveränität des preußischen Königs ableitete.[1700]

Einen Sonderfall bildet wiederum die EU. Hier kann die Kommission nur mit Zustimmung des Parlaments eingesetzt und durch ein Misstrauensvotum des Parlaments abberufen werden, was an sich auf ein parlamentarisches Regierungssystem hindeutet. Jedoch liegt das Vorschlagsrecht für die Auswahl der Kommissaranwärter weiter beim Europäischen Rat, sodass die grundsätzliche Zusammensetzung der Kommission nicht durch eine Wahl des Parlaments, sondern durch Verhandlungen der Mitgliedstaaten ermittelt wird. Dazu agiert die Kommission als prinzipiell parteipolitisch heterogenes Gremium im Großen und Ganzen unabhängig von den Mehrheitsverhältnissen im Parlament. Auf Seiten des Parlaments wird dies spiegelbildlich dadurch deutlich, dass dort keine in parlamentarischen Regierungssystemen übliche und notwendige Trennung in Regierungs- und Oppositionsfraktionen existiert, sondern ad hoc Mehrheiten für Gesetzgebungsvorhaben gesucht werden.[1701] Gerade diese personelle Rückkopplung der Exekutive an das Parlament stellt einen entscheidenden Ansatzpunkt für eine parlamentarische Regierung dar, die verlässliche Mehrheiten für die Gesetzgebung ermöglicht. Dies zeigt der Blick auf die beiden anderen untersuchten Rechtsordnungen.

So tat sich der formell vom Reichstag unabhängige *Bismarck* als Reichskanzler zur Durchsetzung eigener Gesetzgebungsprojekte nach ihn unterstützenden Mehrheiten unter den Reichstagsabgeordneten um. Gegen Ende seiner Amtszeit in Gestalt des konservativen Mehrheitskartells und später im Rahmen des *Bülow*-Blockes verfestigten sich diese losen Kooperationen zu zeitweise stabilen Bündnissen zwischen Exekutive und Reichstag, die den jeweiligen Kanzlern Mehrheiten für ihre Legislativprojekte sicherten. In den USA ist es auf Grund des fortwährenden Trennsystems nie zu verfestigten Allianzen zwischen Präsident und der Mehrheiten in den Kongresskammern gekommen. Der Präsident ist daher stets darauf angewiesen, spontane Mehrheiten für seine Vorhaben zu organisieren.

1699 Siehe D III 2 d.

1700 Damit war das System der Reichsverfassung dem Grunde nach dualistisch angelegt; vgl. *Boldt*, Von der konstitutionellen Monarchie zur parlamentarischen Demokratie, Der Staat, Beiheft 10, 1993, 151 (167).

1701 Ein Grund hierfür liegt auch darin, dass die EU kein eigenes Parteiensystem kennt. Vielmehr sind heutige europäische „Parteien" lose Zusammenschlüsse der nationalen Parteien. Damit fehlt auf EU-Ebene ein Parteisystem als „Keilriemen" zwischen den EU-Bürgern und der Willensbildung im Parlament; vgl. auch *Tsatsos*, Europäische politische Parteien, EuGRZ 1994, 45.

Entsprechend zeigt die Stellung des Parlaments im EU-Vertragssystem, dass es noch nicht klar ist, in welche Richtung sich die europäische Integration weiterentwickeln wird. Je nach Lesart der Verträge lassen sich Ansätze für eine Parlamentarisierung der Kommissionsarbeit oder eine Tendenz hin zu einem weiterhin stark exekutiv-intergouvernemental geprägten System erkennen, in welchem das Parlament weitgehend getrennt von der Exekutive als unabhängige Gesetzgebungs- und Kontrollinstanz ähnlich dem amerikanischen Repräsentantenhaus bedeutsam ist.[1702]

b) Typische Funktionen eines modernen Parlaments nach Bagehot

Den typischen Kanon der Funktionen eines Parlaments hat *Walter Bagehot* in seinem Werk zur englischen Verfassungsordnung[1703] herausgearbeitet. So ist ein Parlament nicht nur ein reines Legislativorgan, sondern erfüllt auch als Volksvertretung andere staatsrechtliche und politische Aufgaben, wie insbesondere nach dem damaligen englischen Staatsrechtsverständnis die Kontrolle, Wahl und Abberufung der Regierung.

Im Kontext zur Gesellschaft eines Staates hat das Parlament dazu eine weitergehende politische Doppelfunktion. Einerseits greifen die Volksvertreter Stimmungen und Meinungen ihrer Wähler auf und bringen diese in den politischen Prozess ein, andererseits wirken die Abgeordneten zugleich als Vermittler von Entscheidungen, die im politischen Prozess getroffen werden. Diese Aufgabe, welche die Herstellung von Öffentlichkeit politischer Entscheidungen zur Folge hat,[1704] war für die Kompetenzentwicklung der parlamentarischen Organe nicht unbedeutend. So wurde vor allem der Reichstag als Forum der Nation wahrgenommen, auf welchen sich im Gegensatz zum Bundesrat die öffentliche Wahrnehmung konzentrierte. Dies machte sich der Reichstag zunutze, indem er z.B. durch die öffentliche Formulierungen von Fragen an die Reichsleitung diese unter Druck setzte, zu antworten, und damit seinen verfassungsrechtlich nicht normierten Anspruch auf ein Interpellationsrecht durchsetzte.[1705] In den USA waren die Öffentlichkeit und die landesweite Verbreitung der Plenardebatten im Kongress, von denen der Präsident ausgeschlossen war, ein entscheidender Faktor für die langjährige Suprematie des Kongresses.[1706] Mit der Einführung moderner Medien ist dieser parlamentarische Standortvorteil geschmolzen.[1707]

1702 *Calliess/Ruffert*, Verfassung der Europäischen Union, 2006, Art. I-20, Rn. 8.

1703 *Bagehot*, The English Constitution, 1873.

1704 Zur Bedeutung der Öffentlichkeit für das demokratische Gemeinwesen *Rumler-Korinek*, Kann die Europäische Union demokratisch ausgestaltet werden? Eine Analyse und Bewertung aktueller Beiträge zur „europäischen Demokratiedebatte“, EuR 2003, 327 (338).

1705 B II 4 a, B III 2b.

1706 D III 4.

1707 Siehe auch *Scheuner*, Staatstheorie und Staatsrecht, 1978, S. 330.

Im rechtlich relevanten Bereich haben Parlamente nach *Bagehot* drei zentrale Funktionen, nämlich eine konstitutive Mitwirkung an der Gesetzgebung, des Weiteren die Herstellung von Kontrolle und Publizität bezüglich der Regierungsarbeit sowie zuletzt die Stützung der Exekutive in freier Entscheidung.[1708]

Die regierungstragende Funktion eines Parlaments ist nur in einem parlamentarischen Regierungssystem gegeben. Hierbei ist zu beachten, dass *Bagehots* Parlamentarismusbegriff im Rahmen seines Werkes zum englischen Verfassungsrecht entstanden ist, welches ein strikt parlamentarisches Regierungssystem entwickelt hat. In einem Trennsystem wie dem der präsidentiellen Demokratie der USA ist diese Funktion grundsätzlich nicht vorhanden. In den USA kommt dem Repräsentantenhaus als Volksvertretung nur subsidiär eine Wahlfunktion zu, die darüber hinaus die freie Entscheidung des Abgeordneten über die Abstimmung nach Bundesstaatenkontingenten mediatisiert.[1709] Ebenso ist die Kontrollfunktion eines Parlaments in einem System ohne Gewaltenverschränkungen stark begrenzt. *Carl Schmitt* reduzierte in diesem Sinne, gerade auf die Motive der Federalist Papers gestützt, die Aufgaben eines Parlaments auf den Erlass von Gesetzen mit materieller Wirkung und forderte eine handlungsfähige, starke und damit ungebundene Exekutive.[1710]

Bagehots im 19. Jahrhundert entwickelter Ansatz steht mit dem heutigen Konzept demokratischer Legitimation teilweise in Widerspruch, da zwischen Parlament und Volk ein Über-Unterordnungsverhältnis angenommen wird.[1711] Trotzdem besticht die Einteilung durch ihre funktionale Beschreibung der Rolle eines Parlaments, welche auch an heutigen Maßstäben gemessen eine objektive Bewertung parlamentarischer Kompetenzen ermöglicht.

Das EU-Parlament entsprach bis zur allmählichen Erlangung von Teilhaberechten ausgehend vom Budgetrecht mit seinen reinen Anhörungsrechten ebenfalls nicht dem Parlamentarismusbegriff nach *Bagehot*, da es an einer konstitutiven Mitwirkung in der Legislativarbeit fehlte. Genau genommen kann man nach dieser Definition erst mit der Einführung des Verfahrens der Mitbestimmung durch das Inkrafttreten des Vertrags von Maastricht 1993, welcher dem Parlament erstmals eine absolute Vetoposition in der Rechtsetzung einräumte, von einer vollständigen Erfüllung aller Parlamentsfunktionen sprechen. Zuvor hatten *Grabitz und Schmuck*[1712] versucht, die Funktionen des Europäischen Parlaments anders

---

1708 *Bagehot*, The English Constitution, 1873, S. 117 ff.

1709 D III 3.

1710 Mit Verweis auf Federalist Paper Nr. 70 *Schmitt*, Die Prinzipen des Parlamentarismus, abgedruckt in: Kluxen (Hrsg.), Parlamentarismus, 1969, S. 49. Zuvor (S. 48) stellte *Schmitt* mit Verweis auf *Hegel* das heutige „Königsrecht" des Parlaments, das Budgetrecht, in Frage, womit er letztlich gegen das zentrale Machtmittel parlamentarischer Kontrolle gegen die Regierung anging.

1711 *Steffani*, Parlamentarische und präsidentielle Demokratie, 1979, S. 118 ff.

1712 *Grabitz/Schmuck*, Das Europäische Parlament im Verflechtungssystem der EG – Handlungsspielräume, Rollenbeschreibung, Funktionen, ZParl 1984, 427.

zu definieren, um eine dessen Systemsstellung effektiv bewerten zu können. Sie teilten die parlamentarischen Wirkbereiche in eine Politikgestaltungsfunktion, d.h. Einflussnahme auf die in der EU getroffenen Entscheidungen, eine Systemgestaltungsfunktion, d.h. Anstöße zur Weiterentwicklung der Gemeinschaften, und eine Interaktionsfunktion, d.h. Repräsentation von verschiedenen Individual- und Gruppeninteressen auf Gemeinschaftsebene, ein.[1713] Im Ergebnis stellte dieser Kanon nur eine Umstrukturierung der von *Bagehot* aufgestellten Kriterien dar. So lässt sich die Einflussnahme auf Entscheidungen und Fortentwicklung der EU auch am Maßstab der Kontroll- und Legislativfunktion messen. Die Interaktionsfunktion eines Parlaments hatte auch *Bagehot* herausgearbeitet, sodass der neue Ansatz von *Grabitz* und *Schmuck* mehr eine Neugewichtung und modifzierte Klassifizierung als eine originäre Neuschöpfung der parlamentarischen Funktionen darstellt.

c) Unitarisierende Tendenz eines Parlaments

Die Funktion eines Parlaments, alle gesellschaftlich bedeutenden Gruppen ihrem Gewicht nach konzentriert an den zentralen Entscheidungsprozessen zu beteiligen, wirkt unitarisierend.[1714]

Daher ist die Zurückhaltung gegenüber parlamentarischen Gremien in föderalen Systemen nicht ungewöhnlich. In den untersuchten Rechtsordnungen waren die Einzelstaaten mehr oder weniger an der Schaffung der Zentralgewalt beteiligt. Dass diese ihre Souveränität nicht unkontrolliert an ein neues Gebilde abgeben wollten, zeigt das in allen Systemen feststellbare Ringen um die Ausgestaltung der föderalen Interessenvertretung.

Das Zentralparlament hat dagegen unitarischen Charakter. Es ist Ausdruck des Willens der Gesamtbevölkerung, welcher im Rahmen einer umfassenden Wahl übertragen wird.[1715] Damit verfolgt ein klassisches Zentralparlament von Natur aus eher eine Agenda, die auf Vereinheitlichung abzielt. Erlangt das Zentralparlament eine (mit-)beherrschende Stellung in einem Verfassungsgefüge, verlieren die Mitgliedstaaten bei einer Überantwortung von Kompetenzen ein Gros ihrer Gestaltungsmöglichkeiten auf diesem Gebiet zugunsten eines im Interesse der Unitarisierung arbeitenden Organs.

Besonders deutlich wird dies im Kontext der EU. Hier zögern die Mitglieder, dem klassischen institutionellen Gefüge der EU und damit auch dem relativ erstarkten EU-Parlament neue Befugnisse zuzugestehen, und konzentrieren weitere Integrationsschritte vor allem auf die intergouvernementale Ebene.[1716]

1713 *Grabitz/Schmuck*, Das Europäische Parlament im Verflechtungssystem der EG – Handlungsspielräume, Rollenbeschreibung, Funktionen, ZParl 1984, 427 (439 f.).

1714 Zur Integrationsfunktion schon in Ansätzen *Bagehot*, The English Constitution, 1873, S. 117 ff.

1715 Das BVerfG spricht hinsichtlich der Bundestagswahl in Deutschland von einem Integrationsvorgang; BVerfGE 71, 81 (97).

1716 C III 1.

Das Parlament spielt als unitarisches Organ die Rolle eines Antreibers hin zu mehr Integration. Vor allem der Reichstag des Deutschen Reiches leistete – durchaus entsprechend den Planungen *Bismarcks* – einen großen Beitrag zur Durchsetzung einer einheitlichen Rechtsordnung im anfangs in viele Einzelrechtsordnungen gespaltenen Reich und avancierte zunehmend zum politischen Forum der Nation.[1717] Das Europäische Parlament zeigte früh unitarisierende Tendenzen, wie die zahlreichen Anstöße zu Vertragsreformen beweisen, auch wenn es zu Beginn der europäischen Integrationsgeschichte im Vergleich zum Reichstag über kein echtes Mitentscheidungsrecht verfügte und damit zunächst nur sehr begrenzt unitarische Belange durchsetzen konnte.[1718]

Dass diese beiden Parlamente unitarisch ausgerichtet sind, ist auf den ersten Blick bemerkenswert. Sowohl Reichstag als auch EU-Parlament wurden bzw. werden zwar von allen wahlberechtigen Bürgern ihres Einzugsgebietes gewählt, jedoch nicht strikt nach dem Grundsatz gleicher Repräsentation. Während im Mehrheitswahlrecht des Deutschen Reiches der Zuschnitt der Wahlkreise nicht verändert wurde und so die gewachsenen Bevölkerungen der Industrieregionen benachteiligt wurden,[1719] werden nach dem Wahlsystem zur Wahl der EU-Parlamentarier die Bürger kleiner Mitgliedstaaten durch einen erhöhten Erfolgswert ihrer Stimmen erheblich bevorzugt.[1720] Trotz dieser Defizite in Bezug auf die genaue Vertretung aller Wahlbürger gelang es beiden Parlamenten, die wichtigsten politischen Strömungen in ihrem Plenum abzubilden. Dies war im Deutschen Reich erstaunlich, wo sich trotz eines Mehrheitswahlrechts ein breites Spektrum an Parteien im Reichstag etablieren konnte.[1721] Im Gegensatz dazu war und ist die Parteienlandschaft der USA meist durch den Dualismus zweier großer Parteien geprägt.

Die Spiegelung aller wesentlichen Interessen hat darüber hinaus eine föderale Komponente im weiteren Sinne. Sowohl das Kaiserreich als auch die USA standen bzw. stehen vor dem Problem, dass nicht alle Gebietsteile die Qualität eines vollwertigen Bundesstaates besaßen bzw. besitzen.[1722] Im Kaiserreich existierte mit dem Reichsland Elsass-Lothringen ein Reichsteil, der direkt der Reichsverwaltung nachgeordnet war. Direkt unter der Verwaltung des Kongresses untersteht in den USA der Hauptstadtdistrikt Washington D.C. Die Beweggründe für diese Konstruktionen sind unterschiedlich. In den USA gründet sich der Status Washingtons darauf, dass die Bundesorgane sich der Souveränität der Staaten nicht unterwerfen

---

1717 *Dambitsch*, Die Verfassung des deutschen Reiches, 1910, S. 396 f.

1718 Mit Verweis auf das nach dem Deutsch-Österreichischen Krieg aus Reichstag und süddeutschen Abgeordneten gebildete Zollparlament; *Sasse*, Kommission und Rat: Konstitutionelle Rivalen oder funktionale Partner?, EuR 1972, 341 (343).

1719 *Delbrück*, Regierung und Volkswille, 1914, S. 153 f.

1720 C II 2.

1721 Wobei manche dieser Parteien, wie die Welfenpartei in Hannover oder die Zentrumspartei, territoriale Hochburgen entwickelten.

1722 Hierzu schon *von Seydel*, Der Bundestaatsbegriff, Zeitschrift für die gesamte Staatswissenschaft, 1872 (28), 185 (249 ff.),

wollten, während im Kaiserreich militärstrategische und nationalistische Einflüsse eine stärkere Stellung des Reichslandes verhinderten.[1723]

Bis das Kaiserreich 1911 dem Elsass drei durch Vorbehalte eingeschränkte Stimmen im Bundesrat zugestand, waren neben den bereits zuvor beratenden elsässischen Gesandten im Bundesrat die Reichstagsabgeordneten der dortigen Wahlbezirke die wesentlichen Vertreter des Reichlandes auf Reichsebene.[1724] Die Repräsentation der Hauptstadt in den USA ist ebenso defizitär. Mangels Staatsqualität ist der District of Columbia nicht im Senat vertreten. Nur im Repräsentantenhaus sitzt ein Vertreter der Hauptstadt, der im Plenum keine Stimme hat.[1725]

Die Funktion, alle maßgeblichen Interessen im Staat abzubilden, führt dazu, dass die Volksvertretungen konstruktive Mängel im Bundesstaatsaufbau teilweise ausgleichen, indem im föderalen Vertretungsorgan nicht enthaltene Gebietsinteressen in einem gesamtstaatlichen Forum wiedergegeben werden können. Wie oben bereits dargestellt, stehen die Gedanken demokratischer Repräsentation und föderaler Mitsprache daher nicht in Widerspruch, sondern ergänzen sich.

Eine wesentliche Rolle für die Kompetenzausübung von Parlamenten spielt die Existenz qualifizierter Mehrheiten. Während diese in föderalen Kammern als Aufbruch des Konsensprinzips zur Fortentwicklung von integrativen Tendenzen beitragen, wirken qualifizierte Mehrheitserfordernisse hemmend auf den Impetus der Parlamente. Vor allem in der EU wurden derartige Quoren im Primärrecht, wie z.B. beim Misstrauensvotum oder dem Instrument der haushaltsrechtlichen Globalablehnung,[1726] verortet. Dies dient in erster Linie nicht dazu, diesen Entscheidungen eine höhere Legitimität zu verschaffen, sondern mäßigend auf die parlamentarische Entscheidungsfindung einzuwirken. Im nur noch in zweiter Linie als föderale Kammer fungierenden Senat hat z.B. das qualifizierte Mehrheitserfordernis beim *Impeachment* bewirkt, dass dieses nicht zu einem politischen Misstrauensvotum umfunktioniert wurde, wie dies durch die Anklagepraxis des Repräsentantenhauses, welches mit einfacher Mehrheit entscheiden kann, z.T. impliziert wurde.[1727]

d) Kritik und Probleme zentraler demokratischer Repräsentation

Eine demokratische Verfassung wird heute vor allem daran gemessen, dass ein die Gesamtbevölkerung vertretendes Parlament existiert. Dieses dient dazu, alle im

1723 Die volle Gleichstellung des Elsass scheiterte vor allem an der mangelnden Offenheit des traditionalistischen Reichskörpers gegenüber Neubeitritten; *Wehler*, Krisenherde des Kaiserreich, 1979, S. 50 f.

1724 B II 2 d bb.

1725 D II 3 d.

1726 C III 2 a, CIII 2 e.

1727 D III 2 d.

Wählerwillen zum Ausdruck gekommen Interessen und Bevölkerungsschichten zu repräsentieren.[1728]

Gleichzeitig erfahren parlamentarische Körperschaften auch Misstrauen von Seiten der Staatsrechtslehre. Im Rahmen der Federalist Papers wird stets betont, dass die unsteten, an der reinen Tagespolitik orientierten Abgeordneten im Repräsentantenhaus eines moderierenden Gegengewichts in der Legislative bedürften.[1729] *Bismarck*, der den Reichstag vor allem installierte, um unitarisierenden Druck auf die deutschen Landesfürsten auszuüben, hatte bei der Konzeption der Verfassung z.B. mit der Begrenzung der Budgetrechte im Heereswesen oder durch die Verweigerung von Diäten mehrere Ansatzpunkte, wie er dem Machtanspruch des Reichstages effektiv begegnen konnte.[1730]

Zum einen wird diesen häufig eine gewisse Ineffizienz unterstellt. So bezeichnete *Wilhelm II.* in seiner Jugend den Reichstag als „Schwatzbude“[1731]. Diese Kritik war nicht völlig unberechtigt, da einige Parteien und Abgeordnete eine gezielte Obstruktionspolitik betrieben.[1732]

In der EU entstanden ebenfalls Zweifel an der Fähigkeit des Parlaments, konstruktiv an der Gesetzgebung mitzuwirken, als die Einführung des Mitentscheidungsverfahrens, welches eine konstitutive Mitwirkung des Parlaments zur Folge hatte, im Zuge der Verhandlungen für den Vertrag von Maastricht diskutiert wurde.[1733] Das Misstrauensvotum gem. Art. 234 AEUV, das an eine qualifizierte Zweidrittelmehrheit und nicht an leichter zu erreichende absolute Mehrheit geknüpft ist, verdeutlicht zusätzlich die Skepsis der EU-Verträge gegenüber dem Parlament. Dieses Misstrauen gegenüber der Gestaltungskraft von Parlamenten findet sich in der EU[1734] und im Deutschen Kaiserreich[1735] und wird mit der fraktionellen Zersplitterung der Parlamente begründet, welche als Hindernis für die effektive und sachgerechte Entscheidungsfindung gesehen wird.

In diesem Zusammenhang wird das parteiische Verhalten der Abgeordneten getadelt. In diesem Sinne sah sich *Preuß*, der Vater der Weimarer Reichsverfassung, in seinem Entwurf zur Änderung der Verfassung des Kaiserreiches 1917 gezwungen, den Einfluss des aus seiner Sicht unreifen Parlaments auf die Regierung

---

1728 *Steffani*, Parlamentarische und präsidentielle Demokratie, 1979, S. 122.

1729 D I.

1730 Siehe B II 1; die USA sahen dagegen von Anfang an großzügige Diätenregelungen vor; siehe *Jansen*, Selbstbewusstes oder gefügiges Parlament? Abgeordnetendiäten und Berufspolitiker in den deutschen Staaten des 19. Jahrhunderts, Geschichte und Gesellschaft 25 (1999), 33 (41).

1731 *Röhl*, Wilhelm II., Die Jugend des Kaisers, 2001, S. 292 f.

1732 B III 1 b bb (2).

1733 *Axmann*, Genese Europäischer Rechtsetzungsverfahren, 2001, S. 219 ff.

1734 *Dann*, in: von Bogdandy/Bast, Europäisches Verfassungsrecht, 2009, S. 362, C II 3.

1735 B II 3.

zu begrenzen und diesem nur das Instrument eines negativen, destruktiven Misstrauensvotums an die Hand zu geben.[1736] *Schmitt* sprach, in die gleiche Richtung argumentierend, den Parlamenten ab, tatsächlich noch der einheitlichen Repräsentation des Volkes zu dienen. Er warf den Abgeordneten des Weimarer Reichstages vor, lediglich interessenpolitische, inhomogene Ziele zu verfolgen.[1737] Aus diesem Grund befürchtete *Schmitt* langfristig den Zerfall der nicht einheitlich repräsentierten Gesellschaft und sah kurzfristig die Effektivität des Staatshandelns durch den ständig notwendigen Diskurs zwischen den Fraktionen in Gefahr.[1738]

Letzteres Argument ist aus heutiger Sicht nicht ohne Wahrheitsgehalt, da die sorgfältige Diskussion von Gesetzen zeitintensiv ist. Mit dem Wachsen der Staatsaufgaben und der fortschreitenden Kodifizierung von Detailfragen[1739] dehnen sich die notwendigen Beratungszeiträume in Ausschüssen und Plenum in einem Maße aus, welches die Handlungsfähigkeit des Staates als Ganzem beeinträchtigt.[1740]

1736 *Preuß*, Staat, Recht und Freiheit, 1926, S. 295 ff. Aus diesem Grund wird die These einer schleichenden Parlamentarisierung des Reiches vor dem Ausbruch des Ersten Weltkrieges teils mit Skepsis betrachtet; vgl. *Boldt*, Von der konstitutionellen Monarchie zur parlamentarischen Demokratie, Der Staat, Beiheft 10, 1993, 151 (168 f.); die zeitgenössische Kritik an der Unverantwortlichkeit der Parteienlandschaft im Reichstag illustriert z.B. *von Gierke*, German Constitutional Law in its Relation to the American Constitution, Harvard Law Review 23 (1909/10), 273 (289); aus Weimarer Zeit siehe auch *Schleicher*, Das parlamentarische System, AöR 2 n.F. (1921), 257 (361 f.).

1737 Dieses Argument verwendete auch *Bismarck*, um die Legitimität der im Zuge des Septennatstreites 1886/1887 gegen seine Politik zustande gekommenen Reichstagsmehrheit in Frage zu stellen; Stenographische Berichte über die Verhandlungen des Reichstages, VI. Legislaturperiode. IV. Session 1886/1887, Band 1, 1887, S. 379.

1738 Hierzu *Schneider*, Ausnahmezustand und Norm, 1957, S. 105 ff.

1739 Dieser Trend hat auch das Common Law System erfasst, wie die US-Gesundheitsreform zeigt, welche 906 Seiten des amerikanischen Gesetzblattes füllt, vgl. Public Law 111–148 – Patient Protection and Affordable Care Act.

1740 So schon 1964 *Bracher*, Gegenwart und Zukunft der Parlamentsdemokratie in Europa, in Kluxen (Hrsg.), Parlamentarismus, 1969, S. 80 f. *Bracher* schlägt als Lösungsansatz einen maßvollen Einsatz moderner Kommunikationstechnologie und elektronischer Datenverarbeitung vor, konstatiert aber, dass das weitläufigere Verfahren der Parlamentsgesetzgebung gerade ein parlamentarisches Regierungssystem auszeichnet; siehe auch die eindringliche Rede des Abgeordneten *Posadowsky-Wehner*, Stenographische Protokolle über die Verhandlungen des Reichstags, XIII. Legislaturperiode, II. Session, 312 Band, 1918, S. 4754 f., welcher die Flut an Detailregelungen im Zuge der Kriegspolitik kritisierte; am Beispiel der europäischen Finanzkontrolle auch *Schmolke*, Die Einbeziehung des Komitologieverfahrens in den Lamfalussy-Prozess – Zur Forderung des Europäischen Parlaments nach mehr Entscheidungsteilhabe, EuR 2006, 432 (444).

In der EU und in den USA wurden verschiedene Ansätze entwickelt, welche die parlamentarischen Kammern von einer reinen Obstruktionspolitik, wie sie im Deutschen Reich phasenweise von verschiedenen Parteivertretern betrieben wurde,[1741] zu disziplinierter Debatte zwangen.

Die US-Constitution gibt dem Repräsentantenhaus seiner Anlage nach eine restriktive Ausgestaltung der Gesetzesberatungen vor. Die dort festgeschriebene, im Vergleich zum Senat hohe Zahl von 435 Abgeordneten in Kombination mit der sehr kurzen Legislaturperiode von zwei Jahren führte dazu, dass die Geschäftsordnung des Repräsentantenhauses dem Einbringen aussichtsloser Gesetzgebungsvorhaben oder sachfremder Erwägungen einen effektiven Riegel vorschob.[1742] In der EU wird derselbe Einigungsdruck durch das ausdifferenzierte Fristenregime in der ordentlichen Gesetzgebung nach der ersten Lesung erzeugt, bei dessen Nichtbeachtung eine Entscheidung fingiert wird. Damit reagiert die EU vor allem auf Bedenken, nach denen eine volle Parlamentarisierung der Union integrationsschädliche Blockaden bewirken könnte.[1743]

Dieser Druck von Seiten der Verfassung auf die parlamentarischen Kammern mag zwar der Ökonomisierung von Entscheidungsprozessen dienlich sein, kann aber mit Blick auf die Stellung der parlamentarischen Körperschaft gegen die föderale Interessenvertretung problematisch sein. Dies wird besonders in den USA deutlich, wo der Senat mit seinen auf sechs Jahren gewählten 100 Senatoren intern wesentlich kontinuierlicher und differenzierter arbeiten kann.[1744] Auch in der EU wird bis heute der Rat im ordentlichen Gesetzgebungsverfahren strukturell bevorzugt, indem sein Nichthandeln in der zweiten Lesung anders als beim Parlament nicht als fiktive Billigung des Rechtsaktes gewertet wird.[1745]

Ein anderer Lösungsansatz zur Ökonomisierung der Legislativarbeit ist hinsichtlich der Funktion der Parlamente, Gesetzesvorschläge gründlich und transparent, insbesondere unter Einbeziehung der parlamentarischen Opposition, abzuwägen, nicht unbedenklich. Mit dem Ausbau der Staatsfunktionen vor allem im sozialen Bereich und der sich verstärkenden Vertiefung bestehender Gesetzeswerke[1746] wuchs die Arbeitslast der Parlamente deutlich, während die Exekutive durch den Ausbau der Verwaltungen an Sachkompetenz gewann.[1747] Um diesem Ungleichgewicht ent-

---

1741 B III 1 b bb (2).

1742 *Brogan*, Das englische, amerikanische und französische Regierungssystem – Ein Vergleich, in: Kluxen (Hrsg.), Parlamentarismus, 1969, S. 228.

1743 C III 1 b.

1744 D II 1.

1745 C III 1 b cc (5) (5.3).

1746 Hierzu kritisch *Scheuner*, Staatstheorie und Staatsrecht, 1978, S. 507; gegen die aus seiner Sicht zu pauschale Argumentationsfigur der „Gesetzesflut" *Schulze-Fielitz*, Theorie und Praxis parlamentarischer Gesetzgebung, 1988, S. 9 ff.

1747 Am Beispiel der USA *Hübner*, Das politische System der USA, 2007, S. 142 f., der aber auch betont, dass der Kongress absolut betrachtet an Einfluss gewonnen habe; zur Überlegenheit der Exekutive in Sachproblemen auch *Gerken/Holtz/Schick*,

gegenzutreten, wurde u.a. der Ansatz entwickelt, dass die Parlamente durch die Einsetzung von Gremien, die z.B. eine sachverständige, wirtschaftlich-technische Aufbereitung von Gesetzesvorschlägen vornehmen, entlastet werden sollten.[1748] Beratende Interessenvertretungen sind ihrer Natur nach nicht in der Lage, ein Abbild des Gemeininteresses zu bilden, da sie primär der Einbringung von Sonderinteressen und Expertenwissen dienen.[1749] Ihre Existenz ist bezüglich des umfassenden Repräsentationsanspruchs von Parlamenten problematisch, da derartige Organe als partielle Interessenvertretungen nicht nur als sachverständiger Annex zur Willensbildung im Parlament wirken, sondern weitergehend als vollständiger Ersatz wahrgenommen werden können.[1750]

In den USA, in welchen der Gedanke eines ständischen bzw. korporativ organisierten Staatswesens historisch nie zum Tragen kam, vollzieht sich die Einbindung von Sonderinteressen nur im Zuge von politischem Lobbyismus.[1751]

Der Ansatz einer Institutionalisierung von Sonderinteressen wurde im Deutschen Reich von *Bismarck* mit dem Volkswirtschaftsrat 1881 vergeblich vorgeschlagen. Damit verfolgte der Reichskanzler nicht nur den vorgeblichen Zweck, mehr Fachwissen in die Legislativarbeit einzubringen, sondern auch gezielt den Reichstag als zentrales, öffentliches Forum für Gesetzesberatungen zu schwächen.[1752] In der EU existieren mit dem Wirtschafts- und Sozialausschuss sowie dem Ausschuss der Regionen beratende Körperschaften, die im Primärrecht verankert sind. Diese dienen als Hilfsorgane dazu, durch Anhörungsrechte die von ihnen repräsentierten Spezialbelange in die europäische Willensbildung zu transferieren.[1753]

Die beratenden Ausschüsse in der EU sind anders als der Volkswirtschaftsrat nicht zur gezielten Schwächung des Parlaments konzipiert worden. Der WSA entstand aus der Erwägung heraus, die Sozialpartner bei der wirtschaftlichen Integration der kriegsrelevanten Schwerindustrie im Rahmen der EGKS einzubinden.[1754]

Reform der Komitologie im Verfassungsentwurf des Europäischen Konvents, Wirtschaftsdienst 2003, 662 (666).

1748 *Bracher*, Gegenwart und Zukunft der Parlamentsdemokratie in Europa, in: Kluxen (Hrsg.), Parlamentarismus, 1969, S. 81; siehe zum Thema auch *Achterberg*, Parlamentsrecht, 1984, S. 120.

1749 *Leibholz*, Das Wesen der Repräsentation und der Gestaltwandel der Demokratie im 20. Jahrhundert, 1966, S. 183; anders aber Art. 257 Abs. 2 EGV a.F.

1750 Vgl.die bei *von Wedel*, Zur Entwicklung des parlamentarischen Zweikammersystems, 2011. S. 152 dargestellte Reichstagsdebatte.

1751 *Fraenkel*, Das amerikanische Regierungssystem, 1960, S. 277.

1752 Vgl. B II 3 b aa).

1753 *Nicolaysen*, Europarecht I, 1991, S. 102 spricht entsprechend von einem Ansatz „kanalisierter Interessenvertretung".

1754 *Härtel*, Handbuch Europäische Rechtsetzung, 2006, § 5, Rn. 130 stellt auch fest, dass einzelne wirtschaftliche Interessengruppen oftmals in größerem Maße auf informelles Lobbying bei der Kommission setzen, anstatt ihre Interessen in dem heterogen strukturierten WSA einzubringen.

Eine derartige Einflechtung korporativer Interessen in die staatliche Willensbildung ist als solche kein Novum. So kannte Art. 165 Abs. 3 und 4 WRV die Beteiligung eines Reichswirtschaftsrates, welcher die wesentlichen Sozial- und Wirtschaftsgesetze der Weimarer Republik begutachten sollte und ggf. anzustoßen hatte.[1755] Dieser war zum einen Ausdruck des Interesses an einer Einbindung der Sozialpartner und einer teilweisen Fortführung des Rätesystems, aber auch ein Indikator für die damals parlamentsskeptische Stimmung, die dem Vorrang des Reichstages Grenzen setzen wollte.[1756]

Der AdR stellt dagegen eine Reaktion auf die fehlenden direkten Beteiligungsmöglichkeiten der Regionen und v.a. der deutschen Bundesländer dar. Für das Parlament ist die Existenz der beiden Ausschüsse nicht unproblematisch, da diese auf Politikfeldern agieren, die traditionell im Fokus der Parlamentarier liegen. Eine Aufwertung des AdR oder WSA zu einem reellen Legislativorgan zur Repräsentation kultureller, berufsständischer und regionaler Belange nach der Idee des 1999

1755 Siehe auch zuvor RGBl. 1920, 858; Art. 165 Abs. 3 und 4 WRV lauteten:
(3) Die Bezirksarbeiterräte und der Reichsarbeiterrat treten zur Erfüllung der gesamten wirtschaftlichen Aufgaben und zur Mitwirkung bei der Ausführung der Sozialisierungsgesetze mit den Vertretungen der Unternehmer und sonst beteiligter Volkskreise zu Bezirkswirtschaftsräten und zu einem Reichswirtschaftsrat zusammen. Die Bezirkswirtschaftsräte und der Reichswirtschaftsrat sind so zu gestalten, daß alle wichtigen Berufsgruppen entsprechend ihrer wirtschaftlichen und sozialen Bedeutung darin vertreten sind.
(4) Sozialpolitische und wirtschaftspolitische Gesetzentwürfe von grundlegender Bedeutung sollen von der Reichsregierung vor ihrer Einbringung dem Reichswirtschaftsrat zur Begutachtung vorgelegt werden. Der Reichswirtschaftsrat hat das Recht, selbst solche Gesetzesvorlagen zu beantragen. Stimmt ihnen die Reichsregierung nicht zu, so hat sie trotzdem die Vorlage unter Darlegung ihres Standpunkts beim Reichstag einzubringen. Der Reichswirtschaftsrat kann die Vorlage durch eines seiner Mitglieder vor dem Reichstag vertreten lassen.

1756 Parlamentsskeptisch und von einer dritten Kammer sprechend *von Delbrück*, Verhandlungen der Verfassungsgebenden Deutschen Nationalversammlung, Band 328, 1919, S. 1773; für die Eingliederung der Interessen *Stresemann*, Verhandlungen der Verfassungsgebenden Deutschen Nationalversammlung, Band 326, 1919, S. 497; *von Payer*, Verhandlungen der Verfassungsgebenden Deutschen Nationalversammlung, Band 327, 1919, S. 940 und *Sinzheimer*, Verhandlungen der Verfassungsgebenden Deutschen Nationalversammlung, Band 328, 1919, S. 1791; kritisch *David*, Verhandlungen der Verfassungsgebenden Deutschen Nationalversammlung, Band 326, 1919, S. 501; zu den Wurzeln der Idee eines Reichswirtschaftsrates ausführlich *von Wedel*, Zur Entwicklung des parlamentarischen Zweikammersystems, 2011. S. 153 ff.

abgeschafften Bayerischen Senats[1757] oder des Seanad Éireann[1758] ist bisher am Widerstand der Straßburger Abgeordneten gescheitert.

Sowohl der Reichstag als auch das Europäische Parlament haben sich der Einrichtung derartiger Gremien entgegengestellt, um das Entstehen eines Nebengesetzgebers, welcher den parlamentarischen Diskurs teilweise vorwegnehmen könnte, zu verhindern.[1759]

4. Bikammeralismus und bundesstaatliche Ordnung

Jedes föderale System muss zwischen dem Prinzip der bündischen Gleichheit aller Mitglieder und der Notwendigkeit demokratischer Repräsentation praktische Konkordanz herstellen, also einen Kompromiss zwischen beiden Interessen

---

1757 Ausführlich zum Bayerischen Senat *von Wedel*, Zur Entwicklung des parlamentarischen Zweikammersystems, 2011. S. 208 ff.; Art. 34 ff. BV a.F.; zur Sitzverteilung insbesondere Art. 35 BV a.F.:
Artikel 35. Der Senat besteht aus 60 Mitgliedern. Er setzt sich wie folgt zusammen:
1. aus 11 Vertretern der Land- und Forstwirtschaft;
2. aus 5 Vertretern der Industrie und des Handels;
3. aus 5 Vertretern des Handwerks;
4. aus 11 Vertretern der Gewerkschaften;
5. aus 4 Vertretern der freien Berufe;
6. aus 5 Vertretern der Genossenschaften;
7. aus 5 Vertretern der Religionsgemeinschaften;
8. aus 5 Vertretern der Wohltätigkeitsorganisationen;
9. aus 3 Vertretern der Hochschulen und Akademien;
10. aus 6 Vertretern der Gemeinden und Gemeindeverbände.

1758 Art. 18 der Irischen Verfassung (zur Qualifikation der wählbaren Kandidaten in Abs. VII):
1 Before each general election of the members of Seanad Éireann to be elected from panels of candidates, five panels of candidates shall be formed in the manner provided by law containing respectively the names of persons having knowledge and practical experience of the following interests and services, namely:-
i National Language and Culture, Literature, Art, Education and such professional interests as may be defined by law for the purpose of this panel;
ii Agriculture and allied interests, and Fisheries;
iii Labour, whether organised or unorganised;
iv Industry and Commerce, including banking, finance, accountancy, engineering and architecture;
v Public Administration and social services, including voluntary social activities.
2 Not more than eleven and, subject to the provisions of Article 19 hereof, not less than five members of Seanad Éireann shall be elected from any one panel.

1759 B III 1 b bb (1); C III 1 b cc (1).

finden.[1760] Gleichzeitig dient eine föderale Ordnung der effektiven Wahrnehmung des Demokratieprinzips. Die Verteilung der Entscheidungsprozesse auf mehrere Ebenen ermöglicht eine zielgerichtete Ausübung der Volkssouveränität, da sichergestellt wird, dass regionale Entscheidungen im Zweifel nur von den örtlich tangierten Teilen des Volkes getroffen werden.[1761] Dass sich Demokratieprinzip und Bundesstaatsprinzip nicht ausschließen müssen, beweist z.B. der Senat der USA, dessen Mitglieder trotz seiner bundestaatlichen Vertretungsfunktion direkt gewählt werden.[1762] Ebenso verfügt der Rat der Europäischen Union als Vertretung der i.d.R. in den Parlamenten der Mitgliedstaaten gewählten Regierungen über eine mittelbare demokratische Legitimation, während gleichzeitig der Grundsatz der Wahlrechtsgleichheit im EU-Parlament zugunsten der mitgliedstaatlichen Repräsentation nur eingeschränkte Geltung erfährt. Lediglich im Kaiserreich, in dem die Länderexekutiven meist vom monarchischen Prinzip durchdrungen waren, stand dem rein föderalen Bundesrat der demokratisch gewählte Reichstag als echter Antipode gegenüber.[1763]

Föderale Erwägungen führen auch bei den zentralen Volksvertretungen dazu, dass die dem Demokratieprinzip immanente Wahlrechtsgleichheit nicht zur vollen Geltung gelangt.[1764] Besonders deutlich wird dies im Rahmen der degressiv-proportionalen Verteilung von Kontingenten der Abgeordnetenmandate des Europaparlaments auf die Mitgliedstaaten.[1765] Im *bismarckschen* System, welches für die Wahl zum Reichstag ebenfalls keine gleiche Wahl garantierte, wurden gem. § 5 Reichstagswahlgesetz die zu vergebenden Sitze im Reichstag nach einem Mehrheitswahlsystem auf Wahlkreise verteilt. Diese orientierten sich mit ihren Grenzen an den bestehenden Ländern im Reich, sodass z.B. der Kleinstaat Schaumburg-Lippe stets einen Reichstagsabgeordneten entsandte.[1766] Während der Reichstag trotz der

1760 *Mulert*, Die Funktion zweiter Kammern in Bundesstaaten, 2006, S. 69.

1761 Ansonsten würde aus Sicht der betroffenen Bevölkerungsteile keine Selbst-, sondern eine Fremdbestimmung vorliegen; siehe: *Bleckmann*, Vom Sinn und Zweck des Demokratieprinzips, 1998, S. 181; zur neuerlichen Aufwertung der Landesvölker in der Rechtsprechung des BVerfG und in der Staatsrechtslehre *Hanebeck*, Der demokratische Bundesstaat des Grundgesetzes, 2004, S. 112 f., S. 116 ff.

1762 *Stern*, Staatsrecht, Band I, 1984, S. 736 f. spricht hierbei von „funktioneller Verdoppelung".

1763 Am Ende des 1. Weltkrieges hätte sich dieser Gegensatz durch die absehbare Demokratisierung der Länder ebenso aufgelöst, siehe B V 3.

1764 *Rehm*, Unitarismus und Föderalismus in der deutschen Reichsverfassung, 1898, S. 15 f.

1765 Kritisch hierzu *Lenz*, Ein einheitliches Verfahren für die Wahl des Europäischen Parlaments, 1995, S. 228 ff.

1766 Bei der letzten Reichstagswahl vor dem Kriegsausbruch im Jahr 1912 wählte das Fürstentum mit 46.650 Einwohnern ebenso wie der größte Wahlkreis Teltow-Charlottenburg mit 1.282.000 Bewohnern einen Reichstagsabgeordneten; *Thoma*, Das Staatsrecht des Reiches, in: Anschütz/Thoma, Handbuch des Deutschen Staatsrechts Band I, 1930, 69 (77); diese länderfreundliche Regelung war noch von der

unterschiedlichen Stimmgewichtungen als umfassende Volksvertretung wahrgenommen wurde,[1767] ist in der EU der Charakter des Parlaments als repräsentatives Organ umstritten.[1768]

In den USA wählt jeder Staat unabhängig von seiner Größe zumindest einen Abgeordneten in das Repräsentantenhaus. Des Weiteren ist der Zuschnitt der Wahlkreise in den Staaten mit mehreren Mandatsträgern stark durch die inneren politischen Mehrheitsverhältnisse der Gliedstaaten determiniert.[1769] Ferner stimmt das Repräsentantenhaus bei der Wahrnehmung seiner subsidiären Kompetenz zur Präsidentenwahl nach einzelstaatlichen Abgeordnetengruppen ab, wobei jede Delegation eine Stimme hat.

Föderale Systeme greifen also in der Regel auf ihre innere Gliederung zurück, um die Abgeordneten für ihr Zentralparlament zu rekrutieren. Die Wahl in den untersuchten Systemen hat nicht nur einen unitarischen Charakter, sondern gleichzeitig einen föderalen Einschlag.

Starker Föderalismus und Demokratieprinzip stehen somit nicht in gänzlichem Widerspruch. Der tatsächliche Konflikt in föderalen Systemen verläuft eher im steten Ringen der Zentralgewalt mit den Einzelstaaten um eine möglichst weitgehende Kompetenzausstattung. Die demokratische Legitimation staatlichen Handelns bzw. der Gesetzgebung dient hier häufig mehr als Argument für eine Stärkung der Bundeszentrale bzw. der Gliedstaaten. Dies wird besonders im Rahmen der Integration der EU deutlich. Hier argumentieren Befürworter wie Kritiker der europäischen Einigung mit dem Demokratieprinzip, um für bzw. wider eine breitere Kompetenzausstattung der EU zu streiten.[1770]

Die untersuchten Rechtsordnungen machen als Balanceakt zwischen Demokratie und Bundesstaatlichkeit die Entstehung von Gesetzen grundsätzlich vom Konsens zwischen zwei Körperschaften abhängig. Derartige Systeme werden in der Regel als bikammeralistische bzw. als Zweikammersysteme bezeichnet.[1771]

Frankfurter Nationalversammlung verworfen worden, indem diese kleinere Staaten an die Wahlgebiete größerer Länder angliederte; vgl. *Hatschek*, Das Parlamentsrecht des Deutschen Reiches, Erster Teil, 1915, S. 293 f.

1767 *Dambitsch*, Die Verfassung des deutschen Reiches, 1910, S. 395 f.

1768 *Lenz*, Ein einheitliches Verfahren für die Wahl des Europäischen Parlaments, 1995, S. 247 ff.; *Suski*, Das Europäische Parlament, 1996, S. 102.

1769 Zur föderalen Prägung des Repräsentantenhauses bereits *von Seydel*, Der Bundestaatsbegriff, Zeitschrift für die gesamte Staatswissenschaft, 1872 (28), 185 (232); siehe auch den Diskussionsbeitrag von *Paulus*, in: Geiger, (Hrsg.), Neuere Probleme der parlamentarischen Legitimation im Bereich der auswärtigen Gewalt, 2003, S. 264 f.; kritisch zur bundesstaatlichen Prägung *Sabato*, A more perfect Constitution: Why the Constitution must be revised: Ideas to inspire a new generation, 2008, S. 20.

1770 Vgl. C III 1 d.

1771 *Haas*, Sein oder nicht sein: Bikammeralismus und die Funktion Zweiter Kammern, in: Riescher/Ruß/Haas (Hrsg.), Zweite Kammern, 2010, S. 3.

Eine einheitliche Definition eines solchen Systems ist kaum zu finden. Über die strukturelle Anlage bikammeraler Ordnungen lässt sich keine allgemeine Defintion herleiten. Nur die USA haben die gesetzgebende Gewalt in die Hände des Kongresses gelegt, welcher in ein Volks- (Repräsentantenhaus) und ein Staatenhaus (Senat) aufgeteilt ist, wobei dem Senat in der Außen- und Personalpolitik Sonderfunktionen zugewiesen sind. Sowohl die Vertragsordnung der EU als auch die Verfassungsordnung des Deutschen Kaiserreiches schufen gerade kein klassisches Zweikammersystem mit einem Ober- bzw. Unterhaus, die gemeinsam die Legislative bildeten. Vielmehr wiesen diese Rechtsordnungen mit dem Bundesrat bzw. dem Rat der Europäischen Union mitgliedstaatliche Vertretungsorgane eigener Art auf, denen exekutive und im Fall des Bundesrates sogar justizielle Funktionen zuerkannt wurden.

Auch eine Definition über die innere Anlage der Organe ist im Ergebnis nicht vollständig subsumtionsfähig. Nach *Groß* liegt eine bikammerale Verfassungsordnung vor, wenn an der Gesetzgebung mindestens eine zweite Körperschaft an der Gesetzgebung mitwirkt und deren Legitimationsbasis im Gegensatz zum Parlament, der ersten Kammer, nicht auf einer allgemeinen, direkten und gleichen Wahl beruht.[1772] Auf den ersten Blick erscheint diese Definition trennscharf. Die EU und das Kaiserreich besetzen ihre föderalen Kammern durch die Regierungen ihrer Mitglieder. Auch auf die Verfassung der USA scheint die Definition anwendbar, da bei den Wahlen zum Senat der Erfolgswert der Stimmen von Bürgern kleinerer Staaten denjenigen von Stimmen aus größeren Bundesstaaten erheblich übersteigt.[1773] Betrachtet man jedoch die Besetzung der Organe zur Repräsentation der Gesamtbevölkerung vermag die Definition nur noch eingeschränkt abzugrenzen. Das Kaiserreich und die EU garantierten für ihre parlamentarische Kammer beide keine Wahlrechtsgleichheit bzw. wichen bewusst von diesem Grundsatz ab. Ebenso ist die Wahl zum Repräsentantenhaus, wie dargestellt,[1774] durch die bundesstaatliche Prägung des Wahlrechts nicht als gleich einzustufen. Da die Einordnung eines Organs als „Zweite Kammer" im Ergebnis nicht trennscharf erfolgen kann und darüber hinaus keinen gesteigerten Erkenntniswert bietet, betrachtet die vorliegende Arbeit die zu analysierenden Gesetzgebungsorgane auf ihre Funktion hin.

Gemeinsam ist allen untersuchten Systemen, dass diese nach einem Ausgleich zwischen dem Bedürfnis nach gleicher Repräsentation der Gesamtbevölkerung und der Abbildung der föderalen Struktur streben. Die Austarierung dieser Interessen entwickelte sich unterschiedlich. Im Kaiserreich standen die Souveränität

---

1772 *Groß*, Zwei-Kammer-Parlamente in der Europäischen Union, ZaÖRV 2003, 29 (31); *Groß* zeigt selbst die Grenzen der Definition am Beispiel der französischen Legislative auf. Siehe ferner *Haas*, Zweite Kammer erster Klasse: der US-Senat, in: Riescher/Ruß/Haas (Hrsg.), Zweite Kammern, 2010, S. 30 und S. 32; siehe ferner zum Begriff der zweiten Kammer am Beispiel des Bundesrates des Bundesrepublik *Smith*, Konfliktlösung im demokratischen Bundesstaat, 2011, S. 106 ff.

1773 Siehe D II 1 und D II 1 c cc.

1774 D II 1.

der Länder und verdeckt die Sicherung der preußischen Hegemonie im Vordergrund, was sich in einem formell mit zahlreichen Kompetenzen gestärkten Bundesrat niederschlug. Dieser war durch preußische Privilegien und die Dominanz des preußischen Präsidiums gleichzeitig eingeschränkt. Demgegenüber stand der Reichstag, welcher von *Bismarck* v.a. wegen seiner Unitarisierungswirkung installiert wurde.[1775] Die EU geht vom Primat der Mitgliedstaaten als Herren der Verträge aus, was sich bis heute in einer Benachteiligung des Parlaments gegenüber dem Rat in einigen Kompetenzmaterien niederschlägt, in denen besondere Gesetzgebungsverfahren vorgesehen sind. Nur in den USA dominierte bei Schaffung der Verfassung die Idee der Abbildung des gesamtstaatlichen Volkswillens. Deshalb wurden allgemeine, gleiche und direkte Wahlen zum Repräsentantenhaus eingeführt. Der Senat erfüllte dagegen neben seiner Funktion als föderale Kammer vor allem auch die Funktion einer mäßigenden Reflexionskammer, welche überhastete Entscheidungen des unsteten Repräsentantenhauses verhüten sollte.[1776] In den USA dominiert daneben das Motiv, eine Konzentration der Staatsgewalt in einer einheitlichen Legislative zu verhindern.[1777]

Der Senat zeigt außerdem, dass föderale Kammern dadurch, dass sie nicht Abbild des gesamtstaatlichen Volkswillens sind, sondern die föderalen Trennlinien eines Staatswesens verkörpern, in bestimmten Konstellationen integrative Funktionen wahrnehmen können. In den Jahrzehnten vor Ausbruch des amerikanischen Bürgerkrieges war nicht das Repräsentantenhaus, dessen Mehrheit stets von Abgeordneten aus den bevölkerungsreichen Nordstaaten gestellt wurde, sondern der Senat das Forum für die entscheidenden und vorübergehend friedenssichernden Kompromisse. Denn hier bestand zwischen Nord- und Südstaaten eine Pattsituation, auf deren Beibehaltung bei der Gründung neuer Staaten peinlich genau geachtet wurde.[1778] Damit gelang es dem Senat, dessen Mitglieder sich zu dieser Zeit noch verstärkt als Vertreter ihrer Entsendestaaten verstanden, den Prozess einer Dismembration bzw. Separation in den USA zumindest zu verlangsamen.

II. Kompetenzverschiebungen zwischen den Legislativorganen

In den untersuchten Systemen ist die Rolle der Gesetzgebungsorgane jeweils anders determiniert. Dies wird am Beispiel der angeführten Volksvertretungen deutlich. Während der Reichstag in der Gesetzgebung dem Bundesrat gleichgeordnet, dafür im Bereich der Kompetenzen zur Kontrolle der Reichsleitung stark beschränkt war, war das EU-Parlament anfangs zwar mit weitreichenden Kontrollrechten versehen;

1775 B II 4.

1776 Vgl. D II 1.

1777 *Riker*, The Justification of Bicameralism, International Political Science Review, 13 (1992), 101 ff.

1778 Vgl. D II 1.

aber im Bereich der Gesetzgebung war es zunächst auf die Rolle eines Reflexionsorgans beschränkt. Nach der Untersuchung der Grundfunktionen der Legislativorgane stellt sich also die Frage, wie sich der Kompetenzbestand der Organe im Vergleich entwickelt hat.

1. Legislativfunktion

a) Kompetenzverschiebungen im Rahmen des Initiativrechts

Von zentraler Bedeutung im Rahmen der Gesetzgebung ist die Befugnis, den Vorschlag zu machen, der die Beratungsgrundlage für das weitere Verfahren darstellt. Das Initiativrecht ist die Kompetenz eines oder mehrerer Organe, ein formelles Gesetzgebungsverfahren in Gang zu setzen.[1779] Den Initiativberechtigten kommt damit eine Schlüsselstellung für die Rechtsentwicklung eines Landes zu. Sie sind Taktgeber und Erstgestalter der Gesetzgebung in einem. Das Organ, welches diese Kompetenz hat ist in der Lage, die anderen Legislativorgane zur Untätigkeit zu verurteilen oder den Gesetzgebungsprozess energisch durch Einbringung vieler Vorlagen anzutreiben. Gleichzeitig hält der Initiativberechtigte den Schlüssel zur weiteren inhaltlichen Diskussion der Gesetzgebung in der Hand.

aa) Das Initiativrecht als taktgebender Faktor in der Legislative

Das Deutsche Kaiserreich und die USA haben die zentrale Funktion zur Einbringung von Gesetzesvorlagen zwischen beiden Legislativorganen geteilt. Sowohl Bundesrat und Reichstag als auch Senat und Repräsentantenhaus verfügen über das Recht, Gesetze vorzuschlagen. Damit zeigt sich die prinzipielle Gleichordnung beider Organe in der Gesetzgebung.[1780]

Die EU ist weiterhin ein Sonderfall, da das Initiativrecht bis auf seltene Ausnahmen, wie z.B. dem Recht des Parlaments, Initiativen zum Wahlverfahren einzubringen, alleine der Kommission zusteht. Sie fungiert damit als Erstgestalterin und Motor der Gesetzgebung de jure wie ein drittes Gesetzgebungsorgan. Das Parlament ist dagegen auf die Möglichkeit reduziert, der Kommission gegenüber eine Aufforderung zum Tätigwerden auszusprechen, die jedoch nicht verbindlich ist. Damit steht das Europäische Parlament im Gesetzgebungsverfahren nicht wesentlich besser als der amerikanische Präsident, der formell ebenfalls auf Anregungen an den Kongress im Rahmen der *State of the Union Address* beschränkt ist. Während die limitierte Gestaltungskraft des Präsidenten durch das in Art. 1 Sec. 1 der Constitution Monopol des Kongresses im Rahmen der Legislative erklärlich ist, ist die herausgehobene Stellung der Kommission als europäischer Sonderfall zu werten. Wie wichtig das Initiativrecht im Kompetenzgefüge einzuordnen ist, wird an den steten Anstrengungen des Europäischen Parlaments, durch Resolutionen,

---

1779 *Lorz*, Interorganrespekt im Verfassungsrecht, 2001, S. 139.
1780 Zur Modifizierung des Initiativrechts im Haushaltsverfahren sogleich E II 2 a.

Empfehlungen und Stellungnahmen die Kommission zur Einleitung von Gesetzesinitiativen zu treiben und so de facto selbst initiativ tätig zu werden, ersichtlich.[1781]

Auch die einseitigen Versuche des Senats der USA, de facto eigene Haushaltsgesetze vorzulegen, unterstreichen die Gewichtigkeit des Initiativrechts. Während dieser Vorstoß, ein Vorrecht des Abgeordnetenhauses zu untergraben, am Widerstand der Repräsentanten scheiterte, hat der Senat an anderer Stelle das Recht auf die Gestaltung von Gesetzesvorschlägen des Repräsentantenhauses erfolgreich geschmälert. Während das Repräsentantenhaus mit seiner strikten Geschäftsordnung durch die Germaness Rule ein Abweichen der Debatte vom eingebrachten Beratungsgegenstand kaum erlaubt, darf jeder Senator vor dem endgültigen Beschluss grundsätzlich das Gesetzgebungsvorhaben auch um sachfremde Gegenstände ergänzen.[1782]

bb) Das Streben der Exekutive nach einem Initiativrecht

Die große Bedeutung des Initiativrechts wird auch daran deutlich, dass nicht nur die klassischen Legislativorgane um dieses ringen. Vielmehr wird klar, dass ebenso die gubernativen Staatsorgane stark an der Gestaltung der Gesetzgebung interessiert sind. Das formelle Initiativrecht in der EU ist bei der Kommission monopolisiert. Infolge der starken Stellung der allein initiativberechtigten Kommission, deren Monopol durch mittelbare Vorschlagsrechte von Rat und Parlament bis heute kaum angetastet ist, sind Rat und Parlament in der Rechtsetzung insgesamt nur in einer reaktiven und modifizierenden Position.[1783] Dagegen greift bzw. griff die Staatsleitung der USA bzw. des Kaiserreiches mittelbar in den Gesetzgebungsprozess ein. Dieses Eingreifen ist für die Effezienz der Gesetzgebung durchaus nützlich: Gerade die Exekutive ist durch ihren Bezug zur Praxis und ihr Know-How aufgrund ihres Verwaltungsunterbaus in der Lage, anwendungsfreundliche und notwendige Gesetzesvorschläge zu formulieren.[1784]

Dazu hat jede gubernative Institution den Anspruch, die weitere politische Entwicklung zu lenken, wobei die Durchsetzung von hierzu notwendigen Gesetzen ein wichtiger Aspekt ist. In modernen Verfassungsstaaten sind Gesetzgebung und Regierung zu einer verfassungsrechtlich-politischen Schicksalsgemeinschaft verwoben. Während die Legislative versucht, durch Kontrollmechanismen Einfluss auf die inhaltliche Arbeit der Regierung, die vor allem in der Umsetzung der von ihr

---

1781 C III 1 a.

1782 D III 2.

1783 *Dann*, in: von Bogdandy/Bast, Europäisches Verfassungsrecht, 2009, S. 361; *Frenz*, Handbuch Europarecht, 2011, S. 295.

1784 Zur Vorarbeit an Gesetzesinitiativen, welche auch den Kontakt zu Verbänden umfasst, ausführlich *Schneider*, Gesetzgebung, 2002, S. 64 ff.; siehe auch *Härtel*, Handbuch Europäische Rechtsetzung, 2006, § 18 Rn. 13, Fn. 122 m.w.N., die von einem faktischen Initiativmonopol der Exekutive in vielen Rechtsordnungen spricht; entsprechend auch *Möllers*, Gewaltengliederung, 2005, S. 411.

beschlossenen Gesetze besteht, zu gewinnen, unternimmt die Exekutive Anstrengungen, die politische Willensbildung und Gestaltung, die meist in Gesetzesform erfolgt, zu beeinflussen.[1785] Dies wird in den USA deutlich, wo der Präsident im Rahmen der Gesetzesunterzeichnung, seiner einzigen Beteiligung am Zustandekommen eines Gesetzes, ex post Ausführungshinweise anbringen kann, um das Gesetz in seinem Sinne zu beeinflussen.[1786]

In der EU ist die Rolle der Kommission als gubernative Taktgeberin der Integration mit der Stärkung des Europäischen Rates jedoch stark eingeschränkt worden. Die wesentlichen Integrationschritte entstehen nicht mehr durch Anstöße der Kommission, sondern durch die Konferenz der Staats- und Regierungschefs.[1787] Der seit der Krise der Gemeinschaften 1965/66 gewachsene Anspruch der Mitgliedstaaten auf eine gubernative Mitwirkung in Bezug auf die Fortentwicklung des Europäischen Projekts manifestiert sich damit in einer faktischen Initiativfunktion des Europäischen Rates.

Im Deutschen Kaiserreich und den USA, deren Verfassungen keine Initiativbefugnisse für die Exekutive vorsehen, weist die Verfassungswirklichkeit eine deutliche Tendenz in Richtung eines Kompetenzgewinns der Exekutive als Initiativorgan auf.

Da der Präsident der Vereinigten Staaten mit Ausnahme der *State of the Union Address* und ebenso unverbindlichen schriftlicher Mitteilungen keine verfassungsrechtlich positivierten Möglichkeiten hat, direkt mit dem Kongress zu kommunizieren und diesem Gesetzesvorschläge zu unterbreiten, versucht er i.d.R. erfolgreich über informelle Kanäle zu Parteigängern unter den Abgeordneten oder Senatoren Gesetzesvorschläge in den Legislativprozess einzubringen und durchzusetzen.[1788] Durch das neuerlich starke legislative Engagement der Exekutive, welches die starre Selbstbeschränkung des Präsidenten z.T. aufbrach, haben sich in den USA informelle Tendenzen hin zu einer stärkeren Verschränkung der Gewalten entwickelt. Dadurch, dass der Präsident eher an der Umsetzung eines politischen Programmes gemessen wird und entsprechend im Hintergrund die Gesetzgebung gestaltet, ist das dualistische Modell an einer entscheidenden Stelle aufgeweicht.[1789]

1785 Von einer Funktion von Parlament und Regierung, politische Grundentscheidungen „zur gesamten Hand“ zu treffen, spricht *Herzog*, in: Maunz/Dürig, Grundgesetz-Kommentar, 2012, Art. 62, Rn. 58.

1786 D III 1 a.

1787 C III 4.

1788 De facto wird die Mehrzahl der US-amerikanischen Gesetzesvorschläge in den Departments und im Präsidialamt erarbeitet; *Schneider*, Gesetzgebung, 2002, S. 62; *Steffani*, Parlamentarische und präsidentielle Demokratie, 1979, S. 152; *Keefe/Ogul*, The American Legislative Process, 1985, S. 305 f.; für die Bundesrepublik relativierend *Schulze-Fielitz*, Theorie und Praxis parlamentarischer Gesetzgebung, 1988, S. 285; *Dau Lin*, Die Verfassungswandlung, 1932, S. 24 sah in dieser Staatspraxis eine verfassungsmodifizierende Wandlung.

1789 *Thaysen/Davidson/Livingston*, US-Kongress und Bundestag, 1988, S. 530 f. konstatieren eine klare Annäherung an das parlamentarische Westminster-System.

Im Deutschen Kaiserreich war im Grunde der Bundesrat als staatsleitendes Organ gedacht. Dieser war so ausgestaltet, dass er mehr oder weniger verdeckt den Einfluss Preußens sicherte, dessen Herrscher als Kaiser gleichzeitig den Reichskanzler und Vorsitzenden des Bundesrates, der parallel meist das Amt des Preußischen Ministerpräsidenten bekleidete, bestimmte. Mit der Zeit bildete sich die Praxis heraus, dass die personelle Verklammerung zwischen Reichsleitung und preußischer Regierung dazu führte, dass das Gros der Gesetzesvorschläge in den Ämtern der Reichsleitung, die häufig zugleich preußische Ministerien waren, über die preußische Vertretung im Bundesrat eingebracht wurde.[1790] Das Deutsche Kaiserreich, in welchem die Regelungen zum Gesetzgebungsverfahren bis zum Ende des Reiches unangetastet blieben, erlebte damit in der Legislative einen Funktionenwandel der Verfassungsorgane. Die deutlichste Veränderung manifestiert sich in der Vereinnahmung des Bundesrates durch die Reichsleitung. Anstatt eine gemeinsame Lenkung der Reichspolitik durch die souveränen Reichsglieder zu ermöglichen, entwickelte sich der Bundesrat zur Durchgangsschleuse für Initiativen der Reichsleitung. Diese hatte sich unterhalb des Kanzleramtes aus der preußischen Verwaltung heraus formiert und übernahm de facto die Regierungsfunktion im Reich, die formaliter dem Bundesrat zugedacht war. Das Konkurrenzverhältnis in der Gesetzgebung war damit nicht, wie von Art. 5 Abs. 1 RV vorgesehen, zwischen Bundesrat und Reichstag, sondern zwischen Parlament und Reichsleitung angesiedelt. Aus diesem Spannungsverhältnis heraus entstanden die ersten Ansätze für eine Parlamentarisierung des Reiches. Entsprechend stellte die formal große Stärkung des Bundesrates durch die Verleihung eines Notverordnungsrechtes keine tatsächliche Positionsstärkung der Ländervertretung dar, sondern konzentrierte die Kompetenz zur Gesetzgebung bei der Reichsleitung.

b) Kompetenzverschiebungen im Rahmen des Gesetzgebungsverfahrens nach der Einbringung

aa) Erlass formeller Gesetze

Im Gesetzgebungsverfahren gibt es in bikammeralistischen Systemen eine Fülle an Gestaltungsmodellen. Diese sind gleichzeitig Ausdruck der Stellung der Gesetzgebungsorgane im verfassungsrechtlichen System und Anzeichen für die Gewichtung von Demokratie und Bundesstaatlichkeit.

In den untersuchten Rechtsordnungen unterscheiden sich die legislativen Verfahren in zweierlei Hinsicht. Zum einen divergieren die Intensität der Beteiligung und die Möglichkeit der Organe, das Zustandekommen eines Rechtsaktes endgültig zu blockieren. Zum anderen existieren in den föderalen Kammern im internen

1790 B III 1 a.

Entscheidungsprozess Spezialregelungen, welche den Einfluss einzelner Mitglieder dieser Organe im gesamten Normsetzungsprozess überproportional erhöhen.[1791]

In den USA sind Senat und Repräsentantenhaus zumindest im Legislativverfahren gleich gewichtet, d.h. nur durch den Konsens beider Kammern kann eine Gesetzesvorlage auch Gesetz werden. Wegen der Möglichkeit des Filibusters und der *cloture* verfügt der Senat de facto über ein qualifiziertes Mehrheitsquorum, sodass dieser in den Verhandlungen zwischen beiden Häusern um ein Gesetzgebungspaket größere interne Blockademöglichkeiten hat. Die USA insofern als Idealtyp eines echten, gleichberechtigten Zweikammersystems zu bezeichnen,[1792] ist problematisch. Im Deutschen Kaiserreich waren beide Gesetzgebungsorgane ebenfalls grundsätzlich gleich gewichtet. Dies zeigte sich daran, dass Reichstag und Bundesrat nach dem reinen Mehrheitsprinzip entschieden. Preußen stand im Bundesrat gem. Art. 5 Abs. 2 RV ein Vetorecht in Fragen der Militär- und Zollpolitik zu, sodass hier die Verfassung zumindest Preußen ein besonderes Blockaderecht einräumte. Deshalb bestand auch hier kein völlig gleichberechtigtes Zweikammersystem.[1793]

In der EU existiert bis heute kein einheitliches Gesetzgebungsverfahren, vielmehr wird die Gesetzgebung nach wie vor in verschieden gestuften Verfahren geregelt, deren Existenz sich aus der geschichtlichen Genese der Vertragstexte heraus erklärt. Die Entwicklung in der EU war durch eine Vielzahl an formellen Vertragsänderungen geprägt, welche vor allem die legislativen Mitwirkungsrechte des Parlaments sukzessive stärkten und in ihrer Reichweite ausbauten, sodass es im Regelfall im Rahmen der ordentlichen Gesetzgebung den Status weitgehender Gleichberechtigung mit dem Rat erreicht hat.[1794] Der Hauptunterschied zwischen den EU-Verfahrensarten liegt dabei in der Beteiligung des Parlaments. Im heutigen ordentlichen Gesetzgebungsverfahren, welches den Regelfall in der Sekundärrechtsetzung darstellt, ist das Parlament in der Lage, sowohl auf die inhaltliche Gestaltung einzuwirken als auch konstitutiv am Erlass von Rechtsakten teilzunehmen. Daneben existieren besondere Gesetzgebungsverfahren. In diesen Legislativverfahren hat der Standpunkt des Parlaments keine konstitutive Bedeutung (Anhörungsverfahren oder u.U. Verfahren der Zusammenarbeit) bzw. haben die

---

1791 *Groß*, Zwei-Kammer-Parlamente in der Europäischen Union, ZaÖRV 2003, 29 (40 f.) zeigt, dass in der Mehrzahl der Europäischen Verfassungen anders als in den untersuchten Systemen eine Tendenz zur Bevorzugung der Parlamente besteht und allenfalls eine Gleichordnung zu konstatieren ist.

1792 So *Lorz*, Interorganrespekt im Verfassungsrecht, 2001, S. 181.

1793 *Böhmer*, Die Europäische Union im Lichte der Reichsverfassung von 1871, 1999, S. 73 ff. charakterisiert wegen der Vorrechte des Bundesrates und des Rates der Europäischen Union beide Ordnungen als unechte Zweikammersysteme.

1794 Insofern wurde das Parlament häufig als klarer Gewinner von Vertragsverhandlungen zur Änderung des Primärrechts bezeichnet; vgl. z.B. *Karpen*, Defizite parlamentarischer Kontrolle in der Europäischen Union, in: Geiger, (Hrsg.), Neuere Probleme der parlamentarischen Legitimation im Bereich der auswärtigen Gewalt, 2003, S. 241.

Parlamentarier keine Möglichkeit, gestaltend den Inhalt der zu beschließenden Akte zu beeinflussen (Zustimmungsverfahren).[1795] Die Entstehungsgeschichte der abgestuften Verfahren veranschaulicht die allmählichen Kompetenzgewinne des Europäischen Parlaments.

Gleichzeitig ist das qualifizierte Mehrheitsquorum im Rat mittlerweile der Regelfall in der Gesetzgebung. Damit arbeitet dieser grundsätzlich nicht nach dem reinen Mehrheitsprinzip, sondern strebt einen Ausgleich zwischen mitgliedstaatlichen Souveränitätsansprüchen und effektiver Entscheidungsfindung an, sodass die Möglichkeit einer Blockade nunmehr lediglich eingeschränkt besteht.[1796] In diesem Fall kann nur noch eine qualifizierte Minderheit und nicht jedes einzelne Mitglied das Gesetzgebungsverfahren aufhalten.

Diese Entwicklung wurde vom EuGH vorangetrieben, welcher der Kommission oftmals die Heranziehung von Kompetenznormen, die geringere Mehrheitsquoren im Rat verlangten, zubilligte. Gleichzeitig stärkten die Luxemburger Richter das Parlament, indem sie Ermächtigungsgrundlagen mit möglichst starker parlamentarischer Beteiligung bevorzugten.[1797] In der Zusammenschau wird klar, dass der EuGH damit in seiner Rechtsprechung das Ziel verfolgte, Rat und Parlament im Sinne des institutionellen Gleichgewichts als Gesetzgebungskörperschaften gleichzustellen, soweit dies durch die Auslegung des Primärrechts möglich ist. Damit nähert sich die Rechtsordnung der EU zunehmend an die Funktionenteilung zwischen gesamtstaatlich-demokratischen und bundestaatlichen Vertretungsorgan der USA und des Kaiserreiches an, welche auf diese Weise das Bedürfnis nach bündischer und Volksrepräsentation in der Legislativen ausglichen.[1798] Trotzdem entscheidet der Rat im ordentlichen Gesetzgebungsverfahren im Gegensatz zum Parlament nicht nach dem reinen Mehrheitsprinzip, sodass auch die Union selbst in Sektoren mit umfassenden Mitentscheidungsbefugnissen keine volle Gleichstellung von Rat und Parlament erreicht hat. Trotzdem ist der Kompetenzgewinn des Parlaments so substantiell, dass heute nicht von einem bloßen „Hilfsorgan“[1799] gesprochen werden kann.

1795 C III 1 b.

1796 Siehe B II 1 a.

1797 C III 1 b cc (6); siehe auch generell zur Rolle des EuGH *Ipsen*, Über Verfassungs-Homogenität in der Europäischen Gemeinschaft, in: Maurer (Hrsg.), Das akzeptierte Grundgesetz. Festschrift für Günter Dürig zum 70. Geburtstag, 1990, 159 (172 f.).

1798 *Frowein*, Die rechtliche Bedeutung des Verfassungsprinps der parlamentarischen Demokratie für den europäischen Integrationsprozess, EuR 1983, 301 (305).

1799 So aber *Leonhardt*, Die Europäische Union im 21. Jahrhundert – ein Staatenkartell auf dem Weg zum Bundesstaat, in: Gehler (Hrsg.), From Common Market to European Union Building, 2009, S. 687 (S. 715).

bb) Kompetenzverschiebungen im Rahmen der Streitbeilegung

(1) Interne Streitbeilegung zwischen den Legislativorganen

Gesetze kommen in Zweikammersystemen grundsätzlich durch übereinstimmende Beschlüsse beider Körperschaften zustande. Zur Herstellung eines solchen Konsenses und zur Ausräumung von Differenzen existieren zwei typische Ansätze. Zum einen können Konflikte im Rahmen des sog. Navette-Verfahrens ausgeglichen werden[1800] Zum anderen kann ein gemischtes Gremium zwischen den im Verfahren zutage getretenen divergierenden Standpunkten vermitteln.[1801] Daneben existieren noch atypische Streitbeilegungsmechanismen, wie z.B. die Möglichkeit einer Kammer, die Haltung ihres Gegenspielers durch eine Auflösung und die folgende Neukonstituierung zu verändern. Zur dauerhaften Vermeidung von Kompetenzkonflikten bietet sich ferner der Weg einer normativen Regelung relevanter Streitfragen an.

(1.1) Streitbeilegung durch das Navette-Verfahren

Schon bei Beginn eines Rechtsetzungsverfahrens können Foren zur Konfliktbereinigung vorhanden sein. Dies wird z.B. im ordentlichen Gesetzgebungsverfahren der EU deutlich, welches in der ersten Lesung einen Austausch von Standpunkten zwischen Rat und Parlament vorsieht. Damit beinhaltet der AEUV in Art. 294 letztlich ein begrenztes Navette-Verfahren, welches darauf abzielt, bereits vor konstitutiven Beschlüssen der beiden Organe übereinstimmende Entschließungen herbeizuführen.[1802]

In den USA und im Kaiserreich findet bzw. fand der wechselseitige Austausch von Beschlüssen als Mittel zur Streitbeilegung ebenfalls Verwendung, sodass jedoch schon durch Nichthandeln eine einseitige Blockade des Verfahrens möglich ist bzw. war.

Ein Versuch, derartige Lähmungsmöglichkeiten zumindest abzumildern, stellt die Einführung von Entscheidungsfristen dar. In den USA ist dies z.B. einfachgesetzlich im Rahmen des Haushaltsverfahrens in Gestalt eines *timetables* für die Gesetzgebungsorgane eingeführt worden.[1803] Derartige Fristbegrenzungen können jedoch zu einer veränderten Kompetenzwahrnehmung der Organe führen. Ein Beispiel hierfür ist der Verfassungsbeschluss des Norddeutschen Bundes, der nach dem Augustbündnis von 1865 binnen eines Jahres zu erfolgen hatte. Dem an der Verfassungsgebung beteiligten Norddeutschen Reichstag glückte es, kurz vor Ende der Verhandlungen die *Lex Bennigsen* gegen den Widerstand *Bismarcks* einzufügen. Diese stellte später einen wesentlichen Ansatzpunkt für die Parlamentarisierungstendenzen im Reich dar.[1804] Damit zeigt sich, dass ein Fristenregime,

---

1800 *Jaag*, Die Zweite Kammer im Bundesstaat, 1976, S. 42 ff.

1801 *Tsebelis/Money*, Bicameralism, 1997, S. 54 ff.

1802 C III 1 b bb (5) (a).

1803 D III 2 a.

1804 B II 1 a.

welches als Sanktion das Scheitern eines Rechtsaktes zur Folge hat, strukturell unterlegenen Gesetzgebungsorganen mehr Gewicht in den Entscheidungsprozessen verleiht. Dies manifestiert sich auch am Beispiel des Europäischen Parlaments im Anhörungsverfahren, dem es in dringlichen Vorhaben gelang, seinen Standpunkten in der Beschlussfassung des Rates zunehmende Beachtung zu verschaffen. Hier bestand nicht de jure, aber de facto eine zeitliche Begrenzung zur Reaktion, welche den Ansatzpunkt für ein gesteigertes Gewicht des Parlaments in der Rechtsetzung bildete.

Das durch Fristvorgaben beschränkte ordentliche Gesetzgebungsverfahren der EU ist ein Kompromiss zwischen der möglichst weitgehenden Einbeziehung der Interessen von Rat und Parlament und der Ermöglichung funktionsfähiger Sekundärrechtsetzung. Das Verfahren ist aber auch bis heute Ausdruck dessen, dass das EU-Parlament strukturell dem Ministerrat nicht gleichsteht, da Fristversäumnisse des Parlaments im Gegensatz zum Rat als Zustimmung fingiert werden. Ein derartiges Fristenregime kann auch Auswirkungen auf die Kompetenzausübung der beteiligten Organe haben. Wenn ein dringliches Vorhaben vorliegt, besteht ohne zeitliche Begrenzungen die Möglichkeit, durch das Hinauszögern eines Beschlusses Zugeständnisse einzufordern und damit verstärkt Einfluss auf die Rechtsetzung zu nehmen.

In den USA führt der Diskontinuitätsgrundsatz bzw. die Option des Kongresses, sich zu vertagen, zu einer Stärkung der Veto-Position des Präsidenten. Dieser kann durch das Instrument des sog. *pocket veto* sein grundsätzlich nur aufschiebendes Beanstandungsrecht dergestalt ausüben, dass im Kongress wegen einer Vertagung gerade niemand zur Entgegennahme des Vetos bereitsteht. In diesem Fall wirkt das eingelegte Veto nach Ansicht des Supreme Courts nicht nur suspensiv, sondern absolut und beendet damit den Gesetzgebungsprozess.[1805]

(1.2) Streitbeilegung durch Überstimmung

Ein inhaltlicher Streit um ein Gesetzgebungsprojekt kann auch dadurch beigelegt werden, dass ein Gesetzgebungsorgan einen Beschluss des anderen überstimmen kann. Ein Beispiel hierfür findet sich in Art. 77 Abs. 4 GG, der es dem Bundestag erlaubt, Einsprüche des Bundesrates durch eine erneute Abstimmung zurückzuweisen.

In der EU und den USA spielt dieses Recht heute im Zusammenspiel von Legislative und mit legislativen Aufgaben betrauten Exekutivorganen ebenso eine Rolle. So ist der Rat der EU in der Lage, eine Initiative der Kommission durch einstimmigen Beschluss abzuändern und auf diese Weise das Initiativmonopol der Kommission abzumildern.[1806] In den USA können die beiden Häuser des Kongress mit übereinstimmenden Beschlüssen, die eine Zweidrittelmehrheit erfordern, ein Veto

1805 D III 1 b.

1806 C III 1 b aa (2).

des Präsidenten überstimmen.[1807] Im Kaiserreich fand sich dagegen keine derartige einseitige Korrekturmöglichkeit.

Im Verhältnis zwischen den Gesetzgebungsorganen findet sich dagegen nur in der europäischen Vertragsgeschichte eine Streitbeilegung durch Überstimmung: Im Rahmen des ehemals bestehenden Verfahrens der Zusammenarbeit konnte der Rat das Europäische Parlament im letzten Verfahrensschritt per einstimmigen Beschluss überstimmen.[1808]

Die Verhandlungsposition der überstimmbaren Organe ist damit auf eine suspensive Veto-Position beschränkt. Während dies unter dem Grundgesetz und in zahlreichen anderen europäischen Zweikammersystemen die Regel ist,[1809] weichen die untersuchten Systeme hiervon ab und gestehen ihren Gesetzgebungsorganen gleichermaßen im Grundsatz wechselseitige Blockademöglichkeiten zu.

Die in der EU und den USA installierten qualifizierten Mehrheitsquoren bzw. Einstimmigkeitserfordernisse zeigen, dass die untersuchten Systeme nur unter erschwerten Bedingungen eine Aushebelung der gleichen Verhandlungsposition eines Gesetzgebungsorgans durch Überstimmen zuließen bzw. zulassen. Die Streitbeilegung durch Überstimmung ist damit in den untersuchten Systemen nur ein Instrument mit Ausnahmecharakter, welches bei evidenten Interessengegensätzen zum Tragen kommen soll. Im Bismarckreich wurde sogar ganz auf einen derartigen Entscheidungsmechanismus verzichtet. Insgesamt schützen die untersuchten Systeme damit die Stabilität der Verhandlungsposition der an der Gesetzgebung beteiligten Organe. In diesem Kontext scheint durch, warum das Verfahren der Zusammenarbeit einen Markstein für die Gesetzgebungsfunktion des Europäischen Parlaments darstellte. Das Überstimmungsrecht des Rates war mehr als Beschwichtigung der Souveränitätsvorbehalte denn als übergewichtige Verhandlungsposition geeignet, da schon ein abweichendes Mitgliedsland die Überstimmung durch den Rat aushebeln konnte.

Art. 77 Abs. 4 GG ist im Vergleich mit den untersuchten Systemen dagegen davon geprägt, den Primat des Bundestages gegenüber dem Bundesrat in der Gesetzgebung zu sichern. Die faktische Angleichung der Verhandlungspositionen durch die Zunahme der zustimmungspflichtigen Gesetze wurde in der deutschen Politik und Staatsrechtslehre als störender Strukturwandel empfunden, der mit der Föderalismusreform I im Jahr 2006 abgemildert wurde.[1810]

1807 D III 1 a.

1808 C III 1 b cc (3),

1809 *Groß*, Zwei-Kammer-Parlamente in der Europäischen Union, ZaÖRV 2003, 29 (40 f.).

1810 Siehe zuvor z.B. den Meinungsaustausch bei *Stünker/Kusch*, Ist der Bundesrat ein Störfaktor?, ZRP 2005, 279.

(1.3) Streitbeilegung durch einen Vermittlungsausschuss
In den USA werden bei Unstimmigkeiten zwischen Repräsentantenhaus und Senat *conference committees* einberufen, um Streitigkeiten im Kongress auszuräumen und eine Beschlussempfehlung für beide Häuser zu entwickeln. Ferner ist ein Vermittlungsvorschlag nur angenommen, wenn dieser von beiden Delegationen befürwortet wurde. Daneben stellen *conference committees* nur ein Forum zur Kompromissfindung dar. Damit hat sich in der US-Verfassung ein besonders loses und flexibles Vermittlungsmodell etabliert, welches es je nach Sachlage wechselnden Delegationen der Häuser erlaubt, vertraulich auf eine Verständigung hinzuwirken. Neben diesem Ansatz existieren in der Staatspraxis zahlreiche informelle Differenzbereinigungsverfahren, an denen sich auch der Präsident beteiligt. Die informelle Einbindung des Präsidenten in den legislativen Prozess war zunächst durch dessen abschließendes Veto-Recht bedingt, welches ab Präsident *Jackson* gezielt zur politischen Einflussnahme genutzt wurde.[1811] Später bewirkte die Erfindung neuer Medien, welche es dem Präsidenten erstmals ermöglichten, aktiv auf die öffentliche Meinungsbildung einzuwirken und ein politisches Programm zu kommunizieren, eine politische Gestaltungsfunktion des Präsidenten und seines Kabinetts im Gesetzgebungsverfahren. Diese äußert sich durch informelle Einbindung des Präsidenten bei der Formulierung von Gesetzesinitiativen und in legislative Vermittlungen.[1812]

Die EU hingegen weicht in ihrer Gesetzgebung von der amerikanischen Vermittlungspraxis in den conference committees ab. Der dort installierte Vermittlungsausschuss wurzelt seiner Anlage nach im Konzertierungsverfahren, welches per interinstitutioneller Vereinbarung das Spannungsverhältnis zwischen dem Aufstieg des Parlaments als Mitgestalter des Budgets und dessen vergleichsweise geringem legislativen Kompetenzumfang auflöste. Bei gesetzgeberischen Maßnahmen von finanzpolitischer Bedeutung musste nach Abschluss der Vereinbarung versucht werden, unter Moderation der Kommission abweichende Standpunkte des Parlaments und des Rates im Wege des Kompromisses anzugleichen. Das Europäische Vermittlungsverfahren ist als solches der formelle Endpunkt einer zuvor in extensiver Interpretation des Anhörungsrechtes begonnenen Kompetenzverschiebung hin zu einer gestaltend-konstitutiven Teilhabe an der Rechtsetzung. Dagegen haben sich die *conference committees* als pragmatisches Forum für Verhandlungen zwischen konkurrierenden Kammern des Kongresses entwickelt.

In der EU ist der Vermittlungsausschuss eine primärrechtlich verankerte Institution mit dauerhaft festgelegten Regelungen über dessen Zusammensetzung und Verfahrensweise. Im Gegensatz zur US-Verfassung wird die Kommission als Vermittlerin in das Verfahren eingebunden, sodass diese anders als der US-Präsident nicht auf informelle Einflussnahme angewiesen ist. Trotzdem hat sich auch in der EU die Praxis entwickelt, im Wege von Trilog-Gesprächen, Konflikte in der Rechtsetzung

1811 D III 1 b.
1812 D III 4.

präventiv auszuräumen. Das Vermittlungsverfahren gleicht seiner Anlage nach dem amerikanischen Modell, da auch hier eine Überstimmung zwischen den Delegationen von Rat und Parlament gefunden werden muss.[1813]

In der EU wie in den USA ist das Vermittlungsverfahren eine Fortsetzung des regulären Gesetzgebungsverfahrens in kleinerem und vertraulicherem Umfeld[1814] unter Ausschluss einer (weiteren) konstituiven Beteiligung der Exekutivorgane. Anders als im Navette-Verfahren sind die Gesetzgebungsorgane über ihre Delegationen direkt miteinander konfrontiert.[1815]Damit bildet das Vermittlungsverfahren die Stellung der Organe im Gesetzgebungsverfahren ab. Insbesondere der europäische Vermittlungsausschuss ist davon geprägt, dass beide Organe im Mitentscheidungsverfahren gleichermaßen in der Lage sind, eine Vorlage endgültig scheitern zu lassen.

(1.4) Auflösungsrecht

Die Verfassung des Deutschen Kaiserreiches kannte keine kodifizierten Streitbeilegungsmechanismen bei Uneinigkeit der Gesetzgebungsorgane. Die Folge dessen war, dass bei Differenzen in wichtigen Fragen zwischen Reichstag und Bundesrat politische Krisen ausbrachen. Beispielhaft seien hierfür die regelmäßigen Septennatskonflikte um die Heeresfinanzierung genannt. Den einzigen verfassungsrechtlichen Ansatz einer Konfliktlösung bot die Möglichkeit des Kaisers, mit Zustimmung des Bundesrates den Reichstag aufzulösen und auf neue, kooperative Mehrheiten im neu gewählten Parlament zu hoffen. Damit zeigt sich auch das bestehende Ungleichgewicht zwischen Reichstag und Reichsleitung plastisch, da der Reichstag umgekehrt kein Mittel hatte, den Kanzler zu stürzen.[1816] Ebenso ist sowohl im präsidentiellen System der USA gegen die Häuser des Kongresses als auch in der EU gegen das Europaparlament ein Auflösungsrecht nicht vorgesehen.

Die USA setzen also mit ihrem Trennsystem auf eine Stabilität der voneinander unabhängigen Staatsorgane und verzichten auf eine Kofliktlösung durch

---

1813 Zum Vermittlungsausschuss siehe C III 1.

1814 Ein Gegenmodell hierzu ist das Vermittlungsverfahren unter dem Grundgesetz. Im Vermittlungsausschuss, der als solcher permanent besteht, arbeiten je sechzehn Vertreter von Bundestag und Bundesrat. Ein Vermittlungsvorschlag ist gem. § 8 der GeschO des Vermittlungsausschusses dann angenommen, wenn eine Mehrheit der weisungsungebundenen Mitglieder einen positiven Beschluss fasst. Somit löst sich das deutsche Modell von der Vorstellung, dass im Rahmen des Verfahrens eine Übereinstimmung zwischen beiden Organendelegationen gefunden werden muss. *Lorz*, Interorganrespekt im Verfassungsrecht, 2001, S. 163 stellt fest, dass damit vom ursprünglichen Gesetzbeschluss des Bundestages erheblich abweichende Vermittlungsvorschläge angenommen werden können.

1815 *Jaag*, Die Zweite Kammer im Bundesstaat, 1976, S. 45.

1816 *Steffani*, Parlamentarische und präsidentielle Demokratie, 1979, S. 45 ff., S. 59, Fn. 36.

eine Parlamentsauflösung. Spiegelbildlich fehlt es auch an einer Möglichkeit des Kongresses, den Präsidenten durch ein politisches Misstrauensvotum zu stürzen.

Im Fall der EU ist das fehlende Auflösungsrecht ein Indiz dafür, dass die Verträge rechtlich noch kein vollwertiges parlamentarisches System zulassen.[1817] In einer gewaltenteiligen Parlamentsdemokratie ist das bei der Exekutive verortete Auflösungsrecht notwendiges, aber auch außerordentliches Korrelat des Vertrauensverhältnisses zwischen Regierung und Parlament, um die Handlungsfähigkeit der Exekutive zu bewahren.[1818] Die Möglichkeit der Parlamentsauflösung verweist den Entscheid über weitere Gesetzgebung an den Konstituenten, bei Parlamenten also an das Volk zurück, was für das Kaiserreich als monarchisch-föderalen Bund ungewöhnlich war. Gleichzeitig wohnt einem Auflösungsrecht gegen Parlamente immer auch ein bonapartistischer Zug inne, da das Volk gegen die bestehende Mehrheit im Parlament in Stellung gebracht wird.[1819] In der EU wäre die Einführung eines Auflösungsrechts in diesem Sinne zwiespältig. So steht zu befürchten, dass ein Auflösungsrecht z.B. durch den Rat auf Vorschlag der Kommission[1820] die sorgsam austarierten Gewichte im Rahmen des institutionellen Gleichgewichtes, insbesondere die gefestigte Stellung des nicht auflösbaren Parlaments in der Rechtsetzung, verschieben könnte. Weiterhin würden die bestehenden Rollenbilder, z.B. die Unabhängigkeit der Kommission durch das Eingeständnis des Scheiterns der Zusammenarbeit mit den parlamentarischen Mehrheiten, erschüttert werden.[1821] Für die Installation eines derartigen Auflösungsrechts spricht trotz dessen Schwerfälligkeit infolge der zeitinstensiven Neukonstituierung des Parlaments durch eine Neuwahl, dass die nachfolgenden Neuwahlen wegen der verstärkten Ausrichtung an den Sachthemen, welche zum Scheitern der Kooperation zwischen Kommission und Parlament geführt haben, die Herstellung einer für die weitere Demokratisierung der EU notwendigen gesamteuropäischen Öffentlichkeit bewirken könnten. Ein Auflösungsrecht gegen das EU-Parlament wäre damit nicht nur ein Mittel zur Streitbeilegung in der europäischen Rechtsetzung,[1822] sondern auch ein Schritt in Richtung Parlamentarisierung und Demokratisierung in der EU.

1817 Kritisch zum fehlenden Auflösungsrecht gegen das Europäische Parlament *Huber*, in: Streinz, EUV/AEUV, 2012, Art. 14 EUV, Rn. 69.

1818 BVerfGE 62, 1 (44).

1819 B III 1 b bb (3) (a).

1820 Ein Auflösungsrecht durch den Europäischen Rat auf Vorschlag der Kommission befürwortete *Jospin* in seiner Europarede im Vorfeld der Vertragsreformen von Nizza; *Jospin*, Rede zur „Zukunft des erweiterten Europas“ vom 28.5.2001, http://www.leforum.de/de/de-traite-jospineurope2001.htm., zuletzt abgerufen am 08.02.2013.

1821 Kritisch zu einer Auflösung der unabhängigen Stellung *Ehlermann*, Das Parlament muß berechenbar sein. Zum Verhältnis von Kommission und Parlament, ZParl 1982, 185 (189).

1822 Grundsätzlich *Jaag*, Die Zweite Kammer im Bundesstaat, 1976, S. 41.

(2) Notkompetenzen der Exekutive als Ersatzlösung
Im Deutschen Reich waren formelle Notkompetenzen der Exekutive nicht anzutreffen. Eine formelle Notverordnungskompetenz für den Kaiser wäre ein Widerspruch zu den vordergründigen föderativen Motiven der Verfassung gewesen, welche den Bundesrat als eigentliches Zentralorgan des Reiches vorsahen, auch wenn dieser in der Staatspraxis häufig mit delegierten Rechtsetzungskompetenzen betraut wurde.[1823] So war es durchaus nachvollziehbar, dass in der Zeit der größten Belastungsprobe der Reichsverfassung, dem Ersten Weltkrieg, der Bundesrat mit der Befugnis zur Setzung von umfangreichem Notverordnungsrecht ermächtigt wurde. De facto wurden die Notkompetenzen aber von der preußisch geprägten Reichsleitung ausgeübt, welche das zu erlassende Notrecht ausarbeitete, sodass sich die zusätzlichen Kompetenzen des Bundesrates im Krieg nicht mit einem realen Machtzuwachs verbanden. Vielmehr bestimmte der Konflikt zwischen Militär und ziviler Reichsleitung sowie in der Spätphase des Krieges zusätzlich zwischen Reichsleitung und Reichstag die Verfassungsgeschichte im ausgehenden Kaiserreich.[1824]

Die Machtverteilung zwischen Legislativ- und Exekutivorganen ist demnach nicht nur einseitig von der Kontrolle der Regierung durch die Gesetzgebungsorgane geprägt. Vielmehr verfügt die Exekutive in den untersuchten Rechtsordnungen über hilfsweise Möglichkeiten zur Abwendung drohender Lähmungen,[1825] welche mit Schäden für die Funktionsfähigkeit eines Gemeinwesens verbunden sind,[1826] eigenständig Recht zu setzen. Sofern also das reguläre Gesetzgebungsverfahren nicht in der Lage ist, durch die Findung von Kompromissen präventiv derartige Situationen zu vermeiden, stellt sich die Frage, ob die Staatsleitung die Befugnis

---

1823 B III 1 c; Notkompetenzen eines Staatsoberhauptes als solche waren zur damaligen Zeit nicht unbekannt, wie z.B. § 87 der Österreichischen Märzverfassung von 1849 zeigt (ÖRGBl. 1849 151 [161]): „Wenn der Reichstag oder der Landtag nicht versammelt ist, und dringende in den Gesetzen nicht vorhergesehene Maßregeln mit Gefahr auf dem Verzuge für das Reich oder für ein Kronland erforderlich sind, so ist der Kaiser berechtigt, die nöthigen Verfügungen [...] mit provisorischer Gesetzeskraft zu treffen [...]."; später übernommen in: § 14 StGG über die Reichsvertretung (ÖRGBl. 1867, 389 [392]): „Wenn sich die dringliche Nothwendigkeit solcher Anordnungen, zu welchen verfassungsmäßig die Zustimmung des Reichsrathes erforderlich ist, zu einer Zeit herausstellt, wo dieser nicht versammelt ist, so können dieselben unter Verantwortung des Gesammtministeriums durch kaiserliche Verordnung erlassen werden [...]."

1824 Siehe B III 2 c dd sowie B III 6.

1825 *Klein*, Funktionsstörungen in der Staatsorganisation, in: Isensee/Kirchhof (Hrsg.), HStR VII, 1992, § 168, Rn. 7 und 10, unterscheidet zwischen dem Selbstversagen eines Staatsorgans und dem mangelhaften Zusammenwirken zwischen Staatsorganen als verfassungsinterne Krisensituationen.

1826 Zum Begriff unter dem Grundgesetz *Lerche*, „Funktionsfähigkeit" – Richtschnur verfassungsrechtlicher Auslegung, BayVBl. 1991, 517 ff.

haben soll, repressiv durch die Setzung von Notrecht Blockaden zu überbrücken.[1827] Diese gewaltenübergreifende Notkompetenz basiert auf dem Gedanken, dass die Gubernative im Krisenfall am besten geeignet sei, das Wohl des Ganzen zu sichern. In Frankreich hat sich dieses Denken in der Verfassung der 5. Republik besonders markant niedergeschlagen, welche den Präsidenten weitreichende Notstandsbefugnisse überantwortet.[1828] Die Aufgabe der staatsleitenden Exekutive als Wahrer des Gemeininteresses wurde in besonderer Weise von *Carl Schmitt* betont, der davon ausging, dass einer gubernativen Staatsspitze stets die Funktion einer übergreifenden Hüterin des verfassungsrechtlichen Gemeinwesens zukomme.[1829] Problematisch ist allerdings die Reichweite von Notkompetenzen, da diese unter Umständen einen Anreiz für die Reserveorgane darstellen, gezielt die Kompetenzen der Gesetzgebungsorgane zu untergraben.[1830]

In diesem Sinne kann die ihrem Leitbild nach nur dem Wohl der Union verpflichtete EU-Kommission bei einer Blockade der Ratsarbeit als Notgesetzgeber anstelle des Vertretungsorgans der Mitgliedstaaten in bereits vom Sekundärrecht erfassten Materien tätig werden und einstweilige Regelungen während der Untätigkeit des Rates treffen.[1831] In den USA ermächtigt die Verfassung den Vizepräsidenten, bei Abstimmungspatts im Senat als entscheidende 101. Stimme zu fungieren und damit dort als mehrheitsbildender Dritter Blockaden im Sinne der Präsidialadministration zu überbrücken.[1832] Diese Notfallregelung hat mit der Vergrößerung des Senats auf hundert Mitglieder und der damit verminderten Wahrscheinlichkeit eines Patts

1827 *Klein*, Funktionsstörungen in der Verfassung, in: Isensee/Kirchhof (Hrsg.), HStR VII, 1992, § 168, Rn. 19.

1828 Artikel 16 Abs. 1 lautet: „Wenn die Institutionen der Republik, die Unabhängigkeit der Nation, die Integrität ihres Staatsgebietes oder die Erfüllung ihrer internationalen Verpflichtungen schwer und unmittelbar bedroht sind und wenn gleichzeitig die ordnungsgemäße Ausübung der verfassungsmäßigen öffentlichen Gewalten unterbrochen ist, ergreift der Präsident der Republik nach offizieller Beratung mit dem Premierminister, den Präsidenten der Kammern sowie dem Verfassungsrat die unter diesen Umständen erforderlichen Maßnahmen."

1829 Am Beispiel des Reichspräsidenten unter der WRV: *Schmitt*, Der Hüter der Verfassung, Berlin 1996, S. 132; *Schmitt* legitimierte hierdurch bewusst auch die nach dem Führerprinzip aufgebaute nationalsozialistische Herrschaft; vgl. *Schmitt*, Der Führer schützt das Recht, DJZ 1934, Sp. 945 ff. Auch im heutigen deutschen parlamentarischen System ist über Art. 81 GG dem Bundespräsidenten im Verbund mit dem Bundesrat eine zentrale Reservefunktion zugewiesen, um eine Lähmung der Gesetzgebung zu verhindern; siehe aber auch *Achterberg*, Parlamentsrecht, 1984, S. 404, der den Gesetzgebungsnotstand als Regierungsrecht qualifiziert.

1830 Für eine klare Beschränkung von Notstandskompetenzen am Maßstab des Verhältnismäßigkeitsgrundsatzes *Flor*, Staatsnotstand und rechtliche Bindung, DVBl. 1958, 149 (150 f.).

1831 C III 1 b bb.

1832 D II 3 b.; zu dieser Notfunktion *Schmitt*, Der Hüter der Verfassung, Berlin 1996, S. 144.

an Bedeutung verloren.[1833] Die Existenz der Norm verdeutlicht aber, dass auch in der Verfassung der USA Vorsorge für Notstandsituationen getroffen wurde.

Parallel dazu wurden mit Blick auf die Krise bei der Erhöhung der Schuldenobergrenze in den USA Notstandsrechte des Präsidenten gegen die beiden Kongresskammern diskutiert.[1834]

Der Grund für die Zuweisung von Reservekompetenzen an diese Organe liegt in ihrem Rollenbild. Beide fungieren in ihren Rechtsordnungen als Wahrer eines Gemeininteresses: Präsident und Vizepräsident als Staatsspitze der USA und die Kommission als Hüterin der Verträge. Aus diesem Grund liegt es nahe, diesen dem Wohl des Ganzen verpflichteten Funktionsträgern besondere Kompetenzen zur Überwindung von Verfassungskrisen zuzuweisen. Ob der Präsident tatsächlich weitgehende Notstandsrechte wahrnehmen darf, steht durch das strenge Gewaltenteilungsdogma in den Vereinigten Staaten allerdings in Frage.[1835] Nach dem Wortlaut der Verfassung in Art. 2 Sec. 3 S. 2 hat der Präsident das Recht, bei Streitigkeiten um eine Vertagung des Kongresses eine ersetzende Entscheidung zu treffen. Weitergehende Kompetenzen des Präsidenten zur verbindlichen Entscheidung über Konflikte zwischen beiden Häusern trifft die Verfassung nicht. Da in den USA die Bereitschaft zum präventiv konfliktvermeidenden Kompromiss im Kongress gesunken ist, erscheint ein Recht des Präsidenten zur repressiven Überwindung von Funktionsstörungen nicht ausgeschlossen. *Sundquist* sieht dagegen rechtspolitisch in einer Aufweichung des Gewaltenteilungsgrundsatzes einen Weg zur präventiven Konfliktbereinigung.[1836] An diesem Lösungsansatz zeigt sich plastisch, dass ein parlamentarisches Regierungssystem durch die Verklammerung von parlamentarischen Mehrheitsverhältnissen und Regierung im Ergebnis eine effektive Vorbeugung von inhaltlichen Gestaltungskonflikten zwischen den Gewalten darstellt.[1837] Die Sollbruchstelle eines parlamentarischen Regierungssystems liegt dagegen in unsicheren Mehrheiten im Parlament und einer damit verbundenen Instabilität der Regierung. Eine parlamentarische Verfassung ist daher auf Krisenmechanismen zur Behebung der Instabilität der Regierung, wie der Möglichkeit einer Parlamentsauflösung oder der Auswechslung der Regierung durch das Parlament, angewiesen, während Trennsysteme grundsätzlich nach punktuellen inhaltlichen Entscheidungskompetenzen eines dem Gemeinwohl verpflichteten Organs verlangen, um schwere Gefahren für die Rechtsordnung abzuwehren.

Das in der EU entwickelte Notgesetzgebungsrecht der Kommission ist also Ausdruck der wechselseitigen Unabhängigkeit der Gemeinschaftsorgane. Das Recht der EU-Kommission, bei Blockaden des Rates vorläufiges Notrecht zu setzen, ist

1833 Zuletzt kam es aber 2000/2001 zu einer Anwendung der Norm, D II 3 b.
1834 D III 2 a bb.
1835 D III 2 a bb.
1836 *Sundquist*, Constitutional Reform and Effective Government, 1992, S. 88 ff.
1837 Aus diesem Grund ist Art. 81 GG in der bundesdeutschen Verfassungsgeschichte nie aktiviert worden.

im Gegensatz zum diskutierten präsidentiellen Notrecht in den USA, nicht nur zur Abwehr von Gefahren für die Gemeinschaftsrechtsordnung konzipiert worden. Vielmehr war das Eingreifen der Kommission auch davon geleitet, das integrationshemmende, konsensuale Verfahren im Ministerrat aufzubrechen. Anders als die USA, die das Problem einer Blockade in der föderalen Kammer mit der Einführung des Stichentscheides durch den Vizepräsidenten gelöst haben und damit den grundsätzlich mit dem Mehrheitsprinzip arbeitenden Senat als solchen nach wie vor funktional über den Gesetzesbeschluss entscheiden ließen, hat sich in der EU eine subsidiäre Verschiebung von Rechtsetzungskompetenzen weg vom entscheidungsunfähigen Rat etabliert. Diese wurde vom EuGH als entscheidender Instanz im Grundsatz mitgetragen, was Beleg für dessen Integrationsfreundlichkeit ist. Damit gelang es, das durch die Ratspraxis im Zuge des Luxemburger Kompromisses geschaffene intergouvernementale Festhalten an einstimmigen Entscheidungsstrukturen aufzubrechen. Der EuGH grenzte die Befugnisse ein, indem er die Kommission verpflichtete, vor einer eigenen Rechtsetzung erst umfangreich darauf hinzuwirken, den blockierten Rat zu aktivieren und die Mitgliedstaaten zu konsultieren. Hier wird deutlich, dass die europäische Rechtsprechung eine umfassende einseitig-kompetenzverschiebende Usurpation der Rechtsetzungskompetenzen des Rates durch die Kommission nicht zugelassen und damit die ursprüngliche Kompetenzordnung der Union geschützt hat.[1838] Damit hat der EuGH ähnlich wie nationalstaatliche Verfassungsordnungen eine Beschränkung möglicher Notkompetenzen der Kommission vorgenommen. Anders als im Grundgesetz und in der Französischen Verfassung, die vor allem an das Zeitmoment anknüpfen,[1839] stützt sich der EuGH auf die funktionale Kompetenzordnung der EU, um eine Beschränkung der subsidiären Rechtsetzungskompetenz der Kommission herzuleiten. Die Kommission hat qua Vertragsrecht gerade die Aufgabe, Blockaden zwischen oder in den Legislativorganen moderierend-präventiv auszuräumen. Aus diesem Grund ist die zusätzliche Verortung einer repressiven Notkompetenz bei der Kommission von vorneherein problematisch, da dadurch der Anreiz, wie von den Verträgen vorgesehen, als Schlichterin auf eine Streitbeilegung hinzuwirken, abgeschwächt

1838 C II 1 b und C III 1 b bb.

1839 Art. 16 Abs. 5 der französischen Verfassung lautet: „Dreißig Tage nach Beginn der Ausübung der außerordentlichen Vollmachten kann der Verfassungsrat vom Präsidenten der Nationalversammlung, vom Präsidenten des Senats, von sechzig Abgeordneten oder sechzig Senatoren befasst werden, damit er prüft, ob die im ersten Absatz aufgeführten Bedingungen weiterhin erfüllt sind. Er hat dann innerhalb kürzester Frist durch eine öffentliche Stellungnahme eine Entscheidung zu treffen. Er nimmt diese Prüfung von Rechts wegen vor und trifft unter den gleichen Bedingungen sechzig Tage nach Beginn der Ausübung der außerordentlichen Vollmachten und nach Ablauf dieser Frist zu jeder Zeit seine Entscheidung." Art. 81 Abs. 3 GG begrenzt die Notgesetzgebung auf maximal sechs Monate oder auf die restliche Amtszeit des amtierenden Bundeskanzlers.

wird. Die Beschränkung der Kompetenz durch den EuGH ist damit Ausdruck der vertraglichen Kompetenzverteilung im institutionellen Dreieck.

c) Einfluss auf die delegierte Rechtsetzung

Die untersuchten Systeme haben im Lauf ihrer Geschichte Mechanismen entwickelt, Recht abweichend von der eigentlich vorgesehenen Gesetzgebung zu setzen.

Der Hauptgrund lag meist im Bemühen um Effizienz in der Legislativarbeit. Die Ermächtigung der Exekutive, die mit ihrem großen Verwaltungsunterbau über ein immenses Reservoir an Sachkompetenz verfügt, dient der Entlastung der Legislativarbeit. Bei Detailregelungen, wie z.B. der genauen Spezifizierung von Standards, die einer regelmäßigen Überarbeitung bedürfen, ist dieser Rückgriff häufig zu finden. Parlamente sind hierzu aufgrund ihrer geringen Personalstärke nicht in der Lage. Ferner macht die Übertragung eine flexiblere Behandlung der delegierten Sachfragen möglich, da die Exekutive an kein zeitintensives und starres Gesetzgebungsverfahren gebunden ist.[1840]

aa) Notwendigkeit delegierter Rechtsetzung

So wurde der Bundesrat nach Kriegsbeginn 1914 durch einfaches Gesetz mit der umfassenden Befugnis zum Erlass von vorläufigen Verordnungen auf dem Gebiet der Wirtschaft bedacht, welche de facto von der Reichsleitung, wo die Sach- und Fachkompetenz der Verwaltung des Reiches und Preußens gebündelt waren, wahrgenommen wurde. Schon zuvor erlaubte die Reichslegislative Delegationen, um die flexible Gestaltung technischer Detailregelungen zu ermöglichen. In der Staatsrechtslehre des Deutschen Reiches wurde diese Praxis gebilligt, sodass die Abgabe von Gesetzgebungsrechten unumschränkt zulässig war und auch zuvor praktiziert wurde. Dabei wurden oftmals statt des Bundesrates als eigentlichen Hauptverwaltungsorgans der Kaiser oder die Reichsleitung mit Verordnungsrechten ausgestattet.[1841] In der EU übertrug der Rat im Rahmen des Komitologieverfahrens die arbeitsintensive Konkretisierung des erlassenen Sekundärrechts an die Kommission, während die Mitgliedstaaten grundsätzlich nur noch über Komitologieausschüsse konsultiert wurden. Lediglich wenn die Ausschüsse einen Kommissionsvorschlag zurückwiesen, konnte der Rat nach dem früheren Komitologieverfahren abgestuft nach verschiedenen Verfahren noch Einfluss auf die Ausgestaltung der delegierten Rechtsakte nehmen.[1842] Die Mitwirkung der Einzelstaaten am Erlass konkretisierender Delegationsnormen wurde sowohl im Kaiserreich als auch in den USA v.a. deshalb von den Einzelstaaten begleitet, da diese in beiden Rechtsordnungen zum größten Teil mit dem Vollzug des Rechts

---

1840 Siehe z.B. die Motivlage in der EU nach der Schaffung des Agrarmarktes, C III 1 c.
1841 B III 1 c.
1842 C III 1c aa.

betraut waren.[1843] Die zunehmende Delegation an zentrale Organe wie den Kaiser oder den Kanzler spiegelte damit im Kaiserreich die Tendenz zur Zentralisierung wider. Mit der Vertragsreform von Lissabon ist in Art. 291 AEUV dagegen die Tendenz angelegt, den Erlass konkretisierender Rechtsvorschriften grundsätzlich im Sinne des Subsidiaritätsprinzips in Teilen verstärkt direkt den Mitgliedstaaten anzuvertrauen.

In den USA hemmte der Supreme Court zunächst die Schaffung von Delegationsnormen, die aus seiner Sicht zu einer unzulässigen Kompetenzübertragung auf die Exekutive führten. Erst im Laufe der Zeit billigte die höchstrichterliche Rechtsprechung der USA klar definierte Ermächtigungen der Exekutive zur Setzung materieller Rechtsnormen.[1844]

bb) Notwendigkeit und Mittel parlamentarischer Kontrolle

Aus Sicht der Parlamente ist die Delegation von Rechtsetzungsbefugnissen problematisch, da diese grundsätzlich mit Erlass der Ermächtigungsgrundlage die weitere Gestaltung der delegierten Gesetzgebung aus der Hand gaben.[1845] In den untersuchten Systemen ist dies besonders problematisch, da diese keine politische Abhängigkeit der Exekutive vom Parlament vorsehen und damit keine Sanktionsmöglichkeit für einen dem parlamentarischen Willen widersprechenden Verordnungserlass besteht. Das Problem der fehlenden Kontrollierbarkeit einer Delegation ist in bikameralistischen Systemen ferner durch Aufteilung der gesetzgebenden Gewalt auf mehrere Organe gegeben. Nach dem Erlass einer Gesetzesnorm ist eine Kassation bzw. Abänderung der Ermächtigungsgrundlage nur im Zusammenwirken mit den anderen an der Gesetzgebung beteiligten Organen möglich.

Es gibt aus Sicht der beleuchteten Parlamente somit bei weitgreifenden Ermächtigungen ein Bedürfnis nach parlamentarischer Kontrolle der exekutiven Rechtsetzung,[1846] wie sich z.B. im Zuge der Verordnungsermächtigungen an den Bundesrat im Ersten Weltkrieg zeigte, welche eine Widerrufsmöglichkeit durch den Reichstag enthielten.[1847]

Funktional sind folgende Techniken parlamentarischer Kontrolle zu unterscheiden:

Berichts- und Evaluationsklauseln, Befristungen sowie Zustimmungs- und Widerrufsrechte.

1843 *Frowein*, Die rechtliche Bedeutung des Verfassungsprinps der parlamentarischen Demokratie für den europäischen Integrationsprozess, EuR 1983, S. 301 (305) sieht diese Beteiligung als „konsequente bundestaatliche Erscheinung an".

1844 D III 1 c.

1845 *Gerken/Holtz/Schick*, Reform der Komitologie im Verfassungsentwurf des Europäischen Konvents, Wirtschaftsdienst 2003, 662 (666).

1846 Am Beispiel des Deutschen Bundestags *Saurer*, Die Funktionen der Rechtsverordnung, 2005, S. 371 ff.

1847 B III 1 c.

In den USA, wo der Kongress über wenige direkte Einwirkungsmöglichkeiten auf den Präsidenten verfügt und daher derartige Kontrollmechanismen besonders notwendig sind,[1848] wurde hierzu lange Zeit das sog. legislative Veto praktiziert. Hierbei wurde im Rahmen der Ermächtigungsgrundlage ein Kassationsrecht des Kongresses, einer der beiden Kammern oder bloß eines Ausschusses angefügt. Dieses Vorgehen wurde vom Supreme Court untersagt, nachdem dieser das von der Verfassung vorgesehene Gesetzgebungsverfahren unterwandert sah.[1849] In den Vereinigten Staaten muss sich der Kongress heute mit restriktiven Fassungen der Ermächtigungsgrundlagen und zum Teil mit der Schaffung unabhängiger Behörden mit eigenen Befugnissen zur Rechtsetzung und judikativen Funktionen außerhalb der präsidentiellen Administration behelfen. So sind befristete Ermächtigungsgrundlagen üblich, um eine wiederkehrende Überprüfung der von der Exekutive gesetzten Normen zu ermöglichen. Darüber hinaus legt die Legislative der rechtsetzenden Exekutive oftmals eine Fülle von Berichtspflichten auf, sodass eine periodische Reflexion des Kongresses über den Umfang und die Ausübung der Delegationen notwendig wird.[1850]

Die EU-Gesetzgebung verzichtet grundsätzlich, trotz der ausdrücklichen Erwähnung der „Dauer" der Kompetenzübertragung in Art. 290 Abs. 1 AEUV, nach einer interinstitutionellen Vereinbarung im Rahmen des Erlasses von Durchführungsrechtsakten durch die Kommission grundsätzlich auf Befristungen im Basisrechtsakt, um für eine kontinuierliche und stabile Rechtsetzung zu sorgen, und bevorzugt Berichtspflichten für die Kommission.[1851] Hieran wird erneut das größere Stabilitätsbedürfnis der EU deutlich. Befristungen führen als solche dazu, dass periodisch eine grundsätzliche Diskussion um in der Vergangenheit entschiedene Fragen aufflammt.[1852] Die amerikanische Verfassungsordnung nimmt dagegen diese Instabilität zugunsten der effektiven Kontrolle der delegierten Rechtsetzung in Kauf.

In der EU war die delegierte Rechtsetzung an sich lange Zeit ein diffiziler Kompromiss zwischen den verschiedenen Gesetzgebungsorganen. Schon nach dem ersten Komitologiebeschluss 1987, welcher das Verfahren zum Erlass von Tertiärrecht in der EG erstmals allgemein regelte,[1853] rang der Rat mit der Kommission darum, die Ausübung der übertragenen Rechtsetzungsbefugnisse abschließend kontrollieren zu

---

1848 *Heun*, Das Budgetrecht im Regierungssystem der USA, 1989, S. 92.

1849 *I.N.S. v. Chadha*, 462 U.S. 919 (948 ff.) (1983).

1850 *Report-and-wait-* bzw. *sunset*-Klauseln in den USA.

1851 Nr. 3 der Erklärung von Rat, Kommission und Parlament vom 21.10.2006, ABl. EU 2006 Nr. C 255/1.

1852 Zur Diskussion der Einführung von „*sunset*-Klauseln" im Rahmen der Verhandlungen über den Verfassungsvertrag *Härtel*, Handbuch Europäische Rechtsetzung, 2006, § 11, Rn. 92 ff. Zeitweise wurde im Rahmen des *Lamfalussy*-Verfahrens von derartigen Klauseln zugunsten des Parlaments Gebrauch gemacht; *Schmolke*, Die Einbeziehung des Komitologieverfahrens in den Lamfalussy-Prozess – Zur Forderung des Europäischen Parlaments nach mehr Entscheidungsteilhabe, EuR 2006, 432 (437 f.; 437).

1853 ABl. EG 1987, Nr. L 197/33.

können. Dabei versuchten beide Seiten, regelmäßig Verfahren anzuwenden, welche ihnen das Letztentscheidungsrecht beließen.[1854] Mit der Stärkung des Parlaments als Gesetzgebungsorgan beanspruchte auch Straßburg, welches zuvor mit Erlass der Ermächtigungsgrundlage seine Einwirkungsmöglichkeiten auf die Durchführungsrechtsetzung abgegeben hatte, mehr Einfluss auf die Ausgestaltung des Tertiärrechts. Heute sind Rat und Parlament nach der neuen Komitologieverordnung im Verfahren nach Art. 291 AEUV auf eine nachträgliche Rechtskontrolle beschränkt, während Art. 290 AEUV den beiden Organen wahlweise eine befristete Veto-Position oder die Möglichkeit eines *call-backs*, eines nachträglichen Kompetenzentzuges, einräumt.[1855]

Damit existieren in der EU nun auch primärrechtlich verankerte Kontrollmechanismen, welche die politisch ungewollte Ausübung delegierter Rechtsetzungsbefugnisse durch die Kommission weitgehend verhindern können.[1856] Diese ähneln den in den USA verwendeten Konsultations- und Widerrufsklauseln. Auch der Deutsche Reichstag schrieb den mit der delegierten Rechtsetzung betrauten Organen teilweise vor, regelmäßige Berichte über die Ausübung der abgegebenen Entscheidungsspielräume zu erstatten, oder machte das Zustandekommen von Rechtsverordnungen z.T. von seiner nachträglichen Zustimmung abhängig.[1857]

d) Die Beteiligung der Exekutive als Indikator für die Grundmotive eines Systems

Die Funktion der Exekutive in der Gesetzgebung spiegelt letztlich die Grundmotive jeder Verfassungsordnung wider. In den USA wird dem Präsidenten die Möglichkeit gegeben, als weiterer Vetospieler den Erlass von Gesetzen grundsätzlich suspensiv zu blockieren.[1858] Hier lebt wieder das zentrale Freiheitsversprechen der US-Verfassung auf, welches nur im Wege des Konsenses der Verfassungsorgane durch die Setzung von Rechtsregelungen tangiert werden darf. Gleichzeitig zeigt die faktische Rolle des Präsidenten, der, wie im Schuldenstreit 2011 deutlich wurde, als Vermittler zwischen den widerstreitenden Interessengruppen in Senat und Repräsentantenhaus fungiert, dass dieses ursprüngliche Dogma einer Lähmung der Staatsgewalt zugunsten individueller Freiheiten zunehmend rissig ist.

Diametral entgegengesetzt ist die Rolle der Kommission im ordentlichen Gesetzgebungsverfahren in der Europäischen Union. Sie soll zum einen als Inhaberin des Initiativmonopols die Integration der Union durch die Setzung von Sekundärrecht vorantreiben und zum anderen durch die Abwandlung von Initiativvorschlägen

1854 C III 1 c aa (1).

1855 C III 1 c aa (2) und C III 1 c bb.

1856 So hat die Kommission zugesagt, bei delegierten Rechtsakten eine frühzeitige Abstimmung mit Rat und Parlament vorzunehmen, KOM (2009), 673, S. 7.

1857 B III 1 c.

1858 D III 1 a.

und vor allem im Rahmen von Vermittlungsverfahren auf die Erzielung von Kompromissen hinwirken.[1859] Damit dient sie dem zentralen Motiv der EU, nämlich der Bildung einer funktionsfähigen Union aus verschiedenen europäischen Staaten.[1860]

Sowohl dem Veto-Recht des US-Präsidenten als auch dem Initiativmonopol der Kommissionlliegt dieselbe Erwägung zugrunde. Die zentrale Exekutive soll am besten in der Lage sein, das Gemeinwohl des Ganzen als Faktor in das Gesetzgebungsverfahren einzubringen. Während dieses durch das Initiativmonopol der Kommission bereits ex ante Eingang in das Verfahren findet, dient das präsidentielle Veto-Recht seinem Zweck nach dazu, ex post eine Kontrolle des Gesetzesbeschlusses des Kongresses durchzuführen.[1861]

Die Stellung der preußisch dominierten Reichsleitung im Kaiserreich im Gesetzgebungsverfahren nach Art. 5 RV offenbart wiederum die gewollte Unfertigkeit von *Bismarcks* Verfassungswerk. Obwohl der Reichskanzler mit der Reichsleitung formell gar kein Gesetzgebungsorgan war, vereinnahmte er faktisch den ebenso von Preußen beherrschten Bundesrat, der damit de facto nur noch Eingangsschleuse für Gesetzesinitiativen der Reichsleitung war.[1862] Damit zeigt die Position der preußischen Reichsleitung im Kaiserreich anschaulich dessen Grundkonzeption, nämlich verklausuliert den preußischen Einfluss auf das neue Reich zu sichern und auszubauen.

Steffani weist darauf hin, dass die zentrale Aufgabe einer Regierung in einem parlamentarischen Regierungssystem darauf abzielt, ein politisches Aktionsprogramm durchzusetzen.[1863] Sowohl im Kaiserreich als auch in der EU entsprach es schon früh dem Selbstverständnis von Reichsleitung bzw. Kommission, die gesetzgeberische Entwicklung politisch voranzutreiben,[1864] sodass beide Systeme dieses Element eines parlamentarischen Regierungssystems in sich trugen bzw. tragen. Auch in den USA ist dieser Ansatz unter den modernen Präsidenten, die seit *Roosevelt* gezielt in der Öffentlichkeit auftreten und deren Erfolg verstärkt an der Umsetzung eines politischen Programmes gemessen wird, in geringerem Ausmaß zu beobachten. Der Unterschied vor allem zur EU ist die bis heute, wie in der Diskussion um die Erhöhung der Schuldengrenze anklingt, bestehende Grundhaltung, im Zweifel die Gewaltenteilung in Gestalt der Eigenständigkeit der Legislative zu sichern und damit bewusst Instabilität in Kauf zu nehmen. Dagegen setzt die EU auf ein funktionsfä-

1859 § 5 der Geschäftsordnung des deutschen Vermittlungsausschusses gibt der Bundesregierung ebenfalls ein Teilnahme- und Rederecht in den Sitzungen des Ausschusses, weist ihr aber formal keine besondere Vermittlungsfunktion zu.

1860 Vgl. hierzu Punkt 5 a) der Entschließung des Parlaments vom 18.7.1988, welcher für die kommenden Vertragsreformen Konzertierungsmechanismen fordert, die bei Blockaden zwischen Rat und Parlament zu positiven Beschlüssen führen, ABl. EG 1988 C 187/244.

1861 D III 1 a; C III 1 b aa.

1862 Siehe B III 1.

1863 *Steffani*, Parlamentarisches und präsidentielles Regierungssystem, 1979, S. 52.

1864 B III 1 a und C III 1 a.

higes institutionelles Dreieck, was zu einer starken wechselseitigen Vernetzung der drei Hauptorgane geführt hat.

2. Kontrollfunktion

Die Kontrolle der Exekutivarbeit ist neben dem Beschluss von Gesetzesvorhaben eine zentrale Funktion von Gesetzgebungsorganen. In noch stärkerem Ausmaße als die Legislativkompetenz ist die Kontrollkompetenz von der konkreten Ausgestaltung des Verfassungswesens abhängig. Die Mitgliedstaaten der Europäischen Union teilen als fundamentale Gemeinsamkeit das Bekenntnis zur pluralistisch-parlamentarischen Demokratie. Der institutionelle Rahmen der Union selbst hat dieses Stadium nicht erreicht.[1865]

Die Mittel der Kontrolle sind in den untersuchten Systemen ähnlich. Das mildeste Mittel ist hierbei die Interpellation, die Stellung von Fragen an die Regierung. Weitergehend ist das Anstellen eigener Untersuchungen im Rahmen von Untersuchungsausschüssen. Entscheidend für die Kontrolle der Exekutivarbeit ist das Budgetrecht, die Bewilligung der Staatsausgaben. Das stärkste Machtmittel besteht in der Kompetenz der Legislativorgane, die Amtsträger der Staatsleitung ganz oder teilweise abzusetzen. Während die Ausübung der Kontrollrechte in parlamentarischen Regierungssystemen zu den Grundfunktionen parlamentarischer Körperschaften gehört,[1866] werden die Kontrollrechte des Kongresses gegen den Präsidenten in den USA als Ausnahme zum Gebot der Gewaltentrennung interpretiert bzw. gründen auf der Gesetzgebungsfunktion des Kongresses.[1867]

a) Das Budgetrecht als Königsrecht der Volksvertretung

Das heutige Grundmotiv westlicher Demokratien, dass Parlamentarier die Finanzhoheit ausüben, hat viele Wurzeln, deren Ursprünge nicht nur auf demokratische Überlegungen zurückgehen.

So beruhte z.B. die griechische Timokratie darauf, dass nur die steuerzahlenden Bürger im Gemeinwesen entsprechend ihrer Finanzkraft mitbestimmen durften.[1868] Dieser Ansatz, der im Kern auch von Vertretern des Liberalismus im Deutschen

---

1865 So auch *Ipsen*, Über Verfassungs-Homogenität in der Europäischen Gemeinschaft, in: Maurer (Hrsg.), Das akzeptierte Grundgesetz. Festschrift für Günter Dürig zum 70. Geburtstag, 1990, 159 (182).

1866 *Steffani*, Parlamentarismus in den EG-Staaten und demokratisches Defizit der europäischen Institutionen, ZParl. 1978, 233 (238).

1867 Siehe z.B. für das Budgetrecht D III a.

1868 *Plato* ging davon aus, dass dieser Ansatz bereits eine Verschlechterung von der Aristokratie hin zur Oligarchie darstellte, da diese Organisationsform charakterschwächeren, ehrgeizigen Menschen gerecht werde und letztlich zu moralischem Verfall führe; *Plato*, Der Staat, Nachdruck 2000, S. 653 ff.

Kaiserreich geteilt wurde, war ebenso bis 1918 im preußischen Dreiklassenwahlrecht lebendig, in dessen Rahmen die Bürger, die ein Drittel der Einnahmen erbrachten, auch ein Drittel der Abgeordneten wählen durften.[1869] Dies führte in manchen Wahlkreisen dazu, dass die erste Klasse der Abgeordneten durch sehr wenige vermögende Industrielle bestimmt wurde.[1870]

Die Herrschaft über die Staatsfinanzen ist zuallererst eine Machtfrage.[1871] Ohne Finanzmittel ist kein Staat handlungsfähig, sodass das Aufbringen und die Freigabe von Geldern das entscheidende Druck-, aber auch Gestaltungsmittel in der politischen Willensbildung jedes Staatswesens darstellt.[1872]

Die Frage, ob die Exekutive in Form eines von Gottes Gnaden herrschenden Monarchen allein über den Haushalt verfügen konnte oder andere relevante Gruppierungen durch besondere Organe mitbestimmen durften, war eine der zentralen Fragen in der Verfassungsgeschichte der Neuzeit.[1873]

Erst durch das Vordringen des Demokratieprinzips im 18./19. Jahrhundert wurde die Hoheit über den Staatshaushalt der Vertretung des neuen Souveräns, des Volkes, zugesprochen. In der demokratischen US-Verfassung wird dies z.B. dadurch deutlich, dass das Repräsentantenhaus zwar nur im Einvernehmen mit dem Senat Haushaltsgesetze beschließen kann, aber abweichend von der grundsätzlichen Gleichordnung beider Häuser bei Steuergesetzen das Vorrecht hat, einen Erstvorschlag vorzulegen. Damit kommt in der US-Verfassung das Motiv zum Ausdruck, das Volk bei der Erhebung von Steuern verstärkt mit einzubeziehen. Der Senat hat in der Geschichte Anstrengungen unternommen, auch in diesem Bereich de facto mit dem Repräsentantenhaus gleichgestellt zu werden. Selbst wenn der Versuch des Senats, eigene Haushaltsinitiativen einzubringen, bisher an der ablehnenden Haltung des Repräsentantenhauses gescheitert ist, so ist im Ergebnis das Recht des

---

1869 Art. 71 der revidierten Verfassungsurkunde für den Preußischen Staat.

1870 In einem Berliner Wahlkreis durfte 1903 ein Wurstfabrikant die erste Klasse alleine bestimmen, während sich Persönlichkeiten wie Reichskanzler *Bülow* mit der dritten Klasse begnügen mussten; mit diesem und weiteren Beispielen *Huber*, Deutsche Verfassungsgeschichte, Band 3, 1963, S. 91 f.

1871 So auch *Jahndorf*, Grundlagen der Staatsfinanzierung, 2003, S. 38 mit Verweis auf den Preußischen Verfassungskonflikt.

1872 Schon *Cicero* bezeichnete die Finanzkraft als zentrale Triebfeder jedes Staatswesens; *Isensee*, Budgetrecht des Parlaments zwischen Schein und Sein, JZ 2005, 971; zur Bewertung des parlamentarischen Budgetrechts im Spätkonstitutionalismus *Seeck*, Der Kampf des Reichstages um sein Budgetrecht, Finanzarchiv 1919, 180 (183).

1873 So stützte sich selbst der Absolutismus unter Ludwig XIV. in Frankreich darauf, dass die Einnahmen des Staates nicht durch Steuererhöhungen erzielt wurden, da dies eine Einberufung der Generalstände notwendig gemacht hätte. Ludwig XVI. musste diese wegen des drohenden Staatsbankrotts einberufen, wobei sich mit dem Aufbegehren des dort vertretenen Dritten Standes die Französische Revolution Bahn brach; zur Entwicklung in England *Jahndorf*, Grundlagen der Staatsfinanzierung, 2003, S. 38 (Fn. 157).

Repräsentantenhauses darauf beschränkt, einen ersten Vorschlag vorzulegen.[1874] Der Senat übt zudem bei Steuer- und Ausgabegesetzen keine selbstbeschränkende Zurückhaltung im Sinne seiner Funktion als Reflexionskammer, sondern bringt genau wie in der regulären Gesetzgebung umfassend seine politische Position in den Prozess mit ein. Damit verfügt er trotz des fehlenden Vorschlagsrechts de facto über ein umfassendes Gestaltungsrecht in Budgetfragen.

Die ersten Entscheidungskompetenzen des Europäischen Parlaments wurden kreiert, nachdem der EU erstmals eigene Haushaltsmittel zuflossen, als mit der gemeinsamen Agrarpolitik Agrarabschöpfungen zugunsten der Gemeinschaftskasse eingeführt wurden. Dabei wurde dem Parlament zum ersten Mal das Recht zuerkannt, in letzter Konsequenz bei nicht-obligatorischen Ausgaben einen Beschluss gegen den Rat treffen zu dürfen. Heute hat das Europäische Parlament gem. Art. 314 AEUV generell das Recht, bei allen Haushaltsplanungen gegen den Willen des Rates den eigenen Willen durchzusetzen.

Nach kontinentaleuropäischem Rechtsverständnis ist das Budgetrecht das schärfste Kontrollrecht des Parlaments gegen die Exekutive, welche hierdurch zu umfassender Rechenschaft in öffentlicher Debatte verpflichtet wird. Die Kontrolle über die Staatsfinanzen sichert dem Parlament im demokratischen Gefüge eine zentrale Stellung.[1875]

Während der Reichstag und das Europäische Parlament den Beschluss über das Haushaltsgesetz stets zur generellen Betrachtung der Politik von Reichsleitung bzw. Kommission nutzten, erließ der Kongress im Gegensatz dazu kein einheitliches Budgetgesetz. Hierbei spielen vor allem das fehlende Rederecht von Mitgliedern der Exekutive und die fehlende politische Verantwortlichkeit des Präsidenten gegenüber dem Kongress vor den Kongresskammern eine Rolle.[1876] Damit fehlt auch die Möglichkeit zu einer umfassenden Aussprache im Plenum der beiden Häuser. Der Fokus des Kongresses liegt daher auf einer detaillierten Kontrolle der Haushaltsführung in einzelnen Behörden bzw. Sachgebieten und nicht auf einer politischen Kontrolle der Präsidentenadministration. Das amerikanische Haushaltswesen besteht trotz der Reformen im 20. Jahrhundert bis heute aus einer Vielzahl von Einzelbewilligungen.

Damit zeigt sich, dass die USA, vor allem bedingt durch das fehlende Rederecht der Exekutive, auch im Budgetwesen einen Sonderweg gehen, welcher im Gegensatz zum Modell des Kaiserreiches und der EU nicht auf eine primär politische Kontrolle der Regierungsarbeit abzielt, sondern auf eine administrative Nachprüfung über die Verwendung der Haushaltsmittel ausgerichtet ist. Dieser Ansatz ist

---

1874 D III 2 a aa.

1875 Vgl. zur Bedeutung des parlamentarischen Haushaltsrechtes BadWürttStGH, Urt. v. 6.10.2011 – GR 2/11, BVerfGE 119, 96 (118 f.); *Isensee*, Budgetrecht des Parlaments zwischen Schein und Sein, JZ 2005, 971 (972).

1876 Mit der Lex *Bennigsen* war auch im konstitutionellen System des Kaiserreiches der Ansatz einer politischen Verantwortlichkeit festgeschrieben.

durchaus problematisch, da er den Kongress in manchen Ausgabekomplexen in seiner Personal- und Sachkompetenz zu überfordern droht.[1877]

Neben der Ausgabenseite ist auch das Recht der Parlamente, über die Einnahmeseite des Budgets, insbesondere über die Steuererhebungen, zu bestimmen, Ausfluss des Prinzips der Volkssouveränität. In den USA ist dies gem. Art. 1 Sec. 8 Nr. 1 der US-Verfassung beim Kongress verankert, wobei dem Repräsentantenhaus das alleinige Initiativrecht für Steuergesetze zukommt. Während die Volksvertretung in den Vereinigten Staaten selbstverständlich konstitutiv an der Gestaltung der Einnahmebewilligung beteiligt ist, zeigen sich in der EU und dem Kaiserreich starke Abweichungen.

In der EU entscheidet nur der Rat auf der Einnahmeseite des Budgets über das System der Eigenmittel der Union. Damit wird dem Parlament die eigentlich traditionelle *power of the purse* vorenthalten. Spätestens mit der Einführung direkter EU-Steuern als Haupteinnahmequelle wäre hierbei eine stärkere Einbindung des Parlaments notwendig.[1878] Die EU hat damit zwar Mittel zur autonomen Verfügung, die schwache Stellung des Parlaments auf der Einnahmeseite des Etats zeigt die Stärke der Mitgliedstaaten, welche die Schaffung einer eigenen Steuerkompetenz der Union gegenüber den Bürgern der Mitgliedstaaten bis heute nicht mittragen.

Der Reichstag im Kaiserreich ging auf Seiten des Einnahmebewilligungsrechts einen Sonderweg. Er erhielt die Beitragsfinanzierung durch die Länder im Wege der Matrikularbeiträge über Jahre hinweg künstlich aufrecht, indem er einfachgesetzlich die *Franckensteinschen* Klausel durchgesetzt hatte. Demnach sollten die neu erschlossenen Reichseinnahmen an die Länder überwiesen werden, die den Reichshaushalt dann wieder durch ihre Matrikularbeiträge decken mussten. In der Praxis führte dies dazu, dass der Reichshaushalt unter chronischen Defiziten litt und die *Miquelsche* Klausel in Art. 70 RV, welche den provisorischen Charakter der Beitragsfinanzierung des Reiches betonte, nicht zur Geltung kam. Der Grund für das Festhalten der Parlamentarier an den Beiträgen war in der speziellen Anlage des Reiches mit der dominierenden Stellung Preußens begründet. Durch die Möglichkeit der reichsgesetzlichen Festsetzung der Matrikularbeiträge war der Reichstag in der Lage, auf die Haushalte der Länder, insbesondere auf den Preußens, zuzugreifen und damit Einfluss auf die Innenpolitik des Führungslandes zu nehmen und die Etablierung einer preußischen Reichspolitik zu verhindern. Das entstandene Spannungsverhältnis zwischen der damit um ihre Finanzbasis bangenden Reichsleitung und dem um seine Stellung besorgten Reichstag wurde mit dem Reichsfinanzreformen nach 1900 im Wege eines Ausgleichs beigelegt. Das Reich erhielt unter schrittweisem Abbau der *Franckensteinschen* Klausel eigene Steuerquellen, im Gegenzug wurde die *Miquelsche* Klausel aus der Verfassung

1877 *Fraenkel*, Das amerikanische Regierungssystem, 1960. S. 317 f., vor allem mit Verweis auf das Militärbudget.

1878 C III 2 a bb.

getilgt und als gewissermaßen sachfremde Kompensation wurden Diäten für den Reichstag eingeführt.[1879]

aa) Ausstrahlungswirkung des Budgetrechts

Das Budgetrecht hat Auswirkungen auf die Gestaltungsmöglichkeiten der parlamentarischen Gremien. Das Haushaltsrecht liefert diesen die Möglichkeit, Entscheidungskompetenzen zu erlangen, die nach der Verfassungsordnung eigentlich nicht bei ihnen liegen. Dies resultiert daraus, dass jede staatliche Organisation zur Umsetzung bei beinahe jedem Vorhaben eine ausreichende Finanzausstattung benötigt.

Der Deutsche Reichstag erlangte neben einer umfassenden Kontrolle über die Tätigkeit der Reichsverwaltung,[1880] z.B. über die Aussprachen zu Genehmigungen des Haushaltes des Auswärtigen Amtes, die Funktion eines Forums zur Diskussion der Reichsaußenpolitik, die eigentlich dem Auswärtigen Ausschuss des Bundesrates zugedacht war.[1881] Das Europäische Parlament gewann seine ersten materiellen Mitentscheidungsbefugnisse gegenüber Kommission und Rat durch interinstitutionelle Vereinbarungen, die ihm bei Rechtsetzungsvorhaben mit Auswirkung auf den Gemeinschaftshaushalt ein Mitwirkungsrecht im Rahmen eines Konzertierungsverfahrens mit Parallelen zum späteren Verfahren der Zusammenarbeit einräumten. Des Weiteren nutzten die europäischen Abgeordneten bis zur Reform der Haushaltsordnung 2002 die Möglichkeit, für Gesetzgebungsmaterien ohne gestaltende Mitwirkungsrechte durch den Beschluss von nicht-obligatorischen Ausgaben de facto Regelungen zu schaffen und so die bestehende Kompetenzordnung aufzuweichen. Mit der letztgenannten Reform wurde das Erfordernis eines Sachgesetzes als Voraussetzung für eine Ausgabeermächtigung festgeschrieben.[1882]

Auch das US-Repräsentantenhaus hat über sein Haushaltsbewilligungsrecht ein zumindest begrenztes Mitspracherecht in der eigentlich von Präsidenten und Senat dominierten Außenpolitik zugestanden bekommen. Insbesondere, wenn im Zuge der Vertragsumsetzung die Bewilligung von Finanzen notwendig wird, ist eine Beteiligung des Repräsentantenhauses im Zuge der Vertragsverhandlungen notwendig, um spätere Schwierigkeiten bei der Umsetzung eines Vertrages zu verhindern.[1883] Im Vergleich mit den anderen untersuchten parlamentarischen Kammern hat das Repräsentantenhaus eine ähnlich partiell-mitbestimmende Stellung erreicht. In der EU und dem Kaiserreich ist bzw. war diese jedoch positiv-rechtlich umrissen: Art. 11 Abs. 3 RV verlangte eine Zustimmung des Reichstages beim Abschluss völkerrechtlicher Verträge, welche dem Parlament nur auf den Gebieten der Reichsgesetzgebung eine Mitwirkung erlaubte. Ebenso erfordert Art. 218 Abs. 6 Buchst. a iv/v AEUV für Verträge der EU eine Zustimmung des Parlaments, die sich

1879 B III 4 und B III 2 a aa.
1880 *Dambitsch*, Die Verfassung des Deutschen Reiches, 1910, S. 630.
1881 B III 2 d.
1882 C III 2 a.
1883 D III 2 e.

erheblich auf den Haushalt auswirken oder Materien betreffen, in denen das Parlament im Rahmen der Rechtssetzung konstitutiv mitwirkt. Damit zeigt sich, dass die Beteiligung von Parlamenten in der Außenpolitik i.d.R. von deren Kompetenzbestand im Inneren abhängt, wobei dem Budgetrecht gerade bei finanzwirksamen Verträgen eine besondere Rolle zukommt.

bb) Beschränkungen des Budgetrechts

„Dem konstitutionellen Staatsrecht ist ein unbeschränktes, völlig freies Ausgabebewilligungs- und Verweigerungsrecht der Volksvertretung unbekannt."[1884]

Auf die Europäische Union übertragen, besitzt dieser Satz des Reichsstaatslehrers *Fülster* noch Gültigkeit. Diese stellt zwar keine konstitutionelle Monarchie dar, der Parlamentarismus in der EU ist aber wie im Kaiserreich nicht als Ergebnis einer (bürgerlichen) Volksbewegung entstanden. Während *Bismarck* den Reichstag gezielt als Gegengewicht zu partikularen Bestrebungen der Einzelstaaten schuf, war die Versammlung der frühen Gemeinschaften bewusst als Keimzelle für eine schrittweise Parlamentarisierung und Supranationalisierung des Integrationsprojektes installiert. Aus diesem Grund steht das Parlament auch im Haushaltsverfahren hinter den mitgliedstaatlichen Organen an Entscheidungsbefugnissen zurück. Das EU-Parlament hat zwar im jährlichen Budgetverfahren die Möglichkeit, den Rat zu überstimmen und somit als Repräsentanz der Europäischen Völker i.E. alleine über den Jahresetat zu befinden. Der Rat kann nicht wie früher bei obligatorischen Ausgaben Abänderungen des Parlaments blockieren. Ebenso ist die von der Kommission festgesetzte Ausgabenobergrenze weggefallen. Jedoch kann das Parlament sein Budgetrecht nicht ungebunden ausüben, sondern ist in die inhaltlich durch den Europäischen Rat beschlossenen mehrjährigen Finanzrahmen eingehegt.

Mit Art. 312 AEUV hat der mehrjährige Finanzrahmen der EU eine neue Qualität gewonnen. Während dieser unter der Bezeichnung „Finanzielle Vorausschau" früher v.a. der besseren Planung und Konfliktvermeidung zwischen Rat und Parlament in der europäischen Haushaltsführung diente, können heute die Mitgliedstaaten per einstimmigem Ratsbeschluss über den Rahmen die Eckpunkte der Haushalte der nächsten bis zu sieben Jahre, dabei insbesondere den Umfang des Haushaltsvolumens, verbindlich festsetzen. Durch das Konsenserfordernis wird den Bedürfnissen der sog. Nettozahlerstaaten Rechnung getragen, welche über keine Mehrheit der Ratsstimmen verfügen. Das Parlament hat, anders als zuvor, lediglich ein nachträgliches Zustimmungsrecht, weswegen es formal nicht zur inhaltlichen Mitgestaltung des Finanzrahmens berechtigt ist.[1885]

Auch im spätkonstitutionellen Deutschen Kaiserreich war in der zentralen Frage des Heeresbudgets das Haushaltsrecht von Reichstag und Bundesrat beschränkt. In der *Bismarck*-Zeit war der Militäretat durch siebenjährige Bewilligungen fixiert, später gelang es dem Reichstag lediglich, eine Verkürzung der Frist auf fünf

1884 *Fülster*, Deutsches Reichstaatsrecht, 1913, S. 725 f.
1885 C III 2 a aa.

Jahre zu erreichen. Insbesondere in der Zeit nach *Bismarck* zwang die allgemeine Rüstungspolitik in Europa zu häufigeren Militärhaushaltsgesetzen. Der Heeresetat war für den Reichstag ein zentraler Ansatzpunkt, um auf die Ausübung der Kommandogewalt der Exekutive Einfluss zu nehmen, sodass die Verlängerungen des Militärhaushaltes für die Landstreitkräfte im Deutschen Kaiserreich zum Teil zu schweren Verwerfungen führten, die teilweise an die preußische Budgetkrise von 1862 erinnerten.[1886] Oftmals waren diese Konflikte Anlass für Auflösungen und Neuwahlen des Reichstages, was der einzige verfassungsmäßig vorgesehene Weg zur Streitbeilegung war. Diametral steht dem Art. 1 Sec. 8 Cl. 12 der US-Verfassung entgegen, welcher Ausgabengesetze für das Militär auf zwei Jahre begrenzt, womit sich das Misstrauen des von englischer Ideengeschichte geprägten amerikanischen Verfassungsverständnisses zur Zeit der *Philadelphia Convention* gegen stehende Heere im Sinne der *Cromwellschen* Diktatur niedergeschlagen hat.[1887]

Langjährige Vorausplanungen des Haushaltes sind faktisch problematisch, da der Finanzbedarf eines Gemeinwesens langfristig insbesondere wegen des Eintritts von ungeplanten Effekten nur schwer prognostizierbar ist. Daher milderte sich die langjährige Bindung des Haushaltsgesetzgebers sowohl im Kaiserreich als auch in der EU dadurch ab, dass Sonderereignisse, wie die französische Aufrüstungskampagnen ab den 1890er Jahren oder der Fall des Kommunismus in Osteuropa, derart umfangreiche finanzielle Reaktionen des Kaiserreiches bzw. der EU erforderten, dass die langfristigen Festlegungen überarbeitet werden mussten.[1888]

Beschränkungen des Budgetrechts sind Ausdruck des Misstrauens in das Parlament als Haushaltsgesetzgeber. Dieses Misstrauen ist heute in Art. 113 Abs. 1 S. 1 und Art. 115 Abs. 2 des Grundgesetzes oder z.B. auch in Art. 81 Abs. 3 der italienischen Verfassung dokumentiert. Dies ist im Ergebnis nicht unbegründet, da die Abgeordneten zur Befriedigung ihrer Wählergruppen oftmals eher zu Ausgabeprogrammen als zu Sparmaßnahmen neigen, sodass stabilisierende Beschränkungen zur Sicherung einer ordnungsgemäßen Haushaltsführung notwendig sind.[1889] Durch die Vetomöglichkeit der Bundesregierung zu ausgabeerhöhenden Budgetgesetzen und der Schuldenbremse unter dem Grundgesetz sowie der Pflicht zur Angabe von Deckungsmitteln zur Refinanzierung von Ausgabensteigerungen in der italienischen Verfassung kommt zum Ausdruck, dass die Ausübung der finanziellen Kontrollfunktion des Bundestages bzw. des Italienischen Gesetzgebers

---

1886 Dies zeigte sich z.B. an der Rhetorik der Beteiligten, die häufig von einem „Parlamentsheer" sprachen; siehe die Debatte im Reichstag ab dem 12. und 13. Januar 1887: Stenographische Berichte über die Verhandlungen des Reichstages, VI. Legislaturperiode. IV. Session 1886/1887, Band 1, 1887, S. 355 ff.

1887 *Fraenkel*, Das amerikanische Regierungssystem, 1960, S. 316 f.

1888 B III 2 a bb, C III 2 a aa.

1889 *Scheuner*, Staatstheorie und Staatsrecht, 1978, S. 309, S. 328; kritisch zum Ausgabeverhalten des Reichstages auch *Delbrück*, Regierung und Volkswille, 1914, S. 145, welcher dies als spezifisches Problem des Trennsystems, welches dem Reichstag keine Verantwortung für das Regierungshandelns übertrug, identifizierte.

einer ergänzenden Kontrolle bedarf.[1890] Während das Grundgesetz nur punktuell in Fragen der Kreditaufnahme und der Erhöhung der Staatsausgaben ein Gegengewicht zur parlamentarischen Suprematie gesetzt hat, gehen die Beschränkungen in EU und Kaiserreich strukturell über das Maß einer korrigierenden Kontrolle des Budgetrechts hinaus.

Im Kaiserreich waren mit dem Heeresetat ca. drei Viertel des Reichsetats vom Annuitätsprinzip ausgenommen. In der EU bestimmt der Europäische Rat insbesondere durch die Festsetzung einer siebenjährigen Höchstgrenze den Spielraum der Budgethoheit des Parlaments. In beiden Fällen ist das parlamentarische Repräsentationsorgan entsprechend substanziell in seinen Rechten beschnitten.

Es zeigt sich an dieser Stelle, dass sowohl die EU als auch das Kaiserreich jeweils auf ihre Weise das Wesen eines konstitutionellen Systems in sich tragen bzw. trugen, das im Gegensatz zu einem parlamentarischen Regierungssystem steht. Während die Etathoheit des Europäischen Parlaments nur in den Grenzen des durch die Mitgliedstaaten vorgegebenen Rahmens ausgeübt werden kann und damit unter deren Primat steht, musste sich der Reichstag im Kaiserreich der Souveränität der Bundesfürsten, insbesondere Preußens, teilweise beugen, indem er sein „Königsrecht" in Bezug auf das Heeresbudget nicht jährlich ausüben konnte.

In den USA herrschen keine derartigen verfassungsrechtlich positivierten Beschränkungen des Budgetrechts,[1891] welches für sich genommen als gewaltenübergreifendes Kontrollrecht eine Besonderheit im grundsätzlichen Trennsystem der USA darstellt.[1892] Es existiert zwar die Möglichkeit, Autorisationen und Appropriationen auch für einen längeren Zeitraum zu schaffen. Darüber hinaus bestehen im Rahmen der *Mandatory Spendings* feste Budgetverpflichtungen, wie z.B. die Mittel für die Sozialversicherungen.[1893] Selbst diese Fixierungen stehen in letzter Konsequenz über das Recht zur Gesetzgebung zur freien Disposition der Kongresskammern. Die Einschränkungen des Haushaltrechts des Kongresses ergeben sich vielmehr aus der grundsätzlichen politischen Unabhängigkeit des Präsidenten vom Kongress. So war der Präsident in der Lage, das Haushaltsrecht des Kongresses dadurch zu unterlaufen, dass er als ausführende Gewalt von den ihm unzweckmäßig bzw. verschwenderisch erscheinenden Ausgabeermächtigungen keinen Gebrauch machte (*Impoundment*). Heute ist diese Möglichkeit des Präsidenten durch den Congressional Budget and Impoundment Act wiederum von der Billigung des

---

1890 *Meßerschmidt*, Gesetzgebungsermessen, 2000, S. 522 f.

1891 Versuche, Verfassungsergänzungen, die den Haushaltgesetzgeber zu sparsamer Budgetpolitik verpflichten sollten, zu installieren, fanden in den 1980er und 1990er Jahren, wenn auch z.T. knapp, keine Mehrheit in den Kongresskammern; *von Hoff*, Die Rolle des US-Supreme Court im Prozess der Verfassungsänderung in den Vereinigten Staaten, 2008, S. 74 ff.

1892 Insbesondere der Supreme Court wacht intensiv über die Kompetenzgrenzen der einzelnen Organe im Haushaltsverfahren; *Heun*, Das Budgetrecht im Regierungssystem der USA, 1989, S. 94.

1893 *Heun*, Das Budgetrecht im Regierungssystem der USA, 1989, S. 55.

Kongresses abhängig. Der spätere Kompromiss zwischen Kongress und Präsident, ein begrenztes *Line-Item-Veto* in Finanzfragen per Gesetz zu beschließen, wurde dagegen vom Supreme Court kassiert.[1894]

cc) Modifizierter, stabilisierender Beschlussprozess

Im Deutschen Kaiserreich erfolgte die Haushaltsgesetzgebung im gleichen Verfahren wie die allgemeine Gesetzgebung. Dies brachte den Nachteil mit sich, dass das in der Reichsverfassung bestehende Spannungsverhältnis, welches sich aus dem weitgehenden Fehlen von Streitbeilegungsmechanismen in der Legislative ergab, im Budgetprozess fortwirkte. So stand die Reichstagsauflösung 1886/87 als einziger Ausweg aus der Blockade des Beschlusses über den Heeresetat.[1895]

Die EU und die USA sahen und sehen dagegen stabilisierende Abweichungen vom normalen Legislativprozedere vor. Diese bestehen insbesondere aus der Normierung von zeitlichen Begrenzungen für verschiedene Verfahrensstadien Die Vereinigten Staaten haben seit 1974 für die Aufstellung des Jahresetats einen straffen Zeitplan etabliert. In diesem Rahmen musste insbesondere der Senat auf seine speziellen Blockaderechte verzichten.[1896]

In der EU war die Entwicklung des Haushaltsverfahrens von Kompetenzgewinnen des Parlaments geprägt. Mit den Reformen 1970/1975 wurden Rat und Parlament zur gemeinsamen Haushaltbehörde der Gemeinschaften zusammengeschlossen. Das damalige Verfahren war zweigeteilt. Je nachdem, ob eine obligatorische oder nicht-obligatorische Ausgabe vorlag, konnte das Parlament seine Sicht gegen den Standpunkt des Rates durchsetzen. Entsprechend verlagerten sich die Kompetenzstreitigkeiten zwischen den beiden Organen auf die Frage der Zuordnung von Ausgaben posten. Mit dem heute abgeschafften Instrument der Globalablehnung konnte das Parlament in letzter Konsequenz einen Haushalt mit qualifizierter Mehrheit scheitern lassen.

Heute ist das Verfahren in Art. 314 AEUV geregelt, der wie seine Vorgängernormen den Beschlussprozess in ein zeitliches Korsett kleidet. Dabei wird auf einen Austausch von Standpunkten verzichtet. An dieser Stelle greift das Primärrecht gezielt nicht auf den zeitaufwändigen Navette-Ansatz zur Streitbeilegung zu, um eine rechtzeitige Fertigstellung des Haushaltsplanes zu ermöglichen. Das Vermittlungsverfahren zwischen Rat und Parlament ist ebenso an strikte Zeitvorgaben geknüpft. Damit hat sich auch in der EU eine Tendenz zur zeitlichen Straffung des Budgetprozesses entwickelt.[1897]

1894 D III 2 a, D III 1a.
1895 B III 2 a.
1896 D III 2 a.
1897 Zum Haushaltsverfahren C III 2 a.

dd) Mitwirkung der Exekutive bei der Ausgestaltung des Budgets

Zur ersten Erfassung und Prognose der Haushaltslage sind erhebliche Sachkompetenz und Verwaltungsaufwand erforderlich, worauf die Legislative nicht zurückgreifen kann. Daher ist das Haushaltsrecht zwar einerseits das schärfste Kontrollrecht der Legislative gegen die Exekutive, gleichzeitig bedarf es aber der Kooperation zwischen beiden Gewalten, um tatsächlich das umfassende Zahlenwerk eines Jahresbudgets beschließen zu können. Die Sachkompetenz zur Planung des Haushaltsbedarfs ist typischerweise bei der auch personell gegenüber der Legislative überlegenen Verwaltung konzentriert. Damit erlangte in allen Rechtsordnungen die Exekutive eine bedeutende Rolle bei der Ausübung des Budgetrechts. Obwohl in der EU eigentlich Rat und Parlament als gemeinsame Haushaltsbehörde fungieren sollten, griffen sie bei ihren Beratungen auf den Vorentwurf der Kommission zurück. Heute ist diese Praxis gem. Art. 314 Abs. 2 AEUV mit einem Initiativrecht der Kommission im Primärrecht verankert.[1898] In den USA, wo der Präsident über kein Vorschlagsrecht für Gesetzesvorhaben verfügt, ist trotzdem die Grundlage der vom Kongress beschlossenen Appropriationsgesetze der im OMB des Präsidialamtes gefertigte Haushaltsentwurf.[1899] Ebenso wurde im Kaiserreich der Haushaltsplan als Präsidialinitiative, hinter der die preußisch dominierte Reichsleitung stand, in den Bundesrat eingebracht und von dort an den Reichstag weitergeleitet.

Um dieses Kooperationsverhältnis nicht in eine Abhängigkeit der Legislative von der Auskunftsbereitschaft der Exekutive umschlagen zu lassen, dienen heute oftmals unabhängige Institutionen den Parlamenten mit unabhängigen Berichten über die Verwendung der Staatseinnahmen.[1900] In der EU ist z.B. der Rechnungshof gem. Art. 287 Abs. 4 Uabs. 4 AEUV verpflichtet, Rat und Parlament über Verwendung und Effekte von Budgetzuweisungen zu informieren und von den damit verbundenen Ermittlungsarbeiten zu entlasten.[1901] Im Kaiserreich wurde die Aufgabe des Rechnungshofes als ständig per Gesetz verlängertes Provisorium[1902] von der preußischen Oberrechnungskammer wahrgenommen. Im Rahmen der Beschlussfassung über die Entlastung des Reichskanzlers sowie der Bewertung der Haushaltsentwürfe der

---

1898 C III 2 a.

1899 B III 2 a.

1900 Der Rechnungshof der Bundespublik erstattet dem Bundestag und dem Bundesrat gem. Art. 114 Abs. 2 GG jährlich Bericht über die Haushaltswirtschaft. Deutlich wird die Hilfsfunktion von Rechnungshöfen z.B. auch in Art. 47-2 der französischen Verfassung, welcher dem Rechnungshof explizit die Unterstützung des Parlaments als Aufgabe zuschreibt.

1901 *Lienbacher*, in: Schwarze, EU-Kommentar, 2012, Art. 287 AEUV, Rn. 34; *Suski*, Das Europäische Parlament, Volksvertretung ohne Volk und Macht?, 1996, S. 153 f.

1902 Z.B. RGBl. 1899, S. 131, 1883, S. 30, 1878, S. 97, 1875, S. 61, wobei die neu hinzukommenden Mitglieder des Rechnungshofes vom Bundesrat ernannt wurden, B III 3.

Reichsleitung war dessen Vorarbeit für den Reichstag von essentieller Bedeutung,[1903] auch wenn sich die Kooperation zwischen Rechnungshof und Reichstag wegen des Widerstandes der Reichsleitung kaum entwickelte.[1904]

Der Kongress der USA hat mit dem *Congressional Budget Office* einen eigenen beratenden Hilfsdienst geschaffen und die Rechnungsprüfung mit dem *Government Accountability Office* ebenfalls unter seinem Dach angesiedelt, um dem im OMB gebündelten exekutiven Sachverstand entgegentreten zu können.[1905]

Dabei spiegelt sich das besondere amerikanische Verständnis zum Haushaltswesen wider. Während in der EU und im Kaiserreich die Haushaltskontrolle in eigene Rechnungshöfe ausgegliedert wurde und so die Parlamente von der tiefgreifenden Analyse der Budgetführung entlastet wurden, bündelt der Kongress die Fachkompetenz zur Haushaltskontrolle gezielt unter dem eigenen Dach, um auf Basis eigener Kompetenz der Präsidialvertretung begegnen zu können, womit sich die dualistische Anlage des amerikanischen Regierungssystems deutlich zeigt.

ee) Notbudgetrecht

Im Fall eines zeitweiligen Scheiterns oder bei einer über die Frist des vorgehenden Budgets hinausgehenden Dauer der Haushaltsverhandlungen verhalten sich die drei untersuchten Rechtsordnungen unterschiedlich. Im Kaiserreich erließen Reichstag und Bundesrat ohne Bestehen einer verfassungsrechtlichen Norm in der Staatspraxis Gesetze, die eine zeitweilige Fortschreibung des ausgelaufenen Haushaltsrechts vorsahen, sodass eine Verfassungskrise wie zur Zeit des budgetlosen Regiments in Preußen vermieden wurde.[1906]

In der EU existiert dagegen in Art. 315 AEUV ein ausdifferenziertes Nothaushaltsverfahren, welches vor allem auf den Zuwachs der parlamentarischen Mitspracherechte im Haushaltsverfahren zugeschnitten ist. Dabei wird gem. Art. 315 Abs. 1 AEUV das Budget des Vorjahres monatlich fortgeschrieben.

Beide Systeme haben damit auf verschiedenem Wege im Ansatz dieselbe Lösung gewählt, wobei die EU zugunsten des Rates und der Kommission mit Art. 315 Abs. 2 AEUV ein begrenztes Ausgabeerhöhungsrecht festgeschrieben hat, welches das Parlament nach 30 Tagen blockieren kann. Hieran wird besonders das Ziel einer möglichst handlungsfähigen supranationalen Gemeinschaft ersichtlich. An dieser Stelle scheint im Primärrecht die andernorts weitgehend verdrängte Funktionenordnung der frühen Gemeinschaften auf. Dabei fungieren Rat und Kommission im Verbund als stabilitätswahrendes Element der Union, während das Parlament nur korrigierend bzw. blockierend eingreifen kann.

1903 *Dambitsch*, Die Verfassung des Deutschen Reiches, 1910, S. 658.

1904 *Wittrock*, Möglichkeiten und Grenzen der Finanzkontrolle. Das Verhältnis des Bundesrechnungshofes zum Bundestag, ZParl 1982, 209 (210); *Cholet*, Der Etat des Deutschen Reiches in der Bismarckzeit, 2012, S. 99 ff.

1905 *Heun*, Das Budgetrecht im Regierungssystem der USA, 1989, S. 21 f.

1906 B III 2 a.

Dagegen ging die Reichsverfassung trotz der Erfahrungen *Bismarcks* im preußischen Verfassungskonflikt weiter vom Ansatz aus, dass Reichstag und Bundesrat gemeinsam über das Budget befinden sollten, wodurch das von *Bismarck* geschätzte freie Spiel der politischen Kräfte auch in diesem Bereich wirkte. Die einzige Konsequenz aus dem preußischen Verfassungskonflikt war die Spezialregelung des Heeresetats, welcher als besondere Ausgabe dem jährlichen Haushaltsverfahren entzogen war. Für den Fall einer ausbleibenden Einigung über diesen Etat wurde in der Staatsrechtslehre vertreten, dass die Reichsleitung gesetzlich vorgesehene oder dringende Ausgaben eigenmächtig tätigen durfte.[1907]

Eine ähnliche Diskussion existiert in den USA, wo der Erlass des Budgets grundsätzlich beim Kongress liegt und ein spezielles, verfassungsrechtlich normiertes Notbudgetrecht ebenfalls nicht existiert. Durch das Fehlen fristgemäßer Ausgabeermächtigungen kam es z.B. in der Präsidentschaft *Clintons* zu mehreren *shutdowns*, also der weitgehenden Einstellung der Regierungstätigkeit wegen fehlender Bewilligungen von Finanzmitteln durch den Kongress. Teilweise wird in der amerikanischen Staatsrechtsliteratur ein Notbudgetrecht gefordert, welches beim Präsidenten oder seinem Finanzminister verortet wird. Dies wurde vor allem im Zuge des Streits um die Erhöhung der Schuldenobergrenze laut, um existenzielle Bedrohungen für das amerikanische Gemeinwesen abzuwenden.[1908] Bisher konnte sich in der Staatspraxis der USA ein derartiges, weit in die Kompetenz des Kongresses eingreifendes Recht des Präsidenten nicht etablieren.[1909]

Die Existenz bzw. Nichtexistenz eines die klassische Kompetenzordnung übergehenden Nothaushaltsrechts in den unterschiedlichen Systemen lässt Rückschlüsse auf die Grundlagen der untersuchten Systeme zu. Während die EU auf eine kontinuierliche, funktionsfähige Politikgestaltung setzt, ist die Struktur der USA von einer festen Kompetenzzuordnung geprägt, die grundsätzlich keine Durchbrechung in Krisensituationen kennt. Das Kaiserreich verzichtete dagegen auf Notfallkompetenzen, da diese das sorgsam von *Bismarck* austarierte System der Verfassungsorgane in Frage gestellt hätte.

b) Parlamentarische Regierung vs. dualistische Modelle

Der Begriff eines parlamentarischen Regierungssystems wird in der Staatsrechtsliteratur mit dem idealtypischen Westminstermodell gleichgesetzt, welches durch eine vom Parlament politisch abhängige Regierung gekennzeichnet ist.[1910] Dieses

---

1907 Z.B. *Laband*, Deutsches Reichsstaatsrecht, 1907, S. 407 f.; als Ausnahmerecht ist heute ebenso das Notbewilligungsrecht des Bundesministers der Finanzen nach Art. 112 GG definiert; siehe BVerfGE 20, 56 (90).

1908 Hierzu D III 2 a.

1909 *Heun*, Das Budgetrecht im Regierungssystem der USA, 1989, S. 47 ff.

1910 *Steffani*, Parlamentarische und präsidentielle Demokratie, 1979, S. 40 ff.; *Schleicher*, Das parlamentarische System, AöR 2 n.F. (1921), 257 (286 f.).

Abhängigkeitsverhältnis gewährleistet eine gewisse Homogenität der Grundanschauungen der Parlamentsmehrheit und der Regierung.[1911] Die untersuchten Rechtsordnungen sind, mit Ausnahme des Kaiserreiches in der Endphase seines Bestehens, keine parlamentarischen Regierungssysteme in diesem Sinne.[1912] Allerdings finden sich in der Entwicklungsgeschichte aller drei Rechtsordnungen in unterschiedlichen Ausmaßen Ansätze, welche auf eine politisch-parlamentarische Kontrolle der Regierung abzielen.

aa) Das Misstrauensvotum und parlamentarische Tadelrechte

Das schärfste Kontrollrecht gegen die Exekutive bildet traditionell die Möglichkeit, diese zum Rückzug zu zwingen. Die untersuchten Systeme haben hierzu verschiedene Mechanismen entwickelt und die Gesetzgebungsorgane hierbei mit unterschiedlichen Funktionen bedacht.

In den USA ist der Sturz des Präsidenten oder anderer Regierungsmitglieder nur in Bezug auf eine konkrete Verfehlung im Amt möglich. Auf das politische Misstrauen zwischen Kongress und Präsident kommt es dagegen nicht an. Dies ist zum einen durch die strenge Gewaltentrennung in der Verfassung begründet, welche einen Rücktritt wegen des bloßen Verlustes des politischen Vertrauens ausschließt. Zum anderen ist das *Impeachment*-Verfahren als solches darauf ausgerichtet, gerichtsförmig über die Schuld des Amtsträgers zu entscheiden.[1913] Ähnlich ist das Amtsenthebungsverfahren in der EU angelegt, welches auf Antrag des Rates oder der Kommission im Unterschied zu den USA gerichtlich durch den EuGH entschieden wird.[1914] Im Rahmen des amerikanischen Procedere fungiert das Repräsentantenhaus als Ankläger, während der Senat als Jury über die Schuld des Amtsträgers richtet. Wegen der für einen Schuldspruch erforderlichen Zweidrittelmehrheit im Senat, welche im Regelfall einen parteiübergreifenden Konsens verlangt, ist das *Impeachment*-Verfahren bis heute ein Mittel zur Ahndung von schweren Rechtsverstößen geblieben, obwohl mit einigen Anklagen des Repräsentantenhauses versucht wurde, das Verfahren zu einem Instrument politischer

---

1911 *Leibholz*, Strukturprobleme der modernen Demokratie, 1967, S. 166.

1912 Vergleichend zum Kaiserreich und den USA *von Gierke*, German Constitutional Law in its Relation to the American Constitution, Harvard Law Review 23 (1909/10), 273 (288).

1913 D III 2 d.

1914 C III 2 d. Im Grundgesetz ist nur der Bundespräsident durch ein gerichtliches Verfahren in Form der Präsidentenanklage gem. Art. 61 GG absetzbar; die Bundesregierung ist durch das konstruktive Misstrauensvotum gem. Art. 67 GG absetzbar. Die Verfassung Baden-Württembergs sieht mit einem konstruktiven Misstrauensvotum gegen den Ministerpräsidenten (Art. 54 LV), einem destruktiven Misstrauensvotum gegen die sonstigen Minister (Art. 56 LV) und mit einem konstitutionell anmutenden Anklageverfahren gegen alle Kabinettsmitglieder (Art. 57 LV) politische und rechtliche sowie destruktive und konstruktive Kontrollmechanismen in Kombination vor.

Kontrolle umzugestalten.[1915] Die nicht verwirklichten liberalen Ansätze im Kaiserreich, die Verantwortlichkeit des Kanzlers durch die Installation eines Staatsgerichtshofes zu unterfüttern, zielten ebenfalls darauf ab, die politische Kontrolle der Reichsleitung „über die Bande“ der Rechtskontrolle von Maßnahmen der Reichsleitung herzustellen.[1916]

In der EU verfügte das Parlament von Anfang an über ein Misstrauensvotum gegen die Kommission. Mit dem Misstrauensvotum stellen die europäischen Verträge neben einem *Impeachment*-ähnlichen Verfahren zur Absetzung einzelner Kommissare gem. Art. 247 AEUV kumulativ ein formelles Kernelement eines parlamentarischen Regierungssystems bereit.[1917] Dieses ist gem. Art. 234 AEUV nur von der qualifizierten Zweidrittelmehrheit der Abgeordneten ausübbar. An diesem hohen Quorum sind bis heute alle Misstrauensanträge im Europäischen Parlament gescheitert. Der Rücktritt der *Santer*-Kommission erfolgte, als diese keine Entlastung für ihre Haushaltsführung erhielt.[1918] Auch wenn das Misstrauensvotum in der EU dazu dient, die Amtsführung der Kommission politisch zu kontrollieren, hat sich im Europäischen Parlament kein stetiges Vertrauensverhältnis zwischen der Kommission und einer Mehrheit unter den Abgeordneten herausgebildet.[1919] Ebenso hat die Misstrauensbekundung gegen einzelne Kommissare trotz der Verpflichtung des Kommissionspräsidenten, eine Prüfung durchzuführen, in erster Linie nur politische Bedeutung.[1920]

Im Deutschen Kaiserreich sah die Verfassung bis zum Inkrafttreten der Oktoberreformen 1918 kein bindendes Misstrauensvotum vor, der Kanzler war lediglich vom Vertrauen des Kaisers abhängig, welcher ihn nach freiem Ermessen entlassen konnte. Im Gegenteil, ein Legislativorgan, der Bundesrat, verfügte zusammen mit dem Kaiser über die Kompetenz, den Reichstag aufzulösen. *Jellinek* schlug zur Stärkung der parlamentarischen Verantwortlichkeit des Kanzlers nach Art. 17 RV die Einführung eines destruktiven Misstrauensvotums mit Zweidrittelmehrheit vor.[1921] Entgegen der v.a. aus dem konservativen Lager geäußerten Kritik an diesem Ansatz[1922]

1915 D III 2 d.

1916 *Schönberger*, Das Parlament im Anstaltstaat, 1997, S. 272.

1917 *Kluth*, in: Calliess/Ruffert, EUV/AEUV Kommentar, 2011, Art. 234 AEUV, Rn. 2.

1918 Siehe C III 2 e.

1919 Siehe hierzu auch *Leonardi*, Die föderalen Funktionen des Europäischen Parlaments in seiner Aufgabenentwicklung, ZParl 1982, 250 (252), der das Misstrauensvotum als „Papiertiger“ abqualifiziert.

1920 C III 2 e; gleiches gilt für ein Misstrauensvotum gegen einzelne Bundesminister unter dem GG; *Weber-Fas*, Deutschlands Verfassung, 2001, S. 260. Ein destruktives Misstrauensvotum mit Zweidrittelmehrheitsquorum eines Parlaments gegen einzelne Minister findet sich heute z.B. in Art. 56 LV Baden-Württemberg.

1921 Vorschlag auszugsweise abgedruckt bei *Schönberger*, Das Parlament im Anstaltstaat, 1997, S. 270 f.

1922 Z.B. *Laband*, Der Staatsgerichtshof, DJZ 1909, Sp. 393 (Sp. 395 f.); siehe auch die Entgegnung *Jellinks* in DJZ 1909, Sp. 532 f.

zeigt der Vergleich mit der Europäischen Union, dass ein Misstrauensvotum mit einer derart qualifizierten Mehrheit nur dazu geeignet gewesen wäre, bei evidenten Vertrauensverlusten der Reichsleitung gegenüber dem Reichstag eine Kontrollwirkung zu entfalten. *Jellinek* wollte damit gerade keinen Durchbruch zum parlamentarischen Regierungssystem erzwingen, da er die Voraussetzungen hierfür mangels stabiler Mehrheitsverhältnisse im Plenum nicht als gegeben ansah.[1923]

Das vom Reichstag über die Geschäftsordnung entwickelte Missbilligungsvotum war dagegen nicht rechtsverbindlich.[1924] Wegen seiner Entwicklung aus dem Fragerecht des Reichstages war das Missbilligungsvotum lediglich angeknüpft an eine konkrete Sachfrage zulässig.[1925] Ein ähnliches, nicht verbindliches Votum existiert im präsidentiellen Regierungssystem der USA mit dem *vote of censure*, welcher es den Häusern des Kongresses ermöglicht, gegen die Politik oder die Amtsführung von Trägern exekutiver Ämter eine missbilligende Resolution auszusprechen. Wie im Kaiserreich ist dieses Instrument nur wegen seiner politischen Wirkung bedeutsam. Allerdings pflegen Repräsentantenhaus und Senat ihr Recht, Mitgliedern ihrer Kammer intern einen Verweis auszusprechen, teilweise auf Angehörige der Exekutive, wie den Präsidenten, auszuweiten. Dieses wird auch als milderes Mittel angesehen, um die Einleitung eines *Impeachment*-Verfahrens zu vermeiden.[1926] Damit existiert in der amerikanischen Staatspraxis ein politisches Missbilligungsvotum, welches vor allem in der ersten Hälfte des 19. Jahrhunderts angewandt, aber auch jüngst im Zuge der *Lewinsky*-Affäre gegen Präsident *Clinton* initiiert wurde.[1927]

Aus der Existenz der *vote of censure* in den USA lässt sich zudem für das Kaiserreich eine Erkenntnis herleiten: Für sich genommen ist das Vorhandensein des Missbilligungsvotums kein entscheidender Schritt hin zu einer Parlamentarisierung des Reiches gewesen,[1928] da auch das präsidentielle Trennsystem der USA im Lauf seiner langen Verfassungsgeschichte ein derartiges Instrument entwickelt hat. Das Missbilligungsvotum als Rechtsinstrument in Form eines schlichten parlamentarischen Beschlusses[1929] ist daher in der Verfassungsgeschichte des Reiches nur als Symptom, aber nicht als Urache von Parlamentarisierungstendenzen zu qualifizieren.

1923 *Jellinek*, DJZ 1909, Sp. 532 f., der betont, dass das Zweidrittelqorum in Kombination mit dem heterogenen Parteisystem des Reiches sicherstelle, dass der Sturz des Kanzlers nach seinem Konzept nur in seltenen Ausnahmefällen möglich sei.

1924 B III 2 c cc.

1925 Auch das Misstrauensvotum gegen die Hohe Behörde im EGKS-Vertrag war gem. Art. 24 Abs. 2 EGKS noch an den Jahresbericht der Behörde gekoppelt; im EWG/EAG Vertrag fiel diese Verknüpfung weg.

1926 D III 2 d.

1927 Vgl. D III 2 d.

1928 So z.B. *Boldt*, Von der konstitutionellen Monarchie zur parlamentarischen Demokratie, Der Staat, Beiheft 10, 1993, 151 (167) und *Lehmbruch*, Parteienwettbewerb und Bundesstaat, 1998 S. 67.

1929 Zum Begriff *Achterberg*, Parlamentsrecht, 1984, S. 738 ff.

bb) Inkompatibilität und Interpellationsrechte als Faktoren

Die Verfassungspraxis der USA mit ihrer strengen Auslegung des Inkompatibilitäts- und Trennungsgebotes nach Art. 1 Sec 6 Cl. 2 hat die Entwicklung eines Einfluss auf die Regierungsarbeit nehmenden Redeparlaments verhindert,[1930] da hierdurch der Austausch von Personal und Sachwissen zwischen den Gewalten deutlich erschwert wurde.[1931] Auch im Deutschen Kaiserreich vereitelte die Unvereinbarkeit von Ämtern in der Exekutive und einem Reichstagsmandat gem. Art. 9 S. 2 und 21 Abs. 2 RV eine frühzeitige Parlamentarisierung, wie sich insbesondere in der gescheiterten Ministerkandidatur *Bennigsens* zeigte.[1932] In der EU würde eine Aufhebung der Inkompatibilität das bestehende System sogar stark erschüttern.[1933] Zum einen wäre die unabhängige Stellung der Kommission parlamentarisch unterwandert, zum anderen würde eine solche Gewaltenverschränkung die Wahrnehmung der primärrechtlichen Kontrollfunktion durch das Parlament umgestalten.[1934]

Die personelle Verklammerung von Regierungsamt und Mandat kann ein wichtiger Faktor hin zu einem parlamentarischen Regierungssystem sein, da hierdurch notwendige informelle Querverbindungen zwischen Exekutive und Legislative hergestellt werden.

Die Unvereinbarkeit von Regierungsamt und Mandat stellt umgekehrt ein Hindernis für die Entstehung von Verflechtungen zwischen den Gewalten dar. Für sich genommen arbeitet das Vorliegen einer derartigen Beschränkung jedoch allein nicht dem Bestehen einer parlamentarisch verantwortlichen Regierung entgegen. Dies verdeutlicht Art. 39 Abs. 1 der Verfassung der Freien und Hansestadt Hamburg. Die Unvereinbarkeit von Bürgerschaftsmandat und Senatorenamt ist dort als bewusste Stärkung der parlamentarischen Kontrollfunktion in ein parlamentarisches Regierungssystem eingebettet.

1930 Entsprechend bewertet *Steffani*, Parlamentarische und präsidentielle Demokratie, 1979, S. 96 f. die personelle Verklammerung von Regierung und Parlament als entscheidend für die Entwicklung eines parlamentarischen Systems.

1931 Kritisch *Sundquist*, Constitutional Reform and Effective Government, 1992, S. 58 ff.; S. 88 ff.

1932 B III 2 c aa.

1933 Hiervon unberührt ist die vom Parlament geforderte (vgl. Entschließung des Europäischen Parlaments vom 22. November 2012 zu den Wahlen zum Europäischen Parlament im Jahr 2014 (2012/2829 (RSP)) verstärkte Heranziehung von Parlamentsmitgliedern bei der Besetzung der Kommision, da dies nach Art. 7 Abs. 1, 4 und Art. 13 DWA zu einem Ausscheiden der Abgeordneten führen – und damit keine personelle Doppelfunktion entstehen würde.

1934 Zur Problematik parlamentarischer Kontrolle im gewaltenverschränkenden System des Grundgesetzes kritisch *von Münch*, Minister und Abgeordneter in einer Person: die andauernde Verhöhnung der Gewaltenteilung, NJW 1998, 34 f.; dagegen *Teuber*, Parlamentarische Informationsrechte, 2007, S. 48, welcher informelle Kontrollmechanismen zwischen Regierungsfraktionen und Regierung betont.

Auch die Inkompatibilitätsgebote der *Bismarckschen* Reichsverfassung und der EU wirken weit weniger einschneidend als ihr Pendant in Art. 1 Sec. 6 Cl. 2 der US-Verfassung. Die Bundesratsmitglieder und Mitglieder der Reichsleitung, deren Amt inkompatibel mit einem Reichstagsmandat war, hatten nach Art. 9 S. 1 RV Anwesenheits- und Rederecht im Reichstag. Gleiches gilt heute für die EU-Kommission nach Art. 230 Abs. 1 AEUV im Parlament. Dagegen fehlt ein entsprechendes verflechtendes Element des Diskurses in der US-Verfassung.[1935] Das Institut der *State of the Union Address* ist ebenso weniger ein Element parlamentarischer Debatte als vielmehr ähnlich der Thronrede der Kaiser bei der Reichstagseröffnung[1936] eine unkommentierte Äußerung eines politisch nicht verantwortlichen, staatsleitenden Organs.[1937] Die mit dem Vertrag von Lissabon etablierte Rede zur Lage der Union, die jährlich vom Kommissionspräsidenten vor dem Parlament gehalten wird,[1938] ist zwar dem Namen nach der Präsidentenansprache nachgebildet, aber wegen der nachfolgenden Aussprache bewusst diskursiv angelegt.[1939] Weitergehend haben sich in der EU und im Kaiserreich in unterschiedlichen Ausmaßen parlamentarische Informationsrechte herausgebildet. Interpellations- und Untersuchungsrechte dienen der Wahrnehmung von zwei wesentlichen Funktionen von Parlamenten, nämlich der Legislativ- und Kontrollfunktion.[1940] Vor allem der Zusammenhang mit der Kontrollfunktion ist für die Stellung eines Parlaments gegenüber der Regierung ein zentraler Faktor. Das Recht, die Arbeit einer verantwortlichen Exekutive durch Anfragen und Untersuchungen kritisch zu begleiten, ist eines der zentralen Rechte eines Redeparlaments in einem parlamentarischen Regierungssystem. Dabei gewinnt die öffentliche Diskussion im Plenum und die Herstellung von Öffentlichkeit besonderes Gewicht in der parlamentarischen Arbeit. In Abgrenzung hierzu sind parlamentarische Körperschaften in Trennsystemen auf die Funktion eines Arbeitsparlaments reduziert, welches sich auf seine traditionellen Kernkompetenzen in Gesetzgebung und Budgetrecht in Form der Ausschussarbeit konzentriert.[1941]

1935 Zum Vergleich des Kaiserreiches mit den USA *Fraenkel*, Das amerikanische Regierungssystem, 1960, S. 286, auch wenn der Ansatz eines Rederechts dem amerikanischen Verfassungsrecht nicht immer „radikal fremd“ war, wie die eben dargestellte Verfassungsgeschichte zeigt.

1936 Siehe z.B. Stenographische Protokolle über die Verhandlungen des Reichstags, XIII. Legislaturperiode, I. Session, 1. Band, 1912, S. 1 ff.

1937 D III 2; vergleichend mit der englischen Monarchie *Wilson*, Congressional Government, 1885, S. 240; siehe auch Senate Rule XIX Cl. 3: "No Senator in debate shall refer offensively to any State of the Union."

1938 Siehe z.B. die Rede vom 12.02.2012, SPEECH/12/596.

1939 Anhang 4, Nr. 5 der Rahmenvereinarung zwischen Kommission und Parlament, ABl. 2010 Nr. L 304/47.

1940 *Teuber*, Parlamentarische Informationsrechte, 2007, S. 51, S. 53 ff. und S. 58.

1941 Diese Differenzierung wurde entwickelt von *Steffani*, Parlamentarische und präsidentielle Demokratie, 1979, S. 96 f.

Während der US-Kongress mit beiden Häusern, welcher über keine Möglichkeit verfügt, im Plenum über die Politik des Präsidenten mit Vertretern der Exekutive öffentlich zu debattieren,[1942] als eindeutiges Arbeitsparlament zu klassifizieren ist, fällt die Abgrenzung bei Reichstag und Europäischem Parlament schwerer.[1943] In beiden Volksvertretungen finden sich dominante Ausprägungen eines Arbeitsparlaments, insbesondere da der Schwerpunkt der Arbeit beider Parlamente in den Ausschüssen bzw. bei der Kommission im Vergleich zu den Plenardiskussion lag bzw. liegt.[1944]

Ob in einem System ein Rede- oder Arbeitsparlament vorliegt, ist ein Indikator, aber kein entscheidendes Tatbestandsmerkmal dafür, ob das System eine parlamentarische Regierung oder ein dualistisches Trennmodell entwickelt hat bzw. hervorbringen kann.[1945] Entscheidender Ansatzpunkt für ein perlamentarisches Regierungssystem ist es vielmehr, ob das Parlament im Rahmen seiner Tätigkeit den Diskurs mit der Regierung sucht und diese in seine Arbeitsprozesse einbindet oder ob die Regierung, wie vom Kongress der USA, gezielt aus dem parlamentarischen Verfahren herausgehalten wird.

Der Reichstag gewann dazu trotz des existierenden Diskurses mit der Reichsleitung bis zur Oktoberreform 1918 keine rechtlich gesicherte Möglichkeit, die Zusammensetzung der Reichsleitung zu beeinflussen. Das Europäische Parlament konnte wegen der vorgeschriebenen Zweidrittelmehrheit für ein Misstrauensvotum bisher ebenfalls keine volle politische Kontrolle über die Kommission erreichen. Daneben finden sich in beiden Ordnungen zahlreiche Elemente eines Redeparlaments, was sich in der Wahrnehmung von Frage- und Untersuchungsrechten manifestiert. In diesem Sinne konnte der Reichstag im Gegensatz zum Kongress trotz fehlender Verfassungsnorm ein umfassendes Fragerecht gegen die Reichsleitung durchsetzen, wenngleich die Etablierung eines eigenständigen und durchsetzbaren Untersuchungsrechts an der mangelnden Nachgiebigkeit der Reichsleitung und -verwaltung scheiterte.[1946] Art. 230 Abs. 2 AEUV garantiert dem Parlament ein Fragerecht gegen die Kommission, während es glückte, den Rat per institutioneller Vereinbarung zur

---

1942 Im Gegensatz zum Missbilligungsvotum, womit der Reichskanzler im Rahmen der vorgehenden Interpellation auf Kritik eingehen konnte, fehlt beim *vote of censure* eine derartige Reaktionsmöglichkeit der angegriffenen Amtsträger.

1943 So geht *Dann*, Parlamente im Exekutivföderalismus, 2004, S. 279 ff. von dualen Mischmodellen aus.

1944 In diese Richtung für die EU z.B. *Härtel*, Handbuch Europäische Rechtsetzung, 2006, § 5 Rn. 85.

1945 So ordnet *Steffani*, Parlamentarische und präsidentielle Demokratie, 1979, S. 103 den Bundestag als Kombination beider Modelltypen ein. *Dann*, Parlamente im Exekutivföderalismus, 2004, S. 279 ff. richtet seine Bewertung des Europäischen Parlaments stark an diesen Modelltypen aus, gesteht aber zu, dass selbst im englischen Idealbild eines Redeparlaments Tendenzen in Richtung eines Arbeitsparlaments zu beobachten sind (S. 341).

1946 B III 2 b.

Beantwortung parlamentarischer Fragen zu verpflichten.[1947] Dem Parlament gelang es ferner, sein in der Geschäftsordnung postuliertes Untersuchungsrecht zunächst gegenüber Rat und Kommission durchzusetzen und in der Folge im Zuge von Vertragsreformen im Primärrecht zu sichern.[1948] Somit finden sich in beiden Systemen gewaltenübergreifende Elemente zur Herstellung eines kontrollierenden Diskurses.

Im Rahmen des Untersuchungsrechtes weisen Kaiserreich und EU strukturelle Parallelen auf. In beiden Systemen war das neu geschaffene bzw. sukzessive gestärkte Parlament mit einer entwickelten Administration konfrontiert. In beiden Rechtsordnungen sind bzw. waren die parlamentarischen Körperschaften im Rahmen ihres Untersuchungsrechtes auf die Mitwirkung der Exekutive angewiesen, welche über die notwendigen Informationen verfügt. Die EU löst dieses Spannungsverhältnis durch Art. 226 Abs. 3 AEUV, der die Ausgestaltung des Untersuchungsrechts von der Zustimmung des Rates und der Kommission abhängig macht.

In den USA als Trennsystem besteht dagegen lediglich die Möglichkeit, über die Ausschüsse durch Hearings Informationen von der Regierung zu gewinnen. Ein direkter, verfassungsrechtlich abgesicherter und regelmäßiger Diskurs mit dem Präsidenten ist dagegen nicht vorgesehen. Die Begründung dieser ungeschriebenen Kompetenz durch den Kongress und die Rechtsprechung des Supreme Courts speist sich wiederum aus dem strukturellen Dualismus des amerikanischen Präsidialsystems. Das Untersuchungsrecht des Kongresses leitet sich nicht aus der Funktion einer politisch umfassenden Kontrolle des Präsidenten durch den Kongress ab, sondern dient primär der Informationsbeschaffung für die dem Kongress überantwortete Gesetzgebung und Budgetgewalt.[1949]

Dagegen entwickelte sich im Kaiserreich aus dem Fragerecht das weitergehende Missbilligungsvotum des Reichstags.[1950] Anders als beim Missbilligungsvotum, welches im Anschluss an eine Antwort des Reichskanzlers auf eine parlamentarische Anfrage ausgesprochen werden konnte, konnten die mit einer *vote of censure* belegten Präsidenten nicht in die Debatten im Kongress eingreifen und diese zu ihren Gunsten beeinflussen. Im Gesamtzusammenhang der Verfassungsgeschichte des Kaiserreiches ist das Missbilligungsvotum daher als erste formelle Ausprägung der bis dahin gewachsenen Entwicklung eines politischen Vertrauensverhältnisses

1947 C III 2 b.

1948 C III 2 c, wobei insbesondere die Ausübung des Untersuchungsrechts z.T. von der Kooperationsbereitschaft des Rates abhängig war; *Karpen*, Defizite parlamentarischer Kontrolle in der Europäischen Union, in: Geiger, (Hrsg.), Neuere Probleme der parlamentarischen Legitimation im Bereich der auswärtigen Gewalt, 2003, S. 239.

1949 D III 2 b; de facto fungieren die Hearings freilich auch als Kontrollinstrument; *Keefe/Ogul*, The American Legislative Process, 1985, S. 187 f.; kritisch, dass das Ausschusssystem die öffentliche Kontrolle der Regierung durch Minderheiten nicht vorsieht, *Luce*, Legislative Problems, 1935, S. 306.

1950 B III 2 c cc.

zwischen Kanzler und Reichstagsmehrheiten zu sehen. Auch in der EU sind die Informationsrechte primär Ausfluss von dessen Kontrollkompetenz, auch wenn dies teilweise der Gewinnung von Wissen für die Gesetzgebung dient und damit darüber hinaus der Arbeitsfunktion des Parlaments zugutekommt.

cc) Wechselseitiges Vertrauensverhältnis als Voraussetzung für ein parlamentarisches Regierungssystem

Die Möglichkeit eines politischen Misstrauensvotums setzt die Entstehung eines besonderen Vertrauensverhältnisses zwischen Teilen des Parlaments und der Regierung voraus.[1951] Der Fundus, aus dem sich eine derartige Abhängigkeit der Regierung von Parlament speisen kann, ist dabei nicht auf die Existenz eines formellen Misstrauensvotums beschränkt, wie *Laband* 1909 in einem Aufsatz ausführte: „Wenn in einem Staat die Volksvertretung die Verwaltung beherrscht und die Macht hat, durch einen Beschluss das Ministerium zu stürzen, so kann sie dies auf mannigfaltige Weise tun, durch Ablehnung einer Regierungsvorlage, durch Streichung eines wichtigen Budgetpostens, durch Annahme eines von der Regierung bekämpften Antrags, durch Beschlussfassung über eine Petition, durch ein sog. Mißtrauensvotum [...]."[1952]

In einem Trennsystem wie den USA ist ein Vertrauensverhältnis zwischen Kongress und Präsident nur sehr eingeschränkt gegeben, da hier Wohl und Wehe der Exekutive nicht vom Mehrheitswillen im Kongress abhängen, sondern vom Ausgang der indirekten Volkswahl zum Präsidentenamt. Vereinzelte Versuche von Seiten des Repräsentantenhauses, das *Impeachment*-Verfahren zu einem politischen Misstrauensvotum umzufunktionieren, sind bisher gescheitert.[1953]

Dass *Labands* Definition parlamentarischer Abhängigkeit zutrifft, zeigt auch die Entwicklung im Kaiserreich, wo die Abhängigkeit sukzessiv vor allem aus dem Zwang der Reichsleitung zur Erwirkung legislativer Gestaltungsmehrheiten im Reichstag entstand. Dies ging weit über die Praxis hinaus, welche sich im Rahmen der informellen Einbeziehung des Präsidenten in die Verhandlungen des Kongresses herausgebildet hatte.[1954] Der entscheidende Unterschied zu den USA ist hierbei, dass sich im Reichstag zeitweise sogar feste „Regierungskoalitionen" bildeten,[1955] die

---

1951 Diese spezielle Verklammerung beschrieb *Bagehot*, The English Constitution, 1873, S. 12 als „efficient secret" des parlamentarischen Regierungssystems, welche es den repräsentierten Bevölkerungsteilen ermöglichte, Zugriff auf die politische Gestaltung zu erhalten.

1952 *Laband*, Das Interpellationsrecht, DJZ 1909, Sp. 677 (Sp. 678).

1953 D III 2 d.

1954 A.A. *Lehmbruch*, Parteienwettbewerb und Bundesstaat, 1998 S. 67 f.

1955 Die Bedeutung dieses Bedürfnisses der Exekutiven als eines der Fundamente des Parlamentarismus zeigt auch der Umstand, dass die Weimarer Republik erst autoritäre Züge annahm, als Reichspräsident *Hindenburg* begann, dem Präsidialkabinett *Brüning* über Art. 48 Abs. 2 WRV einen Weg zur Gesetzgebung ohne parlamentarische Beteiligung zu eröffnen; hierzu *Schmitt*, Der Hüter der

in der Lage waren, den Reichskanzler in zunehmend starkem Ausmaß sinkenden Rückhalts durch den Kaiser im Amt zu halten. Dieser Prozess nahm schon unter *Bismarcks* Amtszeit als Reichskanzler seinen Lauf. Dies wurde im Septennatsstreit von 1887 deutlich, als *Bismarck*, der schon zuvor eine Einbindung von Parteipolitikern in die Reichsleitung andachte, im ersten Anlauf keine Mehrheit für sein neues Heeresfinanzierungsgesetz fand, den Reichstag auflöste. Dabei setzte er mit Erfolg darauf, dass das ihm gewogene konservativ-rechtsliberale Kartell, welches die erste feste Koalition im Reichstag für einen Kanzler darstellte, eine Mehrheit gewinnen würde. Der Zerfall dieses Kartells nach den nächsten Reichstagswahlen 1890 und der damit verbundene Verlust einer mehrheitlichen Unterstützung im Reichstag war einer, wenn nicht sogar der entscheidende Faktor, der es dem Kaiser politisch ermöglichte, sein Entlassungsrecht gegen den „Eisernen Kanzler" auszuüben.[1956] Diese Entwicklung setzte sich mit Reichskanzler *Bülow* fort. Seine verbündeten Parteien, der *Bülow*-Block, zwangen durch ihre Unterstützung des Kanzlers den Kaiser, trotz eines nach der Daily-Telegraph-Affäre zerstörten Vertrauensverhältnisses von einer Entlassung abzusehen. Dessen Vorgänger *Hohenlohe* hatte die tragenden Parteien bereits gebeten, bei den Stichwahlen zum Reichstag in einigen Wahlkreisen Wahlempfehlungen an den aussichtsreichsten, regierungstreuen Kandidaten auszusprechen, um die Wählerstimmen gegen sozialdemokratische Bewerber zu konzentrieren.[1957] Seinen Abschluss fand dieser Prozess hin zu einer Parlamentarisierung im Ersten Weltkrieg, als der Reichstag schließlich nicht nur die Entlassung des Kanzlers *Michaelis* mit durchsetzen konnte, sondern auch bei der Ernennung *von Hertlings* und *Max von Badens* in den Auswahlprozess eingebunden wurde.[1958]

Die Möglichkeit, per Mehrheitsbeschluss ohne weitere materiell-rechtliche Voraussetzungen die regierende Exekutive abzusetzen, sowie das daraus entstehende notwendige politische Vertrauensverhältnis sind die zentralen Kernelemente eines jeden parlamentarischen Regierungssystems. Im Trennsystem der USA mit einem starken, indirekt vom Volk legitimierten Präsidenten kann die eigentliche parlamentarische Vertretung, das Repräsentantenhaus, nur als Kläger gegen Rechtsverstöße eines Amtsinhabers auftreten, die rechtliche Entscheidung liegt beim Senat. In der EU existiert zwar ein derartiges Misstrauensvotum, die in Art. 234 AEUV geforderte Zweidrittelmehrheit hat bisher aber verhindert, dass die Kommission in ihrer Amtsführung durch opponierende Parlamentsmehrheiten bedroht war.[1959]

Verfassung, Berlin 1996, S. 115 ff.; gegen die damalige Praxis eindrücklich *Grau*, Die Diktaturgewalt des Reichspräsidenten, in: Anschütz/Thoma, Handbuch des Deutschen Staatsrechts Band II, 1932, 274 (275 f.).

1956 Vgl. B III 2 c.

1957 Auszug aus dem Brief des Kanzlers *Hohenlohe* an Kardinal *Kopp*, abgedruckt bei *Ritter*, Das deutsche Kaiserreich 1871–1914, 1992, S. 115 f.

1958 B III 2 c dd.

1959 Damit hat sich auch die Prognose von *Grabitz/Läufer*, Das Europäische Parlament, 1980, S. 375 nicht bewahrheitet, welche auf einen offensiveren Einsatz des Misstrauensvotums als Druckmittel hofften.

Selbst im Fall der korruptionsverdächtigen *Santer*-Kommission konnten sich zwei Drittel der Abgeordneten nicht zum Aussprechen des Misstrauens durchringen. Das hohe Quorum nach Art. 234 AEUV hat ähnlich wie die notwendige Zweidrittelmehrheit im *Impeachment*-Verfahren gegen den US-Präsidenten den Effekt, dass sich gerade keine parlamentarische Abhängigkeit begründet. Hieran wird deutlich, dass ein Misstrauensvotum nicht nur ein bloß formelles Recht darstellt. Vielmehr existiert eine Kehrseite zum Misstrauensvotum, nämlich ein politisches Vertrauensverhältnis. Dieses basiert auf der Zusammenarbeit der Mehrheit des Parlaments mit der Regierung.

Dieser Rückhalt der Regierung im Parlament hat in der modernen deutschen Verfassungsordnung eine rechtliche Dimension. In seiner Judikatur fordert das BVerfG als materielle Voraussetzung für eine Bundestagsauflösung nach Art. 68 GG eine Auflösungslage in Gestalt einer politischen Instabilität. Diese soll vorliegen, wenn die Regierung mangels parlamentarischer Unterstützung nicht mehr handlungsfähig ist. Damit dient der Rückhalt der Regierung im Parlament, also das zwischen beiden Organen bestehende Vertrauensverhältnis, in der Dogmatik zum Grundgesetz als ungeschriebenes Tatbestandsmerkmal des Art. 68 GG, welches ein freies Auflösungsrecht des Bundestages verhindern soll.[1960] Die Verrechtlichung des Vertrauensverhältnisses zeigt, dass die deutsche Verfassungsordnung die Funktionsfähigkeit und Stabilität des Staates als zentrales Motiv in sich trägt. In den USA wäre eine derartige Judikatur des Supreme Courts zum einen wegen der *political question doctrine* sowie zum anderen wegen der gezielten Schwächung und Teilung der Staatsgewalt zugunsten der individuellen Freiheit undenkbar.[1961] Die USA setzen zwar als Trennsystem keine Unterstützung des Präsidenten durch die Kongressmehrheit voraus, trotzdem sind auch jenseits des Atlantiks Tendenzen zu beobachten, die durch die bestimmende informelle Rolle des Präsidenten auf eine latente faktische Gewaltenverschränkung beim Zustandekommen von Gesetzen schließen lassen. Dies äußert sich insbesondere durch die zunehmende parteipolitische Polarisierung im Kongress, die zu einer Zunahme der Abstimmungen nach Fraktionszugehörigkeit führt. So ist seit der Kongresswahl 2010 die Bereitschaft zur parteiübergreifenden Kooperation merklich zurückgegangen.[1962]

Normativ trug das europäische Integrationsprojekt mit dem Misstrauensvotum den Kern eines parlamentarischen Systems in sich, während das Europäische

1960 Vgl. die Urteile zu den Bundestagsauflösungen, BVerfGE 62,1 ff. sowie 114, 121 ff; auch in Art. 16a der Bayerischen Verfassung wird auf das tragende Vertrauensverhältnis zwischen Landtagsmehrheit und Staatsregierung Bezug genommen, um die Landtagsopposition negativ zu definieren.

1961 Wobei das BVerfG den beteiligten Verfassungsorganen große Einschätzungsprärogativen überlässt und sich damit der richterlichen Selbstbeschränkung des Supreme Courts in politischen Fragen annähert; BVerfGE 114, 121 (160): „[D]as Grundgesetz [hat] nur die Kontrolle politischer Herrschaft gewollt und nicht die Verrechtlichung des politischen Prozesses."

1962 Siehe D III 5.

Parlament nur schrittweise zu einem annähernd gleichwertigen Gesetzgebungsorgan neben dem Rat aufstieg. Die Entwicklung im deutschen Kaiserreich lief dagegen in umgekehrter Art und Weise ab. Der Reichstag war nach Art. 5 RV Mitgesetzgeber, während das Misstrauensvotum erst in den letzten Tagen des Kaiserreiches als Parlamentsrecht verfassungsrechtliche Kodifizierung fand. Zuvor oblag die Einsetzung des Kanzlers allein dem Kaiser, weswegen das Kaiserreich grundsätzlich die Züge eines dualistischen Systems im Sinne eines präsidentiellen Regierungssystems in sich trug.[1963] Die Ursache für die unterschiedlichen Ausgangslagen liegt in den Grundkonzepten der Organe. Während das Europäische Parlament in der Anfangszeit primär mit der Wahrnehmung von Kontrollfunktionen betraut war,[1964] war der Reichstag im Sinne des konstitutionellen Verfassungsmodells primär mit Legislativaufgaben betraut und verfügte qua Verfassung außer dem Budgetrecht über keine weiteren Kontrollfunktionen.

Das faktische Vertrauensverhältnis zwischen Reichstag und Kanzler entstand aus dem Bedürfnis des Kanzlers und seiner Reichsleitung, zur Umsetzung ihrer Politikvorstellungen notwendige Gesetze zu erlassen. Den Nährboden für eine Abhängigkeit bildete dabei die in der Verfassungsordnung der USA zwischen Kongress und Präsident fehlende Möglichkeit des direkten Diskurses zwischen Reichstag und Reichsleitung.

In der Gesetzgebung waren der von der Reichsleitung weitgehend kontrollierbare Bundesrat und der Reichstag nach Art. 5 RV gleichgestellt. Damit musste jeder Gesetzesvorschlag die Zustimmung der Volksvertretung gewinnen. Dieses konstitutive Mitentscheidungsrecht bei allen Gesetzen war in Kombination mit den Interpellationsrechten des Reichstags die erste Triebfeder der Parlamentarisierungsentwicklung im Reich, welche im Oktober 1918 in die Einführung eines Misstrauensvotums mündete.

Diese Erfahrung aus dem Kaiserreich zeigt für die europäische Rechtsordnung, dass eine Parlamentarisierung der Kommissionsarbeit nur durch einen grundsätzlichen Wandel im Selbstverständnis des Parlaments erfolgen kann.

Nach wie vor arbeitet das EU-Parlament sehr konsensorientiert bzw. mit wechselnden parteipolitischen Mehrheiten,[1965] was stark an das konstitutionelle Parlamentsverständnis erinnert, welches von einer Frontstellung des Parlaments gegenüber einer monarchischen Regierung ausgeht.[1966] Vor allem die beiden großen Fraktionen aus Konservativen und Sozialisten suchen in allen Fragen von

1963 *Steffani*, Parlamentarische und präsidentielle Demokratie, 1979, S. 84 f.

1964 *Rabe*, Europäische Gesetzgebung – das unbekannte Wesen, NJW 1993, 1 (4) sieht die spätere Stärkung der parlamentarischen Mitwirkungsrechte in der Legislative primär als Ausfluss der Kontrollfunktion an.

1965 *Hrbek*, Europawahl 2009: mehr als die Summe nationaler Sekundärwahlen, integration 2009, 193 (204).

1966 *Weber-Fas*, Deutschlands Verfassung, 2001, S. 258 f.

Bedeutung eine Verständigung, um gegenüber Rat und Kommission einheitlich und damit verhandlungsstärker auftreten zu können.[1967]

Der Fokus des Parlaments lag entsprechend lange Zeit auf der Gewinnung einer konstitutiven Stellung im europäischen Normsetzungsprozess.[1968] Mit der Einführung des Mitentscheidungsverfahrens als ordentliches Gesetzgebungsverfahren durch den Vertrag von Lissabon ist dieser Zwang zur internen Kooperation nicht mehr unumschränkt gegeben, da die Stellung des Parlaments als wesentlicher Entscheidungsträger durch das Primärrecht positiv abgesichert ist.[1969]

Nur sofern die Straßburger Fraktionen jeweils beständige und nicht wie bisher flexible Positionen zur Politik der amtsführenden Kommission generieren und ihre Haltung im Gesetzgebungsverfahren zu den Vorschlägen der Kommission dementsprechend ausrichten sowie ihre Kontrollrechte ausschöpfen,[1970] erscheint die Entstehung eines echten Abhängigkeitsverhältnisses möglich.[1971] Ähnlich dem Parteiensystem im Kaiserreich könnte so eine Differenzierung in kommissionstreue Parteien (ähnlich dem liberal-konservativen Kartell 1887–1890), grundsätzlich kritische Parteien (ähnlich der aufkommenden Sozialdemokratie und dem Zentrum zu Kulturkampfzeiten) sowie in opportunistisch-verhandlungsbereite

---

1967 *Deringer*, Europäisches Parlament und Maastrichturteil des Bundesverfassungsgerichts, in: Ole u.a. (Hrsg.), Festschrift für Ulrich Everling, Band I, 1995, 245 (260); *Sattler*, Die Entwicklung der Europäischen Gemeinschaften von ihrer Gründung bis zum Ende der EWG-Übergangszeit, JöR 19 n.F. (1970), 1 (120 f.); *Grabitz/Läufer*, Das Europäische Parlament, 1980, S. 109.

1968 So forderte die Präsidentin des ersten direkt gewählten Parlaments, *Veil*, in ihrer Antrittsrede als Konsequenz aus der ausgebauten Legitimation eine stärkere Stellung in der Legislative und im Haushaltsverfahren, nicht aber eine parlamentarische Abhängigkeit der Kommission; siehe die Zusammenfassung der Rede bei *Axmann*, Genese Europäischer Rechtsetzungsverfahren, 2001, S. 104 f.

1969 Entsprechend bemerkt *Eickhoff*, Das Funktionsrecht des Europäischen Parlaments, 2008, S. 94, dass eine Stärkung des Parlaments im politischen Entscheidungsprozess vor allem durch einen Ausbau der Gesetzgebungskompetenzen des Parlaments erfolgen muss.

1970 Für das Untersuchungsrecht fordert z.B. *Beckedorf*, Das Untersuchungsrecht des Europäischen Parlaments, 1995, S. 419, dass dieses gerade nicht, wie zum Teil geschehen, als Mittel zur Untersützung der Legislativarbeit, sondern zielgerichtet als Kontrollinstrument mit „politischer Schlagkraft“ eingesetzt werden müsse; auch das Fragerecht müsste hierzu stärker im Sinne einer politischen Kontrolle ausgeübt werden; siehe auch hierzu: *Dann*, in: von Bogdandy/Bast, Europäisches Verfassungsrecht, 2009, S. 359.

1971 Erste Ansätze einer europäischen Parlamentarisierung sind im Zuge der Europawahl 2014 abzusehen. Gem. Art. 17 Abs. 7 EUV hat der Europäische Rat den Kandidaten für das Amt des Kommissionspräsidenten unter Berücksichtigung des Wahlergebnisses der Parlamentswahl auszuwählen.

Parteiblöcke (wie dem Zentrum nach der konservativen Wende 1878) erfolgen.[1972] Eine so für die Wahlbürger erkennbare Ausdifferenzierung der Fraktionen würde ferner dazu führen, dass eine klarere Zuordnung von Verantwortung ermöglicht werden würde. Dass dies heute nicht eindeutig der Fall ist, ist eines der größten Hindernisse für die Schaffung eines gesamteuropäischen demokratischen Diskurses, welcher einer Integration „von unten" Vorschub leisten würde.[1973] Entsprechend müsste sich vor allem ein homogeneres europäisches Parteiensystem entwickeln, welches weniger stark durch die nationalen Parteiverbände geprägt

---

1972 Die Grundlage hierzu, nämlich eine parteipolitische Aufladung des Abstimmungsverhaltens, ist im Europäischen Parlament durchaus vorhanden; siehe *Hix/Noury/Gérard*, Dimensions of Politics in the European Parliament, American Journal of Political Science, 50 (2006), 494 ff.

1973 *Grabitz/Läufer*, Das Europäische Parlament, 1980, S. 111 f. sahen die Herausbildung oppositioneller Strukturen im Parlament als entscheidenden Hebel für die Fortentwicklung hin zu einem demokratischen Diskurs in der Union an; siehe auch *Möllers*, Gewaltengliederung, 2005, S. 272 f. und *Frowein*, Die rechtliche Bedeutung des Verfassungsprinps der parlamentarischen Demokratie für den europäischen Integrationsprozess, EuR 1983, 301 (303), der die demokratische Fortentwicklung eher hin zu einer Konkordanzdemokratie befürwortet. Eine derartige Entwicklung war eigentlich vorgesehen; siehe dazu das Interview mit Altbundeskanzler *Schmidt* und dem ehemaligen französischen Präsidenten *Giscard d'Estaing* in: Der Spiegel, 37/2012, S. 106 (S. 110): „Wir haben gedacht, das Parlament würde sich [nach der Einführung der Direktwahl] seine Rechte selbst nehmen. Das hat es nicht getan, bis heute nicht."; ebenso kommt *Dann*, Parlamente im Exekutivföderalismus, 2004, S. 415 zum Ergebnis, dass das Europäische Parlament im Gegensatz zum Kongress über zahlreiche Instrumente eines politischen Redeparlaments verfügt, diese aber nicht ausreichend nutzt; entsprechend haben die Parlamentswahlen bis heute in der Öffentlichkeit noch nicht den Charakter einer überstaatlichen Europawahl, siehe hierzu *Hrbek*, Europawahl 2009: mehr als die Summe nationaler Sekundärwahlen, integration 2009, 193 (207 f.) und *Niedermeyer*, Die Wahl zum Europäischen Parlament vom 13. Juni 2004 in Deutschland: Ein schwarzer Tag für die SPD, ZParl 2005, 3, der in seinem Aufsatz die innenpolitischen Motive der Wähler für ihre Wahlentscheidung darlegt; vgl. ferner *Geiger*, Reformvorschläge zur Steigerung der Legitimationswirkung des Europäischen Parlaments, in: Geiger, (Hrsg.), Neuere Probleme der parlamentarischen Legitimation im Bereich der auswärtigen Gewalt, 2003, S. 62 f.; elf EU-Außenminister schlagen die Personalisierung der Wahlen durch die Aufstellung von Spitzenkandidaten vor; siehe: Abschlussbericht der Gruppe zur Zukunft Europas vom 17.09.2012, S. 11; auch das Europapralament fordert die nationalen Parteien dazu auf, den Wahlkampf 2014 programmatisch und personell stärker auf Europa zu fokussieren; vgl. Entschließung des Europäischen Parlaments vom 22. November 2012 zu den Wahlen zum Europäischen Parlament im Jahr 2014 (2012/2829 (RSP)).

ist.[1974] Dies zeigt auch der vergleichende Blick in die USA. Der Kongress ist in seiner Zusammensetzung stark fragmentiert, da die integrierende Kraft der fraktionellen Parteizusammenschlüsse dort nur in begrenzten Umfang greift und ein einheitliches Auftreten der Fraktionen gegenüber der präsidentiellen Politik kaum möglich macht.[1975]

Einer Parlamentarisierung der EU durch eine reine Neuinterpretation der bestehenden Verträge steht als zweites Hindernis strukturell die Unabhängigkeit der Kommission gegenüber dem Rat entgegen.

Das Deutsche Kaiserreich ermöglichte es dem Kanzler, sich auf die Rolle als Vorsitzender des Bundesrates zurückziehen und sich damit im Schatten der Souveränität der Länder einer Kontrolle durch den Reichstag zu entziehen.[1976]

In der EU kann sich die Kommission nicht in den Schutzbereich der mitgliedstaatlichen Souveränität zurückziehen, da die Kommission gerade nicht mit der Funktion des Ratsvorsitzes betraut ist bzw. organisch oder personell nicht mit dem Rat verflochten ist.[1977] Vielmehr ist sie in ihrer ursprünglichen Grundanlage als supranationaler Gegenspieler des Rates konzipiert. Für die Frage, ob eine Parlamentarisierung der EU durch die Etablierung einer legislativen Kooperation von Kommission und Parlament denkbar ist, ist die fehlende Verkopplung von Rat und Kommission problematisch. Dies wurzelt in dem Umstand, dass das heutige institutionelle Dreieck durch das spätere Hinzutreten des Parlaments als drittem Pol im ursprünglichen Spannungsfeld zwischen Rat und Kommission entstanden ist.[1978]

Während der Bundesrat funktional als legislative Kraft beinahe vollständig von der Reichsleitung gesteuert und damit als eigenständiger Faktor paralysiert war,[1979] ist der Rat von der Kommission unabhängig. Anders als im Kaiserreich konkurrieren damit nicht nur Parlament und Exekutive, sondern alle drei Glieder des institutionellen Rahmens um die Gestaltung der Rechtsetzung. Zwar muss die Kommission nach dem Fortbestehen des Konsenserfordernisses im Rat infolge des Luxemburger Kompromisses im Rahmen von Rechtsetzungsverfahren

---

1974 *Frenz*, Handbuch Europarecht, 2011, S. 207; hierauf zielte auch der Vorschlag der Kommission bei den Beratungen zum Verfassungsvertrag, die Abgeordneten zum Teil über transnationale Listen zu wählen, KOM 2002 (728) endg., S. 17.

1975 *Semmler*, Das Amt des Speaker of the House of Representatives im amerikanischen Regierungssystem, 2001, S. 45 f.

1976 *Dann*, Parlamente im Exekutivföderalismus, 2004, S. 330 f. sieht die organisatorische Angliederung des Kanzlers an den Bundesrat als stärkstes Hindernis der Parlamentarisierung im Kaiserreich. Beim Missbilligungsvotum im Zabern-Fall war umstritten, ob dieses nicht zu weit in die Kommandogewalt des Kaisers eingriff; siehe B III 2 c cc.

1977 *Ruffert*, in: Calliess/Ruffert, EUV/AEUV Kommentar, 2011, Art. 17 EUV, Rn. 52 f.

1978 Zur ursprünglichen Anlage der Gemeinschaften C II 1 und C III 1 a.

1979 Insofern war eine Bundesratsregierung immer mehr zur bloßen Fiktion verkommen; siehe hierzu *Preuß*, Parlamentarisierung (1917), in: Preuß, Gesammelte Schriften, Band 1, Politik und Gesellschaft im Kaiserreich, 2007, 656 (659).

nicht mehr auf Widerstände einzelner Mitgliedstaaten eingehen, nach wie vor bleibt der Rat als Ganzes ein eigenständiger Blockadefaktor in der europäischen Rechtsetzung.[1980] Der Rat ist damit in viel höherem Maße als der Bundesrat im Kaiserreich[1981] ein konservierendes Element in der supranationalen EU,[1982] und die Kommission muss nach wie vor bei der Umsetzung ihres Arbeitsprogrammes darauf Rücksicht nehmen.[1983] Eine Parlamentarisierung der Union ist damit nur möglich, wenn die beherrschende Stellung des Rates durch die Mitgliedstaaten teilweise zugunsten der Schaffung einer supranationalen Regierung mit weitreichenden Befugnissen aufgegeben wird.[1984]

Bis dahin gilt in der Europäischen Union mit ihren souveränitätsbewussten Mitgliedern, was *Kaufmann* unzutreffend für das Kaiserreich konstatiert hat: Die umfassende Mitwirkung der Gliedstaatenregierungen und die Schaffung parlamentarischer Regierungsstrukturen zu vereinbaren, gleicht nach dessen Ansicht dem Bemühen, „die Quadratur des Zirkels zu finden“[1985]. Die Normierung einer parlamentarischen Verantwortung der Kommission gegenüber dem Parlament nach Art. 17 Abs. 8 EUV hat damit zwar ähnlich der Lex *Bennigsen* in der Reichsverfassung das Potential, eine extensivere Wahrnehmung der Kontrollkompetenzen durch das Parlament zu legitimieren. Der Durchbruch zu einem parlamentarischen Regierungssystem ist aber gegen die verbleibenden Souveränitätsvorbehalte der Mitgliedstaaten sehr unwahrscheinlich.[1986] Somit lässt sich im Ergebnis sagen, dass das Diktum *Preuß'* zur *Bismarckschen* Reichsverfassung in modifizierter Form auch für die Europäische Union gilt: Dadurch, dass die Vertreter der Regierungen der Mitgliedstaaten in der Sekundärgesetzgebung nach wie vor mit einer absoluten

---

1980 *Glaesner*, Die Beziehungen zwischen Ministerrat und Europäischem Parlament – Erfolg der „kleinen Schritte“?, ZParl 1982, 191 konstatierte entsprechend, dass der Schlüssel für die weitere Fortentwicklung der Gemeinschaft in den Beziehungen von Rat und Parlament liege.

1981 Zu *Bismarcks* Rollenverständnis B II 4.

1982 *Dann*, in: von Bogdandy/Bast, Europäisches Verfassungsrecht, 2009, S. 362.

1983 Zur mangelnden Kontrollierbarkeit des Rates *Hartmann*, Die institutionelle Entwicklung der EG: Grundlagen und Perspektiven, ZParl 1982, 241 (246 f.); siehe auch *Kugelmann*, in: Streinz, EUV/AEUV, 2012, Art. 17 EUV Rn. 123.

1984 In diesem Sinne bereits *Suski*, Das Europäische Parlament, 1996, 112.

1985 *Kaufmann*, Bismarcks Erbe in der Reichsverfassung, in: Kaufmann, Gesammelte Schriften, Band 1: Autorität und Freiheit, 1960, S. 217; *Schmitt*, Der Hüter der Verfassung, Berlin 1996, S. 95 irrt in seinem generellen Widerspruch gegen *Kaufmann* insofern, als dass die Weimarer Repunlik die Länderbeteiligung über den Reichsrat nur schwach ausgestaltete.

1986 Entsprechend forderte die Kommission 2002 die Verantwortlichkeit zwischen (Europäischem) Rat und Kommission stärker herauszustellen, z.B. durch die Einführung eines Misstrauensvotums, KOM 2002 (728) endg., S. 19.

Vetoposition versehen sind, wird kunstvoll die Fortentwicklung der Union hin zu mehr Parlamentarismus und Demokratie unmöglich gemacht.[1987]

c) *Einflussnahme auf die Außenpolitik*

Die Mitgliedstaaten nehmen die traditionellen Prärogativen einzelstaatlicher Exekutiven in Außen- und Sicherheitspolitik und auch im Rahmen der polizeilich-justiziellen Zusammenarbeit außerhalb des institutionellen Dreiecks durch den Europäischen Rat ohne umfassende Kontrolle durch das Europäische Parlament wahr.[1988] Auch bei Vertragsschlüssen der EU zeigt sich, dass der Kommission kein originärer exekutiver Kernbereich in der Außenvertretung der Union zugewiesen ist. Vielmehr führt die Kommission Vertragsverhandlungen nach Maßgabe der vom Rat gesetzten Vorgaben.[1989] Die Gestaltung der GASP wird durch Art. 22 Abs. 1 EUV grundsätzlich dem Europäischen Rat überantwortet. Bei Vertragsschlüssen der EU im Rahmen ihrer supranationalen Kompetenzen hat der Rat eine bestimmende Rolle inne, während das Parlament nur mit Anhörungs- und Zustimmungsrechten ausgestattet ist.[1990]

Die Stellung des Parlaments im Bereich der auswärtigen Gewalt ist ebenso in den beiden anderen Rechtsordnungen strukturell recht schwach ausgeprägt. Im Kaiserreich konnte sich die Reichsleitung in der Militär- und Außenpolitik auf die exklusiven Vorrechte des Präsidiums gem. Art. 11 RV berufen und damit der Kontrolle durch den Reichstag ausweichen. In den USA hat der Präsident als Oberbefehlshaber vielfältige Möglichkeiten, sich der Kontrolle durch den Kongress zu entziehen. Im Bereich des Einsatzes von Militär beansprucht der Kongress das Recht, umfassend in die Entscheidungsprozesse miteinbezogen zu werden. Die Durchsetzbarkeit der hierzu gegen das Veto Präsident *Nixons* beschlossenen *War Powers Resolution* hängt von den konkreten politischen Bedingungen des Einzelfalls ab. Das Repräsentantenhaus verfügt ansonsten nur über mittelbare Möglichkeiten, z.B. über das Budgetrecht und die einfache Gesetzgebung, um Einfluss auf die Außenpolitik zu nehmen. Mit der Zunahme finanzwirksamer völkerrechtlicher

---

1987 Abgewandelt auf das Deutsche Reich bei *Mauersberg*, Ideen und Konzeption Hugo Preuß' für die Verfassung der deutschen Republik 1919 und ihre Durchsetzung im Verfassungswerk von Weimar, 1991, S. 52 f.

1988 In diesem Zusammenhang übersieht *Hilf*, Die rechtliche Bedeutung des Verfassungsprinzips der parlamentarischen Demokratie für den europäischen Integrationsprozess, EuR 1984, 9 (35 f.), dass sich Reichstag und Europäisches Parlament im Ergebnis in einer vergleichbaren Situation befanden, da in beiden Konstellationen das föderale Prinzip zur Abschirmung vor parlamentarischen Kontrollrechten dient.

1989 C III 2 f.

1990 C III 2 f.

Verträge hat sich die Bedeutung des Repräsentantenhauses in der Außenpolitik auf diesem Weg merklich gesteigert.[1991]

Insbesondere durch die Vertretungsbefugnis nach außen, welche das Mandat für Vertragsverhandlungen mit einschließt, genießt die Exekutive weitgehende Gestaltungsfreiheit, während die parlamentarischen Rechte erst nachgelagert im Prozess der Ratifikation erfolgen, wo nur noch begrenzte Gestaltungsmöglichkeiten bestehen.[1992] Dies erklärt sich aus dem Vorsprung der Exekutive an sachlicher und personeller Kompetenz, welche durch die ihr unterstellten Botschaften und Geheimdienste und ihre Möglichkeit zu flexibler Verhandlungsführung begründet ist.[1993]

Nicht nur in der EU haben dagegen die föderalen Vertretungen eine besondere Funktion in der Außenpolitik der Zentrale. Im Deutschen Reich existierte z.B. der Auswärtige Ausschuss, welcher unter bayerischem Vorsitz gerade nicht preußisch-unitarisch verfasst war. Tatsächlich kam dem Bundesrat in der Staatspraxis keine gesteigerte Bedeutung in der Außenpolitik zu. Bei Vertragsschlüssen war zwar die Zustimmung des Bundesrates erforderlich, die Gestaltung der Verträge wurde maßgeblich vom Kaiser, der gem. Art. 11 Abs. 1 RV für die völkerrechtliche Vertretung des Reiches zuständig war, und von der Reichsleitung ausgehandelt.[1994]

Der Senat der USA kann gem. Art. 2 Sec. 2 der Verfassung mit der *treaty power* die Außenpolitik des Präsidenten mit „*advice und consent*" begleiten. In allen Fällen ist dieser Kompetenzvorsprung ein Relikt bzw. in der EU Ausdruck der im neuen Bund vereinten, mediatisierten völkerrechtlichen Souveränität der Einzelstaaten.

In den bundesstaatlichen Strukturen der USA und des Reiches konnte sich der außenpolitische Gestaltungsanspruch der Einzelstaaten nur begrenzt dauerhaft etablieren. Der Auswärtige Ausschuss beim Bundesrat blieb de facto bedeutungslos und die Gestaltung der Außenpolitik des Reiches wurde von der Reichsleitung vorgenommen.[1995] Demgegenüber verschafft dem Senat der Kernbereich der *treaty power*, nämlich völkerrechtliche Verträge mit Zweidrittelmehrheit zustimmen zu müssen, bis heute eine zentrale Stellung in der amerikanischen Außenpolitik. Dagegen ist die Funktion den Präsidenten als Reflexionskammer mit „*advice*" zur Seite zu stehen, nach wie vor unbedeutend, da die US-Administrationen im Stadium von Vertragsverhandlungen traditionell kaum Informationen preisgibt. Nur das *fast-track*-Verfahren bei wichtigen Vertragsschlüssen weicht hiervon ab. Der Präsident

---

1991 D III 2 e.

1992 Hierzu *Möllers*, Gewaltengliederung, 2005, S. 370 ff.; *Kadelbach*, Die Parlamentarische Kontrolle des Regierungshandelns bei der Beschlußfassung in internationalen Organisationen, in: Geiger, (Hrsg.), Neuere Probleme der parlamentarischen Legitimation im Bereich der auswärtigen Gewalt, 2003, S. 52 f.; weniger kritisch *Calliess*, in: HStR IV, 2006, § 83 Rn. 26 und 30.

1993 *Calliess*, in: HStR IV, 2006, § 83 Rn. 43.

1994 B III 2 c.

1995 B III 1 a bb.

verspricht hier eine umfassende Beteiligung der Legislative gegen die vorab vereinbarte konstruktive Sachbehandlung des ausgehandelten Vertrages im Kongress. Gleichzeitig hat auch das *consent*-Element der *treaty power* keine umfassende Relevanz, da die Präsidentenadministration neben zustimmungspflichtigen *treaties* die zustimmungsfreien *executive agreements* etabliert haben.[1996] Versuche seitens des Senats, diese Praxis einzuschränken, sind bis heute wenig erfolgreich gewesen.[1997]

Der Rat der Europäischen Union begleitet die Vertragsschlüsse der EU nicht nur durch seine Zustimmung zu Verträgen, sondern verfügt auch über das Recht, die Verhandlungsspielräume der Kommission durch das Aufstellen leitender Richtlinien nach freiem Ermessen zu beschneiden, sodass die Kommission de facto in einem Instruktionsverhältnis zum Rat steht.[1998]

Während der Senat also grundsätzlich auf ein nachträgliches Zustimmungsrecht reduziert ist und ebenso wie der Bundesrat im Kaiserreich nicht die Rolle eines aktiven und bei der Exekutive gehörten Ratgebers in der Außenpolitik erlangt hat, sichert das detaillierte Primärrecht der EU die Beteiligung der Mitgliedstaaten an der unionalen Außenpolitik über den Rat gezielt ab.

3. Kreationsfunktion

a) Wahl gubernativer Organe

In parlamentarischen Systemen hängt die Regierung in ihrem Bestand vom Vertrauen des Parlaments ab. Oftmals ist die Regierung auch im Rahmen ihrer Konstituierung auf dieWahl durch die Parlamentarier angewiesen. Dies ist kein zwingend notwendiges Element eines parlamentarischen Systems.[1999] So sah z.B. Art. 15 Abs. 3 RV nach der Oktoberreform nur vor, dass der Kanzler zu seiner Amtsführung des Vertrauens im Reichstag bedurfte. Hiervon blieb das Ernennungsrecht des Kaisers gem. Art. 15 Abs. 1 RV unberührt. Auch wenn der Reichstag gegen Ende des Krieges bei der Auswahl der Kanzler nach *Michaelis* einbezogen wurde, beschränkte er sich formell auf seine destruktive Rolle.

1996 D III 2 c.

1997 D III 2 e.

1998 C III 2 f.

1999 Siehe *Herzog*, in: Maunz/Dürig, Grundgesetz-Kommentar, 2012, Art. 63, Rn. 3, welcher die Kanzlerwahl nach Art. 63 GG als Übererfüllung der Anforderungen an ein parlamentarisches Regierungssystem deutet; siehe auch *Klein*, Funktionsstörungen in der Verfassung, in: Isensee/Kirchhof (Hrsg.), HStR VII, 1992, § 168, Rn. 21, der in dem abgestuften Verfahren des Art. 63 GG, welches im Zweifelsfall eine abschließende Kontrolle durch den Bundespräsidenten ermöglicht, ein stabilisierendes Element sieht. Mit demselben Ergebnis rechtsvergleichend *Suski*, Das Europäische Parlament, Volksvertretung ohne Volk und Macht?, 1996, S. 111 f.

Aus damaliger Sicht schien die Festschreibung eines destruktiven Misstrauensvotums, welches sich aus dem Missbilligungsvotum in der Reichstagsgeschäftsordnung entwickelt hatte, für eine Parlamentarisierung zu genügen. In der Weimarer Republik, deren Verfassung in Art. 53 f. WRV das Ernennungsrecht für den Kanzlerposten in die Hände des Reichspräsidenten legte und dem Reichstag in Art. 54 S. 2 WRV ein Misstrauensvotum zugestand, sorgte dieser Mechanismus für eine zunehmende Instabilität, da das Ernennungsrecht des Präsidenten in der Staatspraxis wie im Kaiserreich rechtlich ungebunden blieb und entsprechend vom Präsidenten gegen die parlamentarische Mehrheit eingesetzte Kabinette wieder gestürzt werden konnten.[2000] Während *Hindenburg* zur Restabilisierung des Systems extensiv vom Recht zur Auflösung des Reichstages gem. Art. 25 Abs. 1 WRV Gebrauch machte, den Stillstand in der Legislative durch sein Notverordnungsrecht gem. Art. 48 Abs. 2 WRV kompensierte und damit den Parlamentarismus in Weimar untergrub, reagierten die Mütter und Väter des Grundgesetzes mit der Einführung der Kanzlerwahl durch den Bundestag. Entsprechend kommt dem konstruktiven Misstrauensvotum bzw. der Kanzlerwahl durch den Bundestag weniger eine ein Abhängigkeitsverhältnis begründende als vielmehr eine systemstabilisierende Funktion zu.[2001]

In der präsidentiellen Demokratie der USA ist die Wahl des Präsidenten durch den Kongress nur eine hilfsweise Aufgabe. Erst wenn eine Wahl im Wahlmännerkollegium keine Mehrheit für einen Kandidaten erbracht hat, stimmt das Repräsentantenhaus über den künftigen Amtsinhaber ab, wobei das 12. Amendment die Abgeordnetenstimmen über ihre Herkunftsstaaten mediatisiert. Der Kongress hat daher nur eine stabilisierende, ersatzlegitimierende Reservefunktion. Die subsidiäre Wahl des Präsidenten durch die Abgeordneten stellt damit ein systemstabilisierendes Element in der amerikanischen Verfassungsordnung dar.[2002] Dies macht insbesondere die Anlage des 12. Zusatzartikels deutlich, der eine Wiederholung der langwierigen Wahlprozedur im Jahr 1800 verhindern sollte. Sowohl in präsidentiellen als auch in parlamentarischen Systemen verkörpert die Wahlfunktion parlamentarischer Gremien in erster Linie ein Sicherungselement zur Vermeidung von instabilen Regierungsorganen.

Nur die EU sieht unter den verglichenen Systemen eine Beteiligung des Europäischen Parlaments an der Ernennung der Kommission vor, welche nicht der Stabilisierung der EU-Rechtsordnung dient. Das Parlament, welches die Kommission nur mit qualifizierter Mehrheit absetzen kann und daher lediglich eingeschränkt eine institutionelle Instabilität verursachen kann, erschwert vielmehr

---

2000 *Gusy*, Die Weimarer Reichsverfassung, 1997, S. 131, S. 140 ff.; *Löwenstein*, Parlamentarismus im politischen System der Bundesrepublik, 1971, S. 266.

2001 *Weber-Fas*, Deutschlands Verfassung, 2001, S. 260.

2002 Siehe D III 3; positiv bewertend *Henke*, Plädoyer für kürzere Legitimationsketten in der Europäischen Union, EuR 2010, 118 (123).

als zusätzlicher Akteur das Ernennungsverfahren. Es wirkt als „Störfaktor“[2003] der von den Mitgliedschaften gefundenen Personalauswahl entgegen. Es soll zur stärkeren demokratischen Legitimation der Kommission beitragen, welche zuvor nur über die Regierungen der Einzelstaaten legitimert wurde. An dieser Stelle zeigt sich wiederum die besondere Struktur der EU mit einem Parlament, welches im Laufe der europäischen Integration in allen wesentlichen Fragen der Unionspolitik Mitsprache- und entscheidungsrecht erhalten hat.

Aus dieser Evolution der parlamentarischen Beteiligung heraus erklärt sich auch das mehrstufige Ernennungsverfahren zur Kommission, welches das Vorschlagsrecht für die Kandidaten beim Europäischen Rat bzw. beim Rat der EU ansiedelt. Dem Parlament kommt daher keine eigenständig gestaltende Funktion zu. In Zukunft soll nach Art. 17 Abs. 7 EUV das Ergebnis der Europawahl das Auswahlermessen der Staats- und Regierungschefs bei der Personalie des Kommissionspräsidenten leiten.[2004] Eine völlige Loslösung des Wahlvorschlages von der Entscheidung der Mitgliedstaaten wird als problematisch angesehen. Dies wird mit der dann abgerissenen föderal-demokratischen Legitimationsketten des Kommissionspräsidenten begründet. Damit verdeutlicht sich die grundsätzliche Skepsis gegenüber dem Parlament als Legitimationsquelle nochmals.[2005]

Im Zusammenhang mit der seit dem Vertrag von Maastricht etablierten Zustimmung des Parlaments zur Ernennung der Kommission haben die Parlamentarier durchgesetzt, vor dem eigentlichen Zustimmungsverfahren die vorgeschlagenen Kommissaranwärter in Hearings vor dem Plenum einzeln zu befragen und durch die Androhung der Ablehnung der gesamten Kommission die Auswechslung einzelner Kandidaten zu erzwingen.[2006] Damit ähnelt das Parlament in seinem Vorgehen dem US-amerikanischen Senat bei der Ausübung der *advice and consent*-Klausel, welcher die vom Präsidenten nominierten Kandidaten nach ebenfalls teilweise intensiven Befragungen ablehnen kann.[2007] Die Befragungspraxis beim Europäischen Parlament ist im Vergleich zum Senat stärker von allgemein-politischen Maßgaben geprägt,

2003 *Grabitz/Schmuck*, Das Europäische Parlament im Verflechtungssystem der EG – Handlungsspielräume, Rollenbeschreibung, Funktionen, ZParl 1984, 427 (431).

2004 Als eine Stärkung der demokratischen Legitimation der Kommission bewerten dies *Pache/Rösch*, Der Vertrag von Lissabon, NVwZ 2008, 473 (477).

2005 Einer Wahl durch das Parlament positiv gegenüberstehend *Henke*, Plädoyer für kürzere Legitimationsketten in der Europäischen Union, EuR 2010, 118 (127). Für die Verfassungskonformität einer derartigen Reform *Frenz*, Handbuch Europarecht, 2011, S. 297 f.; siehe aber auch das Konzept der doppelten Legitimationsgrundlage bejahend KOM 2002 (728) endg., S. 19.

2006 C III 3 a; *Nemitz*, in: Schwarze (Hrsg.), EU-Kommentar, 2012, Art. 17 EUV, Rn. 76 sieht die Hearings als Ausprägung der in Art. 17 Abs. 8 EUV normierten Verantwortung der Kommission gegenüber dem Parlament.

2007 D III 3.

während im Senat der Fokus stark auf die spezifische Fachkompetenz und persönliche Integrität der Kandidaten gerichtet ist.[2008] Beide Verfahren haben gemeinsam, dass meist nur in politisch evidenten Fällen die Ernennung der vorgeschlagenen Persönlichkeiten verweigert wird. Dazu konzentriert sich die Kür durch das Parlament im Gegensatz zur Kanzlerwahl in der Bundesrepublik nicht auf eine einzige Person,[2009] sondern wird durch den im Primärrecht verankeren parlamentarischen Zustimmungsvorbehalt auf das gesamte Kommissionskollegium ausgedehnt.[2010]

Diese Parallele zum präsidentiellen System der USA deckt auf, dass die EU nicht das Stadium eines parlamentarischen Systems erreicht hat. Solange sich das Parlament darauf beschränkt, eine negative politische Missbrauchskontrolle hinsichtlich der zwischen den Mitgliedstaaten ausgehandelten einzelnen Ernennungsvorschlägen vorzunehmen und seine Zustimmung zur Ernennung der Kommission somit nicht als konstitutiven Vertrauensausspruch begreift, kann nicht im Ansatz von einer parlamentarischen Union gesprochen werden.[2011] Die Mitwirkung des Parlaments bei der Ernennung stellt zusätzlich eine wesentliche Aufwertung des parlamentarischen Misstrauensvotums und eine systemstabilisierende Vermeidung von existenziellen Krisen zwischen Parlament und Mitgliedstaaten dar, da ein erfolgreiches Misstrauensvotum nun nicht durch eine alleinige Wiederernennung der abgesetzten Kommission durch den Europäischen Rat ausgehebelt werden kann. Weil dieses Misstrauensvotum wegen des hohen Beschlussquorums ebenfalls nur der politischen Evidenzkontrolle dienen kann, bedeutet dessen Stärkung keinen Durchbruch hin zu einer parlamentarischen Union.

b) Ernennung sonstiger Amtsträger

Im Deutschen Kaiserreich lag die Besetzung von Ämtern in der Exekutive ganz im Sinne des Konstitutionalismus außerhalb der Kompetenz des Reichstages. Nur über das Budgetrecht konnte begrenzt Einfluss genommen werden, wie dies z.B. 1884 mit der Verweigerung von Hausmitteln für neue Planstellen im Auswärtigen Amt oder von Heeresfinanzierungsgesetzen versucht wurde.[2012] Dem Bundesrat wurde hingegen bei der Ernennung der Richter im Reichsgericht, eine Kreationsfunktion

---

2008 *Hummer/Oberwexer*, Die neue „Europäische Kommission" 1995–2000 – Bennennung, Investitur und Zusammensetzung -, EuR 1995, 129 (135).

2009 In Deutschland verfügt der Bundestag nur durch informelle Kanäle über Möglichkeiten, Einfluss auf die Zusammensetzung der Bundesregierung zu nehmen; *Löwenstein*, Parlamentarismus im politischen System der Bundesrepublik, 1971, S. 316 ff.

2010 Dies dürfte wohl einer der tragenden Gründe für die Bedenken gegen die Praxis der Hearings darstellen, C III 3a.

2011 *Dann*, Parlamente im Exekutivföderalismus, 2004, S. 329 f. ordnet die EU daher als dualistisches Regierungssystem ein.

2012 Siehe B III 2 c bb.

zugebilligt.[2013] Eine Beteiligung der föderalen Kammer an der Besetzung von Beamtenposten existierte nicht nur im Deutschen Reich.

Vor allem in den USA ist der Senat stark in die Personalbestellung eingebunden.[2014] Während in der obersten Verwaltungsebene so der personelle mitgliedstaatliche Proporz sichergestellt werden soll, wird bei der Verteilung von Stellen in der unteren und mittleren Bundesverwaltung besonders auf Empfehlungen der von dort stammenden Senatoren geachtet. De facto hat sich damit in der Staatspraxis der USA der in Art. 36 Abs. 1 GG rechtlich normierte Mechanismus des Grundgesetzes zur Besetzung von Posten in der Bundesverwaltung etabliert, welcher eine „föderale Konzession"[2015] des Bundes an die Länder darstellt. Tatsächlich wird die Regel des Art. 36 GG durch die Ernennungspraxis in der Bundesverwaltung missachtet,[2016] sodass das amerikanische Modell dem föderalen Prinzip im Ergebnis bessere Geltung verschafft.

Das Repräsentantenhaus hat als solches ansonsten nur sehr eingeschränkte Gestaltungsmöglichkeiten auf diesem Gebiet. Im Rahmen des Haushaltsrechtes sowie beim Gesetzgebungsrecht gelang es der Abgeordnetenkammer, die Personalpolitik des Bundes zu beeinflussen. Das wichtigste Beispiel hierfür ist der *Pendleton Act*, durch welchen auf Initiative des Repräsentantenhauses mit der Ämterpatronage durch die großen Parteien gebrochen und grundsätzlich auf die Eignung von Amtsanwärtern als maßgebliches Kriterium für eine Stellenbesetzung abgestellt wurde.[2017]

Auch in der EU dominiert der Rat, wenn Stellen in sonstigen Institutionen zu besetzen sind. Bis heute verfügt das Parlament auf diesem Gebiet nur über Anhörungsrechte. Diese übt es ähnlich wie im legislativen Anhörungsverfahren durch verzögerte Abgabe der Stellungnahmen und der Formulierung von Qualifikationsanforderungen sehr extensiv aus.[2018]

Dass die föderalen Vertretungen eine derart starke Position bei der Ämterbesetzung innehaben, rührt aus verschiedenen Motiven her. In den USA durchbricht das Zustimmungserfordernis des Senats den Gewaltenteilungsgrundsatz, was dadurch begründet ist, dass die Senatoren als Staatenvertreter die vakanten Ämter bei der Bundesverwaltung gleichmäßig auf Angehörige der einzelnen Staaten verteilen sollen.

In der EU ist die Zuweisung der Dienstposten in den Institutionen, welche vom Rat besetzt werden, nach Mitgliedstaatenproporz nicht dem politischen Spiel überlassen. Art. 285 Abs. 2 S. 1 AEUV bestimmt z.B., dass je Mitgliedstaat ein Staatsangehöriger Teil des Rechnungshofes ist. Das Ernennungsrecht des Rates ist daher

---

2013 B III 3.

2014 D III 3 b.

2015 BMI, Rundschreiben v. 1.6.2001, GMBl. 2001, S. 394.

2016 *Kirchhof*, Bedarf der deutsche Bundesstaat einer Reform an Haupt und Gliedern?, in: Konrad-Adenauer-Stiftung, Zukunftsforum Politik Nr. 36 (2001), S. 7 (S. 10 f.).

2017 Siehe D III 3.

2018 C III 3 b.

ein Ausdruck der nach wie vor bestehenden Vorrechte der Vertretung der Mitgliedstaaten gegenüber dem noch nicht gleichgestellten Parlament.

Insgesamt zeigt sich, dass die Organe zur Repräsentation der Gliedstaateninteressen in allen untersuchten Rechtsordnungen inhaltliche Mitspracherechte bei der personellen Ausstattung von Bundesbehörden und -organen haben. Der Grund hierfür liegt in dem Bestreben, einen angemessenen Proporz der Einzelstaaten bei der Besetzung von Bundesämtern sicherzustellen. Dagegen haben die parlamentarischen Körperschaften meist nur über ihr Gesetzgebungs- und Haushaltsrecht abstrakt-generelle Mitspracherechte bei der Personalplanung. Selbst das Europäische Parlament, welches mit vereinzelten Anhörungsrechten über konkret-individuelle Mitwirkungsrechte verfügt, nutzt diese vor allem zur Durchsetzung genereller Leitlinien wie die der Gleichstellung von Männern und Frauen in Führungspositionen.[2019] Insofern ist der parlamentarische Einfluss bei der Ernennung von Amtsträgern nur Ausfluss der generellen Legislativ- und Kontrollfunktion der Parlamente.[2020]

Diese Beschränkung entspricht sowohl in parlamentarischen Regierungssystemen als auch in dualistischen Modellen der Funktion eines Parlaments. In beiden Fällen kommt der Regierung die Kompetenz zu, Einstellungen in der Verwaltung vorzunehmen.

In parlamentarischen Systemen übernimmt die Regierung gegenüber dem Parlament bzw. dem Volk für die ordnungsgemäße Ernennung und Amtsführung der einem ministerialen Geschäftsbereich zugeordneten Beamten die Verantwortung. Eine weitergehende Mitsprache bei der Besetzung von Amtsträgerstellen würde in den normkonkretisierenden Aufgabenbereich der Exekutive eingreifen und das Prinzip einer umfassenden Verantwortung der Regierung gegenüber Parlament oder Volk unterlaufen.[2021]

4. Entwicklungsperspektiven des Europäischen Parlaments

Das Europäische Parlament hat unter den untersuchten Organen in der Zeit seines Bestehens den größten Zuwachs an Kompetenzen erfahren.[2022] Ausgehend von einem insgesamt mäßigen Bestand an Kontrollrechten und beinahe ausschließlich beratenden Funktionen in der Rechtsetzung hat es mittlerweile zahlreiche Befugnisse eines klassischen Parlaments erhalten.[2023]

2019 C III 3 b.

2020 Insofern ist der mit diesen beiden Funktionen abschließende Katalog bei *Schleicher*, Das parlamentarische System, AöR 2 n.F. (1921), 257 (272) zutreffend.

2021 *Möllers*, Gewaltengliederung, 2005, S. 413.

2022 Siehe allein für Entwicklung bis 1988 die geraffte Darstellung des Generalanwaltes *Darmon;* EuGH, Rs. 302/87, Slg. 1988, 5615 (5634 f.).

2023 *Henke*, Plädoyer für kürzere Legitimationsketten in der Europäischen Union, EuR 2010, 118 (133); eine volle Gleichstellung befürwortend *Ruffert*, Schlüsselfragen der Europäischen Verfassung der Zukunft: Grundrechte – Institutionen – Kompetenzen – Ratifizierung, EuR 2004, 165 (186).

Die Entwicklung des Parlaments ist stark mit der Frage verknüpft, in welche Richtung sich die europäische Integration bewegt. Bei einer weiteren Zunahme der intergouvernementalen Verfahrensweisen durch die Konzentration von Entscheidungen und neue Kompetenzen im Europäischen Rat wäre das Parlament auf die Rolle beschränkt, dem kompetenziell eingegrenzten supranationalen Teil der EU demokratische Legitimation zu verschaffen.[2024] Die bestehenden Funktionen des Europäischen Parlaments, kombiniert mit der beherrschenden Stellung des Rates in der Rechtsetzung, genügen im Ergebnis nicht alleine, um über eine Interpretation des bestehenden Primärrechtes zu einer Parlamentarisierung der EU zu gelangen. Hierfür bedarf es de lege ferenda weitergehender Vertragsänderungen, deren Durchsetzbarkeit allein in Deutschland mit Blick auf die kritische Haltung des BVerfG fraglich ist.[2025] Auch in den anderen EU-Staaten wird eine weitere Supranationalisierung von Politiken kritisch gesehen.[2026] Insbesondere ist ein weiteres Zurücktreten der nationalen Souveränitätsansprüche nötig, um eine maßgebliche Erweiterung der parlamentarischen Kompetenzen zu erreichen. Die momentane Anlage des institutionellen Dreiecks der EU steht der Entwicklung eines konstitutiven Vertrauensverhältnisses zwischen Kommission und Parlament entsprechend entgegen.[2027]

Die größten Ansatzpunkte für eine Stärkung des Parlaments könnten sich trotz der fehlenden Voraussetzungen für eine Parlamentarisierung im Wege der Vertragsinterpretation durch die Verflechtung mit der Kommission ergeben. Die politische Verantwortlichkeit der Kommission nach Art. 17 Abs. 8 AEUV ist damit ähnlich der Lex *Bennigsen* in erster Linie ein Hebel zur Legitimation der extensiveren Wahrnehmung von Kontrollrechten. Entscheidend für die zukünftige Aufwertung des Europäischen Parlaments ist dessen eigenes Rollenverständnis. So gleicht seine Verfahrenspraxis zu großen Teilen eher einem Arbeitsparlament als einem Redeparlament.[2028] Eine bessere Wahrnehmung der Kontrollrechte zur generell-politischen

2024 In diese Richtung *Saalfrank*, Funktionen und Befugnisse des Europäischen Parlaments, 1995, S. 204, S. 209, welcher insbesondere bei grundrechtssensiblen Entscheidungen im Sinne einer Art Wesentlichkeitsformel am Maßstab des Grundgesetzes konstitutive Mitentscheidungsbefugnisse für das Parlament fordert.

2025 Insoweit bemerkt *Frowein*, Die rechtliche Bedeutung des Verfassungsprinps der parlamentarischen Demokratie für den europäischen Integrationsprozess, EuR 1983, 301 (315) treffend, dass die Integration vor allem ein „Verfassungsprozess der Mitgliedstaaten“ sei; entsprechend auch *Leonhardt*, Die Europäische Union im 21. Jahrhundert – ein Staatenkartell auf dem Weg zum Bundesstaat, in: Gehler (Hrsg)., From Common Market to European Union Building, 2009, S. 687 (S. 720).

2026 C II 3, IV.

2027 Damit hat sich die EU strukturell i.E. nicht weit von ihren Wurzeln in der EWG entfernt; siehe die entsprechende Würdigung der EWG bei *Nicolaysen*, Europarecht I, 1991, S. 101.

2028 *Dann*, Exekutivföderalismus, Der Staat 42 (2003), 355 (356 f.) kommt zu dem Ergebnis, dass das Europäische Parlament als Kontrollparlament zu qualifizieren sei, welches eine Systemstellung sui generis wahrnehme.

Würdigung der Kommissionsarbeit wäre hierbei der Beginn für eine Veränderung i.S. einer Verlagerung der politischen Debatte in das Plenum des Parlaments.[2029]

Der mit der Vertragsreform von Lissabon eingeführte mehrjährige Finanzrahmen stellt eine verhältnismäßig gewichtige Beschränkung der Budgetfunktion des Europäischen Parlaments dar, insbesondere da dieser im Zustimmungsverfahren beschlossen wird, welches für sich genommen dem Parlament keine inhaltliche Mitgestaltungsrechte eröffnet. Kurzfristig besteht hier die Entwicklungsperspektive für das Parlament darin, dass durch gezielte Androhung der Verweigerung der Zustimmung zunächst ein fakultativ zugestandenes Anhörungs- und Konsultationsrecht erreicht wird. Mittelfristig kann das, wie z.B. im Rahmen des Anhörungsrechts in der Rechtsetzung geschehen, zu einem Konzertierungsverfahren ausgebaut werden, welches eine inhaltliche Mitsprache bei der Gestaltung des Finanzrahmens ermöglicht. Langfristig ist es denkbar, auf eine Verkürzung der Laufzeit der Finanzrahmen zu dringen, wie dies der Reichstag im Rahmen der Septennatsstreitigkeiten erfolgreich in der Frage des Heeresbudgets durchsetzte. Ein solcher Prozess ist ohne formelle Vertragsänderung durchführbar, da die konkrete Willensbildung des Europäischen Rates bei der Schaffung des Finanzrahmens nicht vom Primärrecht geregelt ist. Damit gibt es hier die Chance für das Parlament, im Wege der Vertragsinterpretation durch den Abschluss einer interinstitutionellen Vereinbarung eine Einbindung in die Aushandlungsprozesse zu bewirken. Gleiches gilt für die schwache Beteiligung des Parlaments im Rahmen der Unionsaußenpolitik, insbesondere bei Vertragsabschlüssen. Hier kommt in Betracht, die strukturelle Schwäche des Parlaments durch die Einführung eines Konsultationsverfahrens nach Vorbild des amerikanischen *fast-track*-Modells zu erreichen, wobei das Parlament im Gegenzug die zügige Umsetzung völkervertraglicher Verpflichtungen im Wege der Sekundärrechtsetzung verspricht.[2030]

Bei der Kreationsfunktion bestehen für das Parlament ebenfalls Entwicklungsspielräume nach dem geltenden Vertragsrecht. So ist es erwägenswert, die bereits

2029 So auch *Karpen*, Defizite parlamentarischer Kontrolle in der Europäischen Union, in: Geiger (Hrsg.), Neuere Probleme der parlamentarischen Legitimation im Bereich der auswärtigen Gewalt, 2003, S. 242.

2030 Auch wenn eine Konsultation bzw. Einbeziehung parlamentarischer Delegationen nicht der umfassenden Repräsentativ- und Öffentlichkeitsfunktion eines Parlaments entspricht, stellt dies aber trotzdem einen Fortschritt dar; *Möllers*, Gewaltengliederung, 2005, S. 373 f.; hierzu ist erforderlich, dass das Parlament „die nötige Härte" gegenüber Kommssion und Rat zeigt; *Brok*, Die neue Macht des Europäischen Parlaments nach „Lissabon" im Bereich der Handelspolitik, integration 2010, 209 (223); siehe auch: *Krajewski*, Foreign Policy and the European Constitution, Yearbook of European Law 2003, 435 (451 f.). Das Parlament hat im Zuge der Vertragsverhandlungen für das schließlich abgelehnte ACTA-Abkommen in diese Richtung gefordert, verstärkt bei den Sondierungen vor den eigentlichen Vertragsverhandlungen eingebunden zu werden; siehe Nr. 4 der entsprechenden Erklärung des Parlaments, P7_TA(2010)0058.

geschaffene Institution der Hearings von Kandidaten nicht nur im Sinne einer politischen Evidenzkontrolle des gesamten Parlaments gegen einzelne Kommissare wahrzunehmen, sondern die Zustimmung zur Kommission in viel stärkerem Ausmaß von den politischen Mehrheitsverhältnissen im Parlament abhängig zu machen, wie dies Art. 17 Abs. 7 EUV für die Kandidatenkür des Kommissionspräsidenten implementiert. Eine derartige Wahl wäre ein möglicher Ansatzpunkt für die Etablierung von externen Vertrauensbeziehungen mit der Kommission und die Einführung interner, fester politischer Koalitionen und Mehrheitsverhältnisse. Solche informellen Beziehungen würde auch durch die verstärkte Berücksichtigung von (ehemaligen) Abgeordneten bei der Besetzung der Kommisarsposten gefördert werden.[2031]

Im Bereich der Legislative hat das Europäische Parlament mit dem ordentlichen Gesetzgebungsverfahren eine de facto gleichgestellte Position errungen. Mit dem Fortschreiten der Judikatur des EuGH, welche tendenziell die Anwendung von Kompetenznormen mit einer starken Parlamentsbeteiligung begünstigt, ist hier über die Vertragsinterpretation vor allem mit einer quantitativen Ausweitung der parlamentarischen Mitentscheidung zu rechnen. Das enge Korsett des detaillierten Art. 294 AEUV lässt, anders als das nur knapp geregelte Anhörungsverfahren, für eine qualitative Vertiefung der parlamentarischen Gestaltungsrechte im Wege der extensiven Auslegung wenig Raum. Lediglich im Zuge der Verfahrenseinleitung erscheint es denkbar, das mittelbare Initiativrecht des Parlaments zu stärken. Insbesondere die Möglichkeiten der Kommission, ein Vorhaben der Straßburger Abgeordneten gänzlich zurückweisen zu dürfen, können z.B. durch eine Verschärfung der Anforderungen an die Begründung der Ablehnung eingeschränkt werden.

Damit zeigt sich, dass im Wege der reinen Interpretation des Primärrechts große Gestaltungsspielräume für eine Positionsstärkung des Parlaments vorhanden sind. Eine Parlamentarisierung der gesamten Unionspolitik ist dagegen ausgeschlossen. Selbst eine vertragliche Absenkung des Quorums gem. Art. 234 AEUV würde nur zu einer Parlamentarisierung der Kommission führen, welche aber mit Blick auf die davon unberührte Stellung des Rates im institutionellen Dreieck lediglich fragmentarischen Charakter haben würde.[2032]

Die Verteilung der legislativen Kompetenzen auf mehrere Organe unterschiedlicher Determinierung, wie sie auch in den USA als entscheidender Ansatz zur Stabilisierung des Systems angesehen wird, erweist sich damit als effektive, konservierende

2031 In diesem Sinne auch Punkt 2 der Entschließung des Europäischen Parlaments vom 22. November 2012 zu den Wahlen zum Europäischen Parlament im Jahr 2014 (2012/2829 (RSP)).

2032 Entsprechend sieht z.B. *Geiger*, Reformvorschläge zur Steigerung der Legitimationswirkung des Europäischen Parlaments, in: Geiger (Hrsg.), Neuere Probleme der parlamentarischen Legitimation im Bereich der auswärtigen Gewalt, 2003, S. 263 als Zukunftsperspektive der Union einen Dualismus zwischen dem demokratisch-parlamentarischen Lager von Kommission sowie Parlament und dem föderal bestimmten Rat.

Sperre für eine volle Parlamentarisierung der EU auf Basis des bestehenden Rechts. Ebenso bestätigt der Blick auf das Deutsche Kaiserreich diesen Befund. Die dort feststellbaren Parlamentarisierungstendenzen fielen insbesondere wegen der durch *Bismarck* geprägten Verklammerung von Bundesrat und Reichsleitung auf fruchtbaren Boden. Der Reichstag als Zentralparlament sah sich zudem in der Legislative de facto nicht dem Bundesrat als unverantwortlichem Ministerium der Länder, sondern dem gem. Art. 17 RV parlamentarisch verantwortlichen Kanzler gegenüber. Die aus diesem Verhältnis entstandenen Wechselbeziehungen bildeten die Ansatzpunkte für erste Vertrauensstrukturen zwischen Reichsleitung und Reichstag.

Letztlich war damit die von Anfang an von Preußen dominierte Anlage des Föderalismus im Deutschen Reich der Hauptgrund für die Parlamentarisierungstendenzen. In der Europäischen Union, welche die Gleichberechtigung und Achtung der Identität ihrer Mitglieder als grundlegendes Prinzip verinnerlicht hat, ist dagegen eine derartige Vereinnahmung nicht zu erwarten, was auch normativ durch die Trennung zwischen Rat und Kommission gesichert ist.

III. Versuch einer Klassifizierung von Kompetenzverschiebungen – Erkenntnisse anhand der untersuchten Systeme

Verschiebungen von Kompetenzen können auf zweierlei Weise entstehen. Neben der formellen Reform der Kompetenzordnung durch den verfassungsändernden Gesetzgeber ist dies auch im Wege eines Wandels der funktionalen Wahrnehmung der bestehenden Kompetenzordnung möglich.

Jede Rechtsordnung teilt ihren Organen bestimmte Kompetenzen zu, wobei diese Regelung nicht erschöpfend ist. Das geschriebene Verfassungsrecht ist als solches von Traditionen und informellen Regeln überwölbt. Dies kann im Lauf der Verfassungsgeschichte dazu führen, dass formell bestehende Normen an Durchsetzungskraft verlieren, während sich anfangs informell praktizierte Regeln zu quasi-verbindlichen Normen entwickeln.[2033] Ein derartiger Prozess bedeutet eine Neuinterpretation des Rechts im Rahmen der geltenden Verfassungsnormen, welche naturgemäß die Grenzen der Auslegung definieren.[2034] Die Ursache für derartige Veränderungen liegt in der Wechselwirkung des Rechts mit der politisch-gesellschaftlichen Realität.[2035]

2033 *Scheuner*, Diskussionsbeitrag, in: VVDStrL 10 (1952), 46 f.

2034 *Badura*, Verfassungsänderung, -wandel- und gewohnheitsrecht, in: Isensee/Kirchhof (Hrsg.), HStR VII, 1992, § 160, Rn. 13; *Hesse*, Grenzen der Verfassungswandlung, in: Ehmke, (Hrsg.) Festschrift für Ulrich Scheuner zum 70. Geburstag, 1973, 123 (134 f., 137).

2035 Entsprechend das BVerfG am Beispiel des Eigentumsgrundrechts (BVerfGE 2, 380 (401)) und der geänderten Funktion von Abgeordnetendiäten im Zuge der Entwicklung hin zu „Vollerwerbsparlamentarieren“ (BVerfGE 40, 294 (311 ff.)); *Wolff*, Ungeschriebenes Verfassungsrecht unter dem Grundgesetz, 2000, S. 86.

1. Kompetenzverschiebungen durch Verfassungs-/ Vertragsänderung

Die untersuchten Systeme sehen unterschiedliche Modelle zur Änderung ihrer Verfassungsordnungen vor. Insbesondere der Einfluss der Gliedstaaten ist verschieden ausgestaltet. Während in den USA nach Art. 5 der US-Verfassung drei Viertel aller Bundesstaaten eine Änderung ratifizieren müssen, ist in der EU nach Art. 4 S. 2 und 48 EUV grundsätzlich der Konsens aller Mitgliedstaaten für eine Vertragsänderung erforderlich. In beiden Systemen tritt damit der vertragliche bzw. vertragsähnliche Charakter hervor.[2036] Im Deutschen Kaiserreich, dessen Grundlage ein ewiger Bund der deutschen Länder darstellen sollte, war die unmittelbare Zustimmung der Länder nur notwendig, wenn diese durch die Veränderung gem. Art. 78 S. 2 RV direkt betroffen wurden, also z.B. Reservatrechte oder Vorrechte bei der Ausschussbesetzung im Bundesrat zur Disposition standen. *Bismarck* erwog zwar im Zuge seiner Staatsstreichpläne, durch eine Novation des Bundes Verfassungsänderungen zulasten des Reichstages zu erzwingen, konnte sich hiermit aber nicht durchsetzen.[2037]

Gemeinsam ist allen Systemen, dass die regulären Gesetzgebungsorgane an der Verfassungsänderung beteiligt sind. So statuierte Art. 78 S. 1 RV, dass Änderungen im Wege der einfachen Gesetzgebung erfolgen sollten, was Ausfluss des damaligen positivistischen Staatsverständnisses war, das der Verfassung keine erhöhte Stellung gegenüber dem einfachen Recht zubilligte.[2038] Dies ist daran ablesbar, dass z.B. die einfachgesetzliche *Franckensteinsche* Klausel die in Art. 70 RV normierte verfassungsrechtliche *Miquelsche* Klausel, welche der Matrikularbeitragsfinanzierung eigentlich nur provisorischen Charakter zuschrieb, jahrelang aushebelte.[2039] Im Bundesrat war eine besondere Sperrminorität im Umfang von 14 Stimmen vorgesehen, wodurch sich zum einen Preußen mit seinen 17 Stimmen ein Vetorecht gesichert hatte und gleichzeitig den deutschen Mittelstaaten eine gemeinsame Verhinderungsmöglichkeit zugestanden wurde. Dieses einzige qualifizierte Mehrheitsvotum der Reichsverfassung,[2040] das neben Preußen auch die anderen Staaten zu einer Blockade aus der Minderheitenposition heraus ermächtigte, war, ebenso

---

2036 Zum Vertrag als Grundlage bundestaatlicher Verfassungsordnungen *Schönberger*, Die Europäische Union als Bund, AöR 129 (2004), 81 (109 ff.).

2037 Siehe B III 1 b bb (3) (b).

2038 *Bryde*, Verfassungsentwicklung. Stabilität und Dynamik im Verfassungsrecht, 1982, S. 48; aber Ansätze erkennbar bei *Laband*, Die Wandlungen der deutschen Reichsverfassung, 1895, S. 1, der einer Verfassung in Abgrenzung zur Gelegenheitsgesetzgebung eine besondere Festigkeit und Stetigkeit (aber keine Höherrangigkeit) zuweist.

2039 B III 2 a aa.

2040 In der Zeit des Norddeutschen Bundes entsprach dies einer Zweidrittelmehrheit, in der Zeit des Kaiserreiches mit den hinzugetretenen Ländern sogar einer Dreiviertelmehrheit.

wie der Zustimmungsvorbehalt bei der Tangierung von *jura singulorum*, ein Reflex der föderalen Strukturen der Verfassung.[2041] Insbesondere sollte das qualifizierte Quorum ein Schutz der Länder gegen eine völlige Kompetenzaushöhlung durch Verfassungsreformen sein.[2042] Im Reichstag genügte dagegen für Verfassungsänderungen eine einfache Mehrheit, sodass *Bismarck* selbst bei konstitutionellen Reformen keinen erhöhten Verhandlungsaufwand betreiben musste, um kleinere bzw. regierungskritische Parteien zur Zustimmung zu bewegen. Das Fehlen einer qualifizierten parlamentarischen Mehrheit zur Verfassungsänderung erklärt sich nicht nur durch *Bismarcks* Opportunismus, sondern entsprach auch dem Stand der damaligen Staatsrechtsdogmatik. Der Verfassung kam kein erhöhter Stellenwert in der Rechtsordnung des Reiches zu. Ferner war eine stärkere demokratische Legitimation der Verfassungsnormen durch größere Mehrheiten im Reichstag nicht erforderlich, da das Reich seine Souveränität gerade nicht auf den Gedanken der Volksherrschaft zurückführte. Während die Reichsverfassung also in Hinblick auf die parlamentarische Vertretung keine besonderen Quoren enthielt, stellt die US-Verfassung höhere Anforderungen an den Beschluss verfassungsändernder Gesetzesinitiativen durch den Kongress.

So sind qualifizierte Zweidrittelmehrheiten in beiden Häusern des Kongresses in den USA gem. Art. 5 US-Verfassung notwendig, um den Staaten einen Vorschlag über eine Verfassungsänderung zu unterbreiten. Damit gibt der Kongress in den USA nur die Initiative zu einer Verfassungsänderung,[2043] während das Zustandekommen in den Händen der Staaten liegt. An dieser Stelle tritt das bündische Element der US-Verfassung deutlich hervor,[2044] da anders als in der regulären Bundesgesetzgebung der Beschluss zur Verfassungsänderung nicht der Zentralgewalt in Gestalt des Präsidenten, sondern den einzelstaatlichen Legislativen vorgelegt werden muss.

Die Bundesstaaten sind, anders als z.B. im Kaiserreich, selbst in die Verfassungsänderung per Ratifikation eingebunden, womit der bundesvertragliche Charakter der Verfassung deutlich wird.[2045] Die US-Verfassung erlaubt in Art. 5 darüber hinaus sogar eine Verfassungsänderung ohne Mitwirkung der Bundesorgane. So können zwei Drittel der Staaten eine verfassungsändernde Versammlung einsetzen, deren

2041 *Wolff*, Ungeschriebenes Verfassungsrecht unter dem Grundgesetz, 2000, S. 54.

2042 *Dambitsch*, Die Verfassung des Deutschen Reiches, 1910, S. 679.

2043 Dabei ist der Kongress nicht dem Veto-Recht des Präsidenten ausgesetzt; hierzu und zum Verfahren der Verfassungsänderung detailliert *von Hoff*, Die Rolle des US-Supreme Court im Prozess der Verfassungsänderung in den Vereinigten Staaten, 2008, S. 115 ff.

2044 Insofern zeigt sich der Kompromisscharakter des Art. V der Constitution als Ausgleich zwischen den Föderalisten und Antiföderalisten im Verfassungskonvent; *von Hoff*, Die Rolle des US-Supreme Court im Prozess der Verfassungsänderung in den Vereinigten Staaten, 2008, S. 103.

2045 *Lorz*, Interorganrespekt im Verfassungsrecht, 2000, S. 597 f. deutet die starke Partizipation der Bundesstaaten bei der Verfassungsänderung als Ausgleich zur Unabhängigkeit der Senatoren in der regulären Gesetzgebung.

Vorschläge von drei Vierteln der Staaten angenommen werden müssen.[2046] Angesichts dieser hybriden Aufteilung der verfassungsändernden Gewalt in den USA erscheint die ordentliche Vertragsänderung der EU, in welcher den supranationalen Organen ebenfalls keine bestimmende Funktion zukommt, als nicht fundamental wesensverschieden. Die supranationalen Organe in der EU sind nur in untergeordneter, nicht entscheidender Funktion an der Vertragsänderung beteiligt. Deshalb bleibt die Kompetenz-Kompetenz bei den Mitgliedstaaten. Die Union hat also anders als das Kaiserreich und die USA nicht den Charakter eines Bundesstaates erreicht.[2047] Das Europäische Parlament und die Kommission können dem Rat ebenso wie jeder Mitgliedstaat Vorschläge für Vertragsänderungen unterbreiten, gleichzeitig ist das Parlament mit Anhörungsrechten bzw. bei der Einberufung einer Regierungskompetenz anstelle eines Konventes sogar mit einem Zustimmungsrecht versehen.[2048]

Der entscheidende Unterschied der EU zum Kaiserreich und den USA ist das grundsätzliche Festhalten am Konsensprinzip bei Vertragsänderungen. Es bedarf stets der Einstimmigkeit im Europäischen Rat. Ferner müssen im ordentlichen Änderungsverfahren, welches gem. Art. 48 Abs. 6 Uabs. 3 EUV für die Gewinnung neuer Unionskompetenzen notwendig ist, alle Mitgliedstaaten ratifizieren. Während in den USA also durch die Übergehung einzelner Bundesglieder die Verfassung eigendynmische Entwicklungen durch Änderungen nur mit einem qualifizierten Mehrheitsquorum erschwert, bleibt jeder Mitgliedstaat der EU als Herr der Verträge in der Lage, derartige Tendenzen zu blockieren.[2049]

2. Figur des Verfassungswandels

In der staatsrechtlichen Literatur findet sich in diesem Zusammenhang der Versuch, dauerhafte interpretatorische Kompetenzverschiebungen der Figur des sogenannten Verfassungswandels zu subsumieren.[2050] Dieser Begriff hat bis heute

---

2046 Dieser Fall ist bis heute nie praktisch relevant geworden; siehe: *Currie*, Die Verfassung der Vereinigten Staaten, 1988, S. 13 Fn. 14; für eine Aktivierung mit dem Zweck einer grundlegenden Verfassungsreform *Sabato*, A more perfect Constitution: Why the Constitution must be revised: Ideas to inspire a new generation, 2008, S. 198 ff.

2047 So z.B. *Ohler*, in: Grabitz/Hilf/Nettesheim, Das Recht der Europäischen Union, 2012, Art. 48 EUV Rn. 12.

2048 Von einer gesamthänderischen Gestaltungsmacht spricht insoweit *Nettesheim*, in: von Bogdandy/Bast, Europäisches Verfassungsrecht, 2009, S. 401 f.

2049 Insofern wäre der Vorschlag des Abschlussberichts der Gruppe zur Zukunft Europas vom 17.09.2012, S. 4, Vertragsänderungen mit „superqualifizierten" Mehrheiten unter verstärkter direkter Bürgerbeteiligung als Regelfall durchzuführen, ein Schritt hin zu einem Europäischen Bundesstaat.

2050 Grundlegend *Laband*, Die Wandlungen der deutschen Reichsverfassung, 1895; siehe heute z.B. *Schulze-Fielitz*, Verfassung als Prozess von Verfassungsänderungen ohne Verfassungstextänderungen, in: Wahl (Hrsg.), Verfassungsänderung,

kaum dogmatische Konturen gewonnen.[2051] In Abgrenzung zur expliziten Änderung des Verfassungstextes im Wege des hierfür vorgesehenen Verfahrens wird häufig auch der Terminus des „impliziten Verfassungswandels" verwendet.[2052] Die Existenz einer solchen eigenständigen dogmatischen Figur als materielle Verfassungsänderung ohne Textänderung ist problematisch.[2053] Zum einen besteht keine rechtliche Absicherung gewandelten Verfassungsrechts gegen Änderungen in der Staatspraxis, welche gerade durch politische Mehrheitswechsel in nach demokratischen Grundsätzen konstituierten Organen gefördert werden.[2054] Zum anderen gibt es keine sichere Abgrenzung zur Auslegung, Anwendung und Fortbildung von Verfassungsnormen durch Staatspraxis und Verfassungsgerichte bzw. zum verfassungsändernden Gesetz.[2055] Der Begriff des Verfassungswandels dient als solcher rein funktional dem Vergleich geänderter Verfassungsinterpretationen im historischen Kontext.[2056]

Schon der Ursprung dieses Begriffs bei *Laband* zeigt dies deutlich. *Laband* konstatierte 1895, dass die konkrete Anwendung der Reichsverfassung von 1871 nicht mehr den ursprünglichen Vorstellungen aus der Zeit der Reichsgründung entsprach.[2057] Bereits diese Feststellung ist zweifelhaft, da bei historisch-genetischer

---

Verfassungswandel, Verfassungsinterpretation, 2008, S. 219 ff.; *Walter*, Hüter oder Wandler der Verfassung, AöR 125 (2000), 517 ff.; für das Beispiel der EU siehe *Calliess*, Zum Denken im Europäischen Staaten- und Verfassungsverbund, in: Ders. (Hrsg.), Verfassungswandel im europäischen Staaten- und Verfassungsbund, 2007, S. 187 (S. 190).

2051 *Voßkuhle*, Gibt es und wozu nutzt eine Lehre vom Verfassungswandel?, Der Staat 43 (2004), 450; Ansätze bei *Bryde*, Verfassungsentwicklung. Stabilität und Dynamik im Verfassungsrecht, 1982, S. 254 ff.

2052 *Hönnige/Kneip/Lorenz*, Verfassungswandel im Mehrebenensystem, 2011, S. 10 f.

2053 So z.B. *Böckenförde*, Anmerkungen zum Begriff Verfassungswandel, in: Badura (Hrsg.), Wege und Verfahren des Verfassungslebens, Festschrift für Peter Lerche zum 65. Geburtstag, 1993, 3 f.

2054 *Roßnagel*, Verfassungsänderung und Verfassungswandel in der Verfassungspraxis, Der Staat 22 (1993), 551 (574).

2055 *Jestaedt*, Verfassungsgerichtspositivismus. Die Ohnmacht des Verfassungsgesetzgebers im verfassungsgerichtlichen Jurisdiktionsstaat, in: Depenheuer, u.a. (Hrsg.), Nomos und Ethos, 2002, S. 183 (S. 196), welcher v.a. die Frage nach der Legitimität eines solchen Instituts aufwirft; *Voßkuhle*, Gibt es und wozu nutzt eine Lehre vom Verfassungswandel?, Der Staat 43 (2004), 450, 454; bei *Schulze-Fielitz*, Verfassung als Prozess von Verfassungsänderungen ohne Verfassungstextänderungen, in: Wahl (Hrsg.), Verfassungsänderung, Verfassungswandel, Verfassungsinterpretation, 2008, S. 219 (S. 230) wird dies auch deutlich, wenn er den Spielraum für einen Verfassungswandel als am größten beschreibt, wenn der Verfassungstext nicht durch enge und detailreiche Regelungen geprägt ist. Dasselbe gilt für die Spielräume der Verfassungsinterpretation.

2056 In diese Richtung *Häberle*, Zeit und Verfassung, ZfP 1974, 111 (134).

2057 *Laband*, Die Wandlungen der deutschen Reichsverfassung, 1895, S. 3.

Betrachtung *Bismarck* z.B. den Bundesrat als Regierungsorgan benannte, nicht um langfristig eine starke Stellung der Bundesfürsten zu gewährleisten, sondern um kurzfristig Widerstände in Preußen gegenüber skeptischen Ländern gegen ihre Eingliederung in das Reich zu überwinden.[2058] Der in der Verfassungskonstruktion angelegte Ausfall des Bundesrates als gubernatives Organ war darüber hinaus eine Lücke des Reichsverfassungsrechts, welche durch die Herausbildung der exekutiven Reichsleitung unter dem Reichskanzler geschlossen wurde.[2059] Daraus auf einen inneren Wandel der Reichsverfassung zu schließen, ist verfehlt. Der Machtpolitiker *Bismarck* konstruierte die RV gezielt als rechtlichen Rahmen, in welchem das Wechselspiel der politischen Kräfte erst die wahre Verfasstheit des Reiches formen sollte.[2060] Damit bot gerade die Reichsverfassung ihrer Anlage nach zahlreiche Ansatzpunkte für eine Emanzipation der durch keine rechtsprechende Instanz geleiteten Staatspraxis von den historisch-genetischen Vorstellungen ihrer Entstehungszeit.[2061] Dies verkannte *Laband*, indem er der seiner Ansicht nach ursprünglich intendierten Verfassungsordnung eine bindende Festigkeit unterstellte. Der Begriff des Verfassungswandels im Kaiserreich war vielmehr durch die Erschütterung der positivistischen Grundhaltung der deutschen Staatsrechtslehre durch die interpretatorische Veränderung des Staatsrechts geprägt. *Jellinek* stellte sein 1906 erschienenes Werk zu „Verfassungsänderung und Verfassungswandel" dementsprechend als Versuch einer politischen Analyse der Entwicklung des an sich unveränderten Verfassungsrechts dar.[2062]

Verfassungsrecht ist seiner Natur nach nur ein Rahmen, welcher durch eine konkretisierende Interpretation der Verfassungsnormen zu füllen ist.[2063] So besteht die Möglichkeit, die generalklauselartigen Normen eines Verfassungstextes im Licht der sich verändernden sozialen und gesellschaftlichen Umstände auszulegen bzw. im Zweifel fortzubilden.[2064] Im Rechtsvergleich ist die Exegese der Verfassung im Spiegel der sich wandelnden Vorstellungen nicht unbekannt. In der amerikanischen Staatsrechtslehre ist umstritten, ob bei der Interpretation der Normen der US-Verfassung nur der Wille des historischen Gesetzgebers oder auch jüngere

2058 Zur von Anfang an bestehenden verdeckten preußischen Dominanz im Bundesrat B II 2 b, siehe auch *Laband* selbst: *Laband*, Die Wandlungen der deutschen Reichsverfassung, 1895, S. 5.

2059 B II 1a.

2060 B I 1.

2061 So auch *Bryde*, Verfassungsentwicklung. Stabilität und Dynamik im Verfassungsrecht, 1982, S. 63; zum Wesen der Interpretation *Kelsen*, Reine Rechtslehre, 1960 (Nachdruck 2000), S. 346 ff.

2062 *Kersten*, Georg Jellinek und die klassische Staatslehre, 2000, S. 206 f.

2063 *Wolff*, Ungeschriebenes Verfassungsrecht unter dem Grundgesetz, 2000, S. 108 ff.

2064 Zum Eingreifen außerrechtlicher Normen im Zuge der Interpretation *Kelsen*, Reine Rechtslehre, 1960 (Nachdruck 2000), S. 351; siehe auch *Leibholz*, Strukturprobleme der modernen Demokratie, 1967, S. 278 ff.

gesellschaftliche Entwicklungen einzubeziehen sind.[2065] In den USA wird die Problematik der Wandelbarkeit von Verfassungsrecht damit auf der Ebene der Verfassungsauslegung ausgetragen. Ebenso zeigen die Umschwünge in der Judikatur mitgliedstaatlicher Verfassungsgerichte in der EU die wechselnde Haltung in den einzelstaatlichen Gesellschaften zur Integration.[2066]

Die Konstruktion einer selbstständigen Rechtsfigur des Verfassungswandels geht maßgeblich auf *Dau Lin*[2067] und dessen integratives Verfassungsverständnis im *smendschen* Sinne zurück. Demnach ist die Verfassung eines Staates nicht nur auf das formale Verfassungsgesetz beschränkt, sondern umfasst weitergehend als integrierendes Gesamtwerk die staatliche Lebensordnung.[2068] Als Konsequenz kommt *Dau Lin* zu dem Ergebnis, dass die veränderte Wirklichkeit bereits zu einem rechtlichen Verfassungswandel führen müsse.[2069] Mit dieser Sichtweise ordnet er die Verfassungswandlung als zusätzliche Rechtsquelle ein und löst das Spannungsverhältnis zwischen Norm und Wirklichkeit damit durch eine einseitige Begünstigung der Notwendigkeiten der Wirklichkeit, was rechtsdogmatisch nicht überzeugt.[2070] Des Weiteren besteht aus der Integrationsfunktion einer Verfassung heraus kein Bedürfnis nach einem besonderen „Verfassungswandel", da schon die Interpretation der Verfassung ein gesamtgesellschaftlicher Vorgang durch die politische Öffentlichkeit ist, deren Ergebnis die Rechtsprechung und die Staatspraxis prägt.[2071] *Böckenförde* umschreibt in diese Richtung argumentierend den Begriff des Verfassungswandels mit einem Bedeutungswandel einer Norm im Licht der

---

2065 Als Vertreter der originalistischen Verfassungsinterpretation zum Thema: *Rehnquist*, The Notion of a Living Constitution (Reprint), Harvard Journal of Law and Public Policy 29 (2006), 401; zum Originalismus ferner *Heun*, Orginalism als Interpretationsmethode im U.S.-amerikanischen Verfassungsrecht, in: Wahl (Hrsg.), Verfassungsänderung, Verfassungswandel, Verfassungsinterpretation, 2008, S. 232 ff.

2066 Siehe zum BVerfG C II 3 sowie *Mayer*, Verfassungsgerichtsbarkeit, in: von Bogdandy/Bast, Europäisches Verfassungsrecht, 2009, S. 606 f.

2067 *Dau Lin*, Die Verfassungswandlung, 1932.

2068 *Dau Lin*, Die Verfassungswandlung, 1932, S. 164, S. 167; zusammenfassend zur *Smendschen* Lehre *Badura*, Staat, Recht und Verfassung in der Integrationslehre, Der Staat 16 (1977), 305 (319 f.).

2069 *Dau Lin*, Die Verfassungswandlung, 1932, S. 164; siehe auch *Möllers*, Staat und Verfassung im Kontext der Europäisierung, in: Calliess, (Hrsg.), Verfassungswandel im europäischen Staaten- und Verfassungsbund, 2007, S. 9 (S. 14 ff.).

2070 Siehe m.w.N. *Wolff*, Ungeschriebenes Verfassungsrecht unter dem Grundgesetz, 2000, S. 86; siehe auch *Jestaedt*, Verfassungsgerichtspositivismus. Die Ohnmacht des Verfassungsgesetzgebers im verfassungsgerichtlichen Jurisdiktionsstaat, in: Depenheuer u.a. (Hrsg.), Nomos und Ethos, 2002, S. 183 (S. 195).

2071 Siehe die Darstellung bei *Häberle*, Die offene Gesellschaft der Verfassungsinterpreten, JZ 1975, 297 (299).

geänderten Realität.[2072] Hierzu ist wiederum zu konstatieren, dass die konkrete Bedeutung einer Norm im Wege der Auslegung zu ermitteln ist, sodass die Voraussetzung für einen Bedeutungswandel in einem Interpretationswandel besteht. Staatspraxis und Rechtsprechung können das Verfassungsrecht auch entgegen der ursprünglichen Motive des Verfassungsgebers auslegen und anwenden.[2073] Sobald der Verfassungstext offene Formulierungen verwendet, sind Spielräume hierfür implizit im Wesen der Verfassung als gestaltungsbedürftiges Organisationsstatut angelegt.

Dass der Verfassungswandel als eigenständige Rechtsquelle nicht existiert, ist kein Schaden. Zum einen wird damit die gestaltende Funktion der verfassungsändernden Gewalt gestärkt. Zum anderen kann versucht werden, bei einem Konflikt zwischen mehreren Grundfunktionen eines Verfassungswesens im Rahmen der Interpretation den Weg des schonenden Ausgleichs zu gehen[2074] bzw. eine Rechtsfortbildung vorzunehmen.

Eine durch Staatspraxis oder Rechtsprechung akzeptierte Änderung in der Verfassungsinterpretation bewirkt u.U. funktional eine tendenzielle Verschiebung in der Kompetenzordnung. Auf diese Weise können Organe nach einer derartigen Wandelung in der Verfassungsexegese Kompetenzen wahrnehmen, zu welchen sie nach den historisch-genetischen Motiven ihrer Verfassungsordnung nicht befugt waren. Dies kann sich durch eine dauernde Vertiefung und Fortentwicklung der Verfassungsinterpretation in eine Richtung zu einer faktischen Unumkehrbarkeit der angestoßenen Entwicklung verfestigen, welche als Kompetenzverschiebung zu werten ist. Dem Begriff des Verfassungswandels kommt in diesem Kontext nur eine deskriptive, aber keine eigenständige dogmatische Funktion zu.[2075]

Die faktische Irreversibilität einer Verfassungsinterpretation hat sich in den untersuchten Rechtsordnungen häufig gezeigt. *Jellinek* konstatierte bereits bei der Erläuterung der „normativen Kraft des Faktischen" 1914: „Bei Änderung der faktischen

2072 *Böckenförde*, Anmerkungen zum Begriff Verfassungswandel, in: Badura (Hrsg.), Wege und Verfahren des Verfassungslebens, Festschrift für Peter Lerche zum 65. Geburtstag, 1993, 3 (4).

2073 *Böckenförde*, Anmerkungen zum Begriff Verfassungswandel, in: Badura (Hrsg.), Wege und Verfahren des Verfassungslebens, Festschrift für Peter Lerche zum 65. Geburtstag, 1993, 3 (13 f.).

2074 *Hesse*, Grenzen der Verfassungswandlung, in: Ehmke, (Hrsg.) Festschrift für Ulrich Scheuner zum 70. Geburstag, 1973, 123 (140).

2075 *Voßkuhle*, Gibt es und wozu nutzt eine Lehre vom Verfassungswandel?, Der Staat 43 (2004), 450 (458); siehe auch *Schenke*, Verfassung und Zeit – von der „entzeiteten" zur zeitgeprägten Verfassung, AöR 103 (1978), 566 (585 ff.), welcher z.B. die einfachgesetzliche Ausfüllung des Sozialstaatsprinzips als kaum reversibel und damit als Beispiel für einen Verfassungswandel ansieht; *Wolff*, Ungeschriebenes Verfassungsrecht unter dem Grundgesetz, 2000, S. 111 f. sieht einen Verfassungswandel vollzogen, wenn sich eine neue Verfassungsinterpretation durchgesetzt hat.

Machtverhältnisse der obersten staatlichen Organe prägt sich das neue Verhältnis unvermeidlich, selbst wenn kein Buchstabe der Verfassung geändert wird, in den Institutionen deutlich aus."[2076] Dies belegen auch die untersuchten Systeme: *Bismarck* konnte unabhängig von der Frage des rechtlichen Dürfens nicht ohne Weiteres die Stellung des Reichstages durch einen verfassungsändernden Staatsstreich unterminieren, da dies das gewachsene politische System des Reiches an den Rand des Zerfalls geführt hätte.[2077] Ebenso war der Rat der Europäischen Union nicht in der Lage, das zugestandene Konzertierungsverfahren an das Parlament wieder zu kassieren, ohne als Folge Konflikte um die Budgetbewilligungen und damit die finanzielle Stabilität der Gemeinschaften zu riskieren.[2078]

Der Verfassungswandel mit Rechtsqualität ist dagegen nur Ausdruck eines Bedürfnisses der Gegenwart nach erhöhter Legitimation. *Jellinek* beschrieb dies treffend so: „Weil das Faktische überall die psychologische Tendenz hat, sich in Geltendes umzusetzen, so erzeugt es im ganzen Umfange des Rechtssystems die Voraussetzung, daß der gegebene soziale Zustand der zu Recht bestehende sei, so daß jeder, der eine Veränderung in diesem Zustand herbeiführen will, sein besseres Recht zu beweisen hat."[2079]

3. Kompetenzverschiebungen durch Verfassungsinterpretation

Eine Kompetenzverschiebung kann sich nicht nur aus einer Verfassungstextänderung, sondern auch durch die Änderung der Interpretation von Verfassungsnormen ergeben, wenn diese eine gewisse tatsächliche Festigkeit erlangt.[2080] Eine Verfassungsauslegung ist dagegen niemals Rechtsquelle.[2081] Dass die Verstetigung einer Verfassungsinterpretation keine zwangsläufige, endgültig verbindliche Rechtsqualität erreichen kann, wird am Beispiel der Befugnisse der amerikanischen Exekutive zur Setzung materiellen Rechts deutlich. Spätestens mit der Durchsetzung der *new-deal*-Politik *Roosevelts* ließ der Supreme Court die Ermächtigung der Präsidialadministration zur delegierten Rechtsetzung in Abkehr von der *non-delegation-doctrine* zu, woraufhin sich ein ausdifferenziertes Kontrollgeflecht zwischen Präsidenten und Kongress entwickelte. Mit der *INS v. Chadha*-Entscheidung störte er das als

---

2076 *Jellinek*, Allgemeine Staatslehre, 1914, S. 342.

2077 B III 1 b bb (3) (b).

2078 Zur Entstehung des Konzertierungsverfahrens C III 1 b cc (2).

2079 *Jellinek*, Allgemeine Staatslehre, 1914, S. 340.

2080 Durch eine entsprechende Überhöhung der Verfassungsentwicklung würde sich sonst die Staatspraxis bzw. die gerichtliche Auslegung über den verfassungsrechtlichen Normgehalt stellen; siehe hierzu *Jestaedt*, Verfassungsgerichtspositivismus. Die Ohnmacht des Verfassungsgesetzgebers im verfassungsgerichtlichen Jurisdiktionsstaat, in: Depenheuer u.a. (Hrsg.), Nomos und Ethos, 2002, S. 183 (S. 203).

2081 *Wolff*, Ungeschriebenes Verfassungsrecht unter dem Grundgesetz, 2000, S. 401.

Konsequenz gewachsene Kontrollsystem durch das Verbot des legislativen Vetos empfindlich.[2082]

Häufig werden Änderungen in der Verfassungsinterpretation im Wege von Konflikten zwischen Verfassungsorganen um die Wahrnehmung einer Kompetenz angestoßen.[2083] Im Rahmen dieser Streitigkeiten versucht ein Organ gegenüber dem anderen eine ihm günstige Interpretation von Verfassungsnormen zu erwirken.[2084] Ein Beispiel für einen derartigen noch im Fluss begriffenen Konflikt ist der Versuch des Kongresses, dem Präsidenten über die *War Powers Resolution* zu einer zurückhaltenderen Ausfüllung seiner Rolle als Oberbefehlshaber bei Militäreinsätzen zu zwingen und gleichzeitig seine Kompetenzen zur Unterhaltung der Armee und zur Erklärung von Kriegen zu stärken.[2085] Die Beilegung eines solchen Interpretationsstreites kann grundsätzlich auf vier verschiedene Arten erfolgen.

a) Einseitiger Interpretationsansatz

So kann die Auslegung durch die anderen Organe im Wege der Staatspraxis anerkannt werden. Insbesondere haben die untersuchten Körperschaften neben faktischem Handeln die Möglichkeit, durch Setzung von Verfassungsrecht im materiellen Sinn[2086] die bestehende Rechtsordnung in neuem Licht zu interpretieren. Beispielhaft dafür ist die Etablierung des parlamentarischen Untersuchungsrechts des Europäischen Parlaments[2087] oder die Durchsetzung eines Interpellationsrechtes des Reichstages gegen die Reichsleitung.[2088] In beiden Fällen war der Hebelpunkt für die Etablierung der neuen Kontrollmechanismen die parlamentarische Geschäftsordnungsautonomie, welche es ermöglichte, die bestehenden primär- bzw. verfassungsrechtlichen Vorschriften zu den eigenen Gunsten zu konkonkretisieren bzw. bestehende Lücken zu füllen.

Ein einseitiger Versuch zur Neuinterpretation kann auch gänzlich fehlschlagen. So gelang es dem Senat nicht, den Vorrang des Repräsentantenhauses bei der Einbringung von Budgetgesetzen durch die faktische Initiierung von eigenen Vorschlägen zu unterminieren.[2089] Ebenso war der Reichstag nicht in der Lage, das Missbilligungsvotum als für den Kanzler verbindliche Aufforderung zum Rücktritt

2082 D III 1 c.

2083 *Nettesheim*, Horizontale Kompetenzkonflikte in der EG, EuR 1993, 243 (245).

2084 Ähnlich bereits *von Jagemann*, Die deutsche Reichsverfassung, 1904, S. 247.

2085 D III 2 f.

2086 Zum Begriff *Wolff*, Ungeschriebenes Verfassungsrecht unter dem Grundgesetz, 2000, S. 267 ff.

2087 C III 2 c; ähnlich der derzeitige Versuch, ein Entlastungsrecht gegen den Rat zu begründen; vgl. Rossi, Zur Entlastungsbefugnis des Europäischen Parlaments, EuR 2013, 170 ff., den das Parlament auf eine dynamische Interpretation des Art. 319 AEUV stützt.

2088 B III 2 b.

2089 D III 2 a aa.

zu etablieren.[2090] In gleicher Weise scheiterte der Kongress mit dem Versuch, die *vote of censure* als effektiven Kontrollmechanismus zu installieren. Ein einseitiger Interpretationsansatz bedingt daher stets, dass dieser bei den anderen betroffenen Organen auf Akzeptanz trifft. Im Kaiserreich war der Erfolg des Reichstages bei der Durchsetzung des Fragerechtes dadurch zustande gekommen, dass die Reichsleitung in der Teilnahme an der Debatte eine Chance sah, ihre Politikansätze in einem öffentlich beachteten Forum vorzutragen. Das Untersuchungsrecht des Parlaments in der EU etablierte sich in der Zeit nach der ersten Direktwahl, in der die Erweiterung der parlamentarischen Kompetenzen allseitig gefordert wurde.

b) Einseitige Anrufung der Rechtsprechung zum Drittentscheid

Ein Mittel, eine einseitige Interpretation gegen andere Organe durchzusetzen, stellt die Anrufung eines dritten rechtsprechenden Organs dar. Während im Kaiserreich keine derartige Instanz vorgesehen war und in den USA durch den Supreme Court nur eine zurückhaltende richterliche Streitbeilegung erfolgt, nimmt der EuGH in der EU eine derartige Funktion wahr. In der rechtssprechenden Streitbeilegung wird oftmals die Gestaltung eines Verfassungswandels im o.g. Sinne gesehen. Neben der ungeklärten Frage der richterlichen Legitimation hierzu ist zudem zu konstatieren, dass bei genauerer Betrachtung nur eine Interpretation des bestehenden Rechts vorliegt. Dies zeigt sich anhand des *Roquette-Frères*-Judikats und weiterer Urteile, welche die Stellung des Parlaments gegenüber dem Rat im Anhörungsverfahren durch Interpretation allgemeiner Gemeinschaftsgrundsätze ausbauten.

Im Deutschen Kaiserreich existierte keine dritte, rechtsprechende Instanz zur Konfliktlösung zwischen Gesetzgebungsorganen, an welche die Entscheidung über die Wahrnehmung einer Kompetenz hätte verwiesen werden können. Vielmehr forderte die Reichsverfassung von den politischen Akteuren ein großes Maß an Kompromissbereitschaft. Reichstag und Bundesrat hatten gem. Art. 5 RV einen übereinstimmenden Beschluss zu fassen. Der Weg dorthin war in der Verfassung nicht weiter konkretisiert, sodass die möglichen Blockaden eines der beiden Organe mehr Macht- als Rechtsfragen bedeuteten. Das Reichsgericht nahm als solches zwar ein Prüfungsrecht für sich in Anspruch, welches sich jedoch auf die Frage nach einer Gesetzgebungskompetenz beschränkte.

In den USA existiert kein derartiger Ausweg, Kompetenzkonflikte auszuräumen. Organstreitigkeiten werden von den Obersten Bundesrichtern grundsätzlich als political question abgewiesen. Nur in seltenen Fällen, wie z.B. im Fall der Herausgabe von Tonbändern aus dem Bestand von Präsident Nixon an den Kongress, griffen die Richter in das freie Spiel der Staatsorgane ein. Hinter der Zurückhaltung des Supreme Courts steht letztlich das Dogma strikter Gewaltenteilung, während Bismarck mehr der Überzeugung folgte, dass eine wirkliche Verfassung nur durch das tatsächliche Zusammenwirken der politisch relevanten Handelnden entstünde.

2090 B III 2 c cc.

Lediglich die EU verfügt mit dem EuGH über eine Instanz zur verbindlichen Klärung von Kompetenzstreitigkeiten. Dass der EuGH direkt Kontroversen zwischen Rat und Parlament letztverbindlich entscheiden kann, war ursprünglich nicht in den Gemeinschaftsverträgen angelegt, da dem Parlament keine Beteiligtenfähigkeit zugestanden wurde. Erst als die EU-Abgeordneten zunehmend Gewicht in der Rechtsetzung erhielten, sprachen die Luxemburger Richter in eigener Rechtsfortbildung dem Parlament nach und nach eine vollumfängliche Klageberechtigung zu, um diesem eine effektive Verteidigung seines Kompetenzbestandes, aber auch die rechtliche Kontrolle von Entscheidungen durch Kommission und Rat zu ermöglichen. Das heute primärrechtlich verankerte Klagerecht des EU-Parlaments dient damit nicht nur der Sicherung der Legislativfunktion, sondern auch der Kontrollfunktion des Parlaments.

Die Verlagerung der verbindlichen Letztentscheidung von Kompetenzkonflikten weg vom politischen Spiel zwischen den Organen hin zum EuGH hatte zur Folge, dass die Kompetenzabgrenzung durch eine wesentliche richterrechtliche Leitlinie geprägt wurde. Der EuGH hat mit der Figur des institutionellen Gleichgewichts, der dem deutschen Grundsatz der Organtreue ähnelt, eine Rechtsprechungslinie konzipiert, die eine rechtliche Abwägung der widerstrebenden Positionen gangbar macht. Der Grundsatz des institutionellen Gleichgewichts ist eine Schöpfung des EuGH. Die daraus hergeleiteten Rücksichtnahmepflichten und Rechtspositionen bestehen nur, weil der EuGH diese entwickelte und in der Lage ist, seiner Rechtssicht Geltung zu verschaffen. Er agierte dabei aber nicht als rein neutrale Schlichtungsinstanz, sondern förderte entsprechend seinem Selbstverständnis als „Motor der Integration" tendenziell die interpretatorischen Kompetenzverschiebungen hin zum Europäischen Parlament. Dies äußert sich vor allem darin, dass die Figur des institutionellen Gleichgewichts den Begründungsansatz für eine Stärkung der im Primärrecht nicht normierten parlamentarischen Beteiligungsrechte, z.B. in der Frage des Zugangs zum EuGH, lieferte.

Die US-Verfassung kennt dagegen nur wenige Normen, welche das Interorganverhältnis zwischen Senat und Repräsentantenhaus rechtsförmig klar regeln, was notwendige Voraussetzung für eine Justiziabilität wäre. Entsprechend hat sich in den USA von Seiten des Supreme Courts keine umfassende Lehre vom institutionellen Gleichgewicht oder zum Grundsatz der Organtreue herausgebildet. Im Rahmen seiner Rechtsprechung ließ jedoch der Supreme Court über die Jahrhunderte seines Bestehens hinweg ebenfalls eine Tendenz zur Unitarisierung durchblicken.[2091]

Damit zeigt sich, dass die Streitbeilegung durch ein drittes Organ durch die potentielle Entwicklung einer einheitlichen Entscheidungslinie eine gewisse Rechtssicherheit in der Kompetenzabgrenzung ermöglicht. Ist eine derartige Judikatur

---

2091 *Hanschel*, Konfliktlösung im Bundesstaat: Die Lösung föderaler Kompetenz-, Finanz- und Territorialkonflikte in Deutschland, den USA und der Schweiz, 2012, S. 371 ff.

darauf ausgerichtet, unitarisierende Prozesse stark zu bevorzugen, kann dies in föderalen Strukturen auch desintegrative Konsequenzen haben. In der EU wird dies z.B. daran ersichtlich, dass die Mitgliedstaaten dazu neigen, der EU substanziell neue Befugnisse nur im intergouvernementalen Entscheidungsgremium des Europäischen Rates zuzugestehen, und damit das klassische supranationale Institutionengefüge der EU aus Rat, Parlament und Kommission von der Gestaltung weiterer Integrationsschritte fernhalten.

c) Gemeinsame paktierte Schöpfung von Rechtsnormen

Des Weiteren kommt die Konfliktlösung im Wege des gegenseitigen Nachgebens, in Form einer ausgleichenden Interpretation durch die Schöpfung eines Rechtsrahmens, in Betracht. Der Reichsleitung im Kaiserreich gelang es nicht, eine permanente Heeresvorlage durchzusetzen, welche das Haushaltsrecht des Parlaments zu einem großen Teil entwertet hätte. Vielmehr verständigten sich beide Konfliktparteien auf eine Staatspraxis, nach welcher die Heeresvorlage zwar nicht immerwährend, aber auch nicht jährlich beschlossen werden sollte.[2092] Eine verfestigte Form der Schlichtung besteht im Abschluss rechtsverbindlicher Vereinbarungen zwischen den streitenden Organen. 295 AEUV stellt in der EU mit der Möglichkeit der interinstitutionellen Vereinbarungen einen speziellen Mechanismus für derartige Vergleiche dar, um durch finanzielle Vorausschauen einen Ausgleich zwischen dem Streben des Parlaments nach Gestaltungsfreiheit in Budgetfragen und dem Willen der im Rat repräsentierten Mitgliedstaaten zu einer sparsamen Haushaltsführung zu schaffen.[2093]

In der EU existiert daher mit den interinstitutionellen Vereinbarungen ein besonderes Instrument zur Konfliktbeilegung und -prävention. Hierbei schließen die Organe der EU, v.a. das institutionelle Dreieck aus Rat, Kommission und Parlament, rechtsverbindliche Vereinbarungen über die Ausübung ihrer Kompetenzen oder besondere Konsultationsverpflichtungen. Auf diese Weise erlangte das Parlament schon zu Beginn der 70er Jahre Beteiligungsrechte an haushaltsrelevanten Rechtsetzungsverfahren, die an das spätere Verfahren der Zusammenarbeit erinnern. Der EuGH billigte diese Vereinbarungen als für die beteiligten Organe verbindliches Recht, weil diese fähig seien, über den ihnen verliehenen Kompetenzbestand zu disponieren. Heute stellt Art. 295 AEUV den möglichen rechtsverbindlichen Status der Vereinbarungen sicher.

Ein anderer Weg zur ansatzweise rechtsverbindlichen Regelung von Kompetenzkonflikten wird in der US-amerikanischen Gesetzgebung durch den Erlass von Normen wie der WPR beschritten. Hierbei versuchten Senat und Repräsentantenhaus einseitig gegen das Veto des Präsidenten im Wege eines einfachen Gesetzes den Kompetenzkonflikt zwischen dem Recht des Kongresses, den Krieg zu erklären, und dem Recht des Präsidenten, als Oberbefehlshaber Truppen in Kampfeinsätze

2092 B III 2 a bb.
2093 C III 2 b aa.

zu entsenden, zu regeln. Die Verfassungsgemäßheit der WPR ist umstritten. Ob eine verbindliche Klärung durch den Supreme Court erfolgen kann, ist fraglich, da Präsident und Kongress keine Klage eingereicht haben, um ihre einseitigen Rechtsansichten durchzusetzen. In der Staatspraxis der USA sieht sich der Präsident rechtlich nicht an die Resolution gebunden, sodass der Kongress seine Position nur politisch gegen den Präsidenten behaupten kann. Die gegen das Veto des Präsidenten verabschiedete WPR stellt damit nur einen Interpretationsversuch des Kongresses zur Regelung der Kompetenzfrage im Militärbereich dar, welcher sich nicht durchgesetzt hat.

Dass durch gesetzliche Regelungen Kompetenzkonflikte aufgelöst werden können, zeigt dagegen das amerikanische Budgetwesen. Das in der Verfassung kaum geregelte Etatverfahren wurde durch verschiedene Gesetze wie den Congressional Budget and Impoundment Act konkretisiert und in Richtung eines auf Vorschlag der Exekutive basierenden, nach einem straffen Zeitplan zu verabschiedenden Jahreshaushaltes entwickelt. Im Rahmen dieser Gesetze disponiert der Senat über seine Kompetenzen im Gesetzgebungsverfahren. So verzichtet dieser bei Haushaltsgesetzen auf die ansonsten in der Geschäftsordnung normierte, weitgehend schrankenlose Debatte, indem keine Filibuster bei den zeitlich eng gestaffelten Verhandlungen über Budgetgesetze möglich sind. Entscheidend für den Erfolg des einfachgesetzlichen Etatverfahrens war dessen allseitige Akzeptanz bei Senat, Repräsentantenhaus und Präsident, die beim einseitigen Erlass der WPR durch den Kongress fehlte. Daher ist bei einfachgesetzlichen Lösungen von Kompetenzkonflikten unabhängig vom Gesetzgebungsverfahren darauf zu achten, dass alle von der Regelung Betroffenen auf deren Gestaltung einwirken können.

Der *Congressional Budget and Impoundment Act* erfüllt mit dem Ziel einer zeitlichen Straffung damit dieselben Funktionen, welche Rat, Kommission und Parlament mit der Haushaltsvereinbarung 1982 und den späteren Finanziellen Vorausschauen verfolgten, nämlich die Sicherung der rechtzeitigen Verabschiedung eines Jahreshaushaltes. Heute kommt dies ebenfalls in der im Vergleich zum ordentlichen Gesetzgebungsverfahren strukturellen Verkürzung und Straffung des europäischen Haushaltsverfahrens durch einen ausdifferenzierten Fristenkatalog zum Ausdruck. Er weist ähnlich wie die im Congressional Budget and Impoundment Act enthaltene Timetable Daten für den Abschluss der Verfahrensschritte aus.

Trotz der ähnlichen Lösungsansätze liegt der Rechtslage in den USA eine andere Motivlage als in der EU zugrunde. Die Kodifizierung des amerikanischen Budgetverfahrens war durch den Dualismus zwischen Präsident und Kongress bedingt. Senat und Repräsentantenhaus reagierten mit der Schaffung eines einheitlichen Verfahrensrahmens zum Haushaltsbeschluss auf die gestärkte Position des Präsidenten. Deshalb sah sich dieser mit seinem seit 1921 einheitlich entwickelten und strategischen Zielen folgenden Haushaltsentwurf einem unkoordiniert agierenden Kongress gegenüber. Demgegenüber sind in der EU in Form des per interinstitutioneller Vereinbarung etablierten Trilogs kooperative Tendenzen zwischen den Antagonisten im Haushaltsverfahren zu beobachten. Zwischen Bundesrat und Reichstag existierten im Deutschen Reich keine rechtsverbindlichen

Abmachungen über die Vorgehensweise in der Gesetzgebung. Dies lag daran, dass der Bundesrat nicht in der Lage war, eine eigenständige Rolle als Legislativorgan auszufüllen. Denn letztlich wurde das Verfahren im Bundesrat durch die preußisch dominierte Reichsleitung gelenkt. Deshalb war die Verfassungsgeschichte im Kaiserreich durch das Entstehen eines direkten Vertrauensverhältnisses zwischen Reichsleitung und Reichstag und nicht von einer Koordinierung der Legislativarbeit zwischen Reichstag und Bundesrat gekennzeichnet. Zum Teil wurden andere Verfassungskonflikte im Wege der Reichsgesetzgebung ausgeglichen, wie dies z.B. mit der Franckensteinschen Klausel im Finanzwesen geschah.

Damit ist der Ansatz einer präventiven Streitbeilegung durch quasivertragliche Präzisierungen und Modifikationen der Interorganverhältnisse eine Besonderheit der europäischen Integration und Ausdruck des Grundsatzes der loyalen Zusammenarbeit der Organe. Wegen der vertragsförmigen Anlage der Regelung ist im Gegensatz zum einfachen Gesetz automatisch gewährleistet, dass alle Betroffenen in die Gestaltung einbezogen werden. Dieser Vorteil ist jedoch nicht die Ursache für das Phänomen der institutionellen Vereinbarung: Dass die Organe der EU zur normativen Konkretisierung des Unionsrechts nicht wie der Kongress in den USA auf die Setzung von regulärem Sekundärrecht zurückgriffen, liegt im Wesentlichen daran, dass die EU-Verträge kein Verfahren zum Erlass derartiger Rechtsvorschriften zur Verfügung stellen.[2094] Gleichzeitig nutzen Parlament und Kommission das Instrument der Vereinbarung dazu, eine Partnerschaft zu begründen, die sich gegen das immer noch bestehende Übergewicht des Rates im institutionellen Dreieck richtet.

Der Ausgleich von Kompetenzkonflikten im Wege der Gesetzgebung bzw. durch bindende Übereinkünfte stellt gerade nicht die Erzeugung materiellen Verfassungsrechtes im Sinne eines Verfassungswandels dar. Vielmehr sind entsprechende Regelungen eine verstetigte Interpretation der bestehenden Verfassungsrechtsordnung, welche keine endgültige verfassungsrechtliche Verbindlichkeit besitzt.

d) Gemeinsame Etablierung von Gewohnheitsrecht?

Die einzige rechtsförmige Stabilisierung eines kompetenzverschiebenden „Verfassungswandels" ist im Wege der Ausbildung von Gewohnheitsrecht denkbar, indem die betroffenen Organe durch längere Übung in gemeinsamer Rechtsüberzeugung handeln. Die Existenz solchen Rechtes ist auf Ebene von kodifizierten Verfassungen, die in der Regel durch die bewusste Schaffung von kompetenziellen Spielräumen der Organe offen für die Neuinterpretation ihrer Normen sind, zweifelhaft

2094 Seit den 80er Jahren wird in der EU ohne anschließendes Ergebnis diskutiert, ob zur Konkretisierung der Verträge eine Kompetenz zum Erlass von aus der spanischen und französischen Rechtsordnung bekannten Organgesetzen, die im Rang zwischen Primär- und Sekundärrecht stehen würden, eingeführt werden soll; *Härtel*, Handbuch Europäische Rechtsetzung, 2006, § 9, Rn. 35 ff.

und, wenn überhaupt, nur sehr eingeschränkt möglich.[2095] In der EU, in welcher der umfassende Kontrollanspruch des EuGH wenig Platz für die Entstehung von Gewohnheitsrecht lässt, wird dessen Existenz in engen Grenzen diskutiert. Insbesondere im Kontext des durch das Primärrecht nicht geregelten Kontrollverhältnisses zwischen Rat und Parlament finden sich derartige Ansatzpunkte. So wird dem ständig praktizierten Fragerecht des Parlaments gegenüber dem Rat gewohnheitsrechtlicher Primärrechtscharakter beigemessen.[2096] Auch bei der fakultativen Anhörung des Parlaments durch den Rat[2097] und der Praxis der Hearings im Vorfeld der Kommissionsernennung wurde eine gewohnheitsrechtliche Verfestigung erwogen.[2098]

2095 *Badura*, Verfassungsänderung, -wandel- und gewohnheitsrecht, in: Isensee/Kirchhof (Hrsg.), HStR VII, 1992, § 160, Rn. 10; *Bryde*, Verfassungsentwicklung. Stabilität und Dynamik im Verfassungsrecht, 1982, S. 452.

2096 *Nettesheim*, in: Grabitz/Hilf/Nettesheim, Das Recht der EU, 2012, Art. 288 AEUV, Rn. 29.

2097 C III 1 a cc (2).

2098 Kritisch m.w.N. *Ruffert*, in: Calliess/Ruffert, EUV/AEUV Kommentar, 2011, Art. 17 EUV, Rn. 51.

F. Zusammenfassung der Kompetenzverschiebungen

Die vorliegende Arbeit hat drei verschiedene föderale Systeme mit unterschiedlichen Gründungsmotiven untersucht. Das Deutsche Kaiserreich war formell föderal angelegt und die Reichsverfassung von dem versteckten Motiv getragen, Preußens Hegemonie gegenüber den anderen Ländern zu wahren. Hierzu bediente sich *Bismarck* bei der Konzeption der Reichsverfassung scheinbar länderfreundlicher Regelungen, welche das Reich formal in die Nähe eines Staatenbundes rückte. Der preußische Einfluss wurde vor allem durch Vorrechte bei der Gesetzgebung und der Übertragung des Präsidiums des Reiches an den preußischen König gesichert. Die Verträge der Europäischen Union sind dagegen vom Grundmotiv geleitet, unter größtmöglicher Achtung der Gleichheit und Souveränität der Mitgliedstaaten einen supranationalen Rechtsraum, der zur Friedenssicherung in Europa beiträgt, zu schaffen. Die Verfassung der USA entstand aus der Notwendigkeit heraus, den funktionsunfähigen Staatenbund der Konföderationsartikel zu reformieren. Der Föderalismus in den USA war in der Folge durch eine strenge Trennung der einzel- und bundesstaatlichen Ebene gekennzeichnet, um Konzentrationen staatlicher Gewalt dem Einzelnen gegenüber zu verhindern. Die extensive Interpretation der Kompetenz des Bundes zur Regelung des zwischenstaatlichen Handels ermöglichte eine starke Neigung zur Unitarisierung. Gleichzeitig existierten in der frühen Geschichte der USA Strömungen, welche den Geltungsvorrang des Bundesrechtes in Gestalt der Nullifikationsdoktrin in Frage stellten.

In diesen Systemen ist jeweils eine Interessenvertretung der Gliedstaaten installiert worden. Derartige föderale Kammern neigen intern zu konsensualen Verfahrensweisen, die auf eine größtmögliche Souveränitätswahrung abzielen. Insbesondere bei der Tangierung wichtiger Einzelinteressen ist in föderalen Kammern daher eine Tendenz zum Konsensprinzip festzustellen, welches zwar für eine breite Akzeptanz und Legitimation der erlassenen Rechtsnormen sorgt, aber gleichzeitig sehr schwerfällig ist. Die Einführung des Mehrheitsprinzips hat die Funktion, blockierende Widerstände übergehen zu können und damit integrative Tendenzen zu fördern. Qualifizierte Mehrheitsquoren sind deshalb ein Ausgleich zwischen reinem Konsens- und Mehrheitsprinzip, um die Souveränitätsvorbehalte der Einzelstaaten und die Effizienz der Legislativarbeit zu größtmöglicher Entfaltung zu bringen.

Die föderalen Organe entwickelten sich in ihrem System unterschiedlich. Der Bundesrat im Kaiserreich war per se nicht in der Lage, eine echte Regierungsfunktion im Reich wahrzunehmen. Vielmehr wurden seine Aufgaben als staatsleitendes Organ in immer stärkerem Ausmaß de facto vom Reichskanzler und dessen Stellvertretern übernommen. Dies zeigt sich z.B. durch die Präsidialanträge, welche der Reichsleitung über den Bundesrat ein faktisches Initiativrecht in der Gesetzgebung sicherten. Damit manifestierte sich die verdeckte preußische Hegemonie in einer schwachen Stellung der gliedstaatlichen Interessenvertretung. Im Gegensatz dazu spiegeln sich im Rat der Europäischen Union die bestehenden Souveränitätsvorbehalte der Mitgliedstaaten wider. Der Rat soll seiner Funktion nach die Interessen der Mitgliedstaaten in die Sekundärrechtsetzung einbringen. Exemplarisch hierfür war der Luxemburger Kompromiss, welcher die Fortentwicklung des supranationalen Ansatzes von 1966 bis in die 80er Jahre hinein hemmte. Bis heute wirken die Folgen der Blockade in Gestalt von punktuellen *opting-out*-Klauseln nach. Eine Sonderentwicklung ist in den USA zu verzeichnen: Im Lauf der Verfassungsentwicklung hat sich der Senat von der Staatsorganisation der Einzelstaaten emanzipiert und eine direkte demokratische Legitimation erhalten, sodass die ursprünglich klare Rollenverteilung beider Häuser im Kongress aufgeweicht wurde. Dieser Prozess begann mit einer Entkopplung von Weisungen der einzelstaatlichen Legislativen an die Senatoren und fand mit der Einführung der Direktwahl im Jahr 1913 sein Ende. Trotzdem verfügt der Senat über besondere Kompetenzen im Bereich der Außen- und Personalpolitik, welche vor allem auf seiner Funktion als Gliedstaatenvertretung beruhen und die er trotz dieser Emanzipation bewahren konnte.

Neben der föderalen Kammer wurde in den Systemen jeweils eine Vertretung des Gesamtvolkes geschaffen. In der EU ist diese Rolle vom Europäischen Parlament besetzt, in den USA vom Repräsentantenhaus. Im Deutschen Reich war der direkt gewählte Reichstag von *Bismarck* dazu gedacht, den unitarischen Interessen Preußens gegen die anderen Länder zum Durchbruch zu verhelfen. Seine Existenz war der austarierenden Realpolitik *Bismarcks* geschuldet. Trotzdem schälte sich vor allem zwischen Kanzler und Parlament ein wechselseitiges Konkurrenzverhältnis heraus, welches den Ausgangspunkt für die weiteren Parlamentarisierungstendenzen im Reich markierte. Diese Entwicklung war möglich, weil der formal starke Bundesrat in der Reichspolitik keine bestimmende Rolle entfalten konnte.

Nicht nur im Kaiserreich, sondern auch in der EU konnten die parlamentarischen Kammern signifikante Kompetenzgewinne verzeichnen. In der EU gewann das Parlament v.a. im Rahmen der Legislativfunktion Beteiligungsrechte hinzu, insbesondere durch eine Vielzahl an formellen Vertragsänderungen. Diesen gingen zunächst interpretatorische Kompetenzzuwächse voraus, wie z.B. die Einführung des Konzertierungsverfahrens, welches den Kern des heutigen Mitentscheidungsverfahrens bereits in sich barg. Die folgenden Vertragsänderungen griffen diese faktischen Veränderungen meist auf. Rat und Parlament sind durch das vorherrschende ordentliche Gesetzgebungsverfahren und das Haushaltsverfahren heute weitgehend gleichgestellt. Dies ist der vorläufige Abschluss eines Prozesses, in welchem das Parlament vom bloß kontrollierenden Beratungsorgan zu einem Mitentscheidungsgremium avancierte. Der Rat verfügt in besonderen Gesetzgebungsverfahren bzw. durch die Normierung anderer Rechtsfolgen bei Fristüberschreitungen im ordentlichen Gesetzgebungsverfahren noch über Vorrechte gegenüber dem Parlament. Damit hat dieses nur die Möglichkeit, eine mitgestaltende, aber keine dominierende Rolle in der Gesetzgebung auszuüben. Problematisch ist aus Sicht der Parlamente die Delegation von Rechtsetzungsbefugnissen an die Exekutive. Diese werden bzw. wurden in den untersuchten Rechtsordnungen durch eine Vielzahl von Kontrollvorbehalten parlamentarisch abgesichert. Als Instrumente kommen hierbei Befristungen der Ermächtigungsgrundlage, Berichtspflichten der Exekutive oder nachträgliche Zustimmungserfordernisse in Betracht. In allen analysierten Systemen ist eine Tendenz zu beobachten, den Erlass materieller Rechtsvorschriften einer nachträglichen parlamentarischen Kontrolle zu unterziehen.

Im Kaiserreich bezogen sich die Kompetenzgewinne des in der Gesetzgebung dem Bundesrat gleichgestellten Reichstages im Wesentlichen auf die Kontrollfunktion. In parlamentarischen Systemen ist der entscheidende Baustein der Kontrollfunktion das Bestehen eines Abhängigkeitsverhältnisses zwischen Regierung und Parlament, welches sich aus einer Vertrauensbeziehung speist. Die Quelle einer derartigen Relation kann sich aus einem formellen Misstrauensvotum mit absoluter Mehrheit, aber auch aus anderen Faktoren, wie dem Bedürfnis nach vertiefter legislativer Kooperation, ergeben. Ein reines Missbilligungsvotum ohne bindende Rücktrittssanktion genügt dagegen für sich genommen nicht zur Erzeugung eines solchen Abhängigkeitsverhältnisses. Ein verbindliches Misstrauensvotum mit einem höheren Quorum als der absoluten Mehrheit ist zudem nicht geeignet, um die Basis eines Vertrauensverhältnisses zu bilden, sondern dient nur als Sanktion evidenter politischer Vertrauensverluste. Dem Reichstag gelang es, ein effektives Fragerecht gegen die Reichsleitung zu etablieren. Dieses wurde später zu einem Missbilligungsvotum ausgeweitet. Es stellte für sich genommen keinen entscheidenden Schritt hin zu einem parlamentarischen Regierungssystem dar, sondern stärkte vor allem das Interpellationsrecht des Reichstages, da es eine Bewertung der Antworten der Reichsleitung ermöglichte. Deutlich wurde dies im Rahmen der *Zabern*-Affäre 1913, als Reichskanzler *Bethmann-Hollweg* gegen die große Mehrheit im Reichstag im Amt gehalten wurde. Die ausschlaggebenden Impulse für die Parlamentarisierungstendenzen im Reich generierten sich dagegen aus der absoluten legislativen Blockademöglichkeit des Reichstages. Der formellen Verfassungsänderung der Oktoberreformen 1918 gingen weitere zahlreiche Entwicklungstendenzen voraus, welche den Weg in Richtung einer Parlamentarisierung wiesen. Insbesondere bildeten sich aus der Notwendigkeit legislativer Kooperation zunehmende politische Abhängigkeiten zwischen Reichstag und Reichsleitung heraus. Dies äußerte sich in der Vorkriegszeit nicht nur im Fall des Kanzlers *Bülow*, der trotz Vertrauensverluste beim Kaiser im Zuge der Daily-Telegraph-Affäre 1908 im Amt verblieb und erst stürzte, als der ihn tragende Parteienblock zerfiel. Bereits *Bismarck* versuchte zuvor 1890 im Vorfeld seiner Entlassung vergeblich eine Mehrheit im Reichstag für seine Politik zu gewinnen.

Umgekehrt hat das Europäische Parlament im Rahmen seiner Kontrollfunktion keine Einflussmöglichkeiten, um ein Vertrauensverhältnis zur Kommission zu erzwingen. Das parlamentarische Misstrauensvotum in der EU erfüllt wegen des hohen Quorums nur die Funktion einer politischen Evidenzkontrolle. Das Parlament hat zwar durch die Einführung seiner Beteiligung an der Ernennung der Kommission an Durchsetzungsstärke gewonnen. Es kann jedoch wegen der heterogenen Fraktionen nur bei schwerwiegenden Vertrauensverlusten die notwendige Zweidrittelmehrheit erreichen.

Im Gegensatz zu der Dynamik in der EU und im Kaiserreich verharrte die amerikanische Verfassungsordnung über zwei Jahrhunderte hinweg in bemerkenswerter institutioneller Konstanz. In der Gesetzgebung sind Repräsentantenhaus und Senat gleichgestellt, wobei der Filibuster und die verfahrensbeendete *cloture* dazu geführt haben, dass im Senat de facto eine qualifizierte Mehrheit zur Beschlussfassung benötigt wird und er damit in der Staatspraxis ein größeres Blockadepotential besitzt.

Die Verfassungsordnung der USA ist als Trennsystem in Gestalt einer präsidialen Demokratie zu klassifizieren, weswegen die Kontrollfunktion des Kongresses qua Verfassung Ausnahmecharakter hat. Eine Abhängigkeit des Präsidenten vom Kongress ist nicht gegeben. Der Grund hierfür ist in der strikten Trennung der Organe durch die Verfassung zu sehen, welche keine formelle Möglichkeit des wechselseitigen Diskurses bietet, da es an einem Fragerecht des Kongresses gegenüber dem Präsidenten fehlt. Insbesondere ist das *Impeachment*-Verfahren seiner Anlage nach nicht geeignet, in ein politisches Misstrauensvotum uminterpretiert zu werden. Die vom Kongress ausgesprochenen Missbilligungsvoten konnten keinen Einfluss auf die Amtsführung des Präsidenten nehmen. In den USA ist die Verfassungsentwicklung daher durch den Wechsel von Phasen mit präsidentieller Dominanz und Phasen mit einer vorrangigen Stellung des Kongresses geprägt. Hieran wird deutlich, dass die Verfassung der USA ihren voneinander unabhängigen Organen große politische Spielräume zugesteht.

Nur im Rahmen des Budgetrechts hat der Kongress durch die Haushaltsreformen des Jahres 1974 eine umfassende Kontrollfunktion erlangt. Das Etatrecht in der EU und im Kaiserreich ist bzw. war aus Sicht der Parlamente dagegen erheblich eingeschränkt. Mit dem mehrjährigen Finanzrahmen bzw. der Ausnahme des Heeresbudgets vom Annuitätsprinzip wurden bzw. werden der jährlichen Haushaltsgesetzgebung wesentliche Leitentscheidungen entzogen. Damit wird deutlich, dass das Parlament sowohl im Kaiserreich als auch in der EU seinem Grundkonzept nach keine systembeherrschende Funktion haben sollte. Während der Reichstag von *Bismarck* als unitarisierendes Moment im konstitutionell-bündischen Verfassungsleben konzipiert war, sollte das Europäische Parlament die demokratische Legitimation des Gemeinschaftshandels durch die Wahrnehmung begrenzter Kontrollfunktionen stärken.

Im Bereich der Legislativfunktion zeigt sich, dass in bikammeralen Strukturen Ausgleichsmechanismen zur Streitbeilegung notwendig sind. Dies gilt besonders für das Deutsche Kaiserreich, dessen Verfassung auf solche Regelungen verzichtete und das bei Konflikten zwischen den Gesetzgebungsorganen stets mit der Gefahr einer Staatskrise rechnen musste. Auseinandersetzungen, wie die Heeresfinanzierung, gerieten häufig zu Staatskrisen. Der einzige Ausweg zur Lösung von Streitigkeiten in der Gesetzgebung führte über die Auflösung des Reichstages. *Bismarcks* bonapartistischer Ansatz, auf diese Weise das Volk gegen das Parlament zu instrumentalisieren, war nur bedingt erfolgreich. Zum einen taugte die Reichstagsauflösung beim Erlass dringlicher Gesetze nicht zur Konfliktbereinigung. Zum anderen gestand die Reichsleitung durch die Auflösung ein, auf die Kooperation mit den Mehrheiten des Reichstages angewiesen zu sein.

Hauptsächlich dienen zur internen Konfliktbereinigung in Zweikammersystem das Navette-Verfahren und das Ausschussverfahren als Verhandlungsinstrumente zwischen den divergierenden Kammern. Zur Durchsetzung eines Standpunktes kann ferner die Überstimmbarkeit einer Kammer geregelt sein, wobei auf diese Weise deren Positionen eine starke Schwächung erfahren. Der Vermittlungsausschuss als ausgleichendes Element stellt dabei seiner Form und Anlage nach eine Konzentration des bisherigen Gesetzgebungsverfahrens dar. Während in der EU die Kommission als Moderatorin fungieren soll und damit zur Systemstabilität beiträgt, ist der Präsident der USA mit seinem Veto-Recht ein zusätzlicher Blockadespieler. Die Reichsverfassung kannte im Gegensatz dazu keine Mittel zur Streitbeilegung in der Gesetzgebung. Neben der Konfliktbeilegung im Rahmen des Gesetzgebungsverfahrens existiert ferner die Möglichkeit des Eingreifens durch externe Organe. Der Supreme Court als Judikativorgan fällt in den USA wegen der *political question doctrine* weitgehend als ordnender Faktor in Kompetenzkonflikten aus. Diese zurückhaltende Rolle ist mit Blick darauf, dass die US-Verfassung mit dem *Impeachment*-Verfahren gezielt justizielle Funktionen durch den Senat wahrnehmen lässt, berechtigt. Damit werden Kompetenzkonflikte in den USA im Wesentlichen durch die Staatspraxis ausgetragen. Hingegen war die untersuchte streitentscheidende Rechtsprechung des EuGH, welche zur Kompetenzzunahme des Parlaments im Wege von Vertragsinterpretationen beitrug, hauptsächlich vom Motiv getragen, das Parlament wegen seiner integrativen Funktion zu stärken. Mit Hilfe der Rechtsfigur des institutionellen Gleichgewichtes und mit Verweis auf die Notwendigkeit einer stärkeren demokratischen Legitimation des Gemeinschaftshandelns schützte und erweiterte der EuGH die Beteiligungsrechte des Parlaments. Die einzige Grenze dieser parlamentsfreundlichen Judikatur wurde für integrationsschädliches, blockierendes Verhalten des Parlaments gesetzt. Gleichzeitig trug der EuGH zum Abbau des Konsensprinzips im Rat bei und senkte damit dessen Blockadepotential.

In Bezug auf die Kür der Gubernative hat die Wahl durch parlamentarische Gremien eine legitimierende, aber auch systemstabilisierende Funktion. Auf diese Weise werden Krisen vermieden, die durch die Missachtung eines parlamentarischen Misstrauensvotums in Form der Wiederernennung der abgelösten Regierung entstehen. In den USA kommt der subsidiären Wahl der Staatsspitze durch den Kongress bei einem Patt im Wahlmännerkollegium ebenfalls in diesem Sinne eine systemstabilisierende Funktion zu. Dagegen erfolgt die Mitwirkung von gliedstaatlichen Vertretungen an der Ernennung sonstiger Amtsträger vorrangig zur Sicherung eines personellen Proporzes in den betroffenen Organen.

Das Europäische Parlament hat im Rahmen des bestehenden Vertragsrechts noch Möglichkeiten, durch extensive Interpretation seine Befugnisse weiter auszubauen. Eine Parlamentarisierung der Union im Bereich ihrer supranationalen Kompetenzen scheitert an der mehrpoligen Anlage des institutionellen Dreiecks. Die Willensbildungsmechanismen der Europäischen Union, welche ein Zusammenwirken von Rat, Parlament und Kommission fordern, führen zu wechselseitigen Abhängigkeits- und Kooperationsverhältnissen. Für ein isoliertes Vertrauensverhältnis zwischen Parlament und Kommission ist in diesem Beziehungsgeflecht kein Platz.

Literaturverzeichnis

Achmann, Klaus, Struktur und Arbeitsweise des Kongresses der Vereinigten Staaten von Nordamerika mit besonderer Berücksichtigung des Untersuchungsrechts, Würzburg 1970.

Achterberg, Norbert, Parlamentsrecht, Tübingen 1984.

Adamovich, Ludwig/Funk, Bernd-Christian/Holzinger, Gerhart/Frank, Stefan, Österreichisches Staatsrecht. Band 1, 2. Aufl., Wien 2011.

Aegidi, Ludwig Karl, Die völkerrechtlichen Grundlagen einer neuen Gestaltung Deutschlands, Zeitschrift für deutsches Staatsrecht und deutsche Verfassungsgeschichte, 1867, S. 522 ff.

Albert, Gert, Stellung, Funktion und verfassungsrechtliche Problematik der Independent Regulatory Commissions in den USA, Berlin 1971.

von Alemann, Florian, Die Handlungsform der interinstitutionellen Vereinbarung, Heidelberg 2006.

American Bar Association, Statement of the American Bar Association submitted to the Subcommittee on the Constitution, Committee on the Judiciary U.S. House of Representatives on the subject of H.R. 5388, The District of Columbia, Fair an equal House Voting Rights Act, September 14, 2006.

Annaheim, Jörg, Die Gliedstaaten im amerikanischen Bundesstaat, Berlin 1992.

Anschütz, Gerhard, Die Parlamentarisierung der Reichsleitung, DJZ 1917, Sp. 697 ff.

Anschütz, Gerhard, Zabern, DJZ, 1913, Sp. 1457 ff.

Anschütz, Gerhard/Thoma, Richard, Handbuch des Staatsrechts, I. Band, Berlin 1930.

Anschütz, Gerhard/Thoma, Richard, Handbuch des Staatsrechts, II. Band, Berlin 1932.

Anweiler, Jochen, Die Auslegungsmethoden des Gerichtshofs der Europäischen Gemeinschaften, Frankfurt am Main 1997.

Apelt, Willibalt, Hundert Jahre deutscher Verfassungsgeschichte, DRZ 1948, S. 149 ff.

Arndt, Adolf, Die Verfassung des Deutschen Reichs, Berlin 1913.

Augst, Richard, Bismarcks Stellung zum parlamentarischen Wahlrecht, Leipzig 1917.

Austin, D. Andrew/Levit, Mindy R., The Debt Limit: History and Recent Increases, CRS Rep. Jan. 28, 2010.

Axmann, Michael, Genese Europäischer Rechtsetzungsverfahren, Frankfurt a.M. 2001.

Badura, Peter, Staat, Recht und Verfassung in der Integrationslehre, Der Staat 16 (1977), S. 305 ff.

Badura, Peter (Hrsg.), Wege und Verfahren des Verfassungslebens, Festschrift für Peter Lerche zum 65. Geburtstag, München 1993.

Bagehot, Walter, The English Constitution, 2. Aufl., 1873 (Nachdruck Ontario, 2000).

Bailey, Jeremy D., Constitutionalism, Conflict and Consent, Jefferson on the Impeachment Power, The Review of Politics 70 (2008), S. 572 ff.

Balkin Jack M./Levinson, Sanford, Constitutional Crisis, Yale Law School, Faculty Scholarship Series, Paper 18 (2008).

Bauer, Hartmut/Huber, Peter M./Sommermann, Karl-Peter (Hrsg.), Demokratie in Europa, Tübingen 2005.

Beckedorf, Ingo, Das Untersuchungsrecht des Europäischen Parlaments, Berlin 1995.

Becker, Otto, Bismarcks Ringen um Deutschlands Gestaltung, Heidelberg 1958.

Beloff, Max, The American Federal Government, London 1959.

Beth, Richard S., Heitshusen, Valerie, Filibusters and Cloture in the Senate, CRS Rep. November 29, 2012.

Beutler, Bengt, Mehr Macht durch Recht? – Das Europäische Parlament vor dem Europäischen Gerichtshof, EuR 1984, S. 143 ff.

von Beyme, Klaus, Das präsidentielle Regierungssystem der Vereinigten Staaten in der Lehre der Herrschaftsformen, Karlsruhe 1967.

Bieber, Roland, Das Parlamentarische Misstrauensvotum in den Europäischen Gemeinschaften, NJW 1973, S. 405 ff.

Bieber, Roland, Zur neuen Reform der EG-Finanzverfassung, NJW 1974, S. 2170 ff.

Bieber, Roland/Epiney, Astrid/Haag, Marcel, Die Europäische Union, 9. Aufl., Baden-Baden 2011.

Marschall von Bieberstein, Fritz, Verantwortlichkeit und Gegenzeichnung, Berlin 1911.

Binding Karl, Bundesrat und Staatsgerichtshof, DJZ 1899, Sp. 68 ff.

Binding, Karl, Die rechtliche Stellung des Kaisers im heutigen Deutschen Reiche, Dresden 1898.

Bleckmann, Albert, Vom Sinn und Zweck des Demokratieprinzips, Berlin 1998.

Bleckmann Albert/Hölscheidt, Sven, Gedanken zur Finanzierung der EG, DÖV 1990, S. 853 ff.

Bleckmann, Albert, Europarecht, 4. Aufl., Köln 1985.

Bleckmann, Albert, Europarecht, 6. Aufl., Köln 1997.

Böckenförde, Ernst-Wolfgang, Recht, Staat, Freiheit, Frankfurt a.M. 1991.

Böckenförde, Ernst-Wolfgang (Hrsg.), Moderne deutsche Verfassungsgeschichte (1815–1914), 2. Aufl., Köngstein/Taunus 1981.

Böhmer, Alexander, Die Europäische Union im Lichte der Reichsverfassung von 1871, Berlin 1999.

Bönnemann, Claus, Die Beilegung von Verfassungskonflikten vor der Zeit des Grundgesetzes, Berlin 2007.

von Bogdandy, Armin/Bast, Jürgen, Europäisches Verfassungsrecht, 2. Aufl., Heidelberg 2009.

Boldt, Hans, Parlamentarismustheorie, Bemerkungen zu ihrer Geschichte in Deutschland, Der Staat 19 (1980), S. 385 ff.

Boldt, Hans, Von der konstitutionellen Monarchie zur parlamentarischen Demokratie, Der Staat, Beiheft 10, 1993, S. 151 ff.

Boldt, Hans, Von der Wirtschaftsgemeinschaft zur Politischen Union. Probleme der politischen Einigung Europas, HZ 21 (1995), S. 241 ff.

Bouveret, Mathias, Die Stellung des Staatsoberhauptes in der parlamentarischen Diskussion und Staatsrechtslehre von 1848 bis 1918, Frankfurt a.M. 2003.

Born, Karl Erich, Von der Reichsgründung bis zum Ersten Weltkrieg, 2. Aufl., Stuttgart 1976.

Bornhak, Conrad, Deutsche Verfassungsgeschichte, Berlin, 1934.

Bornhak, Conrad, Wandlungen der Reichsverfassung, AöR 26 (1910), S. 373 ff.

Brandt, Hartwig, Der lange Weg in die demokratische Moderne. Deutsche Verfassungsgeschichte von 1800–1945, Darmstadt 1998.

Brogan, Denis W., Die amerikanische Politik, 1. Aufl., Stuttgart 1956.

Brok, Elmar, Die neue Macht des Europäischen Parlaments nach „Lissabon" im Bereich der Handelspolitik, integration 2010, S. 209 ff.

Brugger, Winfried, Demokratie, Freiheit, Gleichheit, Berlin 2002.

Brugger, Winfried, Einführung in das Öffentliche Recht der USA, 2. Aufl., München 2000.

Brugger, Winfried, Recht und Rasse in der amerikanischen Verfassungsrechtsprechung, JZ 1989, S. 809 ff.

Bruha Thomas/Münch Wolfgang, Stärkung der Durchführungsbefugnisse der Kommission – Anmerkungen zu Art. 10 der Einheitlichen Europäischen Akte, NJW 1987, 542 ff.

Bryde, Brun-Otto, Verfassungsentwicklung. Stabilität und Dynamik im Verfassungsrecht, Baden-Baden 1982.

Buchstein, Hubertus, Freie Parlamentswahlen. Die Argumente für die geheime Stimmabgabe in der Frankfurter Nationalversammlung und im Preußischen Abgeordnetenhaus, ZParl 1999, S. 706 ff.

Von Buttlar, Christian, Das Initiativrecht der Europäischen Kommission, Berlin 2003.

Butzer, Hermann, Diäten und Freifahrt im Deutschen Reichstag, Düsseldorf 1999.

Bux, Udo, Das EU-Haushaltsverfahren nach Lissabon, EuR 2010, S. 711 ff.

Calliess, Christian, Der Kampf um den Euro: Eine „Angelegenheit der Europäischen Union" zwischen Regierung, Parlament und Volk, NVwZ 2012, S. 1 ff.

Calliess, Christian (Hrsg.), Verfassungswandel im europäischen Staaten- und Verfassungsbund, Tübingen 2007.

Calliess, Christian/Ruffert, Matthias (Hrsg.), EUV AEUV Kommentar, 4. Aufl., München 2011.

Calliess, Christian/Ruffert, Matthias, Verfassung der Europäischen Union, München 2006.

Calore, Paul, The Causes of the Civil War (Reprint), Jefferson, 2008 (urspr. 1938).

Cattler, Jason B./Rice Charles M. (Hrsg.), Senate of the United States, New York 2008.

Chalmers, Damian/Hadjiemmanuil, Christos/Monti, Giorgio/Tomkins, Adam, European Union Law, 5. Aufl., Cambridge 2009.

Chalmers, Damian/Monti, Giorgio, European Union Law Updating Supplement, Cambridge 2008.

Chaltiel, Florence, La Commission Européene face au Parlement Européen, RMC 2004, S. 629 ff.

Cholet, Julia, Der Etat des Deutschen Reiches in der Bismarckzeit, Berlin 2012.

Churchill, Winston, Der Zweite Weltkrieg, Bern 1954.

Classen, Claus-Dieter, u.a. (Hrsg.), „In einem vereinten Europa dem Frieden der Welt zu dienen...", Liber amicorum Thomas Oppermann, Berlin 2001.

Corbett, Richard/Jacobs, Francis/Shackleton, Michael, The European Parliament, 3. Aufl., London 1995.

Currie, David P, Die Verfassung der Vereinigten Staaten, Frankfurt a.M. 1988.

Currie, David P./Wyatt, Harry N., Die Gewaltenteilung in den USA, JA 1991, S. 261 ff.

Cushman, Barry, Formalism in Commerce Clause Jurisprudence, The University of Chicago Law Review 67 (2000), S. 1089 ff.

Daiber, Birgit, EU-Durchführungsrechtsetzung nach Inkrafttreten der neuen Komitologie-Verordnung, EuR 2012, S. 240 ff.

Dambitsch, Ludwig, Die Verfassung des Deutschen Reiches, Berlin 1910.

Dann, Philipp, Parlamente im Exekutivföderalismus, Heidelberg 2004.

Dann, Philipp, The Gubernative in Presidential and Parliamentary Systems – Comparing Organizational Structures of Federal Governments in the USA and Germany, ZaöRV 2006, S. 1 ff.

Dann, Philipp, Exekutivföderalismus, Der Staat 42 (2003), S. 355 ff.

Dau Lin, Hsü, Die Verfassungswandlung, Berlin 1932.

David, René/Grasmann, Günther (Hrsg.), Einführung die großen Rechtssysteme der Gegenwart, 2. Aufl., München 1988.

Dederer, Heinz-Georg, Die Konstitutionalisierung Europas, ZG 2003, S. 95 ff.

Delbrück, Hans, Regierung und Volkswille, Berlin 1914.

Depenheuer, Otto u.a. (Hrsg.), Nomos und Ethos, Berlin 2002.

Deuerlein, Ernst, Föderalismus – Die historischen und philosophischen Grundlagen des föderalen Prinzips, München 1972.

Dickschat, S. A., Die rechtliche Wertung der Erklärungen des Ministerrates der Europäischen Wirtschaftsgemeinschaft vom 29. Januar 1966, AVR 13 (1967), S. 412 ff.

Dietz, Andreas, Das Primat der Politik in kaiserlicher Armee, Reichswehr und Bundeswehr, Tübingen 2011.

Dorf, Philip, The Constitution of the United States, 2. Aufl., New York 1967.

Due, Ole/Lutter, Marcus/Schwarze, Jürgen (Hrsg.), Festschrift für Ulrich Everling, Band I, Baden-Baden 1995.

Due, Ole/Lutter, Marcus/Schwarze, Jürgen (Hrsg.), Festschrift für Ulrich Everling, Band II, Baden-Baden 1995.

Düringer, Adalbert., Das Zweikammersystem, DJZ 1917, Sp. 846 ff.

Ebers, Godehard Josef, Die Lehre von Staatenbunde, (Nachdruck), 1910 (1966).

Ehlermann, Claus-Dieter, Das Parlament muß berechenbar sein. Zum Verhältnis von Kommission und Parlament, ZParl 1982, S. 185 ff.

Ehmke, Horst (Hrsg.), Festschrift für Ulrich Scheuner zum 70. Geburstag, Berlin 1973.

Eickhoff, Jens-Peter, Das Funktionsrecht des Europäischen Parlaments, Frankfurt a.M. 2008.

Elliesie, Hatem, Kompetenzverteilung im institutionellen Dreieck der EU, Frankfurt a.M. 2011.

Ellis, Joseph J., Sie schufen Amerika – Die Gründergeneration von John Adams bis George Washington, München 2005.

Ellis, Richard E., The Union at Risk. Jacksonian Democracy, States' Rights and the Nulllification Crisis, Oxford 1987.

Elwood, John P., Testimony before the Subcommittee on the Constitution, Civil Rights and Property Rights, Senate Committee on the Judiciary, May 23, 2007.

Engelberg, Ernst, Bismarck – Urpreuße und Reichsgründer, Berlin 1985.

Epiney, Astrid, Die Entwicklung der Rechtsprechung des EuGH im Jahr 2005, NVwZ 2006, S. 1244 ff.

Epiney, Astrid, Gemeinschaftsrechtlicher Umweltschutz und Verwirklichung des Binnenmarktes – „Harmonisierung" auch der Rechtsgrundlagen, JZ 1992, S. 564 ff.

Epping, Volker/Hillgruber, Christian, Beck'scher Online-Kommentar GG, 13. Aufl., München 2012.

Epstein, Klaus, Der Interfraktionelle Ausschuß und das Problem der Parlamentarisierung 1917–1918, HZ Bd. 191, Heft 3 (Dez. 1960), S. 562 ff.

Erdmann, Karl Dietrich, Der Erste Weltkrieg, Stuttgart 1973.

Europäische Kommission, Die Europäische Kommission 1958–1972, Luxemburg, 2007.

Europäische Kommission, Die Finanzverfassung der Europäischen Union, Luxemburg, 2002.

Everling, Ulrich, Abgrenzung der Rechtsangleichung zur Verwirklichung des Binnenmarktes nach Art. 100a EWGV durch den Gerichtshof, EuR 1991, S. 179 ff.

Fastenrath, Ulrich, Regelungskompetenzen der EG-Mitgliedstaaten im Bereich gemeinsamer Politiken Neue Entwicklung in der Rechtsprechung des EuGH, NJW 1983, S. 494 ff.

Fastenrath, Ulrich/Nowak, Carsten (Hrsg.), Der Lissabonner Reformvertrag- Änderungsimpulse in einzelnen, Rechts- und Politikbereichen, Berlin 2009.

Feerick, John D., The Twenty-Fifth Amendment: Its Complete History and Application, 2. Aufl., New York 1992.

Feine, Hans, Erich, Deutsche Verfassungsgeschichte, 3. Aufl. Tübingen 1943.

Fenske, Hans, Der moderne Verfassungsstaat, Paderborn 2001.

Fenske, Hans, Deutsche Verfassungsgeschichte, Berlin 1981.

Field Van Tassel, Emily/Finkelman, Paul, Impeachable Offenses – A documentary History from 1787 to the Present, Washington D.C. 1999.

Filzmeier, Peter/Plasser, Fritz, Lokalismus und Lewinsky-Gate: Analyse der US-amerikanischen Kongresswahlen 1998, ZParl 1999, S. 819 ff.

Filzmeier, Peter/Plasser, Fritz, Wahlkampf um das Weiße Haus: Presidential Elections in den USA, Opladen 2001.

Fischer, Klemens, Der Vertrag von Lissabon, 2. Aufl., Baden-Baden 2010.

Fischer, Thomas, Europarecht, München 2005.

Fisher, Louis, A Presidential Item Veto, CRS Rep. December 2, 2004.

Fisher, Louis, Presidential War Power, Kansas 2004.

Fisher, Louis, The Pocket Veto: Its Current Status, CRS Rep. March 30, 2001.

Flor, Georg, Staatsnotstand und rechtliche Bindung, DVBl. 1958, S. 149 ff.

Folkers, Cay, Das Dilemma des Defizits, Haushaltsentwicklung und Konsolidierungsverfahren in den USA, Finanzarchiv 44 n.F. (1986), S. 365 ff.

Forsthoff, Ernst, Deutsche Verfassungsgeschichte der Neuzeit, 2. Aufl., Stuttgart 1961.

Foster, Roger, Commentaries on the Constitution of the United States – Volume 1, London 1896.

Fraenkel, Ernst, Amerika im Spiegel des deutschen politischen Denkens, Köln 1959.

Fraenkel, Ernst, Das amerikanische Regierungssystem, Opladen 1960.

Fraenkel, Ernst, Das amerikanische Regierungssystem, 3. Aufl., Opladen 1976.

Fraenkel, Ernst (Hrsg.), Der Staatsnotstand, Berlin 1965.

Frankfurter, Felix, The commerce clause, 1. Aufl., Chapel Hill 1937.

Frauendienst, Werner, Demokratisierung des deutschen Konstitutionalismus in der Zeit Wilhelms II., ZgS 113 (1957), S. 721 ff.

Frenz, Walter, Handbuch Europarecht, Band 6: Institutionen, Berlin 2011.

Freymuth, Michael Lysander, Die Europäische Union auf dem Weg in die Supranationaliät, Münster 2009.

Friedrich, Carl J., From the declaration of independence to the constitution, New York 1954.

Frotscher, Werner/Pieroth, Bodo, Verfassungsgeschichte, 5. Aufl., München, 2005.

Frowein, Jochen Abr., Die rechtliche Bedeutung des Verfassungsprinps der parlamentarischen Demokratie für den europäischen Integrationsprozess, EuR 1983, S. 301 ff.

Fülster, Hans, Deutsches Reichsstaatsrecht mit Einschluss der Allgemeinen Staatslehre, Berlin 1913.

Fugmann, Friedrich, Haushaltsentlastung 1996 oder: Wer hat den Schwarzen Peter?, EuZW 1999, S. 65 ff.

Fuß, Ernst-Werner, Positionsstärkung des Europäischen Parlaments, EuR 1972, S. 358 ff.

Gales, Joseph/Seaton, William Winston, Register of debates in Congress. Volume IV, Washington D.C. 1828.

Gall, Lothar, Bismarck – Der weiße Revolutionär, Frankfurt am Main, 1980.

Gall, Lothar/Lappenküper, Ulrich (Hrsg.), Bismarcks Mitarbeiter, Paderborn 2009.

Garvey, Todd, Presidential Signing Statements: Constitutional and Institutional Implications, CRS Rep. January 4, 2012.

Garvey, Todd/Dolan Alissa M., Presidential Claims of Executive Privilege: History, Law, Practice, and Recent Developments, CRS Rep. August 21, 2012.

Gaziano, Todd F., The Use and Abuse of Executive Orders and Other Presidential Directives, http://www.heritage.org/research/reports/2001/02/the-use-and-abuse-of-executive-orders-and-other-presidential-directives, zuletzt abgerufen am 24.02.2014.

Gehler, Michael (Hrsg.), From Common Market to European Union Building, Wien 2009.

Geiger, Rudolf (Hrsg.), Neuere Probleme der parlamentarischen Legitimation im Bereich der auswärtigen Gewalt, Baden-Baden 2003.

Geiger, Rudolf/Khan, Daniel-Erasmus/Kotzur, Markus, EUV/AEUV Kommentar, 5. Aufl., München 2010.

Geis, Max-Emanuel/Lorenz, Dieter (Hrsg.), Staat, Kirche, Verwaltung, Festschrift für Hartmut Maurer zum 70. Geburtstag, München 2001.

Gellner, Winand/Kleiber, Martin, Das Regierungssystem der USA. Eine Einführung, Baden-Baden 2007.

Gerken, Lüder/Holtz, Marco/Schick, Gerhard, Reform der Komitologie im Verfassungsentwurf des Europäischen Konvents, Wirtschaftsdienst 2003, S. 662 ff.

Giegerich, Thomas, Europäische Verfassung und deutsche Verfassung im transnationalen Konstitutionalisierungskontext: Wechselseitige Rezeption, konstitutionelle Evolution und föderale Verflechtung, Berlin 2003.

von Gierke, Otto, German Constitutional Law in its Realation to the American Constitution, Harvard Law Review 23 (1909/10), S. 273 ff.

Glaesner, Hans-Joachim, Die Beziehungen zwischen Ministerrat und Europäischem Parlament – Erfolg der „kleinen Schritte"?, ZParl 1982, S. 191 ff.

Götz, Volkmar, Anmerkung (EuGH-Urteile Rs. 68/86 und 131/86 vom 23.2.1988, EuR 1988, S. 298 ff.

Götz, Volkmar, Auf dem Weg zur Rechtseinheit in Europa?, JZ 1994, S. 265 ff.

Gold, Martin P./Gupta, Dimple, The Constitutional Option To Change Senate Rules And Procedures: A Majoritarian Means To Overcome The Filibuster, Havard Journal of Law& Public Policy, Vol. 28, S. 205 ff.

Gold, Susan Dudley, The Missouri Compromise, Tarrytown 2011.

Goldschmidt, Hans, Das Reich und Preußen im Kampf um die Führung, Berlin 1931.

Goldwin, Robert A./Kaufman, Art (Hrsg.), Separation of Powers – Does it still work?, Washington D.C. 1986.

Grabitz, Eberhard/Hilf, Meinhard/Nettesheim, Martin, Das Recht der Europäischen Union, 48. Aufl., München 2012.

Grabitz, Eberhard/Läufer, Thomas, Das Europäische Parlament, Bonn, 1980.

Grabitz, Eberhard/Schmuck, Otto, Das Europäische Parlament im Verflechtungssystem der EG – Handlungsspielräume, Rollenbeschreibung, Funktionen, ZParl 1984, S. 427 ff.

Graf Vitztum, Wolfgang, Völkerrecht, 4. Aufl., Berlin 2007.

Gressle, Sharon S, Shutdown of the Federal Government: Causes, Effects, and Process, CRS Rep. November 8, 1999.

Griller Stefan/Orator, Andreas, Everything under control? The "way forward" for European agencies in the footsteps oft the *Meroni* doctrine, European Law Review 2010, S. 3 ff.

von der Groeben, Hans, Aufbaujahre der Europäischen Gemeinschaft, Baden-Baden 1982.

von der Groeben, Hans/Thiesing, Jochen/Ehlermann, Claus-Dieter, Kommentar zum EWG-Vertrag, Band 3, 4. Aufl., Baden-Baden 1991.

von der Groeben, Hans/Thiesing, Jochen/Ehlermann, Claus-Dieter, Kommentar zum EWG-Vertrag, Band 4, 4. Aufl., Baden-Baden 1991.

Grohmann, Marc, Exotische Verfassung, Die Kompetenzen des Reichstags für die deutschen Kolonien in Gesetzgebung und Staatsrechtswissenschaft des Kaiserreiches (1884–1914), Tübingen 2001.

Grosche, Nils, Rechtsfortbildung im Unionsrecht, Tübingen 2011.

Gross, Bertram M., The legislative Struggle, New York 1953.

Groß, Thomas, Zwei-Kammer-Parlamente in der Europäischen Union, ZaöRV 2003, S. 29 ff.

Gusy, Christoph, Die Entstehung der Weimarer Reichsverfassung, JZ 1994, S. 753 ff.

Gusy, Christoph, Die Weimarer Reichsverfassung, Tübingen 1997.

Häberle, Peter, Die offene Gesellschaft der Verfassungsinterpreten, JZ 1975, S. 297 ff.

Häberle, Peter, Europäische Verfassungslehre, 3. Aufl., Baden-Baden 2005.

Häberle, Peter, Zeit und Verfassung, ZfP 1974, S. 111 ff.

Hänsel, Lars/Eubank, Julia, Die Erhöhung der Schuldengrenze in den USA, Länderbericht der Konrad-Adenauer-Stiftung vom 04. August 2011.

Härtel, Ines, Handbuch Europäische Rechtsetzung, Heidelberg 2006.

Hallstein, Walter, Der unvollendete Bundesstaat, Düsseldorf 1969.

Hallstein, Walter, Europäische Gemeinschaft, 5. Aufl., Düsseldorf 1979.

Haltern, Ulrich, Europarecht – Dogmatik im Kontext, 2. Aufl., Tübingen 2007.

Hamilton, Alexander/Jay, John/Madison, James, The Federalist Papers, (Nachdruck), New York, 2006.

Hanebeck, Alexander, Der demokratische Bundesstaat des Grundgesetzes, Berlin 2004.

Hanschel, Dirk, Konfliktlösung im Bundesstaat: Die Lösung föderaler Kompetenz-, Finanz- und Territorialkonflikte in Deutschland, den USA und der Schweiz, Tübingen 2012.

Haratsch, Andreas/Koenig, Christian/Pechstein, Matthias, Europarecht, 7. Aufl., Tübingen 2010.

Hartmann, Jürgen, Die institutionelle Entwicklung der EG: Grundlagen und Perspektiven, ZParl 1982, S. 241 ff.

Hartmann, Jürgen, Westliche Regierungssysteme, 3. Aufl., Wiesbaden 2011.

Hartung, Fritz, Deutsche Verfassungsgeschichte, Stuttgart 1995.

Hasenbein, Heinrich, Die parlamentarische Kontrolle des militärischen Oberbefehls im Deutschen Reich von 1871 bis 1918, Göttingen 1968.

Hasselsweiler, Ekkehart, Der Vermittlungsausschuß. Vefassungsgrundlagen und Staatspraxis, Berlin 1981.

Hatschek, Julius, Das Parlamentsrecht des Deutschen Reiches, Erster Teil, Berlin 1915.

Hay, Peter, Law of the United States, 3. Aufl., Bruylant 2010.

Hayder, Roberto, Der Europäische Wirtschafts- und Sozialausschuss (EWSA) – eine unterschätzte EU-Institution, EuZW 2010, S. 171 ff.

Hecker, Jan, Souveränitätswahrung durch Einstimmigkeit im Rat: Der Conseil Constitutionnel zum Vertrag von Amsterdam, JZ 1998, S. 938 ff.

Heckel, Katharina, Der Föderalismus als Prinzip überstaatlicher Gemeinschaftsbildung, Berlin 1998.

Heller, Kurt, Der Supreme Court der Vereinigten Staaten von Amerika, EuGRZ 1985, S. 685 ff.

Helmke, Robin, Die Finanzkompetenzen der Europäischen Gemeinschaft, Baden-Baden 2009.

Helms, Ludger, Präsident und Kongreß in der legislativen Arena. Wandlungstendenzen amerikanischer Gewaltenteilung am Ende des 20. Jahrhunderts, ZParl 1999, S. 841 ff.

Henke, Christoph, Plädoyer für kürzere Legitimationsketten in der Europäischen Union, EuR 2010, S. 118 ff.

Henning, Wilhelm, Politikwissenschaft und politisches Denken, Tübingen 2000.

Hensel, Albert, Der Finanzausgleich im Bundesstaat in seiner verfassungsrechtlichen Bedeutung, Berlin 1922.

Herdegen, Matthias, Europarecht, 12. Aufl., München 2010.

Herdegen, Matthias, Völkerrecht, 7. Aufl., München 2008.

Hesse, Konrad, Grundzüge des Verfassungsrechts der Bundesrepublik Deutschland, 15. Aufl., Heidelberg 1985.

Hesse, Konrad, Grundzüge des Verfassungsrechts der Bundesrepublik Deutschland, 20. Aufl. (Neudruck), Heidelberg 1999.

Heun, Werner, Das Budgetrecht im Regierungssystem der USA, Baden-Baden 1989.

Heun, Werner, Der amerikanische Bundesstaat – Grundlagen, Struktur, Entwicklungslinien, in: Konrad-Adenauer-Stiftung, Zukunftsforum Politik Nr. 36 (2001), S. 23 ff.

Hilf, Meinhard, Das Klagerecht des Europäischen Parlaments im Organstreit, EuR 1990, S. 273 ff.

Hilf, Meinhard, Die rechtliche Bedeutung des Verfassungsprinzips der parlamentarischen Demokratie für den europäischen Integrationsprozess, EuR 1984, S. 9 ff.

Hilp, Ulrich, Weißbuch „Europäisches Regieren“ und Bürgerbeteiligung – Ein untauglicher Versuch auf dem Weg zu einem Europa aller Bürger?, ZG 2003, S. 119 ff.

Hix, Simon/Noury, Abdul/Gérard, Roland, Dimensions of Politics in the European Parliament, American Journal of Political Science, 50 (2006), S. 494 ff.

Hönnige, Christoph/Kneip, Sascha/Lorenz, Astrid (Hrsg.), Verfassungswandel im Mehrebenensystem, Wiesbaden 2011.

Höpfner, Stefanie, Parlamentarische Kontrolle in Deutschland und der Europäischen Union, Hamburg 2004.

von Hoff, Stefanie, Die Rolle des US-Supreme Court im Prozess der Verfassungsänderung in den Vereinigten Staaten, Frankfurt a.M. 2008.

Holt, W. Stull, Treaties defeated in the Senate, Union 2000.

von Holst, Hermann, Das Staatsrecht der Vereinigten Staaten von Amerika, Freiburg 1885.

Holste, Heiko, Der deutsche Bundesstaat im Wandel (1867–1933), Berlin 2002.

Hrbek, Rudolf, Europawahl 2009: mehr als die Summe nationaler Sekundärwahlen, integration 2009, S. 193 ff.

Huber, Ernst Rudolf, Deutsche Verfassungsgeschichte seit 1789: Band 3. Bismarck und sein Reich, Stuttgart 1963.

Huber, Ernst Rudolf, Deutsche Verfassungsgeschichte seit 1789: Band 4. Struktur und Krisen des Kaiserreiches, Stuttgart 1969.

Huber, Ernst Rudolf, Deutsche Verfassungsgeschichte seit 1789: Band 5. Weltkrieg, Revolution und Reichserneuerung, Stuttgart 1978.

Huber, Ernst Rudolf, Dokumente zur Deutschen Verfassungsgeschichte, Band 2, Deutsche Verfassungsdokumente 1851–1918, Stuttgart 1964.

Huber, Ernst Rudolf, Verfassungskrisen des Zweiten Reiches, Leipzig 1940.

Huber, Peter M., Das institutionelle Gleichgewicht zwischen Rat und Europäischem Parlament in der künftigen Verfassung für Europa, EuR 2003, S. 574 ff.

Hübner, Emil, Das politische System der USA, 6. Aufl., München 2007.

Hueglin, Thomas O./Fenna, Alan, Comparative Federalism, A Systematic Inquiry, Toronto 2006.

Hummer, Waldemar/Oberwexer, Walter, Die neue „Europäische Kommission“ 1995–2000 -Benennung, Investitur und Zusammensetzung-, EuR 1995, S. 129 ff.

Ipsen, Hans Peter, Europäisches Gemeinschaftsrecht, Tübingen 1972.

Ipsen, Jörn, Staatsrecht I, 18. Aufl., Neuwied 2006.

Isaac, Guy, Les finances communautaires, RevTrimDrEur 1980, S. 302 ff.

Isensee, Josef, Budgetrecht des Parlaments zwischen Schein und Sein, JZ 2005, S. 971 ff.

Isensee, Josef (Hrsg.), Europa als politische Idee und als rechtliche Form, 2. Aufl., Berlin 1994.

Isensee, Josef (Hrsg.), Walter Leisner: Staat, Berlin 1994.

Isensee, Josef/Kirchhof, Paul (Hrsg.), Handbuch des Staatsrechts, Band I, Historische Grundlagen, 3. Aufl. Heidelberg 2003.

Isensee, Josef/Kirchhof, Paul (Hrsg.), Handbuch des Staatsrechts, Band III, Demokratie – Bundesorgane, 3. Aufl. Heidelberg 2003.

Isensee, Josef/Kirchhof, Paul (Hrsg.), Handbuch des Staatsrechts, Band IV, 2. Aufl., Heidelberg 1999.

Isensee, Josef/Kirchhof, Paul (Hrsg.), Handbuch des Staatsrechts, Band IV, Aufgaben des Staates, 3. Aufl. Heidelberg 2006.

Isensee, Josef/Kirchhof, Paul (Hrsg.), Handbuch des Staatsrechts, Band VII, Normativität und Schutz der Verfassungen – Internationale Beziehungen, Heidelberg 1992.

Jaag, Tobias, Die Zweite Kammer im Bundesstaat, Zürich 1976.

Jäger, Wolfgang/Haas, Christopher/Welz, Wolfgang (Hrsg.), Regierungssystem der USA, 3. Aufl., München 2007.

Jahndorf, Christian, Grundlagen der Staatsfinanzierung durch Kredite und alternative Finanzierungsformen im Finanzverfassungs- und Europarecht, Heidelberg 2003.

Jansen, Christian, Selbstbewusstes oder gefügiges Parlament? Abgeordnetendiäten und Berufspolitiker in den deutschen Staaten des 19. Jahrhunderts, Geschichte und Gesellschaft 25 (1999), S. 33 ff.

Janz, Oliver (Hrsg.), Zentralismus und Föderalismus im 19. und 20. Jahrhundert, Berlin 2000.

Jefferson, Thomas, Handbuch des Parlamentsrechts oder Darstellung der Verhandlungsweise und des Geschäftsganges beim englischen Parlament und beim Congreß der Vereinigten Staaten von Nordamerika, Berlin 1819.

Jellinek, Georg, Allgemeine Staatslehre, 3. Aufl., Berlin 1914.

Jellinek, Georg, Zur Verantwortlichkeit des Reichskanzlers, DJZ 1909, Sp. 532 f.

Jensen, Erik M., The Taxing Power: A Reference Guide to the United States Constitution, Westport 2005.

John, Michael F., The Politics of legal Unity in Germany 1870–1896, The Historical Journal, 28 (1985), S. 341 ff.

Jordan, Sylvester, Lehrbuch des allgemeinen und deutschen Staatsrechts, (unvollendet), Kassel 1831.

Kaiser, Joseph H., Das Europarecht in der Krise der Gemeinschaften, EuR 1966, S. 4 ff.

Kaiser, Joseph H., Souverän, souveräner, parlamentarische Souveränität, EuR 1972, S. 99 ff.

Kannengieser, Christoph, Die Entlastung im Haushaltsrecht der Europäischen Gemeinschaften, DÖV 1995, S. 55 ff.

Katz, Daniela, Europäisches Parlament und Parlamentarisierung der EU, integration 2006, S. 158 ff.

Kau, Marcel, United States Supreme Court und Bundesverfassungsgericht, Heidelberg, 2007.

Kaufmann, Erich, Gesammelte Schriften, Band 1: Autorität und Freiheit, Göttingen 1960.

Keefe, Wiliam J., Ogul, Morris S., The American Legislative Process, 6. Aufl., Englewood Cliffs, 1985.

Kein Autor, Recent Legislation, Budget Control Act of 2011, Pub.L. No. 112–25, 125 Stat. 240 (to be codified in scattered sections of the U.S. Code), 125 Harv. L. Rev. 867 (2012).

Kein Autor, Speeches of John C. Calhoun and Daniel Webster in Senate of the United States on the Enforcing Bill, Boston 1833.

Keith, Robert, The Budget Reconciliation Process: The Senate's "Byrd Rule" CRS. Rep. July 2, 2010.

Kellner, Dagmar Jeanette, Parlamentarische Obstruktion, ZParl 1986, S. 423 ff.

Kelsen, Hans, Reine Rechtslehre, 2. Aufl. Wien 1960 (Nachdruck 2000).

Kersten, Jens, Georg Jellinek und die klassische Staatslehre, Tübingen 2000.

Kimminich, Otto, Deutsche Verfassungsgeschichte, 2. Aufl., Baden-Baden 1987.

Kipke, Rüdiger, Die Untersuchungsausschüsse des Europäischen Parlaments, ZParl 1989, S. 487 ff.

Kirchhof, Ferdinand, Bedarf der deutsche Bundesstaat einer Reform an Haupt und Gliedern?, in: Konrad-Adenauer-Stiftung, Zukunftsforum Politik Nr. 36 (2001), S. 7 ff.

Kirchhof, Paul, Die Zukunft der Demokratie im Verfassungsstaat, JZ 2004, S. 981 ff.

Klein, Eckart, Entwicklungsperspektiven für das Europäische Parlament, EuR 1987, S. 97 ff.

Klein Eckart, Neuere Entwicklungen des Rechts der Europäischen Gemeinschaften, DÖV 1984, S. 1010 ff.

Klein, Eckart, Neuere Entwicklungen des Rechts der Europäischen Gemeinschaften, DÖV 1986, S. 951 ff.

Kluth, Winfried, Die demokratische Legitimation der Europäischen Union, Berlin 1995.

Kluxen, Kurt (Hrsg.), Parlamentarismus, 2. Aufl., Köln 1969.

Knappe, Jens, Die USA und die deutsche Einheit, München 1996.

König, Doris, Die Übertragung von Hoheitsrechten im Rahmen des europäischen Integrationsprozesses – Anwendungsbereich und Schranken des Art. 23 des Grundgesetzes, Berlin 2000.

Köppen, Henning, Verfassungsfunktionen – Vertragsfunktionen, Strukturelle Divergenz zwischen bundesstaatlichen Verfassungen und EU-Gründungsverträgen aus funktioneller Sicht, Berlin 2002.

von Komorowski, Alexander, Demokratieprinzip und Europäische Union, Berlin 2010.

Kotulla, Michael, Deutsche Verfassungsgeschichte. Vom Alten Reich bis Weimar (1495–1934), Berlin 2008.

Kotulla, Michael, Deutsches Verfassungsrecht 1806–1918 – 1. Band Gesamtdeutschland, Anhaltische Staaten und Baden, Berlin 2006.

Krajewski, Markus, Foreign Policy and the European Constitution, Yearbook of European Law 2003, S. 435 ff.

Krause, Joachim, Der Bedeutungswandel parlamentarischer Kontrolle: Deutscher Bundestag und US-Kongress im Vergleich, ZParl 1999, S. 534 ff.

Kronstein, Erich, Die Entwicklung des amerikanischen Verfassungrechts durch den Supreme Court, Karlsruhe 1972.

Laband, Paul, Das Interpellationsrecht, DJZ 1909, Sp. 677 ff.

Laband, Paul, Der Bundesrat, DJZ 1911, Sp. 1 ff.

Laband, Paul, Der Staatsgerichtshof, DJZ 1909, Sp. 393 ff.

Laband, Paul, Deutsches Reichsstaatsrecht, 4. Aufl., Tübingen 1907.

Laband, Paul, Die Anträge auf Errichtung eines Staatsgerichtshofes für das Deutsche Reich, DJZ 1901, Sp. 1 ff.

Laband Paul, Die geschichtliche Entwicklung der Reichsverfassung seit der Reichsgründung, JöR 1907, S. 1 ff.

Laband, Paul, Die Wandlungen der deutschen Reichsverfassung, Dresden 1895.

Läufer, Thomas, Das Europäische Parlament nach der Direktwahl: Positionsstärkung durch intrakonstitutionellen Wandel?, EuR 1979 S. 261 ff.

Lamoureux, François, Les pouvoirs de la Commission en cas de vide juridique du fait de la carence du Conseil, RMC 1984, S. 215 ff.

Laufer, Heinz/Münch Ursula, Das föderative System der Bundesrepublik Deutschland, 7. Aufl., Altheim bei Landshut 1997.

Lecheler, Helmut, Einführung in das Europarecht, 2. Aufl. München 2003.

Lehmbruch, Gerhard, Parteienwettbewerb und Bundesstaat, 2. Aufl., Opladen 1998.

Leibholz, Gerhard, Das Wesen der Repräsentation und der Gestaltwandel der Demokratie im 20. Jahrhundert, 3. Aufl., Berlin 1966.

Leibholz, Gerhard, Strukturprobleme der modernen Demokratie, 3. Aufl., Heidelberg 1967.

Lempp, Jakob, Die Evolution des Rats der Europäischen Union, Baden-Baden, 2009.

Lengauer, Alina, Nichtigkeitsklage vor dem EuGH, Wien 1997.

Lens, Vicki, The Supreme Court, Federalism, and Social Policy, Social Science Review 75 (2001), S. 318 ff.

Lenz, Carl Otto/Borchardt, Klaus-Dieter (Hrsg.), EU- und EG-Vertrag. Kommentar, 4. Aufl., Köln 2006.

Lenz, Carl Otto/Borchardt, Klaus-Dieter (Hrsg.), EU-Verträge – Kommentar nach dem Vertrag von Lissabon, 5. Aufl., Köln 2010.

Lenz, Christofer, Das Grundgesetz und die Verteilung der Sitze im Europäischen Parlament, NJW 1996, S. 1328 f.

Lenz, Christofer, Ein einheitliches Verfahren für die Wahl des Europäischen Parlaments, Baden-Baden 1995.

Lenzen, Heinz Josef, Der EU-Haushalt: Ein Katalysator für Legislativmaßnahmen?, EuR 1996, S. 214 ff.

Leonardi, Uwe, Die föderalen Funktionen des Europäischen Parlaments in seiner Aufgabenentwicklung, ZParl 1982, S. 250 ff.

Lerche, Peter, „Funktionsfähigkeit" – Richtschnur verfassungsrechtlicher Auslegung, BayVBl. 1991, S. 517 ff.

Leunig, Sven (Hrsg.), Handbuch Föderale Zweite Kammern, Opladen 2009.

Levinson, Sanford, Against the Veto, The new Republic v. 09.10.2006, S. 12 f.

Levinson, Sanford, Our undemocratic Constitution, Oxford 2006.

Lindner, Josef Franz/Möstl, Markus/Wolff, Heinrich Amadeus, Verfassung des Freistaates Bayern, München 2009.

Listl Joseph/Schambeck Herbert (Hrsg.), Demokratie in Anfechtung und Bewährung, Festschrift für Johannes Broermann, Berlin 1982.

Llanque, Marcus, Demokratisches Denken im Krieg: Die deutsche Debatte im Ersten Weltkrieg, Berlin 2000.

Lösche, Peter, Kongress – fragmentierte Legislative, Informationen zur politischen Bildung, Nr. 283/2004, S. 28 ff.

Lösche, Peter, Macht und Ohnmacht der Exekutive, Informationen zur politischen Bildung, Nr. 283/2004, S. 13 ff.

Lösche Peter/von Loeffelholz, Hans Dietrich, Länderbericht USA, 4. Aufl., Frankfurt 2004.

Löwenstein, Gerhard, Parlamentarismus im politischen System der Bundesrepublik, Tübingen 1971.

Lorenz, Norbert, Die Übertragung von Hoheitsrechten auf die Europäischen Gemeinschaften, Frankfurt am Main 1990.

Lorz, Ralph Alexander, Interorganrespekt im Verfassungsrecht, Tübingen 2001.

Loth, Wilfried, Der Weg nach Rom – Entstehung und Bedeutung der Römischen Verträge, integration 2007, S. 36 ff.

Luce, Robert, Legislative Problems, Boston 1935.

Lübbe-Wolff, Gertrude, Homogenes Volk – Über Homogenitätspostulate und Integration, ZAR 2007, S. 121 ff.

Lütgens, Lars, Das Demokratieprinzip als Auslegungsgrundsatz und Norm im Integrationskontext: zugleich ein Beitrag zum Europäischen Polizeiamt (Europol) und der Problematik ministerialfreier Räume, Berlin 2004.

Lutz, Heinrich, Zwischen Habsburg und Preußen. Deutschland 1815–1866, Berlin, 1994.

Mähring, Matthias, Der Vermittlungsausschuss nach dem EG-Vertrag, JA 2000, S. 386 ff.

Malorny, Stefan, Exklusive Vetorechte im deutschen Verfassungssystem, Göttingen 2011.

Mancini, G. Frederico/Keeling, David T., Democracy and the European Court of Justice, The Modern Law Review, 57 (1994), S. 175 ff.

Mann, Golo, Deutsche Geschichte des 19. und 20. Jahrhunderts, Frankfurt am Main 1992.

von Martitz, Ferdinand, Betrachtungen über die Verfassung des Norddeutschen Bundes, Königsberg 1868.

Maskell, Jack, "No Confidence" Votes and Other Forms of Congressional Censure of Public Officials, CRS Rep. June 11, 2007.

Matz, Klaus-Jürgen, Länderneugliederung. Zur Genese einer deutschen Obsession seit dem Ausgang des Alten Reiches, Idstein 1997.

Mauersberg, Jasper, Ideen und Konzeption Hugo Preuß' für die Verfassung der deutschen Republik 1919 und ihre Durchsetzung im Verfassungswerk von Weimar, Frankfurt a. M. 1991.

Maunz, Theodor/Dürig, Günter (Hrsg.), Grundgesetz-Kommentar, 66. Aufl., München 2012.

Maurer, Hartmut (Hrsg.), Das akzeptierte Grundgesetz. Festschrift für Günter Dürig zum 70. Geburtstag, München 1990.

Mayer, Franz C., Wege aus der Verfassungskrise-Zur Zukunft des Vertrags über eine Verfassung für Europa, JZ 2007, S. 593 ff.

Mc Mahon, Emily S., Chadha and the Nondelegation Doctrine: Defining a Restricted Legislative Veto, Yale Law Journal, Vol. 94. 1985, S. 1493 ff.

Meinke, Scott R., Institutional Change and the electoral Connection in the Senate, Political Research Quaterly 61 (2008), S. 445 ff.

Menger, Christian-Friedrich, Deutsche Verfassungsgeschichte der Neuzeit, 8. Aufl., Heidelberg 1993.

Mensching, Christian, Der neue Komitologie-Beschluss des Rates, EuZW 2000, S. 268 ff.

Meßerschmidt, Klaus, Gesetzgebungsermessen, Berlin 2000.

Meyer, Georg, Lehrbuch des Deutschen Staatsrechts, 5. Aufl., Leipzig 1899.

Mildner, Stormy-Annik/Rytz Henriette/Thimm, Johannes, State of the Union, Innenpolitische und binnenwirtschaftliche Herausforderungen für die Führungsrolle der USA in der Welt, SWP Studie Juli 2012.

Möllers, Christoph, Durchführung des Gemeinschaftsrechts – Vertragliche Dogmatik und theoretische Implikationen, EuR 2002, S. 483 ff.

Möllers, Christoph, Gewaltengliederung, Tübingen 2005.

von Mohl, R., Kritische Erörterungen über Ordnung und Gewohnheiten des Reiches, ZgS 30(1874), S. 528 ff.

Molitor, Erich, Grundzüge der neueren Verfassungsgeschichte, Karlsruhe 1948.

Morawitz, Rudolf, Die eigenen Mittel der Gemeinschaften, EuR 1970, S. 232 ff.

Morstein Marx, Fritz, Amerikanische Verwaltung, Berlin 1963.

Mommsen, Wolfgang J., Max Weber und die Deutsche Politik, 1890–1920, 3. Aufl., Tübingen 2004.

Montagnon, Anne, Le Cadre financier de l'Union Européene pour l'après-2006, RMC 2004, S. 211 ff.

Morlok, Martin/Kühr, Hana, Wahlrechtliche Sperrklauseln und die Aufgaben einer Volksvertretung, JuS 2012, S. 385 ff.

Mosler, Hermann, Der Vertrag über die Europäische Gemeinschaft für Kohle und Stahl, ZaöRV 1952, S. 1 ff.

Müller, Marion, Politische Bildstrategien im amerikanischen Präsidentschaftswahlkampf, 1828–1996, Berlin 1997.

von Münch, Ingo, Minister und Abgeordneter in einer Person: die andauerende Verhöhnung der Gewaltenteilung, NJW 1998, S. 34 f.

von Münch, Ingo (Hrsg.), Staatsrecht-Völkerrecht-Europarecht, Festschrift für Hans Jürgen Schlochauer, Berlin 1981.

Mulert, Gerrit, Die Funktion zweiter Kammern in Bundesstaaten, Baden-Baden 2006.

Nettesheim, Martin, Horizontale Kompetenzkonflikte in der EG, EuR 1993, S. 243 ff.

Neustadt, Richard, Presidential Power, 2. Aufl., New York 1965.

Neyer, Jürgen, Die Krise der EU und Stärke einer deliberativen Integrationstheorie, ZIB 12. Jg. (2005), S. 377 ff.

Nicolaysen, Gert, Europarecht I, Baden-Baden 1991.

Nicoll, W., Les procédures Luns/Westerterp pour l'information du Parlement Européen, RMC 1986, S. 475 f.

Niedermeyer, Oskar, Die Wahl zum Europäischen Parlament vom 13. Juni 2004 in Deutschland: Ein schwarzer Tag für die SPD, ZParl 2005, S. 3 ff.

Nipperdey, Thomas, Deutsche Geschichte 1866–1918, Band 2, München 1992.

Nohlen, Dieter, Wahlrecht und Parteiensystem, 5. Aufl., Opladen 2007.

Nolte, Georg, Die Kompetenzgrundlage der Europäischen Gemeinschaft zum Erlass eines weitreichenden Tabakwerbeverbotes, NJW 2000, S. 1144 ff.

Oeter, Stefan, Souveränität und Demokratie als Probleme der „Verfassungsentwicklung" der Europäischen Union, ZaöRV 1995, S. 659 ff.

Ogris, Werner, Der Norddeutsche Bund, JuS 1966, S. 306 ff.

Ohler, Christoph, Mehr Mut zur Steuerpolitik in Europa, EuZW 1997, S. 370 ff.

Oldopp, Birgit, Das politische System der USA, Wiesbaden 2005.

Oppermann, Thomas, Eine Verfassung für die Europäische Union: Der Entwurf des Europäischen Konventes – Teil 1 und 2, DVBl. 2003, S. 1165 ff. und S. 1234 ff.

Oppermann, Thomas/Classen, Claus Dieter/Nettesheim, Martin, Europarecht, 4. Aufl., München 2009.

Ossenbühl, Fritz, Föderalismus nach 40 Jahren Grundgesetz, DVBl. 1989, S. 1230 ff.

Ostermann, Tim, Die verfassungsrechtliche Stellung des Deutschen Kaisers nach der Reichsverfassung von 1871, 1. Aufl., Frankfurt am Main 2009.

Pache, Eckard/Rösch, Franziska, Der Vertrag von Lissabon, NVwZ 2008, S. 473 ff.

Partsch, Karl Josef, Das Wahlverfahren und sein Einfluss auf die Legitimation des Europäischen Parlaments, EuR 1978, S. 294 ff.

Pechstein, Matthias, Entscheidungen des EuGH – Kommentierte Studienauswahl, 5. Aufl., Tübingen 2009.

Pernice, Ingolf (Hrsg.), Der Vertrag von Lissabon: Reform der EU ohne Verfassung?, 1. Aufl, Baden-Baden 2008.

Pernice, Ingolf/Otto, Lars (Hrsg.), Europa neu verfasst ohne Verfassung, Baden-Baden 2010.

Pescatore, Pierre, Reconnaisance et contrôle judiciare des actes du Parlament européen, RevTrimDrEur 1978, S. 581 ff.

Pescatore, Pierre, The law of integration (engl. Übersetzung), Leiden 1974.

Petersen, Niels, Europäische Verfassung und europäische Legitimität – Ein Beitrag zum kontraktualistischen Argument in der Verfassungstheorie, ZaöRV 2004, S. 429 ff.

Pflanze, Otto, Bismarck – Der Reichsgründer, München, 1997.

Pflanze, Otto, Bismarck – Der Reichskanzler, München 1998.

Pieper, Stefan Ulrich/Schollmeier, Andres/Krimphove, Dieter, Europarecht – Das Casebook, 2. Aufl., Köln 2000.

Piloty, Robert, Der deutsche Reichstag. Ein Vorschlag der Bildung von zwei Häusern im Reichstag, AöR 38 (1918), S. 103 ff.

Platon, Der Staat, (Nachdruck), Düsseldorf 2000.

Pleticha, Heinrich, Deutsche Geschichte, Band 10, Gütersloh 1993.

Pleyer, Markus C.F, Föderative Gleichheit, Berlin 2005.

Pöttering, Hans-Gert, Die Bedeutung des Europäischen Parlaments für die fortschreitende Integration der Europäischen Union, Politische Studien 2009/1, S. 24 ff.

von Poschinger, Heinrich, Fürst Bismarck und der Bundesrat. Erster Band. Der Bundesrat des Norddeutschen Bundes (1867–1870), Stuttgart 1897.

Preibusch, Sophie-Charlotte, Verfassungsentwicklungen im Reichsland Elsaß-Lothringen 1871–1918, Berlin 2006.

Preuß, Hugo, Gesammelte Schriften, Band 1, Politik und Gesellschaft im Kaiserreich, Tübingen 2007.

Preuß, Hugo, Staat, Recht und Freiheit aus vierzig Jahren deutscher Politik, (Reprint der Ausgabe von 1926), Saarbrücken 2007.

von Puttkamer, o.Vn., Entwurf eines Vertrages über die Satzung der Europäischen Gemeinschaft, ZaöRV 1953, S. 103 ff.

Quint, Peter E., Amerikanisches Verfassungsrecht - ein aktueller Überblick, JZ 1986, S. 619 ff.

Rabe, Hans-Jürgen, Europäische Gesetzgebung - das unbekannte Wesen, NJW 1993, S. 1 ff.

Randelzhofer, Albrecht/Scholz, Rupert/Wilke, Dieter, Gedächtnisschrift für Eberhard Grabitz, München 1995.

Rauchalles, Heinrich, Die deutsche Reichsverfassung, Ansbach 1907.

Rauh, Manfred, Die Parlamentarisierung des Deutschen Reiches, Düsseldorf 1977.

Rauh, Manfred, Föderalismus und Parlamentarismus im Wilhelminischen Reich, Düsseldorf 1973.

Rehm, Hermann, Unitarismus und Föderalismus in der deutschen Reichsverfassung, Leipzig 1898.

Rehnquist, William, The Notion of a Living Constitution (Reprint), Harvard Journal of Law and Public Policy 29 (2006), S. 401 ff.

Reichenbach, Horst/Emmerling, Thea/Staudenmeyer, Dirk/Schmidt, Sönke, Integration: Wanderung über europäische Gipfel, Baden-Baden 1999.

Reimann, Eduard, Die Vereinigten Staaten von Nordamerika im Übergange vom Staatenbund zum Bundesstaat, Weimar 1855.

Reinhard, Wolfgang, Geschichte der Staatsgewalt, 2. Aufl., München 2000.

Reister, Erwin, Bemerkungen zum ersten parlamentarischen Misstrauensvotum in den Europäischen Gemeinschaften, ZParl 1973, S. 208 ff.

Relyea, Harold C., Martial Law and National Emergency, CRS Rep. January 7th 2005.

Rengeling, Hans-Werner/von Borries, Reiner (Hrsg.), Aktuelle Entwicklungen in der Europäischen Gemeinschaft, Köln 1992.

Reyes, Dante Haro, Die Rolle zweiter Kammern in Bundesstaaten, Heidelberg 2003.

Riescher, Gisela/Ruß, Sabine, Haas, Christoph M., Zweite Kammern, 2. Aufl., München 2010.

Riker, William H., The Justification of Bicameralism, International Political Science Review, 13 (1992), S. 101 ff.

Riker, William H., The Senate and American Federalism, American Political Science Review, 49: 2 (1953), S. 452 ff.

Rill, Bernd (Hrsg.), Von Nizza nach Lissabon – neuer Aufschwung für die EU, München 2010.

Ritter, Gerhard Albert, Das Deutsche Kaiserreich 1871–1914, 5. Aufl., Göttingen 1992.

Röhl, John, C.G., Wilhelm II., Die Jugend des Kaisers, 2. Aufl., München 2001.

von Rönne, Ludwig, Das Verfassungsrecht des Deutschen Reiches, Annalen des Deutschen Reiches 1871, Sp. 221 ff.

Rossi, Matthias, Zur Entlastungsbefugnis des Europäischen Parlaments, EuR 2013, S. 170 ff.

Roßnagel, Alexander, Verfassungsänderung und Verfassungswandel in der Verfassungspraxis, Der Staat 22 (1993), S. 551 ff.

Rozell, Mark J., Executive Privilege, Baltimore 1994.

Rozell, Mark J./Pederson, William D./Williams, Frank J. (Hrsg.), George Washington and the Origins of the American Presidency, Westport 2000.

Rühle, Christopher, Das politische Denken von John Taylor of Caroline (1853–1724), Bern 2010.

Rüthers, Bernd, Rechtstheorie, 2. Aufl., München 2005.

Rüping, Uta, Die parlamentarische Haushaltskontrolle in den Europäischen Gemeinschaften und deren Mitgliedstaaten, EuR 1982, S. 213 ff.

Ruffert, Matthias, Schlüsselfragen der Europäischen Verfassung der Zukunft: Grundrechte – Institutionen – Kompetenzen – Ratifizierung, EuR 2004, S. 165 ff.

Rumler-Korinek, Elisabeth, Kann die Europäische Union demokratisch ausgestaltet werden? Eine Analyse und Bewertung aktueller Beiträge zur „europäischen Demokratiedebatte“, EuR 2003, S. 327 ff.

Saalfrank, Valentin, Funktionen und Befugnisse des Europäischen Parlaments, Stuttgart 1995.

Sabato, Larry J., A more perfect Constitution: Why the Constitution must be revised: Ideas to inspire a new generation, New York 2008.

Sander, Gerald, Der Europäische Gerichtshof als Förderer und Hüter der Integration, Berlin 1998.

Šarčević, Edin, Das Bundesstaatsprinzip, Tübingen 2000.

Sasse, Christoph, Kommission und Rat: Konstitutionelle Rivalen oder funktionale Partner, EuR 1972, S. 341 ff.

Sattler, Andreas, Das Prinzip der „funktionellen Integration" und die Einigung Europas, Göttingen 1967.

Sattler, Andreas, Die Entwicklung der Europäischen Gemeinschaften von ihrer Gründung bis zum Ende der EWG-Übergangszeit, JöR 19 n.F. (1970), S. 1 ff.

Saurer, Johannes, Die Funktionen der Rechtsverordnung, Berlin 2005.

Sautter, Udo, Der Amerikanische Bürgerkrieg 1861–1865, Darmstadt 2009.

Schachtschneider, Karl Albrecht, Das europäisierte Deutschland nach dem Konventsentwurf einer „Verfassung für Europa", in: Recht und Politik, 4/2003, S. 138 ff.

Schaub, Alexander, Die Anhörung des Parlaments im Rechtsetzungsverfahren der EWG, Berlin 1971.

Schenke, Wolf-Rüdiger, Die Verfassungsorgantreue, Berlin 1977.

Schenke, Wolf-Rüdiger, Verfassung und Zeit – von der „entzeiteten" zur zeitgeprägten Verfassung, AöR 103 (1978), S. 566 ff.

Scheuing, Dieter (Hrsg.), Der Bundesrat als Verfassungsorgan und politische Kraft, Bad Honnef 1974.

Scheuner, Ulrich, Perspektiven einer Europäischen Union, EuR 1976, S. 193 ff.

Scheuner, Ulrich, Staatstheorie und Staatsrecht, Berlin 1978.

Schleicher, Walter, Das parlamentarische System, AöR 2 n.F. (1921), S. 257 ff.

Schmitt, Carl, Der Hüter der Verfassung, 4. Aufl., Berlin 1996.

Schmolke, Klaus-Ulrich, Die Einbeziehung des Komitologieverfahrens in den Lamfalussy-Prozess – Zur Forderung des Europäischen Parlaments nach mehr Entscheidungsteilhabe, EuR 2006, S. 432 ff.

Schneider, Hans, Gesetzgebung, 3. Aufl., Heidelberg 2002.

Schneider, Peter, Ausnahmezustand und Norm, Stuttgart 1957.

Schönberger, Christoph, Die Europäische Union als Bund, AöR 129 (2004), S. 81 ff.

Schönberger, Christoph, Die überholte Parlamentarisierung, HZ 2002, S. 623 ff.

Schönberger, Christoph, Das Parlament im Anstaltstaat, Frankfurt a. M. 1997.

Schönhoff, Hamburg im Bundesrat, Hamburg 1967.

Scholl, Udo, Der Bundesrat in der deutschen Verfassungsentwicklung, Berlin 1982.

Scholz, Rupert (Hrsg.), Deutschland auf dem Weg in die Europäische Union, Köln 1994.

Schoo, Johann, Das Europäische Parlament und sein Verfassungsgericht, EuR 1990, S. 525 ff.

Schorkopf, Frank, Der Europäische Weg, Tübingen 2010.

Schorkopf, Frank, Die Untätigkeit des Rates der Europäischen Union im Gesetzgebungsverfahren, EuR 2000, S. 365 ff.

Schremmer, Eckart, Steuern und Staatsfinanzen während der Industrialisierung Europas, Berlin 1994.

Schröder, Holger, Jean Monnet und die amerikanische Unterstützung für die europäische Integration 1950–1957, Frankfurt am Main 1994.

Schroeder, Werner, Grundkurs Europarecht, München 2009.

Schröer, Thomas, Mehr Demokratie statt umweltpolitischer Subsidiarität – Anmerkungen zum Titandioxid-Urteil des EuGH, EuR 1991, S. 355 ff.

Schubert, Werner, Die deutsche Gerichtsverfassung, Frankfurt a. M. 1981.

Schüttemeyer, Suzanne S., Funktionsverluste des Bundestags durch die europäische Integration, ZParl 1978, S. 261 ff.

Schüttemeyer, Suzanne S./Sturm, Roland, Wozu Zweite Kammern? Zur Repräsentation und Funktionalität in westlichen Demokratien, ZParl 1992, S. 517 ff.

Schütze, Hans Georg, Der Erlass von Rechtsvorschriften durch die Bundeswirtschaftsverwaltung der USA, Berlin 1974.

Schulze-Fielitz, Helmuth, Theorie und Praxis parlamentarischer Gesetzgebung, Berlin 1988.

Schwartz, Bernard, American constitutional law, Cambridge 1955.

Schwartz, Bernard, The Code Napoleon and the common-law world, (4. Reprint), Clark 1956 (2008).

Schwarze, Jürgen (Hrsg.), EU-Kommentar, Baden-Baden 2000.

Schwarze, Jürgen (Hrsg.), EU-Kommentar, 3. Aufl., Baden-Baden 2012.

Schwarze, Jürgen, (Hrsg.), Gesetzgebung in der Europäischen Gemeinschaft, Baden-Baden 1985.

Schwarze, Jürgen, Ungeschriebene Geschäftsführungsbefugnisse für die Kommission bei Untätigkeit des Rates, EuR 1982, S. 133 ff.

Seeck, Hedda, Der Kampf des Reichstages um sein Budgetrecht, Finanzarchiv 1919, S. 180 ff.

Seehofer, Horst, Die Rolle Bayerns in der Mitgestaltung und Konzipierung zukünftiger europäischer Integration, Politische Studien 2009/1, S. 33 ff.

Seiler, Christian, Der einheitliche Parlamentsvorbehalt, Berlin 1999.

Seiler, Christian, Der souveräne Verfassungsstaat, Tübingen 2005.

Semmler, Jörg, Das Amt des Speaker of the House of Representatives im amerikanischen Regierungssystem, Berlin 2001.

von Seydel, Max, Commentar zur Verfassungsurkunde für das Deutsche Reich, 2. Aufl., Freiburg, 1897.

von Seydel, Max, Der Bundestaatsbegriff, ZgS, (28) 1872, S. 185 ff.

Skouris, Vassilios, Das Verhältnis von Grundrechten und Grundfreiheiten im Europäischen Gemeinschaftsrecht, DÖV 2006, S. 89 ff.

Smend, Rudolf, Die Zuständigkeit des Reichstages in der braunschweigischen Frage, DJZ 1913, Sp. 1347 ff.

Smith, Stephan, Konfliktlösung im demokratischen Bundesstaat, Berlin 2011.

Stampp, Kenneth M., The imperiled Union: Essays on the Background of the Civil War, Oxford 1980.

Staupe, Jürgen, Parlamentsvorbehalt und Delegationsbefugnis, Berlin 1986.

Steffani, Winfried, Parlamentarische und präsidentielle Demokratie, Opladen 1979.

Steffani, Winfried, Parlamentarismus in den EG-Staaten und demokratisches Defizit der europäischen Institutionen, ZParl. 1978, S. 233 ff.

Steiger, Heinhard, Mehr Demokratie in der EU – aber wie?, ZRP 2012, S. 13 ff.

Stelkens, Ulrich, Artikel 291 AEUV, das Unionsverwaltungsrecht und die Verwaltungsautonomie der Mitgliedstaaten – zugleich zur Abgrenzung der Anwendungsbereiche von Artikel 290 und Artikel 291 AEUV –; EuR 2012, S. 511 ff.

Stern, Klaus, Das Staatsrecht der Bundesrepublik Deutschland, Band I, 2. Aufl., München 1984.

Stern, Klaus, Das Staatsrecht der Bundesrepublik Deutschland, Band V, München 2000.

Stier-Somlo, Fritz, Die Vereinigten Staaten von Deutschland, Tübingen 1919.

Strasser, Daniel, Die Finanzen Europas, 7. Aufl., (3. Aufl, in dt. Sprache), Luxemburg 1991.

Streinz, Rudolf, Die Finalität der Europäischen Union und der Vertrag von Lissabon, Politische Studien 2009/1, S. 52 ff.

Streinz, Rudolf, Europarecht, 8. Aufl., Heidelberg 2008.

Streinz, Rudolf (Hrsg.), EUV/AEUV, 2. Aufl., München 2012.

Stünker, Joachim/Kusch, Roger, Ist der Bundesrat ein Störfaktor?, ZRP 2005, S. 279.

Stürmer, Michael, Das rastlose Reich. Deutschland 1866–1918, Berlin 1994.

Stürmer, Michael, Regierung und Reichstag im Bismarckreich 1871–1880, Düsseldorf 1974.

Sturm, Roland, Vorbilder für eine Bundesratsreform? Lehren aus den Erfahrungen der Verfassungspraxis Zweiter Kammern, ZParl 2002, 166 ff.

Sundquist, James L., Constitutional Reform and Effective Government, Washington D.C. 1992.

Suski, Birgit, Das Europäische Parlament. Volksvertretung ohne Macht und Volk?, Berlin 1996.

Sydow, Gernot, Europäische exekutive Rechtsetzung zwischen Kommission, Komitologieausschüssen, Parlament und Rat, JZ 2012, 157 ff.

Temple Lang, John, How much do the smaller member states need the European Commission? The role of the Commission in a changing Europe CMLR 2002, S. 315 ff.

Terra, Ben/Wattel, Peter, European Tax Law, 2. Aufl., Den Haag 1997.

Teuber, Christian, Parlamentarische Informationsrechte, Berlin 2007.

Thaysen, Uwe/Davidson, Richard H./Livingston, Robert G. (Hrsg.), US-Kongress und Bundestag, Opladen 1988.

Thill, Marc, Le défaut de qualité du Parlement Européen pour agir en annulation au titre de l'article 173 du traité CEE, CDE 1989, S. 367 ff.

Tiefer, Charles, Congressional Practice and Procedure, New York 1989.

Timmann, Hans-Jörg, Die interinstitutionelle Vereinbarung über die Haushaltsdisziplin vom 29. Juni 1988, EuR 1988, S. 273 ff.

de Toqueville, Alexis, Die Demokratie in Amerika – Eine Auswahl, Regensburg 1955.

Trebesch, Jochen, Der Kongress der Vereinigten Staaten von Amerika im Bereich des Auswärtigen, Bonn 1972.

von Treitschke, Heinrich, Historische und politische Aufsätze, 5. vermehrte Aufl., Leipzig, 1886.

Triepel, Heinrich, Unitarismus und Föderalismus im Deutschen Reiche. Eine staatsrechtliche und politische Studie, Tübingen 1907.

Triepel, Heinrich, Vorgeschichte der Norddeutschen Bundesverfassung, in: Festschrift für Otto Gierke, Weimar 1911, S. 589 ff.

Triepel, Heinrich, Zweierlei Föderalismus, Süddeutsche JZ, 1947, S. 150 f.

Trute, Hans-Heinrich, Zur Entwicklung des Föderalismus in den Vereinigten Staaten von Amerika, ZaöRV 1989, S. 191 ff.

Tsatos, Dimitris, Europäische politische Parteien? Erste Überlegungen zur Auslegung des Parteienartikels des Maastrichter Vertrages – Art. 138a EGV, EuGRZ 1994, 45 ff.

Tsebelis, George, Veto Players: How Political Institutions Work, Princeton 2002.

Tsebelis, George/Money, Jeannette, Bicameralism, Cambridge 1997.

U.S. Congress. Senate. Committee on Rules and Administration, Examining the Filibuster: Hearings, Washington D.C. 2010.

Vogler, David J., The third House: Conference Committees in the United States Congress, Evanston 1971.

Vollkommer, Max (Hrsg.), Auf dem Weg in ein vereintes Europa, Atzelsberger Gespräche 1992, Erlangen 1994.

Voßkuhle, Andreas, Gibt es und wozu nutzt eine Lehre vom Verfassungswandel?, Der Staat 43 (2004), S. 450 ff.

Wagenbaur, Rolf, Der Vertrag von Nizza ist in Kraft, ZRP 2003, S. 111 f.

Wahl, Rainer (Hrsg.), Verfassungsänderung, Verfassungswandel, Verfassungsinterpretation, Berlin 2008.

Walter, Christian, Hüter oder Wandler der Verfassung, AöR 125 (2000), S. 517 ff.

Wasilew, Valentin, Das Komitologieverfahren, Europathema vom 12.12.2006, Wissenschaftliche Dienste des Bundestages, Nr. 60/2006.

Watson, Richard A., The President's Veto Power, Annals of the American Academy of Politcal and Social Science 499 (1988), S. 36 ff.

Weber, Albrecht, Zur künftigen Verfassung der Europäischen Gemeinschaft, JZ 1993, S. 235 ff.

Weber, Max, Gesammelte politische Schriften, München 1921 (Nachdruck Paderborn 2012).

Weber-Fas, Rudolf, Deutschlands Verfassung, 2. Aufl., Tübingen 2001.

Weber-Grellet, Heinrich, Europäisches Steuerrecht, München 2006.

Von Wedel, Joachim, Zur Entwicklung des parlamentarischen Zweikammersystems, Berlin 2011.

Wedemeyer, Heide, Mehrheitsbeschlussfassung im Rat der Europäischen Union, Baden-Baden 2008.

Wehler, Hans-Ulrich, Das Deutsche Kaiserreich 1871–1918, 4. Aufl., Göttingen 1980.

Wehler, Hans-Ulrich, Krisenherde des Kaiserreiches 1871–1918, 2. Aufl., Göttingen 1979.

Weidenfeld Werner (Hrsg.), Lissabon in der Analyse – Der Reformvertrag der Europäischen Union, Baden-Baden 2008.

Weiler, Joseph, Pride and Prejudice – Parliament v. Council, European Law Review 1989, S. 334 ff.

Freiherr von Weizsäcker, Karl, Württembergische Erinnerungen (4. Teil), Deutsche Revue 44 (1919), Band 4, S. 97 ff.

Wenzel, Claudius, Budget-Politik im ersten Amtsjahr der Reagan-Administration: Das Fundament eines strukturellen Haushaltsdefizits, ZParl 1989, S. 217 ff.

Westlake, Martin, The Council of the European Union, London 1995.

White, Adam J., Toward the framers' understanding of "advice and consent": a historical and textual inquiry, Harvard Journal of Law and Public Policy, Vol. 29, No. 1, S. 104 ff.

Wieland, Joachim, Die Zukunft Europas – Krise als Chance, JZ 2012, S. 213 ff.

Wieland, Joachim, Erweitern und Teilen – Die künftige Finanzordnung der Europäischen Union, ZRP 2002, S. 503 ff.

Willoweit, Dieter, DeutscheVerfassungsgeschichte, München 2009.

Wilms, Günter, Die Reform des EU-Haushaltes im Lichte der Finanziellen Vorausschau 2007–2013 und des Vertrages von Lissabon – neue Perspektiven für die Europäische Union?, EuR 2007, S. 707 ff.

Wittrock, Karl, Möglichkeiten und Grenzen der Finanzkontrolle. Das Verhältnis des Bundesrechnungshofes zum Bundestag, ZParl 1982, S. 209 ff.

Wegener, Bernhard W., Der geheime Staat, Göttingen 2006.

Winfield, Betty Houchin, FDR and the News Media, Chicago 1990.

Wolff, Heinrich Amadeus, Ungeschriebenes Verfassungsrecht unter dem Grundgesetz, Tübingen 2000.

Young, Roland, The American Congress, New York 1958.

Zechlin, Egmont, Die Reichsgründung, 3. Aufl., Frankfurt am Main 1978.

Zenthofer, Jochen, Wettbewerbsföderalismus, Grasberg bei Bremen 2006.

Zippelius, Reinhold, Allgemeine Staatslehre, 12. Aufl., München 1994.

Zorn, Philipp, Das Staatsrecht des Deutschen Reiches – Verfassungsrecht, 2. Aufl., Berlin 1895.

Zorn, Philipp, Streitfragen des deutschen Staatsrechts, ZgS 1881, S. 292 ff.

Zuleeg, Manfred, Demokratie in der Europäischen Gemeinschaft, JZ 1993, S. 1069 ff.

Zuleeg, Manfred, Die Anwendbarkeit des parlamentarischen Systems auf die Europäischen Gemeinschaften, EuR 1972, S. 1 ff.

www.ingramcontent.com/pod-product-compliance
Ingram Content Group UK Ltd.
Pitfield, Milton Keynes, MK11 3LW, UK
UKHW021919290926
8980IPUK00015B/1354

9 783631 657126